lpb
Landeszentrale für politische Bildung
Baden-Württemberg

Schriften zur politischen Landeskunde
Baden-Württembergs

Band 46

Herausgegeben von der Landeszentrale
für politische Bildung Baden-Württemberg

Angela Borgstedt, Sibylle Thelen
und Reinhold Weber (Hrsg.)

Mut bewiesen

Widerstandsbiographien aus dem Südwesten

Landeszentrale für politische Bildung
Baden-Württemberg

Diese Veröffentlichung stellt keine Meinungsäußerung der Landeszentrale für politische Bildung Baden-Württemberg dar. Für die inhaltlichen Aussagen tragen die Autorinnen und Autoren die Verantwortung.

Umschlagfotos von links oben nach rechts unten:
Liselotte (Lilo) Hermann (Ilse Herrmann, Berlin); Julius von Jan (Richard von Jan, Fürth); Hildegard und Helmut Spieth (privat); Emil Behr (privat)

1. Auflage 2017

Verlag W. Kohlhammer GmbH
in Verbindung mit der Landeszentrale
für politische Bildung Baden-Württemberg
Alle Rechte vorbehalten
© 2017 Verlag W. Kohlhammer GmbH, Stuttgart

Gesamtherstellung: W. Kohlhammer GmbH, Stuttgart

Print:
ISBN 978-3-945414-37-8

E-Book-Formate:
epub: ISBN 978-3-945414-38-5
mobi: ISBN 978-3-945414-39-2

Vorwort

Jenseits aller politischen, religiösen oder weltanschaulichen Prägungen ist es doch der persönliche Mut der Frauen und Männer, die gegen die nationalsozialistische Terrorherrschaft Widerstand geleistet haben, der uns höchsten Respekt abverlangt. Auch wenn ihre Motive und Ziele oftmals nicht mit unseren heutigen demokratischen Vorstellungen oder religiös-weltanschaulichen Überzeugungen übereinstimmen mögen, so ist ihr Widerstand doch letztlich immer vor dem Hintergrund seiner Zeit zu deuten und zu würdigen. Was bleibt, ist die Tatsache, dass sich diese Frauen und Männer in Zeiten der Verrohung, des Hasses, der Verfolgung und des Mordens im staatlichen Auftrag ihren Wertekompass bewahrt, sich empört und schließlich zum Handeln entschlossen haben. Sie haben oftmals härteste Konsequenzen ertragen müssen. Viele von ihnen haben ihren Mut mit dem Leben bezahlt, weil sie gegen das NS-Regime gearbeitet haben – in der Politik oder im alltäglichen Leben. Mit Hochachtung verneigen wir uns deshalb vor ihnen.

Dieses Buch vereint für den deutschen Südwesten mehr als vierzig Beispiele widerständigen Verhaltens aus den unterschiedlichsten Motiven heraus. Die Bandbreite reicht vom Widerstand der „ersten Stunde", der vor allem von der Arbeiterbewegung, von Gewerkschaften, Sozialdemokraten, Sozialisten und Kommunisten ausging, über religiös motivierten Widerstand bis hin zur Hilfe für Verfolgte durch „stille Helden". Hinzu kommen Beispiele von Menschen, die sich wehrten, obwohl sie selbst – beispielsweise aus sogenannten „rassischen" Gründen – verfolgt waren. Porträtiert werden auch Frauen und Männer, die sich für den Erhalt ihrer geistigen Frei- und Rückzugsräume eingesetzt haben oder die in der Endphase des Krieges, in der Agonie des Nationalsozialismus, mutig gehandelt haben.

Dabei stehen ganz bewusst nicht diejenigen im Mittelpunkt, die – völlig zurecht – zu Ikonen des Widerstands geworden sind, weil sie, wie etwa Georg Elser, die Geschwister Sophie und Hans Scholl, Claus Schenk Graf von Stauffenberg, Eugen Bolz oder Joannes Baptista Sproll, von Wissenschaft und Öffentlichkeit längst wahrgenommen und auch in zahlreichen

Publikationen der Landeszentrale für politische Bildung Baden-Württemberg bereits gewürdigt worden sind. In diesem Band geht es vielmehr um Frauen und Männer, die noch immer selten oder gar nicht im Fokus der Öffentlichkeit stehen, die aber durch ihr Handeln ebenfalls gezeigt haben, dass es in den verschiedensten Berufsgruppen, gesellschaftlichen Milieus, in den verschiedensten privaten Zusammenhängen und jenseits der Kategorien von Stand oder Geschlecht möglich war, sich zu wehren – sofern man den Mut dazu hatte.

Unser herzlicher Dank für dieses aufwendige Buchprojekt geht an die beiden Mitherausgeberinnen Prof. Dr. Angela Borgstedt von der Forschungsstelle Widerstand gegen den Nationalsozialismus im deutschen Südwesten am Historischen Institut der Universität Mannheim und Sibylle Thelen von der Landeszentrale für politische Bildung Baden-Württemberg. Genauso herzlich danken wir den Autorinnen und Autoren, die auf knappem Raum „ihre" Frauen und Männer des Widerstands dargestellt haben. Zahlreiche Archive, Gedenkstätten und andere Einrichtungen, vor allem aber auch Nachfahren der Porträtierten haben uns mit Informationen und Bildern unterstützt – dafür danken wir aufrichtig. Annette Guthy und Maike Hausen aus Tübingen sowie Jasmin Rimpler aus Konstanz haben dankenswerterweise die Texte bearbeitet. Dr. Daniel Kuhn vom Verlag W. Kohlhammer in Stuttgart danken wir für das professionelle Lektorat und die Betreuung des Bandes.

Stuttgart, im September 2017

Lothar Frick
Direktor der Landeszentrale
für politische Bildung

Prof. Dr. Reinhold Weber
Leiter der „Schriften zur politischen
Landeskunde Baden-Württembergs"

Geleitwort

Was Widerstand eigentlich ist, wurde lange Zeit intensiv und kontrovers diskutiert. Heute ist sich die Geschichtsforschung darin einig, dass er eine große Bandbreite von Verhaltensweisen umfasst. Dazu zählt vor allem Widerstand, der im engeren Sinn auf aktivem Handeln beruht. Dazu zählen aber auch Verweigerung als persönliche Abwehr des nationalsozialistischen Herrschaftsanspruchs in den unterschiedlichsten Lebensbereichen sowie Opposition aus grundsätzlicher Gegnerschaft gegen den Nationalsozialismus. Dies alles ist mehr als empörtes Schweigen oder Verurteilung der NS-Politik im geschlossenen, gleichgesinnten Kreis. Widerstand ist im Kern das Handeln, das auf „grundsätzlicher Ablehnung des Nationalsozialismus beruhte, das aus ethischen, politischen, religiösen, sozialen oder individuellen Motiven darauf abzielte, zum Ende des Regimes beizutragen" (Wolfgang Benz).

Widerstand gegen den Nationalsozialismus – in welcher Form auch immer – war möglich. Dieses neue Buch der Landeszentrale für politische Bildung Baden-Württemberg zeigt, dass es zu allen Phasen des NS-Regimes die Möglichkeit gab, sich zu verweigern, Opposition auszuüben, sich selbst zu behaupten – und zu handeln. Entscheidend war eine weltanschauliche Haltung, die Menschen dazu brachte, die Verhältnisse durch eigenes Handeln zu ändern und die damit verbundenen Gefahren auf sich zu nehmen. Zahlreiche Beispiele belegen dies: die Widerständigen aus dem breiten Spektrum der Arbeiterbewegung und der Kirchen, die Freiwilligen, die in den Spanischen Bürgerkrieg zogen oder die sich der französischen Résistance anschlossen, die Zeugen Jehovas, die unter anderem den „Hitlergruß" und den Kriegsdienst verweigerten, die mutigen Frauen und Männer, die Verfolgten halfen oder verbotenen Umgang pflegten, sei es mit Zwangsarbeitern oder Kriegsgefangenen. Darüber hinaus wird hier belegt, dass es Frauen und Männer gab, die öffentlich gegen die „Euthanasie"-Verbrechen auftraten, Jugendliche, die aufbegehrten oder verbotene Musik hörten, Intellektuelle, die sich ihre Freiräume erhielten, Soldaten, die sich als Wehrmachtsdeserteure dem Verfolgungs- und Vernichtungskrieg der Nationalsozialisten entzogen – und nicht zuletzt Frauen und Männer, die selbst Opfer des NS-Rassenwahns waren, sich aber zur Wehr setzten und Widerstand leisteten.

Sie alle sind Teil eines Widerstandsverständnisses, das das Handeln dieser Frauen und Männer nicht an unseren aktuellen Maßstäben misst, sondern würdigt, dass sich diese Menschen ihre Wertmaßstäbe erhielten und Mut bewiesen. Sie alle belehren auch all diejenigen eines Besseren, die uns lange Zeit erzählt haben, man habe dem Terror des NS-Staates ja doch nichts entgegensetzen können. Die in diesem Band Porträtierten zeigen hingegen Handlungsmöglichkeiten im NS-Regime auf, die auch deshalb lange Zeit nicht näher thematisiert worden sind, weil sich die mitmachende Mehrheitsgesellschaft nach 1945 einer Kenntnisnahme versperrt hat.

Der Mut dieser Frauen und Männer des Widerstands macht auch den Nachlebenden Mut. Er lehrt, dass Zivilcourage und Widerstand frühzeitig nötig sind, wenn Hass und Gewalt um sich greifen, wenn Grundwerte und demokratische Institutionen bedroht sind. Ob wir aus der Geschichte lernen können, ist höchst zweifelhaft, denn sie wiederholt sich nicht. Wir sind auch nicht klüger als unsere Vorfahren, aber wir können aus ihren Erfahrungen lernen. Das ist einer der Kernpunkte historisch-politischer Bildung: Grundrechte stärken — Kritikfähigkeit schaffen — zur Zivilcourage befähigen. Bei der Auseinandersetzung mit dem Widerstand gegen den Nationalsozialismus geht es nicht zuletzt auch um ein Nachdenken über die Ziele und Grenzen unseres Gemeinwesens. Deshalb ist heute in unserem Grundgesetz verankert, dass Widerstand rechtmäßig ist, wenn Staatsgewalt rechtswidrig ausgeübt wird und die Verfassung gefährdet ist.

Mit diesem neuen Band in der Reihe „Schriften zur politischen Landeskunde Baden-Württembergs" legt die Landeszentrale für politische Bildung Baden-Württemberg erneut eine wichtige Publikation zum „Dritten Reich" im deutschen Südwesten vor. Sie verfolgt damit eine ihrer zentralen Aufgaben, nämlich eine kritische Landeskunde zu pflegen, mit den Gedenkstätten im Land zu kooperieren und Ergebnisse der Wissenschaft für ein breites Publikum aufzubereiten. Ich wünsche dem Buch, dass es so wie seine Vorgängerpublikationen zu einem landesgeschichtlichen Standardwerk wird. Den Leserinnen und Lesern der interessanten und bewegenden Beiträge wünsche ich zahlreiche neue Erkenntnisse über mutige Menschen, die bislang nicht oder nur selten im Fokus der Erinnerungskultur unseres Landes standen.

Muhterem Aras MdL
Präsidentin des Landtags von Baden-Württemberg

Inhaltsverzeichnis

Vorwort 5

Geleitwort 7

Mut bewiesen – Widerstand im Südwesten 15
Angela Borgstedt

Teil 1: Politisch motivierter Widerstand

Politisch motivierter Widerstand 29
Angela Borgstedt

Fritz Elsas (1890–1945) – ein Cannstatter Jude im Widerstand gegen Hitler 39
Manfred Schmid

Albert Fischer (1883–1952) – ein Metzinger Kommunist widersteht unter der Verfolgung 49
Nicola Wenge

Albrecht Fischer (1877–1965) – Stuttgarter Beauftragter der Verschwörer vom 20. Juli 63
Winfried Meyer

Reinhold Frank (1896–1945) – Verteidiger des Rechts aus Karlsruhe ... 73
Angela Borgstedt

Liselotte (Lilo) Herrmann (1909–1938) – eine Stuttgarter Kommunistin gegen Aufrüstung und Krieg 81
Lothar Letsche

Georg Lechleiter (1885–1942) – Kopf des KPD-Widerstands in Mannheim 91
Sebastian Gewert

Georg Reinbold (1885–1946) – der badische SPD-Vorsitzende im Widerstand als Grenzsekretär 99
Bernd Braun

Jakob Stotz (1899–1975) – ein Protagonist des Mössinger Generalstreiks vom 31. Januar 1933 109
Hermann Berner

Spanienfreiwillige aus Baden (1936–1939) – gegen Franco und die NS-Legion Condor 119
Brigitte und Gerhard Brändle

Teil 2: Religiös motivierter Widerstand

Religiös motivierter Widerstand 131
Angela Borgstedt

Arthur Ditschkowski (1899–1986) – Zeuge Jehovas und Kriegsdienstverweigerer aus Pforzheim 139
Angela Borgstedt

Julius von Jan (1897–1964) – protestantischer Prediger in Oberlenningen gegen die Pogromnacht vom 9. November 1938 149
Wolfgang Schöllkopf

Josef Ruf (1905–1940) – katholischer Kriegsdienstverweigerer aus Oberschwaben 157
Helmut Kurz

Willibald Strohmeyer (1877–1945) – ein Priester aus dem Münstertal als Märtyrer der letzten Stunde 165
Bernd Braun

**Hermann Umfrid (1892–1934) – Protest eines Pfarrers gegen
den Pogrom in Niederstetten 1933** **177**
Jörg Thierfelder

Teil 3: Hilfe für Verfolgte

Hilfe für Verfolgte **191**
Angela Borgstedt

**Willi Bleicher (1907–1981) – Helfer bei der Rettung eines Kindes
im KZ Buchenwald** **197**
Hermann G. Abmayr

**Richard Gölz (1887–1975) – Theologe, Kirchenmusiker und
Lebensretter aus Wankheim** **207**
Beate Kosmala

**Franz Heckendorf (1888–1962) – Maler, Bohemien und Fluchthelfer
für Juden an der Schweizer Grenze** **217**
Winfried Meyer

**Eva (1900–1997) und Carl Hermann (1898–1961) – zwei Mannheimer
Quäker halfen Juden** **229**
Angela Borgstedt

**Luise Meier (1885–1979) und Josef Höfler (1911–1994) –
Fluchthilfe zwischen Berlin und Singen** **239**
Claudia Schoppmann

**Hildegard Spieth (1919–1999) – die Stettener Pfarrfrau rettete
zwei Juden das Leben** **249**
Peter Haigis

**Ludwig Peter Walz (1898–1989) – Helfer bedrängter Juden
in Buttenhausen** **259**
Eberhard Zacher

Verbotener Umgang mit Kriegsgefangenen – Hilfe und Solidarität als „Widerstehen im Alltag" 269
Olga Volz

Teil 4: „Rassisch" verfolgt und widerständig

„Rassisch" verfolgt und widerständig 285
Angela Borgstedt

Emil Behr (1900–1983) – ein Jude in Mannheim im unverrückbaren Glauben an das Gemeinwesen 291
Monique Behr

Marianne Cohn (1922–1944) – eine Jüdin aus Mannheim rettete Kinder im besetzten Frankreich 301
Susanne Urban

Hannelore Hansch (1918–2007) – eine Karlsruher Theologin versteckte zwei jüdische Frauen 313
Angela Borgstedt

Helle Hirsch (1916–1937) – mit 21 Jahren in Stuttgart hingerichtet .. 321
Christopher Dowe

Karl Heinz Klausmann (1922–1945) – ein Schriesheimer in der Résistance 331
Joachim Maier

Anton Reinhardt (1927–1945) und Oskar Rose (1906–1968) – Flucht und verweigerte Hilfe für Sinti und Roma 341
Frank Reuter

Teil 5: Widerstand gegen die „Euthanasie"-Verbrechen

Widerstand gegen die „Euthanasie"-Verbrechen 353
Angela Borgstedt

Philipp Berger (1885–1953) – eine Grabrede in Schwerzen gegen
die NS-Zwangssterilisationen 359
Angela Borgstedt

Heinrich Hermann (1879–1961) – Leiter der Taubstummenanstalt
Wilhelmsdorf und sein Widerstand gegen die „Euthanasie"-Morde ... 369
Thomas Stöckle

Teil 6: Verteidigung geistiger Freiräume

Verteidigung geistiger Freiräume 383
Angela Borgstedt

Erich Schairer (1887–1956) – als Journalist „tapfer mit Feder
und Geist" 389
Manfred Bosch

Reinhold Schneider (1903–1958) – Bekenntnis eines Widerständigen
zum Widerstand 399
Peter Steinbach

Marianne Weber (1870–1954) – Gastgeberin des Heidelberger
Sonntagskreises 411
Bärbel Meurer

Teil 7: Junge Menschen im Widerstand

Junge Menschen im Widerstand 419
Angela Borgstedt

Heinrich Bollinger (1916–1990) – Kopf der Weißen Rose in Freiburg 425
Pia Nordblom

Hans Gasparitsch (1918–2002) – vom Widerstand zur
Erinnerungsarbeit 437
Roland Müller

Die „Geislinger Weiberschlacht" – Mütter im Kampf um ihre Kinder   **449**
Christopher Dowe

„Swings" in Stuttgart und Freiburg – Widerstand mit Musik? **457**
Sascha Lange

Teil 8: Widerstand in der Endphase des Krieges

Widerstand in der Endphase des Krieges **469**
Angela Borgstedt

Die Hausmeisterfamilie Horber – Leben und Helfen im Konzentrationslager Neckarelz **475**
Dorothee Roos

Wilhelmine (1910–1993) und Gottlieb Kaiser (1908–1981) – ein Bauernpaar aus Weipertshofen gewährte Schutz **485**
Ulrike Marski

Tatort Kehl – die Ermordung französischer Widerstandskämpfer des Réseau Alliance **493**
Ute Scherb

Wehrmachtsdeserteure in Waldkirch 1945 – Entziehung als Widerstand des „kleinen Mannes" **501**
Wolfram Wette

Die „Weiber von Pfullingen" – Frauen verweigern den „Endkampf"   **511**
Angela Borgstedt

Bildnachweis **519**

Die Autorinnen und Autoren **521**

Angela Borgstedt

Mut bewiesen – Widerstand im Südwesten

Man hätte laut schreien, das Unrecht beim Namen nennen müssen, äußerte die aus Aalen gebürtige Gemeindehelferin und Judenhelferin Gertrud Kirn (*1906) rückblickend über die Zeit des Kirchenkampfs.

„Das hat man nicht getan und war feig' und hat immer nach einem Schlupfloch gesucht. Man wusste ja auch, dass man sonst die ganze Umgebung mit in den Schlamassel reißt. [...] Oft aber habe ich gedacht: Es ist eine Schande, dass man nicht längst im Konzentrationslager ist."[1]

In diesem Dilemma steckten viele Gegner der Nationalsozialisten: Ihr Gewissen verpflichtete sie zur Intervention, ihr Wissen um mögliche Konsequenzen ließ sie schweigen.

„Wie soll die Welt protestieren, wenn schon in Deutschland gegen diesen Terror keine Stimme laut wird? Wie soll in Deutschland eine Stimme laut werden gegen die Unmenschlichkeit eines Regimes, das den Segen der Welt hat?",

fragte Lina Haag (1907–2012), die als politisch Verfolgte das Verstummen der Mehrheitsgesellschaft als Entsolidarisierung erlebte.[2] Tatsächlich gab es zu Beginn der Diktatur noch Stimmen der Kritik und des Widerspruchs. Otto Wels (1873–1939), der SPD-Vorsitzende, hielt den neuen Machthabern das Nein seiner Partei zum „Ermächtigungsgesetz" entgegen. Der Karlsruher Sozialdemokrat August Hoffmann (1897–1977) beschwerte sich beim badischen Gauleiter Robert Wagner (1895–1946) über die vielfachen Gesetzeswidrigkeiten, die in der Machtergreifungsphase begangen worden waren.[3] Mös-

---

1 Uta Joos/Beate Schröder: „Man hätte laut schreien sollen" – Gertrud Kirn (*1906), in: Tübinger Projektgruppe „Frauen im Kirchenkampf" (Hrsg.): Im Dunstkreis der rauchenden Brüder. Frauen im württembergischen Kirchenkampf, 2. Aufl. Tübingen 1997, S. 51–69, hier S. 57.
2 Lina Haag: Eine Hand voll Staub. Widerstand einer Frau 1933 bis 1945, Tübingen 2004 [zuerst 1947], S. 169.
3 Generallandesarchiv Karlsruhe (GLA KA) 480 EK 6314: Antrag Hoffmanns auf Festsetzung des Wiedergutmachungsbetrages, 14.11.1951.

singer Arbeiter traten in Reaktion auf diese „Machtergreifung" lautstark in den Streik. Angesichts des rasch ausgebauten Repressionsapparats verstummten jedoch auch sie.[4]

Die Frage nach Handeln oder Nichthandeln in der Diktatur erfordert die Auseinandersetzung mit Handlungsspielräumen. Die Geschichtsforschung hat herausgearbeitet, dass eine totalitäre Diktatur, ist diese erst einmal etabliert, von innen heraus nur schwer zu bekämpfen ist. Widerstand im engeren Sinne eines politischen Umsturzes vermögen ohnehin nur wenige zu leisten. Gleichwohl zeigt das Beispiel des Bürgerbräuattentäters Georg Elser (1903 – 1945), dass auch ein im besten Sinne „kleiner Mann" dies mit seinen bescheidenen Mitteln tun konnte. Dem Anschlag vom 8. November 1939 entging Hitler nur knapp. Später ließ sich ein Attentat einzig von jenen Militärs durchführen, die überhaupt noch Zugang zum abgeschirmten Diktator hatten. Axel von dem Bussche (1919 – 1993) wollte sich bei einer Uniformvorführung mit Hitler in die Luft sprengen, Claus Schenk Graf von Stauffenberg (1907 – 1944) platzierte am 20. Juli 1944 den Sprengsatz während einer Besprechung in Hitlers „Wolfsschanze". Der Staatsstreich gegen den Tyrannen war Widerstand *par excellence*. Die Erinnerung an das missglückte Attentat vom 20. Juli 1944 ist heute elementarer Bestand der Erinnerungskultur der Bundesrepublik. Das war lange keineswegs selbstverständlich. Die Traditionsbildung musste vielmehr in den 1950er-Jahren nicht nur gegen rechtsextreme Revisionisten, sondern auch gegen viele „persilgewaschene" Mitläufer durchgesetzt werden, die Stauffenberg und die Männer des 20. Juli als „Landesverräter" diffamierten. Bundespräsident Theodor Heuss (1884 – 1963) hatte mit seiner Rede zum zehnten Jahrestag 1954 viel zu einer positiven Rezeption beigetragen. Die „68er" wiederum kritisierten die Heroisierung des 20. Juli, die auf die anfängliche Diffamierung gefolgt war. Nun standen die Verschwörer unter dem Verdikt des undemokratischen Militarismus.

Dass es neben dem aktiven Widerstandshandeln auch alltägliche Formen widerständigen Verhaltens gegeben hatte, wusste man auch schon in den 1950er-Jahren. Eine Ehrungsinitiative des Berliner Innensenators Joachim Lipschitz (1918 – 1961) zeichnete Westberliner, die uneigennützig Juden geholfen hatten, als „unbesungene Helden" aus. Für die damalige Zeit war die Frage nach der moralischen „Würdigkeit" der Ausgezeichneten typisch. Eine menschlich integre Retterin wie die Berliner Prostituierte Hedwig Porschütz (1900 – 1977) fiel deshalb durch das Raster.[5] Auch für Pfarrer gab

---

4 Vgl. hierzu den Beitrag von Hermann Berner in diesem Band.
5 Johannes Tuchel: Hedwig Porschütz. Die Geschichte ihrer Hilfsaktionen für verfolgte Juden und ihre Diffamierung nach 1945, Berlin 2010.

es grundsätzlich keine Ehrung, unterstellte man in ihrem Fall doch eine berufsbedingte Verpflichtung zur Mitmenschlichkeit. Von 1525 Ehrungsanträgen wurden deshalb 787 abgelehnt. Die Anerkennung der Hilfe für Verfolgte als Akt der Widerständigkeit hat sich erst sehr viel später durchgesetzt.

Letztlich war die Rezeptionsgeschichte des Widerstands immer auch ein Spiegel zeitgenössischer Verhältnisse.[6] Im Kalten Krieg führte die Anerkennung in der Bundesrepublik zur Negation in der DDR – und umgekehrt. Die Bonner Republik hielt Kommunisten vor, mit ihrem Widerstand gegen den Nationalsozialismus nicht für die freiheitliche Grundordnung eingestanden zu haben. Als sei der konservative oder militärische Widerstand hier immer eindeutig gewesen. Die politische Blockbildung stand einer vorbehaltlosen Rezeption der „Roten Kapelle" in der Bundesrepublik ebenso entgegen wie der Anerkennung und Würdigung Stauffenbergs oder Carl Goerdelers (1884–1945) in der DDR. Diese starren Fronten wurden in den späten 1960er-Jahren brüchig. Im Zuge sozial-, aber auch alltagsgeschichtlicher Orientierung wuchs in der Bundesrepublik das Interesse am „Arbeiterwiderstand". Sogenannte Geschichtswerkstätten, die in den 1970er-Jahren angestoßen und oftmals von der „68er"-Generation gegründet wurden, dokumentierten Verfolgungs- und Widerstandsgeschichte vor Ort und erarbeiteten alternative Stadtrundgänge. Die Geschichtswissenschaft entdeckte die Methode der Zeitzeugenbefragung. Pionier dieser *Oral History* war Lutz Niethammer mit seinen *Faschismuserfahrungen im Ruhrgebiet*.[7] Auch die Erforschung des schwäbischen Industriedorfs Mössingen und des Mössinger Generalstreiks steht methodisch in dieser Tradition.[8] Für die Anerkennung eines umfassenden, integralen Widerstandsbegriffs war das in jener Zeit durchgeführte Großprojekt des Münchener Instituts für Zeitgeschichte *Bayern in der NS-Zeit* grundlegend. Hier gelang es,

---

6 Vgl. Peter Steinbach/Johannes Tuchel (Hrsg.): Widerstand gegen die nationalsozialistische Diktatur 1933–1945, Bonn 2004; Wolfgang Benz: Der deutsche Widerstand gegen Hitler, München 2014; Landeszentrale für politische Bildung Baden-Württemberg/Haus der Geschichte Baden-Württemberg (Hrsg.): Formen des Widerstandes im Südwesten 1933–1945. Scheitern und Nachwirken, Ulm 1994.

7 Lutz Niethammer (Hrsg.): „Die Jahre weiß man nicht, wo man die heute hinsetzen soll". Faschismuserfahrungen im Ruhrgebiet, Bonn 1983.

8 Hans-Joachim Althaus/Friedrich Bross/Gertrud Döffinger u. a. (Hrsg.): „Da ist nirgends nichts gewesen außer hier". Das „rote Mössingen" im Generalstreik gegen Hitler. Geschichte eines schwäbischen Arbeiterdorfes, Berlin 1982.

"das Widerstandsthema [...] einzubetten in die keineswegs einlinige, sondern äußerst unterschiedliche Wirkungs- und Erfahrungsgeschichte des Nationalsozialismus".[9]

Martin Broszat und seinen Mitarbeitern gelang es, den Blick auf vielfältige Formen der Opposition zu lenken. Der vorgeschlagene Begriff der „Resistenz" für jegliches Gegenhandeln jenseits des aktiven Widerstands setzte sich freilich nicht durch. Bis heute arbeitet die Geschichtswissenschaft mit einer Vielzahl von Begriffen wie (punktueller) Nonkonformität, Selbstbehauptung und Verweigerung, Dissens, Opposition und Widerständigkeit, die sich alle unter dem Sammelbegriff „Widerstand" subsumieren lassen.[10]

Was konkret waren aber die Alternativen zum Mittun? Tatsächlich war selbst Nichtstun eine Option, wenngleich noch kein Widerstandshandeln. Nichtstun stand hier für bewusstes nicht Mittun, meinte die Verweigerung geforderten und geförderten Tuns. Als Konsequenz konnte das den Karriereverzicht bedeuten oder die berufliche Kaltstellung wegen Nichtmitgliedschaft in der NSDAP. Der spätere Verfassungsrichter Julius Federer (1911–1984) schied schließlich gänzlich aus dem badischen Justizdienst aus, um als Finanzrat in den Dienst des Freiburger Erzbischofs zu treten.[11] Nicht mittun hieß auch nicht denunzieren, selbst wenn dies mit zumindest symbolischem Kapital belohnt wurde. Wer nicht denunzierte, durchbrach die Isolation des Misstrauens, die lenk- und kontrollierbar macht. Er rechtfertigte das ihm in einer „Misstrauensgesellschaft" (Hannah Arendt) entgegengebrachte Vertrauen.[12] Auch das widersprach der Intention der Staatsmacht. Allerdings ist ein solches Vertrauen in der „Misstrauensgesellschaft" eine „riskante Vorleistung" (Niklas Luhmann). Wer nicht denunziert, macht sich zum Mitwisser und Komplizen. Er riskiert zudem, einem *Agent provocateur* aufzusitzen. Wenn Widerstand Aktion bedeutet, dann kann Nichtstun allenfalls Ausdruck einer oppositionellen Haltung sein. Handeln setzt aber oft genug Haltung voraus – und diese Haltung musste mitunter erst einmal mühevoll errungen werden.

---

9 Martin Broszat: Resistenz und Widerstand. Eine Zwischenbilanz des Forschungsprojekts, in: Ders./Elke Fröhlich/Anton Grossmann (Hrsg.): Bayern in der NS-Zeit. Bd. IV: Herrschaft und Gesellschaft im Konflikt, München 1981, S. 691–709, hier S. 693.
10 Vgl. hierzu Benz, Der deutsche Widerstand (wie Anm. 6), S. 7–12.
11 Alexander Hollerbach: Julius Federer (1911–1984). Rechtshistoriker und Verfassungsrichter, Karlsruhe 2007, S. 10 f.
12 Vgl. Jan C. Behrends: Soll und Haben. Freundschaftsdiskurs und Vertrauensressourcen in der staatssozialistischen Diktatur, in: Ute Frevert (Hrsg.): Vertrauen. Historische Annäherungen, Göttingen 2003, S. 336–364.

Widerstand bedeutete Dagegenhandeln. Von der Notwendigkeit und Legitimität zu handeln, mussten weltanschauliche Gegner nicht überzeugt werden. Doch Propaganda, Selbstinszenierung, Anpassungsdruck und Massensuggestion hinterließen bei vielen Spuren. Lag man tatsächlich richtig mit seiner innerlichen Distanz, wenn doch Nachbarn, Freunde und Kollegen mitliefen, wenn selbst die alten Eliten, Kirchen und Vertreter fremder Mächte ihren Frieden mit dem Regime machten? Und gab es nicht für jeden, der nicht Angehöriger einer verfolgten Minderheit war, auch attraktive Versprechungen und Angebote? Tatsächlich waren die individuellen Wege in den Widerstand selten geradlinig. Ein kompromissloses Nein war täglich erneuertes Bekenntnis. Wer aber schafft es schon, stetig gegen den Strom zu schwimmen?

Auch wer den ethisch-weltanschaulichen Kompass in sich trug, musste sich seiner Position immer wieder vergewissern. Orientierung konnten ihm Kunst, Geschichte und nicht zuletzt Theologie bieten. Die Bücherschränke von Widerstandskämpfern wären ein aufschlussreicher Untersuchungsgegenstand. Peter Steinbach verweist auf die Bedeutung der Werke von Reinhold Schneider (1903–1958),[13] Werner Bergengruen (1892–1964), aber auch Franz Schnabel (1887–1966) für die Männer und Frauen im Umfeld des 20. Juli.[14] Wer las, konnte Selbstbestätigung finden. Aber auch Lektüre konnte nicht das persönliche Gespräch ersetzen, das Wahrnehmungen bestärkte oder zurechtrückte. Gesprächspartner waren Vertraute, die man im geschützten Raum traf. Da die herkömmlichen Geselligkeitsformen wie Verein oder Stammtisch aufgelöst oder zu riskant waren, suchten viele auch die freie Natur auf. Wander- oder Radausflüge wurden gerade im Arbeitermilieu zu beliebten heimlichen Zusammenkünften. In Karlsruhe wurde die Kanzlei des oppositionellen Rechtsanwalts Reinhold Frank (1896–1945) zum konspirativen Treffpunkt.[15] In Freiburg diskutierten Wirtschaftswissenschaftler und Juristen der späteren Freiburger Kreise in einem zugangsbeschränkten Gemeinschaftsseminar über das Verhältnis von Staat und Wirtschaft. Hier ging es längst nicht mehr um Selbstbestärkung. Vielmehr wurden Grundlagen erörtert, die in die späteren Nachkriegsplanungen der jeweiligen Widerstandsgruppen einflossen. Die Standortbestimmung zeitigte langfristige Folgen.

---

13 Vgl. hierzu den Beitrag von Peter Steinbach in diesem Band.
14 Peter Steinbach: „Distanz – eine bändigende Kraft", in: Babette Stadie (Hrsg.): Die Macht der Wahrheit. Reinhold Schneiders „Gedenkworte zum 20. Juli" in Reaktionen von Hinterbliebenen des Widerstandes, Berlin 2008, S. 11–62.
15 Vgl. hierzu den Beitrag von Angela Borgstedt in diesem Band.

Selbstvergewisserung musste nicht in eine Fundamentalopposition münden. Viele lehnten den NS-Staat ohnehin nicht grundsätzlich ab, sondern oftmals einzelne seiner Forderungen und Maßnahmen. In einem speziellen Punkt aber vertraten sie ihre eigene Auffassung. Punktuell nonkonform verhielten sich womöglich diejenigen, die ein Vertrauensverhältnis zu ihrem jüdischen Anwalt oder Arzt nicht deshalb aufgaben, weil es nun politisch opportun war. Vergleichbar handelten Bauern, die ihre französischen oder ukrainischen „Fremdarbeiter" nicht wie gefordert separat, sondern wie für Saisonarbeiter üblich mit der Familie essen ließen.[16] Die eigens angelegte Dokumentation antisemitischer Gesetze, die Richard Bielefeld (1863–1938) als Beweis für die Erosion des Rechts an seinen in den USA lebenden Sohn schickte,[17] ließe sich als eine solche Selbstvergewisserung kategorisieren. Nichts davon brachte das Regime zum Einsturz – und doch brachte solche Nonkonformität ein wenig Sand in die geölt laufende Maschinerie.

Waren Nonkonformität und Verweigerung graduell oder grundsätzlich verschiedene Formen des Widerstands? Die der Verweigerung zugrundeliegende Haltung scheint prinzipieller. Verweigert wurden „Gleichschaltung" und bedingungsloses Mitlaufen. Das betraf etwa die Parteimitgliedschaft. Sie wurde gerade von Beamten als Zeichen ihrer Staatstreue erwartet. Wer sie ablehnte, musste mit beruflicher Kaltstellung rechnen. Seine Zustimmung verweigern konnte man auch bei Volksabstimmungen. Der Rottenburger Bischof Joannes Baptista Sproll (1870–1949) ging 1938 erst gar nicht zur Wahl, um eine Manipulation ausschließen zu können. Otto Mörike (1897–1978), Pfarrer im württembergischen Kirchheim unter Teck, gab eine vorgefertigte Kritik an der Kirchenpolitik statt eines Wahlzettels ab. Das Sondergericht Stuttgart verurteilte ihn deswegen zu zehn Monaten Haft auf Bewährung.

Verweigert werden konnten die Treueverpflichtung oder Vereidigung auf Hitler, der „deutsche Gruß", der Fahnenappell, die Hakenkreuzbeflaggung. „Den Deutschen Gruß scheint er nicht zu kennen, er ist der typische ‚Grüß Gott' Sager", stand in der politischen Beurteilung des Lörracher Anwalts Friedrich Vortisch (1899–1991). Als Götzendienst lehnten die Zeugen Jehovas den Eid und die Grußformel „Heil Hitler" ab, weil doch alles Heil von Jesus Christus ausgehe.[18] Verweigert werden konnte die Spende für das Win-

---

16 Vgl. hierzu Jill Stephenson: Hitler's Home Front. Württemberg under the Nazis, London 2006.
17 Vgl. GLA KA 69 Rechtsanwaltskammer Karlsruhe, Nr. 82: Vernehmungsprotokoll der Gestapo vom 4.12.1935.
18 Vgl. hierzu den Beitrag von Angela Borgstedt in diesem Band.

terhilfswerk, der Bezug der NS-Presse, die Teilnahme an Gemeinschafts- und politischen Schulungsveranstaltungen oder die Ausstattung des Dienstzimmers mit dem obligatorischen Hitlerbild. Stattdessen hatte es durchaus demonstrativen Charakter, wenn an der Wand ein Porträt des 1935 selig gesprochenen Humanisten Thomas Morus oder ein Stadtplan Londons hing.[19]

Die „Gleichschaltung" verweigerten auch Jugendliche, die ihren eigenen Kleidungsstil pflegten, die Haare lang statt militärisch kurz trugen oder die verbotene Swingmusik hörten.[20] Sie schlossen sich nicht der Staatsjugend an. Das taten auch Jugendliche aus konfessionell geprägtem Elternhaus. Kirchenbindung nahm das Regime als Indiz weltanschaulicher Distanzierung wahr. Sie ließ sich am Besuch von Gottesdiensten oder an der Teilnahme an Prozessionen ablesen, an den Taufnamen der Kinder oder am Willen, sie firmen oder konfirmieren zu lassen. Staatliche Eingriffe in Religionsunterricht und Erziehung führten hier rasch zum Konflikt.

Widerstandshandeln im engeren Sinne war die öffentliche Äußerung von Protest. Der rasch etablierte Repressionsapparat ließ Gegenstimmen jedoch nicht mehr zu Wort kommen. Protestkundgebungen wie etwa der Generalstreik in Mössingen am 30./31. Januar 1933 waren Aktionen der ersten Tage und Wochen der Diktatur. Danach verstummte der Protest. Es gab jedoch vereinzelt und spontan vorgebrachte Unmutsäußerungen, die quasi Demonstrationscharakter hatten. Das bekannteste Beispiel ist der Protest von Frauen vor einem Gebäude der Jüdischen Gemeinde in der Berliner Rosenstraße im Februar 1943.[21] Sie hatten sich dort tagelang zu Hunderten versammelt, wo ihre jüdischen Ehemänner festgehalten wurden. Zu jener Zeit wurden in Berlin massenhaft Juden verhaftet und deportiert, die bislang noch Zwangsarbeit verrichtet hatten („Fabrikaktion"). Den Frauen ging es um nähere Informationen und natürlich um die Freilassung ihrer Ehemänner. Die filmische Adaption von Margarethe von Trotta (2003) legt dagegen nahe, sie hätten diese gegen Waffengewalt erkämpft und so die Deportation der etwa 2000 Männer verhindert. Deren Deportation war aber nach heutigem Kenntnisstand zu diesem Zeitpunkt (noch) nicht vorgesehen gewesen.

---

19 Vgl. Angela Borgstedt: Paul Zürcher (1893–1980). Amtsgerichtsrat in Freiburg, in: Heiko Maas (Hrsg.): Furchtlose Juristen. Richter und Staatsanwälte gegen das NS-Unrecht, München 2017, S. 267–277.
20 Vgl. hierzu den Beitrag von Sascha Lange in diesem Band.
21 Vgl. Wolf Gruner: Widerstand in der Rosenstraße. Die Fabrikaktion und die Verfolgung der „Mischehen" 1943, Frankfurt/M. 2005; Antonia Leugers/Jana Leichsenring (Hrsg.): Berlin, Rosenstraße 2–4. Protest in der NS-Diktatur. Neuere Forschungen zum Frauenprotest in der Rosenstraße 1943, Annweiler 2005.

Der Frauenprotest war dennoch eine Demonstration mutiger Beharrlichkeit gegenüber der wiederholten Forderung, die Straße zu räumen.

Auch in der Stuttgarter Silberburgstraße hatte es an zwei Oktobersonntagen 1934 Demonstrationen gegeben. Anlass war die Absetzung von Landesbischof Theophil Wurm (1868–1953) und der Versuch, die Württembergische Landeskirche „gleichzuschalten". Vor Wurms Wohnung versammelte sich beide Male eine große Menschenmenge, die singend den Verkehr blockierte. „Als die Polizei einige Verantwortliche festnehmen und per Straßenbahn abtransportieren will", so eine Augenzeugin, „geben die Demonstranten die Straßenbahnschienen so lange nicht frei, bis die Festgenommenen wieder auf freiem Fuß sind."[22] Auch der Großteil der Pfarrer im Land zeigte sich hier mit dem Landesbischof solidarisch. Schließlich wurde der NS-Führung die mit der Absetzung ausgelöste Beunruhigung im In- und Ausland zu groß, sodass sie einlenkte.

Ein solches Einlenken erreichten die protestierenden Frauen im württembergischen Geislingen bei Balingen nicht.[23] Dort war Ende 1941 handstreichartig das Personal des katholischen Kindergartens durch NS-Schwestern ersetzt worden. Die Mütter bewerteten dies als elementaren Eingriff in die elterliche Erziehungskompetenz, den sie nicht hinnehmen wollten. Etwa 150 bis 200 „Geislinger Weiber" zogen vor das Rathaus, später auch vor den Sitz der Kreisleitung, und forderten die Rückkehr der Ordensschwestern. Der NS-Staat begegnete ihnen letztlich hilflos mit Gewalt. Doch weil das Regime nach der „Geislinger Weiberschlacht" in der Sache nicht einlenkte, boykottierten die Mütter von nun an den Kindergarten. Weder mit Drohungen noch mit der Streichung von Zuschüssen ließen sie sich davon abbringen.

Diese wenigen Beispiele können freilich nicht vergessen machen, wer den öffentlichen Raum beherrschte. Allein die Lautsprecher sicherten akustische Dominanz. Wo andere sprachen, hörten Spitzel und Denunzianten mit. Jedem in der Heidelberger Stadtkirche, so die Erinnerung Marianne Webers (1870–1954), sei bewusst gewesen, dass Pfarrer Hermann Maas überwacht wurde. Ein solcher Gottesdienstbesuch war immer auch Bekenntnis. Der Pforzheimer Richter Alfred Weiler (1898–1970) beispielsweise ironisierte die Anwesenheit der Parteichargen im Gerichtssaal mit der Eingangsfrage: „Ist der Herr Kreisamtsleiter schon anwesend?" Worauf er nach kurzem Blick zum Angesprochenen feststellte: „Dann können wir ja anfangen."[24] Die Ge-

---

22 Regine Glaser/Esther Manz: In den Mühlen der Verwaltung. Eine junge Frau rettet ein jüdisches Ehepaar. Elisabeth Braun (*1910), in: Schröder, Im Dunstkreis der rauchenden Brüder (wie Anm. 1), S. 21–33, hier S. 24.
23 Vgl. hierzu den Beitrag von Christopher Dowe in diesem Band.

wissheit, unter Beobachtung zu stehen, hielt jedoch einzelne Mutige nicht von offener Kritik ab. Geistliche äußerten sie *ex cathedra*. Das bekannteste Beispiel ist die Predigt des Münsteraner Bischofs Clemens August von Galen (1878–1946), in der er im August 1941 Stellung gegen die „Euthanasie"-Morde bezog. Der Rottenburger Bischof Joannes Baptista Sproll predigte zwischen 1934 und 1938 auf Bischofstagen seiner Diözese vor mehr als 10 000 Gläubigen „gegen die Propaganda eines deutschen Gottes, gegen die Vergötzung des Blutes, gegen einen übersteigerten Nationalismus, gegen die These, Jesus sei Arier gewesen".[25] Pfarrer Julius von Jan (1897–1964) nannte im schwäbischen Oberlenningen in seiner Bußtagspredigt 1938 das Judenpogrom einen Verstoß gegen Gottes Gebot.[26]

Sie und andere exponierten sich öffentlich mit ihrer Kritik. Widerspruch wurde aber auch anonym in den öffentlichen Raum getragen. Wer Flugblätter herstellte oder verbreitete, Parolen an Hauswänden oder Klebezettel an Straßenlaternen anbrachte, der wollte tunlichst unerkannt bleiben. Er tarnte Schriften, gab fiktive Urheber und Auflagen an und versah sie mit unverdächtigen Titeln wie *Kunst des Selbstrasierens* oder *Anleitung zur Reparatur einer Nähmaschine*. Es ging darum, der Staatspropaganda zu widersprechen, aufzuklären und zu agitieren. „Glaubt nicht der nationalsozialistischen Propaganda", hieß es im fünften Flugblatt der Münchener Widerstandsgruppe Weiße Rose. Und weiter: „Beweist durch die Tat, dass ihr anders denkt! [...] Auch dem dümmsten Deutschen hat das furchtbare Blutbad die Augen geöffnet, das sie im Namen von Freiheit und Ehre der deutschen Nation in ganz Europa angerichtet haben und täglich neu anrichten."[27] Die Berliner Harnack-Schulze-Boysen-Gruppe („Rote Kapelle")[28] sammelte zu diesem Verbrechen Informationen, an die die im Reichspropagandaministerium arbeitende Libertas Schulze-Boysen (1913–1942) herankam. Sie wurden über die Flug-

---

24 Angela Borgstedt: Alfred Weiler (1898–1970). Amtsgerichtsrat in Pforzheim, in: Maas, Furchtlose Juristen (wie Anm. 19), S. 233–242.
25 Dominik Burkard: ... ohne Angst und ohne Menschenfurcht ... Bischof Sproll – Bewusster Provokateur oder Märtyrer wider Willen, in: Geschichtsverein der Diözese Rottenburg-Stuttgart (Hrsg.): Um seines Gewissens willen. Bischof Joannes Baptista Sproll zum 60. Todestag, Stuttgart 2010, S. 23–46, hier S. 36.
26 Vgl. hierzu den Beitrag von Wolfgang Schöllkopf in diesem Band.
27 Flugblätter der Widerstandsbewegung in Deutschland. Aufruf an alles Deutsche! Zitiert nach Ulrich Chaussy/Gerd R. Ueberschär (Hrsg.): „Es lebe die Freiheit!" Die Geschichte der Weißen Rose und ihrer Mitglieder in Dokumenten und Berichten, Frankfurt/M. 2013, S. 39 und S. 43.
28 Vgl. Hans Coppi u. a. (Hrsg.): Die Rote Kapelle im Widerstand gegen den Nationalsozialismus, Berlin 1994.

schriften der mehr als 150 Mitglieder starken Widerstandsgruppe verbreitet. Die politisch wie sozial heterogene Gruppe wollte vor allem den sinnlosen Krieg beenden. Es gab innerhalb der Gruppe Kontakte zur französischen und belgischen Résistance und zu Leopold Trepper (1904–1982), einem Kontaktmann des sowjetischen Nachrichtendienstes in Brüssel, der Stalin vergeblich vor deutschen Angriffsplänen warnte. Die Gestapo sah die Harnack-Schulze-Boysen-Gruppe deshalb als Spionagenetzwerk Moskaus. Dieses Bild bestimmte lange Zeit auch die Wahrnehmung in der Bundesrepublik. Es wird dem vielgestaltigen Widerstandshandeln der Gruppe jedoch nicht gerecht.

Beispiele des aktiven Widerstands wurden bereits genannt. Hier ging es um die Beseitigung der Diktatur, um die Wiederherstellung des Rechtsstaates und die Planung einer postdiktatorischen Ordnung. Dieser Widerstand im engeren Sinne ist vor allem mit dem 20. Juli 1944, dem Kreisauer Kreis und mit Namen wie Claus Schenk Graf von Stauffenberg, Helmuth James Graf von Moltke (1907–1945) und Carl Goerdeler verbunden. Er war in Berlin lokalisiert, weil hier die Schaltzentren der Macht lagen. Berlin war entscheidend, aber der 20. Juli 1944 benötigte die Vernetzung mit der Region. Und diese vielfältigen Kontakte hatte der ehemalige Leipziger Oberbürgermeister Goerdeler geknüpft, einerseits zum Stuttgarter Bosch-Kreis um Hans Walz (1883–1974) und Albrecht Fischer (1877–1965),[29] andererseits über den christlichen Gewerkschafter Joseph Ersing (1882–1956) zum ehemaligen württembergischen Staatspräsidenten Eugen Bolz (1881–1945). Über Bolz war der Karlsruher Widerstandskreis um den Rechtsanwalt Reinhold Frank eingebunden, der wiederum Kontakte ins Elsass und bis nach Paris unterhielt. Bolz und Frank beteiligten sich an den Planungen für die Zeit nach Hitler. Beide standen auf der Ämterliste regionaler Schattenkabinette. Wesentliche Beiträge zur Nachkriegsplanung kamen von den Freiburger Nationalökonomen Constantin von Dietze (1891–1973), Adolf Lampe (1897–1948) und Walter Eucken (1891–1950) sowie ihrem Historikerkollegen Gerhard Ritter (1888–1967), die drei Freiburger Widerstandskreise verklammerten.[30] Dietze war 1937 von Berlin nach Freiburg berufen worden und stand als Mitglied des Bruderrats der Bekennenden Kirche mit Dietrich Bon-

---

29 Vgl. hierzu den Beitrag von Winfried Meyer in diesem Band.
30 Vgl. Hans Maier (Hrsg.): Die Freiburger Kreise. Akademischer Widerstand und soziale Marktwirtschaft, Paderborn 2014; Nils Goldschmidt (Hrsg.): Wirtschaft, Politik und Freiheit. Freiburger Wirtschaftswissenschaftler und der Widerstand, Tübingen 2005; Dagmar Rübsam/Hans Schadek (Hrsg.): Der „Freiburger Kreis". Widerstand und Nachkriegsplanung 1933–1945, Freiburg i. Br. 1990.

hoeffer (1906–1945) in Verbindung. Bonhoeffer war es dann, der 1942 den aus Dietze, den drei Professoren sowie evangelischen und katholischen Pfarrern bestehenden ersten Widerstandskreis, das „Freiburger Konzil", mit einer Programmschrift für eine spätere ökumenische Weltkirchenkonferenz beauftragte. Unabhängig davon entstand in einem „Arbeitskreis Freiburger Denkschrift" der Entwurf für eine politische Ordnung nach Hitler, an dem unter anderem die Juristen Erik Wolf (1902–1977) und Franz Böhm (1895–1977) mitwirkten. Die Denkschrift ist eines der zentralen Dokumente des deutschen Widerstands. Daneben erstellten die Freiburger Nationalökonomen innerhalb der „Arbeitsgemeinschaft Erwin von Beckerath" Gutachten für eine Wirtschaftsordnung, die sowohl Goerdeler als auch dem Kreisauer Kreis zur Kenntnis kamen. Sie sind auch deshalb bedeutsam, weil Mitglieder dieses Kreises 1948 von Ludwig Erhard in den Wissenschaftlichen Beirat für die Bizone, dem Vereinigten Wirtschaftsgebiet der amerikanischen und britischen Besatzungszone, berufen wurden und ihre wirtschaftlichen Konzepte auf diese Weise in die Ausgestaltung der sozialen Marktwirtschaft der Bundesrepublik einflossen.

Der Widerstandsbegriff, dies mag der kurze Abriss gezeigt haben, ist heute eher ein Terminus mit festem Kern, der die Aktion zum Sturz verbrecherischer Herrschaft bezeichnet, und einer Corona vielfältiger Handlungsformen, über deren Zugehörigkeit diskutiert wird. So hat es lange gedauert, die Hilfe für Verfolgte des Nationalsozialismus als so bezeichneten Rettungswiderstand in diesem Begriffscluster zu verankern.[31] Strittig war (und ist) die Anerkennung von Desertion, von verbotenem Umgang mit „Fremdarbeitern" oder Kriegsgefangenen sowie Widersetzlichkeiten in der Kriegsendphase als Widerstandshandeln.[32] Fragen wie die nach Reaktionen auf Maßnahmen wie Zwangssterilisationen sind noch gar nicht beantwortet.[33] Sie lassen sich mittels biographischen Zugangs wohl nicht grundlegend klären. Insofern wollen die im vorliegenden Band versammelten 42 Beiträge mit Beispielen aus dem heutigen Baden-Württemberg nicht nur über teils spannende und bewegende Einzelschicksale berichten, sondern durch verschiedenste Perspektiven zum Nachdenken darüber anregen, was Widerstand ist und was Widerstand bedeutet. Es sind Biographien von Frauen, Männern sowie

---

31 Arno Lustiger: Rettungswiderstand. Über die Judenretter in Europa während der NS-Zeit, Göttingen 2011.
32 Vgl. hierzu die Beiträge von Wolfram Wette, Olga Volz, Dorothee Roos, Ulrike Marski und Angela Borgstedt in diesem Band.
33 Vgl. hierzu den Beitrag von Angela Borgstedt zu Pfarrer Philipp Berger in diesem Band.

Akteursgruppen mit regionalem Bezug zum deutschen Südwesten, die hier vereint sind. Oftmals sind es Porträts weitgehend oder gänzlich Unbekannter. Sie bilden topographisch wie demographisch, weltanschaulich, politisch oder religiös jene gesellschaftliche Vielfalt ab, die der Nationalsozialismus beseitigen wollte. Die Porträtierten sind vielfach grundverschieden. Es sind Akademiker und Arbeiter, Leute ohne hervorgehobene Stellung, dafür aber mit Herz und Mut, Alte und Junge, Städter und Dörfler, Priester und „Tunichtgute", Gottesfürchtige und Atheisten. Sie bilden im besten Sinne einen gesellschaftlichen Querschnitt. Im Grunde verband sie nur eines: Zumindest einmal traten sie im „gleichgeschalteten" NS-Staat aus der Reihe. Für manche hatte ihr Tun immense Folgen. Andere kamen vergleichsweise glimpflich davon. In jedem Fall zeigt ihr Handeln, was ganz gewöhnlichen Menschen möglich war. Und sie strafen jene Lügen, die nach 1945 behaupteten, man habe ja ohnehin nichts machen können.

Teil 1:
Politisch motivierter Widerstand

Angela Borgstedt

Politisch motivierter Widerstand

Was NS-Herrschaft bedeutete, hatte vielen bereits der gewaltbetonte Umgang der SA-Schläger mit politisch Andersdenkenden veranschaulicht, der die Endphase der Weimarer Republik überschattet hatte. Nach dem 30. Januar 1933 brach sich der Terror ungehindert Bahn: „Als wir auf die Kaiserstraße traten, empfing und begleitete uns ein wüstes Schreien und Johlen", beschrieb der einstige Bruchsaler Stadtverordnete der Zentrumspartei, Robert Duttenhofer (*1876), seine Verhaftung.

> „Die SA bildete, indem sie die Arme ineinander verschlang, eine lebende Kette, sodass es mir unmöglich geworden war, auszubrechen. Und so ging's durch die Kaiser- und Friedrichstraße zum Hause der Polizei [...]."[1]

Dem Sozialdemokraten Gustav Walther (*1895), der einst als Polizeibeamter NSDAP-Versammlungen politisch überwacht hatte, war im Karlsruher Innenministerium folgendes passiert:

> „Ich wurde geschlagen und getreten. Vor einer Zimmertür bekam ich einen sehr starken Faustschlag von hinten in das Gesicht, so dass ich an die Wand taumelte, und dann flog ich in das Zimmer, in dem sich [Minister] Pflaumer und einige mir unbekannte SS- und SA-Leute befanden. Pflaumer gab ein Zeichen und es fassten mich etwa 5 Uniformierte und warfen mich zur Tür hinaus. Ich wurde in den Leib, in das Gesäß getreten, nach der Treppe geschleppt und diese hinuntergeworfen. Ich blutete aus fast allen Löchern, die ein menschlicher Körper aufweist. Da ich ziemlich schwer verletzt war und immer wieder zusammenbrach, zog man mich wieder empor und schlug weiter auf mich ein."[2]

Die Berichte sind exemplarisch und machen sowohl das Ausmaß als auch die vielfach öffentliche Sichtbarkeit von Gewaltanwendung deutlich. Die

---

1 Generallandesarchiv Karlsruhe (GLA KA), 480 EK 21979: Klageschrift Duttenhofers im Rahmen der Wiedergutmachung, 27.7.1956, Bl. 4.
2 Aussage als Belastungszeuge im Entnazifizierungsverfahren des badischen NS-Innenministers Karl Pflaumer vom 14.1.1950, GLA KA 465a/51/68/1032. Vgl. http:/¬ns-ministerien-bw.de/2014/12/der-nationalsozialist-als-guter-patriot-karl-pflaumer-¬badischer-innenminister (Zugriff am 18.7.2017).

Gewalt traf primär, aber nicht ausschließlich die politischen Gegner der NSDAP auf der Linken: Kommunisten, Sozialdemokraten, Gewerkschaften sowie Splittergruppen wie die Sozialistische Arbeiterpartei (SAP) oder die leninistische Widerstandsgruppe „Neu Beginnen".

Die Gewaltexzesse waren flankiert von Maßnahmen des „Normenstaates" (Ernst Fraenkel). Binnen eines halben Jahres hatten die Nationalsozialisten zum Zweck der Herrschaftssicherung die freiheitlichen Grundrechte und die Gesetzgebungskompetenz des Parlaments ausgehebelt, politische Parteien aufgelöst, Parteineugründungen verboten und die Gewerkschaften zerschlagen. An die Stelle des „wilden" trat der „geordnete" Terror eines Repressionsapparats aus Gestapo, Sondergerichtsbarkeit und Konzentrationslagern. Sieben von neun württembergischen KPD-Landtagsabgeordneten wurden verhaftet, darunter Albert Fischer (1883–1952)[3] und Alfred Haag (1904–1982), dessen mutige Frau Lina (1907–2012) später zu Heinrich Himmler ging, um ihn aus dem Konzentrationslager freizubekommen. In Baden waren es die fünf KPD-Landtagsabgeordneten um Georg Lechleiter (1885–1942),[4] die sich in Haft befanden. Etwa 11 000 Kommunisten waren deutschlandweit inhaftiert, einige wie der Stuttgarter Willi Bleicher (1907–1981)[5] fast während der gesamten NS-Zeit. Abgeordnetenmandate wurden kassiert, die Partei verboten. Auch zahlreiche Sozialdemokraten wurden verhaftet und in den rasch eingerichteten Konzentrationslagern wie Kislau, Stetten am kalten Markt und später dem Ulmer Oberen Kuhberg inhaftiert.[6] Im Mai 1933 wurden sieben führende badische Sozialdemokraten in einer demütigenden „Schaufahrt" von Karlsruhe ins nahe Kislau überführt, darunter die ehemaligen Minister Ludwig Marum (1882–1934) und Adam Remmele (1877–1951).[7] Die Gewalt machte weder vor Rathäusern noch Gewerkschaftshäusern, Genossenschaften oder Ortskrankenkassen halt. Betriebsräte

---

3 Vgl. hierzu den Beitrag von Nicola Wenge in diesem Band.
4 Vgl. hierzu den Beitrag von Sebastian Gewert in diesem Band.
5 Vgl. hierzu den Beitrag von Hermann G. Abmayr in diesem Band.
6 Nicola Wenge: Die Etablierung des Terrors. Frühe Verfolgung der politischen Opposition in Baden und Württemberg. Geschichte und Nachgeschichte des KZ Oberer Kuhberg Ulm, in: Peter Steinbach/Thomas Stöckle/Sibylle Thelen/Reinhold Weber (Hrsg.): Entrechtet – verfolgt – vernichtet. NS-Geschichte und Erinnerungskultur im deutschen Südwesten, Stuttgart 2016, S. 61–92.
7 Angela Borgstedt: Das nordbadische Kislau. Konzentrationslager, Arbeitshaus und Durchgangslager für Fremdlegionäre, in: Wolfgang Benz/Barbara Distel: Herrschaft und Gewalt. Frühe Konzentrationslager 1933–1939, Berlin 2002, S. 217–229; Angela Borgstedt: Der südbadische Ankenbuck. Arbeitskolonie und Konzentrationslager, in: Ebd., S. 211–216.

verloren Amt und Anstellung. Allein bei den Krankenkassen in Baden wurden 192 Beschäftigte oft so brutal und demütigend aus dem Amt geprügelt, dass sich mehrere das Leben nahmen.[8] Wie konnte sich unter diesen Bedingungen Gegenwehr formieren? Was konnten parteipolitische Gegner, deren Führung sich bald in Haft oder im Exil befand, überhaupt noch tun?

Die Sozialdemokraten handelten im Rahmen der Legalität.[9] Sie forderten die Einhaltung des geltenden Rechts und verwiesen auf Rechtsverletzungen. Er sei namens der SPD „bei dem inzwischen zum Reichs-Kommissar ernannten Gauleiter Robert Wagner persönlich wegen der vorgekommenen Gesetzwidrigkeiten der Nazis vorstellig geworden", berichtete August Hoffmann (1897–1977), Mitglied des Kampfverbands „Reichsbanner Schwarz-Rot-Gold". Die SPD machte auch unter irregulären Bedingungen Wahlkampf für die Reichstagswahl am 5. März 1933. Der Selbstentmachtung des Reichstags durch das „Ermächtigungsgesetz" vom 23. März 1933 verweigerte sie die Zustimmung. Ihr Vorsitzender Otto Wels (1873–1939) begründete dies in eindrucksvoller Rede. Er war der letzte einer Reihe markanter SPD-Redner gegen die nationalsozialistische Gefahr, unter denen vor allem der Stuttgarter Reichstagsabgeordnete Kurt Schumacher (1895–1952) und seine Stegreifrede 1932 gegen Joseph Goebbels herausragte. Diese Entgegnung auf Goebbels' Äußerung, die SPD sei eine „Partei der Deserteure", war wohl eine der schärfsten Stellungnahmen gegen die NSDAP überhaupt. Schumacher wurde im Juli 1933 in Berlin verhaftet und war zehn Jahre lang in zahlreichen Konzentrationslagern in Haft, darunter im KZ Oberer Kuhberg in Ulm.

Die SPD ging 1933 daran, ihre Exilzentrale in Prag einzurichten. Den Aufbau einer illegalen Parteistruktur in Deutschland lehnte sie ebenso ab wie sie zuvor bereits Massenaktionen oder gar den Einsatz der Kampfverbände ausgeschlossen hatte. Ihr ging es vor allem um die Behauptung des sozialdemokratischen Milieus. Gerade im Umfeld der Arbeitersportvereine entstanden lokale Gruppen, deren Widerstandshandeln sich vor allem auf den Transport und das Verbreiten von Flugschriften sowie das Anbringen von Klebezetteln konzentrierte. Mit Material versorgt wurden sie von in den Nachbarländern aufgebauten Grenzsekretariaten und -stellen, denen sie wiederum Informationen aus Deutschland lieferten. Grenzsekretäre am Oberrhein und in der Schweiz waren Georg Reinbold (1885–1946)[10] in Straß-

---

8 Vgl. die Zeugenaussagen in den Entnazifizierungsverfahren der Verantwortlichen Meyer und Horn in GLA KA 465a/51/68/674 sowie GLA KA 465a/51/68/649.
9 Hartmut Mehringer: Sozialdemokratischer und sozialistischer Widerstand, in: Peter Steinbach/Johannes Tuchel (Hrsg.): Widerstand gegen die nationalsozialistische Diktatur 1933–1945, Bonn 2004, S. 56–78.
10 Vgl. hierzu den Beitrag von Bernd Braun in diesem Band.

burg, Georg Dietrich (1888–1971) in Basel und Erwin Schoettle (1899–1976) in St. Gallen. Kopf eines Verteilernetzes im Grenzgebiet zum Elsass war der Karlsruher Friedrich Weick (1905–1945). Er traf sich in Straßburg mit Georg Reinbold und brachte aus einem grenznahen Versteck Zeitungen, Flugblätter und Tarnschriften im Leiterwagen nach Deutschland, die im gesamten deutschen Südwesten verteilt wurden.[11] Der junge Karlsruher Max Singer holte solche Schmuggelware mit dem Fahrrad in Basel ab und transportierte sie in dessen Rahmen. So mutig solches Handeln war, es wurde rasch entdeckt. Weick und sein Netzwerk wurden Ende 1933 verhaftet, 1936 auch die Genossen, die an ihre Stelle getreten waren. Das war kein Einzelfall. Angesichts des Verfolgungsdrucks stagnierte die Aktivität.

Die KPD interpretierte den Nationalsozialismus entsprechend der marxistischen Geschichtstheorie als besonders aggressive Form der vermeintlich im Niedergang befindlichen kapitalistischen Herrschaft.[12] Den grundlegenden Unterschied zum demokratischen Rechtsstaat verkannte sie wie viele, nur bekämpfte sie obendrein die SPD, statt sich gemeinsam mit ihr gegen den Nationalsozialismus zu stellen. Als einzige Partei unter den NS-Gegnern hatte sie sich auf die Illegalität vorbereitet, sich aber hinsichtlich der Repressionsgewalt und der Dauer des NS-Regimes Illusionen gemacht. Die „Machtergreifung" beantwortete die KPD am 31. Januar 1933 mit einem Aufruf zum Generalstreik. Befolgt wurde er allein im schwäbischen Industriedorf Mössingen, wo etwa 800 Arbeiterinnen und Arbeiter dreier Textilunternehmen dem Ruf „Heraus zum Massenstreik" folgten und die Tätigkeit niederlegten. Die Kleinstadt Mössingen war untypisch, weil die KPD hier besonders stark war. An den größeren Industriestandorten gab es zwar bis in den Februar 1933 hinein auch kleinere Demonstrationen der KPD, der SPD und der Gewerkschaften, aber der Protest wurde rasch beendet.[13] Dazu trugen Repression und eine rückwirkend verschärfte Strafverfolgung ebenso bei wie der drohende Arbeitsplatzverlust und die Isolation innerhalb der sich formierenden „Volksgemeinschaft". In Mössingen wurde gegen 77 Streikende ein Strafverfahren eingeleitet, sieben Hauptbeteiligte wie Jakob Stotz (1899–1975)[14] wurden gar wegen „Hochverrats" verurteilt.

---

11 Vgl. Manfred Koch: Widerstand und Verfolgung, in: Susanne Asche/Ernst Otto Bräunche/Manfred Koch/Heinz Schmitt/Christina Wagner: Karlsruhe. Die Stadtgeschichte, Karlsruhe 1998, S. 503–516, hier S. 507 f.
12 Andreas Herbst: Kommunistischer Widerstand, in: Steinbach/Tuchel, Widerstand (wie Anm. 9), S. 33–55.
13 Ulrich Nieß/Michael Caroli (Hrsg.): Geschichte der Stadt Mannheim. Bd. III: 1914–2007, Heidelberg 2009, S. 229.
14 Vgl. hierzu den Beitrag von Hermann Berner in diesem Band.

Die Straße als Ort politischer Öffentlichkeit, dies machten die Nationalsozialisten unmissverständlich klar, würde künftig allein ihnen gehören.

Die KPD hatte sich auf die Ausbildung illegaler Strukturen eingestellt. Ihre zentralistische Organisation war allerdings vergleichsweise anfällig. Dem immer effizienter agierenden Verfolgungsapparat der Nationalsozialisten gelangen bis 1935 entscheidende Einbrüche. Zu den in jener Zeit Festgenommenen gehörte die in Stuttgart ansässige Lilo Herrmann (1909–1938),[15] die Informationen über die nationalsozialistische Rüstung zusammentrug, um im Ausland vor der Kriegsgefahr zu warnen. Es bedurfte freilich nicht nur gezielter Ermittlung, um Einbrüche in die illegale KP-Struktur zu erzielen. Die Genossen gefährdeten sich selbst mit spektakulären Aktionen, mit denen sie ihren ungebrochenen Widerstandswillen demonstrieren wollten. Nach 1935 entstanden neue, aber nunmehr dezentrale Gruppen, die über grenznahe Abschnittsleitungen in Kontakt zur Exilzentrale der Partei in Paris standen. Das Verhältnis war nicht ungetrübt, weil aus dem Exil heraus Handlungsforderungen erhoben wurden, die von wachsender Unkenntnis der innerdeutschen Situation geprägt waren. Massenhaft befanden sich Genossen in Haft, und wer nach langer Zeit zurückkehrte, suchte Schutz im Rückzug ins Private. Einzelne gingen ungeachtet aller Gefahren daran, neue Widerstandsgruppen aufzubauen, in denen manchmal quasi als „Volksfront" auch Sozialdemokraten und Sozialisten mitwirkten. Sie waren zu Kriegszeiten besonders in Betrieben aktiv, setzten sich unter anderem für Kriegsgefangene und Zwangsarbeiter ein. In Leipzig formierte sich eine größere und nie gänzlich ausgehobene Organisation um den früheren KPD-Reichstagsabgeordneten Georg Schumann (1896–1945), in Berlin um Anton Saefkow (1903–1944), Franz Jacob (1906–1944) und Bernhard Bästlein (1894–1944). In Mannheim stellte die sogenannte Lechleiter-Gruppe um den früheren Landtagsabgeordneten Georg Lechleiter 1941/42 mehrere Ausgaben einer Untergrundzeitung her, die den programmatischen Titel *Der Vorbote* trug. Wie die Berliner wurde auch diese Gruppe entdeckt, ihre Mitglieder fast ausnahmslos zum Tode verurteilt und hingerichtet.

Bereits in der Endphase der Weimarer Republik hatten sich kleinere Splittergruppen gebildet, die über die politischen Gräben hinweg KPD und SPD im Kampf gegen die Nationalsozialisten einen wollten. Was sie von den beiden Großparteien unterschied, war die konspirative Organisation in kleinen, unabhängigen Widerstandsgruppen. Hier ist exemplarisch der Mannheimer Zweig der ursprünglich leninistischen Gruppe „Neu Beginnen" zu

---

15 Vgl. hierzu den Beitrag von Lothar Letsche in diesem Band.

nennen, wenngleich es hier auch eine Zelle der Sozialistischen Arbeiterpartei (SAP) gab. Der Mannheimer Kopf von „Neu Beginnen" war der Graphiker Carl Maria Kiesel (1903–1971),[16] der sich später in Frankreich der Résistance anschloss. Die Mannheimer schmuggelten bis zur Verhaftung einiger Mitglieder im Jahr 1935 Schriften aus dem Saargebiet ins nationalsozialistische Deutschland und hielten politische Schulungen ab. Den Verfolgern gelang es dabei nicht, die gesamte Widerstandsorganisation zu ermitteln. Aber auch der gebürtige Pforzheimer Fritz Erler (1913–1967) arbeitete bis zu seiner Verhaftung 1938 illegal für die Gruppe „Neu Beginnen".

Der NS-Staat hatte die Handlungsmöglichkeiten seiner politischen Gegner weitgehend eingeschränkt. Viele hatten resigniert und sich in den prekären Schutz des Privaten zurückgezogen. Sie suchten Selbstbestätigung im Kontakt mit Gleichgesinnten. Andere beschafften und verbreiteten Informationsalternativen zur NS-Propaganda oder transferierten ihre Binnensicht nach außen.[17] Manche unterstützten Verfolgte oder entwarfen Pläne für eine Zeit nach Hitler. Und wieder andere gingen ins Exil, wo einige als Freiwillige der Internationalen Brigaden im Spanischen Bürgerkrieg aktiv dagegen kämpften, dass die nationalsozialistische und faschistische Ideologie in Europa expandierte: Mit der Waffe in der Hand, aber etwa auch im Sanitätsdienst. Wie die Beispiele von Elisabeth Bier (1888–1957) und Margarete Linick (1906–1942) zeigen,[18] waren darunter auch Frauen. Die Verteidigung der spanischen Republik mobilisierte die politische Linke und die intellektuelle Elite Europas und der USA. Umso desillusionierender wirkte die Nichtintervention der westlichen Demokratien, die den Einfluss Moskaus als nahezu einziger Stütze Madrids erheblich vergrößerte.[19] Nach der Niederlage der Republik kamen die Brigadisten aus Deutschland und anderen Staaten als Flüchtlinge nach Frankreich und wurden in jenen eilends errichteten Lagern interniert, die später als Sammellager für Juden berüchtigt wurden: Gurs, Rivesaltes, Les Milles, Le Vernet.[20] Von den Spanienkämpfern

---

16 Vgl. Annette Roser: Widerstand gegen den Nationalsozialismus am Beispiel von Carl Maria Kiesel, unveröfftl. Magisterarbeit Karlsruhe 1996.
17 Deutschland-Berichte der Sozialdemokratischen Partei Deutschlands (Sopade), Frankfurt/M. 1980 (Nachdruck).
18 Vgl. hierzu den Beitrag von Brigitte und Gerhard Brändle in diesem Band.
19 Walter L. Bernecker: Krieg in Spanien 1936–1939, 2. Aufl. Darmstadt 2005; Carlos Collado Seidel: Der Spanische Bürgerkrieg. Geschichte eines europäischen Konflikts, 2. Aufl. München 2010.
20 Angela Borgstedt: Gurs. Die Deportation der badischen Juden am 22. Oktober 1940, Reinhold Weber/Peter Steinbach/Hans-Georg Wehling (Hrsg.): Baden-württembergische Erinnerungsorte, Stuttgart 2012, S. 472–481.

schlossen sich etliche nach der deutschen Besetzung Frankreichs der Résistance an, sofern sie nicht umgehend dem Sicherheitsdienst (SD) oder der Gestapo in die Hände gefallen waren.

Gemessen am Handeln der politischen Linken nahm sich die Gegenreaktion der Liberalen eher bescheiden aus — auch in Südwestdeutschland. Hintergrund war deren lange vor 1933 einsetzender Erosionsprozess und der zuletzt nicht eindeutige Kurs gegenüber der extremen Rechten. Einen liberalen Widerstand gegen den Nationalsozialismus hat es nicht gegeben, wohl aber den Widerstand einzelner Liberaler.[21] In Hamburg beispielsweise konstituierte sich ein vielfältig verzweigtes Netzwerk um den Volkswirt Hans Robinsohn (1897—1981) und den Juristen Ernst Strassmann (1897—1958), das über den ehemaligen Stuttgarter DDP-Reichstagsabgeordneten Fritz Elsas (1890—1945)[22] bis zu Carl Goerdeler (1884—1945), zur Militäropposition und zu Hans von Dohnanyi (1902—1945) reichte. Zur Robinsohn-Strassmann-Gruppe gehörte auch der nachmalige Bundesjustizminister Thomas Dehler (1897—1967) aus Bamberg, der über seine Nichte Hannelore Hansch (1918—2007)[23] auch Kontakte zum Oppositionskreis um den Karlsruher Richter Gerhard Caemmerer (1905—1961) unterhielt. Solche Gesprächskreise unter Linksliberalen gab es auch um den badischen Landtagsabgeordneten Wilhelm Stahl (1903—1989) in Neustadt im Schwarzwald. Der liberalen Opposition sind überdies die im Bosch-Kreis vereinten führenden Mitarbeiter des Stuttgarter Unternehmens zuzuordnen.[24] Das aus heutiger Sicht bekannteste Beispiel ist freilich Theodor Heuss (1884—1963), der sich unter anderem als Herausgeber der Zeitschrift *Die Hilfe* bis 1936 auch publizistisch mit den Nationalsozialisten auseinandersetzte.

Die meisten Konservativen waren wie die Nationalsozialisten Gegner der Demokratie.[25] Das machte sie jedoch nicht zwingend zu deren Parteigängern, wenngleich die Anpassungsbereitschaft hoch war. Zu den frühen Opfern nationalsozialistischer Verfolgung gehörten jungkonservative Kritiker wie der aus Ludwigshafen stammende Edgar Jung (1894—1934), der anlässlich des „Röhm-Putsches" 1934 ermordet wurde. Als Konservative sind andererseits auch die Mitglieder und Anhänger des katholischen Zentrums

---

21 Vgl. Jürgen Fröhlich: Opposition und Widerstand auf liberaler Grundlage, Steinbach/Tuchel, Widerstand (wie Anm. 9), S. 167—184.
22 Vgl. hierzu den Beitrag von Manfred Schmid in diesem Band.
23 Vgl. hierzu den Beitrag von Angela Borgstedt in diesem Band.
24 Joachim Scholtyseck: Robert Bosch (1861—1942), in: Reinhold Weber/Ines Mayer (Hrsg.): Politische Köpfe aus Südwestdeutschland, Stuttgart 2005, S. 179—189.
25 Ekkehard Klausa: Konservative im Widerstand, in: Steinbach/Tuchel, Widerstand (wie Anm. 9), S. 185—201.

anzusprechen, einer der staatstragenden Parteien der Weimarer Republik. Aber auch sie hatte 1933 dem „Ermächtigungsgesetz" zugestimmt. Es waren jeweils einzelne wie der frühere württembergische Staatspräsident Eugen Bolz (1881–1945) oder der Karlsruher Stadtverordnete Reinhold Frank (1896–1945),[26] die den Weg in den Widerstand gingen.

Diesen Weg beschritten auch einzelne parteilich Ungebundene. Der inzwischen bekannteste ist sicherlich Georg Elser (1903–1945) aus Königsbronn, dessen Attentat im Münchener Bürgerbräukeller Hitler 1939 nur um wenige Minuten entgangen war. Elser, so der Historiker Peter Steinbach,

> „kann für keinen Traditionszusammenhang beansprucht werden. Er wählte kommunistisch, folgte aber nicht der Parteilinie. [...] Er passte weder in ein konservativ-nationales noch in ein bürgerlich-liberales Schema des Kampfes gegen die Diktatur."[27]

Er war ein einsamer und lange ein verfemter Widerstandskämpfer, der in jüngster Zeit vielleicht auch gerade deshalb ein breiteres Interesse gefunden hat, weil er im besten Sinne ein „gewöhnlicher Mann" aus dem Volk war.

Den Nationalsozialisten erwuchs vereinzelt sogar Widerstand aus den eigenen Reihen. Ein noch immer wenig bekannter Fall ist der des Freiburgers Helmuth Klotz (1894–1943), der 1923 an der Vorbereitung des Hitler-Ludendorff-Putsches mitgewirkt hatte, sich aber der Partei entfremdete, weil sie aus seiner Sicht nur beanspruche, Arbeiterinteressen zu vertreten. 1929 trat er der SPD bei und bekämpfte Hitler und die NSDAP publizistisch. Was einem Journalisten und pointierten linken Kritiker der Nationalsozialisten nach der „Machtergreifung" drohte, zeigt das Schicksal Felix Fechenbachs (1894–1933) vom *Detmolder Volksblatt*, der im August 1933 von Nazi-Schergen ermordet wurde.[28] Klotz floh ins Exil nach Frankreich, wo er 1937 mit seinem Buch *Der neue deutsche Krieg* Westeuropa und vor allem die neutralen Staaten sehr konkret vor einer erneuten deutschen Aggression warnte. Er wurde 1939 Berater des französischen Kriegsministeriums.[29] Dass die Nationalsozialisten diesen Renegaten hassten, überrascht nicht. Klotz geriet 1940

---

26 Vgl. hierzu den Beitrag von Angela Borgstedt in diesem Band.
27 Peter Steinbach/Johannes Tuchel: Georg Elser (1903–1945), in: Weber/Mayer, Politische Köpfe (wie Anm. 24), S. 167–178, hier S. 176.
28 Zu Fechenbach vgl. Sabine Klocke-Daffa (Bearb.): Felix Fechenbach 1894–1933. Journalist, Schriftsteller, Pazifist, Detmold 1994.
29 Vgl. Andreas Morgenstern: Veröffentlichung der Kriegspläne, in: Haus der Geschichte Baden-Württemberg (Hrsg.): Anständig gehandelt. Widerstand und Volksgemeinschaft 1933–1945, Stuttgart 2012, S. 79–83.

in die Hand seiner früheren Parteifreunde, die ihn 1942 vor den Volksgerichtshof brachten und damit dem Todesurteil auslieferten.[30]

Helmuth Klotz ist nur einer von vielen Männern und Frauen des Widerstands, die an der politischen Neukonstituierung nach 1945 nicht mehr mitwirken konnten. Andere sahen sich im Systemkonflikt zwischen westorientierter Bundesrepublik und SED-Diktatur marginalisiert. Das betraf nicht zuletzt Kommunisten. Ihnen blieb in der Bundesrepublik die Anerkennung verwehrt, weil das Ziel ihres Kampfes gegen den Nationalsozialismus nicht der demokratische Rechtsstaat gewesen war. In der DDR wiederum standen die aus KZ-Haft Befreiten im Schatten der Moskautreuen. Vielen NS-Gegnern war diese Kirchturmpolitik fremd. „Wir wollen sie gemeinsam ehren", war nach 1945 ihr dezidierter Wille.[31] Es bedurfte freilich eines langen Prozesses, um einen entsprechend integralen Widerstandsbegriff gesellschaftlich zu verankern.

---

30 Zu Klotz vgl. Herbert Linder: Von der NSDAP zur SPD. Der politische Lebensweg des Dr. Helmuth Klotz (1894–1943), Konstanz 1998.
31 Manfred Koch: „Wir wollen sie gemeinsam ehren". Vom Umgang mit dem Widerstand gegen den Nationalsozialismus in Karlsruhe, in: Landeszentrale für politische Bildung Baden-Württemberg/Haus der Geschichte Baden-Württemberg (Hrsg.): Formen des Widerstandes im Südwesten 1933–1945. Scheitern und Nachwirken, Ulm 1994, S. 284–294.

Manfred Schmid

Fritz Elsas (1890–1945) – ein Cannstatter Jude im Widerstand gegen Hitler

Am 1. Februar 1915 begann der 25-jährige Staatswissenschaftler Fritz Elsas seinen Dienst bei der Stadt Stuttgart. Fast genau 30 Jahre später wurde er als Gegner des Nationalsozialismus heimtückisch im KZ Sachsenhausen ermordet. Damit wurde der gewaltsame Schlussstrich unter das Leben eines verdienten und bemerkenswerten Stuttgarter Bürgers gezogen, der nicht nur für seine Heimatstadt Vorbildliches im Dienst geleistet, sondern auch als Politiker und Staatsbürger, als aufrechter Demokrat, seine Spuren hinterlassen hat.

Sein Lebensweg begann am 11. Juli 1890 in Cannstatt. Er entstammte einer angesehenen jüdischen Familie. Die früh verstorbene Mutter Bertha Elsas war die Tochter von Salomon Lindauer, der in Cannstatt eine erfolgreiche Korsettfabrik aufgebaut hatte. Der Vater Julius Elsas war Mitinhaber einer großen Mechanischen Buntweberei. Fritz Elsas besuchte in Cannstatt zuerst die Grundschule und anschließend das heutige Johannes-Kepler-Gymnasium, das er im Juli 1908 unter Befreiung vom mündlichen Examen erfolgreich abschloss. Nach dem Abitur führte sein Weg von Cannstatt nach München, Berlin und Tübingen, wo er 1912 das Studium der Rechts- und Staatswissenschaften mit der Promotion zum Dr. rer. pol. beendete. Der Ausbruch des Ersten Weltkrieges machte seinen Plan, eine wissenschaftliche Laufbahn an einer Universität anzustreben, zunichte.

Glänzender Organisator im Ersten Weltkrieg
Da er aufgrund seiner Kurzsichtigkeit nicht zum Kriegsdienst eingezogen wurde, bemühte er sich, an anderer Stelle einen Dienst für das Vaterland zu leisten. Nach mehreren Anläufen bekam er im August 1914 bei der Handelskammer Stuttgart eine Stelle, bevor er schließlich am 1. Februar 1915 mit der Bezeichnung „wissenschaftlicher Hilfsarbeiter" als Leiter des Mehlhauptamtes in den Dienst der Stadt Stuttgart trat. So begann Fritz Elsas seine kommunale Karriere. Auf dieser Stelle konnte er all seine Fähigkeiten und Talente ausschöpfen. Denn in dem Maße, in dem der Krieg länger und länger dauerte, wurde die Lebensmittelversorgung immer stärker reglemen-

tiert und zentralisiert. Damit gewann seine Dienststelle, die schon bald zu einem „Städtischen Lebensmittelamt" aufgewertet wurde, an Bedeutung. Bei Kriegsende war Elsas Leiter von acht Abteilungen mit mehr als 220 Mitarbeitern. Was er als Berufsanfänger in dieser Position geleistet hatte, kam nach Ende des Ersten Weltkrieges in einem Zeitungsartikel deutlich zur Sprache:

> „So hat er die Lebensmittelversorgung Stuttgarts in einer Weise organisiert, dass sie für die hiesige Bevölkerung unter Berücksichtigung der Kriegsverhältnisse gleichmäßig und pünktlich arbeitete und in Fachkreisen als eine der besten in ganz Deutschland galt."[1]

Gleich zu Beginn des Krieges hatte Elsas auch im privaten Bereich eine wichtige Entscheidung getroffen. Am 20. Dezember 1914 hielt er im Gehrock und Zylinder bei seinem zukünftigen Schwiegervater, dem Cannstatter Fabrikdirektor Gottlob Scholl, um die Hand seiner Tochter Marie an. Am Weihnachtsabend wurde im Kreis beider Familien die offizielle Verlobung gefeiert. Ein halbes Jahr später, am 19. Juni 1915, fand die Heirat statt. Die Hochzeitsreise führte das neuvermählte Paar trotz der Kriegszeit für ein paar unbeschwerte Tage nach Baden-Baden. Nach der Rückkehr bezog es die erste gemeinsame Wohnung. In den Jahren 1916, 1918 und 1920 wurden die Kinder Marianne, Hanne und Peter geboren.

Im Landtag für die Linksliberalen
Nach dem Ende des Ersten Weltkrieges stellte Fritz Elsas in zweierlei Hinsicht neue Weichen. So schloss er sich der neugegründeten Deutschen Demokratischen Partei (DDP) an, der Partei, die in der Folgezeit neben der SPD am entschiedensten für die Weimarer Republik eintreten sollte. Elsas konnte sich in der DDP schnell profilieren und zählte dank seiner „intellektuellen Brillanz" bald zu den führenden demokratischen Politikern in Stuttgart. Öfters waren wichtige Parteifreunde wie zum Beispiel Reinhold Maier, Peter Bruckmann oder Eberhard Wildermuth in seinem Privathaus zu Gast. Mit Theodor Heuss bestand in jener Zeit ein enger brieflicher Austausch über verschiedene Parteiinterna. Daraus erwuchs im Laufe der Jahre auch eine persönliche Beziehung zwischen den Familien Elsas und Heuss, die sich noch als schicksalshaft erweisen sollte.

1924 wurde Fritz Elsas auf der Liste der DDP in den Landtag gewählt. Obwohl er nur zwei Jahre lang, bis zu seinem Weggang aus Stuttgart im Okto-

---

[1] Stuttgarter Neues Tagblatt vom 19.10.1926 (der Verfasser des Artikels war Reinhold Maier).

ber 1926, sein Mandat ausüben konnte, erwarb er sich rasch großes Ansehen — auch bei zahlreichen politischen Gegnern. Seine Debattenbeiträge waren sowohl der Form als auch dem Inhalt nach den meisten anderen Rednern überlegen. So verließ zum Beispiel der damalige deutschnationale Staatspräsident Wilhelm Bazille gelegentlich den Sitzungssaal, sobald sich Elsas zu Wort meldete.

Auch in beruflicher Hinsicht hatten sich für Fritz Elsas nach dem Ersten Weltkrieg neue Perspektiven ergeben. Im April 1919 war er auf dem Stuttgarter Rathaus in eine neue, eigens für ihn geschaffene Stelle als städtischer Rechtsrat für Handels-, Gewerbe-, Verkehrs- und Pressewesen aufgerückt. Auch hier bewährte er sich glänzend. Nicht ohne Grund wurde er in einem Zeitungsartikel wie folgt gelobt:

> „Diese seine absolute Sachlichkeit und die Gewissenhaftigkeit, mit der er alles, was zu seinem Tätigkeitsgebiete gehörte, behandelte, sicherten ihm bei allen Parteien des Gemeinderates ein Vertrauen, wie es in einem Stadtparlament ein Beamter [...] in führender Stellung nur selten genießen wird."[2]

Dank seines großen Ansehens war er auch als Kandidat für die Stuttgarter Oberbürgermeisterwahl 1921 im Gespräch. Elsas zögerte jedoch aus zweierlei Gründen. Zu einem wollte er nicht als einziger ernsthafter Bewerber gegen den Amtsinhaber Karl Lautenschlager, seinen Vorgesetzten, antreten. Zum andern wusste er zu genau, dass es gegen ihn, das heißt gegen seine Abstammung, in manchen Kreisen antisemitische Vorbehalte gab. So wurde von einem einflussreichen Parteipolitiker in Bezug auf seine mögliche Kandidatur deutlich gesagt: „[...] aber an seinem Namen nehmen wir Anstoß."[3] Damit war für ihn die Entscheidung gefallen, eine Kandidatur nicht ernsthaft in Erwägung zu ziehen.

Im Jahr 1926 verließ Fritz Elsas mit seiner Familie Stuttgart. Sein Ruf als tüchtiger, fähiger, ja brillanter Kommunalbeamter hatte sich natürlich herumgesprochen. Bereits 1922 wurde er zum Beispiel in den Verwaltungsrat des neu geschaffenen Reichsamtes für Arbeitsvermittlung in Berlin berufen. Verschiedene Kontakte zu kommunalen Interessenverbänden und auch zu Persönlichkeiten aus der kommunalen Verwaltung ergaben sich wie von selbst. Einen Namen machte er sich auch aufgrund seiner umfangreichen publizistischen Tätigkeit in Fachzeitschriften. So ist es nicht verwunderlich, dass er immer wieder Stellenanfragen und Stellenangebote bekam. Oberbür-

---

[2] Stuttgarter Neues Tagblatt vom 19.10.1926.
[3] Manfred Schmid (Hrsg.): Auf dem Stuttgarter Rathaus. Erinnerungen von Fritz Elsas (1890–1945), Stuttgart 1990, S. 192.

germeister Lautenschlager versuchte zwar, ihn nach seinen Möglichkeiten zu fördern und konnte auch erreichen, dass ihm Anfang 1925 die wichtige Stelle als Leiter des Personalamts übertragen wurde. Diese neue Aufgabe blieb aber eine kurze Episode.

Karriere in Berlin

Im September 1926 wurde Fritz Elsas fast einstimmig zum Vizepräsidenten und geschäftsführenden Vorstand des Deutschen und Preußischen Städtetages in Berlin gewählt. Durch seine neue Tätigkeit kam er in kürzester Zeit in Verbindung mit zahlreichen politischen Persönlichkeiten der Reichshauptstadt und fast allen Oberbürgermeistern dieser Zeit, so auch mit Konrad Adenauer, dem damaligen Stadtoberhaupt von Köln. Über eine Begegnung mit ihm hat Elsas folgendes in seinem Tagebuch festgehalten:

> „Unterhaltung mit Adenauer [...]. Ich gab zurückhaltend Auskunft, da ich mir über seine Art noch nicht ganz klar bin. In der Tat habe ich kaum einen Menschen kennengelernt, der so undurchdringlich war (aalglatt) [...]."[4]

Aus manchen Begegnungen entwickelten sich auch über das Dienstliche hinausgehende Verbindungen, ja Freundschaften. So zählte zum Beispiel Carl Goerdeler, der spätere Oberbürgermeister von Leipzig, auch zu den privaten Gästen im Hause Elsas in Berlin-Dahlem. Beide konnten damals nicht ahnen, dass diese Beziehung viele Jahre später tragisch für Elsas enden würde.

Abschluss und Höhepunkt seiner kommunalpolitischen Karriere bildete der erneute Eintritt in den unmittelbaren Gemeindedienst. Als zu Beginn des Jahres 1931 im Berliner Rathaus eine Umorganisation an der Verwaltungsspitze notwendig geworden war, musste der wichtige Posten eines zweiten Bürgermeisters besetzt werden. Da die Deutsche Staatspartei (DStP), wie die DDP seit 1930 hieß, das Vorschlagsrecht besaß, nominierte sie Fritz Elsas. Mit den meisten Stimmen wurde er am 14. April 1931 in sein neues Amt gewählt. Bis zu seinem unfreiwilligen Ausscheiden und seiner Entlassung leitete er das Wirtschaftsdezernat und das Dezernat für die städtischen Unternehmen und Gesellschaften. Dazu bekleidete er noch mehrere Aufsichtsratsposten in städtischen Versorgungs- und Dienstleistungsbetrieben.

---

4 Fritz Elsas: Tagebucheintrag vom 27.9.1929 (Privatbesitz).

Fritz Elsas (1890–1945)

Fritz Elsas am Schreibtisch, aufgenommen um 1925.

Entlassung und Neuanfang

Nach der „Machtergreifung" der Nationalsozialisten Anfang 1933 konnte Fritz Elsas sein Amt nicht mehr lange ausüben. Um seiner drohenden Amtsenthebung als Jude und Demokrat zuvorzukommen, hatte er nach einem längeren Gespräch mit seinem Vorgesetzten Oberbürgermeister Heinrich Sahm von sich aus am 14. März um seine Beurlaubung nachgesucht. Die Begründung für diesen überraschenden Schritt hat Elsas handschriftlich auf dem Durchschlag seines Gesuches festgehalten:

> „Ich habe ihm zunächst meine Bedenken gegen das Vorgehen geäußert, da es mir zweckmäßig erschien, die Initiative der anderen Seite zu überlassen. Er legte aber besonderen Wert auf diese Form, da er darin eine freundlichere Art des Ausscheidens sieht als in der zwangsweisen Beurlaubung."[5]

---

5 Nachlass Fritz Elsas (Privatbesitz).

Der nächste Verwaltungsakt bestand darin, dass er am 6. Juli 1933 „in Ausführung des Gesetzes zur Wiederherstellung des Berufsbeamtentums" einen Fragebogen zugeschickt bekam. Mit Schreiben vom 12. September teilte ihm dann der Preußische Minister des Inneren lapidar mit, dass er nach § 3 des erwähnten Gesetzes, das heißt wegen seiner jüdischen Abstammung, in den Ruhestand versetzt worden sei.

Nach dem plötzlichen Ende seiner kommunalpolitischen Karriere kehrte Elsas nicht in seine Heimatstadt Stuttgart zurück, sondern versuchte in Berlin in anderer Weise Fuß zu fassen. Ab dem 1. Dezember 1933 arbeitet er zunächst in einer Wirtschaftskanzlei als Sachbearbeiter, bevor er sich im Laufe des Jahres 1934 als Devisen- und Wirtschaftsberater selbständig machte. Seine Büroräume befanden sich in zentraler Lage am Pariser Platz 7, direkt neben dem Brandenburger Tor, im Palais des bekannten Malers Max Liebermann.

Die Haupttätigkeit von Elsas bestand darin, Juden, die aus Deutschland flüchten mussten, in Devisenangelegenheiten zu beraten. Bis Juli 1937 konnte er ungehindert arbeiten, dann wurde er wegen angeblicher Verstöße gegen Devisentransaktionen verhaftet und musste die nächsten Monate in Untersuchungshaft verbringen. Nach seiner Entlassung mangels Beweisen nahm er seine Arbeit wieder auf, verlegte aber in der zweiten Jahreshälfte 1938 sein Büro in sein Privathaus. Spätestens mit Ausbruch des Zweiten Weltkrieges musste er dann seine freiberufliche Tätigkeit ganz einstellen. Bis zu seiner erneuten Verhaftung am 10. August 1944 beschäftigte er sich vor allem mit historischen Studien und arbeitete viel im heimischen Garten.

Im Widerstand
Während all der Jahre nach seinem erzwungenen Weggang aus dem Berliner Rathaus führte Elsas so etwas wie ein Doppelleben. Seit 1934 war er Mitglied eines liberalen Widerstandskreises. Für diesen Kreis, meist ehemalige Mitglieder der DDP, ging es nicht um eine direkte, aktive Beseitigung des NS-Regimes — das sollte Aufgabe der militärischen Opposition sein —, sondern vielmehr darum, die Voraussetzungen für eine politisch notwendige Neuordnung auf rechtsstaatlicher Grundlage für die Zeit nach Hitler zu schaffen. Aufgrund seiner zahlreichen früheren beruflichen Kontakte und Bekanntschaften fungierte Elsas als wichtiges Bindeglied zwischen den bürgerlichen Widerstandskreisen um Carl Goerdeler einerseits und dem Gewerkschafter Wilhelm Leuschner sowie verschiedenen Gruppen aus dem linken Widerstand andererseits.

Mit Ausbruch des Zweiten Weltkrieges intensivierten sich vor allem die Kontakte zu Goerdeler. Mit ihm traf er sich wiederholt zu Besprechungen in seinem Haus in Berlin-Dahlem. Auf dessen Wunsch hin verfasste er Vorschläge und Gutachten über wirtschaftliche und arbeitsrechtliche Fragen einer zukünftigen Regierung nach einem erfolgreichen Umsturz. Auch arbeitete er eine Proklamation aus, mit der Goerdeler als neuer Reichskanzler nach der erfolgreichen Beseitigung Hitlers an die Öffentlichkeit treten wollte. Nach einem gelungenen Attentat wäre Elsas als Leiter der Reichskanzlei vorgesehen gewesen.

In den Händen der Gestapo
So war es nur allzu verständlich, dass Goerdeler nach dem gescheiterten Attentat auf Hitler vom 20. Juli 1944 auf seiner Flucht bei Fritz Elsas auftauchte, um zeitweise Unterschlupf zu finden. Am 27. Juli übernachtete er in dessen Haus. Bei einem zweiten Besuch einige Tage später blieb er zwar nicht über Nacht, wurde aber wahrscheinlich von einem Nachbarn oder Passanten erkannt, nachdem am 1. August ein Steckbrief von Goerdeler veröffentlicht worden war. Damit war auch das Schicksal von Fritz Elsas besiegelt. Am 10. August 1944, zwei Tage vor Goerdelers Verhaftung, holte ihn die Gestapo ab und brachte ihn in das Untersuchungsgefängnis Moabit in der Lehrter Straße 3. Seine Familie sollte ihn nie wiedersehen. Das letzte Lebenszeichen von Elsas aus der Haft war ein am 31. Oktober 1944 heimlich mit Bleistift geschriebener Brief an seine Frau. Dieses Abschiedsdokument wurde von einer unbekannten Person aus dem Gefängnis geschmuggelt und in den Briefkasten des leerstehenden Hauses der Familie Elsas in Berlin-Dahlem geworfen. Zu diesem Zeitpunkt waren bereits sowohl die Frau von Fritz Elsas als auch die drei Kinder in Haft. Der Brief wurde später zufällig von Ernst Ludwig Heuss, dem Sohn von Theodor Heuss und Elsas' zukünftigen Schwiegersohn, gefunden und aufbewahrt.

Der Brief zeigt, dass Elsas bei den Befragungen in der Gestapozentrale in der Prinz-Albrecht-Straße gefoltert worden sein muss. Aber „er hat in den Verhören niemand belastet, seinen Mitgefangenen Trost gespendet",[6] wie ein Mithäftling kurz nach Kriegsende schrieb. Bis Ende Dezember 1944 blieb er im Gefängnis, bevor er zu seiner Hinrichtung in das KZ Sachsenhausen verschleppt wurde. Ein Prozess gegen ihn hat nie stattgefunden.

Heimtückische Ermordung
Im KZ Sachsenhausen wurde er nach dem Bericht eines Mitgefangenen wahrscheinlich am 4. Januar 1945 in der sogenannten Station „Z" erschossen. Dort befand sich die „Genickschussanlage", die wie folgt „bedient" wurde:

---
6 Rudolf Pechel: Deutscher Widerstand, Erlenbach-Zürich 1947, S. 222.

„Der Todgeweihte musste den Untersuchungsraum betreten, in dem SS-Leute in weißen Kitteln die schauerliche Komödie ärztlicher Untersuchung spielten [...]. Völlig entkleidet betrat das Opfer durch einen kurzen Flur den Erschießungsraum. Eine Tafel mit Schriftzeichen, wie sie Augenärzte und Optiker zur Prüfung der Sehschärfe verwenden, und eine Messlatte zum Ablesen der Körpergröße täuschten das Innere eines Sanitätsraumes vor. In dem Augenblick, da das Opfer sich ausgestreckt vor die Messlatte stellte, schoss ihm ein SS-Mann ins Genick, der im Nachbarraum mit der Pistole gewartet hatte. [...] Während der Tote von den Häftlingen des Krematoriums-Kommandos in die Leichenhalle geschleift werden musste, wurde der Betonfußboden durch Hebeldruck unter Wasser gesetzt. Ein Druck auf die Taste, im Untersuchungszimmer leuchtete eine Lampe auf, das nächste Opfer betrat den Durchgang zum Erschießungsraum. Für dieses Tötungsverfahren benötigte die SS für jedes Opfer 60 bis 90 Sekunden und nur eine Kugel."[7]

Da der genaue Zeitpunkt der Hinrichtung von Fritz Elsas nach Kriegsende lange Zeit nicht bekannt war, wurde amtlicherseits als Todesdatum der 18. Januar 1945 festgesetzt. An diesem Tag nämlich machte der *Deutsche Reichsanzeiger* die Einziehung des gesamten Nachlasses des „Juden Fritz Israel Elsas" zugunsten des Deutschen Reiches bekannt.

Zum Zeitpunkt der Ermordung von Fritz Elsas waren sowohl seine Frau als auch die drei Kinder in Gefangenschaft. Bereits im September 1943 war der Sohn Peter in Stuttgart verhaftet worden und in das KZ Buchenwald eingeliefert worden. Von dort wurde er im September 1944 zusammen mit 700 Häftlingen in das zu Buchenwald gehörende KZ-Außenlager Annener Gußstahlwerk in Witten im Ruhrgebiet überführt und dort am 3. April 1945 von amerikanischen Truppen befreit. Die Ehefrau Marie Elsas war zusammen mit ihrer ältesten Tochter am 6. September 1944 ins Frauengefängnis Berlin-Moabit gebracht worden. Dort wurden die beiden Frauen am 23. April 1945 durch einen tollkühnen und unglaublichen Husarenstreich gerettet. Ernst Ludwig Heuss, der eine leitende Position in einem Industrieverband in Berlin bekleidete, war im Gefängnis aufgetaucht, hatte sich als Beamter des Justizministeriums ausgegeben und die beiden Frauen mitgenommen.

Die jüngste Tochter Hanne, die zunächst untergetaucht war, kam am 17. Januar 1945 in das KZ Ravensbrück und wurde dort in der Zugangsliste als „Mischling 1. Grades" geführt. Auch sie überlebte. Nach Berlin zurückgekehrt, heiratete sie am 4. August 1945 Ernst Ludwig Heuss in der St. An-

---

7 Sachsenhausen. Dokumente, Aussagen, Forschungsergebnisse und Erlebnisberichte über das ehemalige Konzentrationslager Sachsenhausen, Berlin (Ost) 1977, S. 53 f.

nen-Kirche in Berlin-Dahlem. Die Eltern des Bräutigams, die damals in Heidelberg lebten, konnten aufgrund der schwierigen Verkehrsverhältnisse so kurz nach Kriegsende nicht nach Berlin fahren. „Dass wir nicht auf der Hochzeit sein konnten, ist ein Schmerz, aber so sind halt die Zeiten",[8] schrieb Elly Heuss-Knapp Freunden.

Gedenken – und Wiedergutmachung?
Wenige Monate nach Kriegsende, am 25. November 1945, war es Theodor Heuss, der bei einer Gedenkfeier für seinen ermordeten Freund eine Rede hielt:

> „Da ist Fritz Elsas [...], einer der ersten Kenner und Täter deutscher sozialer und wirtschaftlicher Kommunalpolitik. Durch all die Jahre hat er es abgelehnt, Rufe ins Ausland anzunehmen, weil er in Deutschland seine und seiner Kinder Heimat wusste. Er war ein guter und wagender Freund [...]."[9]

Bereits 1946 benannte die Stadt Stuttgart eine Straße nach Fritz Elsas um. In Anwesenheit des damaligen Bundespräsidenten Theodor Heuss folgte auch die Stadt Berlin im Stadtbezirk Schöneberg diesem Beispiel.

Diese Form der Erinnerungskultur war allerdings nur die eine Seite der Medaille. Die andere Seite lässt sich als ein beschämendes Kapitel deutscher Nachkriegspolitik beschreiben. Mit der Ermordung von Fritz Elsas stand seine Ehefrau Marie Elsas nach 1945 praktisch mittellos da. Zwar war sie wieder in Besitz ihres durch die Gestapo beschlagnahmten Hauses gekommen, aber regelmäßige Einkünfte in Form von Pensions- bzw. Rentenleistungen standen ihr nicht mehr zur Verfügung, weil die NS-Behörden nach der Verhaftung und dem Tod ihres Mannes alle Zahlungen eingestellt hatten. Eine Wiederaufnahme dieser Zahlungen scheiterte nach 1945 jahrelang an bürokratischen Spitzfindigkeiten, während die Witwen der Täter in der Regel gut versorgt waren. In einem Antrag auf Wiedergutmachung vom 26. Januar 1948 schrieb Marie Elsas: „Meinen Lebensunterhalt bestreite ich durch den Verkauf von Möbeln und Einrichtungsgegenständen."[10]

Der gleiche Satz findet sich auch in einem Brief an Reinhold Maier, den damaligen Ministerpräsidenten von Württemberg-Baden und ehemaligen Parteifreund von Fritz Elsas. Der Kampf um eine Wiedergutmachung zog

---

8 Peter Merseburger: Theodor Heuss. Der Bürger als Präsident. Biographie, München 2012, S. 381.
9 Theodor Heuss: An und über Juden. Aus Schriften und Reden (1906–1963), zusammengestellt und herausgegeben von Hans Lamm, Düsseldorf/Wien 1964, 97 f.
10 Nachlass Fritz Elsas (Privatbesitz).

sich mehrere Jahre hin. Noch 1952 musste ihr Gegenschwieger Theodor Heuss bei den Behörden in Stuttgart schriftlich intervenieren, um Marie Elsas zu ihrem Recht zu verhelfen. Sie starb im Alter von 82 Jahren, am 16. Juni 1968. Auf ihrem Grabstein auf dem Pragfriedhof in Stuttgart wurde auch der Name ihres Mannes eingraviert.

Literatur

Manfred Schmid (Hrsg.): Auf dem Stuttgarter Rathaus. Erinnerungen von Fritz Elsas (1890–1945), Stuttgart 1990.

Manfred Schmid (Hrsg.): Fritz Elsas. Ein Demokrat im Widerstand. Zeugnisse eines Liberalen in der Weimarer Republik, Gerlingen 1999.

Nicola Wenge

Albert Fischer (1883–1952) – ein Metzinger Kommunist widersteht unter der Verfolgung

Albert Fischer wurde am 23. Dezember 1883 in Metzingen geboren und wuchs als Sohn eines Fabrikarbeiters im ländlich-protestantisch geprägten Arbeitermilieu Württembergs auf. Metzingen, etwa dreißig Kilometer südlich von Stuttgart im Ermstal gelegen, war ein traditioneller Weinbauernort, dessen Wirtschaft im 19. Jahrhundert vor allem dank der boomenden Textil- und Lederindustrie florierte. Albert Fischer absolvierte nach dem Besuch der Volksschule eine Lehre als Weißgerber in der Leder- und Handschuhfabrik A. Gänsslen jr., die 1902 bereits über hundert Beschäftigte zählte. Während die große Mehrzahl der Metzinger Arbeiter aus der Stadt oder ihrem Umland kamen, stammten die bei Gänsslen angestellten Weißgerber und Handschuhmacher aus allen Teilen des Deutschen Reichs. Viele von ihnen waren Anhänger der sozialistischen Arbeiterbewegung und diskutierten ihre Überzeugungen am Arbeitsplatz. Albert Fischer wurde so schon früh politisiert. Mit 18 Jahren trat er sowohl der SPD als auch den freien Gewerkschaften bei. 1910 heiratete Fischer Katharina (Käthe) Maier, die ebenfalls aus Metzingen stammte. Die beiden bekamen eine Tochter (Hilde) und einen Sohn (Albert junior).[1]

---

1 Zentrale biographische Informationen zu Albert Fischer haben Rudolf Renz, Rolf Bidlingmaier und Angelika Hauser-Hauswirth in den im Literaturverzeichnis aufgeführten lokalhistorischen Studien zu Metzingen zusammengetragen. Fischers Wirken als Landtagsabgeordneter und KPD-Funktionär auf Landesebene ist weit weniger erforscht als seine kommunalpolitische Tätigkeit. Grundlegende Informationen liefern hier Hermann Weber und Frank Raberg in ihren biographischen Lexikonartikeln. Die Verfolgungsgeschichte in der NS-Zeit haben insbesondere Silvester Lechner, Myrah Adams und Markus Kienle (Dokumentationszentrum Oberer Kuhberg, Ulm — DZOK) recherchiert. Quellen zu Widerstand und Verfolgung finden sich im DZOK, im VVN-Archiv Stuttgart, in den Staatsarchiven Sigmaringen und Ludwigsburg, im Stadtarchiv Metzingen sowie im Archiv des ITS Bad Arolsen. Siehe zum grundlegenden politischen Kontext auch die Arbeiten von Thomas Schnabel und Thomas Kurz. Eine kurze Übersicht über Fischers Haftzeiten und Biographie bietet die Online-Häftlingsdatenbank des Dokumentationszentrums Oberer Kuhberg unter www.dzok-ulm.de.

Politisches Engagement in den Arbeiterparteien vor 1933
Ein Jahr vor dem Ersten Weltkrieg übernahm Albert Fischer im Alter von dreißig Jahren den Vorsitz des SPD-Ortsvereins Metzingen. Wie viele andere junge Sozialdemokraten distanzierte er sich in den Kriegsjahren zunehmend von der Politik seiner Partei, kritisierte deren Bewilligung der Kriegskredite und die Zusammenarbeit mit den alten Eliten des Kaiserreichs als Verrat am Sozialismus. Fischer sympathisierte mit dem linken pazifistischen Flügel um Hugo Haase, der sich 1917 von der SPD als Unabhängige Sozialdemokratische Partei (USPD) abspaltete. Die Trennung von der Mutterpartei vollzog Fischer auch auf kommunalpolitischer Ebene. Im Mai 1919 wurde er gemeinsam mit zwei anderen USPD-Mitgliedern in den Metzinger Gemeinderat gewählt. Während die Partei bei den Wahlen im Jahr 1919 reichsweit eine bittere Niederlage einstecken musste, schnitt sie in Metzingen mit drei Gemeinderatssitzen vergleichsweise gut ab. Albert Fischer war jedoch davon überzeugt, dass eine grundsätzliche Verbesserung der Lage der Arbeiterschaft, die in den frühen Krisenjahren der Weimarer Republik unter Hunger, Arbeitslosigkeit und Not litt, nur durch eine Revolution nach sowjetischem Vorbild möglich sei. Deshalb kritisierte er nun auch die USPD als zu gemäßigt. 1921 tat er gemeinsam mit den übrigen Metzinger USPD-Gemeinderäten zur KPD über, die die Revolution in Deutschland vollenden wollte. Er gründete eine Ortsgruppe der Partei in Metzingen, die er bis 1933 — stets mit hoher Stimmzahl wiedergewählt — im Gemeinderat vertrat.

Von 1924 bis 1933 wurde Albert Fischer für seine Partei, die sich in den 1920er-Jahren zu einer Massenpartei entwickelte, in den Landtag gewählt. Als Berufspolitiker war er in Württemberg fortan vor allem für die Landpropaganda zuständig, wo die KPD, anders als in den Großstädten und Industriegebieten, schwach vertreten war. In den heftigen parteiinternen Flügelkämpfen über den Stalinisierungskurs der KPD auf Landesebene trat Fischer kaum in Erscheinung, umso stärker jedoch auf kommunalpolitischer Ebene. Vor Ort setzte sich der energische Politiker konsequent für die Belange der Arbeiterschaft ein, für die Bekämpfung der Wohnungsnot, die Verbesserung der Lebensmittelversorgung sowie die Aufstockung der Armenfürsorge. Im Landtag und vor allem auf kommunaler Ebene ließ Albert Fischer keine Gelegenheit aus, auf Konfrontationskurs zu den bürgerlichen Parteien und der SPD zu gehen. Für seine politischen Überzeugungen riskierte er in einigen Fällen auch eine Verhaftung, was seinem großen Einfluss in seinem Heimatort jedoch keinen Abbruch tat.[2]

---

2 Vgl. zu den Verhaftungen Fischers vor 1933 seine Wiedergutmachungsakte im Staatsarchiv Sigmaringen (StA SIG), Wü 33 T1 2026 sowie die Gemeinderatsprotokolle im Stadtarchiv (StadtA) Metzingen, MB 47, S. 552–553 und S. 574–577.

Unter der Leitung Albert Fischers konnte die KPD in Metzingen beachtliche Erfolge erringen. Sie erhielt bei den meisten Wahlen fast doppelt so viele Stimmen wie die SPD und kam bei den Reichstagswahlen im Mai 1928 auf 18,8 Prozent gegenüber 7,3 Prozent in Württemberg und 10,6 Prozent im Reich. Diese Zahlen zeugen nicht zuletzt von dem hohen Ansehen, das Fischer in der Arbeiterschaft seiner Heimatstadt genoss. Die KPD konnte ihren Stimmenanteil bis November 1932 knapp halten, während die NSDAP den bürgerlichen Parteien und der SPD bei ihrem sprunghaften Aufstieg in Metzingen – insbesondere im Krisenjahr 1932 – viele Wählerstimmen abnahm. Bei den Landtagswahlen am 24. April 1932 wurde die NSDAP mit 26,4 Prozent erstmals stärkste Partei, während sie in Metzingen sogar auf 42,7 Prozent kam und damit einen erdrutschartigen Sieg erzielte.[3]

Albert Fischer, kommunistischer Landtagsabgeordneter und Lokalpolitiker aus Metzingen.

---

3 Rudolf Renz: Vor 80 Jahren: Zwei Metzinger, Albert Fischer und Alois Dangelmaier, in KZ-Haft, in: Beiträge zur Metzinger Stadtgeschichte, 17. September 2014, S. 52–65, hier S. 58; Angelika Hauser-Hauswirth: Republik, Diktatur und Totaler Krieg. Metzingen zwischen 1918 und 1945, in: Rolf Bidlingmaier (Hrsg.): Metzingen – Vom Marktflecken zur Outletstadt, Petersberg 2013, S. 420–477, hier S. 429 f.

Die Metzinger NSDAP und Albert Fischer in den Krisenjahren der Weimarer Republik
Für die Ideologie der NSDAP war neben dem Antisemitismus und dem Antiliberalismus vor allem auch der Antikommunismus zentral. Das Feindbild vom jüdisch-bolschewistischen Marxismus war dabei nicht nur eine rhetorische Metapher, sondern auch politische Kampfansage. So war die KPD in der Endphase der Republik auch in Metzingen in einen zunehmend brutalen Straßenkampf mit der NSDAP verwickelt. Die Vergiftung der politischen Kultur zeigte sich nicht zuletzt im Stadtrat, nachdem die NSDAP unter ihrem Ortsgruppenleiter Dr. Eugen Klett 1931 dort eingezogen war. Im Zentrum der politischen Angriffe stand Albert Fischer, der sich auf der Straße und im Stadtrat als ihr entschiedenster Gegner exponiert hatte. Weil sich der wortgewaltige Fischer weder einschüchtern ließ noch Anzeichen eines erlahmenden Widerstandsgeists zeigte, wurde er von der NSDAP vor Ort zum Hauptfeind erklärt. Immer wieder beleidigten und bedrohten die Rechtsradikalen ihn und seine Familie, seine Frau Käthe und die Kinder Albert und Hilde, die ebenfalls in der kommunistischen Arbeiterbewegung aktiv waren. Bei einem NS-Aufmarsch im Jahr 1932 entkam Albert Fischer nur knapp einem Überfall durch den SA-Mann Max Kaufmann, der wenige Monate später erster Kommandant des württembergischen Konzentrationslagers Heuberg bei Stetten am kalten Markt werden sollte.

Untertauchen und Verhaftung: Februar bis August 1933
Unmittelbar nach der Machtübernahme durch die Nationalsozialisten wurde der Terror gegen die politischen Gegner forciert und zur offiziellen Staatspolitik. Die juristische Grundlage für die Verfolgung Andersdenkender bildete die „Reichstagsbrandverordnung" vom 28. Februar 1933, mit der zum „Schutz von Volk und Staat" politische Gegner des Regimes „präventiv" verhaftet und ohne Justizurteil festgehalten werden konnten. Allein im März und April 1933 wurden reichsweit rund 35 000 Personen in „Schutzhaft" genommen und waren damit staatlicher Willkür ohne jeden Rechtsbeistand ausgeliefert. Mehrere hundert Inhaftierte wurden ohne Gerichtsurteil ermordet. Zu den ersten Opfern der groß angelegten Massenverhaftungen in Württemberg gehörten insbesondere die Kommunisten. Sie bildeten im Frühjahr 1933 neben einigen aktiven Sozialdemokraten die große Mehrheit jener rund 2000 Männer, die durch die Politische Polizei Württemberg und ihre Hilfstruppen zunächst über die Polizei- und Amtsgerichtsgefängnisse ihrer Heimatstädte in das KZ Heuberg verschleppt wurden. Die gesamte mittlere und obere Funktionsebene der KPD und ihrer Organisationen, aber auch einfache Vereinsmitglieder und KPD-Sympathisanten kamen in Haft. Von den sieben württembergischen Landtagsabgeordneten gelang nur Otto Vollmer und Maria Walter die Flucht in die Schweiz.

Im Fokus des NS-Verfolgungsapparats stand auch Albert Fischer. Sein Name wurde bereits Mitte Februar auf einer geheimen Liste der Polizei über die „Führer der KPD" im Bezirk Urach geführt. Als „wirklich radikal und hetzerisch" bezeichnete das Uracher Landjägerstationskommando Albert Fischer, seinen Schwiegersohn Ernst Ott, Ernst Hettich und Heinrich Weiblen aus Metzingen sowie Gottlieb Löffenhardt aus Riederich.[4] Die genannten Personen wurden am 11. März gemeinsam mit zahlreichen anderen württembergischen Kommunisten verhaftet. Albert Fischer junior war bereits Mitte Februar in Haft genommen worden, nachdem ihn SA-Leute bei einem Zusammenstoß vor dem Metzinger NSDAP-Parteibüro bewusstlos geschlagen hatten. Fischer senior tauchte Anfang März unter. Obwohl er krank war, gelang ihm zunächst die Flucht. In einem Brief an seine Familie schrieb er am 27. Mai 1933: „Wie ein gehetztes Wild geht es von einem Ort zum anderen."[5] Unterschlupf fand er für einige Monate in der Rauhmühle bei Waldenbuch. Während der Zeit der Illegalität wurden Käthe und Hilde Fischer von der Polizei unter Druck gesetzt, ihre Wohnung bei Hausdurchsuchungen gestürmt und sie selbst observiert – jedoch vergeblich. Das württembergische Oberamt Urach berichtete dem Landeskriminalpolizeiamt Stuttgart am 16. März 1933:

> „Fischer selbst konnte bis jetzt nicht festgenommen werden [...]. Wiederholte Kontrollen in seiner Wohnung haben zu keinem Erfolg geführt. Da er als ein gewissenloser Hetzer und besonders fanatischer Parteimann landauf, landab bekannt ist, sollte mit allen Mitteln versucht werden, seiner habhaft zu werden."[6]

Erst am 11. August 1933 konnten die Nationalsozialisten Fischer schließlich verhaften, nachdem sein Versteck verraten worden war. Zusammen mit dem Müller Johannes Decker, der ihm Quartier gegeben hatte, fiel er der Politischen Polizei Württemberg in die Hände. Seine Überführung in das Polizeigefängnis Stuttgart und von dort in das KZ Heuberg wurde von einer triumphierenden Pressekampagne begleitet. Der *NS-Kurier* brachte ein Spottgedicht auf Fischer; die Metzinger Ortsgruppe der NSDAP vertrieb ein Foto seiner Verhaftung als Postkarte.[7]

---

4 StA SIG, Wü 65/40 T 2–4 Nr. 2096: Württ. Landjägerstationskommando Urach, 13.2.1933.
5 Zitiert nach Silvester Lechner: Das KZ Oberer Kuhberg und die NS-Zeit in der Region Ulm/Neu Ulm, Stuttgart 1988, S. 24.
6 StA SIG, Wü 65/40 T 2–4 Nr. 2096: Württ. Oberamt Urach an das Landeskriminalpolizeiamt Stuttgart, 16.3.1933.
7 NS-Kurier vom 10.8.1933; Alb-Neckar-Zeitung vom 11.8.1933 und vom 12.8.1933 sowie Landausgabe des NS-Kuriers vom 18.8.1933.

Albert Fischer (in der Tür) wird nach seiner Verhaftung aus dem Rathaus Waldenbuch abgeführt. Das Foto wurde im „NS-Kurier" und auf Postkarten propagandistisch vertrieben.

Haft in den Konzentrationslagern Heuberg und Oberer Kuhberg

Zur Ausschaltung der politischen Gegner hatte die Politische Polizei Württemberg am 20. März 1933 das erste Konzentrationslager Heuberg auf einem ehemaligen Truppenübungsplatz auf der Schwäbischen Alb errichtet. Es war ein staatliches Lager, das dem Innenministerium unterstand und wegen seiner Größe und Gewaltherrschaft berüchtigt war. Bis zu seiner Auflösung im Dezember 1933 waren in den mit Stacheldraht umzäunten Steinkasernen aus dem Kaiserreich rund 3500 Männer aus Württemberg, Baden und Hohenzollern staatlichem Terror ausgesetzt.

Unmittelbar nach seiner Ankunft im Lager wurde Fischer von den Wachleuten einem entwürdigenden Aufnahmeritual unterworfen, das aus Beschimpfungen und Schlägen sowie Folter am Wasserbrunnen bestand. Ihm sollte damit seine absolute Ohnmacht im Lager aufgezeigt werden. Albert Fischer musste Spießrutenlaufen, er wurde auf dem Hof unter eiskaltem Wasser mit einer rauen Wurzelbürste gewaschen und von den SA-Wachleuten durch seine Unterkunft gejagt. Hierzu schrieb er nach 1945:

„Besonders aber hetzten einige hinter mir her mit ständigem Schlagen und Treten, so dass ich von einer Seite zur anderen flog. Oben an der Treppe angekommen, konnte ich keine Luft mehr bekommen und bin ganz benommen zusammengebrochen."[8]

Fischer musste unter Lagerkommandant Karl Buck oft stundenlang im Nachthemd oder nur mit einer Hose bekleidet Appell stehen. Trotz seiner angegriffenen Gesundheit wurde er zu schwerer Arbeit gezwungen und in einem Strafbau für führende Sozialdemokraten und Kommunisten unter verschärften Haftbedingungen untergebracht. Der SPD-Reichstagsabgeordnete Kurt Schumacher, der mit Fischer im August 1933 vom Stuttgarter Polizeigefängnis zum Heuberg überführt worden war, bezeugte in einer Aussage vom 6. Februar 1948:

> „Im Laufe der nächsten Monate stellte sich heraus, dass Albert Fischer eine der Personen war, an denen die Wachmannschaften ihre Hass- und Rachegefühle abzureagieren pflegten. Ich war sehr oft Zeuge, wie er verhöhnt und beschimpft wurde und wie man ihn mit körperlichen zusätzlichen Arbeiten zu drangsalieren und zu demütigen versuchte."[9]

Ende 1933 wurde Albert Fischer zusammen mit Kurt Schumacher und rund 300 anderen Häftlingen, die in den Augen des Regimes den „harten Kern" des politischen Widerstands bildeten, in das Nachfolgelager Oberer Kuhberg bei Ulm verlegt, weil die Nationalsozialisten den Truppenübungsplatz im Zuge der Remilitarisierung für die Wehrmacht benötigten. Das Fort Oberer Kuhberg stand leer und kam für eine militärische Nutzung nicht mehr infrage. Die Häftlinge wurden von Lagerkommandant Karl Buck und etwa 120 Wachleuten, bestehend aus SA, SS und Schutzpolizei, hinter dicken Festungsmauern bewacht. Insgesamt waren im KZ Oberer Kuhberg bis zur Auflösung ungefähr 600 bis 800 Männer eingesperrt. Das zentrale Reduit-Gebäude blieb der KZ-Kommandantur vorbehalten, während die Häftlinge in unterirdischen Kasemattenwachgängen lebten, die sich nicht für die Unterbringung von Menschen eigneten und über keinerlei sanitäre Einrichtungen verfügten.

Erneut war Fischer ganz besonderen Schikanen vonseiten des Kommandanten und der Wachleute ausgesetzt. Anfang Januar 1934 wurde ihm von einem SA-Wachmann ein Eckzahn ausgeschlagen.[10] Die brutale Behandlung

---

8 VVN-Archiv Stuttgart, WGA ET 3130: Albert Fischer: Bericht über meinen Aufenthalt im Lager Heuberg und Kuhberg im Jahre 1933 und 1934 [undatiert], S. 2.
9 Staatsarchiv Ludwigsburg (StA LB), EL 322, Bü 8770: Zeugenaussage Dr. Kurt Schumacher, 6.2.1948. Das Vernehmungsprotokoll der Polizei Hannover wurde dem badischen Staatsanwalt in Konstanz zugeschickt.
10 StA LB, EL 322, Bü 8260: Strafantrag Albert Fischers an die Oberstaatsanwaltschaft Tübingen, 13.7.1947, gegen Gustav Schneider, ehemaliger Wachmann im KZ Heuberg und Kuhberg.

und die unerträglichen Haftbedingungen in den kalten und feuchten Kasematten ruinierten Fischers Gesundheit weiter. Er fühlte sich im Fort buchstäblich lebendig begraben. In höchster Not stellte die Familie Fischer zwei Entlassungsanträge an den Innenminister. Ein Gesuch von Käthe Fischer wurde am 16. April 1934 kommentarlos abgelehnt. Auf ein Gesuch des Schwiegersohns von September 1934 nahm die NSDAP Urach wie folgt Stellung:

> „Fischer ist derjenige, der nicht nur den ganzen Bezirk Urach durcheinandergebracht hat [...], er ist auch der Führer und Hetzer der KPD Württembergs, auch wenn andere in der Öffentlichkeit als Führer genannt wurden. [...] Fischer kann ohne Hetzereien überhaupt nicht leben und gehört nach meiner Ansicht zu den Wenigen, die nie mehr auf das deutsche Volk losgelassen werden dürfen."[11]

Die Wachmannschaften sperrten Fischer in die Arrestzelle direkt unter dem Eingang zur Kommandantur, die als Ort der Entmenschlichung unter Häftlingen besonders gefürchtet war. In diesem Erdloch ohne Licht und Heizung musste er bei eisiger Kälte und halber Essensration über mehrere Tage ausharren. Albert Fischer berichtete nach 1945 über seine Haftzeit:

> „Die Decke war aus starken Dielen, es war gleichzeitig die Brücke zum Haupttor. Dort haben die Banditen noch die Motorräder abgewaschen, sodass nicht nur der Schmutz und Staub, sondern auch noch das Dreckwasser auf mich herabfiel. Das Schlimmste war die Kälte von 15–20 Grad, so dass das herabtropfende Wasser sofort gefroren ist. [...] Alle mir gegenüber ausgeübten Niederträchtigkeiten aufzuschreiben, würde Bände füllen. Sie wurden bis zu meiner Entlassung im Dezember 1934 fortgesetzt. Meine Krankheit, chronische Bronchitis und Rheuma, hat sich unter diesen Umständen wesentlich verschlechtert. Ich war nach meiner Entlassung kaum mehr zu erkennen und bedurfte Jahre, bis ich halbwegs wieder auf die Beine kam."[12]

Albert Fischer wurde Weihnachten 1934 als schwer kranker Mann aus der KZ-Haft entlassen, aber seine politischen Überzeugungen konnten die Nationalsozialisten nicht brechen:

> „Dass ich all die Schikanen, Qualen und Leiden aushalten konnte, verdanke ich nur meinem unerschütterlichen großen Glauben an die Richtigkeit meiner Weltanschauung und Überzeugung, an den Sieg der Antifaschisten zur Vernichtung der Nazipest."[13]

---

11 StA SIG, Wü 65/40 T 2–4 Nr. 2096: Der Führer der SA-Standarte 479 der NSDAP Kaufmann an das Württ. Oberamt Urach, 18.9.1934.
12 VVN-Archiv Stuttgart, WGA ET 3130: Albert Fischer: Bericht über meinen Aufenthalt im Lager Heuberg und Kuhberg im Jahre 1933 und 1934 [undatiert], S. 4 f.
13 Ebd.

Diskriminierung und Stigmatisierung in Metzingen: 1934–1939

Nach Albert Fischers Entlassung stand die Familie vor dem Nichts. Sie war Drohungen und Bespitzelungen ausgesetzt sowie wirtschaftlichen Repressionen unterworfen. Katharina Fischer wurde 1933 die Pacht für die Weiterführung der Gaststätte „Rössle" nicht verlängert. Gleichzeitig sorgte die NSDAP-Ortsgruppe dafür, dass Fischer junior, der bereits vor seinem Vater entlassen worden war, keine neue Anstellung fand. „Sobald ich meinen Namen nannte, war es vorbei", fasste dieser seine Arbeitssuche zusammen, die ihn durch den ganzen Landkreis führte, bis die Eigentümer einer Metzinger Maschinenfabrik, in NSDAP-Kreisen als „Kommunistenbude" geschmäht, ihm Arbeit gaben, ohne dass dies negative Konsequenzen für sie gehabt hätte.[14] Die Gesundheit von Fischer senior war jedoch so stark ruiniert, dass er nicht mehr arbeiten konnte. Im Mai 1935 stellten Ärzte der Universitätsklinik Tübingen fest, dass er mit 52 Jahren invalide sei. 1936 beantragte Fischer mit seiner Frau, ein Lebensmittelgeschäft eröffnen zu dürfen. Der amtierende Bürgermeister schloss sich der NSDAP-Ortsgruppe an, die das Gesuch mit den Worten ablehnte: „Wir werden die Verseuchung der Metzinger Bevölkerung mit kommunistischem Gift zu verhindern wissen."[15] Auch der Versuch, mit Kaffee und Nudeln zu handeln, wurde Fischer untersagt. Die Nationalsozialisten befürchteten, dass schon sein Auftreten in den Häusern ihm und der KPD Sympathien verschaffen könnten.[16] Albert Fischer führte über Jahre unter strenger Beobachtung der Gestapo ein Leben in Armut, gesellschaftlich isoliert und politisch mundtot gemacht, aber von den NS-Machthabern noch immer gefürchtet.

KZ Buchenwald: 1939–1945

Am 1. September 1939 wurde Albert Fischer gemeinsam mit seinem Sohn und zahlreichen anderen ehemaligen Kuhberg-Häftlingen im Zuge der Massenverhaftungen zu Beginn des Zweiten Weltkriegs erneut in „Schutzhaft" genommen. Gestapo und Kripo verhafteten reichsweit und systematisch potenzielle Kriegsgegner, um die Stimmung in der Bevölkerung zu kontrollie-

---

14 StadtA Metzingen, ZZB 13: Zeitzeugengespräch mit Albert Fischer junior, undatiert [Anfang der 1990er-Jahre].
15 StadtA Metzingen, MA 580; M 1/1 Bü 150; MB 60, Bl. 237; ZZB 13, S. 11 f., StA Sigmaringen, Wü 13, Bü 1640, zitiert nach Rolf Bidlingmaier: „Dort traf ich Zustände an, die überhaupt nicht beschrieben werden können." Volksgemeinschaft, Ausgrenzungen, Vernichtung, in: Rolf Bidlingmaier (Hrsg.): Metzingen in der Zeit des Nationalsozialismus, Metzingen 2000, S. 193–209, hier S. 198.
16 Renz, Vor 80 Jahren (wie Anm. 3), S. 59.

ren und jeden Protest im Keim zu ersticken. Albert Fischer blieb dem erneuten Terror bis zum April 1945 ausgesetzt. Er wurde noch am Tag seiner Verhaftung in die Festung Hohenasperg bei Ludwigsburg gebracht, wo viele weitere prominente Häftlinge im „Dritten Reich" inhaftiert waren. Von hier aus wurde er am 26. September 1939 in das KZ Buchenwald bei Weimar verschleppt. Zum Zeitpunkt seiner Einlieferung wog Albert Fischer bei einer Größe von 1,64 Meter fünfzig Kilogramm.[17] Er wurde im Lager einer Zwangsordnung unterworfen, die schon für die frühen Konzentrationslager entwickelt worden war: Er musste unter der Lagerherrschaft der SS marschieren, während des Appells stundenlang reglos stehen und einen langen, zermürbenden Arbeitstag bewältigen, immer in Angst vor willkürlicher Gewalt. Wegen seines gesundheitlichen Zustands war Albert Fischer besonders gefährdet, denn Kranke galten der SS als nutzlos und schwebten deshalb in ständiger Lebensgefahr.

Dass Albert Fischer die permanente Todesbedrohung durch Folter, Auszehrung und Krankheit überlebte, lag wohl auch daran, dass die Solidarität unter den kommunistischen Häftlingen im Lager besonders ausgeprägt war. Er konnte sich auf diese starke Gruppe stützen und musste deshalb Mangel, Gewalt und Konkurrenz nicht so massiv erleiden wie viele andere. Aus Albert Fischers Häftlingskarte geht hervor, dass er 1940 einem Arbeitskommando in der Wäscherei zum Strumpfstopfen zugeteilt wurde, was im Lagerkosmos eine vergleichsweise leichtere Arbeit bedeutete. Auch erhielt er 1941 die Erlaubnis, bei kühlem Wetter einen eigenen Pullover zu tragen und 1942 wurde ihm eine dritte Decke genehmigt. Gleichwohl wurde er immer wieder wegen Bronchitis, Herzbeschwerden, Grippe und Lungenentzündung im Krankenrevier behandelt.[18]

Allen gesundheitlichen Einschränkungen zum Trotz schloss sich Fischer gemeinsam mit seinem Sohn 1944 dem internationalen Lagerkomitee an, das kommunistische Häftlinge im Juli 1943 gegründet hatten. Das Lagerkomitee koordinierte Hilfe und beschaffte unter anderem Informationen über den Kriegsverlauf. In den letzten Tagen vor der Befreiung stellte es Widerstandsgruppen mit illegal beschafften Waffen auf, zu denen auch Albert Fischer und sein Sohn gehörten. So sollte ein befürchtetes Massaker der SS

---

17 Im Archiv des ITS Arolsen befinden sich einige Quellen zu Albert Fischers KZ-Haft in Buchenwald, darunter auch die Krankenakte, in der sein Eingangsgewicht vermerkt ist. Vgl. ITS Digital Archive, Bad Arolsen, Dok. Nr. 1.1.5.3/5862381 bis 1.1.5.3/5862390, 1.1.5.3/5862392 bis 1.1.5.3/5862394, 1.1.5.3/5862396 bis 1.1.5.3/5862398/Akte Albert Fischer, KZ Buchenwald [ohne Datum].
18 ITS Digital Archive, Bad Arolsen, Dok. Nr. 1.1.5.3/5862390.

kurz vor der Befreiung abgewehrt werden.[19] Außerdem versuchte das Komitee, Kontakt zu den nahenden amerikanischen Truppen herzustellen. Kurz vor Eintreffen der US-Soldaten war es den Widerstandsgruppen gelungen, die Kontrolle über das Lager zu übernehmen und den Aufklärungstrupp der 6. US-Panzerdivision als Befreier zu begrüßen. Die Soldaten sahen zahlreiche kranke und schwache Häftlinge sowie viele, die noch kurz vor dem Einmarsch von der SS ermordet worden waren. Ihre Leichen stapelten sich im Gelände. Als Dwight D. Eisenhower als Oberbefehlshaber der alliierten Streitkräfte am 11. April 1945 Buchenwald erreichte, schrieb er: „Nichts hat mich je so erschüttert wie dieser Anblick."[20] Albert Fischer gehörte zu den Überlebenden von Buchenwald, aber physisch war er nur noch ein Schatten seiner selbst. Schwer gezeichnet kehrte er nach insgesamt sieben Jahren KZ-Haft mit seinem Sohn Ende April 1945 nach Metzingen zurück.

Verweigerte Gerechtigkeit: Albert Fischer 1945–1952
Trotz aller körperlichen Gebrechen engagierte sich Albert Fischer unmittelbar nach seiner Rückkehr nach Metzingen für den Aufbau eines neuen Deutschland. Er wurde Mitte Juni 1945 von der französischen Militärregierung als stellvertretender Bürgermeister eingesetzt und musste in dieser Funktion mit dem ehemaligen NS-Bürgermeister Otto Dipper zusammenarbeiten, der diesen Posten seit 1938 bekleidete. Die Franzosen beließen Dipper als Verwaltungsfachmann bis zur Entnazifizierung Ende August 1946 im Amt.

Albert Fischer war zunächst für die Unterbringung und Betreuung der noch in der Stadt lebenden Zwangsarbeiter und für die Brennstoffversorgung zuständig. Des Weiteren gehörten Entnazifizierungsmaßnahmen zu seinem Aufgabengebiet. Dazu zählten unter anderem Aufklärungsveranstaltungen über das NS-Regime, das die Bevölkerung mit den NS-Verbrechen konfrontieren sollte. Auch Fischer berichtete Anfang Juni 1945 in einer öffentlichen Veranstaltung vor zwangsverpflichteten ehemaligen Nationalsozialisten über seine Haftzeit in Buchenwald.

Im Januar 1946 wurde Fischer mit 13 anderen politisch unbelasteten Männern in das von den Franzosen eingesetzte Gemeinderatskomitee beru-

---
19 StadtA Metzingen, ZZB 13: Zeitzeugengespräch mit Albert Fischer junior, undatiert [Anfang der 1990er-Jahre], S. 30–33, zit. nach Bidlingmaier, „Dort traf ich Zustände an …" (wie Anm. 15), S. 200; Stiftung Gedenkstätten Buchenwald und Mittelbau-Dora (Hrsg.): Buchenwald. Ausgrenzung und Gewalt. Begleitband zur Dauerausstellung in der Gedenkstätte Buchenwald, Göttingen 2016, S. 174.
20 www.buchenwald.de/72/ (Zugriff am 2.3.2017).

fen, mit dem die Militärregierung den Prozess der Demokratisierung in ihrer Zone einleitete. Doch schon bei den ersten freien Bürgermeisterwahlen im September 1946 wurde Fischer, der wieder der KPD beigetreten war und für das Amt des Bürgermeisters kandidiert hatte, nicht einmal in den Gemeinderat gewählt. Er landete abgeschlagen mit rund 500 Stimmen auf dem letzten Platz. Bürgermeister wurde stattdessen Gottlob Prechtl, der beim Aufbau von SA und SS in Metzingen eine wichtige Rolle gespielt hatte und gegen dessen Bürgermeisterkandidatur wegen dieser Aktivitäten vergeblich Einspruch erhoben worden war. Prechtl verhinderte, dass Fischer bei der Stadt weiter beschäftigt wurde und verweigerte ihm auch eine vom Gemeinderat in Aussicht gestellte, aber immer wieder verzögerte Entschädigungsrente für das erlittene Unrecht. Die perfide Begründung lautete, das Land habe ja in der Zwischenzeit Wiedergutmachung geleistet. Bei dieser Wiedergutmachung aus dem Jahr 1947 handelte sich um die Auszahlung eines einmaligen Betrags von 3000 Reichsmark für die Zerstörung der Gesundheit, der beruflichen Existenz und für sieben Jahre KZ-Haft von Albert Fischer. Für diesen Betrag hatte er über Jahre mit den Behörden ringen müssen.[21] Nach Auszahlung des Geldes beantragte Albert Fischer den Erwerb eines Bauplatzes in Metzingen, was ihm wiederum verweigert wurde. Fischer blieb dennoch in seiner Heimatstadt, wo er am 28. Mai 1952 im Alter von 67 Jahren starb.

Literatur

Bidlingmaier, Rolf (Hrsg.): Metzingen in der Zeit des Nationalsozialismus, Metzingen 2000.
Bidlingmaier, Rolf (Hrsg.): Metzingen – Vom Marktflecken zur Outletstadt, Petersberg 2013.
Haus der Geschichte Baden-Württemberg (Hrsg.): „Doch die Freiheit, die kommt wieder" – NS-Gegner im Württembergischen Schutzhaftlager Ulm 1933–1935, Stuttgart 1994.
Kienle, Markus: Das Konzentrationslager Heuberg bei Stetten am kalten Markt, Ulm 1998.
Kurz, Thomas: Feindliche Brüder im deutschen Südwesten. Sozialdemokraten und Kommunisten in Baden und Württemberg von 1928 bis 1933, Berlin 1996.
Lechner, Silvester: Das KZ Oberer Kuhberg und die NS-Zeit in der Region Ulm/Neu Ulm, Stuttgart 1988.
Raberg, Frank: Biographisches Handbuch der württembergischen Landtagsabgeordneten 1815–1933, Stuttgart 2001, S. 206 f.

---

21 Vgl. Renz, Vor 80 Jahren (wie Anm. 3), S. 60.

Renz, Rudolf: Vor 80 Jahren: Zwei Metzinger, Albert Fischer und Alois Dangelmaier, in KZ-Haft, in: Beiträge zur Metzinger Stadtgeschichte, 17. September 2014, S. 52–65.

Sauer, Paul: Württemberg in der Zeit des Nationalsozialismus, Ulm 1975.

Schnabel, Thomas: Württemberg zwischen Weimar und Bonn 1928–1945/46, Stuttgart 1986.

Stiftung Gedenkstätten Buchenwald und Mittelbau-Dora (Hrsg.): Buchenwald. Ausgrenzung und Gewalt. Begleitband zur Dauerausstellung in der Gedenkstätte Buchenwald, Göttingen 2016.

Weber, Hermann/Herbst, Andreas: Deutsche Kommunisten. Biographisches Handbuch 1918 bis 1945, Berlin 2004, S. 202.

Wenge, Nicola: Die Etablierung des Terrors: Frühe Verfolgung der politischen Opposition in Baden und Württemberg. Geschichte und Nachgeschichte des KZ Oberer Kuhberg Ulm, in: Peter Steinbach/Thomas Stöckle/Sibylle Thelen/Reinhold Weber (Hrsg.): Entrechtet – verfolgt – vernichtet. NS-Geschichte und Erinnerungskultur im deutschen Südwesten, Stuttgart 2016, S. 61–92.

Winfried Meyer

Albrecht Fischer (1877–1965) – Stuttgarter Beauftragter der Verschwörer vom 20. Juli

„Der Führer Adolf Hitler ist tot!" Mit diesen Worten begann ein am späten Nachmittag des 20. Juli 1944 aus dem Berliner Bendlerblock abgesetztes Fernschreiben, in dem Generalfeldmarschall Erwin von Witzleben mitteilte, den Oberbefehl über die Wehrmacht und die vollziehende Gewalt im Reichsgebiet übernommen zu haben, um die Machtübernahme einer „gewissenlosen Clique frontfremder Parteiführer" zu verhindern. Kurz zuvor war Oberst Claus Schenk Graf von Stauffenberg im Bendlerblock eingetroffen und hatte seinen Mitverschwörern versichert, der Diktator müsse der von ihm im ostpreußischen Führerhauptquartier „Wolfschanze" deponierten Bombe zum Opfer gefallen sein. So könnten nun die offiziell für den Fall innerer Unruhen, tatsächlich aber für einen politischen Umsturz konzipierten „Walküre"-Befehle ausgegeben werden.

Stauffenberg selbst unterzeichnete im Namen des Oberbefehlshabers im Heimatkriegsgebiet ein Fernschreiben, das um 18.00 Uhr an die Befehlshaber in den 21 Wehrkreisen im Reichsgebiet und im Protektorat Böhmen und Mähren gesandt wurde und in dem folgende Sofortmaßnahmen angeordnet wurden:

> „Ohne Verzug ihres Amtes zu entheben und in besonders gesicherte Einzelhaft zu nehmen sind: Sämtliche Gauleiter, Reichsstatthalter, Minister, Oberpräsidenten, Polizeipräsidenten, Höheren SS- und Polizeiführer, Gestapoleiter und Leiter der SS-Dienststellen, Leiter der Propagandaämter und Kreisleiter. [...] Die Konzentrationslager sind beschleunigt zu besetzen, die Lagerkommandanten zu verhaften, die Wachmannschaften zu entwaffnen und zu kasernieren."

Für jeden Wehrkreis wurde ein Politischer Beauftragter eingesetzt, der dem jeweiligen Wehrkreisbefehlshaber als Verwaltungschef und als Berater bei der Durchführung der Sofortmaßnahmen zur Seite stehen und besonders „Willkür- und Racheakte" verhindern sollte: „Die Bevölkerung muss sich des Abstandes zu den willkürlichen Methoden der bisherigen Machthaber bewusst werden."

Mit Ausnahme von Teilen Wiens und des besetzten Paris wurden die „Walküre"-Befehle jedoch in keinem Wehrkreis befolgt, da schon am frühen Abend der Deutschlandsender die Nachricht verbreitete, dass Hitler das Attentat leicht verletzt überlebt habe. Zudem gingen schon wenig später bei den militärischen Dienststellen Gegenbefehle von OKW-Chef Keitel ein. Am späten Abend des 20. Juli wurden Stauffenberg und seine Mitverschwörer im Bendlerblock überwältigt. Noch um 19.49 Uhr hatte der von ihnen als „Chef des Heimatführungsstabes" eingesetzte Panzergeneral Erich Hoepner das Kommando des Wehrkreises V in Stuttgart informiert: „Der Politische Beauftragte zum W. K. V ist: Fischer, Stuttgart, Hauptmannsreute 132." Dieser und der als Unterbeauftragter für Baden eingesetzte Karlsruher Rechtsanwalt und ehemalige Zentrumspolitiker Reinhold Frank seien „sofort heranzuziehen".[1]

Haft und Verhöre in Stuttgart und Berlin

Der von den Verschwörern als Politischer Beauftragter für den Wehrkreis V eingesetzte Baurat Albrecht Fischer hatte in seiner Stuttgarter Wohnung am Abend des 20. Juli die Rundfunkmeldungen über das gescheiterte Attentat verfolgt.[2] Da nicht nur sein Name, sondern auch seine Anschrift in dem Fernschreiben der Verschwörer genannt worden war, wurde er noch in der Nacht zum 21. Juli von der Stuttgarter Gestapo festgenommen. Fischer wurde über das Polizeipräsidium in das Untersuchungsgefängnis in der Archivstraße eingeliefert und dort wiederholt von Beamten der Staatspolizeileitstelle Stuttgart vernommen.[3] Am 18. August 1944 ließ die „Sonderkommission 20.7." der Gestapo ihn nach Berlin in eine von der Gestapo genutzte Abteilung des Zellengefängnisses Moabit verlegen, wohin er nach einem kurzen Zwischenaufenthalt im Gefängnis Tegel am 7. Oktober 1944 zurückgebracht

---

1 Der Chef der Sicherheitspolizei und des SD: Anschlag vom 20. Juli 1944, 24.7.1944, Anlage 3 und 12, sowie 27.7.1944, Anlage 17, in: Hans-Adolf Jacobsen (Hrsg.): Opposition gegen Hitler und der Staatsstreich vom 20. Juli 1944 in der SD-Berichterstattung. Geheime Dokumente aus dem ehemaligen Reichssicherheitshauptamt, Bd. 1, Stuttgart 1989, S. 14, 25 und 77.
2 Albrecht Fischer: Erlebnisse vom 20. Juli 1944 bis 8. April 1945, Ms., o. D. [1961], Privatbesitz Dorothee Nestel, Stuttgart, zitiert nach der leicht gekürzten Fassung in: Otto Kopp (Hrsg.): Widerstand und Erneuerung. Neue Berichte und Dokumente vom inneren Kampf gegen das Hitler-Regime, Stuttgart 1966, S. 122–166, hier S. 130.
3 Bundesarchiv (BArch), NJ 12285, Bl. 4–7 und 8–10: Staatspolizeileitstelle Stuttgart: Vernehmungsniederschriften vom 21.7.1944, 2.8.1944 und 5.8.1944.

wurde.⁴ Von dort wurde Fischer fast täglich in das Reichssicherheitshauptamt in der Prinz-Albrecht-Straße gebracht und von Beamten der „Sonderkommission 20.7." zu seinen Beziehungen zur Anti-Hitler-Verschwörung verhört.⁵ In ihrem Abschlussbericht vom 6. September erklärten ihn die Gestapobeamten nicht nur für überführt, „Mitwisser eines Gewaltunternehmens" gewesen zu sein. Sie hoben auch hervor, dass Fischers „Einstellung entwicklungsgemäß stockliberalistisch" und „scharf reaktionär und vom Nationalsozialismus völlig unberührt" und dass er deswegen – auch unabhängig von seiner Beteiligung am Umsturzversuch des 20. Juli 1944 – „mit Rücksicht auf seine leitende wirtschaftliche Stellung in einem weltbekannten Industrieunternehmen gefährlicher Staatsfeind" sei.⁶

Zusammenarbeit mit Carl Goerdeler in der Bosch-Zentrale
Albrecht Fischer, als Sohn eines ehemaligen Offiziers und Journalisten am 27. März 1877 in Stuttgart geboren, war nach einem Chemiestudium 1900 in die Dienste des württembergischen Landesgewerbeaufsichtsamtes in Stuttgart getreten, wo er bis zum Baurat aufstieg. Da er nach der Novemberrevolution nicht im Dienste eines von der politischen Linken dominierten Staates bleiben wollte, bat er 1919 um seine Entlassung als Beamter und übernahm zunächst die Geschäftsführung des Verbandes Württembergischer Metallindustrieller und später die der Vereinigung Württembergischer Arbeitgeberverbände. Für einige Jahre gehörte er der Deutschen Volkspartei an. Nach der Machtübernahme der Nationalsozialisten musste Fischer zunächst aus dem Vorstand der württembergischen Landesversicherungsanstalt ausscheiden und 1934 auf Anordnung des Regimes auch die bis dahin von ihm geführten wirtschaftlichen Interessenverbände auflösen.⁷

Ein neues Tätigkeitsfeld fand Fischer in der Robert Bosch GmbH, bei der er die Leitung eines Büros für wirtschaftspolitische Fragen übernahm. In dieser Funktion arbeitete Fischer eng mit dem Firmengründer Robert Bosch, dessen Privatsekretär Willy Schloßstein und dem geschäftsführen-

---
4 Eingangsbuch Häftlinge Zellengefängnis Lehrter Straße, S. 34, Imperial War Museum, London.
5 BArch, NJ 12285, Bl. 11–14 und 23–39: Gestapo-Sonderkommission 20.7.44: Vernehmungsniederschriften vom 23.8.1944, 29.8.1944, 31.8.1944, 3.9.1944 und 5.9.1944.
6 BArch, NJ 12285, Bl. 1 ff.: Der Chef der Sicherheitspolizei und des SD, 20.7.1944/ Albrecht Fischer, 6.9.1944.
7 BArch, NJ 12285, Bl. 4–7 und 8–10: Staatspolizeileitstelle Stuttgart: Vernehmungsniederschriften vom 21.7.1944, 2.8.1944 und 5.8.1944.

den Direktor Hans Walz zusammen, die wie er dem NS-Regime zunehmend kritisch gegenüberstanden. Mithilfe Fischers und auf Anregung des Leipziger Oberbürgermeisters Carl Goerdeler versuchte Robert Bosch im Herbst 1936, Reichskriegsminister Werner von Blomberg zum Widerspruch gegen die riskante und verschwenderische Rüstungspolitik des Reiches zu bewegen. Nach dem Scheitern dieses Versuchs ließ er Informationen über die deutsche Hochrüstungspolitik an die Westmächte weiterleiten, um diese zu Gegenmaßnahmen zu veranlassen und einen Krieg zu verhindern. Fischer selbst war an Hilfsmaßnahmen des Unternehmens für Juden und andere Verfolgte beteiligt und fungierte als Mittelsmann, als die Robert Bosch GmbH ab 1938 jüdischen Organisationen große Beträge zukommen ließ, mit denen mittellose Juden bei der Auswanderung unterstützt wurden.

Kurz nach seinem Rücktritt als Oberbürgermeister von Leipzig wurde Carl Goerdeler 1937 von der Robert Bosch GmbH als Verbindungsmann zu Berliner Regierungsstellen verpflichtet. Im offiziellen Auftrag des Unternehmens konnte Goerdeler zahlreiche Auslandsreisen unternehmen und wichtige Kontakte für den Widerstand knüpfen. Zu seinen Ansprechpartnern in der Bosch-Firmenleitung gehörte auch Fischer, der Goerdeler bereits seit 1932 kannte. Nach Kriegsbeginn wurde Fischer von Goerdeler in dessen Umsturzplanungen einbezogen und stellte für ihn Kontakte zu Gewerkschaftern und Sozialdemokraten her.[8] Im Frühjahr 1944 wurde er von Goerdeler gefragt, ob er bereit sei, nach einem erfolgreichen Umsturz für Württemberg als ziviler Vertrauensmann der militärischen Verschwörung gegen Hitler zu fungieren, nachdem Hans Walz ähnliche Ersuchen Goerdelers abgelehnt hatte. Fischer sagte unter der Bedingung zu, dass die zivilen Vertrauensleute erst dann öffentlich in Erscheinung treten dürften, wenn die Militärs die Lage vollkommen unter Kontrolle hätten.[9]

Die Gestapobeamten der „Sonderkommission 20.7." konnten Fischer nun nicht nur das Fernschreiben der Verschwörer mit seinem Namen vorhalten. Sie hatten ihn nach Berlin bringen lassen, weil ihnen nach der Verhaftung Carl Goerdelers am 12. August auch bei diesem gefundene Notizbuchaufzeichnungen und ihm abgepresste Aussagen vorlagen, die Fischer belaste-

---

[8] Robert-Bosch-Archiv (RBA), 13/109: Willy Schloßstein an die Spruchkammer Stuttgart, 20.7.1947.

[9] RBA 13/127: Hans Walz: Ergänzende und berichtigende Anmerkungen zu den Seiten 4–6 der mir erst jetzt bekannt gewordenen aus dem Jahre 1961 stammenden Denkschrift des Herrn Baurats Fischer „Erlebnisse vom 20. Juli 1944 bis 8. April 1945", 15.2.1966.

ten.¹⁰ Am 12. Oktober 1944 erließ der Ermittlungsrichter beim Volksgerichtshof einen Haftbefehl gegen den in Gestapohaft befindlichen Fischer.¹¹ Am 22. November 1944 legte der Oberreichsanwalt beim Volksgerichtshof eine Anklageschrift wegen Hoch- und Landesverrats vor, die Fischer jedoch erst einen Tag vor dem Prozess bekannt gegeben wurde.¹²

Intervention beim Volksgerichtshof durch den „Allmächtigen Gottlob"
Schon unmittelbar nach der Verhaftung Fischers waren seine Bosch-Kollegen aktiv geworden, um seine Freilassung zu erreichen und weiteren Schaden von der Firma abzuwenden. Willy Schloßstein hatte Fischers Büro in der Firma durchsucht und belastende Unterlagen entfernt. Hans Walz hatte schon Ende Juli in Berlin den SS-Obergruppenführer Gottlob Berger aufgesucht, der als Chef des SS-Hauptamtes einer der engsten Mitarbeiter Heinrich Himmlers war und deswegen auch der „Allmächtige Gottlob" genannt wurde. Der ehemalige Turnlehrer Berger war weitläufig mit Robert Bosch verwandt und fühlte sich diesem auch deswegen verbunden, weil ihre Väter sich aus der gemeinsamen Militärdienstzeit gekannt hatten. Außerdem teilten Berger und Bosch eine tiefe Abneigung gegen den württembergischen NSDAP-Gauleiter Wilhelm Murr, mit dem Berger in der NS-„Kampfzeit" bereits in Stuttgart wiederholt aneinander geraten war, während Bosch und nach dessen Tod 1942 die Leitung des von ihm gegründeten Unternehmens sich der ständigen Einmischung Murrs in Firmenbelange zu erwehren hatten.¹³ Um sich dabei Rückendeckung zu verschaffen, waren Walz und Schloßstein 1933 der NSDAP beigetreten, aus der Schloßstein wegen seiner Ehe mit einer „Halbjüdin" aber schon 1936 wieder ausgeschlossen worden war. Beide waren aber — wie auch Fischer — Fördermitglieder der SS geworden. Obwohl sie ab Ende 1938 aus Empörung über den Judenpogrom keine Beiträge mehr gezahlt hatten, konnte sich Walz bei Berger nun auf diese Mitgliedschaft berufen.¹⁴

Berger wies das Hilfeersuchen für Fischer zunächst mit der Begründung zurück, dass Hitler allen Würdenträgern der Partei und ihrer Gliederungen die Fürsprache für am Umsturzversuch des 20. Juli 1944 Beteiligte strengs-

---
10 BArch, NJ 12285, Bl. 15—22: Gestapo-Sonderkommission 20.7.44. Vernehmungsniederschrift Carl Goerdeler vom 28.8.1944.
11 BArch, NJ 12285, Bl. 40: Ermittlungsrichter beim Volksgerichtshof, Haftbefehl vom 12.10.1944.
12 Fischer, Erlebnisse (wie Anm. 2), S. 149.
13 NA-Microfilm-Publication M-1019, R. 77: Office of U.S. Counsel: Interrogation Summary No. 828 (Hans Walz), 29.12.1946, S. 3.
14 RBA 13/109: Willy Schloßstein an die Spruchkammer Stuttgart, 20.7.1947.

tens untersagt habe. Er sagte Walz aber zu, ihn über für das Unternehmen gefährliche Entwicklungen zu informieren. Im Oktober 1944 ließ er Walz wissen, dass nach der Beweislage mit einem Todesurteil des Volksgerichtshofs gegen Fischer gerechnet werden müsse.[15] Später erklärte sich Berger immerhin bereit, Roland Freisler, dem Vorsitzenden des Volksgerichtshofes, zu signalisieren, dass Fischer bei der SS „gut empfohlen" sei.[16]

Dass dieser Hinweis die gewünschte Wirkung hatte, legt der Verlauf der Hauptverhandlung gegen Fischer und den für Baden vorgesehenen Unterbeauftragten Reinhold Frank nahe, die am 12. Januar 1945 vor dem Ersten Landesverratssenat des Volksgerichtshofes unter dem Vorsitz Freislers stattfand. Der Jurist Sievert Lorenzen, der für die NSDAP-Parteikanzlei über die Berliner Prozesse berichtete, konstatierte einerseits „widerspruchsvolle Angaben" und ein „wenig ansprechendes Verhalten" Fischers, andererseits „manchen Rettungsanker, den Freisler ihm zuwarf".[17] Fischer behauptete, Goerdelers ständig wiederholten pessimistischen Prognosen des Kriegsausgangs kein Gewicht beigemessen zu haben. Außerdem habe er Goerdeler lediglich zugesagt, auf Nachfrage dem Stuttgarter Wehrkreiskommando als industriepolitischer Berater zur Verfügung stehen zu wollen; einen Putsch des Heimatheeres hätte er sich ohnehin niemals vorstellen können. Widersprüche zu Fischers Aussagen bei der Gestapo überging Freisler kurzerhand mit der Feststellung, Fischer rede eben „nicht exakt". Auf Antrag des Anklagevertreters entschied der Volksgerichtshof schließlich auf Freispruch für Fischer. Reinhold Frank dagegen, der sich mit einer ganz ähnlichen Argumentation verteidigt hatte, wurde zum Tode verurteilt und am 23. Januar 1945 in Plötzensee hingerichtet.[18]

---

15 RBA 13/84: SS-Obergruppenführer Berger an Hans Walz, 4.10.1944.
16 RBA 13/127: Hans Walz: Bericht über einige Bemühungen zur Befreiung des Herrn Baurat Fischer aus Gefängnis, Volksgerichtshof und Konzentrationslager, 26.1.1966.
17 Fernschreiben Pg. Lorenzen, Dienststelle Berlin, an Reichsleiter Bormann, FHQu.: Volksgerichtshof-Prozess 20.7., 12.1.1945, in: Jacobsen, Opposition (wie Anm. 1), Bd. 2, S. 708 ff.
18 Volksgerichtshof: Urteil 1 L 18/45/O J 42/44 g. Rs., 12.1.1945, in: Jacobsen, Opposition (wie Anm. 1), Bd. 2, S. 710 ff.

Albrecht Fischer (1877–1965)

Albrecht Fischer am 12. Januar 1945 vor dem Volksgerichtshof.

Nach Freispruch ins KZ

Trotz seines Freispruchs wurde Fischer von der Gestapo im Zellengefängnis Moabit weiter in Haft gehalten. Als ihn am 20. Februar 1945 ein Kalfaktor aufforderte, sich zum Transport fertig zu machen, rechnete er mit seiner Entlassung, wurde aber eines Besseren belehrt: „Sie sind wohl freigesprochen, aber Sie müssen noch viel lernen, aber nicht hier, sondern an einem andern Platz." Fischer konnte gerade noch seinen Anwalt, dem er zufällig auf dem Korridor begegnete, bitten, noch einmal bei SS-Obergruppenführer Berger zu intervenieren. Dann wurde er mit 17 anderen Häftlingen in das KZ Sachsenhausen in Oranienburg transportiert.

Dort wurde Fischer als Häftling Nr. 134568 registriert und mit den anderen Neuankömmlingen in den Eingangsblock 13 des Anfang 1945 völlig überfüllten Konzentrationslagers eingewiesen:

> „Es hätte in unsrer Abteilung vielleicht für 150 Mann Platz gehabt, meist waren aber doppelt so viel da, besonders wenn des Nachts ein neuer Transport ankam, der noch hereingeworfen wurde ohne Rücksicht darauf, ob schon alles belegt war."[19]

---

19 Fischer, Erlebnisse (wie Anm. 2), S. 153 ff. (hier auch die folgenden Zitate).

Da sich die im Zusammenhang mit dem 20. Juli Inhaftierten aus ihrem Berufsleben oder gemeinsamer Haft bereits kannten, halfen sie sich gegenseitig, zogen dafür aber die besondere Wut der als Stubenälteste eingesetzten kriminellen Häftlinge auf sich, die sich keine Gelegenheit entgehen ließen, gegen die „vornehme Bagage" vorzugehen. Anfang März kam Fischer aus dem Eingangsblock in einen regulären Block, der weniger überfüllt war und dessen Stubenältester das Los seiner Mithäftlinge zu erleichtern suchte. Hatte Fischer bis dahin Kupferkabel entkernen müssen, wurde er jetzt dem Häftlingskommando der Lagerschreibstube zugeteilt. Dort erfuhr er, dass sich etwa 22 000 Häftlinge im Lager und weitere etwa 12 000 in Außenlagern bei Rüstungsbetrieben oder bei „Bombenräumkommandos" befanden, von denen monatlich etwa 3000 als „verstorben" oder als „auf Transport" in Todeslager wie Bergen-Belsen von der Lagerstärke abgesetzt wurden. Aber auch im Lager selbst waren die Verhältnisse bei für das Winterwetter viel zu leichter Bekleidung und mangelhafter Ernährung extrem lebensfeindlich. Mitte März war zudem bei einem alliierten Bombenangriff die Abwasserleitung des Lagers beschädigt worden. Da die Klosetts deswegen nicht mehr benutzbar waren, wurde hinter jeder Baracke eine offene Grube mit einem Balken darüber ausgehoben:

> „Es mussten also die 22 000 Insassen des Lagers ihre Notdurft in solch offenen Gruben verrichten, und es machte sich dies bald, je nach Windrichtung stärker oder schwächer, im Lager bemerkbar. Auch die Ärzte bekamen Bedenken, und es wurde deshalb Ende März eine allgemeine Impfung gegen Typhus angeordnet, wobei jedoch nur die Häftlinge deutscher Staatsangehörigkeit geimpft werden sollten."

Befreiung und Revanche
Diese Impfung erlebte Albrecht Fischer aber nicht mehr mit, da inzwischen Gottlob Berger nach einem erneuten Hilfeersuchen von Hans Walz bei der Gestapo seine Entlassung aus dem KZ durchgesetzt hatte.[20] Am späten Abend des 3. April 1945 wurde er von zwei Mitarbeitern Bergers aus dem KZ Sachsenhausen abgeholt und in Bergers unterirdisches Hauptquartier in Berlin gebracht, wo ihn der SS-Führer mit den Worten begrüßte:

> „So, Baurat, da bist Du ja. Ihr Schwaben habt eben immer besondere Dickköpfe, und dann macht ihr hin und wieder eine Dummheit. [...] Wenn der alte Bosch Dich nicht so geschätzt hätte, so hätte ich auch nichts für Dich tun können."[21]

---

20 KZ Sachsenhausen: Entlassungsschein für Albrecht Fischer, 3.4.1945, Privatbesitz Dorothee Nestel, Stuttgart.
21 Fischer, Erlebnisse (wie Anm. 2), S. 162.

Albrecht Fischer (1877–1965)

Albrecht Fischer mit seinen Enkelkindern nach der Befreiung aus dem KZ.

Mit von Berger ausgestellten Reisepapieren trat Fischer am nächsten Tag die Heimreise an und traf nach mehrtägiger Fahrt mit der Eisenbahn und per Anhalter schließlich am 8. April 1945 in Ottendorf bei Backnang ein, wo seine Frau und seine Tochter mit zwei Kindern schon im August 1944 Zuflucht bei der Familie eines ehemaligen Dienstmädchens gesucht hatten.[22]

Nach Kriegsende, im Sommer 1945, wurde Fischer von der französischen Besatzungsmacht in den Vorstand der Landesversicherungsanstalt und einige Monate später in den Aufsichtsrat der Robert Bosch AG berufen, fungierte zeitweise als dessen Vorsitzender und später als Stellvertreter des Vorsitzenden Hans Walz.[23] In diesen Funktionen hatte er sicher auch maßgeblichen Anteil daran, dass die Firma seinen Lebensretter, den ehemaligen General der Waffen-SS Gottlob Berger, immer wieder unterstützte. Berger war noch Ende April 1945 als „militärischer Beauftragter des Führers" nach Bayern gegangen und schließlich in einem Jagdrevier Robert Boschs im Tannheimer Tal von alliierten Truppen festgenommen worden. Im amerikanischen „Wilhelmstraßenprozess" wurde er 1949 zu einer Haftstrafe von 25 Jahren verurteilt, die nach einem Gnadengesuch 1951 auf zehn Jahre reduziert wur-

---

22 Hans König: Rückkehr aus der Unterwelt. Wie Bosch-Manager Albrecht Fischer nach KZ-Haft im April 1945 in Ottendorf untertauchen konnte (2), in: Rundschau für den Schwäbischen Wald – der Kocherbote, 10.4.2015, S. 12.
23 Kopp, Widerstand und Erneuerung (wie Anm. 2), S. 121.

de. Schon in demselben Jahr aber wurde Berger wegen guter Führung aus dem Kriegsverbrechergefängnis Landsberg entlassen. In seinem anschließenden Entnazifizierungsverfahren wurde er nachhaltig von der Robert Bosch GmbH unterstützt, die Berger auch finanziell immer wieder unter die Arme griff, indem sie ihm zum Beispiel 1964 den gut honorierten Auftrag erteilte, seine Lebenserinnerungen zu diktieren.[24]

Schon 1961 hatte Albrecht Fischer einen Bericht über seine *Erlebnisse vom 20. Juli 1944 bis 8. April 1945* fertiggestellt. Dazu schrieb ihm der ehemalige Bundespräsident Theodor Heuss, der Fischer schon zu dessen 75. Geburtstag 1952 das Große Bundesverdienstkreuz verliehen hatte, er habe die Aufzeichnungen „mit starker Anteilnahme gelesen" und sei vor allem durch ihre „unpathetische Nüchternheit" beeindruckt.[25] Albrecht Fischer starb am 19. Januar 1965 in Stuttgart.

Literatur

Fischer, Albrecht: Erlebnisse vom 20. Juli 1944 bis 8. April 1945, in: Otto Kopp (Hrsg.): Widerstand und Erneuerung. Neue Berichte und Dokumente vom inneren Kampf gegen das Hitler-Regime, Stuttgart 1966, S. 121–165.

Meyer, Winfried: Albrecht Fischer, in: Winfried Meyer (Hrsg.): Verschwörer im KZ. Hans von Dohnanyi und die Häftlinge des 20. Juli 1944 im KZ Sachsenhausen, Berlin 1999, S. 232–244.

---

24 Joachim Scholtyseck: Der „Schwabenherzog". Gottlob Berger, SS-Obergruppenführer, in: Michael Kißener/Joachim Scholtyseck (Hrsg.): Die Führer der Provinz. NS-Biographien aus Baden und Württemberg, Konstanz 1997, S. 77–110, hier S. 103 ff.

25 Zitiert nach Kopp, Widerstand und Erneuerung (wie Anm. 2), S. 121.

Angela Borgstedt

Reinhold Frank (1896–1945) – Verteidiger des Rechts aus Karlsruhe

Am 20. Juli 1944 tagte der Berliner Volksgerichtshof. Aufgerufen war der Prozess gegen eine elsässische Schauspielerin wegen Hochverrats. Nicht zum ersten Mal übernahm der Karlsruher Rechtsanwalt Reinhold Frank das brisante Mandat elsässischer oder lothringischer Angeklagter. Zur Überraschung nicht nur seiner Klientin erwirkte Frank eine Haftstrafe von sieben Jahren, wo doch die Todesstrafe zu befürchten stand. Entsprechend überschwänglich dankte die Verurteilte ihrem Anwalt noch im Gerichtssaal, verbunden mit dem augenzwinkernden Kommentar, sie werde ihre Haft wohl kaum mehr in voller Länge verbüßen müssen.[1] Roland Freisler, der berüchtigte Präsident des Volksgerichtshofes und Vorsitzender der Verhandlung, schäumte. Den Affront lastete er Reinhold Frank an, dem er sein so empfundenes „staatfeindliches Handeln" an jenem 20. Juli 1944 noch vergelten würde. Die Gelegenheit dazu hatte er ein halbes Jahr später. Denn am 12. Januar 1945 stand Reinhold Frank abermals in einer Hochverratssache vor dem Volksgerichtshof, diesmal jedoch als angeklagter Mitverschwörer des Attentats vom 20. Juli 1944 auf Adolf Hitler. Franks Name stand auf einer Liste von Verbindungsleuten der Verschwörer, und zwar als Unterbeauftragter für Baden. Obwohl er sich geschickt verteidigte, konnte Frank dem Vernichtungswillen Roland Freislers wenig entgegensetzen. Der sprach Franks gleichermaßen belasteten Mitangeklagten Albrecht Fischer,[2] Verbindungsmann der Verschwörer für Württemberg, frei, verurteilte Reinhold Frank jedoch wegen Hoch- und Landesverrats zum Tode. Das Urteil wurde am 23. Januar 1945 in der Hinrichtungsstätte Berlin-Plötzensee vollstreckt. Mit Frank starben weitere Widerstandskämpfer wie der einstige württembergische Staatspräsident Eugen Bolz, Helmuth James Graf von Moltke als der Kopf des Kreisauer Kreises sowie der Sozialdemo-

---

1 Vgl. Michael Kißener: Für das Recht. Die Karlsruher Widerstandsgruppe um Reinhold Frank, in: Rudolf Lill/Michael Kißener (Hrsg.): 20. Juli 1944 in Baden und Württemberg, Konstanz 1994, S. 19–59, hier S. 52.
2 Vgl. hierzu den Beitrag von Winfried Meyer zu Albrecht Fischer in diesem Band.

Angela Borgstedt

Reinhold Frank bei seinem Prozess vor dem Volksgerichtshof im Jahr 1945.

krat Theodor Haubach und der christliche Gewerkschafter Nikolaus Groß. Reinhold Frank wurde nur 48 Jahre alt.

Profilierter Wirtschaftsjurist mit besten Verbindungen
Der profilierte Rechtsanwalt Reinhold Frank war ein „Selfmademan". Sein Vater war Landwirt in Hohenzollern; die früh verwitwete Mutter hatte acht Kinder durchzubringen. Der am 23. Juli 1896 in Bachhaupten geborene Reinhold und seine Zwillingsschwester waren die beiden Jüngsten. Die Familie war katholisch, und diese religiöse Bindung blieb für Reinhold Frank zeitlebens stark. Der Mutter gelang es, den jüngsten Sohn am Erzbischöfli-

chen Gymnasialkonvikt in Sigmaringen unterzubringen und ihm zunächst eine höhere Schulbildung und schließlich gar ein Universitätsstudium zu ermöglichen. Tatsächlich wollte Frank ursprünglich nicht studieren, sondern Soldat werden. Nach bestandener Reifeprüfung meldete er sich 1915 als Kriegsfreiwilliger. Er zeichnete sich mehrfach durch Tapferkeit aus und trug schwere Kriegsverletzungen davon. Diese Erfahrung sowie der Kriegstod eines Bruders mochten zur Abkehr von einem Berufswunsch beigetragen haben, der nach dem Versailler Friedensvertrag ohnehin perspektivlos war. Stattdessen entschied sich Frank für das Studium der Rechtswissenschaft in Freiburg. Dort trat er der katholischen Studentenverbindung Arminia bei, über die er seinen späteren Karlsruher Sozius Franz-Xaver Honold[3] kennen lernte. Als Frank 1926 in Honolds Kanzlei eintrat, war dieser gerade zum Badischen Gesandten in Berlin sowie zum Stellvertretenden Bevollmächtigten im Reichsrat ernannt worden. Der Senior vertraute seinem jungen Partner die Geschäfte der vor allem im Wirtschaftsrecht profilierten Sozietät an. Frank wiederum profitierte von den politischen Verbindungen, die Honold in seinen Berliner Jahren knüpfte. Aus dieser Zeit datierte wohl auch der Kontakt zum späteren württembergischen Staatspräsidenten Eugen Bolz. Honold und Frank verband nicht nur eine vertrauensvolle Berufspartnerschaft, beide wurden darüber hinaus auch enge Freunde. Frank übernahm die Patenschaft von Honolds jüngerem Sohn Robert und nach dem Tod des Sozius 1939 auch die Vormundschaft für den älteren Sohn Guido.[4] Damals war Reinhold Frank bereits mit der Karlsruherin Annemarie Werner verheiratet und selbst Vater von vier Kindern: den Söhnen Hermann (*1933) und Klaus (*1936) sowie den beiden Töchtern Agnes (*1934) und Eva-Maria (*1938).

Vom Kommunalpolitiker zum Kopf einer Widerstandsgruppe
Frank stand politisch der Zentrumspartei nahe, doch begann er sich erst in der politischen Umbruchphase 1933 aktiv zu engagieren. Zehn Monate lang betätigte er sich nun als Stadtverordneter im Bürgerausschuss, nach der Selbstauflösung seiner Partei sogar als „Hospitant der NSDAP".[5] Wenigstens zwei Mal geriet er dabei in offenen Gegensatz zu den Nationalsozialisten. Die Auflösung der Bürgerausschüsse im März 1934 bedeutete das Ende seiner lokalpolitischen Tätigkeit. So kurz dieser Abstecher in die Kommunalpo-

---
3 Generallandesarchiv Karlsruhe (GLA KA) 480 EK 35778.
4 Kißener, Für das Recht (wie Anm. 1), S. 24.
5 Kißener, Für das Recht (wie Anm. 1), S. 28 f.

litik auch war, hatte er für Franks weiteren Weg doch entscheidende Bedeutung, denn unter den Zentrumsangehörigen fand er namentlich in Franz Sprauer, einem Lehrer, und dem Diplomkaufmann Karl Ramstein jene Gleichgesinnten, die er in einem „kleinen Widerstandskreis" um sich scharte.[6] Zwei weitere Vertraute dieses Kreises, Amtsgerichtsrat Siegfried Kühn und den Bankangestellten Alfred Ibach, kannte er aus einem anderen Zusammenhang. Es waren NS-Gegner aus katholischem Milieu, die sich fast täglich in Franks Kanzlei trafen. Zum weiteren Kreis der „Gruppe Frank" gehörten unter anderen der Karlsruher Oberlandesgerichtsrat Wilhelm Schelb, Studienrat Josef Schneider, der Diplomkaufmann Friedrich Werber sowie der Journalist Wilhelm Baur, der nachmalige Gründer und Verleger der *Badischen Neuesten Nachrichten*. Mit dem regimekritischen Berufskollegen Hermann Veit stand Frank in Kontakt, bezog den Sozialdemokraten aber nicht in seine Widerstandstätigkeit ein.[7]

Verteidiger politisch Verfolgter
Nach außen schlug sich Franks NS-Gegnerschaft zunächst vornehmlich in der Berufspraxis als Verteidiger nieder, indem er Mandate für Menschen unterschiedlichster Einstellung und Herkunft übernahm und diese Mandate engagiert, aber durchaus pragmatisch ausübte. Details über seine Anwaltstätigkeit sind so wenig rekonstruierbar wie ein Gesamtüberblick, denn die Akten der Kanzlei sind vernichtet. Es zeichnet sich freilich auch so ab, dass sich der Tätigkeitsschwerpunkt in Richtung von Strafverteidigungen verschob. Zumindest einige politische Mandate sind namentlich bekannt. So übernahm Frank 1935 die Verteidigung seines wegen Untreue angeklagten Bruchsaler Berufs- und Parteikollegen Robert Duttenhofer. Duttenhofer hatte sich vor der „Machtergreifung" als Anwalt der Gegenpartei mit dem Bruchsaler Kreisleiter Emil Epp gerichtlich beharkt. Nun war die Zeit der Revanche gekommen. Die als „üblicher Volksauflauf" inszenierte Verhaftung beschrieb Duttenhofer später folgendermaßen:

> „Als wir auf die [Straße] traten, empfing und begleitete uns ein wüstes Schreien und Johlen. Die SA bildete, indem sie die Arme ineinander verschlang, eine leben-

---

6 GLA KA N Frank Nr. 6: Stellungnahme Franz Sprauer, 10.5.1947.
7 Zu Hermann Veit vgl. Angela Borgstedt: „Anwälte mit einer solchen Gesinnung gefährden das Ansehen des deutschen Rechtsanwaltsstandes". Die regimekritischen Verteidiger Karl Siegfried Bader und Hermann Veit, in: Dies. (Hrsg.): Badische Juristen im Widerstand (1933–1945), Konstanz 2004, S. 131–159, v. a. S. 133–143.

de Kette, so dass es mir unmöglich geworden war, auszubrechen. Und so ging's durch die Kaiser- und Friedrichstraße zum Hause der Polizei [...]."[8]

Es gehörte Mut dazu, sich für diesen Parteifreund einzusetzen.

Frank verteidigte darüber hinaus den Jugendseelsorger der Karlsruher Elisabethenpfarrei Otto Fügle, der 1941 wegen illegaler Jugendbetreuung angeklagt war.[9] Ebenso stand er der Bruchsaler Jugendgruppe „Christopher" bei, als diese 1941 wegen illegaler Weiterbetätigung vor Gericht stand.[10] Den Karlsruher Stadtpfarrer Richard Dold vertrat er sogar mehrfach. Doch Frank übernahm nicht nur Mandate aus dem katholischen Milieu. So verteidigte er beispielsweise 1934/35 drei Sozialdemokraten, die wegen Verbreitung illegaler Schriften vor Gericht standen. In den Kriegsjahren machten Elsässer und Lothringer einen Gutteil seiner Klientel aus. Insofern war jener eingangs erwähnte Auftritt vor dem Volksgerichtshof am 20. Juli fast symptomatisch für seine Berufstätigkeit.

Seine Mandate brachten es mit sich, dass sich Frank regelmäßig im Elsass, aber auch häufig in Paris aufhielt. Dies ermöglichte ihm die Kontaktaufnahme zu Mitgliedern der elsässischen Autonomiebewegung und der Résistance, mutmaßlich vermittelt von dem Pariser Rechtsanwalt Julien Kraehling.[11] Anfang 1943 traf er in Straßburg Jean Keppi, der zugleich mit christlichen Gewerkschaftern wie Jakob Kaiser und dem Karlsruher Valentin Eichenlaub[12] in Kontakt stand. Den Akteuren der deutschen Seite ging es um Vernetzung, aber vor allem auch um die Erörterung verschiedener Szenarien für den Fall des politischen Umbruchs und die dabei zu erwartende Situation in Frankreich. Reinhold Frank arrangierte schließlich ein gemeinsames Treffen Anfang September 1943 in Stuttgart, an dem neben Jean Keppi und dem Gewerkschafter Josef Ersing die Zentralfigur des zivilen Widerstands, Carl Friedrich Goerdeler, sowie Eugen Bolz teilnahmen.

---

8 GLA KA 480 EK 21979: Klageschrift Duttenhofers, 27.7.1956, Bl. 4.
9 GLA KA 270/Zug 1980 Nr. 52/9.
10 Hierzu wie zum Folgenden Kißener, Für das Recht (wie Anm. 1), S. 33 ff.
11 Vgl. Marcel Stürmel: Das Elsass und die deutsche Widerstandsbewegung in der Sicht eines ehemaligen Abgeordneten der Elsässischen Volkspartei, in: Hansmartin Schwarzmaier (Hrsg.): Landesgeschichte und Zeitgeschichte. Kriegsende 1945 und demokratischer Neubeginn am Oberrhein, Karlsruhe 1980, S. 59–128, hier S. 102 f.
12 Zu Eichenlaub vgl. Klaus Eisele: Die „Aktion Goerdeler". Mitverschwörer des 20. Juli 1944 im deutschen Südwesten. Biographische Skizzen, in: Rudolf Lill/Michael Kißener (Hrsg.): 20. Juli 1944 in Baden und Württemberg. Konstanz 1994, S. 155–207, hier S. 167 ff.

Mitverschwörer des 20. Juli 1944

Mit Goerdeler war Reinhold Frank vermutlich erstmals im Februar 1943 in Berlin zusammengetroffen. Dem früheren Leipziger Oberbürgermeister ging es wohl darum, einen politischen Beauftragten für Baden zu gewinnen und sein Netzwerk auszuweiten. Frank wiederum kam über ihn in Kontakt zum militärischen Widerstand. „Die Gruppe Frank", so Franz Sprauer, „sah in diesem Umstand eine neue Möglichkeit aktiven Kampfes gegen die Nazi und leitete damit die zweite Phase ihrer Arbeit ein".[13] Zielsetzung war für Frank die Wiederherstellung des demokratischen Rechtsstaates. Nur unter dieser Prämisse hielt er sich als Unterbeauftragter des Wehrkreiskommandos V und politische Schlüsselfigur im Südwesten für den Fall eines geglückten Umsturzes bereit. Dabei war Frank gut informiert; die konkreten Attentatspläne oder gar einen möglichen Zeitpunkt kannte er freilich nicht. So kam es, dass sich Eugen Bolz im Dezember 1943 in Erwartung des vermeintlich bevorstehenden Attentats zwei Wochen lang in Franks Karlsruher Privatwohnung versteckt hielt, um die weitere Entwicklung abzuwarten. Dass der Staatsstreich damals noch ausblieb, enttäuschte nicht zuletzt die elsässischen Kontaktleute, für die sich die Situation nach der Landung der Alliierten 1944 dann ganz anders darstellen sollte.

Am 20. Juli 1944 war Reinhold Frank in Berlin und fuhr nach der eingangs beschriebenen, so glimpflich ausgegangenen Verhandlung vor dem Volksgerichtshof per Bahn zurück nach Karlsruhe. Noch im Zug erreichte ihn die Nachricht vom missglückten Attentat. Daheim angekommen, besprach er mit seinen Freunden mögliche Handlungsoptionen. Man beruhigte sich in der Überzeugung, eine Verbindung zu den Verschwörern um Graf Stauffenberg könne ihnen nicht nachgewiesen werden. Tatsächlich aber fanden die Verfolger eine Namensliste politischer Beauftragter, auf der auch Frank stand. Noch in der Nacht wurde er in seiner Privatwohnung von der Gestapo festgenommen und zunächst nach Stuttgart, dann in die Berliner Haftanstalten Moabit und Tegel überführt.

Verteidiger in eigener Sache

Die Haftsituation war extrem belastend und hart. Der katholische Gefängnisseelsorger Peter Buchholz, der Reinhold Frank, Alfred Delp und Helmuth James Graf von Moltke trotz strikten Verbots besuchen konnte, zeigte sich zwar von diesen Begegnungen und der „seelischen Verfassung und Haltung"[14] der Gefangenen zutiefst beeindruckt, doch setzte Frank die Sorge um

---

13 GLA KA N Frank Nr. 6: Stellungnahme Franz Sprauer, 10.5.1947.
14 GLA KA N Frank Nr. 6b: undatierter Brief von Buchholz an die *Allgemeine Zeitung*.

das eigene Schicksal und das seiner Familie sichtlich zu. Selbst im Abschiedsbrief trieb ihn die Frage ihrer Zukunft und nicht zuletzt der finanziellen Absicherung um. Den Kollegen Schneider solle sie bitten, schrieb er seiner Frau Annemarie, die säumigen, zum Teil nun zahlungsunwilligen Mandanten noch einmal anzugehen.[15] Der genannte Anwaltskollege Herbert Schneider galt als durchaus systemkonform. Gleichwohl hatte er sich rückhaltlos für Reinhold Frank eingesetzt, einen Verteidiger besorgt und vor allem eine Leseerlaubnis erwirkt, was nach dem Zeugnis Annemarie Franks

> „[...] mein Mann in seiner Lage als besondere Erleichterung empfunden hat [...]. [Er] besprach mit ihm die laufenden Sachen, um auf diese Weise sowohl die Interessen meines Mannes wie auch die seiner Mandanten aufs beste zu wahren und ihm die Praxis [...] ungeschmälert zu erhalten [...]".[16]

Schneiders Handeln unterschied sich eklatant von dem der badischen Anwaltskammer, die Reinhold Frank am 15. November 1944 „auf Befehl des Führers"[17] aus der Berufsvertretung ausschloss: Der Vollzug des „Führerwillens" als vorweggenommene Verurteilung und Vollstreckung! Am 13. Januar 1945, einen Tag nach Prozess und Urteilsverkündung, schrieb Frank ein letztes Mal an Frau und Kinder:

> „Nun liebe Annemarie erschrecke nicht und behalte es zunächst für Dich. Ich bin gestern zum Tod verurteilt worden. Es ist hart. Ob das Urteil vollstreckt wird, weiß ich nicht. Ich habe heute ein Gnadengesuch gemacht. Ich hoffe, dass es Erfolg hat, Euretwegen. Warten wir ab und stellen wir alles in Gottes Hand."[18]

Er kannte den Unrechtscharakter der NS-Justiz zu gut, um sich Illusionen zu machen. Tatsächlich wurde bereits am 16. Januar 1945 die Urteilsvollstreckung angeordnet.

Gedenken an Reinhold Frank

Nach Kriegsende war vor allem die Anwaltskammer Nordbaden um eine Rehabilitierung und Würdigung Franks bemüht. Ihr Präsident Reinhard Anders, selbst als sogenannter „Nichtarier" verfolgt, setzte sich nicht nur für die posthume Wiederaufnahme Franks in die Anwaltsliste ein, sondern auch dafür,

---

15 GLA KA N Frank Nr. 2: undatierter Brief [13.1.1945] aus dem Strafgefängnis Berlin-Tegel, Abt. 8, Zelle 320.
16 Staatsarchiv Freiburg C 20/5/322: Eidesstattliche Erklärung Annemarie Frank, 1.4.1946.
17 Vgl. GLA KA 537/Zug. 1999-6/Nr. 11.
18 GLA KA N Frank Nr. 2: undatierter Brief [13.1.1945] aus dem Strafgefängnis Berlin-Tegel, Abt. 8, Zelle 320.

„dass die Hinterbliebenen unseres Kollegen Reinhold Frank wirtschaftlich einen Ausgleich für den ihnen durch die Ermordung ihres Familienoberhauptes entstandenen Schaden erhalten".[19]

Zudem unterstützte er die Ehrungsinitiative der Stadt, die 1946 zwei Karlsruher Straßen nach den von den Nationalsozialisten ermordeten Rechtsanwälten Reinhold Frank und Ludwig Marum benannte. Die Umbenennung der Westend- in Reinhold-Frank-Straße hatte den konkreten Bezug zum Wirken Franks, da sich hier an der Ecke zur Hoffstraße bis zur kriegsbedingten Zerstörung 1944 seine Anwaltskanzlei befunden hatte.[20] Zum Geburtstag Reinhold Franks findet seit dem Jahr 2000 alljährlich eine ursprünglich von Stadt und Universität Karlsruhe sowie der Erinnerungsstätte für die Freiheitsbewegungen in der deutschen Geschichte in Rastatt veranstaltete Gedächtnisvorlesung statt, als deren Redner bereits Gesine Schwan, Klaus von Dohnanyi und Joachim Gauck auftraten. In Franks Heimatregion erhielt am 100. Geburtstag 1996 die Ostracher Realschule seinen Namen,[21] auch gibt es hier wie auch in Sigmaringen inzwischen eine Reinhold-Frank-Straße. In der Pfarrkirche seines Geburtsortes Bachhaupten erinnert eine Gedenkplakette und auf dem Karlsruher Hauptfriedhof eine Stele an den Rechtsanwalt und Widerstandskämpfer, der sein Leben für die Wiederherstellung rechtsstaatlicher Grundsätze einsetzte.

Literatur

Kißener, Michael: Frank, Reinhold. Rechtsanwalt, Widerstandskämpfer und Opfer des NS-Regimes, in: Badische Biographien N. F. 5 (2005), S. 80–83.

Kißener, Michael: Für das Recht. Die Karlsruher Widerstandsgruppe um Reinhold Frank, in: Rudolf Lill/Michael Kißener (Hrsg.): 20. Juli 1944 in Baden und Württemberg. Konstanz 1994, S. 19–59.

Rehberger, Horst: Reinhold Frank. Rechtsanwalt in Karlsruhe, in: Michael Bosch/ Wolfgang Niess (Hrsg.): Der Widerstand im deutschen Südwesten 1933–1945, Stuttgart 1984, S. 299–309.

Schellinger, Uwe: Reinhold Frank, in: Helmut Moll (Hrsg.): Zeugen für Christus. Das deutsche Martyrologium des 20. Jahrhunderts, 6. erw. Aufl. Paderborn 2015, S. 292–296.

---

19 GLA KA 69 Rechtsanwaltskammer Karlsruhe Nr. 210: Anders an den Landesdirektor der Justiz, 18.1.1946.

20 Vgl. Detlev Fischer: Rechtshistorische Rundgänge durch Karlsruhe. Residenz des Rechts, 2. Aufl. Karlsruhe 2011, S. 67 f.

21 Vgl. Uwe Schellinger: Reinhold Frank, in: Helmut Moll (Hrsg.): Zeugen für Christus: das deutsche Martyrologium des 20. Jahrhunderts, 6. erw. Aufl. Paderborn 2015, S. 226–229, hier S. 229.

Lothar Letsche

Liselotte (Lilo) Herrmann (1909–1938) – eine Stuttgarter Kommunistin gegen Aufrüstung und Krieg

Vom 8. bis 12. Juni 1937 tagte in Stuttgart der Zweite Senat des Volksgerichtshofs. Die Richter waren extra aus Berlin angereist. Dieses Gericht war 1934 neu geschaffen worden; gegen seine Urteile war keine Berufung möglich. Gleichzeitig war das Gesetz gegen den Hochverrat drastisch verschärft worden. Verhandelt wurde gegen vier Männer und eine Frau: Artur Göritz (1907–1938), Alfred Grözinger (1904–1959), Stefan Lovász (1901–1938), Josef Steidle (1908–1938) – und Liselotte Herrmann (1909–1938).[1]

In den Prozessunterlagen wird festgestellt:

> „Zum Zwecke der sogenannten Antikriegspropaganda verwendet die KPD in ihrer internationalen Hetzpresse ganz planmäßig geheime, den Stand der Rüstung aufzeigende Nachrichten aus deutschen Rüstungsbetrieben und knüpft hieran die Behauptung, die Reichsregierung bereite einen Angriffskrieg vor."

Darum ging es. In der Begründung des Urteils hieß es, in Verfahren gegen Angehörige der KPD seien „vielfach Schriften der zentralen Leitung beschlagnahmt worden, die teilweise Zusammenstellungen über den Stand und die Art der deutschen Rüstungen aus fast allen Teilen Deutschlands enthielten". Irgendwo mussten diese „Zusammenstellungen" herkommen.

Am 12. Juni 1937 wurde das Urteil verkündet. Vier Todesurteile – drei gegen Göritz, Steidle und Lilo Herrmann wegen „Landesverrats in Verbindung mit Hochverrat unter erschwerenden Umständen", bei dem im Untergrund tätig gewesenen KPD-Bezirksleiter Lovász wegen „Hochverrat unter erschwerenden Umständen". Sein Stuttgarter Mitarbeiter Grözinger erhielt zwölf Jahre Zuchthaus wegen „Vorbereitung zum Hochverrat", die er im KZ Mauthausen überlebte.

---

1 Dieser Beitrag ist Helene Petermann (1904–2005) gewidmet.

Aus behüteten Verhältnissen zur „Roten Studentengruppe"

Liselotte Herrmann, am 23. Juni 1909 in Berlin geboren, erlebte die Zeit des Ersten Weltkriegs als Kind behütet im gutsituierten Elternhaus. Ihr Vater war ein angesehener Ingenieur, der berufsbedingt mehrmals umzog. Als Schülerin kam Liselotte Herrmann in Frankfurt/Main in Kontakt mit sozialistischen Ideen. Als Abiturientin schloss sie sich in Berlin-Wilmersdorf dem Sozialistischen Schülerbund (SSB) an, der zur KPD tendierte. Aus Beiträgen in dessen Zeitschrift *Schulkampf* kann man entnehmen, dass sie an ihrer Schule von den Lehrern mit Gedankengut traktiert wurde, das — entgegen den von der Weimarer Republik unterschriebenen Friedenspakten und Konventionen — die Vorbereitung des Angriffskriegs propagierte. Ihr Abitursaufsatz behandelte zwei Dramen von Friedrich Hebbel über bemerkenswerte Frauen in der Antike und dem ausgehenden Mittelalter.

Im Jahr 1929, nunmehr 20-jährig, begann Liselotte Herrmann an der Technischen Hochschule Stuttgart ein Studium der Chemie. Mit welchen Problemen und Vorurteilen eine Studentin zu dieser Zeit konfrontiert war, erahnt man aus dem Roman *Stud. chem. Helene Willfüer* aus demselben Jahr, mit dem Vicki Baum schlagartig berühmt wurde und der 1930 in die Kinos kam. Lilo Herrmann hatte ein Laborpraktikum gemacht und sich entschieden, dieses Studium aufzunehmen. „Am Mühlrain 5", unterhalb der Alten Weinsteige in Stuttgart, stand auf der Visitenkarte von „Stud. chem. Liselotte Herrmann", mit der sich — wie im Roman nachzulesen — Studierende damals einen Platz im Hörsaal reservierten.

Lilo Herrmann setzte in Stuttgart ihre politische Arbeit für den Sozialistischen Schülerbund fort. Der damals 17-jährige Oberrealschüler Kurt Hager (1912 – 1998)[2] erinnerte sich Jahrzehnte später, wie die Studentin ihn mit der SSB-Zeitschrift *Schulkampf* und mit Materialien der Marxistischen Arbeiterschule („Masch") versorgte. Lilo suchte und fand Anschluss an den Kommunistischen Jugendverband, zeitweise war sie dessen Bezirkskassiererin. Im Sommer 1930 wurde sie zu einer Geldstrafe verurteilt, weil sie in Esslingen Flugblätter verteilt hatte. In den Strukturen, die in jenen Jahren in Stuttgart zum kulturellen Umfeld der Kommunistischen Partei gehörten, war auch Lilo Herrmann anzutreffen: in der „Masch", den Waldheimen und der Parteibuchhandlung, wo ihr Freund Leo Rosenthal (1908 – 1938)[3] arbei-

---

2 Kurt Hager war von 1963 bis 1989 als Mitglied des SED-Politbüros Kulturverantwortlicher in der DDR.

3 Leo Rosenthal emigrierte in die UdSSR, wurde dort im Zuge der „Großen Säuberung" unter dem NKWD-Chef Nikolai Jeschow (1895 – 1940) verhaftet und am 16.8.1938 in Butowo bei Moskau erschossen.

tete, der sie auch später in Berlin unterstützte. Eine Gruppe von „Jungpionieren" hat sie allerdings nicht geleitet, wie es bisweilen fälschlicherweise heißt.[4]

An der Technischen Hochschule Stuttgart bildete sich 1930 die Rote Studentengruppe mit 25 bis 40 Mitgliedern, die Querverbindungen zur Interessengemeinschaft oppositioneller Lehrer (IOL) hatten. Wer dort mitarbeitete, sympathisierte mit der KPD, aber nur wenige waren in ihr organisiert. Mit den ihr zur Verfügung stehenden Mitteln versuchte diese Gruppe gegen das überwiegend von korporierten Studenten und deutlichen Nazi-Sympathien geprägte politische Klima an der Hochschule anzukämpfen. Ende Januar 1933, als Hitler schon an der Macht war, brachte ein „überparteilicher Aktionsausschuss" aus Roter Studentengruppe, Republikanischen Studenten und Unorganisierten noch ein Flugblatt heraus mit dem Aufruf, „gemeinsam mit der Arbeiterschaft gegen die Regierung Hitler-Papen-Schleicher und gegen eine Politik des Eroberungskriegs und der militärischen Intervention" zu kämpfen.

Studentin in Berlin – relegiert – junge Mutter – zurück nach Stuttgart
Lilo Herrmann hatte allerdings schon im November 1931 Stuttgart verlassen, war zuvor noch in die KPD eingetreten und schrieb sich an der Berliner Universität für Biologie ein. Auch dort war sie politisch aktiv. Am 14. Oktober 1933 wurde sie wegen „kommunistischer Betätigung"[5] relegiert, also vom Studium an allen deutschen Hochschulen ausgeschlossen. Grundlage war ein Erlass des Preußischen Ministeriums für Wissenschaft, Kunst und Volksbildung vom 29. Juni 1933: „Zur Feststellung der betreffenden Studierenden ist die Mitarbeit der örtlichen Studentenschaft heranzuziehen", das heißt „vor allen Dingen die Mitglieder des Nationalsozialistischen Deutschen Studentenbundes".[6] Lilo Herrmann schlug sich als Kinderpflegerin durch, unterstützte den kommunistischen Untergrund und brachte am

---

4 Das hat ihr der Arzt und Schriftsteller Friedrich Wolf (1888–1953) angedichtet, indem er in seinem 1950 erschienenen Poem *Lilo Herrmann. Die Studentin von Stuttgart*, das 1954 von Paul Dessau (1894–1979) als „Melodram" vertont wurde, das Schicksal der Titelheldin mit dem der Mutter seiner 1934 geborenen Tochter Lena, Liselotte („Lotte") Rayß (1912–2008, spätere Ehenamen Lochthofen, Strub), dichterisch verknüpfte.
5 Laut der faksimiliert veröffentlichten Verfügung. Ein angeblich von Lilo Herrmann unterzeichneter Aufruf an der Berliner Universität wurde nie gefunden. Er ist vermutlich eine Legende.
6 www2.hu-berlin.de/presse/zeitung/archiv/00_01/num_9/20.html (Zugriff am 15.11.2016).

15. Mai 1934 ihren Sohn zur Welt. Als Namensgeber wurde ihr damaliger Mitstreiter Walter Ehlen (1903−1945)[7] vermutet, denn die Identität des wirklichen Vaters — des zeitweilig bei ihr untergetauchten Stuttgarter Kommunisten Fritz Rau (1904−1933) — hielt Lilo selbst vor ihren Eltern und Genossen geheim. Rau war im September 1933 verhaftet und im Dezember desselben Jahres im Gefängnis Berlin-Moabit totgeschlagen worden. Für Walter Herrmann (1934−2013) löste sich dieses Rätsel erst 1991, nach dem Tod von Raus seinerzeitigen Verlobten.[8]

Informationen über Kriegsvorbereitungen gesammelt

Ende 1934 zog Lilo Herrmann mit dem Baby zu ihren Eltern nach Stuttgart in die Hölderlinstraße 22 in der Nähe der Gedächtniskirche (wo 2008 ein Stolperstein für sie verlegt wurde). Zurückgezogen arbeitete sie als Sekretärin für das private Ingenieurbüro ihres Vaters. Auch hier gliederte sie sich in den kommunistischen Widerstand ein, und zwar in zweifacher Weise. Über den arbeitslosen Lehrer Erwin Petermann (1904−1989),[9] den sie durch die Rote Studentengruppe kannte, kam sie in Kontakt mit dem Stuttgarter KPD-Organisationssekretär, der die Verbindung zu dem im Untergrund lebenden KPD-Bezirksleiter Lovász herstellte. Für ihn tippte Lilo Herrmann Texte und Flugblätter und erstellte eigene Ausarbeitungen. Als Stenotypistin im Büro ihres Vaters konnte sie das unauffällig tun. Zugleich arbeitete Lilo Herrmann, wie schon zuvor in Berlin, zusammen mit Diethelm Scheer (1909−1996)[10] für den geheimen Nachrichtenapparat der KPD, der Beweise für die illegale Aufrüstung Nazideutschlands sammelte und darüber Enthüllungsbücher im Ausland veröffentlichte. Diese Verbindung hielt sie über Josef Steidle, doch ihr engster Mitarbeiter war Adolf Butz (1907−1975), Assistent am Geographischen Institut der TH Stuttgart, der vielfältige Kontakte zu verschiedenen Kreisen von Gegnern des Nationalsozialismus unterhielt. Auch ihn kannte sie aus der Roten Studentengruppe. Im April 1935 trat Butz sogar dem NS-Fliegerkorps bei, in der Hoffnung, dort interessante Informationen zu erhalten.

---

7 Im Juni 1934 emigrierte Walter Ehlen in die Tschechoslowakei, kehrte als illegaler KPD-Funktionär nach Berlin zurück und wurde dort im August 1936 verhaftet. Ein Jahr später wurde er zu 15 Jahren Zuchthaus verurteilt und am 4.5.1945 im KZ Mauthausen erschlagen, einen Tag bevor das Konzentrationslager befreit wurde.

8 Gertrud Mink, später Gertrud Frühschütz (1906−1990).

9 Erwin Petermann war von 1963 bis 1969 Direktor der Stuttgarter Staatsgalerie.

10 Diethelm Scheer war von 1964 bis 1969 Direktor des Instituts für Binnenfischerei der DDR.

Im Juni 1935 gelang es der Politischen Polizei mithilfe des für sie arbeitenden KPD-Funktionärs Eugen Wicker (1903–1971), den KPD-Bezirksleiter Lovász zu verhaften. Butz verschwand aus Stuttgart, wurde Flugmeteorologe und blieb das – als von den Nazis niemals aufgespürter aktiver Antifaschist – bis zum Kriegsende.[11] Am 7. Dezember 1935 wurden Lilo Herrmann und Josef Steidle verhaftet. Zum Verhängnis wurde ihr eine Lichtpause mit dem Plan einer Munitionsanlage in Scheuen bei Celle, die man – hinter einem Spiegel versteckt – bei ihr fand.

Die teils brutalen, teils psychologisch raffinierten und auf Tarnung des Spitzels Wicker[12] abgestimmten Verhörmethoden führten dazu, dass am 18. Mai 1936 auch noch der 29-jährige Facharbeiter Artur Göritz in einer Karosseriefabrik in Ravensburg verhaftet wurde. Er kannte Steidle aus der Stuttgarter Arbeitersportbewegung und hatte 1934 in Friedrichshafen Motoren in die damals neuesten Flugzeugtypen von Dornier eingebaut.

Lilo Herrmann im Gestapoverhör

Lilo Herrmann und Artur Göritz verhielten sich bei den Verhören mutig und konsequent. Beide versuchten niemanden zu belasten. Gleichzeitig begründete Lilo Herrmann, warum sie es für ihre Pflicht gehalten habe, Widerstand zu leisten. Aus Protokollen wird ersichtlich, wie die Verhöre abliefen. Zu einer sogenannten „eingehenden Vernehmung" am 31. Januar 1936 ist festgehalten:

> „Den mir im Lichtbild vorgezeigten Stephan Lovász habe ich von einem Manne zugeführt bekommen, dessen Name und Deckname ich nicht weiß. Ich habe von Lovász später erfahren, dass dieser Mann nur einen Arm hat. (Es handelt sich hierbei um den Bernhard Gehrt[13], Deckname ‚Ernst'). – Weitere Angaben möchte ich überhaupt nicht mehr machen. – Die Vernehmung wurde abgebrochen."

---

11 Nach dem Zweiten Weltkrieg war Adolf Butz am Aufbau der Fächer Politik und Soziologie an der Pädagogischen Hochschule Stuttgart/Ludwigsburg maßgeblich beteiligt. Aus der Vereinigung der Verfolgten des Naziregimes (VVN), die ihn als hoch geachtetes Mitglied 1948 um Unterstützung bei der Beantragung ihrer Neulizenzierung bat, musste er aufgrund des sogenannten „Adenauer-Erlasses" 1950 austreten.

12 Eugen Wicker hat nach Alfred Grözingers Einschätzung (1948) die Verhaftung von 60 Prozent der damaligen KPD-Organisation auf dem Gewissen, vgl. Lothar Letsche: Alfons und Eugen Wicker, in: Hermann G. Abmayr (Hrsg.): Stuttgarter NS-Täter. Vom Mitläufer bis zum Massenmörder, Stuttgart 2009, S. 160–169.

13 Bernhard Gehrt (1911–1994), von der Nazijustiz in Abwesenheit zum Tod verurteilt, gelang die Flucht in die UdSSR, wo er den Namen Walter Hedeler annahm und für die Kommunistische Internationale arbeitete. Zeitweise aus der KPD aus-

Obwohl sie also erklärtermaßen weder Namen noch Decknamen wusste, erscheinen diese Namen im Protokoll, und sie selbst brach das Verhör ab. „Nur um meiner Eltern willen" gab sie laut Verhörprotokoll vom 7. Februar 1936 einen Namen an, wer die Lichtpause gefertigt habe. Gefragt, warum sie sich als junge Frau aus gut gestellten Kreisen der KPD angeschlossen habe, erklärte sie:

> „Wenn ich über das mir bekannte Ziel des Kommunismus befragt werde, dann kann ich dies in einem Satz ausdrücken, und der heißt: das größte Glück der größten Menge. [...] Wenn ich weiter gefragt werde, wie ich mir den Weg zu diesem Ziel vorgestellt habe, dann antworte ich darauf: Durch Überzeugung der Massen und Schaffung einer Mehrheit für den Kommunismus."

Das Verhörprotokoll vom 9. März 1936 endet:

> „Ich bleibe [...] dabei, dass ich nur eine Lichtpause gefertigt und diese bei mir zuhause aufbewahrt habe. Wenn man glaubt, ich hätte bereits eine Lichtpause weitergegeben und mich deswegen verurteilt, dann gibt es eben einen Justizmord mehr. Ich kann auch bei Gegenüberstellung mit W. bei meinen Angaben bleiben. Ich bitte aber, dass diese Gegenüberstellung vom Gericht und nicht von der Polizei vorgenommen wird. In dem Wort Gericht liegt wenigstens noch etwas von dem Worte ‚Recht', während man bei der Polizei überhaupt kein Recht hat. Sonst kann ich nichts mehr angeben."

Im Anschluss an das Verhör wurde sie am 11. März 1936 offiziell in Untersuchungshaft genommen. In dem betreffenden Protokoll heißt es: „Ich habe nicht mehr zuzugestehen, als ich seither angegeben habe." Sie bestritt später noch ausdrücklich, dass ihre Reisen in die Schweiz andere als durch die Geschäfte ihres Vaters veranlasste Gründe hatten. Butz, Petermann und andere haben später immer wieder betont, dass ihnen und ihren Familien Lilo Herrmanns Schweigen Schlimmstes erspart und wahrscheinlich sogar das Leben gerettet habe.

Das Todesurteil und seine Vollstreckung
Worin soll der „Landesverrat" bestanden haben? Die militärische Flugzeugproduktion bei Dornier war als ziviles Unternehmen getarnt. Die Motivierung des Urteils, dass der kommende Krieg ein totaler sein würde, in dem auch zivile Flugzeuge zum Zwecke der Wehrmacht eingesetzt würden – so schrieb ein beteiligter Rechtsanwalt später –,

---

geschlossen und nach Tomsk verbannt, übersiedelte er 1955 in die DDR, wurde rehabilitiert, war von 1957 bis 1959 Chefredakteur der *Leipziger Volkszeitung* und von 1961 bis 1975 bei der internationalen Zeitschrift *Probleme des Friedens und des Sozialismus* in Prag tätig.

„sollte dem Urteil einen rechtlichen Anstrich geben. Im Übrigen war [...] die vorherrschende Tendenz des Verfahrens, möglichst viele der angeklagten Kommunisten um den Kopf zu bringen. [...] Man wollte [...] allen anderen Kommunisten deutlich machen, was sie zu erwarten hätten, falls sie bei ihrer kommunistischen Betätigung blieben."

Und natürlich auch allen anderen Gegnern des „Dritten Reiches" und seiner Kriegsvorbereitungen.

Nach den Todesurteilen verstrich über ein Jahr. Lilo Herrmann kam ins Berliner Frauengefängnis in der Barnimstraße und verbrachte ihre letzten Wochen in der Todeszelle im Zuchthaus Berlin-Plötzensee. Sie war gefasst und gab anderen Häftlingen Kraft. Nur ihren Verwandten durfte sie schreiben. Ihre Eltern nutzten jede Gelegenheit, sie in der Haft zu besuchen. Im Herbst 1937 zogen sie nach Berlin. Verständlicherweise steht in Lilos Briefen ihr Sohn Walter im Mittelpunkt. Ihr letzter erhalten gebliebener Text vom 17. April 1938 klingt fast heiter:

„Der Zoo wird Euch und den Kindern im Sommer sicher viel Freude machen und ich würde mich sehr freuen, wenn ihr mir beim nächsten Besuch auch einige von den dort gemalten Tierbildern zeigen könntet. Wie schön man mit dem Apparat Blumenbilder aufnehmen kann, habe ich ja im vorigen Jahr an der Fliederknospe gesehen."

In einem Gnadengesuch — an ihren Anwalt gerichtet „zur Weiterleitung an die zuständigen Stellen" — bat Lilo darum, für ihre Eltern und ihr Kind von der Vollstreckung abzusehen. Sie zitierte dabei Ludwig van Beethoven: „O, wer war glücklicher als ich, da ich doch den süßen Namen Mutter aussprechen konnte und er wurde gehört." Mit keinem Wort biederte sie sich den Machthabern an.

Am 20. Juni 1938, morgens um 5 Uhr, erfolgten die vier Hinrichtungen, minutiös protokolliert sowie im Rundfunk und in den Zeitungen bekanntgegeben. Wo die Hingerichteten früher gewohnt und gearbeitet hatten, wurden auffällige rote Plakate angeschlagen. Gräber für sie gibt es nicht. Die Körper wurden dem Anatomischen Institut der Charité übergeben.

Europaweite Solidaritätskampagne
Für die zum Tod Verurteilten, vor allem für Lilo Herrmann, wurde von der Internationalen Roten Hilfe in mehreren Ländern Europas eine Solidaritätskampagne organisiert. Sie war breit angelegt und bezog in erheblichem Umfang auch Frauen aus bürgerlichen Kreisen ein. Zu Beginn einer „Europäischen Konferenz für Recht und Freiheit in Deutschland" am 13. und 14. November 1937 in Paris wurde — wie damals üblich — ein symbolisches Ehrenpräsidium gewählt, bestehend aus den inhaftierten Nazigegnern Carl

Lilo Herrmann mit ihrem Sohn Walter, aufgenommen im Jahr 1934.

von Ossietzky (1889–1938), Ernst Thälmann (1886–1944), Carlo Mierendorff (1897–1943), Kaplan Joseph Rossaint (1902–1991) und Lilo Herrmann.

Zu den berührenden Dokumenten dieser Kampagne gehört eine in Frankreich und Belgien in zwei Auflagen gedruckte Broschüre, in der ein maschinenschriftlich geführtes Tagebuch Lilo Herrmanns über die Entwicklung ihres kleinen Kindes mit Fotos abgebildet ist. Wie kam es dort hin? Vermutlich besaß Adolf Butz eine Kopie dieses Tagebuchs und nutzte den Urlaub zur Vorbereitung seiner Doktorprüfung am 22. November 1937 in Stuttgart für eine Fahrt nach Saarbrücken.

In einem damaligen Nachruf steht der Satz:

„Zwischen der Hinrichtung einer deutschen Mutter und den barbarischen Luftbombardements der Nazi-Flieger gegen Frauen und Kinder in Spanien besteht ein unmittelbarer Zusammenhang."

Artur Göritz hatte in Friedrichshafen Dornier-Flugzeuge zusammengebaut. Adolf Butz wusste auf seinem Posten in der Wetterstation des Fliegerhorsts Ansbach, wovon die Rede war. Dort war ein Geschwader zuhause, das später den Ehrennamen „Legion Condor" bekam. Pablo Picassos Wandbild *Guernica* im Pavillon der Spanischen Republik bei der Weltausstellung 1937 in Paris war die Anklage gegen das, was Lilo Herrmann und ihre Mitkämpfer mit ihren Möglichkeiten leider vergeblich zu verhindern versucht hatten – das Vorspiel zum Zweiten Weltkrieg, der aus Deutschland kam.

Stefan Lovász hinterließ bei seiner Hinrichtung vier Töchter in Bremen. Doch Lilo Herrmanns Schicksal als junge Mutter hat die antifaschistische Öffentlichkeit damals in Europa, später in der DDR und im Raum Stuttgart über Parteigrenzen hinweg am meisten berührt. Es war im Nazireich der erste justizförmige Mord an einer Frau wegen Handlungen des politischen Widerstands.

Stoff für eigene Bücher ist die Geschichte der Ehrungen Lilo Herrmanns und der Schwierigkeiten, in Ost und West unaufgeregt „die Wahrheit über Lilo Herrmann" und ihre Mitkämpferinnen und Mitkämpfer herauszufinden, dem Schweigen von Beteiligten zu entreißen, angemessen zu würdigen, von Erinnerungstäuschungen, Lügenvorwürfen, Legenden, dichterischen Vermischungen, politischen Einordnungen und Instrumentalisierungen, Überhöhungen und Befindlichkeitsschilderungen der jeweils Betroffenen und Berichtenden zu trennen. Dieser Beitrag ist als ein knapp gefasster Versuch in diese Richtung zu verstehen.

Literatur

Algasinger, Karin: Lilo H. Untersuchungen zur Lebensgeschichte einer Widerstandskämpferin und zur Rezeption ihrer Gegnerschaft zum Nationalsozialismus von ihrer Verhaftung bis heute in der Publizistik und der wissenschaftlichen Forschung. Magisterarbeit an der Universität Passau, 1991.

Clemens, Ditte: Schweigen über Lilo. Die Geschichte der L. H., 2. Aufl. Ravensburg 1995.

Letsche, Lothar: Herrmann, Minna Pauline Liselotte (Lilo), Widerstandskämpferin, in: Maria Magdalena Rückert (Hrsg.): Württembergische Biographien, Bd. 1, Stuttgart 2006, S. 106–108.

Letsche, Lothar: Lilo H.: Alleinerziehend im Widerstand, in: Stefanie Albus (Hrsg.): Lauter Frauen: aufgespürt in Baden-Württemberg. 47 Porträts, Stuttgart 2000, S. 63–65.

Letsche, Lothar: Schwierigkeiten mit einer Ehrung. Neues über Lilo H. und ihre Mitkämpfer, in: VVN-BdA Baden-Württemberg (Hrsg.): Lilo H., eine Stuttgarter Widerstandskämpferin, 2. Aufl. Stuttgart 1993, S. 67–91.

Sebastian Gewert

Georg Lechleiter (1885–1942) – Kopf des KPD-Widerstands in Mannheim

Am 15. September 1942 stand auf blutroten Plakaten an Mannheimer Litfaßsäulen zu lesen: „Der 57jährige Georg Lechleiter, der 42jährige Jakob Faulhaber […] sind heute hingerichtet worden."[1] Die Todesurteile gegen die sogenannten „Volksschädlinge" und „Hochverräter", Georg Lechleiter und 13 weitere Mitglieder der „Lechleiter-Gruppe",[2] hatte der Volksgerichtshof in Mannheim am 15. Mai gefällt. Es war der größte Schlag des NS-Regimes im deutschen Südwesten gegen eine Widerstandsgruppe während des Krieges.

Georg Lechleiter war der führende Kopf der nach ihm benannten kommunistischen Widerstandsbewegung in Mannheim. 1940 war es ihm gelungen, mehrere Gleichgesinnte, in der Mehrzahl Kommunisten, zum Kampf gegen das NS-Regime zusammenzubringen. Die Widerstandsgruppe sammelte unter anderem Geld für die Angehörigen inhaftierter NS-Gegner. Ab 1941 begann die Gruppe damit, den *Vorboten* zu drucken, eine illegal hektographierte Zeitschrift, die an zuverlässige Antifaschisten, an Gleichgesinnte sowie an Arbeiter in Mannheimer Betrieben verteilt wurde.[3] Darin rief die Lechleiter-Gruppe mit Parolen wie „Hitler hat den Kampf begonnen, Hitlers Sturz wird ihn beenden"[4] zum Kampf gegen das NS-Regime, zum Abhören ausländischer Sender und zum Streik auf. Ursprünglich geplant war eine Auflage von 60 bis 70 Exemplaren, allerdings erreichte die Zeitschrift Anfang 1942 eine Auflage von etwa 200 Exemplaren. Insgesamt konnten vier Ausgaben gedruckt werden, bis die Gruppe Ende Februar 1942 von der Ge-

---

1 Stadtarchiv Mannheim – Institut für Stadtgeschichte (StadtA Mannheim): Plakatsammlung, PK07275.
2 StadtA Mannheim, ZGS, S1/1208: Hakenkreuzbanner vom 20.5.1942, Nr. 138.
3 Vgl. Hermann Weber: Die Lechleiter-Gruppe, in: Erich Matthias/Hermann Weber (Hrsg.): Widerstand gegen den Nationalsozialismus in Mannheim, Mannheim 1984, S. 323–348, hier S. 323.
4 StadtA Mannheim, NL Hermann Weber, Zug. 43/2006, Nr. 85: Der Vorbote. Informations- und Kampforgan gegen den Hitlerfaschismus. Ausgabe September 1941, Bl. 4.

stapo verhaftet wurde. Angeblich begingen drei der Inhaftierten in der Untersuchungshaft Selbstmord. Gegen die anderen Mitglieder kam es zu zwei Prozessen mit jeweils 14 Angeklagten. Lechleiter und seine Mitangeklagten wurden im ersten Verfahren wegen Hochverrats, Feindbegünstigung, Zersetzung der Wehrkraft sowie des Verbreitens ausländischer Rundfunknachrichten zum Tode verurteilt und hingerichtet. Im zweiten Prozess im Oktober 1944 ergingen fünf weitere Todesurteile.[5]

Gesinnung, politisches Wirken und Gefangenschaft

Georg Lechleiter wurde am 14. April 1885 im badischen Appenweier geboren und entstammte einer kinderreichen kleinbäuerlichen Familie. Er sollte Pfarrer werden, verließ jedoch nach wenigen Wochen das Priesterseminar und lernte Schriftsetzer. Diesen Beruf übte er in mehreren Städten in Baden und in der Schweiz aus. In der Schweiz begann auch sein Weg zum Sozialismus. Lechleiter wurde Mitglied der sozialistischen Jugend und schloss sich der Sozialistischen Partei (SP) an. Darüber hinaus war er bis 1918 in marxistischen Zirkeln aktiv.[6] 1918, nach dem Ende des Ersten Weltkriegs, kehrte er nach Deutschland zurück und nahm seinen Wohnsitz in Mannheim. Auch hier engagierte er sich politisch und gehörte zu den Mitbegründern der Mannheimer KPD-Ortsgruppe. 1920 wurde er Politischer Sekretär der KPD-Bezirksleitung Baden und 1922 Herausgeber der *Arbeiter-Zeitung*, die in Baden, Hessen und in der Pfalz erschien. Ebenfalls 1922 wurde er in den Mannheimer Stadtrat gewählt. 1925 folgte die Wahl in den Badischen Landtag, wo er bis 1933 Abgeordneter und von 1929 bis 1933 Fraktionsvorsitzender der KPD war.

---

5 Vgl. Hans Berkessel/Pascal Brauckmann/Christina Hendrich/Marco Hörnig/Angelika Pichotta: Kommunistischer Widerstand nach 1939 — ein Beispiel aus Ludwigshafen–Mannheim. Georg Lechleiter (1885–1942), in: Forschung, Dokumentation, Archiv des NS-Dokumentationszentrums Rheinland-Pfalz [o. J.].

6 Vgl. hierzu und zum folgenden Absatz: Andreas Herbst/Hermann Weber: Georg Lechleiter, in: Deutsche Kommunisten. Biographisches Handbuch, 1918 bis 1945, 2. Aufl. Berlin 2008, S. 533; Günther Braun: Georg Lechleiter. Ein Mannheimer Kommunist, in: Michael Bosch/Wolfgang Niess (Hrsg.): Der Widerstand im deutschen Südwesten 1933–1945, Stuttgart 1984, 183–191, hier S. 183; Peter Steinbach/Johannes Tuchel: Georg Lechleiter, in: Lexikon des Widerstandes 1933–1945, München 1994, S. 119; Klaus Becker: Die KPD in Rheinland-Pfalz 1946–1956, Mainz 2001, S. 466; Jan Foitzik: Lechleiter-Gruppe, in: Wolfgang Benz/Walter Pehle (Hrsg.): Lexikon des deutschen Widerstandes, Frankfurt/M. 1994, S. 253.

Georg Lechleiter mit seiner Frau Annie und seinem Stiefsohn Jacques.

Georg Lechleiters kommunistisches Engagement zeigte jetzt bereits Konsequenzen, denn schon 1923 wurde er wegen „Vorbereitung zum Hochverrat" zu 13 Monaten Festungshaft verurteilt, weil er in der *Arbeiter-Zeitung* für einige Artikel über die „Schwarze Reichswehr" verantwortlich gezeichnet hatte.[7] Eine zweite Inhaftierung erfolgte in der Phase der nationalsozialistischen „Machtergreifung". Den Reichstagsbrand in der Nacht des 27. Februar 1933 nutzten die Nationalsozialisten zum „Verbot der KPD und zur gnadenlosen Jagd auf kommunistische Funktionäre".[8] Bis April 1933 verhafteten Polizei und SA im Reich nahezu 8000 politische Gegner des Nationalsozialismus, darunter etwa 900 aus dem Bezirk Baden/Pfalz. Auch Georg Lechleiter war von dieser Verhaftungswelle betroffen. Am 17. März 1933 festgenommen, wurde er vorübergehend in einem Mannheimer Gefängnis inhaftiert und dann in das badische KZ Ankenbuck gebracht, wo er fast ein Jahr in Haft blieb. Am 13. März 1934 wurde er dann in das KZ Kislau verlegt, wo er ein weiteres Jahr gefangen blieb.[9]

---

7 Vgl. Herbst/Weber, Georg Lechleiter (wie Anm. 6), S. 533.
8 Wolfgang Benz: Der deutsche Widerstand gegen Hitler, München 2014, S. 18.
9 Vgl. Angela Borgstedt: Das südbadische Ankenbuck: Arbeiterkolonie und Konzentrationslager, in: Wolfgang Benz/Barbara Distel (Hrsg.): Herrschaft und Gewalt. Frühe Konzentrationslager 1933–1939, Berlin 2002, S. 211–216, hier S. 214.

Georg Lechleiter war ein überzeugter Kommunist, der als Redakteur der *Arbeiter-Zeitung*, Sekretär und Mitglied der badischen Bezirksleitung sowie als Stadtratsmitglied und Landtagsabgeordneter die wechselvolle Geschichte der KPD-Organisation im Land wesentlich prägte. Während seiner Inhaftierung verschärfte sich die Situation der KPD weiter. In der historischen Forschung wird hierbei von der Phase des „Übergangs in die Illegalität" gesprochen. Sie war dadurch gekennzeichnet, dass die „Partei nach außen noch die ihr verbliebenen Möglichkeiten zur Vorbereitung der Märzwahlen nutzte",[10] gleichzeitig aber damit begann, sich auf die Illegalität vorzubereiten. Im Zuge dessen wurden unter anderem Waffenlager angelegt, Vervielfältigungsgeräte und Papier zum Druck von Flugblättern organisiert und nicht zuletzt die Parteiführung umorganisiert. Im Juni 1933 wurde ein Teil des Politbüros nach Paris verlegt, während ein anderer Teil als „Inlandsleitung" in Berlin blieb. In grenznahen Orten des Auslands wurden von der KPD „Grenzstützpunkte" errichtet, von denen aus Propagandaschriften nach Deutschland geschleust wurden.[11] Das Ziel dieser Phase des Übergangs in die Illegalität war es, die Organisation aufrecht zu erhalten und zugleich einen schnellen Umsturz herbeizuführen. Allerdings scheiterte dieses Vorhaben. Spätestens 1935 war das „kommunistische Kräftereservoir" erschöpft und die Revolutionshoffnung verflogen.[12] Immer mehr Kommunisten wurden in Gefängnisse und Konzentrationslager verschleppt, sodass die Führungspositionen der KPD ständig neu besetzt werden mussten. Aus diesem Grund änderte die KPD im Anschluss an den Kongress der Kommunistischen Internationale, der unter dem Decknamen „Brüsseler Konferenz" im Oktober 1935 in Moskau stattgefunden hatte, Form und Intensität des Widerstands.

> „An die Stelle der Materialschlacht durch Druckschriften sollte Überzeugungsarbeit in den Betrieben treten, um unzufriedene Arbeiter über Kritik an der Sozialpolitik des NS-Staats als Verbündete zu gewinnen."[13]

Widerstand im Verborgenen

Diese politischen Verhältnisse fand Georg Lechleiter vor, als er 1935 aus der Haft entlassen wurde und nach Mannheim zurückkehrte. Rasch nahm er

---

10 Ger van Roon: Widerstand im Dritten Reich. Ein Überblick, 5. Aufl. München 1990, S. 53.
11 Benz, Der deutsche Widerstand (wie Anm. 8), S. 18 f.
12 Vgl. Detlev Peukert: Der deutsche Arbeiterwiderstand 1933–1945, in: Klaus-Jürgen Müller (Hrsg.): Der deutsche Widerstand 1933–1945, 2. Aufl. Paderborn 1986, S. 157–181, hier S. 166.
13 Vgl. Benz, Der deutsche Widerstand (wie Anm. 8), S. 19 f.

Kontakt zu alten kommunistischen Genossen auf, darunter Jakob Faulhaber und Rudolf Langendorf, die wie er ebenfalls aus der Haft entlassen worden waren. Sie bildeten in den folgenden Jahren den Kern des kommunistischen Widerstandes in Mannheim. Es handelte sich dabei aber nicht um eine kommunistische Organisation. Angesichts der permanenten Überwachung durch die Gestapo und der bisherigen Erfahrungen erschien es zu riskant, sich eine feste Struktur zu geben. Form und Intensität des Widerstandes wandelten sich also. Bis zum Ausbruch des Zweiten Weltkrieges blieben die Kontakte der Mannheimer Genossen locker und beschränkten sich auf sporadische Treffen. Im kleinen Kreis wurde die politische Lage diskutiert und der Moskauer Rundfunk mit selbstgebauten Kurzwellenempfängern abgehört. Darüber hinaus stürzte der Abschluss des Hitler-Stalin-Paktes im August 1939 viele Kommunisten in tiefe Selbstzweifel und Gesinnungskonflikte.[14]

Mobilisierung ab 1940
Mit Kriegsbeginn nahmen in Mannheim die Aktivitäten der KPD auch ohne zentrale Anleitung zu, wobei sich vor allem die persönlichen Kontakte verdichteten. Georg Lechleiter schaffte es, in Mannheim mehrere Gleichgesinnte zum Kampf gegen die Nationalsozialisten zu mobilisieren. Dazu zählte das Bemühen um den Wiederaufbau der „Roten Hilfe". Unter Kollegen wurden Solidaritätsspenden gesammelt, um Angehörige politisch Verfolgter materiell zu unterstützen. Zugleich wurden so neue Vertrauensleute gewonnen, die dann sukzessive in kleinen Betriebszellen organisiert werden konnten.

Mit dem deutschen Überfall auf die Sowjetunion am 22. Juni 1941 wandelte sich das Handeln Lechleiters und seiner Mitstreiter grundlegend. Systematisch baute er nun eine starke kommunistische Widerstandsgruppe auf. Die Forschung spricht in diesem Kontext von einem Impuls für die Wiederbelebung des kommunistischen Widerstandes. Zum einen trafen Georg Lechleiter und Jakob Faulhaber die Entscheidung, den kommunistischen Widerstand in den Betrieben zu reorganisieren.[15] Jedoch lässt sich aufgrund der Quellenlage sowie widerstreitender Aussagen in den Prozessen und den

---

14 Vgl. Arbeitskreis für Landeskunde/Landesgeschichte Regierungspräsidium Karlsruhe: Der Widerstand der Kommunistischen Partei: www.schule-bw.de/unterricht/faechueruebergreifende_themen/landeskunde/modelle/epochen/zeitgeschichte/ns/widerstand/mannheim/d2.pdf (Zugriff am 10.1.2017), S. 2; Braun, Georg Lechleiter (wie Anm. 6), S. 186 f.; Weber, Die Lechleiter-Gruppe (wie Anm. 3), S. 329.
15 StadtA Mannheim, NL Hermann Weber, Zug. 43/2006, Nr. 85: Urteilsschrift in der Sache Georg Lechleiter. Aktenzeichen: 5J 81/42, 2H 94/42 vom 14./15.5.1942, Bl. 14.

Erinnerungen Überlebender nur schwer feststellen, in wie vielen Mannheimer Betrieben in den nächsten Monaten Widerstandszellen entstanden. Zum anderen begann die Widerstandsgruppe um Lechleiter ab September 1941 mit dem Druck einer neuen illegalen Zeitung mit dem Titel *Der Vorbote*. Sie wurde an Gleichgesinnte in Mannheimer Betrieben und später auch in Städten wie Ludwigshafen als internes Rundschreiben („Kadermaterial") mit einer Auflage von 50 bis möglicherweise sogar 200 Exemplaren verteilt.[16] Lechleiter war dabei als Gesamtredakteur tätig und für die Verteilung des *Vorboten* zuständig. Die Informationen für die Artikel bezog er aus Sendungen des Moskauer Rundfunks und ab September 1941 vom Deutschen Volkssender in der Sowjetunion.

Abgesehen von Beiträgen zu wirtschaftlichen Themen, die Rudolf Langendorf verfasste, stammten sämtliche Texte des *Vorboten* von Lechleiter.[17] „Kampf gegen die Nazi-Herrschaft, gegen den Krieg, für den Frieden, für Freiheit und Brot, für ein Sowjet-Deutschland" lautete die Botschaft des *Vorboten*. Finanziert wurde die Herausgabe der Zeitschrift durch Gelder, die aus Spendensammlungen in Mannheimer Betrieben abgezweigt wurden. Mit Ausnahme der Oktoberausgabe, die dem Jahrestag der Russischen Revolution gewidmet war, war der *Vorbote* in drei Abschnitte zur militärischen, wirtschaftlichen und politischen Lage Deutschlands unterteilt. Ferner enthielt er am Schluss Anweisungen und Hinweise beispielsweise zur illegalen Arbeit. Insgesamt hatten die bis zur Verhaftung Lechleiters am 26. Februar 1942 erschienenen vier Ausgaben einen Umfang von bis zu 14 Seiten.

Aufdeckung der Lechleiter-Gruppe
Wie die Gestapo der Lechleiter-Gruppe auf die Spur kam, ist bis heute nicht geklärt. Es gibt drei Erklärungsansätze. Der erste geht davon aus, dass ein Mitglied der Widerstandsgruppe, Gustav Süß, ein Spitzel gewesen sei. Der zweite Ansatz vertritt die Meinung, Daniel Seizinger, ebenfalls ein Mitglied der Lechleiter-Gruppe, habe die Verfolger auf ihre Spur gebracht. In der Hoffnung, ihn für den Widerstand gewinnen zu können, zeigte er im Dezember 1941 seinem Vorgesetzen Kurt Burchhardt, einem SS-Mitglied, zwei Ausgaben des *Vorboten*. Dieser übergab sie der Gestapo. In einem dritten Erklärungsversuch wird die Verhaftung von Ernst Hahner und seinem 16-jäh-

---

16 Vgl. Becker, Die KPD in Rheinland-Pfalz (wie Anm. 6), S. 68; Weber, Die Lechleiter-Gruppe (wie Anm. 3), S. 334.
17 Vgl. Michael Czaszkoczy/Dieter Fehrentz/Vera Glitscher: Mannheim geheim. Der Fall Vorbote. Geschichte der Mannheimer Lechleiter-Widerstandsgruppe, 2. Aufl. Heidelberg 2005, S. 10.

rigen Sohn im Betrieb von Bob & Reuther im Januar 1942 angeführt. Elektriker hatten dort beim Verlegen einer Leitung zwei von Hahner versteckte Exemplare des *Vorboten* entdeckt und dies der Gestapo gemeldet.

Tatsache ist, dass es im Februar 1942 zu einer Verhaftungswelle kam. Dabei gelang es der Gestapo durch ihre brutalen und zermürbenden Verhörmethoden, die wichtigsten Beweise für die Anklage zu erhalten. Am 14. und 15. Mai 1942 fand vor dem in Mannheim tagenden Volksgerichtshof die Hauptverhandlung gegen insgesamt 14 Angeklagte statt.[18] Lechleiter und die anderen Angeklagten wurden beschuldigt, ein „hochverräterisches Unternehmen" vorbereitet zu haben, „um mit Gewalt die Verfassung des Reiches zu ändern". Zu diesem Zweck hätten sie seit Ausbruch des Krieges gegen Sowjetrussland an dem Aufbau einer kommunistischen Organisation in Mannheim mitgewirkt, wobei der Schwerpunkt ihrer Tätigkeit in der Herstellung und Verbreitung einer illegalen Zeitung, des *Vorboten*, gelegen habe. Schon einen Tag nach Beginn des Prozesses wurden die Urteile verkündet. Alle Angeklagten wurden zum Tode verurteilt. Das Urteil gegen Lechleiter wurde mit „Vorbereitung des Hochverrats, Feindbegünstigung, Zersetzung der Wehrkraft und Verbreitung von ausländischen Rundfunksendungen" begründet.[19] Lechleiter und 13 weitere Widerstandskämpfer wurden am 15. September 1942 mit dem Fallbeil im Innenhof des Stuttgarter Justizgebäudes hingerichtet. Gleichwohl leben sie bis heute in der kollektiven Erinnerung weiter, sei es in Form der lokalen Berichterstattung, der jährlich stattfindenden Gedenkfeier am Todestag oder des Georg-Lechleiter-Platzes in Mannheim mit dem dort aufgestellten Lechleiter-Denkmal.

Die Tat und ihre Bedeutung
Georg Lechleiter war von Beginn an ein überzeugter Kommunist. Für seine Gesinnung nahm er Haftstrafen und schließlich den Tod in Kauf. Schmälert seine Gesinnung sein Handeln? Nach 1945 gab es in der Bundesrepublik Stimmen, die diesem Widerstand jeglichen Wert absprachen und argumentierten, Kommunisten wollten nur „den Teufel Hitler mit dem Beelzebub

---

18 Vgl. Arbeitskreis für Landeskunde/Landesgeschichte Regierungspräsidium Karlsruhe, Der Widerstand der Kommunistischen Partei (wie Anm. 14), S. 4. In diesem Zusammenhang sei darauf verwiesen, dass am 21. Oktober 1942 noch ein zweiter Prozess gegen 13 weitere Mitglieder der Lechleiter-Gruppe begann, von denen fünf zum Tode verurteilt wurden.
19 StadtA Mannheim, NL Hermann Weber, Zug. 43/2006, Nr. 85: Anklageschrift des Volksgerichtshofes vom 21.4.1942.

Stalin austreiben".[20] Diese Sichtweise ist sicherlich verkürzt. Bundespräsident Joachim Gauck fand zum 70. Jahrestag des 20. Juli 1944 hierzu die treffenden Worte:

> „Ob jemand als Christ, als Sozialist oder als Angehöriger des Militärs handelte, es war die Opposition gegen Hitler und ein mörderisches Regime, die den Kreisauer Kreis, die Weiße Rose, die Rote Kapelle, die Bekennende Kirche, aber auch all die einzelnen, wie Georg Elser und die unbekannt Gebliebenen, miteinander verband."[21]

Wenngleich der Widerstand der Mitglieder der Lechleiter-Gruppe ein regional begrenzter Widerstand ist, gilt ihm doch Anerkennung und Würdigung. Denn sie setzten ihr Leben gegen das Unrechtsregime Hitlers ein, als andere wegschauten oder mitliefen.

Literatur

Arbeitskreis für Landeskunde/Landesgeschichte Regierungspräsidium Karlsruhe: Der Widerstand der Kommunistischen Partei: www.schule-bw.de/unterricht/faecher-uebergreifende_themen/landeskunde/modelle/epochen/zeitgeschichte/ns/widerstand/mannheim/d2.pdf (Zugriff am 10.1.2017).

Becker, Klaus: Die KPD in Rheinland-Pfalz 1946–1956, Mainz 2001.

Braun, Günther: Georg Lechleiter. Ein Mannheimer Kommunist, in: Michael Bosch/Wolfgang Niess (Hrsg.): Der Widerstand im deutschen Südwesten 1933–1945, Stuttgart 1984, S. 183–189.

Czaszkoczy, Michael/Fehrentz, Dieter/Glitscher, Vera: Mannheim geheim. Der Fall Vorbote. Geschichte der Mannheimer Lechleiter-Widerstandsgruppe, 2. Aufl. Heidelberg 2005.

Steinbach, Peter/Tuchel, Johannes: Georg Lechleiter, in: Lexikon des Widerstandes 1933–1945, München 1994, S. 119.

Weber, Hermann: Die Lechleiter-Gruppe, in: Erich Matthias/Hermann Weber (Hrsg.): Widerstand gegen den Nationalsozialismus in Mannheim, Mannheim 1984, S. 323–347.

---

20 Vgl. Peter Steinbach: „Nach Hitler kommen wir." Der nachkriegsdeutsche Streit um den Widerstand gegen das NS-Regime, in: Deutschlandfunk. Essay und Diskurs (15.7.2012).

21 Joachim Gauck: Gedenken zum 70. Jahrestag des 20. Juli 1944: www.bundespraesident.de/SharedDocs/Reden/DE/Joachim-Gauck/Reden/2014/07/140720-Gedenken-Widerstand-NS.html (Zugriff am 10.1.2017).

Bernd Braun

Georg Reinbold (1885–1946) – der badische SPD-Vorsitzende im Widerstand als Grenzsekretär

Am 18. Dezember 1930 beriet der Badische Landtag über einen Antrag der NSDAP-Fraktion, alle Verbotsbestimmungen aufzuheben, die vom Innenministerium in Karlsruhe gegen einzelne Verbände der Hitler-Partei ergangen waren. In die Debatte griff auch der badische SPD-Vorsitzende Georg Reinbold mit einer scharfen Rede ein, deren prophetische Schlusspassage er mit den Worten eröffnete:

„Nun ist mir vorhin die Bemerkung zugerufen worden, auch die Sozialdemokratie werde die Nationalsozialisten verspüren und werde geschlagen werden. Lernen Sie Geschichte! Wenn die Sozialdemokratische Partei die Erfindung eines Karl Marx wäre, würde ich zugeben, daß Ihr Ziel erreichbar wäre — wenn es die Erfindung eines Menschen oder das Werk einiger Menschen wäre. Aber eine Bewegung, die in den gesellschaftlichen Zuständen wurzelt und aus den gesellschaftlichen Zuständen heraus entsteht, können Sie niemals aus der Welt schaffen, nicht durch Sondergesetze, nicht durch Verbote, nicht durch einen Diktator und selbst nicht durch Erschießen, Aufhängen oder Köpferollenlassen."[1]

Georg Reinbold sollte mit beiden Prognosen Recht behalten. Zwei Jahre und sechs Wochen später sollte der an die Macht gekommene Hitler seine politischen Gegner mit aller hier bereits erwähnten Brutalität zu eliminieren versuchen. Wer dieser systemimmanenten Entmenschlichung nicht zum Opfer fallen wollte, musste sich wie Georg Reinbold auf die Flucht begeben, die in seinem Fall eine Kombination aus Exil und Widerstand darstellte. Und er sollte 1945 auch noch erleben, dass die deutsche Sozialdemokratie trotz aller Verfolgung letztlich nicht zu unterdrücken war.

Aufstieg aus kleinsten Verhältnissen
Für eine steile politische Karriere hatte Georg Reinbold die denkbar schlechtesten materiellen Voraussetzungen mitgebracht. Geboren wurde er am 22. Oktober 1885 in Triberg im Schwarzwald, das zwar ein Jahr zuvor die

---
1 Verhandlungen des Badischen Landtags, IV. Landtagsperiode 1929 bis 1933, 7. Sitzung vom 18.12.1930, S. 274–280, Zitat S. 280.

aus dem Strom der örtlichen Wasserfälle gespeiste erste elektrische Straßenbeleuchtung im Deutschen Reich eingeführt hatte, aber diese Modernität war mehr Fassade als Realität. In dem Städtchen mit seinen nicht einmal 3000 Einwohnern und seiner Umgebung gab es so gut wie keine Industrie, während die touristische Infrastruktur noch in den Kinderschuhen steckte. Triberg und sein Umland wurden vielmehr noch jahrzehntelang vom Handwerk und der Land-, vor allem der Forstwirtschaft geprägt. Die vorherrschende Mentalität war konservativ. Der zweite badische Reichstagswahlkreis, zu dem Triberg gehörte, war bis 1905 fest in nationalliberaler Hand. Danach wurde er von einem Politiker der Zentrumspartei vertreten; für die Sozialdemokratie war der Wahlkreis eine Diaspora. Kam Georg Reinbold in seiner Kindheit und Jugend kaum mit der Arbeiterbewegung in Berührung, so kannte er andererseits materielle Not und soziale Diskriminierung zur Genüge.

Sein Vater Andreas Reinbold war von Beruf Holzfäller und, wie die Geburtsurkunde seines Sohnes Georg ausweist, Tagelöhner. Dass sein Sohn nach dem Besuch der Volksschule in den Jahren 1901 bis 1904 das Schlosserhandwerk erlernen konnte, war bereits ein Zeichen sozialen Aufstiegs. Die Wanderschaft im Anschluss an die Lehrzeit führte Georg Reinbold in die badische Hochburg der Sozialdemokratie, nach Mannheim, das als Sitz der badischen SPD-Zentrale ab 1923 sein Wohn- und Wirkungsort werden sollte, und bis nach Berlin. In der Reichshauptstadt wurde er Mitglied der SPD (seiner Gewerkschaft, dem Deutschen Metallarbeiterverband, hatte er sich schon zuvor angeschlossen) und lernte seine spätere Ehefrau, die als Dienstmädchen beschäftigte Elise Schröder kennen, die er nach seiner Rückkehr nach Triberg 1908 heiratete.

Durch sein politisches und gewerkschaftliches Engagement, auch als Streikführer, musste der junge Schlossergeselle Nachteile in Kauf nehmen. Von den Arbeitgebern als roter Aufwiegler auf schwarze Listen gesetzt, verlor er des Öfteren seinen Arbeitsplatz und fand nur mit Mühe Ersatz, bis er 1912 als Geschäftsführer des SPD-Bezirks Schwarzwald-Bodenseekreis mit Sitz in Singen am Hohentwiel eine gesicherte Existenz erlangte. Seine Tätigkeit als hauptamtlicher Funktionär wurde durch den Kriegsdienst als Soldat in den Jahren 1915 bis 1918 unterbrochen. Mit der Gründung einer eigenen Zeitung für den Singener Parteibezirk im Jahr 1920, die den Namen *Volkswille* trug, konnte Reinbold sein organisatorisches und ökonomisches Geschick besonders unter Beweis stellen. Seine erfolgreiche Tätigkeit auf der Bezirksebene empfahl ihn für höhere Aufgaben: 1923 wurde er zum Landesgeschäftsführer und ein Jahr darauf zum Landesvorsitzenden der badischen SPD berufen. 1925 folgte ein weiterer Karriereschub, als er, der bisher nur

Georg Reinbold (1885–1946)

Georg Reinbold, aufgenommen um 1933.

politische Mandate auf lokaler und Kreisebene innegehabt hatte, erstmals als Abgeordneter in den Badischen Landtag einzog, von dem er 1931 zum Ersten Vizepräsidenten gewählt wurde.

Diese hierarchisch hoch angesiedelten Ämter innerhalb der SPD und der Volksvertretung des Landes Baden konnte Georg Reinbold nach dem 30. Januar 1933 nicht weiter ausüben, wollte er nicht seine Freiheit und sein Leben gefährden. Am 13. März 1933 meldete die *Neue Mannheimer Zeitung* mehrere Verhaftungen führender Sozialdemokraten, stellte aber bedauernd fest, dass der SPD-Landesvorsitzende sich der über ihn verhängten „Schutzhaft" entzogen habe und „nicht auffindbar" sei.[2] Zu diesem Zeitpunkt war der Gesuchte bei dem früheren badischen Arbeitsminister Wilhelm Engler in Frankfurt am Main untergetaucht, um von dort nach Straßburg zu flüchten. Vom Elsass aus sandte Reinbold seiner Frau ein Kassiber mit Angaben über seinen Aufenthaltsort. Diese Vorsicht war angeraten, denn in der Reinbold'schen Wohnung in Mannheim war ein SA-Mann in der Erwartung postiert worden, der badische SPD-Vorsitzende werde zu seiner Frau zurückkehren oder sein Versteck anderweitig verraten. Nur mit Kittelschürze bekleidet und mit einer Einkaufstasche unter dem Arm verließ Elise Reinbold ihre Wohnung, womit sie dem Wachposten eine vermeintlich kurze Abwesenheit vortäuschen konnte. So gelang ihr die Flucht zu ihrem Mann nach Straßburg. Es war der Beginn eines gemeinsamen, 13 Jahre währenden Exils.

Der Grenzsekretär

Am 28. Mai 1933, also noch vor dem offiziellen Verbot der SPD, hatte der Parteivorstand im Exil in Prag (SOPADE) beschlossen, die illegale Arbeit im Deutschen Reich zunächst von Grenzbezirken auf der tschechischen Seite aus zu organisieren. Allgemein wurde von der SOPADE-Führung festgestellt: „Ähnliche Regelungen sind und werden in den übrigen Grenzbezirken getroffen."[3] Nach und nach wurden zwölf Grenzsekretariate in den Nachbarländern Deutschlands eingerichtet. Die Grenzsekretäre waren in der Organisation erfahrene, mit den jeweiligen deutschen Bezirken jenseits der Grenze eng vertraute und vernetzte Männer, die vom Parteivorstand in Prag besol-

---

2 Stadtarchiv (StadtA) Mannheim, Dokumentation der Widerstandsbewegung Nr. 397: *Neue Mannheimer Zeitung* Nr. 122 vom 13. März 1933 („Der Oberbürgermeister in Schutzhaft").
3 Zitiert bei Hartmut Mehringer: Waldemar von Knoeringen – Eine politische Biographie. Der Weg vom revolutionären Sozialismus zur sozialen Demokratie, München 1989, S. 84–86.

det wurden und von dort die Ausgaben für ihre Aktivitäten ersetzt bekamen. Sie waren als vermittelnde Instanz zwischen der SOPADE-Führung und den im Verborgenen tätigen aktiven Parteimitgliedschaften und Widerstandsgruppen der SPD innerhalb des Deutschen Reiches gedacht. Sie sollten einerseits Schriften zur Aufklärung und Agitation nach Deutschland hineinschmuggeln und andererseits Informationen über die wirtschaftliche und soziale Situation sowie die Einstellung zum NS-Regime sammeln, um authentische Erkenntnisse über dessen zunächst erwarteten baldigen Zusammenbruch zu gewinnen. Diese gesammelten Informationen über das Innenleben des „Dritten Reiches" wurden von April 1934 bis April 1940 als *Deutschlandberichte* der SOPADE veröffentlicht. Diese „Grünen Berichte", wie sie nach der Umschlagfarbe auch genannt werden, stellen heute eine wichtige Quelle für Historiker dar. Neben dem Steuern des Informationsflusses nach und aus Deutschland waren die Grenzsekretariate auch die erste Anlaufstelle für politische Flüchtlinge.

Zum Zeitpunkt des Prager Beschlusses vom 28. Mai 1933 hatte Reinbold längst damit begonnen, den Widerstand gegen die NS-Diktatur von Straßburg aus zu organisieren. Zusammen mit dem Elsässer Sozialdemokraten Arthur Fassel hatte er eine *Librairie Populaire* (Volksbuchhandlung) in der Rue Sedillot Nr. 2 als Sitz des Grenzsekretariats für Baden, die Pfalz sowie Teile Württembergs und Hessens eröffnet. „Wir haben Baden eingekreist", meldete er bereits am 10. Juni 1933 an den Parteivorstand. 1000 Exemplare des *Vorwärts* könnten sofort ins Deutsche Reich geschmuggelt werden, und die Beitragsleistungen über die Grenze hinweg werde man wieder anzukurbeln versuchen.[4] Damit kann Georg Reinbold, noch bevor der Ausdruck „Grenzsekretär" am 15. September 1933 zum ersten Mal verwendet wurde, als einer der Pioniere dieser wichtigsten Institution sozialdemokratischen Widerstands bis zum Beginn des Zweiten Weltkrieges gelten.

Besonders in den Anfangsjahren der Diktatur, als der NS-Polizei- und Überwachungsapparat sich noch in der Aufbauphase befand, konnten so Hunderttausende von sozialdemokratischen Druckerzeugnissen nach Deutschland gelangen, gedruckt in kleinem Schriftgrad auf besonders dünnem Seidenpapier, getarnt in Gedichtsammlungen wie *Des Knaben Wunderhorn* oder technischen Anleitungen zum richtigen Fotografieren. Gefährdet waren bei diesen Aktionen weniger die Grenzsekretäre selbst – auch wenn die Nationalsozialisten vor der Ermordung oder Entführung politischer Gegner jenseits der Landesgrenzen nicht zurückschreckten –, als vielmehr die Kuriere und Verteiler der Druckschriften, also die Widerstands-

---

4 Archiv der sozialen Demokratie (AdsD) Bonn, Bestand Emigration SOPADE 90.

gruppen innerhalb des Deutschen Reiches. Es dauerte über ein halbes Jahr, bis den NS-Behörden die Existenz der Straßburger Volksbuchhandlung bekannt wurde, wie aus einem Telegramm der Bayerischen Politischen Polizei vom 20. Januar 1934 hervorgeht:

> „Ein Zubringer meldet: Leiter der gesamten Schmuggel-Aktion der SPD hat seinen ständigen Wohnsitz in Strassburg. Es ist dies ein gewisser Diebold, der mit seiner Ehefrau einen Buchladen am Platz hinter der Börse zu Strassburg unterhält, die ‚Librairie Populaire', die auf den Namen eines Elsässer Sozialdemokraten namens Fasel (Fahsel oder Fassel) geführt wird. Im Hinterzimmer der Librairie ist auch das gesamte Material für den nächsten Schmuggeltransport jeweils gelagert[,] das infolge seiner winzigen Schrift nur wenig Raum einnimmt. Der Schmuggel erfolgt jede Woche einmal nachts und zwar längs des Kehler Rheinufers. Mit einem zuverlässigen Vertrauensmann begibt sich dann Diebold jeweils zu der vereinbarten Stelle auf der französischen Rheinseite, wo dann bei entsprechender Dunkelheit von der anderen (deutschen) Seite die Abnehmer kommen."

Dies alles geschehe mit Wissen und aktiver Unterstützung der französischen Behörden. Wenig glaubhaft klingt die Beobachtung, dass „Diebold" zwei bis drei Mal im Monat mit einem gefälschten französischen Pass nach Deutschland reise und Vertrauensmänner besuche.

Wörtlich fährt das Telegramm mit einer bis auf das zu hoch geschätzte Alter genauen Beschreibung des Verdächtigen fort:

> „Diebold ist ein Mann Mitte der 50er Jahre, hat graues Haar, eine Art Titus-Frisur, ist klein und schlank von Wuchs und glatt rasiert, sehr einfach gekleidet. [...] Er steht in direktem Dienst des Prager SPD-Parteivorstandes und befasst sich entsprechend mit allem parteiamtlichen Schmuggelmaterial. Also: Sozialistische Aktion, Der Neue Vorwärts (für den Schmuggel in winziger Miniaturausgabe und Schrift), außerdem extra für Deutschland hergestelltes Broschürenmaterial. – Gegen die Veranlassung von Gegenmassnahmen besteht kein Bedenken."[5]

Die erste „Gegenmaßnahme" war eine Instruktion der Polizeibehörden in Kehl, die nach gut zwei Wochen keinen wesentlichen Erkenntnisfortschritt über die Straßburger *Librairie* melden konnten: „Auf dem Ladenschild ist als Inhaber ein A. Fassel angegeben. Über die Person des Diebold bzw. über seine Personalien konnte der Vertrauensmann noch keine Angaben machen. Die Schaufensterauslage besteht durchweg aus marxistischen Büchern und aus Hetzschriften gegen Deutschland."[6] Es sollte noch fast zwei Monate dau-

---

5 StadtA Mannheim, Dokumentation der Widerstandsbewegung Nr. 830: Telegramm der Bayerischen Politischen Polizei an den Chef des SD vom 20.1.1934.
6 StadtA Mannheim, Dokumentation der Widerstandsbewegung Nr. 830: Schreiben des Bezirksamtes Kehl vom 5.2.1934.

ern, bis die wahre Identität des ominösen „Herrn Diebold" geklärt werden konnte. Am 1. April 1934 wurde schließlich Anzeige gegen den „ehemaligen Landtagsabgeordneten Reinbold" erlassen. Denunziert worden war er von einem in der elsässischen Hauptstadt wohnhaften Saarländer. Die Buchhandlung „soll das gemeinste Verschwörernest sein, in dem sich nach Straßburg geflüchtete Deutschlandhetzer treffen", heißt es in der Anzeige.[7]

Den französischen Behörden blieben die Aktivitäten des Grenzsekretariats in Straßburg natürlich nicht verborgen, und der sicherlich ihnen gegenüber auch offen erhobene Vorwurf der Kollaboration mit den deutschen Emigranten mag dazu beigetragen haben, dass Georg Reinbold zum 1. Juli 1934 die Aufenthaltsgenehmigung für Frankreich entzogen wurde. Reinbold setzte seine Widerstandtätigkeit anschließend vom Saargebiet aus fort, bis nach nur neun Monaten am 1. März 1935 die per Volksabstimmung sanktionierte „Heimkehr der Saar" in das Deutsche Reich vollzogen wurde. Die nächste Station des Exils war das Großherzogtum Luxemburg, zunächst dessen gleichnamige Hauptstadt und ab 1936 der kleine Ort Aspelt an der französischen Grenze, wo sich das Ehepaar Reinbold gemeinsam mit dem ehemaligen SPD-Reichstagsabgeordneten Paul Junke ein kleines Haus kaufte.

Die zunehmende Perfektionierung der NS-Sicherheitsbehörden führte ab Mitte der 1930er-Jahre dazu, dass immer mehr sozialdemokratische Untergrundgruppen aufgespürt und deren Mitglieder vor Gericht gestellt wurden. Im Januar 1936 fand in Mannheim ein Prozess gegen sechs Sozialdemokraten statt, die zu Haftstrafen bis zu vier Jahren verurteilt wurden. In der NS-Presse wurde ein nicht Anwesender als Hauptschuldiger angeprangert:

> „Es ist zu hoffen, daß dieses Urteil wenigstens die Wirkung haben wird, andere Volksgenossen in Zukunft davor abzuschrecken, sich für die typischen Zersetzungsversuche des berüchtigten Emigranten Reinbold herzugeben."[8]

Rund zehn Monate später wurde Georg Reinbold die deutsche Staatsbürgerschaft aberkannt. Auf der Ausgebürtenliste vom 2. Dezember 1936 stand sein Name neben demjenigen eines der prominentesten deutschen Emigranten überhaupt: Thomas Mann. Beim Einmarsch der deutschen Truppen in Luxemburg am 10. Mai 1940 mussten sich die Reinbolds überstürzt auf die

---

7 StadtA Mannheim, Dokumentation der Widerstandsbewegung Nr. 830: Anzeige vom 1.4.1934.
8 StadtA Mannheim, Dokumentation der Widerstandsbewegung Nr. 384: *Neue Mannheimer Zeitung* Nr. 12 vom 16.1.1936 („Neue Opfer des Mordanstifters Reinbold vor Gericht").

Flucht begeben und zum zweiten Mal einen kompletten Hausstand zurücklassen.

Flucht ohne Wiederkehr

Während dieser überhasteten Flucht wurden die Eheleute getrennt und als potenziell feindliche deutsche Ausländer festgesetzt. Georg Reinbold kam bereits am 12. Mai 1940 in das lothringische Internierungslager Pont-à-Mousson, wo ihm sämtliche Personalpapiere abgenommen wurden. Seine Frau Elise wurde in das später berüchtigte Lager Gurs im äußersten Südwesten Frankreichs verschleppt. Am 13. Juni 1940 floh Georg Reinbold aus Pont-à-Mousson nach Süden, holte am 2. Oktober 1940 seine Frau aus dem Lager Gurs heraus und war vorläufig in Sicherheit. Um dem Schicksal der beiden SPD-Spitzenpolitiker Rudolf Breitscheid und Rudolf Hilferding zu entgehen, die von der Vichy-Regierung verhaftet und am 9. Februar 1941 an die Gestapo ausgeliefert worden waren, wagten die Reinbolds zu Fuß über die Pyrenäen den illegalen Grenzübertritt nach Spanien. Ziel sollte Lissabon sein, denn sie besaßen zwar kein Ausreisevisum aus Frankreich, aber ein Einreisevisum für die USA. Nach dreitägiger Bahnfahrt wurden sie an der Grenze zu Portugal von den spanischen Behörden aufgehalten, nach Madrid zur Politischen Polizei transportiert, allerdings zu ihrem Glück in einem Hotel interniert. Dort ließ sich Georg Reinbold nach drei Tagen von dem Hotelportier einen Brief auf Spanisch verfassen, dass seine Ausreise von der spanischen Polizei angeordnet sei. Mit diesem Pseudodokument gelang dem Ehepaar tatsächlich der Grenzübertritt nach Portugal und schließlich am 15. April 1941 auf dem Dampfer Nyassa die Überfahrt von Lissabon nach New York, wo sie zehn Tage später ankamen.

Was man nicht vergessen sollte: Die Reinbolds bewegten sich auf ihrer abenteuerlichen Flucht in Ländern, wo sie sich nicht verständigen konnten, denn sie sprachen kaum Französisch und weder Spanisch noch Portugiesisch oder Englisch. Die Dauerstrapazen blieben nicht ohne Folgen:

„Dies letzte Jahr in Frankreich war zu viel für mich gewesen, und wo ich mal keine Bluthunde mehr hinter mir verspürte, brach ich zusammen, lag in Amerika 15 Monate im Bett und bin bis heute nicht mehr ganz gesund geworden",

schrieb Georg Reinbold 1945 an seinen Jugendfreund Karl Jäckle.[9]

Um nicht ausschließlich auf die Hilfe karitativer Organisationen angewiesen zu sein, arbeitete Elise Reinbold als Haushaltshilfe. Schon im November 1944 wurde das Ehepaar aufgefordert, die USA wieder zu verlassen, da sie

---

9 StadtA Mannheim, Dokumentation der Widerstandsbewegung Nr. 370.

Am 15. April 1941 verlassen Elise und Georg Reinbold (zweite Reihe mit Hut) an Bord der „Nyassa" den Hafen von Lissabon.

nur über ein Besuchervisum hatten einreisen können. Unter Hinweis auf seine angeschlagene Gesundheit konnte Georg Reinbold die Ausweisung immer wieder hinauszögern. Am 2. Oktober 1945 schrieb er an Karl Jäckle:

> „Der Reinbold ist nicht mehr der gleiche. Temperament und Lust zum Zupacken ist noch gleich stark, aber der Körper geht nimmer so mit. Die alte Tätigkeit ist ausgespielt. Karl, wir sind jetzt alte Leute, 60 Jahre alt, mit einem Erlebnis, wo sonst drei Generationen zu erleben notwendig sind, alles erlebt in einem einzigen Leben. Das zehrt."[10]

Am 26. Mai 1946 starb Georg Reinbold in New York. Im Dezember 1946 kehrte Elise Reinbold nach Deutschland zurück. Auf der Zugfahrt von Bremen nach Hannover wurde ihr einer ihrer beiden Koffer, der die Urne mit der Asche des Verstorbenen enthielt, gestohlen. Der Wunsch, die sterblichen Überreste ihres Mannes in heimischer Erde beizusetzen, konnte dadurch nicht verwirklicht werden. Diesem Diebstahl wohnt eine tragische Symbolik inne: So wie es keinen Ort der Erinnerung an Georg Reinbold

---

10 StadtA Mannheim, Dokumentation der Widerstandsbewegung Nr. 370.

gibt, so ist ihm bisher auch eine seiner Lebensleistung angemessene Verortung in der deutschen Erinnerungskultur versagt geblieben.

Literatur

Braun, Günter: Georg Reinbold. Grenzsekretär der Sozialdemokraten für Baden und die Pfalz, in: Michael Bosch/Wolfgang Niess (Hrsg.): Der Widerstand im deutschen Südwesten 1933–1945, Stuttgart 1984, S. 163–171.

Braun, Günter: Widerstand und Verfolgung in Mannheim 1933–1945. Mannheimer Sozialdemokratie gegen die Nazi-Diktatur, Mannheim 1983.

Broghammer, Herbert: Wirken und Wirren. Simon Schwarz alias Johann Georg Reinbold. Ein Sozialdemokrat als Vorkämpfer für Freiheit und Demokratie vor und nach 1933, Aachen 2005.

Matthias, Erich/Weber, Hermann (Hrsg.): Widerstand gegen den Nationalsozialismus in Mannheim, Mannheim 1984.

Schadt, Jörg (Bearb.): Verfolgung und Widerstand unter dem Nationalsozialismus in Baden. Die Lageberichte der Gestapo und des Generalstaatsanwalts Karlsruhe 1933–1940, Stuttgart 1976.

Hermann Berner

Jakob Stotz (1899–1975) – ein Protagonist des Mössinger Generalstreiks vom 31. Januar 1933

Als die KPD zum Generalstreik gegen die Ernennung Hitlers zum Reichskanzler aufrief und nirgends so konsequent wie in Mössingen versucht wurde, diesem Aufruf zu folgen, marschierte Jakob Stotz an der Spitze des Demonstrationszugs. Er war gemeinsam mit rund 100 Personen am 31. Januar 1933 um 12.30 Uhr an der Turnhalle gestartet, die die Mössinger Arbeitervereine mit vereinten Kräften gebaut hatten. Auf ihrem Weg durch das schwäbische Dorf mit rund 4000 Einwohnern suchten sie die drei größten Mössinger Fabriken auf. Nachdem die jüdischen Besitzer der ersten Firma nach zwei Abstimmungen ihrer Belegschaft schließlich freigegeben hatten und die zweite Firma nach größeren Tumulten den Betrieb einstellen musste, standen die Streikenden bei der dritten Firma vor verschlossenen Fabriktoren. Die Versuche, die dortigen Arbeiterinnen und Arbeiter ebenfalls zur Teilnahme am Generalstreik zu bewegen, waren vergeblich. Also beschloss man, zur Turnhalle zurückzumarschieren, allerdings mit dem Versprechen, am nächsten Tag wiederzukommen. Jakob Stotz war es, der denjenigen, die das Fabriktor aufbrechen und die Fabrik stürmen wollten, zur Besonnenheit riet. Auf dem Rückweg zur Turnhalle traf der inzwischen auf 800 Teilnehmer angewachsene Demonstrationszug auf vierzig bewaffnete Bereitschaftspolizisten aus dem nahen Reutlingen. Wiederum war es Jakob Stotz, der beruhigend auf die Streikenden einwirkte und die Parole ausgab, den Zug aufzulösen und sich über die nahen Felder abzusetzen.

Schon am nächsten Tag wurde Jakob Stotz verhaftet und schließlich in einem Prozess wegen Hochverrats und erschwerten Landfriedensbruchs vor dem Oberlandesgericht in Stuttgart zu zweieinhalb Jahren Gefängnis verurteilt. Dies war die höchste Strafe für einen Teilnehmer des Mössinger Streiks – mit einer Ausnahme: Lediglich Fritz Wandel, der Unterbezirkschef der KPD aus Reutlingen, bekam von den insgesamt achtzig Verurteilten mit dreieinhalb Jahren eine höhere Haftstrafe. Dieser hatte mit einer feurigen Rede die Mitarbeiter des ersten bestreikten Textilbetriebs, der Pausa, vor ihrer zweiten Abstimmung mit Erfolg von der Notwendigkeit einer Abstimmung für den Generalstreik überzeugt.

Das persönliche Umfeld von Jakob Stotz

Jakob Stotz wurde 1899 geboren. Sein Vater war Metzger und kam als Hausmetzger in viele Mössinger Haushalte. Er wurde als Liberaler 1919 für die DDP in den Mössinger Gemeinderat gewählt. Die Mutter von Jakob Stotz galt als strenge Pietistin und besuchte gemeinsam mit Jakobs Frau regelmäßig die „Stund", die häusliche Versammlung der pietistischen Laien. Jakob Stotz hatte Glaser gelernt und sich mit einem eigenen Betrieb selbständig gemacht. 1920 trat er in die neu gegründete KPD ein. Er galt als gemäßigt und wurde wegen seines ausgleichenden Wesens von den „harten" Linken in der Partei oftmals als zu brav bezeichnet. Seinen ersten größeren politischen Auftritt sollte er bei der KPD-Parteikonferenz in Chemnitz im Jahr 1923 haben, aber er wurde schon auf dem Bahnhof festgenommen und nach zwei Wochen Haft wieder nach Mössingen zurückgeschickt. 1922 wählte man Jakob Stotz zum Vorsitzenden des Mössinger Arbeitergesangvereins „Freiheit"; Ende der 1920er-Jahre trat er als Leiter der KPD-Ortsgruppe auf.

Stotz hatte fünf Brüder und vier Schwestern, die sich unterschiedlichen politischen Richtungen zugehörig fühlten. Sein zehn Jahre jüngerer Bruder Gottlob ging den Weg über den CVJM zur SA, der jüngste Bruder engagierte sich schließlich in den 1960er-Jahren in der SPD, ein weiterer Bruder war im kirchlichen Umfeld tätig. Obwohl man im Familienkreis durchaus intensive verbale politische Auseinandersetzungen pflegte, hielt man zusammen. Zu Weihnachten wurde gemeinsam gefeiert, allerdings verbot die Mutter dann politische Diskussionen, sodass man angenehme Stunden im Familienkreis verbringen konnte.

Gottlob Stotz, der während der Nazizeit überzeugter SA-Mann gewesen war, kümmerte sich später aufopferungsvoll um seinen Bruder Jakob, als dieser auf dem Sterbebett lag. Blut war im dörflichen Umfeld von Mössingen oft genug dicker als alle politischen Unstimmigkeiten. Abgesehen davon war Jakob Stotz immer ein Mann, der auf Ausgleich bedacht war und der viel von seiner pietistischen Mutter übernommen hatte. Zeitgenossen berichten, dass er von der kommunistischen Revolution wie vom Jüngsten Gericht sprach. Bei einem erfolgreichen Umsturz, so die Ideenwelt von Jakob Stotz, würden die Guten von den Bösen geschieden, und von dieser Zeitenwende an lebten die Menschen in friedlicher und glücklicher Gemeinschaft.

Das kommunistische Milieu in Mössingen

Auf den ersten Blick überrascht es, dass sich ein selbständiger Handwerker in der KPD engagierte. Im Mössinger Umfeld der Partei war dies aber nicht unüblich. Einige der maßgebenden Personen der KPD im Ort waren selbständige Zimmerleute, Schreiner oder Maler. Diese waren genauso arm wie

Die Mössinger Trommler und Pfeifer beim „Antifaschistischen Tag" in Tübingen im Sommer 1932 – an der Spitze des Zugs Jakob Stotz (rechts neben dem Fahnenträger).

die Arbeiter der Mössinger Textilfabriken und wie die Pendler, die täglich in die Fabriken im Hechinger und Balinger Raum fuhren. Neben der Arbeit eine kleine Landwirtschaft zu betreiben, um wirtschaftlich überleben zu können, war daher im Steinlachtal der Normalfall. Fast jeder im Ort war Feierabendbauer mit einer Kleinstparzelle und einer Kuh im Stall. Einen eigenen Handwerksbetrieb zu haben, war kein besonderes Unterscheidungsmerkmal im sozialen Gefüge des Dorfes. Oft genug waren die Handwerker die politisch Radikaleren, denn durch Wanderschaft oder ein Arbeitsverhältnis außerhalb des dörflichen Umfeldes waren sie schon frühzeitig mit linkem Gedankengut in Kontakt gekommen.

Bis die Nationalsozialisten ab dem Frühjahr 1933 auch in Mössingen das dörfliche Leben dominierten, verbrachte Jakob Stotz einen großen Teil seiner oft knapp bemessenen Freizeit im Milieu der KPD. Neben seinem politischen Engagement in den Parteigremien verbrachte er viel Zeit beim Arbeitergesangverein. Nachdem der Arbeitersportverein sich eine eigene Turnhalle gebaut hatte – kein anderer Ort in der näheren Umgebung hatte ähnliches aufzuweisen –, war die KPD, die zunehmend die Arbeitervereine dominierte, zu einer wesentlichen gesellschaftlichen Kraft im Dorf aufgestiegen. Mit der Turnhalle, die 1925 eingeweiht worden war, verfügten die Kommunisten über den größten Veranstaltungsraum im Ort, den sie auch ausgiebig nutzten. Neben Sportveranstaltungen fanden Theatervorführungen, die üblichen Vereinsfeste und natürlich immer wieder politische Veranstaltungen in der Langgass-Turnhalle statt. Niemand außer der Kirche hatte ähnliche Angebote wie die Arbeitervereine, sodass man das Mössingen der späten 1920er- und frühen 1930er-Jahre guten Gewissens als pietistisch-kommunistisch bezeichnen kann.

Der Generalstreik als Wendepunkt
Der Generalstreik bedeutete eine Zäsur im Leben von Jakob Stotz. Nachdem am Abend nach der Aktion die ersten Aktivisten von einem extra aus Stuttgart angereisten Polizeikommissar und einigen vor Ort gebliebenen Reutlinger Bereitschaftspolizisten verhaftet worden waren, übernachtete Jakob Stotz bei einem Bekannten. Am nächsten Tag ging er dann aufs Mössinger Rathaus und stellte sich der Polizei. Er kam nach Rottenburg in Untersuchungshaft, bis schließlich am 25. Oktober 1933 der Prozess vor dem Strafsenat des Oberlandesgerichts in Stuttgart begann. Von den zweieinhalb Jahren, zu denen Jakob Stotz verurteilt wurde, musste er nur zwei Jahre absitzen, weil er nach verschiedenen Eingaben des damaligen Mössinger Bürgermeisters Gottlieb Rühle vorzeitig freigelassen wurde. Die Eingaben zur vorzeitigen Haftentlassung wurden mit der Notlage der Familie aufgrund der fehlenden Einnahmen durch den brachliegenden Glasereibetrieb begründet.

Als Jakob Stotz schließlich wieder nach Mössingen kam, hatte sich nahezu alles geändert. Die Nationalsozialisten dominierten nun das Leben im Ort und die Arbeitervereine waren zerschlagen bzw. „gleichgeschaltet". Das linke Milieu, in dem Jakob Stotz vor seiner Haftstrafe viel Zeit verbracht hatte, existierte im öffentlichen Raum nicht mehr. Die ehemaligen Anhänger der KPD hatten sich, soweit sie nicht inzwischen ihre politische Einstellung geändert hatten, größtenteils ins private Leben zurückgezogen. Man hielt sich zurück, traf sich im kleinen Kreis der ehemaligen Genossen und versuchte, so gut es eben ging, die „braune Zeit" zu überstehen. Die Linken fielen zwar immer wieder durch despektierliche Äußerungen gegenüber dem NS-Staat auf und einige mussten deshalb auch entsprechende Haftstrafen verbüßen; aktiven Widerstand, der sich unter anderem durch das Verteilen illegaler Flugblätter manifestierte, leisteten allerdings nur wenige.

Trotz allem funktionierte die Solidarität unter den Mössinger Linken noch. Als Jakob Stotz die Arbeit in seinem Glasereibetrieb wieder aufnahm, konnte er sich vor Aufträgen kaum noch retten. Plötzlich brauchten viele

Mössinger neue Fenster, und der Handwerksbetrieb hatte in kurzer Zeit seine existenzielle Krise überwunden. Politisch hielt sich Jakob Stotz zurück. Er trat sogar wieder in die evangelische Kirche ein, aus der er Ende der 1920er-Jahre gemeinsam mit anderen Parteigenossen ausgetreten war.

Erneutes politisches Engagement in der Nachkriegszeit
Als am Ende des Krieges französische Truppen in Mössingen einmarschierten, wurde Jakob Stotz unverzüglich aktiv. Als Mann der ersten Stunde ging er aus eigenem Antrieb aufs Rathaus und kümmerte sich um die Belange der Mitbürger in den schwierigen Tagen und Wochen nach dem Krieg. Bürgermeister Rühle hielt sich dabei eher im Hintergrund. Mössingen hatte nach dem Einmarsch der Franzosen eine schwere Zeit zu überstehen. Dass die marokkanischen Truppen bei den Kämpfen um den Albaufstieg mehrere Tage im Steinlachtal festsaßen, musste die Bevölkerung mit Plünderungen und Vergewaltigungen büßen. Auch wurden von den französischen Militärs ständig neue Forderungen gestellt, um die sich nun Jakob Stotz und andere kümmerten. Als vom Nationalsozialismus Unbelasteter und zudem als Verfolgter des Regimes wurde der Mössinger Glasermeister von den Franzosen an die Spitze des sogenannten „Beratenden Ausschusses" gestellt und zum stellvertretenden Bürgermeister ernannt. Bürgermeister Rühle behielt im Gegensatz zu den meisten anderen Bürgermeistern aus der Zeit des Nationalsozialismus sein Amt, was er ohne Zweifel der Fürsprache der Mössinger Kommunisten zu verdanken hatte.[1] Der „Beratende Ausschuss" traf sich fast täglich am Abend und versuchte, die ständig neu auftretenden Probleme zu lösen. Bis nach den ersten Gemeinderatswahlen im Juli 1946 endgültig die Normalität im Rathaus Einzug hielt, arbeitete der Bürgermeister mit dem Gremium Hand in Hand. Neben seinem Posten als stellvertretender Bürgermeister bekleidete Jakob Stotz noch verschiedene Ehrenämter. So war er unter anderem Mitglied des Entnazifizierungsausschusses, des Finanzgerichts Baden-Württembergs, ehrenamtlicher Standesbeamter und Waisenpfleger.

Bei der ersten Gemeinderatswahl kandidierten neben Jakob Stotz noch weitere Mitglieder der KPD. Die Kommunisten erreichten drei Sitze, die SPD kam auf einen Sitz, die Christliche Wahlvereinigung auf drei, und ein Sitz ging an einen bürgerlich-christlichen Vertreter. Da die Mössinger Kommunisten sich uneinig waren, kandidierten sie auf zwei unterschiedlichen linken Listen und nahmen sich damit gegenseitig Stimmen weg. Ohne diese

---
1 Auch für andere während der Zeit des Nationalsozialismus belastete Personen, wie beispielsweise den Mössinger Ortsgruppenleiter der NSDAP und dessen Stellvertreter, setzte sich Jakob Stotz ein und bat um deren Freilassung aus der Haft.

Aktion hätten sie die Mehrheit im Mössinger Gemeinderat gestellt. Bei den nächsten Wahlen 1948 hatte sich der Wind gedreht und es wurden nur noch zwei KPD-Leute gewählt. Die Enttäuschung war groß. Jakob Stotz und der zweite gewählte KPD-Mann Georg Volkammer verzichteten auf ihr Mandat, sodass im neuen Gemeinderat allein die Freie Wählervereinigung vertreten war. 1951 ließ sich Jakob Stotz nochmals bei den Gemeinderatswahlen aufstellen. Nun bekam er eine beachtliche Stimmenzahl und wurde gemeinsam mit einem weiteren Parteimitglied der KPD gewählt, allerdings zogen auch vier ehemalige Nationalsozialisten in den Gemeinderat ein. 1953 folgte den beiden KPD-Männern im Gemeinderat noch ein dritter.[2] Jakob Stotz selber trat 1955 als Gemeinderat zurück und beendete damit sein kommunalpolitisches Engagement. Auch nach dem KPD-Verbot 1956 schafften es jedoch Mössinger Kommunisten immer wieder, über andere Listen in den Gemeinderat zu kommen. Jakob Stotz ließ sich jedoch nicht mehr aufstellen.

Rehabilitation und Verdrängung

Die 1950er-Jahre brachten eine umfassende juristische Rehabilitation der Mössinger Generalstreikteilnehmer. Nachdem schon 1948 das Urteil von 1933 aufgrund der Rechtsordnung zur Beseitigung nationalsozialistischen Unrechts in der Strafrechtspflege aufgehoben worden war, klagte der Mössinger Martin Maier gegen das Land Baden-Württemberg, weil ihm keine Haftentschädigung für die volle Haftzeit zugesprochen worden war. Er bekam Recht, doch das Land Baden-Württemberg legte Berufung ein. Das Oberlandesgericht bestätigte das Urteil der ersten Instanz mit dem bemerkenswerten Satz, der Generalstreik sei „ein geeignetes und dem Ernst der politischen Lage am 31.1.1933 angepasstes Mittel gewesen, um die eben erst an die Macht gelangte Hitlerregierung zum Rücktritt zu zwingen". Außerdem sei „der aus Überzeugung geleistete Widerstand gegen die nationalsozialistische Gewaltherrschaft ein Verdienst um das Wohl des Deutschen Volkes".

Im Ort selbst nahm man von dem Urteil wenig Notiz. Nach wie vor hing vielen der einst Verurteilten der Makel eines „Zuchthäuslers" an. Dies schien sich zu ändern, als Jakob Stotz 1974 vom Mössinger Gemeinderat als erstem Bürger der Stadt die neu geschaffene Bürgermedaille verliehen wurde. In der Laudatio war allerdings nicht vom Generalstreik und der Mit-

---

2 Damals wurde alle drei Jahre gewählt, dann schied die Hälfte der Gemeinderäte aus.

Jakob Stotz, aufgenommen in den 1930er-Jahren.

gliedschaft von Jakob Stotz in der KPD die Rede, sondern es wurde ausschließlich auf seine Verdienste in der Nachkriegszeit eingegangen.

Erneute Probleme mit der Aufarbeitung des Generalstreiks
Im Zuge des 50-jährigen Jubiläums des Mössinger Generalstreiks im Jahr 1983 erschienen ein Buch und ein Film[3] mit dem Titel *Da ist nirgends nichts*

---

3 Hans-Joachim Althaus/Friedrich Bross/Gertrud Döffinger u. a. (Hrsg.): Da ist nirgends nichts gewesen außer hier. Das „rote Mössingen" im Generalstreik gegen Hitler. Geschichte eines schwäbischen Arbeiterdorfes. Berlin 1982; vgl. auch Bernd Jürgen Warneken/Hermann Berner: Da ist nirgends nichts gewesen außer hier. Das „rote Mössingen" im Generalstreik gegen Hitler. Geschichte eines schwäbischen Arbeiterdorfes, 2. überarb. Aufl. Mössingen-Talheim 2012. Der Film ist von Jan Schütte.

gewesen außer hier. Außerdem beschloss der Gemeinderat zwei Jahre später, zum zehnten Todestag von Jakob Stotz einen Platz beim Mössinger Schulzentrum nach ihm zu benennen. Auf der dort aufgestellten Gedenktafel wurde erneut vor allem seine Rolle in der Nachkriegszeit betont. Ein Jahr nach dieser Würdigung brachte der Mössinger Paul Gucker eine Gegendarstellung zum Buch über den Generalstreik auf den Markt,[4] in dem unter anderem Jakob Stotz negativ dargestellt wird. Als der Sohn von Jakob Stotz erfuhr, dass die Stadt einen finanziellen Zuschuss zum Druck des Buches geleistet hatte, wollte er voller Enttäuschung die Bürgermedaille zurückgeben. Dies konnte jedoch der damalige Bürgermeister gerade noch verhindern.

Inzwischen sind verschiedene Jahrestage gefeiert, Ausstellungen eröffnet und weitere Artikel zum Mössinger Generalstreik verfasst worden. Damit rückte auch der kommunistische Widerstand, der in der Bundesrepublik lange Zeit ignoriert oder verurteilt wurde, ins Blickfeld. Im Gegensatz zu den Aktionen aus konservativen, militärischen oder christlichen Kreisen begann der Widerstand der Arbeiterschaft und der deutschen Linken schon in den ersten Tagen nach der Machtübergabe an Hitler, zu einer Zeit, als ein breit angelegter Widerstand in einem noch nicht „gleichgeschalteten" Deutschland viel erfolgversprechender gewesen wäre als Jahre später. Trotzdem gibt es in Mössingen nach wie vor Stimmen, die die Aktionen der örtlichen Kommunisten aburteilen, oftmals nach dem Motto „Die waren auch nicht besser als die Nazis". Traurig, vor allem, wenn man dabei eine Person wie Jakob Stotz vor Augen hat, der sich immer für den Ausgleich und das Wohl der Allgemeinheit einsetzte, ob dies nun im Kampf gegen Hitler oder in den Notzeiten nach dem Zweiten Weltkrieg war.

Literatur

Berner, Hermann: Das verschwundene Todesurteil, in: Dagmar Weinberg/Hermann Berner: Mössinger Geschichte(n), Tübingen 1999, S. 134–135.

Berner, Hermann: Das Schicksal einer roten Familie, in: Dagmar Weinberg/Hermann Berner: Mössinger Geschichte(n), Tübingen 1999, S. 140–145.

Berner, Hermann: Riskante Aktionen des Schlangenmenschen, in: Dagmar Weinberg/ Hermann Berner: Noch mehr Mössinger Geschichte(n), Tübingen 2004, S. 101–107.

Blum, Franziska: Der Mössinger Generalstreik am 31. Januar 1933. Linker Widerstand der ersten Stunde, in: Peter Steinbach/Thomas Stöckle/Sibylle Thelen/Reinhold

---

4 Paul Gucker: Mössingen und der Generalstreik am 31. Januar 1933 – Seine Ursache, seine Folgen und Auswirkungen bis heute, Mössingen 1986.

Weber (Hrsg.): Entrechtet – verfolgt – vernichtet. NS-Geschichte und Erinnerungskultur im deutschen Südwesten, Stuttgart 2016, S. 31–57.

Böttcher, Hans-Ernst: Das Recht des NS-Staates ist Unrecht. Warum die Verurteilung der Generalstreik-Teilnehmer nicht rechtmäßig ist, in: Irene Scherer/Welf Schröter/Klaus Ferstl (Hrsg.): Artur und Felix Löwenstein. Würdigung der Gründer der Textilfirma Pausa und geschichtliche Zusammenhänge, Mössingen 2013, S. 273–288.

Döffinger Gertrud/Althaus Hans-Joachim: Arbeiterpolitik nach 1945, Tübingen 1990.

Gucker, Paul: Mössingen und der Generalstreik am 31. Januar 1933 – Seine Ursache, seine Folgen und Auswirkungen bis heute, Mössingen 1986.

Haar, Martin: Mössinger Heimatbuch, Mössingen 1973.

Kurz, Thomas: Feindliche Brüder im deutschen Südwesten. Sozialdemokraten und Kommunisten in Baden und Württemberg von 1928 bis 1933, Berlin 1996.

Landeszentrale für politische Bildung Baden-Württemberg (Hrsg.): „Heraus zum Massenstreik" – Der Mössinger Generalstreik vom 31. Januar 1933: Linker Widerstand in der schwäbischen Provinz, MATERIALIEN-Heft der LpB, Stuttgart 2015.

Meier, Frank: Das „rote Mössingen" im regionalen Vergleich – Möglichkeiten und Potentiale der Regionalgeschichte, in: Siegfried Frech/Frank Meier (Hrsg.): Unterrichtsthema Staat und Gewalt. Kategoriale Zugänge und historische Beispiele, Schwalbach/Ts. 2012, S. 292–316.

Wandel, Fritz: Ein Weg durch die Hölle – Dachau wie es wirklich war, Reutlingen 1946.

Warneken, Bernd Jürgen/Berner Hermann: Da ist nirgends nichts gewesen außer hier. Das „rote Mössingen" im Generalstreik gegen Hitler. Geschichte eines schwäbischen Arbeiterdorfes, 2. überarb. Aufl. Mössingen-Talheim 2012.

Weinberg, Dagmar: Die rote Fahne weht über dem Dorf, in: Dagmar Weinberg/Hermann Berner, Mössinger Geschichte(n), Tübingen 1999, S. 115–133.

Weinberg, Dagmar: Vom Nachbarn verpfiffen, in: Dagmar Weinberg/Hermann Berner, Mössinger Geschichte(n), Tübingen 1999, S. 136–139.

Brigitte und Gerhard Brändle

Spanienfreiwillige aus Baden (1936–1939) – gegen Franco und die NS-Legion Condor

Von Willy Brandt, seit 1931 Mitglied der Sozialistischen Arbeiterpartei (SAP), stammt die klarsichtige Einschätzung der Auseinandersetzung in Spanien:

> „Der große Krieg kann nicht verhindert werden, wenn man den ‚kleinen' verloren gehen lässt. Die kommende Weltentscheidung zwischen Faschismus und Sozialismus erlebt heute in Spanien eine Vorentscheidung."[1]

Grund zu dieser Einschätzung gab ihm der Aufstieg faschistischer Regime in Europa. In Italien war seit 1922 der faschistische Diktator Benito Mussolini an der Macht. 1935 ließ er Abessinien erobern. In Deutschland bekamen 1933 die Nationalsozialisten die Macht übertragen und rüsteten ab 1935 entgegen den Bestimmungen des Versailler Vertrags massiv auf: Wiedereinführung der allgemeinen Wehrpflicht, Aufbau der Wehrmacht, der Luftwaffe und einer U-Boot-Flotte. Im Frühjahr 1936 marschierte die Wehrmacht ins entmilitarisierte Rheinland ein. Ab Februar 1934 herrschten in Österreich die Kanzler Dollfuß und dann Schuschnigg nach dem Muster Mussolinis. 1935 steuerten Generäle in Griechenland eine Diktatur an.

In Spanien dagegen gewannen die Parteien der *Frente Popular* im Februar 1936 die Wahlen; im Juni 1936 kam es in Frankreich zur Bildung einer Volksfrontregierung. In der Nacht vom 17. auf den 18. Juli 1936 putschten Kolonialoffiziere in Spanisch-Marokko; Einheiten auf dem spanischen Festland unterstützten deren Anführer General Francisco Franco. Die Mehrheit der Luft- und Seestreitkräfte blieb jedoch der Republik treu. Franco saß mit seinen Söldnern und Fremdenlegionären in Nordafrika fest, denn die Marine blockierte die marokkanischen Häfen und Flugzeuge standen nicht zur Verfügung. Ohne die Ende Juli von Berlin und Stuttgart-Böblingen aus entsandten Transportmaschinen wären die über 20 000 marokkanischen Söld-

---

[1] Ein Jahr Krieg und Revolution in Spanien, Referat des Gen. Brandt auf der Sitzung der erweiterten Partei-Leitung der SAP, Anfang Juli 1937, [o. O.] 1937, S. 11 (http:/library.fes.de/pdf-files/netzquelle/a-28663.pdf; Zugriff am 8.10.2016).

ner und spanischen Fremdenlegionäre nicht nach Spanien gelangt. Der Putsch unter dem Oberkommando Francos wäre am Generalstreik und dem Widerstand der bewaffneten Arbeitermilizen vor allem in Barcelona und Madrid gescheitert.

Im Sanitätsdienst der Verteidiger der spanischen Republik
Gegen die Ende Juli 1936 aus Deutschland gesandte Unterstützung für Franco kämpften aufseiten der spanischen Republik zahlreiche deutsche Freiwillige. Zu ihnen zählte Edgar Linick (1903–1982) aus Heidelberg, der schon 1933 aus dem nationalsozialistischen Deutschland nach Spanien geflohen war und der sich in der Sanitätseinheit der kommunistisch orientierten *Partido Socialista Unificado de Catalunya* (PSUC) in Barcelona gegen die Putschisten engagierte. Er stammte aus einer jüdischen Familie, war kaufmännischer Angestellter und hatte sich bereits bei der Gewerkschaft und bei der Roten Hilfe[2] politisch betätigt. Am 1. April 1933 musste Linick den Boykott jüdischer Geschäfte in Heidelberg miterleben, von dem auch die Läden seiner Eltern und seiner Schwester betroffen waren. Auch beim Sturm der SA auf das örtliche Gewerkschaftshaus wurde er Zeuge. Im September 1933 entging er der drohenden Verhaftung durch die Flucht ins Ausland.

In Spanien angekommen, wurde Linick Ende 1936 Sekretär des Sanitätsdienstes der Internationalen Brigaden. Als diese 1939 Spanien verlassen mussten, internierten ihn die französischen Behörden in den Lagern St. Cyprien, Gurs, Le Vernet und im November 1941 im Wüstenlager Djelfa in Algerien. 1943 befreite die britische Armee die dort Internierten. Insgesamt 32 von ihnen konnten Ende November 1943 in einem von den Alliierten geschützten Transport per Bahn, Lkw und Schiff über Suez, Kairo, Alexandria, Haifa, Bagdad, Basra, Teheran, Bender-Schah und Krasnowodsk (heute Türkmanbaşi) in die Sowjetunion ausreisen. Dort arbeitete Linick in der Nähe von Moskau als Redakteur bei der Zeitung *Freies Deutschland*, einem Organ für deutsche Kriegsgefangene in der UdSSR. Ab 1948 lebte er in Berlin (Ost), arbeitete im Ministerium für Auswärtige Angelegenheiten und dann als Chefredakteur der Zeitschrift *Außenhandel*. Erst Jahre nach der Befreiung erfuhr er vom Schicksal seiner Familie: von der Deportation der Eltern am 22. Oktober 1940 ins Lager Gurs am Nordrand der Pyrenäen und

---

2 Die Rote Hilfe war eine Hilfsorganisation für politisch Verfolgte bzw. Inhaftierte, gegründet 1924, der KPD nahestehend; sie wurde u. a. von Albert Einstein, Käthe Kollwitz, Heinrich und Thomas Mann, Carl von Ossietzky, Kurt Tucholsky und Heinrich Zille unterstützt.

dem Tod der Mutter im Lager Noé, von der Ermordung seiner Schwester Gretel und von der Rückkehr seines Vaters nach Heidelberg.

Edgar Linick war einer der rund 40 000 Freiwilligen aus aller Welt, darunter etwa 5000 aus Deutschland, die im Sommer und Herbst 1936 nach Spanien gingen, um der demokratisch gewählten Volksfrontregierung gegen den von Hitler-Deutschland unterstützten Militärputschisten Franco zu Hilfe zu eilen. Nach jahrzehntelangem Verschweigen oder bewusstem Vergessen lag dieses Engagement im Dunkeln. Erst nach jahrelangen Recherchen konnten inzwischen die Biographien von knapp 120 Spanienfreiwilligen aus Baden dokumentiert werden. Auch Margarete (Gretel) Linick (1906–1942), Edgar Linicks Schwester, ist solch ein Fall. Sie war Schneidermeisterin mit eigenem Geschäft in Heidelberg und ging im Sommer 1936 nach Spanien, wo sie als Krankenschwester in Spitälern der Internationalen Brigaden arbeitete. Die nazihörigen Vichy-Behörden internierten sie 1940 im Lager Gurs und ließen sie 1942 ins Vernichtungslager Auschwitz deportieren. Ihr Schicksal steckt in der bürokratischen Abkürzung „f.t.e." („für tot erklärt").

Ebenfalls bei den Sanitätseinheiten der Verteidiger der Republik arbeitete Elisabeth Bier (1888–1957) aus Wallstadt bei Mannheim. Sie engagierte sich in der KPD, der Roten Hilfe und im Freidenkerverband. Auch sie musste 1933 vor den Nationalsozialisten ins Saargebiet und 1935 weiter nach Frankreich fliehen. Ein Jahr später ging sie nach Spanien und leitete die Verwaltung des Hospitals der Internationalen Brigaden in Benicassim nördlich von Valencia. Als Ende 1938 die Internationalen Brigaden Spanien verlassen mussten, wurde sie – wie Gretel Linick – im Lager Gurs interniert. Ab 1943 kämpfte sie in der Résistance im *Comité „Allemagne libre" pour l'Ouest* (CALPO, Komitee „Freies Deutschland" für den Westen). 1945 kehrte sie nach Deutschland zurück und wurde in Weimar Leiterin des Pionierlagers *Fasanerie*. Außer Gretel Linick und Elisabeth Bier sind weitere vier Frauen bekannt, die sich ab 1936 in Spanien, meist als Krankenschwestern, auf der Seite der Republik engagierten.

So wie Elisabeth Bier und die Geschwister Linick engagierte sich auch Eugen Seidt (1908–1977) aus Karlsruhe im Sanitätsdienst, und zwar als Kraftfahrer. Der Mechaniker, Gewerkschafter, Betriebsrat und Kommunist kämpfte 1936 zuerst im Bataillon *Edgar André*. Seine Motivation, nach Spanien zu gehen, formulierte er nach der Befreiung 1945 in seinem Antrag auf Wiedergutmachung:

„Ich habe auf der Seite der rechtmäßigen republikanischen Regierung in Spanien am Kampf gegen die NS-Intervention teilgenommen. Der Kampf gegen die von der NS-Regierung nach Spanien beorderte ‚Legion Condor' war zugleich ein Kampf gegen die Festigung der NS-Gewaltherrschaft in Deutschland."

Eugen Seidt (1908–1977), Spanienfreiwilliger aus Karlsruhe, aufgenommen 1950 mit seinem Sohn Michael.

Ab 1939 waren seine Stationen die Internierungslager St. Cyprien, Gurs und Le Vernet in Südfrankreich, dann die Gefängnisse in Karlsruhe und Ulm, bis ihn Ende April 1945 schließlich Einheiten der US-Armee aus dem Konzentrationslager Dachau befreiten.

Eugen Seidt entspricht dem Sozialprofil der meisten Spanienfreiwilligen aus Baden: Er war vor 1933 Facharbeiter wie etwa zwei Drittel der Widerstandskämpfer, zudem Gewerkschafter und Betriebsrat und Kommunist wie ebenfalls rund zwei Drittel seiner Mitkämpfer. So wie der Durchschnitt seiner Kollegen war er knapp 30 Jahre alt, und wie fast die Hälfte der Spanienfreiwilligen verheiratet. Seine Berufsangaben und seine weltanschauliche Orientierung entsprachen dem Spektrum der Menschen in und aus Baden, die 1933 bis 1945 Widerstand gegen die Nazis geleistet haben.

Bei den Internationalen Brigaden im Bataillon „Edgar André"
Im Bataillon *Edgar André* kämpfte wie Eugen Seidt auch Karl Ganz/Kurt Bürger (1894–1951) aus Karlsruhe. Er wurde als Sohn einer Arbeiterfamilie geboren und wuchs in der Bahnhofstraße 34 im Hinterhaus im dritten Stock auf. Er lernte Schlosser und wurde Mitglied des Metallarbeiterverbandes. Im Februar 1933 musste Karl Ganz untertauchen. Er organisierte die Kommunikation der illegalen KPD-Gruppen unter dem Decknamen Kurt Bürger, den er bis zu seinem Tod beibehielt. Verrat aus den eigenen Reihen zwang ihn

schließlich zur Flucht in die Sowjetunion. Dort war er 1934 Herausgeber von Dokumenten und Augenzeugenberichten unter anderem aus dem Konzentrationslager Dachau unter dem Titel *Aus Hitlers Konzentrationslagern*. Diese Schrift, die illegal ins Deutsche Reich geschmuggelt wurde, stand schnell auf der „Liste des schädlichen und unerwünschten Schrifttums". 1936 trug er, nun in Spanien, den Decknamen Karl Eiche und war verantwortlich für die Aufstellung des Bataillons *Edgar André*.

In seinem Tagebuch schrieb er am 24. Februar 1937:

„Ich denke an die Verbrechen der faschistischen Banditen in Albacete und Valencia. Wieder sind meist Frauen und Kinder ihre Opfer. Die faschistischen Flieger, die unbefestigte, friedliche Städte (meist in der Nacht) mit Bomben belegen, sind die feigsten Mordbuben in der Kriminalgeschichte aller Jahrhunderte. […] Wehe dem Volk, das wehrlos ist gegenüber den Mächten der Reaktion."

Im April 1937 musste Bürger wegen einer schweren Erkrankung nach Paris. Nach einer Operation konnte er 1938 wieder in die UdSSR ausreisen. Von 1941 bis 1945 arbeitete er als Politinstrukteur unter deutschen Kriegsgefan-

Kurt Bürger (1894–1951), Spanienfreiwilliger aus Karlsruhe, auf einer Briefmarke der DDR aus dem Jahr 1974.

genen. Im Mai 1945 kam Bürger aus dem Exil nach Mecklenburg, wo er als SED-Abgeordneter von 1946 bis 1951 dem Landtag von Mecklenburg angehörte. Am 19. Juli 1951 wählte ihn der Landtag zum Ministerpräsidenten, neun Tage später starb er an einem schweren Herzanfall.

Als Franzose in der Résistance und bei der Befreiung Deutschlands
Ob sich Kurt Bürger und Hermann Obermaier (1903–1959) aus Östringen bei Bruchsal im Bataillon *Edgar André* in Spanien kennengelernt haben, ist nicht bekannt. Obermaier, als ältestes von acht Geschwistern geboren, machte eine Ausbildung zum Kaufmann und wurde 1921 Mitglied des Metallarbeiterverbandes. Ab 1924 arbeitete er in Bitterfeld und ab 1931 in Halle als Redakteur der KPD-Zeitung *Klassenkampf*. Nach dem Machtantritt der Nationalsozialisten 1933 wurde er steckbrieflich gesucht. Anfang April 1933 floh er in seine Heimatgemeinde, wo sein Vater und zwei seiner Brüder inzwischen bei der NSDAP aktiv waren. Dies bewahrte ihn jedoch nicht davor, dass er am 11. April 1933 verhaftet und bis November 1933 im ehemaligen Frauengefängnis in Bruchsal festgehalten wurde. Im April 1934 floh Obermaier in die Schweiz, beteiligte sich an der Schleusung von Gefährdeten in die Schweiz und am Transport von illegalen Anti-Nazi-Schriften nach Deutschland. Ende Januar 1935 wiesen ihn die Schweizer Behörden nach Frankreich aus. Im Oktober 1936 kam er in Spanien zum Bataillon *Edgar André*, wurde bei der Verteidigung von Madrid verwundet und in französischen Krankenhäusern behandelt. Ab 1938 arbeitete er schließlich beim Sanitätsdienst der Internationalen Brigaden. Als 1939 die nichtspanischen Verteidiger der Republik Spanien verlassen mussten, wurde er in Südfrankreich unter anderem in den Lagern Les Milles und Gurs eingesperrt. Nach der Meldung zu einer Arbeitskompanie in den Pyrenäen und nach einem Arbeitsunfall erhielt er vom Chef des Krankenhauses in Bagnères-de-Luchon, der zur Résistance gehörte, die Papiere eines kurz zuvor Verstorbenen. So wurde Hermann Obermaier zum Franzosen mit dem Namen René Suhr. Er schloss sich der Résistance an und war an Sabotageakten gegen die deutschen Besatzer beteiligt.

Als die Résistance-Gruppe *Luchon* in den spanischen Teil der Pyrenäen ausweichen musste, wurde Obermaier dort verhaftet und über die französische Botschaft via Lissabon nach Casablanca gebracht. Da er als René Suhr in der französischen Armee gedient hatte, wurde er in der neu gebildeten Panzerdivision *Leclerc* als Panzerfahrer eingesetzt. Im Januar 1944 kam er mit einem *Liberty*-Schiff, jenen ab 1941 in den USA und Kanada in Einfachbauweise hergestellten Frachtschiffen, die ab 1943 zu Truppentransportern umgerüstet wurden, von Oran über die USA nach Hull in Großbritannien. Im Juni 1944

Hermann Obermaier (1903–1959, rechts), Spanienfreiwilliger aus Östringen, auf einem Panzer der französischen Armee bei der Befreiung Deutschlands.

war Obermaier an der Landung alliierter Truppen in der Normandie beteiligt. Die 2. Panzerdivision kam zwar zu spät zur Befreiung von Paris, marschierte dann aber nach Straßburg weiter und befreite Kehl, Karlsruhe und Stuttgart. Obermaier war auch dabei, als die französischen Truppen ihre Fahne auf dem Berghof in Obersalzberg bei Berchtesgaden, Hitlers Zweitresidenz, hissten. Im Oktober 1945 kehrte er nach Halle zurück und übernahm leitende Funktionen in der Braunkohleindustrie und in der SED. Erst 1951 war es möglich, dass er und sein Sohn Georg, der 1933 in Heidelberg geboren worden war, sich kennenlernten.

Als Kunsthistoriker gegen „die Monotonie eines faschistischen Europa"
Zwischen den bisher Genannten und dem Spanienfreiwilligen Carl Einstein (1885–1940) gibt es nur wenige Gemeinsamkeiten. Zwar stammte er wie die Geschwister Linick aus einer jüdischen Familie, doch schon das Abitur und noch mehr seine Tätigkeit als Autor und Kunsthistoriker unterscheiden ihn von den gewerkschaftlich organisierten Facharbeitern, die zudem in der KPD oder ihr nahestehenden Gruppen aktiv waren. Einstein verbrachte seine Kindheit und Jugend in Karlsruhe, ging 1904 nach Berlin und 1928 nach Paris. 1938 antwortete er in einem Interview auf die Frage, warum er vor zwei Jahren nach Spanien gekommen sei:

> „Das ist die einzige nützliche Sache, die es zur Zeit gibt. Und weil ich die Monotonie eines faschistischen Europa nicht aushalten will. Seit dem 19. Juli kämpfe ich in euren Reihen. Ich bin gekommen, weil die Spanier das einzige Volk sind, das nicht erlaubt, dass es verkauft wird, obwohl alle Welt sich anstrengt, es zu verkaufen."

An Pablo Picasso schrieb er:

> „Ich habe in Spanien nichts weiter gesucht als die Möglichkeit, den Kameraden, der Freiheit und der menschlichen Würde zu dienen. [...] Wir müssen diese Leute hier mit allen Mitteln verteidigen. Denn wenn wir nach alledem hier noch in Freiheit schreiben und malen können, dann ist dies – wortwörtlich – nur dem spanischen Widerstand zu danken. Ich wusste von Anfang an, dass ich in Spanien meine eigene Arbeit, die Möglichkeit, als freies Individuum zu denken und zu fühlen, verteidigen würde."

Als Carl Einstein Ende Juli 1936 nach Spanien reiste, kam er mit Anarchisten in Kontakt und wurde Mitglied der anarchosyndikalistischen *Confederación Nacional del Trabajo* (CNT, Nationale Arbeitervereinigung). Er kämpfte in der Kolonne *Durruti* und übernahm aufgrund seiner militärischen Erfahrung aus dem Ersten Weltkrieg Leitungsfunktionen. Seine zweite Frau Lydia Guevrekian (1898–1989), die ihm nach einigen Wochen folgte, wurde ebenfalls Mitglied der CNT und arbeitete als Krankenschwester. Nach den Kämpfen zwischen Kommunisten und Anarchisten bzw. von Moskau unabhängigen Marxisten in Barcelona im Mai 1937 schloss sich Einstein Einheiten der Internationalen Brigaden an, die keinem kommunistischen Befehlshaber unterstellt waren. Gleichzeitig setzte er seine publizistische Tätigkeit fort. 1938 erschien die Broschüre *Die deutsche Intervention in Spanien*, in der er anhand von Dokumenten und Lieferscheinen die Waffenlieferungen für die Franco-Putschisten aus Nazi-Deutschland nachweisen konnte.

Nach dem Sieg der Franco-Putschisten wurde er 1939 im Lager Argelès an der Mittelmeerküste Frankreichs interniert, kam frei, ging nach Paris und wurde wieder eingesperrt, wahrscheinlich im Lager Bassens bei Bordeaux. Er wusste, was ihn wohl bald erwarten würde:

> „Man wird mich internieren, und französische Gendarmen werden uns bewachen. Eines schönen Tages werden es SS-Leute sein. Aber das will ich nicht. Je me foutrai à l'eau. Ich werde mich ins Wasser werfen!"

Sein zweiter Selbstmordversuch war schließlich erfolgreich: Am 7. Juli 1940 wurde seine Leiche aus dem Fluss Gave de Pau bei Boeil-Bézing geborgen.

Verweigerte Erinnerung

In Karlsruhe befindet sich im Museum für Literatur am Oberrhein eine Tafel zu Leben und Werk von Carl Einstein. Was er jedoch in den Jahren zwischen 1936 und 1939 gemacht hat, wird darauf nicht beschrieben. In Boeil-Bézing in der Nähe des südwestfranzösischen Pau hängt hingegen eine Gedenktafel für den *Combattant de la liberté* Carl Einstein. Kurt Bürger wurde in der DDR mit einer Briefmarke gewürdigt. Der Name des Spanienfreiwilligen Johann Heinz steht auf einer Stele für ermordete Résistance-Kämpfer in La Parade im französischen Zentralmassiv. Die spanische Republik verlieh 1996 den ausländischen Kämpferinnen und Kämpfern gegen Franco „in Anerkennung ihrer Verdienste für Freiheit und Demokratie" die spanische Ehrenstaatsbürgerschaft.

In Baden gibt es nur fünf Ehrungen von Spanienfreiwilligen in Form von Stolpersteinen: seit 2012 für Jakob Stoll in Konstanz, seit 2015 für Edgar Ginsberger in Pforzheim, seit 2016 für Friedrich Held ebenfalls in Konstanz und für Josef Arzner in Waldshut-Tiengen, sowie seit 2017 für Emil Götschl in Konstanz. Die im Jahr 2016 erschienene Dokumentation mit knapp 120 Biographien könnte ein Anstoß für weitere Forschungen sein, um die fast vergessenen Widerstandskämpfer wahrzunehmen und zu würdigen.

Literatur

Brändle, Brigitte/Brändle Gerhard: *Adelante Libertad*. Spanienfreiwillige aus Baden 1936–1939, Karlsruhe 2016 (online verfügbar unter http:/nordbaden.dgb.de/++c¬o++1c3f1938-944f-11e6-8a97-525400e5a74a; Zugriff am 18.7.2017).

Teil 2:
Religiös motivierter Widerstand

Angela Borgstedt

Religiös motivierter Widerstand

In einer sehr klarsichtigen Analyse setzte sich die junge Karlsruher Theologin Gertrud Herrmann (1905–1983) 1932 kritisch mit dem Verhältnis des Nationalsozialismus zu den christlichen Kirchen auseinander. Die NS-Bewegung, so ihre Feststellung, sei religiös. Ihr Glaube aber

> „kommt aus dem Blut. [...] Der Gegenstand des Glaubens ist nicht der Gott, der sich in seinem Wort, in den heiligen Schriften Alten und Neuen Testaments uns geoffenbart hat [...], sondern das Bild von ‚Gott', das der arische Mensch, die germanische Rasse in sich trägt, das ist der Gegenstand des Glaubens".[1]

Herrmann stellte die theologische Unvereinbarkeit von Christentum und diesem Neuheidentum heraus und sah den Status christlicher Kirchen in einem „Dritten Reich" als allenfalls geduldet. Es gab freilich nicht nur den fundamentalen Widerspruch zwischen christlicher Theologie und heidnischer Blutmystik, sondern einen eklatanten Gegensatz von ethischen Normen des Christentums wie Nächstenliebe und Gottesebenbildlichkeit des Menschen einerseits und nationalsozialistischer Volksgemeinschaftsideologie andererseits. Doch folgte daraus eine grundsätzliche Opposition der Kirchen und Gläubigen zum Nationalsozialismus? Tatsächlich war das Verhältnis der beiden christlichen Konfessionen, aber auch mancher christlicher Religionsgemeinschaften zum NS-Staat weit vielschichtiger.

Die katholische Kirche in Deutschland war in ihrer Haltung zunächst eindeutiger: Katholizismus und Zugehörigkeit zur NS-Partei schlossen sich aus, das katholische Milieu stellte auch auf Laienebene eine lange Zeit stabile Bastion gegen den Nationalsozialismus dar.[2] Nach der „Machtergreifung" ging es der Kirche vor allem um Bestandssicherung: Die Fortsetzung katholischer Seelsorge, Vereins- und Verbandstätigkeit, der konfessionellen Kinder-

---

1 Gertrud Herrmann, zitiert nach Hilde Bitz: Gertrud Emmerich geb. Herrmann – eine vergessene Theologin der Badischen Landeskirche, in: Jahrbuch für badische Kirchen- und Religionsgeschichte 6 (2012), S. 267–274, hier S. 269.
2 Vgl. Karl-Joseph Hummel/Michael Kißener (Hrsg.): Die Katholiken und das Dritte Reich. Kontroversen und Debatten, 2. Aufl. Paderborn 2010.

gärten, des Religionsschulunterrichts und der Jugendarbeit. Dazu war sie bereit, die katholische Zentrumspartei preiszugeben und Übergriffe auf nicht systemkonforme Priester hinzunehmen. Das im Juli 1933 geschlossene Reichskonkordat schien Statussicherheit zu geben, was die Anpassung an die politischen Verhältnisse erleichterte. Wie weit diese gehen durfte, darüber bestand innerhalb des Episkopats Uneinigkeit. Bald zeigte sich, dass das Konkordat keineswegs den erhofften Bestandsschutz bot.

> „Lieber kein Konkordat als ein Konkordat, das nur einseitig bindet, das der vollen Rechtsgültigkeit entbehrt und dem man von vornherein nur die Prognose stellt, dass es von der Dynamik der Bewegung bald hinweggespült werde",[3]

schrieb der Rottenburger Bischof Joannes Baptista Sproll (1870–1949) an Adolf Kardinal Bertram (1859–1945). Tatsächlich suchte sich der NS-Staat alsbald der katholischen Jugendverbände wie der Bekenntnisschulen zu bemächtigen sowie Ordensleute und Priester mit Gerichtsverfahren wegen vorgeblicher Devisen- oder Sittlichkeitsverfahren beim Kirchenvolk moralisch zu diskreditieren. Das war der Entstehungshintergrund der päpstlichen Enzyklika *Mit brennender Sorge*. Auf der anderen Seite gab es mit Antimodernismus und Antibolschewismus auch durchaus Berührungspunkte mit dem Nationalsozialismus. Eine kritische Stellungnahme der deutschen Bischöfe zum nationalsozialistischen Unrecht scheiterte nicht zuletzt an der konzilianten Haltung des Vorsitzenden der Fuldaer Bischofskonferenz Bertram. So waren es letztlich Einzelne, die sich der Inhumanität im Namen der christlichen Religion und der Mitmenschlichkeit entgegenstellten: katholische Bischöfe wie der Berliner Konrad Graf von Preysing (1880–1950) und der Münsteraner Clemens Graf von Galen (1878–1946), aber auch etliche Priester, Ordensleute und Laien.

Im Südwesten trat der Rottenburger Bischof Joannes Baptista Sproll bis zu seiner Landesverweisung wegen Wahlenthaltung 1938 öffentlich der Religions- und Kirchenfeindschaft des Nationalsozialismus entgegen. In Mannheim war es Stadtvikar Franz Weinmann (1909–1996),[4] der die Übergriffe auf Kirche und Glauben kritisierte, im Baden-Badener Stadtteil Balg Pfarrer

---

3 Zit. nach Dominik Burkard: ... ohne Angst und ohne Menschenfurcht ... Bischof Sproll — Bewusster Provokateur oder Märtyrer wider Willen?, in: Geschichtsverein der Diözese Rottenburg-Stuttgart (Hrsg.): Um seines Gewissens Willen. Bischof Joannes Baptista Sproll zum 60. Todestag. Stuttgart 2010, S. 23–46, hier S. 35.

4 Günther Saltin: Der Wahrheit verpflichtet! Das ganz unspektakuläre Glaubenszeugnis des Mannheimer Stadtvikars Franz Weinmann, in: Reiner Albert/ Günther Saltin (Hrsg.): Zwischen Konformität und Gewissen. Zeugnis Mannheimer Katholiken im Dritten Reich, Ostfildern 2003, S. 59–62.

Johann Josef Beuschlein (*1877).[5] Ewald Huth (1890–1944),[6] Organist und Chorleiter in Villingen, bezahlte solche Kritik am Ende gar mit dem Leben. Der Pforzheimer Vikar Emil Kiesel (1910–1990)[7] forderte einen humanen Umgang mit polnischen Kriegsgefangenen, der Karlsruher Kaplan Günther Morath[8] trat für italienische Kriegsgefangene ein. Ihre Worte und ihr Handeln stellten den Nationalsozialismus nicht grundsätzlich infrage. Sie waren vielmehr Ausdruck partieller Nonkonformität und einer Lebenseinstellung, die gegen den Nationalsozialismus immunisierte. Das konnte, musste jedoch nicht in konkretes Widerstandshandeln münden. Willibald Strohmeyer (1877–1945), Pfarrer im Münstertal bei Freiburg, zog wohl einzig wegen seines Glaubens und seiner regimekritischen Haltung den tödlichen Hass der Nationalsozialisten auf sich.[9] Den Weg in den Widerstand gingen nur wenige Priester, Ordensleute oder Laien: Der aus Mannheim stammende Jesuitenpater Alfred Delp (1907–1945) etwa, der im Kreisauer Kreis an Neuordnungsplänen für ein Deutschland nach Hitler mitwirkte, oder der Freiburger Diözesanpriester Max Josef Metzger (1887–1944), dessen Christkönigsgesellschaft auch der Pazifist und Wehrdienstverweigerer Josef Ruf (1905–1940)[10] angehörte.

Die Einstellung der evangelischen Kirche zum NS-Staat war weniger eindeutig.[11] Das hing mit einem weit positiveren Staatsverständnis zusammen, das aus dem tradierten Bündnis von „Thron und Altar" erwachsen war. Der politische Systemwechsel nach dem verlorenen Ersten Weltkrieg bedeutete schon deshalb eine weit tiefer empfundene Zäsur. Entsprechend stand das protestantische Milieu nicht vorbehaltlos zur neuen Republik. Krisen erhöhten die Anfälligkeit für nationalistische Tendenzen. Am rechten Rand war noch vor 1933 eine „Glaubensbewegung Deutsche Christen" entstanden, die der NSDAP nahe stand. Auf der entgegengesetzten Seite des Spektrums kirchenpolitischer und theologischer Positionen fanden sich die

---

5 Generallandesarchiv Karlsruhe (GLA KA), 507/2017.
6 Uwe Schellinger: Ewald Huth. Kirchenmusiker und Chorleiter, in: Helmut Moll (Hrsg.): Zeugnis für Christus. Das deutsche Martyrologium, Bd. 1, 5. Aufl. Paderborn 2010, S. 229–233.
7 Emil Kiesel: Interview, in: Freiburger Diözesan-Archiv 90 (1970), S. 59–81, hier S. 62.
8 GLA KA, 465a/51/68/746.
9 Vgl. hierzu den Beitrag von Bernd Braun in diesem Band.
10 Vgl. hierzu zu den Beitrag von Helmut Kurz in diesem Band.
11 Vgl. Christoph Strohm: Die Kirchen im Dritten Reich, München 2011; vgl. allgemein die Online-Ausstellung: Widerstand!? Evangelische Christinnen und Christen im Nationalsozialismus (http:/de.evangelischer-widerstand.de).

religiösen Sozialisten. Baden und speziell Karlsruhe war eine Hochburg dieser Vereinigung, die Arbeiterschaft und Kirche einander annähern wollte.[12] Dazwischen gab es liberale und konservative Positionen. Die spätere Bekennende Kirche wurzelte in einer theologischen Reformbewegung, die eine Erneuerung der Kirche durch Rückbezug auf Bibel und Bibelexegese anstrebte. Zentrale Bedeutung hatte für sie der ab 1934 in Basel lehrende Theologe Karl Barth (1886–1968).

Die Deutschen Christen sollten nach 1933 zum Hebel der Gleichschaltungspolitik werden. Nach den Kirchenwahlen im Juli stellten sie mit Ausnahme der „intakten" Landeskirchen Bayern, Württemberg und Hannover sowie in der preußischen Provinz Westfalen die Kirchenleitungen. Eine Nationalsynode bestimmte den Deutschen Christen Ludwig Müller (1883–1945) zum Reichsbischof. Ihm sollten die Landeskirchen unterstellt werden, wogegen sich der bayerische und der württembergische Landesbischof entschieden zur Wehr setzten. Dieser holte dafür eigens die schriftliche Billigung seiner Pfarrer ein. Als Landesbischof Theophil Wurm (1868–1953) nun kurzerhand für abgesetzt erklärt und unter Hausarrest gestellt wurde, kam es vor seiner Wohnung in der Stuttgarter Silberburgstraße zu massenhafter Solidaritätsbekundung.[13] Die unerwartet starke Resonanz mag ein Grund gewesen sein, warum die „Gleichschaltungspolitik" im Oktober 1934 abgebrochen wurde.

Der Widerstand gegen die „Gleichschaltung" in Württemberg und Bayern gehört wiederum in die Formierungsphase der Bekennenden Kirche. Im Ulmer Münster kamen im April 1934 Vertreter verschiedener Bekenntnisgruppen zusammen, die sich in einer gemeinsamen „Ulmer Erklärung" zur rechtmäßigen evangelischen Kirche Deutschlands deklarierten. Nur einen Monat später konstituierte sich die erste von insgesamt vier Reichssynoden der Bekennenden Kirche in Wuppertal-Barmen. Ging es hier um die Verständigung auf eine gemeinsame theologische Grundlage, so in der zweiten Dahlemer Bekenntnissynode im Herbst 1934 um den Aufbau einer eigenen Kirchenleitung mit ihren Gremien. Die Frage des Verhältnisses zum Reichskirchenministerium führte 1936 zur Spaltung in zwei Flügel. Die NS-Füh-

---

12 Vgl. Manfred Koch: Heinz Kappes. Pfarrer, Sozialdemokrat und NS-Gegner, in: Rolf-Ulrich Kunze (Hrsg.): Badische Theologen im Widerstand (1933–1945), Konstanz 2004, S. 63–82; Simone Höpfinger: Egon Thomas Güß. Ein religiöser Sozialist und NS-Gegner, in: ebd., S. 25–44.

13 Vgl. den Zeitzeugenbericht bei Regina Glaser/Esther Manz: In den Mühlen der Verwaltung. Eine Frau rettet in jüdisches Ehepaar — Elisabeth Braun (*1910), in: Beate Schröder (Hrsg.): Im Dunstkreis der rauchenden Brüder. Frauen im Kirchenkampf, 2. Aufl. Tübingen 1997, S. 21–33, hier S. 24.

rung suchte weiterhin eine Staatsaufsicht durchzusetzen. Und sie ging verstärkt gegen Pfarrer und Laien der Bekenntniskirche vor. Diese nahm die Namen Betroffener 1935 in eigene Fürbittelisten auf, die als Zeichen der Solidarität im Gottesdienst verlesen wurden. Der NS-Staat verstand dies als Demonstration und ging mit dem sogenannten „Kanzelparagraph" strafrechtlich dagegen vor.

Wenn im „Stuttgarter Schuldbekenntnis" 1945 Versäumnisse im Handeln angesichts von Verfolgung und Unterdrückung aufgeführt wurden, so fehlte hier bekanntermaßen ein klares Wort zur nationalsozialistischen Judenverfolgung. Der Pfarrernotbund fand sich 1933 zusammen, als von den Pfarrern der evangelischen Kirche der „Ariernachweis" verlangt wurde. Beide Kirchen aber schwiegen zu Entrechtung, Verfolgung und Ermordung der Juden. Es waren stets einzelne, die sich hier exponierten und die oft genug die Solidarität ihrer Kirche vermissen mussten. Pfarrer Hermann Umfrid (1892–1934),[14] der gegen pogromartige Gewalt in seiner Gemeinde protestiert hatte, sah sich im nun einsetzenden Kesseltreiben allein gelassen.

Die Empörung über die Synagogenverbrennung, so der Historiker Gerhard Ritter (1888–1967), habe innerhalb des neu konstituierten „Freiburger Kreises" die Frage nach der Pflicht der Kirche zu öffentlicher Stellungnahme aufgeworfen. Der Heidelberger Stadtpfarrer Hermann Maas (1877–1970) bekundete individuellen Opfern gegenüber seine Solidarität und erklärte, helfen zu wollen – nicht trotzdem, sondern weil sie Juden seien. Hinsichtlich ihrer Deutlichkeit und Konsequenz singulär erscheint die Bußtagspredigt des Oberlenninger Pfarrers Julius von Jan (1897–1964),[15] der das wenige Tage zuvor begangene Unrecht explizit benannte und dafür zusammengeschlagen, inhaftiert und schließlich mit Landesverweis bestraft wurde. Die Reaktion seiner Landeskirche blieb ambivalent. Zwar sandte Landesbischof Theophil Wurm eine Beschwerde an den Reichsjustizminister. Zu öffentlicher Solidarität mit einem so diffamierten „Judenknecht", der Verlesung einer Fürbitte etwa, fand sich freilich selbst manches Mitglied der Bekenntnisgemeinschaft nicht bereit. Wer angesichts des an Juden begangenen Unrechts verstummte, der mochte auch für deren Fürsprecher nicht reden.

Neben den beiden Großkirchen gab es in Deutschland 1933 allein 22 Religionsgemeinschaften, die als Körperschaften des öffentlichen Rechts anerkannt waren.[16] Hinzu kamen weitere mit vereinsrechtlichem Status. Diese

---

14 Vgl. hierzu den Beitrag von Jörg Thierfelder in diesem Band.
15 Vgl. hierzu den Beitrag von Wolfgang Schöllkopf in diesem Band.
16 Vgl. Detlef Garbe: Widerstand aus religiösen Gemeinschaften, in: Peter Steinbach/Johannes Tuchel (Hrsg.): Widerstand gegen die nationalsozialistische Diktatur 1933–1945, Bonn 2004, S. 148–166.

Vielfalt stand der beanspruchten weltanschaulichen Geschlossenheit des Nationalsozialismus entgegen, der als Kampfmaßnahme gegen das „Sektenunwesen" bis 1938 insgesamt 39 Gemeinschaften verbot. Mit Beginn des Kriegs kamen weitere hinzu. Andere, darunter Mennoniten und Mormonen, überdauerten durch Anpassung, was jedoch engagiertes Widerstehen Einzelner nicht ausschloss. Nicht vom Verbot betroffen waren die Quäker, die wegen ihres humanitären Engagements in der Zwischenkriegszeit („Quäkerspeisung") in positivem Ruf standen und nun ihre internationalen Kontakte für die Unterstützung „nichtarischer" Christen nutzten. Das Mannheimer Ehepaar Carl (1898–1961) und Eva Hermann (1900–1997)[17] gehörte zu den mindestens 19 Quäkern, die solche praktizierte Nächstenliebe mit Gefängnis- oder KZ-Haft bezahlten.[18]

Die größten Opfer- und Verfolgtenzahlen hatten diejenigen aufzuweisen, denen ihre buchstäbliche Auffassung der Bibel die Teilhabe an „Maßnahmen der Regierung [...] nur insofern [erlaubte], als sie nicht mit dem Gewissen in Widerspruch stehen".[19] Das betraf die kleine Gemeinschaft der Siebenten-Tags-Adventisten, vor allem aber die etwa 25 000 bis 30 000 Zeugen Jehovas in Deutschland. Die konsequent pazifistischen Siebenten-Tags-Adventisten waren im Südwesten recht gut vertreten. Eine Pforzheimer Gruppe von 15 der deutschlandweit 500 Mitglieder wurde 1937 von der Gestapo ausgehoben; weitere gab es im badischen Mannheim wie auch in Württemberg, wo sich nach dem Ersten Weltkrieg auch der Hauptsitz befunden hatte. Suspekt waren den Nationalsozialisten die angloamerikanischen Wurzeln vieler kleinerer Gemeinschaften und die daraus resultierenden internationalen Verbindungen. Die Wertschätzung des Alten Testaments machte sie des Philosemitismus verdächtig. So hielten die 1936 verbotenen Siebenten-Tags-Adventisten den Sabbat.

Wer den Führerkult, schon gar den Waffendienst verweigerte, ja wer auch nur Erbauungsliteratur etwa der Internationalen Wachturmgesellschaft verbreitete, der geriet unweigerlich in das Visier des NS-Verfolgungsapparats. Mindestens ein Drittel der in Deutschland lebenden Zeugen Jehovas kam während der Diktatur in Haft. Unter den achtzig Zeugen Jehovas in Pforzheim waren es 36, sechs von ihnen kamen sogar in ein Konzentrationslager.[20] Etwa 1000 der inhaftierten deutschen Ernsten Bibelforscher, wie

---

17 Vgl. hierzu den Beitrag von Angela Borgstedt in diesem Band.
18 Siehe die Einleitung zu Teil 3 dieses Buches.
19 GLA KA, 507/1559.
20 Vgl. hierzu wie zum Folgenden Steffen Rupp: Widerstand und Verfolgung der Zeugen Jehovas in Pforzheim während des Nationalsozialismus, in: Pforzheimer Geschichtsblätter 10 (2001), S. 183–241.

sich die Gemeinschaft nannte, starben für ihren Glauben. Die meisten Todesurteile wegen Kriegsdienstverweigerung trafen Zeugen Jehovas. Einer von ihnen war der Pforzheimer Heilpraktiker Arthur Ditschkowski (1899–1986),[21] der für seine Überzeugung zuvor schon eine 18-monatige Haftstrafe erlitten hatte.

Pforzheim war einer der zentralen Standorte der Bibelforscher im Südwesten, aber weder Württemberg noch Baden waren Hochburgen dieser Glaubensgemeinschaft. Allein in Dresden lebten mit 1430 mehr Zeugen Jehovas als in ganz Baden, das im Bismarck'schen „Kulturkampf" einst Streiter für den säkularen Staat gewesen war. Württemberg, das traditionelle „Land der evangelischen Freikirchen und religiösen Kleingruppen", war in dieser Hinsicht ein weniger schwieriges Terrain. Hochburgen der Bibelforscher lagen hier in Heilbronn, Ulm, Leonberg, Sindelfingen und Crailsheim, vor allem aber in Stuttgart.[22] In Baden bekamen neben den Zentren Mannheim und Karlsruhe die grenznahen Gemeinden in Freiburg,[23] Konstanz, Singen, Kehl, Lörrach oder Waldshut eine besondere Bedeutung, als die Religionsgemeinschaft hier am 15. Mai 1933 und in Württemberg am 4. Februar 1934 verboten wurde. Die Grenzregion bezog fortan das für die Glaubensausübung und Mission benötigte Schrifttum aus der Schweiz. Bibelforscher wie das Lörracher Ehepaar Oskar (1899–1942) und Anna Maria Denz (1896–1942) mit ihrer jugendlichen Tochter Anna (*1923)[24] schmuggelten es in ihrer Kleidung versteckt über die Grenze und verschickten es an Glaubensbrüder in Baden und Württemberg. Bis 1936 bestand zudem in Mannheim ein zentrales illegales Schriftlager der Wachturmgesellschaft in den Mannheimer Quadraten (D 7.12),[25] das Nordbaden, die Pfalz und das südliche Hessen versorgte. Bibel- und Schriftstudium wurden trotz Verbots fortgesetzt, statt in Versammlungs- nunmehr in Privaträumen wie der Heilpraktikerpraxis Arthur Ditschkowskis. Anfänglich wussten die Behörden

---

21 Vgl. hierzu den Beitrag von Angela Borgstedt in diesem Band.
22 Hubert Roser: Widerstand und Verweigerung der Zeugen Jehovas im deutschen Südwesten 1933 bis 1945, in: Ders. (Hrsg.): Widerstand als Bekenntnis. Die Zeugen Jehovas und das NS-Regime in Baden und Württemberg, Konstanz 1999, S. 11–87, hier S. 27.
23 Vgl. Hubert Roser (Hrsg.): Freiburger Zeugen Jehovas unter der NS-Diktatur, Freiburg i. Br. 2010.
24 Anette Michel: Das Schicksal der Anna Denz aus Lörrach. Ein Beispiel für die Verfolgung der Kinder von Zeugen Jehovas im „Dritten Reich", in: Regin Weinreich (Hrsg.): Verachtet, verfolgt, vergessen. Leiden und Widerstand der Zeugen Jehovas am Hochrhein im „Dritten Reich", Häusern 2002, S. 167–176.
25 Vgl. GLA KA, 507/2311.

nicht so recht, wie sie mit den nach bürgerlichen Normen untadeligen Menschen umgehen sollten. Ab 1936 aber kamen viele der als unbelehrbar wahrgenommenen Bibelforscher vor ein Sondergericht, als Wiederholungstäter schließlich in ein Konzentrationslager. Keine andere Religionsgemeinschaft hatte sich mit solcher Konsequenz dem Konformitätsdruck der Nationalsozialisten widersetzt.[26] Geschichtswissenschaft und Gesellschaft in der Bundesrepublik haben lange gebraucht, dies anzuerkennen. In der DDR wurden die Zeugen Jehovas gar erneut verfolgt.

Die pseudoreligiöse NS-Ideologie forderte Kirchen und Religionsgemeinschaften gleichermaßen heraus. Eine erforderliche grundsätzliche Gegenpositionierung ist daraus nicht erwachsen. Es waren vielmehr einzelne Geistliche und Laien, die sich mit Bekennermut den Nationalsozialisten entgegen stellten. Manche überwanden im Widerstand sogar die konfessionellen Schranken und legten so einen Grundstein für einen ökumenischen Dialog nach 1945.

---

26 Garbe, Widerstand aus religiösen Gemeinschaften (wie Anm. 16), S. 157.

Angela Borgstedt

Arthur Ditschkowski (1899–1986) – Zeuge Jehovas und Kriegsdienstverweigerer aus Pforzheim

„Menschen, die für ihre christliche Überzeugung bis zum letzten Opfer einstehen, sind keine Verbrecher, sondern verdienen die größte Hochachtung." An diese Äußerung seines Verteidigers vor dem in Neuenbürg tagenden Sondergericht Stuttgart erinnerte sich Arthur Ditschkowski noch nach vielen Jahren. Menschen, die für ihren Glauben eine bürgerliche Existenz aufs Spiel setzten, täten dies nicht aus Leichtfertigkeit, sondern aus Überzeugung. Solch ehrenhafte Menschen „von bestem Leumund gehörten nicht vor ein Strafgericht". Ditschkowski und seine 15 Mitangeklagten waren von den Ausführungen des Rechtsanwalts, einem Freund des Karlsruher Widerstandskämpfers Reinhold Frank, nicht nur deshalb beeindruckt, weil er seine Aufgabe als Verteidiger ernst nahm. Sie sahen vielmehr sich und ihren Glauben respektiert.

> „Die Mitangeklagte Baroni sagte zu mir: ‚Das ist eine gute Verteidigung. Er hat alles das gesagt, was wir nicht sagen durften.'"

Den berüchtigten Vorsitzenden des Sondergerichts Stuttgart, Hermann Cuhorst, beeindruckte dies freilich wenig. Er verurteilte Ditschkowski an jenem 26. Januar 1938 wegen verbotener Betätigung für die internationale Bibelforschervereinigung, die Zeugen Jehovas, zu einer Gefängnisstrafe von einem Jahr und sechs Monaten. Ditschkowski sollte sie bis auf den letzten Tag verbüßen. Auch stand er nicht zum letzten Mal für seinen Glauben vor Gericht. „Wegen meiner Tätigkeit als ‚Zeuge Jehovas' (Bibelforscher-Vereinigung) bin ich unter dem Nazi-System zu insgesamt 4½ Jahren Gefängnis, von denen ich 25 Monate verbüßt habe, und schließlich zum Tode wegen Wehrdienstverweigerung verurteilt worden."[1]

---

1 Alle Zitate aus: Generallandesarchiv Karlsruhe (GLA KA) 465a/51/12/7322: Bescheinigung Arthur Ditschkowskis für seinen Rechtsanwalt Alexander Weischer, Pforzheim, 10.6.1947.

Ein „aufrechter, ehrlicher Mann"

Rechtsanwalt Alexander Weischer hatte Ditschkowski als einen aufrechten, ehrlichen Mann in Erinnerung, einen Mann, der Bekennermut zeigte und selbst gegen den Rat seines Anwalts oder seiner Angehörigen offen für seine Sache einstand.[2] Wer war Arthur Ditschkowski? Über seine Herkunft ist nur wenig bekannt. Von Beruf war er ursprünglich Stellmacher (Wagner), hatte sich aber 1926/27 zum Heilpraktiker ausbilden lassen und umgesattelt. Er stammte aus Bromberg, war dort am 30. März 1899 als Sohn von Arthur Ditschkowski und seiner Frau Ida, geb. Reinhold, zur Welt gekommen und mit mindestens einem Bruder aufgewachsen. Der Vater hatte einen Karosserie- und Wagenbetrieb, den der Sohn Arthur übernehmen sollte. Doch dazu kam es nicht, denn nach dem Ersten Weltkrieg wurde Bromberg polnisch. Die streng preußisch gesinnte Familie zog deshalb 1919 nach Berlin um.[3] Arthur Ditschkowski hatte mit seiner Kriegsteilnahme am Ersten Weltkrieg noch der Erziehungsnorm der Eltern entsprochen, die das Soldatische hochhielten. Dass er sich später der Religionsgemeinschaft der Zeugen Jehovas anschloss, war für sie ein Affront. Arthur Ditschowski ließ sich 1923 in Ravensburg nieder, wo er bis Anfang 1931 gemeldet war.[4] 1927 heiratete er Emma Gold, die — wie damals nicht unüblich — als Angestellte („Hausdame") in einem großbürgerlichen Haushalt in Zürich gearbeitet hatte und dort mit den Bibelforschern in Kontakt gekommen war.

Im Jahr 1932 ließ sich das Paar in Pforzheim nieder und eröffnete in zentraler Lage eine bald florierende Heilpraktikerpraxis, in der Ditschkowski ein damals neues physiotherapeutisches Wärmeheilverfahren namens „Parapack" praktizierte. Dieses Verfahren, das beispielsweise bei Rheumapatienten eingesetzt wurde, war die Erfindung eines Bremer Apothekers, dessen Lizenznehmer Ditschkowski geworden war.[5] Arthur Ditschkowski erinnerte sich 1955:

> „Als ich im Jahre 1932 in der Östlichen [Karl-Friedrich-Straße] 38 im Hause Auto-Lansche meine Heilpraxis eröffnete, arbeitete ich mit 2 Behandlungskabinen und einer Krankenschwester, nach einem Jahr hatte ich bereits 7 Behandlungs-Kabi-

---

2 Staatsarchiv Ludwigsburg (StA LB) EL 350 I Bü 6562: Eidesstattliche Erklärung Alexander Weischers vom 21.3.1949.
3 Stadtarchiv (StadtA) Pforzheim S 007/T172: Zeitzeugeninterview mit Gertrud Gehl, geb. Schäfer, der zweiten Frau von Arthur Ditschkowski, vom 18.11.1998 (Interview: Steffen Rupp).
4 StA LB EL 350 I 6562: Quittungskarte der Pflichtversicherung.
5 Vgl. Steffen Rupp: Widerstand und Verfolgung der Zeugen Jehovas in Pforzheim während des Nationalsozialismus, in: Pforzheimer Geschichtsblätter 10 (2001), S. 183–241, hier S. 235 f. und S. 231.

nen und bis zur Zerstörung [...] arbeitete ich mit 14 Kabinen und acht Angestellten."[6]

Bald schon betrieb der erfolgreiche Heilpraktiker neben dem Pforzheimer noch weitere „Parapack-Institute" in Karlsruhe und Lahr. Die Unternehmensexpansion, die Anmietung einer sieben Räume großen Praxis, die Anschaffung eines Opel T 4 sowie die Beschäftigung mehrerer Angestellter sprechen für seinen Geschäftserfolg. Sein durchschnittliches Jahreseinkommen gab Ditschkowski mit 20 000 Reichsmark an, was etwa dem Einkommen einer mittleren Anwaltskanzlei entsprach.[7] Ein Auto hatten damals nur sehr wenige Menschen; unter den Pforzheimer Zeugen Jehovas war Ditschkowski der einzige. Am unternehmerischen Erfolg hatte seine Frau erheblichen Anteil, die nicht nur Mitarbeiterin, sondern in der Zeit von 1943 bis 1945 faktisch die Geschäftsführerin war. Das Paar blieb kinderlos. Emma Ditschkowski starb bei dem verheerenden Luftangriff auf Pforzheim am 23. Februar 1945, der auch die Praxisräume traf: „[...] meine Frau und sämtliche Mitarbeiter kamen dabei ums Leben", so Arthur Ditschkowski im Rückblick.[8]

Ditschkowskis zweite Frau Gertrud berichtete 1998 im Zeitzeugeninterview, er habe nicht mit seinem Schicksal gehadert.[9] Als Kriegsheimkehrer ging er nach 1945 wie viele andere auch daran, sich eine neue Existenz aufzubauen. Weil er im zerstörten Pforzheim kein Dach mehr über dem Kopf hatte, zog er nach Lomersheim im Kreis Vaihingen/Enz. Hier lebte seine ehemalige Patientin Gertrud Margarete Schäfer, die einst als überzeugte Nationalsozialistin zu ihm gekommen und sich unter seinem Einfluss zur Gegnerin des Regimes gewandelt hatte. Die beiden heirateten am 29. September 1945. In den folgenden Jahren lebte das Paar notdürftig im Elternhaus der Ehefrau, wo Ditschkowski auch praktizierte. Gleichzeitig bemühte er sich intensiv darum, „bei der Behörde in Pforzheim für meinen Wiederaufbau Verständnis zu finden".[10] 1949 war es schließlich soweit: Ditschkowski konnte, wenn auch zunächst nur in einer Dachwohnung, wieder ein „Parapack-Institut" in Pforzheim betreiben. Vier Jahre später nahm das Paar auch wieder seinen Wohnsitz dort. Seit der Mitte der 1960er-Jahre führte es ein

---

6 StadtA Pforzheim B 55/F 23/Z 4097: Schreiben Ditschkowskis an das Ausgleichsamt Pforzheim, 22.6.1955.
7 StA LB EL 350 I Bü 6562: Antrag auf Wiedergutmachung.
8 StA LB EL 350 I Bü 6562.
9 Zeitzeugeninterview mit Gertrud Gehl (wie Anm. 3).
10 StadtA Pforzheim B 55/F 23/Z 4097 (wie Anm. 6).

bescheidenes, aber auskömmliches Rentnerdasein im benachbarten Ispringen.[11]

Die Zeugen Jehovas in Pforzheim

Arthur Ditschkowski hatte einen für die Krisenzeit der Weimarer Republik ungewöhnlichen unternehmerischen Erfolg. Als Existenzgründer war er überdies untypisch für das Sozialprofil der religiösen Minderheit der Zeugen Jehovas, der er selbst seit 1924 angehörte. Die Religionsgemeinschaft galt als „Arme-Leute-Glaube", was nach dem Befund von Steffen Rupp auf die Pforzheimer Verhältnisse jedoch nicht zutraf.[12] Unter den etwa achtzig Zeugen Jehovas, die um 1933 in der 80 000 Einwohner zählenden Stadt lebten, waren weitere Selbständige, kleine Unternehmer und Handwerker, aber auch Beamte vertreten. Ditschkowskis Mitangeklagte vor dem Sondergericht Stuttgart waren Arbeiter und Hausfrauen, aber auch ein Uhrmacher, ein Kaufmann und ein Gärtnereibesitzer.[13]

Zahlenmäßig machte die Pforzheimer Versammlung etwa zehn Prozent der Zeugen Jehovas in Baden aus. Die seit dem Ersten Weltkrieg bestehende Pforzheimer Gemeinschaft war damit eine der größeren im Land. Die Ernsten Bibelforscher in Pforzheim spürten, wie Steffen Rupp feststellte,

> „keine Behinderung der Missionstätigkeit oder sonstigen Aktivitäten [...], [doch] mussten die Missionierenden wiederholt Schmähungen und Beleidigungen der Bevölkerung hinnehmen".[14]

Pforzheim war mit seiner Uhren- und Schmuckindustrie einerseits weltoffen, andererseits erzielten die Nationalsozialisten aber gerade hier überdurchschnittliche Wahlerfolge. Womöglich waren die Pforzheimer Bibelforscher auch deshalb auf eine Existenz in der Illegalität vorbereitet. Jedenfalls lösten sie ihre Versammlung nach dem Verbot der Glaubensgemeinschaft in Baden am 15. Mai 1933 auf und trafen sich fortan in kleinen Gruppen in Privatwohnungen. In der illegalen Struktur der Bibelforscher auf Reichsebene war Pforzheim auch deshalb zentral, weil Ludwig Stikel, der Bezirksdienstleiter für Württemberg, hier ansässig war.

---

11 Vgl. GLA KA 480/1 Nr. 1267 (Restüberlieferung); StA LB EL 350 I Bü 6562 mit Angaben zur Altersrente; StadtA Pforzheim B 55 F 23/Z 4097.
12 Vgl. Rupp, Widerstand und Verfolgung der Zeugen Jehovas (wie Anm. 5), S. 237.
13 Vgl. StA LB E 311 Bü 218.
14 Rupp, Widerstand und Verfolgung der Zeugen Jehovas (wie Anm. 5), S. 199 f.

Einstehen für den Glauben

Das Widerstandshandeln der Zeugen Jehovas bestand also zum einen in der Nichtbeachtung des Betätigungsverbots. Sie hielten weiter ihre Bibelstunden ab, sie missionierten und sie nahmen vereinzelt sogar Neumitglieder auf. Ferner versorgten sie sich und andere weiterhin mit Schriften der Internationalen Wachturmgesellschaft. Zum andern nahmen sie weder am Gemeinschaftsleben der sogenannten „Volksgemeinschaft" teil, noch beteiligten sie sich an Wahlen oder Volksabstimmungen. Den Raum für ihre Versammlungen stellte nicht zuletzt Arthur Ditschkowski zur Verfügung.

> „Ein besonderes Zeugnis für den Mut der Zeugen Jehovas in Pforzheim ist die Tatsache, dass in der Verbotszeit neugewonnene Glaubensbrüder oder bis dahin den Zeugen Jehovas nahestehende Personen getauft wurden. Diese ‚Zeremonien' fanden im Parapack-Institut des Arthur Ditschkowski statt."[15]

Zudem half er seiner Glaubensgemeinschaft, indem er sich für Kurierdienste zur Verfügung stellte. Seine Fahrten tarnte er als Dienstreise zu Parapack-Instituten im gesamten Südwesten bis hinein in die Schweiz. Dort nahm er 1934 am Internationalen Bibelforscherkongress in Basel teil. Auf seinen Fahrten nahm er mehrmals den Bezirksdienstleiter Ludwig Stikel mit,

> „setzte ihn an einem Gemarkungsstein ab, erledigte seine Besuche in den Praxen und holte Stikel am Abend an einem anderen geheimen und unauffälligen Treffpunkt wieder ab".[16]

Trotz der Tarnung als Geschäftsreisen fielen diese Kurierfahrten auf. Örtliche Polizeistellen berichteten von Ditschkowskis Aufenthalten nach Pforzheim. In der Folge kam es zu nicht weniger als elf Hausdurchsuchungen.[17]

Die Zeugen Jehovas hatten sich in der sogenannten „Machtergreifungsphase" zunächst abwartend verhalten, weil sie dem NS-Regime keinen Vorwand für Repressionsmaßnahmen liefern wollten. Den Wendepunkt markierte jener Baseler Kongress 1934, an dem auch Ditschkowski teilgenommen hatte. Hier wurden Modalitäten für die Aufnahme illegaler Tätigkeit besprochen und die Fortführung der Mission beschlossen.[18] Ins Visier der Ge-

---

15 Rupp, Widerstand und Verfolgung der Zeugen Jehovas (wie Anm. 5), S. 202.
16 Rupp, Widerstand und Verfolgung der Zeugen Jehovas (wie Anm. 5), S. 231.
17 Zeitzeugeninterview mit Gertrud Gehl (wie Anm. 3).
18 Vgl. Hubert Roser: Widerstand und Verweigerung der Zeugen Jehovas im deutschen Südwesten 1933 bis 1945, in: Hubert Roser (Hrsg.): Widerstand als Bekenntnis. Die Zeugen Jehovas und das NS-Regime in Baden und Württemberg, Konstanz 1999, S. 11–87, hier S. 40.

stapo gerieten die Bibelforscher schließlich ab 1936.[19] Die Verfolger beobachteten eine seit dem Frühjahr diesen Jahres verstärkte Mission von Haus zu Haus und ließen bis Ende August 1936 insgesamt 18 Personen festnehmen. Noch aber war damit dem Regime der Einbruch in die Führungsstrukturen der Pforzheimer Zeugen Jehovas nicht gelungen. Auch Arthur Ditschkowski war dieser ersten Verhaftungswelle entgangen. Als jedoch die Zeugen Jehovas im Dezember 1936 und Juni 1937 reichsweit in zwei Flugblattaktionen gegen die Unterdrückung ihres Glaubens protestierten, verstärkte sich der Verfolgungsdruck. Auch in Pforzheim waren die Flugblätter verteilt worden. Im Herbst 1937 wurde nun auch die örtliche Leitungsebene zerschlagen, wenigstens elf Personen verhaftet, darunter am 13. Oktober 1937 Arthur Ditschkowski. Die Erinnerung daran war noch nach vielen Jahren so genau, dass er den Namen des festnehmenden Gestapobeamten angeben konnte.[20]

Eher getötet werden als töten
Arthur Ditschkowski kam zunächst im Pforzheimer Amtsgerichtsgefängnis in sogenannte „Schutzhaft". Am 26. Januar 1938 stand er dann gemeinsam mit weiteren Pforzheimer Bibelforschern vor dem in Neuenbürg tagenden Sondergericht Stuttgart, das ein hartes Urteil gegen die kriminalisierten Andersgläubigen sprach. Alle Verurteilten mussten ihr Strafmaß in voller Länge verbüßen. Arthur Ditschkowski trat seine Haftstrafe in der Strafanstalt Freiburg an. Der nationalsozialistische „Maßnahmenstaat" sorgte dafür, dass am Ende keineswegs zwingend die Freilassung stand. So kam der in Freiburg mitinhaftierte Bibelforscher Franz Barth im Anschluss in das KZ Buchenwald. Ein anderes Opfer, der zu zwei Monaten Haft verurteilte Ernst Scherle, berichtete 1949:

> „Ich wurde nicht freigelassen, sondern am nächsten Tag nach Stuttgart ins Gefängnis gebracht [...]. Acht Tage später wurde ich in das K.Z. Lager Welzheim eingeliefert, bis 18. März 1938."[21]

Franz Barth blieb bis Kriegsende in Buchenwald inhaftiert; die Mitangeklagten Emil Reule und Fritz Burger starben in KZ-Haft. Warum es Arthur Ditschkowski anders erging, ist nicht geklärt. Jedenfalls kam er am 26. April

---

19 Vgl. Michael Stolle: „Betrifft: Ernste Bibelforscher". Zeugen Jehovas im Visier der badischen Gestapo, in: Roser, Widerstand als Bekenntnis (wie Anm. 18), S. 89–146, hier S. 112 ff.
20 StA LB EL 350 I Bü 6562: Anlage zum Antrag auf Wiedergutmachung vom 2.5.1949.
21 StA LB E 311 Bü 218: Ernst Scherle an das Landgericht Stuttgart, 20.10.1949.

1939 tatsächlich frei und konnte im Anschluss sogar wieder seine Praxis betreiben.

Seinem Glauben hatte die Haftzeit nichts anhaben können. So bekannte sich Arthur Ditschkowski zu Kriegsbeginn seinem Vermieter gegenüber unverbrüchlich als Pazifist, indem er betonte, „[...] dass er in Anbetracht seines Glaubens eine eventuelle Einberufung zum Militär verweigern würde".[22] Dass Kriegsdienstverweigerern nunmehr nicht nur Haft, sondern die Todesstrafe drohte, war ihm vermutlich bewusst. Ditschkowski verweigerte den Dienst mit der Waffe, als schließlich 1943 der Gestellungsbefehl kam. Er meldete sich bei seiner Einheit, weil er der Militärgerichtsbarkeit eine fairere Behandlung zutraute und wohl auch nicht wieder in die Hände der Gestapo geraten wollte. Das sollte sich als fatale Entscheidung erweisen.

> „Am 14. September 1943 wurde ich in [...] Konstanz wegen Wehrdienstverweigerung aus Gewissensgründen verhaftet und nach 10 Tagen über das Divisionsgericht in Ulm nach Torgau transportiert, wo ich am 19. November 1943 vom Reichskriegsgericht unter Vorsitz des General Schmauser zum Tode verurteilt wurde."[23]

In den folgenden Monaten gewärtigte er in der Militärstrafanstalt Torgau die Hinrichtung — stets an Händen und Füßen gefesselt. Weshalb das Urteil nicht vollstreckt und schließlich in eine dreijährige Haftstrafe umgewandelt wurde, ist ungeklärt.[24] Ob er dies, wie Steffen Rupp vermutet, den Beziehungen einzelner Patienten bis in die höchsten Wehrmachtskreise verdankte, sei dahingestellt. Ditschkowski kam nach der Urteilsaufhebung am 10. März 1944 jedenfalls umgehend zu sogenannter „Frontbewährung" an die Ostfront — auch dies könnte ein möglicher Erklärungsansatz für die Umwandlung seiner Haftstrafe sein. Dem kalkulierten Kriegstod entging Ditschkowski nur knapp. Er wurde vor Orscha schwer verwundet und lag bis zum Kriegsende in einem Lazarett in Konstanz.[25]

---

22 StA LB EL 350 I Bü 6562: Eidesstattliche Versicherung Emil Lansche, 19.9.1949.
23 StA LB EL 350 I Bü 6562: Anlage zum Antrag auf Wiedergutmachung vom 2.5.1949.
24 Die Kriegsgerichtsakte existiert nicht mehr. Jenseits des Einzelfalls vgl. Dietrich von Raumer: Zeugen Jehovas als Kriegsdienstverweigerer. Ein trauriges Kapitel der Wehrmachtjustiz, in: Hubert Roser (Hrsg.): Widerstand als Bekenntnis. Die Zeugen Jehovas und das NS-Regime in Baden und Württemberg, Konstanz 1999, S. 181–220.
25 Vgl. StA LB E 311 Bü 218: Aussage Ditschkowskis vor der II. Strafkammer des Landgerichts Stuttgart, 13.9.1949.

> Da nicht mit Sicherheit festzustellen ist, ob Bruder Barth in Pforzheim meinen Verfolgungsbogen mit eingesandt hat, will ich diesen noch folgen lassen:
> Bruder Arthur Ditschkowski (gehörte früher zur Gruppe Pforzheim)
> Gesammt - Gefängnisstrafe, einschliesslich Untersuchungshaft, die abgesessen wurde......................... 25 Monate
> Weiter ein Todesurteil (wurde aber nicht vollstreckt)
> Ausserdem noch drei Jahre Gefängnis, (die auch nicht mehr abgesessen werden konnte)
> Also im Gefängnis verbracht Zeit: 25 Monate.
>
> Mit innigen Grüssen im Lobpreisungsdienst für Jehovas Namen, Euer Brüder,
>
> Arthur Ditschkowski
>
> Jehovas Zeugen
> Gruppe Mühlacker / Württ.

Schriftliche Erklärung Arthur Ditschkowskis über seine Haftzeit im „Dritten Reich", verfasst nach 1945.

Vergessener Widerstand?

Als Opfer religiös begründeter Verfolgung hatte Arthur Ditschkowski wie auch andere Zeugen Jehovas in der Nachkriegszeit in der Bundesrepublik Anspruch auf Wiedergutmachungsleistungen. Um diese zu erlangen, musste er zunächst versuchen, die Aufhebung und Tilgung der beiden Urteile aus dem Strafregister zu erwirken. Eine pauschale Aufhebung von Unrechtsurteilen gab es nicht. Die Bibelforscher gehörten zu den lange vergessenen Opfern und ihre konsequente Verweigerungshaltung wurde lange nicht als Widerstandshandeln anerkannt. Auch Arthur Ditschkowski sah sich und sein Tun wohl nicht in Kategorien von Widerstand. Aber er nahm sehr wohl wahr, dass ihm als konsequentem Gegner des Nationalsozialismus der Wiederanfang im Nachkriegsdeutschland schwerer fiel als vielen Mitläufern und Karrieristen. Aus seiner religiösen Einstellung heraus nahm er das so hin. Jedenfalls wehrte er sich nicht gegen die formal begründete Ablehnung von Wiedergutmachungsleistungen jenseits der Haftentschädigung. Arthur Ditschkowski betätigte sich nach Ende der NS-Diktatur weiter für die Zeugen Jehovas, baute 1946/47 die Versammlung in Bretten mit auf und blieb dort, wie auch in Mühlacker, bis in die 1970er-Jahre aktiv. Er starb am 19. Mai 1986 in Pforzheim.

Literatur

Garbe, Detlef: Zwischen Widerstand und Martyrium. Die Zeugen Jehovas im „Dritten Reich", 4. Aufl. München 2009.

Roser, Hubert (Hrsg.): Widerstand als Bekenntnis. Die Zeugen Jehovas und das NS-Regime in Baden und Württemberg, Konstanz 1999.

Roser, Hubert (Hrsg.): Freiburger Zeugen Jehovas unter der NS-Diktatur, Freiburg i. Br. 2010.

Rupp, Steffen: Widerstand und Verfolgung der Zeugen Jehovas in Pforzheim während des Nationalsozialismus, in: Pforzheimer Geschichtsblätter 10 (2001), S. 183–241.

Weinreich, Regin (Hrsg.): Verachtet. Verfolgt. Vergessen. Leiden und Widerstand der Zeugen Jehovas in der Grenzregion am Hochrhein im „Dritten Reich", Häusern 2002.

Wolfgang Schöllkopf

Julius von Jan (1897–1964) – protestantischer Prediger in Oberlenningen gegen die Pogromnacht vom 9. November 1938

Wie kam es dazu, dass ein stiller und gewissenhafter schwäbischer Dorfpfarrer zum Bekenner gegen das nationalsozialistische Unrecht mit dramatischen Folgen für ihn selbst wurde? Wer war Julius von Jan, der am 17. April 1897 in Schweindorf bei Neresheim als Sohn des dortigen Pfarrers Albert Friedrich von Jan geboren wurde?

Den ungewöhnlichen Adelstitel hatte die Familie Jan einst in fürstlichen Diensten in Hohenlohe verliehen bekommen. Als Julius fünf Jahre alt war, wechselte die Familie auf die Pfarrstelle Gerhausen bei Blaubeuren, wo er die Volks- und Lateinschule besuchte, bevor er 1911 an das Evangelische Seminar, zuerst im Kloster Maulbronn, dann in Blaubeuren wechselte. Dort standen die altsprachliche, humanistische und musikalische Bildung im Vordergrund, samt den damit verbundenen Fragen nach einer gebildeten christlichen Existenz. Mit den Worten „edle Begeisterung" und „Freundschaft" beschrieb er diese intensive gemeinsame Zeit der Internatsschüler in seinem späteren Lebensbericht.[1] Zu seinen engsten Freunden gehörte auch Otto Mörike (1897–1978), der als Dekan von Kirchheim/Teck und Pfarrer von Weissach und Flacht von den Nationalsozialisten ebenfalls als christlich motivierter Widerständler verfolgt und nach dem Krieg gemeinsam mit seiner Frau Gertrud als „Gerechte unter den Völkern" in der Jerusalemer Gedenkstätte Yad Vashem geehrt wurde.[2]

Theologiestudium und Pfarramt
Als 17-Jähriger zog Julius von Jan, vaterländisch begeistert, in den Ersten Weltkrieg und kam als dekorierter und verwundeter Soldat 1917 in englische Gefangenschaft. Seine Bewahrung in dieser von Hunger und Demütigung belasteten Zeit sah er später als Prüfung auf dem Weg zu einem tiefen

---
1 Landeskirchliches Archiv Stuttgart (LKA), Personalakte von Julius Jan, PA B/31, darin: Lebensbericht, 1960.
2 Vgl. Joachim Scherrieble: Otto Mörike (1897–1978), in: Rainer Lächele/Jörg Thierfelder (Hrsg.): Wir konnten uns nicht entziehen, Stuttgart 1998, S. 311–324.

christlichen Glauben. Nach dem Ende von Krieg und Gefangenschaft studierte Julius von Jan ab 1919 Theologie im Evangelischen Stift in Tübingen. Wie viele andere hatte auch er Mühe, die schweren Kriegserlebnisse mit dem klassischen Theologiestudium zusammenzubringen. Nach dem Examen 1923 war die erste Station im Vikariat wieder Gerhausen bei seinem Vater, dann folgten Echterdingen, Weilimdorf, Steinenberg und Neuenbürg. Dieser häufige Wechsel und die erste praktische Ausbildung beim eigenen Vater waren für die damalige Zeit nicht ungewöhnlich.

Im Jahr 1925 wurde Julius von Jan als Anwärter Pfarrverweser in Deizisau. Es folgte 1927 die erste ständige Pfarrstelle in Herrentierbach, wo einst der später bedeutende Kirchenhistoriker Karl Heinrich von Weizsäcker wirkte. Nun im kirchenamtlichen Sinne heiratsfähig geworden, heiratete er Marta Munz (1899–1975) aus Elberfeld, die aus einer Missionarsfamilie stammte. Aus der Ehe gingen zwei Kinder hervor, Richard (*1934) und Christa (*1943). Nach der Übernahme der Pfarrstelle in Brettach im Jahr 1928 kam die Familie ab 1935 nach Oberlenningen im Dekanat Kirchheim/Teck, wo Julius von Jan seinem Freund Otto Mörike wieder begegnete.

Die Bußpredigt in Oberlenningen

Der Einklang des dörflichen Lebens im Lenninger Tal existierte zwar noch wie von alters her, aber er wurde längst schon gestört durch die unchristliche und menschenverachtende Ideologie des Nationalsozialismus. Einmal wurde bei der Hochzeit eines HJ-Führers durch einen auswärtigen Pfarrer der Deutschen Christen das Kreuz vom Altar genommen, was von Jan deutlich als Symbol für die Christusfeindlichkeit des Nationalsozialismus kritisierte.[3] Als Anhänger des Pastors Martin Niemöller in Berlin-Dahlem war Julius von Jan der Bekennenden Kirche beigetreten und bezog den verhafteten Pastor Martin Niemöller und andere Verfolgte immer wieder in die gottesdienstlichen Fürbitten mit ein. 1938 eskalierte die angespannte Situation, als in der Nacht vom 9. auf den 10. November in Deutschland 1400 Synagogen und Betsäle brannten oder demoliert wurden, zahlreiche jüdische Geschäfte zerstört und 400 jüdische Mitmenschen ermordet, 30 000 verhaftet und deportiert, viele weitere geschmäht und geschändet wurden. Was man verharmlosend „Reichskristallnacht" nannte, als wäre nur Glas zu Bruch gegangen, ließ in Wirklichkeit den nationalsozialistischen Rassenhass bereits überdeutlich werden. Das Attentat von Herschel Grynszpan, einem Juden mit polnischer Staatsbürgerschaft, auf den deutschen Gesandtschaftsrat

---

[3] Vgl. Gerhard Schäfer: Dokumentation zum Kirchenkampf, Bd. 6, Stuttgart 1986, S. 131.

Ernst vom Rath am 7. November 1938 in Paris nutzten die Nationalsozialisten als Anlass für die systematisch organisierten Ausschreitungen gegen jüdische Bürgerinnen und Bürger und für die Schändung der ihnen heiligen Gebäude.

Nur wenige erkannten die Zusammenhänge und wagten, deutlich Stellung zu beziehen und zu widersprechen. Zu ihnen gehörte der 41-jährige Pfarrer Julius von Jan, dem die judenfeindlichen Ausschreitungen keine Ruhe ließen. Für seine Predigt am Buß- und Bettag eine Woche später wählte er das Prophetenwort Jeremias: „O Land, Land höre des Herrn Wort" (Jeremia 22, 29). Julius von Jan hörte das Wort, durch das nach seiner Überzeugung Gott selbst zu ihm sprach. Er wusste deshalb, wohin er gehörte, und aus dieser Gewissheit gehorchte er Gott und seinem Auftrag, auch wenn es schwer für ihn war. „Weil diese Predigt ohne jedes Kalkül gehalten wurde, allein der biblischen Botschaft der Buße verpflichtet, wirkte sie für viele seiner Zeitgenossen so befreiend", stellte einer seiner Biographen fest.[4]

Es war also das Zusammenwirken von kritischem Prophetenruf, über 2500 Jahre alt, und der aktuellen Notsituation, dazu das wache Gewissen eines Einzelnen, das von Jan zu klaren Worten ermächtigte und nach seiner Auffassung auch nötigte. Deutlich sprach er das geschehene Unrecht aus, wie der Prophet:

> „Die Leidenschaften sind entfesselt, die Gebote Gottes missachtet, Gotteshäuser, die den anderen heilig waren, sind ungestraft niedergebrannt worden, das Eigentum der Fremden geraubt oder zerstört. Männer, die unserem deutschen Volk treu gedient haben und ihre Pflicht erfüllt haben, wurden ins KZ geworfen, bloß weil sie einer anderen Rasse angehörten! Mag das Unrecht auch von oben her nicht zugegeben werden – das gesunde Volksempfinden fühlt es deutlich, auch wo man nicht darüber zu sprechen wagt. […] Darum ist uns der Bußtag ein Tag der Trauer über unsere und unseres Volkes Sünden, die wir vor Gott bekennen und ein Tag des Gebets: Herr, schenk uns und unserem Volk ein neues Hören auf dein Wort, ein neues Achten deiner Gebote! Und fange bei uns an."[5]

---

4 Hans-Dieter Wille: Julius von Jan, in: Volker Henning Drecoll/Juliane Baur/Wolfgang Schöllkopf (Hrsg.): Stiftsköpfe, Tübingen 2012, S. 366–375, hier S. 366.
5 Die Predigt von Jans findet sich in der Originalniederschrift in: LKA Stuttgart, A 227, sowie online in der Ausstellung der Forschungsstelle für Kirchliche Zeitgeschichte unter Julius von Jan, in: Widerstand?! Evangelische Christinnen und Christen im Nationalsozialismus. Online-Ausstellung der Forschungsstelle für Kirchliche Zeitgeschichte, http:/de.evangelischer-widerstand.de/html/view.php?type=biografie&id=50&l=de (Zugriff am 15.11.2016).

Julius von Jan mit seiner Frau Gertrud und seinem Sohn Richard, aufgenommen im Jahr 1941 im niederbayerischen Ortenburg.

Pfarrer von Jan ahnte schon, dass seine deutlichen Worte Folgen haben würden, als er am Schluss seiner Predigt sagte:

> „Und wenn wir heute mit unserem Volk in der Buße vor Gott gestanden sind, so ist dies Bekennen der Schuld, von der man nicht sprechen zu dürfen glaubte, wenigstens für mich heute gewesen wie das Abwerfen einer großen Last. Gott Lob! Es ist herausgesprochen vor Gott und in Gottes Namen. Nun mag die Welt mit uns tun, was sie will. Wir stehen in unseres Herren Hand. Gott ist getreu. Du aber, o Land, Land, höre des Herrn Wort!"

Und sie machten mit ihm, was sie wollten. Eine Woche nach seiner Predigt wurde Julius von Jan nach der Rückkehr von einer Bibelstunde in einem Filialort von einer herangekarrten SA-Gruppe verhöhnt, besinnungslos geschlagen und inhaftiert. Man verurteilte ihn zu 16 Monaten schwerer Haft und verwies ihn aus Württemberg. Erst nach dem Krieg konnte er als Pfarrer nach Oberlenningen zurückkehren. Julius von Jan machte zeitlebens kein Aufsehen aus seinem tapferen Verhalten, von dem erst andere viel später erzählten. Nach seiner Tätigkeit in Oberlenningen übernahm er noch eine Pfarrstelle in Stuttgart-Feuerbach. Die Schmerzen seiner Misshandlung aber wurde er nicht mehr los. Aus dem Hören auf Gottes Wort wusste er während des „Dritten Reichs", auf welche Seite er gehörte, und so gehorchte er Gott. Aus seinen menschlichen Worten wurde ein kraftvolles Zeugnis für Gottes Lebenswort, das Unrecht beim Namen nennt und die Leidenden ins Recht setzt.

Zeitgeschichtlicher Hintergrund des kirchlichen Widerstandes
In der Württembergischen Landeskirche gab es bereits vor von Jan einzelne aufsehenerregende Fälle des Protestes: Dekan Dr. Adolf Dörrfuß in Ludwigsburg, Pfarrer Otto Mörike in Kirchheim/Teck, Pfarrer Theodor Dipper in Reichenbach/Fils, Pfarrer Hermann Knapp in Zell und andere. Sie wurden nach ihrem verständnisvollen Eintreten für Juden und aufgrund ihrer kritischen Äußerungen zur NS-Politik als „Judenknechte" verunglimpft. Auch innerhalb der Landeskirche standen sie mit ihrer Position, der Wurzel des Christentums mit Respekt zu begegnen, weitgehend allein. Die Kirchenleitung, durch das Gift des jahrhundertelangen theologischen Antisemitismus in ihrer Wahrnehmung getrübt und in ihrem Handeln gelähmt, distanzierte sich von den kritischen Mahnern. So bestätigte auch Landesbischof Theophil Wurm in Schreiben an Reichsjustizminister Franz Gürtner: „Ich bestreite mit keinem Wort dem Staat das Recht, das Judentum als ein gefährliches Element zu bekämpfen", denn das Judentum habe eine „zersetzende Wirkung".[6] Wurm bedauerte später, den kritischen Mahnern nicht beigesprungen zu sein. In seinen Erinnerungen schrieb er: „Es lag wie ein Bann über uns."[7]
Wegen Verunglimpfung der betroffenen Pfarrer im NS-Parteiblatt *Flammenzeichen* stellte der württembergische Pfarrverein durch seinen Vorsitzenden, Pfarrer Adolf Schnaufer, Strafantrag wegen Verleumdung beim Landgericht Stuttgart. Überhaupt fällt – auch bei Wurm – der ständige Appell an das „gesunde" Rechtsempfinden auf, das so tief verankert war, dass seine Wirkungslosigkeit in einem Unrechtssystem kaum denkbar schien.
Julius von Jan hielt seine Predigt zum landeskirchlichen Bußtag am 16. November 1938. Das Bibelwort aus Jeremia 22, 29 war keine der landes-

---
6 Briefe vom 6.12.1938 und vom 28.11.1939; nach: Schäfer, Dokumentation zum Kirchenkampf (wie Anm. 3), S. 116.
7 Schäfer, Dokumentation zum Kirchenkampf (wie Anm. 3), S. 112.

kirchlichen Perikopen, das heißt kein der Predigt vorgegebener Bibelabschnitt (und ist es noch immer nicht!), sondern ein verordnetes Wort speziell zum Bußtag. Auch in diesem Gottesdienst verlas von Jan Fürbitten aus der deutschlandweiten Liste der Bekennenden Kirche. Die kritische Predigt brachte ihm nicht nur ein staatliches Strafverfahren ein, sondern auch ein kirchliches Aufsichtsverfahren, mit dem sich die Kirchenleitung gegenüber staatlichen Stellen ihrer Loyalität versicherte.

Die Misshandlung des Pfarrers erfolgte am 25. November 1938 durch SA-Truppen aus Nürtingen, die nach einer aufpeitschenden Versammlung in Oberlenningen in das Pfarrhaus eindrangen, wo sie von Jan aber nicht antrafen, der zu einer Bibelstunde nach Schopfloch gefahren war. Die Truppe zog dorthin, verhöhnte zusammen mit von Jan auch seinen Amtsbruder Pfarrer Eduard Mildenberger und brachte von Jan zurück nach Oberlenningen, wo sie ihn schwer misshandelten und in Haft nahmen. Besorgte Gemeindemitglieder alarmierten zwar die Ortspolizei, diese erwies sich jedoch als machtlos und wurde selbst auch von den Übeltätern bedroht. Anderen Mitgliedern der Gemeinde waren die kritischen Äußerungen ihres Pfarrers schon länger ein Dorn im Auge.

Auf welche Gruppe innerhalb der Gemeinde bezog sich die Kirchenleitung? Von Jan wurde nach seiner schweren Misshandlung zunächst im Rathaus von Oberlenningen inhaftiert, dann im Amtsgerichtsgefängnis in Kirchheim/Teck. Schließlich wurde er in das berüchtigte Gestapogefängnis in der Stuttgarter Büchsenstraße („Büchsenschmiere") verbracht, an das eine Gedenktafel am heutigen Gebäude des Hospitalhofs erinnert. Von Jan war Offiziersanwärter im Ersten Weltkrieg gewesen und war verwundet worden, aber dieser vaterländische Einsatz wurde ihm, wie vielen anderen auch, nicht zugutegehalten. Am 2. Dezember 1938 stellte der Oberkirchenrat Strafanzeige wegen Misshandlung, bei gleichzeitiger Zusicherung eines eigenen Verfahrens wegen politischer Predigt.

Am zweiten Advent, dem 4. Dezember 1938, hielt der Ulmer Prälat Konrad Hoffmann den Gottesdienst in Oberlenningen und nahm im Auftrag der Kirchenleitung vor der Gemeinde Stellung. Aufgabe der Predigt gerade am Bußtag sei es doch, das „Gewissen zu schärfen".[8] Damit bezog er sich auf Luther, lehnte jedoch gleichzeitig eine aktuelle Politisierung der Predigt ab.

Pfarrer von Jan wurde aufgrund des „Heimtückegesetzes" und des „Kanzelparagraphen" verurteilt. Dabei berief sich Senatspräsident Hermann Cuhorst am Oberlandesgericht Stuttgart auf Luthers Judenschrift von 1543:

---

8 Schäfer, Dokumentation zum Kirchenkampf (wie Anm. 3), S. 124.

„Im Gegensatz zu seinem Lehrmeister Martin Luther, der über die Juden und gegen sie zu treffende Maßnahmen das Nötige gesagt hat, hat der Beschuldigte geglaubt, für diese Fremdrasse von der evangelischen Kanzel aus eintreten zu müssen."[9]

Von Jan wurde zu 16 Monaten Gefängnis verurteilt; am 13. April 1939 erfolgten seine Haftentlassung und gleichzeitig seine Ausweisung aus Württemberg. Er wurde in der Bayerischen Landeskirche aufgenommen und mit Vertretungsdiensten beschäftigt.

Julius von Jan stand nun selbst auf der deutschlandweiten Fürbittenliste der Bekennenden Kirche. Mehr als ein Jahr nach dem Vorfall, am 22. November 1939, wandte sich Wurm an den Reichsführer der SS, Heinrich Himmler, mit der Bitte um Begnadigung von Jans. Mit dem Präsidenten am Sondersenat des Stuttgarter Oberlandesgerichts, Hermann Cuhorst, lieferte sich Wurm einen heftigen Briefwechsel, nachdem er den Begriff „Fehlurteil" für die Haftstrafe von Jans benützt hatte. Der beleidigte Richter entgegnete ihm:

„Sie haben wohl gemeint, dem Sondergericht eine Art Konfirmandenunterricht erteilen zu können; die Schreibstuben am Alten Postplatz müssen doch sehr weltabgeschieden sein."[10]

Die Kritik des Kirchenoberhaupts musste gar als Begründung für den ohnehin fälligen Kirchenaustritt des Parteigenossen herhalten.

Trotz aller Einsprüche hatte von Jan am 3. Januar 1940 seine Haftstrafe in Landsberg/Lech anzutreten. Inzwischen herrschte Krieg, was einerseits die Aufmerksamkeit ablenkte, andererseits aber nationalpatriotischen Äußerungen einen neuen Schub gab. Am 28. Mai 1940 wurde der Pfarrer vorzeitig auf Bewährung entlassen; gleichzeitig wurde ihm als Strafe (!) seine „Wehrwürdigkeit" zunächst aberkannt. Dann aber wurde er doch eingezogen und geriet in Kriegsgefangenschaft, aus der er 1945 gezeichnet nach Oberlenningen zurückkehrte, um seinen pfarramtlichen Dienst erneut aufzunehmen.

Erinnerung an Julius von Jan
1949 wurde von Jan Pfarrer an der Johanneskirche in Stuttgart-Zuffenhausen. Nach seiner Pensionierung 1958 wohnte er mit seiner Frau in Korntal, wo er am 21. September 1964 verstarb und auch begraben wurde. Erst nach

---

9 Schäfer, Dokumentation zum Kirchenkampf (wie Anm. 3), S. 125.
10 Schäfer, Dokumentation zum Kirchenkampf (wie Anm. 3), S. 152–158. Am Alten Postplatz lag damals der Amtssitz des Oberkirchenrats.

seinem Tod begann die Aufarbeitung seines Widerstandes. Inzwischen erinnern mehrere Gedenkorte an Julius von Jan. So wurde zum 40-jährigen Kriegsende am 8. Mai 1985 das evangelische Gemeindehaus in Oberlenningen nach Julius von Jan benannt. Am Buß- und Bettag desselben Jahres, am 19. November 1985, brachte man an der Kirche eine Bronzeflachreliefarbeit von Ingrid Seddig als Gedenktafel an sowie am Gemeindehaus den Schriftzug seines Namens. Auch an anderen Wirkungsorten von Pfarrer von Jan, etwa in Stuttgart-Weilimdorf, sind Gemeinderäume nach ihm benannt worden. Die große *Dokumentation zum Kirchenkampf* von Gerhard Schäfer arbeitete 1986 die Quellen zu Julius von Jans Widerstand samt Augenzeugenberichten detailliert auf. Dies war und ist auch deshalb wichtig, weil Julius von Jan in seiner Bescheidenheit nicht selbst von seinem widerständigen Handeln berichtet hatte. Es waren andere aus seinem Umfeld, die überlieferten, was durch ihn und mit ihm geschehen war — und auch heute nicht vergessen werden darf.

Literatur

Julius von Jan, in: Widerstand?! Evangelische Christinnen und Christen im Nationalsozialismus. Online-Ausstellung der Forschungsstelle für Kirchliche Zeitgeschichte, http:/de.evangelischer-widerstand.de/html/view.php?type=biografie&id=50&l=de (Verfasser der Texte zu Julius von Jan: Wolfgang Schöllkopf) (Zugriff am 15.11. 2016).

Röhm, Eberhard/Thierfelder, Jörg: Juden — Christen — Deutsche, Bd. 3/1, Stuttgart 1995.

Schäfer, Gerhard: Dokumentation zum Kirchenkampf, Bd. 6, Stuttgart 1986.

Schöllkopf, Wolfgang: Eine Erinnerung an Pfarrer Julius von Jan (1897—1964) zum 70. Jahrestag der Reichspogromnacht vom 9. November 1938, in: Evangelisches Landesjugendpfarramt Stuttgart (Hrsg.): Aufleben — Jugend Gottesdienst Material, Stuttgart 2008.

Widersetzlichkeit und Widerstand von einzelnen: Julius von Jans Bußtagspredigt 1938, in: Deutscher Widerstand 1933—1945. Informationen zur politischen Bildung 243, hrsg. von der Bundeszentrale für politische Bildung, Bonn 1994 (Neudruck 2004), S. 22 f.

Wille, Hans-Dieter: Julius von Jan, in: Volker Henning Drecoll/Juliane Baur/Wolfgang Schöllkopf (Hrsg.): Stiftsköpfe, Tübingen 2012, S. 366—375.

Helmut Kurz

Josef Ruf (1905–1940) – katholischer Kriegsdienstverweigerer aus Oberschwaben

Josef Ruf ist der einzige namentlich bekannte katholische Kriegsdienstverweigerer des Zweiten Weltkrieges aus der Diözese Rottenburg. Als religiöses Motiv seiner Verweigerung gab er im Brief an seine Schwester im August 1940 in knappen Worten an: „Ich kann den Waffendienst mit der Lehre Christi einfach nicht vereinbaren, und fühle mich verpflichtet, unter allen Umständen auch danach zu handeln."[1] Dieser Überzeugung folgte er bis zu seiner Hinrichtung am 10. Oktober 1940 im Zuchthaus Brandenburg-Görden.

Kindheit, Jugend und Franziskanerorden
Josef Ruf kam am 15. Dezember 1905 im oberschwäbischen Dorf Hochberg bei Saulgau als fünftes von sieben Geschwistern zur Welt. Er wuchs in geordneten, vom katholischen Glauben geprägten Verhältnissen auf. Der Vater war Stationsvorsteher des kleinen Ortsbahnhofs, die Mutter stammte aus bäuerlichen Verhältnissen. Schon als Kind litt Josef an heftigen Gelenkschmerzen, die die schulischen Leistungen des eher musisch begabten Jungen beeinträchtigten. Nach Abschluss der Volksschule entschied er sich für eine Schneiderlehre in Saulgau, die er 1925 mit der Gesellenprüfung beendete.

Im Alter von 19 Jahren trat Ruf bei den Franziskanern in Sigmaringen-Gorheim ein und war danach in verschiedenen Häusern des Ordens tätig. Er trug den Ordensnamen Bruder Canisius und galt als zuverlässiger und freundlicher Ordensbruder, der keine Arbeit scheute. In den Jahren zwischen 1930 und 1932 lebte und arbeitete er im „Klösterle" von Saulgau. Kurz vor den sogenannten ewigen Gelübden verließ er den Orden jedoch, da er meinte, sein „etwas aufgeregtes Wesen bereite zu viel Schwierigkeiten".

---
1 Josef Ruf in einem Brief an seine Schwester Maria vom 7.8.1940, zitiert bei Helmut Kurz/Christian Turrey: „Um dem Willen Gottes gerecht zu werden". Das Martyrium des Kriegsdienstverweigerers Josef Ruf, 2. Aufl. Stuttgart 2008, S. 20.

Helmut Kurz

Josef Ruf auf einem undatierten Foto.

Josef Ruf in der Christkönigsgesellschaft

Der Wunsch, sich einer religiösen Gemeinschaft anzuschließen, blieb bei Josef Ruf allerdings bestehen. In Meitingen bei Augsburg trat er der Christkönigsgesellschaft bei, einer Neugründung des Freiburger Diözesanpriesters Max Josef Metzger (1887–1944). Metzger ging es um die Suche nach neuen Formen für ein „gottgeweihtes Leben inmitten der Welt", um eine Neuevangelisierung der Gesellschaft und eine Mission im eigenen Land. Das bedeutete für ihn zunächst soziale Fürsorge für Alkoholabhängige, Obdachlose und Waisenkinder. Metzger engagierte sich vor allem für den Frieden in der Welt sowie für Frieden unter den Religionen und Konfessionen. Um die Einheit der Kirche zu fördern, schlug er ein allgemeines Konzil vor. Ebenso war er maßgeblich beteiligt an der Gründung des Friedensbundes Deutscher Katholiken (1917–1919) und an der Gründung der ökumenischen Bruderschaft *Una Sancta* (1938/39). Im Jahr 1928 verlegte Metzger den Sitz seiner Gemeinschaft von Graz nach Meitingen bei Augsburg. Sie trug dort die Bezeichnung *Societas Christi Regis* (Christkönigsgesellschaft).

Durch seine vielfältigen internationalen Kontakte, seine zahlreichen Friedensbemühungen und seinen Pazifismus geriet Metzger in Konflikt mit den Nationalsozialisten, sodass er und seine Anhänger ab 1934 zunehmenden Verfolgungsmaßnahmen ausgesetzt waren. Metzger verfasste unter anderem ein Memorandum über die zukünftige Gestaltung Deutschlands, das eine vermeintliche Freundin der *Una-Sancta*-Bewegung ins Ausland bringen sollte. In Wahrheit war sie jedoch eine Agentin der Gestapo, sodass die Schrift in die Hände der Nationalsozialisten gelangte. Metzger wurde im Juni 1943 verhaftet und am 14. Oktober 1943 vom Volksgerichtshof in einem Schauprozess zum Tode verurteilt. Nach sechs Monaten Haft wurde er am 17. April 1944 im Zuchthaus Brandenburg-Görden durch das Fallbeil hingerichtet.

Über Krieg und Kriegsdienstverweigerung hatte Metzger am 7. Juli 1933 geschrieben:

„Unsere Gesellschaft steht auf dem Boden christlicher Friedensgesinnung [...]. Wir sehen es als patriotische Pflicht an, für den Frieden zu arbeiten. Wer [...] die grundsätzliche Kriegsdienstverweigerung als ein wirksames Mittel zur internationalen Bekämpfung des Krieges ansieht oder sonst aus Gewissensgründen die Kriegsdienstpflicht verweigert, wird in der Freiheit seines Gewissens anerkannt. Die Gesellschaft selbst hat ausdrücklich eine Stellungnahme dazu abgelehnt und lässt den Mitgliedern die Freiheit persönlicher Gewissensentscheidung [...]."[2]

Treffen mit Michael Lerpscher
In der Christkönigsgesellschaft trug Josef Ruf den Namen „Bruder Maurus". Er half und arbeitete, wo er gebraucht wurde, ob beim Pfortendienst, in der Gartenarbeit oder bei der Betreuung von sogenannten Durchwanderern. 1938 meldete er sich nach Ulrichsbrunn bei Graz-Andritz. Hier half er bei der Betreuung der Wallfahrtskirche St. Ulrich und war in der kleinen Landwirtschaft tätig. Dabei traf er auf Michael Lerpscher (1905–1940), einen Gleichaltrigen aus Wilhams im Allgäu, der ebenfalls der Christkönigsgesellschaft angehörte. Ruf und Lerpscher tauschten sich aus, auch über eine Verweigerung des Kriegsdienstes in der Wehrmacht. So wie Ruf sollte auch Lerpscher später den Kriegsdienst verweigern und am 5. September 1940 in Brandenburg-Görden auf dem Schafott hingerichtet werden.

---

2 Christkönigs-Institut Meitingen (Hrsg.): Broschüre aus Anlass der Verlegung der Stolpersteine für Max Josef Metzger, Josef Ruf und Michael Lerpscher am 12.11.2012 in Meitingen, S. 11.

Das Foto zeigt Josef Ruf (Mitte) als „Bruder Maurus" der Christkönigsgesellschaft um das Jahr 1936 in Saarbrücken.

57 Tage Soldat der Wehrmacht

Am 7. Februar 1940 wurde Ruf „erfasst" und am 27. Februar in Graz gemustert. Er wurde als „kriegsverwendungsfähig" (k. v.) bezeichnet und bekam seinen Gestellungsbefehl nach Pinkafeld im Burgenland, wo er am 2. März 1940 eintraf. Durch die erst 2015 aufgefundenen Militärpapiere Rufs wie Wehrpass, Gesundheitsbuch und Wehrstammbuch ist seine kurze Militärzeit gut nachzuvollziehen.[3] Er absolvierte die Grundausbildung und war — im Gegensatz zu früheren Annahmen — auch bereit, den Fahneneid abzulegen, wie seine Unterschrift im Wehrstammbuch vom 9. März 1940 bestätigt. Ruf folgte seiner Einberufung zur Wehrmacht in der Hoffnung, die Militärpflicht „in der Sanität" ableisten zu dürfen, wozu er bereit gewesen wäre. Doch diese Bitte wurde abgelehnt. Daraufhin erklärte er seine Verweigerung und wurde deshalb am 27. April 1940 aus dem aktiven Wehrdienst entlassen und anschließend inhaftiert. Insgesamt war er 57 Tage Soldat. Von Mai bis August 1940 blieb er im Landgerichtsgefängnis Graz inhaftiert und wurde am 16. August 1940 in das Untersuchungsgefängnis in Berlin-Moabit überstellt.

---

3 Wilhelm Seper aus Pinkafeld konnte erstmals im Österreichischen Staatsarchiv die Militärpapiere von Ruf und Lerpscher auffinden und auswerten.

Während der Haft von den Sakramenten ausgeschlossen?
Die lange Haftzeit sollte den Verweigerer zur Rücknahme seiner Gewissensentscheidung bewegen. Oft wird die Frage gestellt, ob Ruf während der Haft der Empfang der Kommunion verweigert wurde. Für einen religiösen Menschen wie ihn, der als Ordensmann gewohnt war, täglich die Heilige Schrift zu lesen und die Kommunion zu empfangen, wäre dies ein Druckmittel und eine zusätzliche harte Strafe gewesen. Anlass für diese Überlegungen ist eine Bemerkung Rufs in seinem Abschiedsbrief an die Christkönigsgesellschaft vom 9. Oktober 1940. Am Abend vor seiner Hinrichtung schrieb er:

> „In ein paar Stunden werde ich nun nach fast 5 Monaten wieder die hl. Kommunion empfangen dürfen, zugleich als Wegzehrung für den letzten schweren Schritt."[4]

Bisher gibt es jedoch keine Belege für eine derartige Maßnahme, weder von kirchlicher noch von staatlicher Seite. Die zitierte Bemerkung Rufs lässt allerdings darauf schließen, dass ihm tatsächlich für lange Monate der Empfang der Kommunion nicht möglich war, dass er aber zumindest vor seiner Hinrichtung geistliche Begleitung erfahren durfte.

Auseinandersetzungen in der Familie Rufs
In seinen Briefen verdeutlichte Ruf die christlichen Grundmotive seiner Verweigerung:

> „Ich bin klar überzeugt, dass ich so handeln muss, um dem Willen Gottes gerecht zu werden. Wäre ich auch nur im Geringsten im Zweifel über meinen Weg, den ich eingeschlagen habe, so hätte ich mich der Allgemeinheit angepasst."[5]

So klar Ruf die Motivation seiner Verweigerung aussprach, so wenig konnte er damit die Zustimmung seiner Familie finden. Weder sein nationalistisch eingestellter Vater noch sein Bruder Karl — ein überzeugter Nationalsozialist — konnten diese Haltung verstehen oder gar billigen. So kam es innerhalb der Familie zu schweren Auseinandersetzungen. Die übermächtige Stimme seines Gewissens ließ Josef Ruf aber nicht einlenken. In einem Brief an seine Angehörigen schrieb er: Wenn es um die Erfüllung des Willens Gottes gehe, müsse „auch das Liebste zurücktreten, wenn es auch noch so weh tut".[6] Das Liebste war hier für Ruf seine Familie, mit der er eng und in großer Dankbarkeit verbunden blieb. Er wusste um den Ernst der Lage und auch darum, dass er seinen Eltern große Sorgen und viel Leid zufügte. Sie

---
4 Kurz/Turrey, Josef Ruf (wie Anm. 1), S. 25.
5 Kurz/Turrey, Josef Ruf (wie Anm. 1), S. 25.
6 Kurz/Turrey, Josef Ruf (wie Anm. 1), S. 21.

sahen, dass viele katholische Soldaten in Hitlers Krieg ziehen mussten, und sie wussten auch, dass die deutschen Bischöfe dagegen kein Veto eingelegt hatten. So konnten die Eltern nicht verstehen, dass ausgerechnet ihr Sohn einen anderen Weg einschlug. Mit seiner Gewissensentscheidung begab sich Josef Ruf nicht nur in die Gefahr, wegen „Wehrkraftzersetzung" mit dem Tode bestraft zu werden, sondern er geriet auch in Widerspruch zur Haltung der deutschen Bischöfe.

Abschiedsbriefe und Hinrichtung

Am 14. September 1940 kam Josef Ruf vor das Reichskriegsgericht und wurde „wegen Zersetzung der Wehrkraft" zum Tode verurteilt. Die Urteilsschrift konnte bisher nicht aufgefunden werden. Ob Ruf nach der Verhandlung von dem Urteil überhaupt erfuhr, ist ungeklärt. Das für rechtskräftig erklärte Urteil teilte man ihm erst am 5. Oktober 1940 mit. Drei Tage später, am 8. Oktober, wurde er in das Zuchthaus Brandenburg-Görden überführt. Dieses Gefängnis mit seiner Hinrichtungsstätte wurde für Max Josef Metzger, Josef Ruf und Michael Lerpscher die letzte Station ihres Lebens.

Erst am Tag vor seiner Hinrichtung erhielt Josef Ruf Kenntnis davon, dass das Todesurteil am 10. Oktober vollstreckt werden würde. Er schrieb seiner Familie und der Christkönigsgesellschaft noch Briefe, die in Abschrift erhalten sind. Darin dankte er seinen Angehörigen für alle Liebe und Sorge und bat sie zugleich um Verzeihung für das Leid, das er ihnen zugefügt habe. Doch bis zuletzt stand er unverbrüchlich zu seiner Überzeugung und zu dem Weg, den er eingeschlagen hatte. In einem Abschiedsbrief schrieb er:

> „Auf jeden Fall, liebe Geschwister, wollen wir im Geiste immer miteinander verbunden bleiben, denn auch der Tod kann uns Christen nicht trennen, da wir ja einer Kirche angehören, die eine dreifache ist, – eine Leidende – eine Streitende – und eine Triumphierende. In diesem Sinne werden wir uns alle immer nahe sein und einmal hoffen wir uns alle wiederzusehen in der ewigen Heimat, wo es keine Trennung gibt und keine Schmerzen mehr. In dieser Hoffnung grüßt Euch alle mit unserm alten und doch ewig neuen Freudengruß ALLELUJA, Euer Bruder Maurus."[7]

Nach der Hinrichtung auf dem Schafott wurden Rufs sterbliche Überreste im Krematorium Brandenburg eingeäschert und auf dem Städtischen Friedhof am Marienberg in einem Urnengrab beigesetzt. Da das ganze Gräberfeld später eingeebnet wurde, ist auch Rufs Grabstätte nicht erhalten geblieben.

---

7 Kurz/Turrey, Josef Ruf (wie Anm. 1), S. 25 f. Die originale Schreibweise des Dokuments wurde beibehalten.

Seine Familie bekam erst nach seinem Tod Kenntnis von Todesurteil und Hinrichtung ihres Angehörigen.

Späte Würdigungen

In der Nachkriegszeit blieben die Namen der Verweigerer Ruf und Lerpscher lange in Vergessenheit, ehe sie der amerikanische Soziologe Gordon C. Zahn (1918–2007) erstmals 1962 in einer Veröffentlichung erwähnte.[8] Erst 1990 wurde in Ulrichsbrunn eine Gedenktafel mit den Namen von Lerpscher und Ruf angebracht. Die Gemeinde Hochberg errichtete 1992 bei der Kirche einen Gedenkstein mit der Inschrift: „Zum ehrenden Gedenken an Josef Ruf, geb. 15.12.1905. Für Frieden eingetreten, durch Gewalt gest. 10.10.1940." Auch auf einer Gedenktafel in Meitingen ist Rufs Name verzeichnet, allerdings wird er hier zu den Gefallenen des Zweiten Weltkriegs gezählt. Das von den deutschen Bischöfen in Auftrag gegebene *Martyrologium des 20. Jahrhunderts* nimmt Josef Ruf als Märtyrer auf.[9]

Die Aufhebung des zu Unrecht ergangenen Urteils gegen Josef Ruf erfolgte erst aufgrund einer persönlichen Initiative des Saulgauer Apothekers Claus-Dieter Reinhardt am 1. März 2005 durch die Staatsanwaltschaft Berlin. Im selben Jahr veröffentlichte die katholische Friedensorganisation Pax Christi zum 100. Geburtstag und zum 65. Todestag von Josef Ruf eine Broschüre mit zahlreichen Dokumenten. In der zweiten Auflage dieser Schrift (2008) ist eine Würdigung Rufs durch Gebhard Fürst, den Bischof der Diözese Rottenburg-Stuttgart, angefügt. Darin heißt es, Josef Ruf könne „auch heute Orientierung geben und zum Handeln für den Frieden aufrufen".

Weitere Initiativen folgten. So erinnert das Stadtmuseum von Bad Saulgau an den Pazifisten, und in Hochberg finden jedes Jahr Gottesdienste im Gedenken an Josef Ruf statt. Am 12. November 2012 wurden auf Initiative und am Ort des Christkönigs-Instituts und des Marktes Meitingen drei Stolpersteine zum Gedenken an die Märtyrer Max Josef Metzger, Michael Lerpscher und Josef Ruf verlegt. Auch das „DENKstättenkuratorium NS-Dokumentation Oberschwaben" nahm in seiner Broschüre *Denkorte an oberschwäbischen Erinnerungswegen im Landkreis Ravensburg* den Namen von Josef Ruf auf und ließ im

---

8 Gordon C. Zahn: German Catholics and Hitler's War. A Study in Social Control, New York 1962 (deutsche Ausgabe unter dem Titel: Die deutschen Katholiken und Hitlers Kriege, Graz 1965, S. 84 f., Anm. 6). Ruf und Lerpscher werden in dieser Anmerkung allerdings mit ihren Ordensnamen erwähnt.
9 Sabine Düren: Josef Ruf, in: Zeugen für Christus. Das deutsche Martyrologium des 20. Jahrhunderts, hrsg. von Helmut Moll im Auftrag der Deutschen Bischofskonferenz, 6. Aufl. Paderborn 2015, Bd. 1, S. 90–93.

Oktober 2013 eine Gedenktafel an der Kirche von Hochberg anbringen. Die Inschrift lautet: „Stätte wachen Gewissens: Josef Ruf. Denkort am Großen Erinnerungsweg Oberschwaben." In der Neuausgabe des katholischen Gebets- und Gesangbuchs *Gotteslob*[10] ist Josef Ruf unter der Rubrik „Beispielhafte Glaubenszeugen" zwischen Max Josef Metzger sowie Hans und Sophie Scholl angeführt. Schließlich ersuchte Pax Christi durch Beschluss der Mitgliederversammlung vom Herbst 2015 die Leitung der Diözese Rottenburg-Stuttgart, das Verfahren zur Seligsprechung für Josef Ruf einzuleiten.

Literatur

Denkstättenkuratorium NS-Dokumentation Oberschwaben/Studentenwerk Weiße Rose e. V. (Hrsg.): Denkorte an oberschwäbischen Erinnerungswegen im Landkreis Ravensburg [o. O., o. J.] (www.dsk-nsdoku-oberschwaben.de/fileadmin/benutzerdaten/dsk-nsdoku-oberschwaben-de/pdf/ravensburg/I111431-Ravensburg.pdf., Zugriff am 18.7.2017).

Düren, Sabine: Josef Ruf, in: Zeugen für Christus. Das deutsche Martyrologium des 20. Jahrhunderts, hrsg. von Helmut Moll im Auftrag der Deutschen Bischofskonferenz, 6. Aufl. Paderborn 2015, Bd. 1, S. 90–93.

Kurz, Helmut/Turrey, Christian: „Um dem Willen Gottes gerecht zu werden". Das Martyrium des Kriegsdienstverweigerers Josef Ruf, 2. Aufl. Stuttgart 2008.

---

10 Ausgabe für die Diözese Rottenburg-Stuttgart (Dezember 2013). Gemeinsamer Eigenteil mit der Erzdiözese Freiburg, Nr. 937, S. 1297 f.

Bernd Braun

Willibald Strohmeyer (1877–1945) – ein Priester aus dem Münstertal als Märtyrer der letzten Stunde

Zwei Wochen nach der Erschießung von Willibald Strohmeyer durch ein SS-Kommando am 22. April 1945 kondolierte der Freiburger Erzbischof Conrad Gröber den Katholiken des Münstertals am 7. Mai

> „zu dem so gräßlichen Tode Eures hochwürdigen Herrn Pfarrers und Geistlichen Rates […]. Man blieb sogar nicht einmal bei der Ermordung stehen, sondern hat nachher noch seine Leiche ausgeplündert, seine goldene Uhr ihm gestohlen, seinen Schlüsselbund, sein Notizbuch, seinen Geldbeutel mit Inhalt, ja, sogar noch seine Schnupftabaksdose mitgenommen, nachdem man die Leiche verscharrt hatte wie den Kadaver eines verendeten Tieres. Ein Verbrechen ist damit geschehen, wie es nicht einmal in den Konzentrationslagern erreicht worden ist, ein Verbrechen an einem schuldlosen Mann, der ein ehrlicher deutscher Mann war und in den Augen seiner Mörder nur einen einzigen Fehler hatte, daß er ein katholischer Priester gewesen ist."

Eine solche Untat, ergänzte und variierte der Erzbischof einige Sätze später,

> „kann nicht etwa mit Liebe zum Vaterland entschuldigt werden. Denn Strohmeyer war, wie ich es bereits andeutete, ein durchaus deutscher Mann: seiner Abstammung, seiner Sprache, seinen Werken und seiner Gesinnung nach."[1]

Es ist erstaunlich, mit welch entwaffnender Offenheit hier ein deutscher Kirchenführer bekannte, dass er von der Realität in den deutschen Konzentrationslagern keine Ahnung oder aber vor dieser Realität bewusst die Augen verschlossen hatte. Entlarvend ist auch die Sprache, die den Ungeist der gerade zusammengebrochenen NS-Diktatur noch nicht gänzlich überwunden hatte. Darüber sollte aber nicht vergessen werden, dass es sich bei dem gewaltsamen Tod Willibald Strohmeyers tatsächlich um eines der brutalsten Endphaseverbrechen im Land Baden handelte.

---

1 Erzbischöfliches Archiv Freiburg, Personalia Strohmeyer, Willibald: Brief von Erzbischof Conrad Gröber vom 7.5.1945.

Herkunft und kirchliche Laufbahn bis 1933

Willibald Strohmeyer wurde am 6. Juli 1877 in dem kleinen Dorf Mundelfingen (heute Teil der Stadt Hüfingen) auf der Baar im südlichen Schwarzwald geboren. Der bereits im Jahr 802 erstmals urkundlich erwähnte Ort zählte im Laufe seiner Geschichte nie mehr als einige hundert Einwohner und ist bis heute von der Landwirtschaft geprägt. Als Zweitgeborener des Landwirts Jakob Strohmeyer schloss sich für Willibald Strohmeyer die Übernahme des elterlichen Betriebes aus. Gefördert vom Dorfpfarrer Leopold Streicher, der die Begabung seines Schülers erkannte, konnte Strohmeyer nach der Volksschule die Lendersche Anstalt in Sasbach besuchen, am Gymnasium in Rastatt das Abitur ablegen und anschließend in Freiburg katholische Theologie studieren. Am 2. Juli 1902 wurde er im Kloster St. Peter, dem Priesterseminar der Erzdiözese Freiburg, zum Priester geweiht. Als Pfarrvikar war er ein Jahr in Säckingen und anschließend weitere sechs Jahre an der Johanneskirche im Freiburger Stadtteil Wiehre tätig. Am 27. April 1909 erfolgte seine Berufung auf die Pfarrei St. Trudpert im Münstertal. Fast 36 Jahre lang sollte dies seine einzige Wirkungsstätte als Pfarrer bleiben.

Im Münstertal entwickelte Strohmeyer ein weit über seine seelsorgerischen Aufgaben hinausreichendes Engagement. Nach über einem Jahrhundert Leerstand gelang es ihm, eines der geistlichen Zentren Süddeutschlands, das Kloster St. Trudpert, wiederzubeleben. Im 7. Jahrhundert war der irische Einsiedler und Missionar Trudpert im Münstertal erschlagen worden. Ihm zu Ehren wurde Anfang des 9. Jahrhunderts das älteste Kloster rechts des Rheines errichtet. In seiner heutigen barocken Gestalt stammt es aus der Zeit des Wiederaufbaus nach dem Dreißigjährigen Krieg, in dessen Verlauf die Schweden es im Jahr 1632 komplett niedergebrannt hatten. Im Zuge der Säkularisation im Jahr 1806 wurde die wohlhabende Benediktinerabtei aufgelöst und ging als „Schloss Trudpert" in Privatbesitz über. Als nach dem Ersten Weltkrieg das Elsass an Frankreich fiel und die deutschen Schwestern vom Heiligen Josef das Kloster Saint Marc in Geberschweier verlassen mussten, fanden sie mit tatkräftiger Unterstützung von Pfarrer Strohmeyer eine neue Heimat in St. Trudpert. Von 1924 bis 1931 fungierte er als Superior des nunmehrigen Nonnenklosters. Seit 1939 hatte Strohmeyer zusätzlich das Amt des Dekans im Dekanat Neuenburg inne.

Willibald Strohmeyer betätigte sich darüber hinaus als Bauherr im Münstertal. Bereits 1913 hatte er die Antoniuskapelle im Ortsteil Rotenbuck errichten lassen, 1928 folgte das neue Pfarrhaus und 1934 die Spielwegkapelle am sogenannten Wiedener Eck. Daneben kümmerte er sich um Instandsetzungen und Renovierungen der bestehenden Kirchengebäude, etwa der St. Trudpertskapelle, die am Ort des Martyriums des Heiligen erbaut worden

Am 29. August 1929 begrüßt Willibald Strohmeyer (r.) den apostolischen Nuntius Eugenio Pacelli (l.), den späteren Papst Pius XII., der vom Freiburger Katholikentag aus dem Kloster St. Trudpert einen Besuch abstattet.

war. Der rührige Pfarrer rief auch mehrere Vereine im Münstertal ins Leben, darunter zwei Frauenvereine des Roten Kreuzes, zwei Jugendvereine der katholischen Kirche (den „Jungmännerverein" und die „Jungfrauenkongregation") und den der Zentrumspartei nahestehenden „Volksverein für das katholische Deutschland", der eine dezidiert antisozialdemokratische Stoßrichtung aufwies.

War Willibald Strohmeyer berufsbedingt ein Mann des gesprochenen Wortes, so lag seine Neigung schon von Jugend an auch auf journalistischem bzw. schriftstellerischem Gebiet. Bereits als Student hatte er für Zeitungen historische Beiträge und kleinere Erzählungen verfasst. Als Pfarrer traten eigenständige Veröffentlichungen hinzu,[2] etwa zur Geschichte des

---

[2] Von Willibald Strohmeyer stammen zum Beispiel: St. Trudperts-Büchlein. Geschichtlicher Überblick über das Leben des Heiligen, das Kloster und die Pfarrei St. Trudpert, 3. Aufl. Freiburg 1926; Kongregation der Schwestern vom Hl. Josef Provinz-Mutterhaus, Düsseldorf 1931; Die Haldenmeile. Eine Erzählung aus dem Dreißigjährigen Krieg, Staufen 1932; sowie zahlreiche weitere Erzählungen und Beiträge in der Zeitschrift *Freiburger Diözesan-Archiv*.

Klosters St. Trudpert oder aber eine Beschreibung seiner Reise während des Heiligen Jahres 1925 nach Rom, die er als einen der Höhepunkte seines Lebens empfand.[3] Willibald Strohmeyer war ein auf vielen Gebieten engagierter und allseits beliebter Seelsorger; die turnusmäßigen Beurteilungen in seiner Personalakte im Erzbischöflichen Archiv in Freiburg bescheinigten ihm denn auch alle Jahre wieder eine tadellose berufliche wie private Lebensführung.[4]

Widerstand in Form einer konsequenten Haltung

Der 30. Januar 1933, der Tag der „Machtergreifung" Hitlers, bedeutete auch für Willibald Strohmeyer eine tiefe Zäsur. Wie dachte der im 56. Lebensjahr stehende Geistliche, der nunmehr seit fast einem Vierteljahrhundert im Münstertal tätig war, über die sich in atemberaubendem Tempo etablierende NS-Diktatur? Man darf voraussetzen, dass Strohmeyer aufgrund seiner bäuerlichen Herkunft und seines katholischen Glaubens ein Anhänger der Zentrumspartei und ein überzeugter Monarchist war. Der Übergang zur Weimarer Republik war ihm mental schwergefallen:

> „Nachdem die Throne gefallen, wird der Kampf gegen die Altäre beginnen. Doch hier wird es nicht so leicht hergehen. Nun sind wir ganze Republikaner, Deutsche und Badische. Das Herz möchte sich einem im Leibe herumdrehen."[5]

Der politische Systemwechsel 1918/19 dürfte ihm aber dadurch erleichtert worden sein, dass er vom Zentrum, vor allem auch dem badischen Zentrum, mitgetragen wurde. Den beiden Reichskanzlern aus dessen Reihen, vor allem dem nur wenige Kilometer von Mundelfingen entfernt geborenen Constantin Fehrenbach, im Übrigen einem ehemaligen Theologiestudenten, dürfte er wie auch dessen Nachfolger Joseph Wirth mit Sympathie begegnet sein.

Die politische Haltung Strohmeyers detailliert zu ergründen, steht jedoch vor einer quellenbedingten Schwierigkeit. Er hat kontinuierlich Tagebuch geführt, aus dem einige kurze Passagen in biographischen Aufsätzen über ihn veröffentlicht sind. Diese *Chronologischen Notizen* stehen der historischen

---

3 Willibald Strohmeyer: In Rom und um Rom herum! Reiseerinnerungen aus dem Hl. Jahr 1925, Staufen 1926.
4 Erzbischöfliches Archiv Freiburg, Personalia Strohmeyer, Willibald: Jahresberichte.
5 Zitat aus Strohmeyers *Chronologischen Notizen* in: Richard Zahlten: Dekan G. R. Willibald Strohmeyer, in: Zeugen für Christus. Das deutsche Martyrologium des 20. Jahrhunderts, hrsg. von Helmut Moll im Auftrag der Deutschen Bischofskonferenz, Bd. 1, Paderborn 1999, S. 284–287, hier S. 285.

Forschung leider nicht frei zur Verfügung, da — so die offizielle Begründung — darin auch Informationen über Gemeindemitglieder enthalten seien; einer Auswertung stünden also datenschutzrechtliche Bedenken im Wege. Damit werden allerdings Spekulationen Tür und Tor geöffnet. Trotzdem lässt sich aus den wenigen zur Verfügung gestellten Passagen die Haltung Pfarrer Strohmeyers zum Nationalsozialismus herausfiltern. Die „Machtergreifung" vom 30. Januar 1933 fasst er zwei Tage später so zusammen:

> „Adolf Hitler Reichskanzler; der Reichstag aufgelöst. Was wird jetzt kommen? Hat Gott das deutsche Volk vergessen u[nd] verlassen? Oder kommt doch etwas Besseres?"[6]

Am 23. März 1933 notierte er: „Heute ging im Reichstag das Ermächtigungsgesetz durch, eine furchtbare Waffe in der Hand Hitlers. Wehe, wenn es mißbraucht würde. Hoffen wir es nicht."[7] Am 12. April 1933 hält er fest:

> „Nicht mehr Alle haben gleiches Recht unter der Sonne. Alle Stellen, die etwas bedeuten, werden jetzt mit S.A.-Männern der NSDAP besetzt; die Kommunisten sind von allem ausgeschlossen, ihre Partei überhaupt verboten. Die Sozialdemokratie kann als Partei bis jetzt noch existieren, aber eigentliche Staatsstellen dürfen sie nicht mehr einnehmen. Das Zentrum ist geduldet, aber überall, wo es geht, müssen einflussreiche Zentrumsmänner den S.A.-Leuten weichen [...]. Dieser Tage mußte der Oberbürgermeister Bender von Freiburg (Z[entrum]) weichen; wie viele Oberbürgermeister sind beurlaubt oder in Schutzhaft! genommen. Auch der Münstertäler sitzt noch. Ungerechtigkeit u[nd] Unwahrhaftigkeit sind die Ecksteine, auf dem [sic!] das 3. Reich aufgebaut ist. Wird u[nd] kann es von Bestand sein? Doch wehe, wenn ein 4. Reich käme! Gewiß, es ist unter Hitler jetzt schon manches geschafft worden, schon manche Gesetze [sind] herausgekommen, die vielleicht von Segen sind. Doch wir bangen, wir bangen für die Zukunft. Es ist schwer, noch Optimist zu bleiben. Auch Ministerialrat Hirsch-Karlsruhe ist entlassen; er hat uns den Kredit von 5500 M[ark] für die neue Treppe zur Orgel vermittelt. Sein Vater war Jude, deshalb muß er gehen."

Man merkt an diesen Einträgen, wie vorsichtig Willibald Strohmeyer formulierte. Aber trotz aller Vorsicht wird deutlich, dass er von Anfang an ein Gegner des NS-Regimes war. Als Mann des Wortes wusste er, dass eine Definition wie „Ungerechtigkeit und Unwahrhaftigkeit" seien die „Ecksteine des Dritten Reiches" ihn leicht Freiheit und Leben hätten kosten können. Diese

---

6 Alle Zitate aus den *Chronologischen Notizen* Willibald Strohmeyers, bei denen keine andere Herkunft genannt ist, wurden mir freundlicherweise von Herrn Dr. Markus Herbener zur Verfügung gestellt.
7 Zitat aus Strohmeyers *Chronologischen Notizen* in: Zahlten, Dekan G. R. Willibald Strohmeyer (wie Anm. 5), S. 285.

Willibald Strohmeyer, aufgenommen in seinen letzten Lebensjahren.

Vorsicht nahm im Laufe der folgenden Jahre noch zu. Am 30. Oktober 1943 schrieb der Pfarrer in sein Tagebuch:

> „Es wagt fast niemand mehr an den Sieg zu glauben; aber dies zu äußern ist außerordentlich gefährlich. Wehe, wenn einer zu sagen wagte: Wir verlieren den Krieg. Überall ist man von Spitzeln umgeben. Man hat sich indessen an das

Schweigen gewöhnt. Besonders vorsichtig müssen die Geistlichen sein. Wann werden wieder andere Zeiten kommen? Man hat den Mut nicht mehr zu hoffen."[8]

Die Ermordung Willibald Strohmeyers
Die Vorgeschichte der Ermordung Pfarrer Strohmeyers setzt im Herbst 1944 ein. Zu diesem Zeitpunkt wurden Sonderverbände der Waffen-SS ins Leben gerufen, die sogenannten SS-Jagdverbände, die unter dem Kommando von Otto Skorzeny standen, der sich bei der Befreiung des italienischen Diktators Benito Mussolini auf dem Gran Sasso am 12. September 1943 einen Namen gemacht hatte. Die SS-Jagdverbände sollten im Zeichen der sich rasch auf Deutschland zubewegenden feindlichen Truppen militärische Aufklärung sowie Sabotage- und Geheimaktionen übernehmen. Zahlreiche Endphaseverbrechen gehen auf das Konto dieser Spezialeinheiten. Am 16. Februar 1945 meldete sich der SS-Untersturmführer (Leutnant) Heinrich Perner beim SS-Jagdverband Süd, wo er den Auftrag erhielt, ein SS-Jagdkommando in Kompaniestärke zusammenzustellen.[9] Ende Februar 1945 kam der „Zug Perner", der sich zu zwei Dritteln aus französischen Legionären zusammensetzte, im Münstertal an und quartierte sich im Ortsteil Münsterhalden ein. Die Tatsache, dass der 1909 in Bodenbach an der Elbe geborene Maschinenbauingenieur Heinrich Perner in den Jahren 1930 bis 1935 in der Fremdenlegion gedient hatte und sehr gut Französisch sprach, dürfte ihn für seinen Posten qualifiziert haben. Am 23. März 1945 stieß der 1916 in Berlin geborene Unterscharführer Horst Wauer zur Einheit Perners hinzu. Beide gaben später vor Gericht unumwunden zu, überzeugte Anhänger des Nationalsozialismus gewesen – ohne allerdings jemals Mitglied der NSDAP geworden zu sein. Es herrschte in diesen Wochen und Monaten ein Klima der Angst und der Denunziation im Münstertal, hervorgerufen durch das brutale Auftreten des Leutnants Perner und seiner Männer. Bezeichnend für die mörderische Gesinnung innerhalb dieser SS-Einheit war ein Doppelmord am 15. April 1945. An diesem Tag erschoss der erst zwanzigjährige Unterscharführer Erich Spannagel, der von seinen Kameraden „Bubi" genannt wurde, auf dem Heuboden eines Hofes in Münsterhalden kaltblütig zwei desertierte, unbewaffnete deutsche Soldaten.

Willibald Strohmeyer hielt am 17. April 1945 in seinem Tagebuch fest:

---

8 Zitiert im Text des Faltblatts *Zum Gedenken an Dekan, Geistl. Rat Willibald Strohmeyer*, das in der Strohmeyer-Gedächtniskapelle ausliegt.
9 Teile der Biographie Strohmeyers und seiner Mörder sowie der Tathergang sind rekonstruiert nach den Prozessakten: Staatsarchiv Freiburg (StA FR) F 176/19.

"Gestern Nachm[ittag] wurden 2 Soldaten sang- und klanglos auch ohne kirchl[ichen] Segen auf dem Friedhof (unten am Heldengrab) begraben. Sie hießen Gerhard Leisinger u[nd] Otto König. Es handelt sich um Fahnenflüchtige, die sich im Schwarzwald herumtrieben u[nd] am Sonntag in der Münsterhalden aufgegriffen wurden. Sie wurden sofort standrechtlich erschossen. Die armen Menschen."[10]

Fanatischen Hitleranhängern wie Heinrich Perner und Horst Wauer musste gerade St. Trudbert als weithin sichtbares Wahrzeichen im Münstertal wie ein Bollwerk des Widerstands erscheinen. Dieser Widerstand lässt sich weniger an einzelnen Aktionen festmachen, auch wenn sich diese zuweilen belegen lassen. Am 5. Oktober 1941 beispielsweise wurde der geflüchtete französische Kriegsgefangene René Groheux von einem Förster erschossen. Unter großer Anteilnahme der Bevölkerung, darunter auch anderer französischer Kriegsgefangener, vollzog Pfarrer Strohmeyer die Beisetzung des erschossenen Franzosen – sicher kein Akt, der bei den NS-Behörden auf große Gegenliebe gestoßen war.[11]

Grundsätzlich bestand der Widerstand Strohmeyers in einer widerständigen Haltung in einer Zeit der Haltlosigkeit. Die Formulierung von Vikar Alfons Sieber, der Papst Pius XII. in einem Schreiben über das Verbrechen im Münstertal informierte, unterstreicht diese These:

> "Pfarrer Willibald Strohmeyer hat während der ganzen Dauer des Dritten Reiches durch seinen Seeleneifer und sein vorbildliches, priesterliches Leben den hl. katholischen Glauben in der Pfarrgemeinde erhalten und besonders die Jugend vor dem Gift der nationalsozialistischen Irrlehren bewahrt."[12]

Weniger einzelne Aktionen als vielmehr ein Hass gegen die katholische Kirche und ihren wichtigsten Repräsentanten vor Ort, verbunden mit einer Denunziation, Strohmeyer habe sich defätistisch geäußert ("Der Krieg ist verloren, das Geld geht kaputt!"), ließen, zumindest nach Meinung der späteren polizeilichen und juristischen Untersuchung, den Plan in Heinrich Perner reifen, den Pfarrer "umzulegen". Hartnäckige Gerüchte machen bis heute die Runde, es habe andere und gravierendere Motive für die Ermordung des

---

10 *Chronologische Notizen* Willibald Strohmeyers: Eintrag vom 17.4.1945; für die Überlassung von Fotokopien dieses und weiterer Einträge danke ich Herrn Hellmut Naumann in Kirchzarten. Der Vorname des Deserteurs Leisinger lautete richtig „Erhard".
11 StA FR F 176/19.
12 Brief ohne Datum, zitiert in: Hansjörg Neuhöfer: Die Geschichte des Mordes an Geistl. Rat Dekan und Pfarrer Willibald Strohmeyer zu St. Trudpert im Münstertal am 22. April 1945. Eine Dokumentation, Münstertal im Schwarzwald 1995, S. 48 f., Zitat S. 49.

Geistlichen gegeben, etwa solche, er sei Kopf einer Widerstandsgruppe gewesen oder habe über Geheimkontakte der SS Bescheid gewusst und sei deshalb als Zeuge liquidiert worden. Aber alle diese Versionen können sich bisher nicht auf schriftliche Quellen stützen und bleiben daher bis zum Beweis des Gegenteils reine Spekulation.

Am 22. April 1945, einem Sonntag, drei Tage bevor französische Truppen in das Münstertal einrückten, ließ sich Heinrich Perner in Begleitung eines anderen SS-Mannes, dessen Identität nicht geklärt ist, und seines bedrohlich wirkenden Schäferhundes von seinem französischen Chauffeur Albert Boussichas zum Pfarrhaus von St. Trudpert fahren. Dort forderte er Willibald Strohmeyer in scharfem Ton und ohne Angabe von Gründen auf, sich innerhalb von zwei Minuten anzuziehen und mitzukommen. Zu viert fuhren sie im Auto in den Ortsteil Münsterhalden, wo Heinrich Perner und der andere SS-Mann ausstiegen. Ihre Plätze nahmen Horst Wauer und der französische Unterscharführer Jacques Roglin ein, denen Perner den Befehl erteilte, den Pfarrer zu erschießen. Gemeinsam fuhren sie zur Ausflugsgaststätte Haldenhof in Heubronn, wo Soldaten eines anderen Zuges des SS-Jagdkommandos einquartiert waren. Dort stiegen zwei weitere französische Legionäre, Maurice Leyrat und Raymond Delotter, zu. Sie nahmen Hacke und Spaten mit und stellten sich, da im Auto kein Platz mehr war, auf das Schutzblech. Die Fahrt dauerte nur noch wenige hundert Meter einen Waldweg hinauf zum Heubronner Eck. Willibald Strohmeyer musste aussteigen und in Begleitung von vier der fünf SS-Männer (der Chauffeur blieb im Wagen) bergauf gehen, bis ihn Jacques Roglin nach etwa 25 Metern durch einen Genickschuss ermordete. Der Leichnam des 68-Jährigen wurde bis zu einer ebenen Stelle geschleift, ausgeraubt und verscharrt. Am 6. Mai 1945 wurde er von einem Suchkommando gefunden und drei Tage später auf dem Friedhof von St. Trudpert beigesetzt.

Der Prozess gegen die Mörder von Willibald Strohmeyer
Erst im Juni 1948 fand der Prozess gegen die Mörder von Willibald Strohmeyer vor einem Schwurgericht des Landgerichts Freiburg statt. An dieses Verfahren angehängt war die Ermordung der beiden Deserteure durch Erich Spannagel, der aufgrund seines zum Tatzeitpunkt jugendlichen Alters am 10. Juni 1948 wegen zweifachen Totschlags eine Strafe von sieben Jahren erhielt, auf die fünf Monate Untersuchungshaft angerechnet wurden. Erich Spannagels Reststrafe wurde am 10. April 1952 zur Bewährung ausgesetzt. Der kaufmännische Angestellte Horst Wauer bekam wegen Beihilfe zum Mord eine Strafe von zehn Jahren Zuchthaus, aber bereits am 8. November 1953 wurde er vorzeitig aus der Haft entlassen. Die schwerste Strafe erhielt

der Befehlsgeber Heinrich Perner, der die Beteiligung an diesem Verbrechen bis an sein Lebensende leugnete: die Todesstrafe, die allerdings am 23. Februar 1949 in eine lebenslange Zuchthausstrafe umgewandelt wurde, die er im Landesgefängnis in Freiburg verbüßte. Am 26. April 1955 wurde die lebenslange in eine Strafe von 15 Jahren abgemildert, die zum 9. Mai 1957 auf Bewährung ausgesetzt wurde. Nach fast genau zwölf Jahren Kriegsgefangenschaft, Untersuchungshaft und Haft war damit auch Heinrich Perner 1957 wieder auf freiem Fuß.[13]

Der im Jahr 1946 erschienene erste deutsche Spielfilm der Nachkriegsgeschichte trug den Titel *Die Mörder sind unter uns*. Im Fall des Mordes an Willibald Strohmeyer galt dies zum Teil bis nach der deutschen Einheit. Heinrich Perner, der nach seiner Entlassung neun Jahre in Bad Dürkheim lebte und nach dem Suizid seiner Ehefrau 1966 vom katholischen zum evangelischen Glauben konvertierte, starb am 17. September 1975 in Frankfurt am Main; er wurde 66 Jahre alt.[14] Der eigentliche Todesschütze Jacques Roglin, der am 9. August 1922 in der nordöstlich von Bordeaux gelegenen Gemeinde Saint-Loubès im Department Gironde geboren worden war, wurde, wie die meisten französischen SS-Kollaborateure, zu lebenslanger Zwangsarbeit verurteilt. Bei einer der Amnestien in den 1950er-Jahren muss er aus der Haft entlassen worden sein, denn bereits 1957 heiratete er in Paris. Er starb in seiner Heimat, in der Saint-Loubès benachbarten Stadt Ambarès am 12. November 1990 im Alter von 68 Jahren.[15] Der am 3. August 1916 in Berlin geborene Horst Wauer korrespondierte mit dem Geheimen Staatsarchiv Preußischer Kulturbesitz in Berlin-Dahlem, das diese Angabe freundlicherweise im Internet platziert hat, über genealogische Fragen. Dadurch ließ sich ermitteln, dass er in der Stadt Münster in Westfalen am 8. September 1991 verstorben ist.[16]

Für Willibald Strohmeyer wurde 1947 aus den Steinen des abgetragenen Denkmals für den NS-Heroen Albert Leo Schlageter in Schönau an der Stelle seiner Ermordung eine Gedächtniskapelle errichtet. Der Kapellenbau konn-

---

13 Hauptstaatsarchiv Stuttgart (HStA S), EA 4/415 Bü 1: Gesuch des Maschinenbauingenieurs und früheren SS-Sturmführers Heinrich Perner [...] um Entlassung aus der Strafhaft.
14 Auskünfte des Stadtarchivs Bad Dürkheim und des Instituts für Stadtgeschichte in Frankfurt/M. vom 5.9.2016.
15 Auskünfte der Gemeindeverwaltung von Saint-Loubès vom 9.11.2016 und der Stadtverwaltung von Ambarès vom 13.11.2016; für die Einholung dieser Auskünfte danke ich meinem Kollegen Guilhem Zumbaum-Tomasi.
16 Auskunft des Amtes für Bürger- und Ratsservice der Stadt Münster vom 27.7.2016.

te nur dank der Hartnäckigkeit von Vikar Alfons Sieber gegen erhebliche Widerstände der Erzdiözese verwirklicht werden. Einer Überführung der Grabstätte von Willibald Strohmeyer in die Kirche St. Trudpert versagten die Kirchenbehörden ihre Zustimmung. Ein Seligsprechungsverfahren wurde bis heute nicht eingeleitet.

Literatur

Neuhöfer, Hansjörg: Die Geschichte des Mordes an Geistl. Rat Dekan und Pfarrer Willibald Strohmeyer zu St. Trudpert im Münstertal am 22. April 1945. Eine Dokumentation, Münstertal im Schwarzwald 1995.

Justiz und NS-Verbrechen, Sammlung deutscher Strafurteile wegen nationalsozialistischer Tötungsverbrechen 1945–1966, Bd. II: die vom 12. 11. 1947 bis zum 08. 07. 1948 ergangenen Urteile, darin die Nr. 062 (S. 571–617): Verbrechen der Endphase Münstertal (Baden) 15. April 1945 und 22. April 1945, Amsterdam 1969.

Zahlten, Richard: Dekan G. R. Willibald Strohmeyer, in: Zeugen für Christus. Das deutsche Martyrologium des 20. Jahrhunderts, hrsg. von Helmut Moll im Auftrag der Deutschen Bischofskonferenz, Bd. 1, Paderborn 1999, S. 284–287.

Jörg Thierfelder

Hermann Umfrid (1892–1934) – Protest eines Pfarrers gegen den Pogrom in Niederstetten 1933

Pfarrer Hermann Umfrid, geboren am 20. Juni 1892 in Stuttgart, trug einen bekannten Namen. Sein Vater war der Pfarrer und Pazifist Otto Umfrid (1857–1920), der 1894 in die zwei Jahre zuvor von Alfred Hermann Fried und Berta von Suttner gegründete Deutsche Friedensgesellschaft eingetreten war und deren langjähriger Vizepräsident er werden sollte. 1914 wurde er für den Friedensnobelpreis vorgeschlagen, allerdings verhinderte der Ausbruch des Ersten Weltkriegs die Auszeichnung. Der „Friedens-Umfrid", wie Otto Umfrid gelegentlich genannt wurde, setzte sich für soziale Gerechtigkeit, Völkerverständigung und weltweite Abrüstung ein. Unermüdlich kämpfte er „für eine Welt ohne Krieg".[1] Bei seinen Gegnern war er als „Friedenshetzer" verschrien und wurde als „Freund von Juden und Judengenossen" beschimpft.[2] Otto Umfrids Einstellung prägte auch seinen Sohn Hermann.

Studium und Kriegsdienst
Hermann Umfrid studierte nach zwei Semestern Jura Evangelische Theologie in Tübingen, unter anderen bei den Professoren Theodor Haering und Adolf Schlatter. Seine Studien setzte er in Marburg fort, hier vor allem bei dem liberalen Theologen Martin Rade. In Tübingen schloss er sich der Verbindung Nicaria an. Sein „Leibbursche" war Gotthilf Schenkel (1889–1960), der sich später den religiösen Sozialisten anschloss, wegen seiner scharfen Kritik am Nationalsozialismus 1933 sein Pfarramt in Stuttgart-Zuffenhausen verlor und 1952 der erste Kultminister des neuen Landes Baden-Württemberg wurde. In einem Rückblick auf seine Studienjahre im Jahr

---
1 Eberhard Röhm: Christliche Pazifisten in Württemberg, in: Haus der Geschichte Baden-Württemberg und Landeskirchliches Museum Ludwigsburg (Hrsg.): Mit Gott für Volk und Vaterland. Die Württembergische Landeskirche zwischen Krieg und Frieden 1903–1957, Stuttgart 1995, S. 183–195, hier S. 183.
2 Eberhard Röhm/Jörg Thierfelder: Juden – Christen – Deutsche, Bd. 1, Kap. 10: Schauplatz Niederstetten, Stuttgart 1990, S. 118–140, hier S. 124.

1922 bekannte sich der liberale Theologe Umfrid zu seinen Schwierigkeiten mit der Theologie, mit der er vor allem in Tübingen konfrontiert worden war. Er kritisierte die mangelnde Berücksichtigung der historisch-kritischen Forschung. Von Gott wollte er weiter nicht so reden, „dass alle menschliche Aktivität verloren gehen müsse". Für ihn — so seine „leise Ahnung" — war Gott

> „der Gütige, die Liebe, der ‚Inbegriff alles Guten', wie mein Vater zu mir als 12-jährigen Jungen gesagt hatte. Und die Menschen wollen doch auch Gutes tun, z. B. gerecht sein, auch im Staat, und friedlich sein, auch gegen andere Völker."[3]

1914 kehrte Umfrid aus Marburg zurück. Die erste theologische Dienstprüfung konnte er durch den Ausbruch des Ersten Weltkrieges nicht mehr ablegen. Nach schweren Gewissenskonflikten meldete er sich am 10. August 1914 aus patriotischer Gesinnung als Kriegsfreiwilliger. Der 22-Jährige kam schon im Herbst 1914 in englische Kriegsgefangenschaft, wobei er mehrere Lager durchlief. In Briefen aus England, die für Verwandte und Freunde vervielfältigt wurden, berichtete er über seine Soldatenzeit, seine Gefangennahme und sein Leben in der Gefangenschaft. Im ersten Brief hieß es:

> „Ich bin wohl noch ein junger Krieger, aber die Tage, die ich im Gefecht war, haben mich den ganzen Krieg erleben lassen: 6 Tage im Kugel- und Granatenregen, im Rückzug und im Sturmangriff, sind genug und übrig genug, um alle Schrecken einer ständigen Hinschlächterei kennenzulernen."[4]

Gewiss verstärkten seine Kriegserfahrungen seine Kritik am Militarismus. Während seines Aufenthalts in England zog er eine regelrechte Fortbildung seiner Mitgefangenen auf. Mitte 1916 kam Umfrid in ein englisches Gefangenenlager in Le Havre. Von dort wurde er Ende 1916 wegen einer schweren Krankheit über einen Rot-Kreuz-Austausch in die Schweiz gebracht, wo er in einem Sanatorium in der Zentralschweiz seine Krankheit auskurieren konnte. Danach studierte er in Zürich bei dem reformierten Theologen Leonhard Ragaz, einem der Gründer der religiös-sozialen Bewegung in der Schweiz. Im Mittelpunkt des theologischen Denkens von Ragaz stand das Reich Gottes: Auch wenn das Reich Gottes „nicht von dieser Welt" sei, so sei es doch eine Verheißung für die Welt und mobilisiere die Menschen, ihm den Weg zu bereiten. Ragaz vertrat einen antimilitaristischen Pazifismus und später einen Antibolschewismus. Für Umfrid war er der einzige Hoch-

---

3 Manfred Schmid: Hermann Umfrid. Kämpfer für Menschenrecht und Menschenwürde, in: Schwäbische Heimat 1986, Heft 1, S. 4–11, hier S. 4 f.
4 Hauptstaatarchiv Stuttgart (HStA S), Nachlass Gotthilf Schenkel, Q1/71, Bü. 291.

schullehrer unter den Theologen, „der ihm geistig etwas bedeutete".[5] Umfrid blieb Ragaz bis zu seinem Tod 1934 verbunden.

Im September 1917 kehrte Umfrid in die Heimat zurück. Anfang 1918 legte er das Erste theologische Dienstexamen ab, 1920 folgte das Zweite Dienstexamen. Danach musste er sich 18 Mal vergeblich um eine Pfarrstelle bewerben, bis er 1922 Pfarrer in Kaisersbach wurde. Als er wegen dieser langen Wartezeit nachfragte, erhielt er die Antwort, „als Sohn des ‚Friedenshetzers' sei er dem Oberkirchenrat ein Dorn im Auge"[6]. 1923 heiratete Hermann Umfrid Irmgard Silcher; beiden wurden vier Kinder geschenkt. In seiner Gemeindetätigkeit waren Umfrid neben Predigt und Seelsorge auch Jugendarbeit und Volksbildungsarbeit wichtig. Stets war ihm an einem guten Zusammenleben mit religiösen Gemeinschaften gelegen.

Gegen den politischen Extremismus in Weimar
Umfrid gehörte in der Weimarer Republik zu einer Minderheit evangelischer Pfarrer in Württemberg, die sich im Sinne der religiösen Sozialisten bzw. der Mitglieder des Internationalen Versöhnungsbunds für soziale Gerechtigkeit, für Völkerverständigung und gegen Militarismus einsetzten. Zu Umfrids engsten Freunden gehörten zwei Pfarrer, mit denen er schon durch

Pfarrer Hermann Umfrid auf einer undatierten Aufnahme.

---
5 Schmid, Hermann Umfrid (wie Anm. 3), S. 7.
6 Helmut Reischle: Otto Umfrid. Ein Nürtinger im Kampf um Menschenrechte, Menschenwürde, Frieden, Nürtingen 1983, S. 17.

die Studentenverbindung Nicaria verbunden war: der bereits genannte Gotthilf Schenkel und Rudolf (Rudi) Daur (1892–1976), Mitglied des Internationalen Versöhnungsbunds. Daur war auch ein führender Vertreter des Köngener Bundes, einer Kirchenreformgruppe, die aus der Jugendbewegung, insbesondere den Schülerbibelkreisen, entstanden war. Umfrid war kurz nach dem Ersten Weltkrieg den Köngenern beigetreten. Der Köngener Bund wurde Umfrids eigentliche geistliche Heimat. Die Köngener trafen sich immer wieder zu den „Köngener Arbeitswochen", an denen bekannte Persönlichkeiten wie Paul Tillich, Martin Buber und Leonhard Ragaz teilnahmen. Auf der Arbeitswoche von 1924 in Tübingen hielt Umfrid einen Vortrag über das Thema „Politik und Ethik". Darin sagte er:

> „Wir haben vor allem innerhalb unseres Volkes die dringliche Aufgabe, für den Verzicht auf Gewaltanwendung, gegen den Bürgerkrieg (bei Kommunisten und Nationalsozialisten) einzutreten und die kurzsichtigen Märchen zu zerstören, als sei mit Gewalt allein Gerechtigkeit zu schaffen oder gar mit der einen noch bevorstehenden ‚letzten Gewaltanwendung' der ewige Friede gesichert. Möglich, dass wir durch solche Stellungnahme zu einem Zweiseitenkrieg gezwungen werden, etwa gegen Kapitalismus oder Mammonismus und gegen Bolschewismus (Ragaz) oder gegen Nationalismus, Militarismus und Internationalismus."[7]

Unverkennbar erinnern solche Worte an die pazifistische Position seines Vaters Otto Umfrid.

Die Stimme erheben: Pfarrer in Niederstetten

Von schicksalhafter Bedeutung wurde für Umfrid und seine Familie seine Berufung 1929 zum Pfarrer von Niederstetten (Hohenlohe), einer Kleinstadt mit 1700 Einwohnern und einer Minderheit von 81 Juden. Umfrid hatte keine Berührungsängste mit den jüdischen Bewohnern Niederstettens. Gelegentlich besuchte er den Sabbatgottesdienst und feierte mit jüdischen Familien am Ort das Passahfest.

Im März 1933 – knapp zwei Monate nach der „Machtergreifung" – kam es in Hohenlohe in mehreren Städten mit jüdischen Minderheiten, wie zum Beispiel in Öhringen und Creglingen, zu schweren judenfeindlichen Ausschreitungen, bei denen es sogar Todesopfer in der jüdischen Bevölkerung gab. Auch in Niederstetten fand am Samstag, den 25. März 1933, also einem Sabbat, ein Pogrom gegen Juden statt. Etwa dreißig Mitglieder der SA aus Heilbronn durchsuchten, unterstützt von der örtlichen Polizei, die Wohnungen der Juden nach Waffen und Propagandamaterial, wobei sie nichts

---

[7] Hermann Umfrid: Politik und Ethik, in: Unser Weg. Stimmen aus dem Bund der Köngener, III. Reihe, Heft 3, Tübingen 1924, S. 15–24, hier S. 23.

fanden. Die Horde verschleppte die jüdischen Männer des Ortes auf das Rathaus. Während die Polizei Wache schob, wurden die Juden mit Stahlruten geschlagen. Acht von ihnen wurden anschließend in „Schutzhaft" genommen. Einige wurden gar in ein Konzentrationslager verschleppt. Die Gemeindeschwester berichtete Pfarrer Umfrid von den Misshandlungen der Juden, wie sie es aus den Familien erfahren hatte.

Am Tag danach, am 26. März, einem Sonntag, hatte Umfrid zu predigen. Es war für Hermann Umfrid völlig unmöglich, die schweren Rechtsbrüche mit Schweigen zu übergehen. Erfolglos bat ihn die Gemeindeschwester, nichts über das Vorgefallene zu sagen, um sich nicht in Gefahr zu bringen.[8] Umfrids Predigt zeigte durchaus Verständnis für den Machtwechsel in Deutschland, nahm aber klar Stellung gegen den Pogrom am Vortag. Zunächst würdigte er in seiner Predigt die „Umwälzung" in Deutschland. Auch war die Predigt nicht frei von antijüdischen Vorbehalten, wenn es etwa hieß: „Es rächen sich die Sünden der Juden an ihnen selbst. […] Aber es werden mit getroffen auch die Gerechten unter ihnen." Ausdrücklich an die Nationalsozialisten unter seinen Predigthörern gewandt, sagte er:

> „Jedermann versteht eure Freude, da eine große Hoffnung für euch in Erfüllung gegangen ist und euren Führern so viel Macht gegeben worden ist. Ich glaube das verstehen wir alle. Auch teilen wir ja alle – ich glaube wirklich alle! – die inbrünstige Hoffnung auf einen deutschen Wiederaufstieg."

Doch zugleich nahm Umfrid die widerrechtlichen Maßnahmen, die in Niederstetten vor aller Augen waren, in den Blick. Auf dem Hintergrund von Luthers Aussagen zur Obrigkeit in Auslegung von Römer 13,1–7 führte er aus:

> „Der Reichskanzler selbst hat seine Hilfstruppen feierlich aufgefordert, strenge Zucht zu halten und sich keine Übergriffe zu erlauben. Das war gerecht und eines Staatsmannes würdig. Denn Strafen und Macht brauchen darf nur die Obrigkeit, und alle Obrigkeit hat über sich die Obrigkeit Gottes und darf Strafe nur handhaben gegen die Bösen und wenn gerechtes Gericht gesprochen ist. Was gestern in dieser Stadt geschah, war nicht recht. Helfet alle, dass der Ehrenschild des deutschen Volkes blank sei!"[9]

---

8 Vgl. Irmgard Umfrid: Hermann Umfrid. Erinnerungen an die Jahre 1930 bis 1934 in Niederstetten, in: Württembergisch-Franken. Jahrbuch des Historischen Vereins für Württembergisch Franken 66 (1982), S. 203–227, hier S. 208.
9 Die ganze Predigt ist abgedruckt bei Umfrid, Hermann Umfrid (wie Anm. 8), S. 217–225.

Mit theologischen Argumenten trat Umfrid also „für Rechtsstaatlichkeit, für das Gewaltmonopol des Staates und gegen individuelle Willkür"[10] ein.

Fehlende Unterstützung der Kirchenleitung
Die Reaktion der örtlichen NSDAP auf diese letzten Sätze Umfrids ließ nicht lange auf sich warten. Umfrid wurde über den Bürgermeister vom NSDAP-Ortsgruppenleiter zum Widerruf seiner Predigt aufgefordert. Doch für Umfrid kam ein solches Einlenken nicht infrage. Auch der Kirchengemeinderat stellte sich fast einstimmig hinter ihn. Der Bürgermeister, selbst Kirchengemeinderat, riet, „dass in der Aufregung der Zeit mit größter Vorsicht gesprochen werden müsse, und dass vielleicht Schweigen besser wäre". Umfrid versprach,

> „in der nächsten Zeit ein Eingehen auf die öffentlichen Geschehnisse [zu] unterlassen, wenn nicht ganz unvorhergesehene Ereignisse ihn zwingen, sich als Seelsorger der Gemeinde gegenüber zu äußern".[11]

Die kirchlichen Vorgesetzten Umfrids, der Dekan von Blaufelden und der Evangelische Oberkirchenrat in Stuttgart, nahmen zunächst keine Stellung. Sie forderten ausführliche Berichte, die Umfrid umgehend den kirchlichen Behörden zukommen ließ. Er schickte vor allem auch die beanstandete Predigt. Er erhoffte sich von seinen Vorgesetzten Hilfe und Unterstützung für sein Vorgehen. Im Schreiben an den Dekan gab er jedoch seiner Befürchtung Ausdruck:

> „Wenn die Kirche nicht durch ihr Oberhaupt das Wort nimmt und durch ihre Dekane und Pfarrer tatkräftig unterstützt, begibt sie sich aller inneren Ehre und jeglichen Einflusses auf das Rechtsbewusstseins des Volkes. Und Gott würde sie dafür strafen, dass sie seine Gebote verschwiegen hat, als es Zeit war, sie zu bezeugen."[12]

Es war für Hermann Umfrid sehr schmerzlich, dass seine kirchlichen Vorgesetzten ihm tatsächlich die öffentliche Unterstützung nicht gewährten. Auf seine theologische Argumentation gingen sie überhaupt nicht ein. Der zuständige Blaufelder Dekan gab den Ton vor, wenn er an den Oberkirchenrat schrieb, dass Umfrid „für einen sonntäglichen Gemeindegottesdienst zu viel Politik auf die Kanzel gebracht, auch für fränkisches Empfinden von diesen

---

10 Claudius Kienzle: Umfrid, Hermann, in: Württembergische Kirchengeschichte Online (www.wkgo.de/personen/einzelbiografien-a-z#article-166; Zugriff am 26.9.2016).
11 Röhm/Thierfelder, Juden – Christen – Deutsche (wie Anm. 2), S. 129.
12 Röhm/Thierfelder, Juden – Christen – Deutsche (wie Anm. 2), S. 130.

Dingen zu direkt"[13] geredet habe. Und der Oberkirchenrat verschanzte sich zunächst hinter der ungeklärten Situation, dass „bei der nicht geklärten Sachlage über die Vorgänge in Niederstetten [...] der Oberkirchenrat nicht in der Lage [sei], ein abschließendes Urteil über das Verhalten des Stadtpfarrers Umfrid und über die in seiner Predigt eingenommene Haltung abzugeben". Vielmehr nahm er die Kritik aus Blaufelden auf:

> „Doch glaubt der Oberkirchenrat aussprechen zu müssen, dass die vorliegende Predigt sich mit allgemeinen politischen Fragen mehr beschäftigt, als es der eigentlichen Aufgabe einer evangelischen Predigt entspricht."[14]

Die Antwort der Kirchenleitung ging ebenfalls an den Kirchengemeinderat in Niederstetten, in dem auch Parteigenossen saßen. Vermutlich gewann die NSDAP in Niederstetten den Eindruck, „dass die gesetzlose Tat [...] als kirchlich sanktioniert betrachtet"[15] wurde.

Die Zurückhaltung der Kirchenleitung hatte wohl mehrere Gründe. So kurz nach der „Machtergreifung" wollte man sich mit dem neuen Staat nicht anlegen, zumal allen klar war, dass eine Kritik an dem Pogrom die neuen Machthaber an ihrer empfindlichsten Stelle, ihrer Judenpolitik, treffen würde. Eine tiefsitzende Judenfeindschaft auch unter Christen verhinderte Solidarität mit den Bedrängten. Theologisch dürfte der Oberkirchenrat sich gedeckt gefühlt haben von einem falsch verstandenen, jedoch weit verbreiteten Verständnis von Luthers Zwei-Reiche-Lehre, wonach die Kirche sich nicht in die Politik einzumischen habe. In gleicher Weise hat der Oberkirchenrat in ähnlich gelagerten Fällen im „Dritten Reich" argumentiert.

Umfrid gab seinen Widerstand gegen die Judenverfolgungen jedoch nicht auf. Zusammen mit zwei Freunden vom Köngener Bund, den Pfarrern Rudi Daur und Fritz Pfäfflin jun., schrieb er im Mai 1933 an den württembergischen Landesbischof Theophil Wurm, dass die Kirche zu der massiven Judenverfolgung nicht länger schweigen dürfe, sondern

> „ein gewissenerweckendes Wort nach beiden Seiten zu sagen habe: Dieses Wort darf nach unserem Urteil sich nicht in grundsätzlichen Erwägungen erschöpfen, sondern muss ein Bußwort sein, das von dem jüngst Geschehenen offen spricht. Nur ein solches offenes Sprechen wird vom Kirchenvolk verstanden,

---

13 Röhm/Thierfelder, Juden – Christen – Deutsche (wie Anm. 2), S. 130.
14 Röhm/Thierfelder, Juden – Christen – Deutsche (wie Anm. 2), S. 130 f.
15 Christoph Weismann: Hermann Umfrid (1892–1934), in: Ulrich Karl Gohl/Christoph Weismann: Die Suche hat nie aufgehört. Die Tübinger Nicaria 1893 bis 1983, Tübingen 1993, S. 154–162, hier S. 160.

dient der wahrhaft völkischen Erneuerung und wird dem Auftrag gerecht, den Kirche vor Gott hat, das Evangelium allen und frei von Menschenfurcht zu verkündigen."[16]

Auf diesen Gewissensruf folgte keine Reaktion der Kirchenleitung. Freilich, Kirchenpräsident Theophil Wurm hatte kurz vor dem Judenboykott am 1. April 1933 von den leitenden Persönlichkeiten der deutschen evangelischen Kirche in Berlin immerhin ein Wort gegen die Judenverfolgungen erbeten mit der Begründung, das „Württemberger Kirchenvolk sei mit der Boykottbewegung in keiner Weise einverstanden".[17] Doch er traf mit diesem Vorschlag auf Ablehnung in Berlin, weil man eine öffentliche Kritik an den neuen Machthabern nicht für opportun hielt. Wurm äußerte sich daraufhin auch nicht öffentlich.

Solidarität mit den Niederstettener Juden

Hermann Umfrid ließ sich nicht abhalten, weiterhin solidarisch zur jüdischen Bevölkerung zu stehen. Justin Stern, ein Jude aus Niederstetten, der schon 1933 nach Amerika ausgewandert war, schrieb nach dem Krieg:

> „Um die Neujahrszeit traf Herr Umfrid einmal meinen Vater am Bahnhof in Niederstetten. Er ging auf ihn zu und wünschte ihm vor allen Leuten ein gutes Neues Jahr und sagte zu ihm: ‚Ich tue es hier, damit jedermann sieht, dass ich nichts gegen Juden habe und dass ich die Verfolgungen verabscheue'."[18]

Hermann Umfrid grüßte die Juden auf der Straße, so wie er es immer getan hatte. Der im Mai 1933 in die jüdische Schule von Niederstetten berufene Lehrer Alexander Roberg berichtete nach dem Krieg, dass er bei leitenden Persönlichkeiten der Kleinstadt seinen Antrittsbesuch gemacht hatte. Dabei sei er durchaus auf persönliche Sympathie für die bedrängten Juden getroffen, aber gleichzeitig auch auf ein Gefühl der Machtlosigkeit gegenüber den Nationalsozialisten. Anders bei Umfrid: Der erklärte ihm, dass er sich jederzeit frei fühlen solle, „seine Hilfe für die ‚jüdischen Mitbürger' in Anspruch zu nehmen". Rohberg bilanzierte: „Seine religiöse und menschliche Überzeugung erlaubte es ihm nicht, trotz der ihm bewussten Gefahr, die feige Einstellung seiner Umwelt zu teilen."[19]

Vonseiten der NSDAP wurde der Kampf gegen Umfrid fortgesetzt. Als der Blaufelder Dekan nach einer Visitation in Niederstetten behauptete, die Si-

---

16 Röhm/Thierfelder, Juden – Christen – Deutsche (wie Anm. 2), S. 136.
17 Klaus Scholder: Die Kirchen und das Dritte Reich, Bd. 1, Frankfurt/M. 1977, S. 339.
18 Röhm/Thierfelder, Juden – Christen – Deutsche (wie Anm. 2), S. 136.
19 Röhm/Thierfelder, Juden – Christen – Deutsche (wie Anm. 2), S. 137.

tuation sei „bald befriedet"²⁰ gewesen, war wohl der Wunsch der Vater des Gedankens. Mehrfach wurde Umfrid im örtlichen Parteilokal, dem „Ochsen", verhört. Es wurde ihm eine Verbannung in ein Konzentrationslager angedroht. Junge Leute drangen in die Bibelstunde ein, in der Umfrid einen Psalm besprach. Sie störten mit dem Hinweis, dass dies ein „jüdisches Thema"²¹ sei. Noch im Jahr 1933 musste Umfrid zwei längere Krankheitsaufenthalte antreten. Die Angriffe hatten ihm psychisch und physisch schwer zugesetzt. Als Krankheitsstellvertreter schickte der Oberkirchenrat sinnigerweise einen überzeugten Nationalsozialisten.

In seinen Predigten nahm Umfrid mehrfach Stellung für die Juden, so etwa an *Tischa be Aw* 1933, dem Gedächtnistag der Zerstörung Jerusalems. Umfrid erwähnte diesen Tag in seiner Predigt und bemerkte dazu, so ein Predigthörer: „Die Juden haben die Verfolgungen der Römer überlebt und werden auch die jetzigen schweren Tage überleben."²²

Doch Umfrid sah sich schutzlos den Angriffen der Partei preisgegeben. Seine ganze Enttäuschung über die kirchliche Behörde kommt in einem Brief an den theologischen Lehrer und väterlichen Freund Leonhard Ragaz zum Ausdruck:

> „Ich hatte große Auseinandersetzungen und Verhandlungen. Meine Behörde ließ mich im Stich und versetzte mir noch einen Dolchstoß, indem sie erklärte, die Predigt habe sich mehr mit Politik beschäftigt, als einer evangelischen Predigt entspreche."²³

Wie man aus dem Antwortbrief von Ragaz entnehmen kann, hatte dieser die Predigt, die Umfrid beigelegt hatte, gar nicht in die Hand bekommen. Anscheinend stand der Niederstettener Pfarrer längst unter Überwachung durch die Gestapo.

In seiner letzten Predigt, der zum Altjahrsabend 1933, legte Umfrid den alttestamentlichen Text 1. Mose 32 (Jakobs Kampf am Jabbok) aus. Der Übergang über den Fluss diente Umfrid zum Bild für seine eigene Entscheidung, mit dem Wort christlicher Predigt ohne Rücksicht auf die eigene Gefährdung für die Juden in Niederstetten, das Volk der Väter, einzutreten. Im Blick auf Jakob – und wohl auch im Blick auf sich selbst – heißt es in der Predigt: „Der Schritt ist getan. Er wird nicht mehr umkehren, kann nicht

---

20 Kienzle, Umfrid, Hermann (wie Anm. 10), S. 4.
21 Röhm/Thierfelder, Juden – Christen – Deutsche (wie Anm. 2), S. 137.
22 Röhm/Thierfelder, Juden – Christen – Deutsche (wie Anm. 2), S. 137.
23 Röhm/Thierfelder, Juden – Christen – Deutsche (wie Anm. 2), S. 132.

mehr umkehren. Aber nun ist es ihm, als sei er völlig ausgeliefert. Er bleibt zurück [...]."[24]

In den Tod getrieben

Im Januar 1934 war Umfrid mit seinen Kräften am Ende. Der NS-Kreisleiter hatte ihn aufgefordert, sein Amt niederzulegen. Was die Partei ihm angedroht hatte, befürchtete er nun auch für seine Familie, nämlich die Einweisung in ein Konzentrationslager. In seiner Verzweiflung legte er Hand an sich. An den Folgen verstarb er wenige Tage später, am 21. Januar, in Stuttgart. Sein Freund und Bundesbruder Rudi Daur schrieb noch an seinem Todestag an die Nicaren:

> „Die Spannungen des Kampfes haben die feine Schale seiner Seele zerbrochen. Was sie in sich barg an seltenem Reichtum und köstlicher Kraft, wird in uns weiterleben und wirken."[25]

Die Niederstettener waren geschockt. Der Blaufelder Dekan bot der Witwe an, die Sache vor Gericht zu bringen, doch Irmgard Umfrid lehnte ab, weil „kein Gedanke der Vergeltung in mir Platz hatte". Die jüdische Gemeinde trauerte um Umfrid: „Unser Beschützer ist nicht mehr. – Ein Prophet ist von uns gegangen".[26]

1941 war das Ende der jüdischen Gemeinde von Niederstetten gekommen. 42 Juden wurden in einem ersten Transport am 28. November 1941 in das Lager Jungfernhof bei Riga verschleppt. Im April und im August 1942 folgten zwei weitere Transporte nach Izbica und Theresienstadt. Nur drei der verschleppten Juden von Niederstetten überlebten den Holocaust. 1979 legten die Überlebenden und ihre Familien einen „Hermann-Umfrid-Gedenk-Garten" im Märtyrerwald von Yad Vashem in Jerusalem an. In der Urkunde, die der Familie übersandt wurde, hieß es: „Die hohen Ideale dieses Kämpfers für Menschenrechte und Menschenwürde bleiben uns unvergessen."[27]

Literatur

Behr, Hartwig: „Was gestern in unserer Stadt geschah, das war nicht recht!", in: Fränkische Nachrichten vom 21.10.2004.

---

24 Röhm/Thierfelder, Juden – Christen – Deutsche (wie Anm. 2), S. 138.
25 Weismann, Die Suche hat nie aufgehört (wie Anm. 15), S. 161.
26 Umfrid, Hermann Umfrid (wie Anm. 8), S. 212.
27 Hartwig Behr: „Was gestern in unserer Stadt, das war nicht recht!", in: Fränkische Nachrichten vom 21.01.2004, S. 6.

Kienzle, Claudius: Umfrid, Hermann, in: Württembergische Kirchengeschichte Online (www.wkgo.de/personen/einzelbiografien-a-z#article-166; Zugriff am 24.10.2016).

Reischle, Helmut: Otto Umfrid. Ein Nürtinger im Kampf um Menschenrechte, Menschenwürde, Frieden, Nürtingen 1983.

Röhm, Eberhard: Christliche Pazifisten in Württemberg, in: Haus der Geschichte Baden-Württemberg und Landeskirchliches Museum Ludwigsburg (Hrsg.): Mit Gott für Volk und Vaterland. Die Württembergische Landeskirche zwischen Krieg und Frieden 1903–1957, Stuttgart 1995, S. 183–195.

Röhm, Eberhard/Thierfelder, Jörg: Juden – Christen – Deutsche, Bd. 1, Kap. 10: Schauplatz Niederstetten, Stuttgart 1990, S. 118–140.

Schmid, Manfred: Hermann Umfrid. Kämpfer für Menschenrecht und Menschenwürde, in: Schwäbische Heimat 1986, Heft 1, S. 4–11.

Umfrid, Irmgard: Hermann Umfrid. Erinnerungen an die Jahre 1930 bis 1934 in Niederstetten, in: Württembergisch-Franken. Jahrbuch des Historischen Vereins für Württembergisch Franken 66 (1982), S. 203–227.

Weismann, Christoph: Hermann Umfrid (1892–1934), in: Ulrich Karl Gohl/Christoph Weismann: Die Suche hat nie aufgehört. Die Tübinger Nicaria 1893 bis 1983, Tübingen 1993, S. 154–162.

Teil 3:
Hilfe für Verfolgte

Angela Borgstedt

Hilfe für Verfolgte

Ein elementarer Grundsatz menschlichen Zusammenlebens ist das Solidaritätsgebot. Dieses Gebot ist theologisch oder humanistisch begründet und sogar einklagbar. Wer eine erforderliche und zumutbare Hilfeleistung unterlässt, macht sich nach deutschem Strafrecht strafbar (§ 323 c StGB). In der NS-Diktatur bestand dieser Solidaritätsanspruch ausschließlich für Angehörige der „Volksgemeinschaft". Mit „Gemeinschaftsfremden" gab es keine Mitmenschlichkeit. Wer sie dennoch praktizierte, beging „Verrat an Volk und Rasse". Er stellte die Normen der „Volksgemeinschaft" infrage. Für den NS-Staat war dies manifeste Gegnerschaft, die den Bestand der politischen Ordnung gleichwohl nicht ernsthaft gefährdete.

Mitmenschlichkeit gegenüber Verfolgten artikulierte sich zunächst in kleinen Gesten.[1] Ein Gruß, ein Lächeln, Freundlichkeit im Umgang zeigten dem Gegenüber, das man ihn als Mensch sah und menschenwürdig behandelte. „Es war ihm selbstverständlich und zeugte von seiner aufrechten Haltung", erinnerte sich eine jüdische Überlebende, „mich stets in der Öffentlichkeit zu grüßen".[2] Kontakt zu Kriegsgefangenen und Zwangsarbeitern am Arbeitsplatz war verboten. Ein Morgengruß, ein Lächeln, der Versuch eines Gesprächs trotz Sprachbarrieren stellte Gemeinschaft her. Solidarität zeigte sich im Teilen von Pausenbrot und Zigaretten. Das waren kleine Gesten und Handlungen, die nach Verwarnung durch Parteistellen oft schnell eingestellt wurden. Ähnlich erging es fortgesetzten Freundschafts- oder Geschäftsbeziehungen zum jüdischen Ladeninhaber, Arzt oder Sozius einer Anwaltskanzlei. Sie hielten dem Gegendruck der „Volks-

---

1 Vgl. insgesamt hierzu Wolfgang Benz (Hrsg.): Überleben im Dritten Reich. Juden im Untergrund und ihre Helfer, München 2003; Beate Kosmala/Claudia Schoppmann (Hrsg.): Überleben im Untergrund. Hilfe für Juden in Deutschland. 1941–1945, Berlin 2002; Denis Riffel: Unbesungene Helden, Berlin 2007; Wolfram Wette (Hrsg.): Stille Helden. Judenretter im Dreiländereck während des Zweiten Weltkriegs, 2. Aufl. Freiburg i. Br. 2014.
2 Generallandesarchiv Karlsruhe (GLA KA), 465a/51/5/4345a: Goldine Zweifel an die amerikanische Militärregierung in Karlsruhe, 27.9.1945.

gemeinschaft" zumeist nicht Stand. Die Nationalsozialisten sexualisierten zudem auch Sozialkontakte. 1935 wurden Liebesbeziehungen zu „Fremdrassigen" als „Rassenschande" unter Strafe gestellt.³ Auch das Umgangsverbot mit „Fremdarbeitern" im Zweiten Weltkrieg wurde vor allem als Reglementierung sexueller Kontakte gesehen, obwohl es den meisten nur um Gesten zwischenmenschlicher Solidarität ging.⁴ An seiner Empathie festzuhalten war demnach ein Akt der Nonkonformität.

Mitmenschlichkeit mit Verfolgten beinhaltete die Kritik an Verfolgungsmaßnahmen. Der Dominikanerpater Franziskus Stratmann (1883–1971) fragte den Münchener Kardinal von Faulhaber (1869–1952) am 10. April 1933, warum die Bischöfe anlässlich des Volksentscheids über die entschädigungslose Fürstenenteignung im Jahr 1926 protestiert, zum Judenboykott aber geschwiegen hätten?⁵ Die evangelischen Pfarrer Hermann Umfrid (1892–1934) und Julius von Jan (1897–1964) bezogen in ihren Predigten Stellung gegen die an Juden begangene Gewalt.⁶ Der Pforzheimer Vikar Emil Kiesel (1910–1990) trat 1939 im Schulunterricht der nationalsozialistischen Feindpropaganda entgegen. Als damals Plakate ausgehängt wurden mit der Aufschrift: *Feind bleibt Feind. Behandelt die kriegsgefangenen Polen wie die Feinde an der Front*,⁷ nahm er dies zum Anlass für eine Predigt über Feindesliebe. Spontanen Protest äußerte der Karlsruher Student Wolfgang Türk, als während des Novemberpogroms 1938 Juden vor aller Augen verprügelt wurden. „Plötzlich wurde die Menge auf mich aufmerksam", erinnerte er sich später, „und man begann gegen mich Stellung zu nehmen und sodann mich tätlich anzugreifen"⁸ – inmitten des Mobs sein Physikprofessor.

Solidarität mit den Verfolgten mochte sich in der Fortsetzung von Kontakten äußern. Ludwig Walz (1898–1989),⁹ Inhaber eines Bekleidungsgeschäfts im schwäbischen Riedlingen, pflegte die seit Langem bestehenden Kontakte zu jüdischen Familien in Buttenhausen, die er auch noch nach

---

3 Zu Fällen des Zuwiderhandelns vgl. Jörg Schadt (Bearb.): Verfolgung und Widerstand unter dem Nationalsozialismus in Baden. Die Lageberichte der Gestapo und des Generalstaatsanwalts Karlsruhe 1933–1940, Stuttgart 1976.
4 Vgl. hierzu den Beitrag von Olga Volz in diesem Band.
5 Christoph Strohm: Die Kirchen im Dritten Reich, München 2011, S. 100.
6 Vgl. hierzu die Beiträge von Jörg Thierfelder und Wolfgang Schöllkopf in diesem Band.
7 Emil Kiesel: Interview, in: Freiburger Diözesan-Archiv 90 (1970), S. 59–81, hier S. 62.
8 GLA KA, 465a/51/68/813: Protokoll der Einvernahme des Zeugen W. Türk beim öffentlichen Kläger, 30.10.1948.
9 Vgl. hierzu den Beitrag von Eberhard Zacher in diesem Band.

dem Novemberpogrom 1938 mit Lebensmitteln und Geld unterstützte. Der „stadtbekannte Judenfreund" Pfarrer Hermann Maas (1877–1970) besuchte während der Pogromnacht sämtliche ihm bekannten Heidelberger Juden. Die Freiburger Caritasmitarbeiterin Gertrud Luckner (1900–1995) bereiste im Auftrag Erzbischof Conrad Gröbers (1872–1948) zahlreiche jüdische Gemeinden, um ihnen vielfältige Unterstützung anzubieten.

Als im Herbst 1941 schließlich die Deportationen in die Ghettos und Vernichtungslager in Osteuropa begannen, wurde Fluchthilfe zur alleinigen Überlebenshilfe: Flucht in den Untergrund einer „illegalen" Existenz oder Flucht über die Grenze in die neutrale Schweiz. Der Südwesten wurde hier zum Ausgangs- oder Endpunkt einiger verzweifelter Fluchtversuche. Die wenigsten Fluchthilfen der Kriegszeit betrafen Juden aus Baden oder Württemberg. Sie waren längst deportiert, als in Berlin mit der sogenannten „Fabrikaktion" vom Februar 1943 Juden in die Vernichtung verschleppt werden sollten, die dort zu Tausenden noch Zwangsarbeit leisteten. In Baden lebten nach der Oktoberdeportation 1940 fast nur noch jüdische „Mischehepartner". Die wenigen, die hier oder in Württemberg eine illegale Unterkunft fanden, kamen von auswärts, aus Berlin, wo es Kriegszerstörung und Verfolgung immer schwerer machten, sich zu verstecken. Auch der Weg in den Südwesten war höchst riskant, besonders für Männer in wehrfähigem Alter. Einige beschritten ihn mit Unterstützung der Bekennenden Kirche. Andere kamen allein auf sich gestellt hierher.

Ein gut belegter Fall der Flucht und Hilfe ist die Odyssee des Ehepaars Max (1888–1965) und Ines Krakauer (1894–1972) durch 44 Pfarrhausstationen und Wohnungen von Gemeindemitgliedern in Württemberg.[10] Als Bombenflüchtlinge ausgegeben, kamen sie gemeinsam oder auch getrennt für jeweils vier Wochen bei Pfarrersfamilien unter, die der Bekennenden Kirche angehörten. Eines der aufnehmenden Pfarrhäuser war das von Richard Gölz (1887–1975)[11] in Wankheim bei Tübingen. Für das Funktionieren dieser „württembergischen Pfarrhauskette"[12] sorgten die Pfarrer Kurt Müller (1902–1958) in Stuttgart, Otto Mörike (1897–1978) in Flacht (Kreis Leonberg) und Theodor Dipper (1903–1969) in Reichenbach (Kreis Esslingen). Während der kriegsbedingten Abwesenheit der Pfarrer waren es Pfarrersfrauen wie Hildegard Spieth (1919–1999),[13] die hier Verfolgten hal-

---

10 Max Krakauer: Lichter im Dunkeln. Flucht und Rettung eines jüdischen Ehepaares im Dritten Reich, Neuausg. Stuttgart 2007.
11 Vgl. hierzu den Beitrag von Beate Kosmala in diesem Band.
12 Vgl. Peter Haigis: Sie halfen Juden. Schwäbische Pfarrhäuser im Widerstand, Stuttgart 2007.
13 Vgl. hierzu den Beitrag von Peter Haigis in diesem Band.

fen. Die Hilfe für Verfolgte hatte oft ein weibliches Gesicht. Unterstützung kam aber nicht nur von evangelischen Pfarrersfamilien, sondern auch von katholischen Priestern und Laien sowie Angehörigen kleinerer Religionsgemeinschaften wie den Quäkern. Pater Heinrich Middendorf (1898–1972) versteckte im Ordenshaus Stegen bei Freiburg inmitten einquartierter Bombenflüchtlinge wenigstens neun Juden, darunter die Dichterin Lotte Paepcke (1910–2000) mit ihrem Sohn Peter (1935–1995). Auch Ursula Giessler (*1936) lebte 1944/45 mit ihrer „nichtarischen" Mutter in Stegen. „Ich vergesse nie Pater Middendorfs Antwort, wenn meine Mutter ihre Angst vor der Gestapo äußerte", erinnerte sie sich: „Über meine Schwelle kommt niemand!"[14] Damit wollte er Zuversicht vermitteln. Und tatsächlich erlebten alle in Stegen versteckten Frauen und Kinder das Ende der NS-Herrschaft.

In der Grenzregion des Südwestens lag es nahe, Verfolgte durch Fluchthilfe vor allem in die neutrale Schweiz zu retten. Im Nachlass Gertrud Luckners finden sich zwei Skizzen des Grenzverlaufs bei Singen und Gottmadingen, topographische Aufnahmen, die Ortsunkundigen den sicheren Weg hinüber weisen sollten.[15] Tatsächlich bedurfte es dieser Hilfe, um sich im unübersichtlichen Grenzgebiet nicht zu verlaufen. Josef Höfler (1911–1994)[16] war einer jener Ortskundigen. Der Maler Otto Marquard (1881–1969), der mit seiner Frau am Untersee eine Pension betrieb, ruderte die als Hotelgäste getarnten Flüchtlinge kurzerhand ans Schweizer Ufer.[17] „Transportkolonne Otto" war der Tarnname dieses Menschenschmuggels. Anfänglich war die Schweiz keineswegs das alleinige Fluchtziel. Der Karlsruher Otto Hafner (1904–1986) verhalf bis 1938 etwa 25 bis dreißig Juden zur illegalen Flucht ins nahe Elsass. Doch waren Deutschlands Nachbarländer weder sichere Häfen, noch waren Flüchtlinge und Emigranten willkommen. Mit Kriegsbeginn verringerten sich die Chancen, aus Deutschland zu entkommen. Und mit der deutschen Expansion fielen etliche der längst Emigrierten wieder in die Hand der Verfolger. Die trockene Grenze zur Schweiz wurde abgesichert, um den illegalen Übertritt zu erschweren. Den Hoch-

---

14 Bernd Bothe: Pater Heinrich Middendorf SCJ. Gerechter unter den Völkern, Stegen 1998; Lotte Paepcke: Unter einem fremden Stern. Geschichte einer deutschen Jüdin, Neuausg. Freiburg i. Br. 2004, Zitat S. 27.
15 Hans-Josef Wollasch (Bearb.): „Betrifft: Nachrichtenzentrale des Erzbischofs Gröber in Freiburg". Die Ermittlungsakten der Geheimen Staatspolizei gegen Gertrud Luckner 1942–1944, Konstanz 1999, S. 26 ff. und S. 234 f.
16 Vgl. hierzu den Beitrag von Claudia Schoppmann in diesem Band.
17 Vgl. Manfred Bosch: „Ein Christ tötet nicht. Amen" – Der Pazifist und Friedensmaler Otto Marquard (1881–1969), in: Hegau 71 (2014), S. 217–241.

rhein schwimmend zu durchqueren, war lebensgefährlich. Nicht wenige ertranken bei dem Versuch. Einer, dem die Durchquerung gelang, war der Sinto Anton Reinhardt (1927–1945).[18] Er erreichte im August 1944 Schweizer Boden und war dennoch nicht gerettet. Wie viele wurde er nach geglückter Flucht ausgewiesen und abgeschoben.

Wer Verfolgten half, musste mit harten Sanktionen rechnen. Der Singener Prälat August Ruf (1869–1944), der im Mai 1942 ein einziges Mal als Fluchthelfer tätig wurde, erhielt eine Gefängnisstrafe von sechs Monaten und kam schließlich als 73-Jähriger nach Dachau. Er überlebte die Haft nur um wenige Tage. Gertrud Luckner, die 1943 auf der Zugfahrt nach Frankfurt am Main verhaftet und zunächst intensiv verhört worden war, kam ohne vorheriges Gerichtsverfahren ins KZ Ravensbrück. Luise Meier (1885–1979),[19] die Juden auf ihrer Flucht von Berlin an die Schweizer Grenze im Zug begleitet hatte, entging wohl nur zufällig der Verurteilung durch den Volksgerichtshof. Carl (1898–1961) und Eva Hermann (1900–1997),[20] die ein jüdisches Ehepaar in ihrer Wohnung versteckt hatten, kamen vor das Mannheimer Sondergericht und wurden zu langjährigen Zuchthausstrafen verurteilt. Franz Heckendorf (1888–1962),[21] der mithilfe des Altenburger Bahnhofsgastwirts Juden zur Flucht in den Kanton Schaffhausen verholfen hatte, kam mit einer geringeren Strafe davon, weil er ein kommerzielles Motiv vorschützen konnte. Während für denjenigen, dem die Hilfe gegolten hatte, die Folgen absehbar waren, konnten seine Helfer die Konsequenzen eher erahnen als wissen. Im Grunde scheuten die Machthaber einen Prozess wegen Juden- oder Feindbegünstigung, wollten sie doch glauben machen, es gäbe solches Handeln nicht. Auch ist Ungewissheit keine schlechtere Abschreckung als Härte. Die Tochter eines Karlsruher Helfers berichtet, die größte Angst hätte ihren Eltern bereitet, dass die Familie im Fall der Entdeckung getrennt und die Kinder ins Heim gekommen wären. Deshalb hätte der Vater für alle Zyankalikapseln besorgt.[22]

Die Helfer von Verfolgten gingen hohe Risiken ein. Und doch blieb mancher durch Umsicht, Geschicklichkeit oder Zufall unentdeckt. Weil sie ihrem Wertekanon entsprechend Selbstverständliches taten, sprachen sie nach 1945 kaum darüber. Sie schweigen bescheiden, auch weil sie ihren Beitrag zur Rettung Einzelner angesichts der vielen Opfer des Nationalsozia-

---

18 Vgl. hierzu den Beitrag von Frank Reuter in diesem Band.
19 Vgl. hierzu den Beitrag von Claudia Schoppmann in diesem Band.
20 Vgl. hierzu den Beitrag von Angela Borgstedt in diesem Band.
21 Vgl. hierzu den Beitrag von Winfried Meyer in diesem Band.
22 Zeitzeugengespräch mit Gerda Caemmerer, 6.2.2003.

lismus gering schätzten. Im Grunde waren sich Politik, Gesellschaft und auch Betroffene einig, dass die doch selbstverständliche Hilfe für Verfolgte des Nationalsozialismus nicht systemgefährdend und damit auch kein Widerstandshandeln war. Dies kam der kompromittierten Mehrheitsgesellschaft gelegen, die so ihr eigenes Mittun als alternativlos hinstellen konnte. Erst die kritische Generation der „68er" räumte damit auf. Die nun einsetzende alltags- und regionalgeschichtliche Forschung förderte Einzelfälle zutage. Inzwischen hat ein Datenbankprojekt am Berliner Zentrum für Antisemitismusforschung die Judenrettung in Deutschland dokumentiert.[23] Etwa 3800 von geschätzt bis zu 10 000 Helferinnen und Helfern sind heute namentlich bekannt. Sie verhalfen allein in Berlin etwa 1700 Juden zum Überleben im Versteck. Ihr „Rettungswiderstand" (Arno Lustiger) hat inzwischen eine eigene Gedenkstätte an authentischem Ort: die Blindenwerkstatt Otto Weidt in Berlin-Mitte, wo Jüdinnen und Juden Aufnahme und Versteck gefunden hatten.[24] Die Journalistin Inge Deutschkron (*1922), Autorin des Bühnenstücks *Ab heute heißt du Sara*, war eine von ihnen.[25] Ihrer Initiative und Ausdauer ist die Einrichtung der Gedenkstätte zu verdanken. Bekannter ist heute freilich vor allem *ein* Helfer verfolgter Juden: Der tollkühne Unternehmer Oskar Schindler (1908–1974), den Steven Spielbergs Film (1994) populär gemacht hat. Die wenigen, wenngleich auch nicht ganz wenigen anderen „Schindlers" blieben oft bis heute im Schatten. Und viele werden es wohl bleiben — als unbesungene Helden.

---

[23] Denis Riffel: Datenbanken in der Geschichtswissenschaft. Das Projekt „Rettung von Juden im nationalsozialistischen Deutschland 1933–1945", in: Zeitschrift für Geschichtswissenschaft 50 (2002), S. 436–446.
[24] Gedenkstätte Stille Helden (Hrsg.): Widerstand gegen die Judenverfolgung 1933 bis 1945, 2. Aufl. Berlin 2009.
[25] Inge Deutschkron: Ich trug den gelben Stern, Köln 1978.

Hermann G. Abmayr

Willi Bleicher (1907–1981) – Helfer bei der Rettung eines Kindes im KZ Buchenwald

„Der Junge lebt. Er ist am Leben geblieben. Wenn nichts innerhalb meines Lebens an Spuren übriggeblieben wäre, nur diese Spur hätte es gerechtfertigt, hätte mein Leben lebenswert werden lassen – auch wenn ich ganz unten geblieben wäre nach 1945."[1]

So äußerte sich Willi Bleicher im Alter von siebzig Jahren über die Rettung von Stefan Jerzy Zweig, der als „Kind von Buchenwald" in die Geschichte eingegangen ist. Die Gedenkstätte Yad Vashem in Israel hat 1965 Bleicher für die Rettung des Kindes als „Gerechten unter den Völkern" ausgezeichnet. Er war der siebte Deutsche, dem diese Ehre zuteil wurde.

Als der dreijährige Stefan Jerzy Zweig Anfang August 1944 zusammen mit seinem Vater Zacharias im Konzentrationslager Buchenwald ankam, hatte Willi Bleicher bereits acht Jahre Gefängnis und Konzentrationslager überlebt. Begonnen hatte sein Widerstand in Stuttgart, wo er am 27. Oktober 1907 geboren wurde und aufgewachsen war. Nachdem Adolf Hitler Reichskanzler geworden war und die erste Verfolgungswelle begonnen hatte, tauchte Bleicher unter, da er befürchtete, dass er wie etliche seiner kommunistischen Genossen verhaftet werden würde. Er setzte sich in die Schweiz ab, dann nach Frankreich. An Pfingsten 1934 wagte es der 26-Jährige, aus dem Exil zurückzukehren.

Bleicher schloss sich der Widerstandgruppe „Neckarland" an, bei der sich vor allem junge Leute aus den Stuttgarter Neckarvororten engagierten, die meist der verbotenen KPD nahestanden. Man traf sich unauffällig bei Wanderungen oder in Cafés und Gaststätten, erstellte in einem Versteck Flugblätter und verbreitete sie heimlich. Das Ziel der Gruppe war der „Sturz der faschistischen Diktatur", wie es in einem der Blätter hieß. Bleicher plädierte

---

[1] Sofern nicht anders vermerkt stammen die Zitate in diesem Beitrag aus Hermann G. Abmayr: Wir brauchen kein Denkmal. Willi Bleicher: Der Arbeiterführer und seine Erben, Stuttgart 1992, sowie aus dem Dokumentarfilm von Hermann G. Abmayr: Wer nicht kämpft, hat schon verloren – Willi Bleicher: Widerstandskämpfer und Arbeiterführer, 60 Minuten, 2007.

dafür, "alle Gegner des neuen Staates — unabhängig von ihrer Parteizugehörigkeit — in einer Front" zusammenzuschließen. So stand es später in der Anklage der Stuttgarter Staatsanwaltschaft.

Vorbereitung eines hochverräterischen Unternehmens
Nach dem Hinweis eines Spitzels auf die Widerstandgruppe verhaftete die Polizei Willi Bleicher am 3. Januar 1936 an dessen Arbeitsplatz auf dem Daimler-Gelände. Er hatte dort als Hilfsarbeiter für die Baufirma Wolfer & Göbel gearbeitet. Der erste Strafsenat des Oberlandesgerichts unter dem Vorsitz von Hermann Cuhorst verurteilte ihn wegen "Vorbereitung eines hochverräterischen Unternehmens" zu zwei Jahren und sechs Monaten Gefängnis. Die saß der junge Mann in Ulm ab. Im Sommer 1938 hoffte er, endlich wieder zu seiner Freundin und seiner Familie zurückkehren zu können. Doch nach der Entlassung brachte man ihn in "Schutzhaft" ins Konzentrationslager Welzheim. Schon bei der Einlieferung in das alte Arrestgebäude wurde er fürchterlich verprügelt. Er musste Zellen saubermachen und mit einem Streichholz die Bodenritzen auskratzen. Putzen, Hiebe, putzen, Fußtritte.

Nach einigen Wochen fuhr man ihn nach Stuttgart. Er hoffte erneut, nun endlich entlassen zu werden. "Ich hatte mächtig Hunger damals", berichtete Bleicher später. "Ich freute mich schon auf Pfannkuchen und Salat, wenn ich heimkomme." Aber der Wachtmeister teilte ihm mit, er käme nach Buchenwald. Keine Begründung, keine Angaben über die Dauer. Bleicher konnte sich zu diesem Zeitpunkt von dem 1937 auf dem Ettersberg bei Weimar errichteten Konzentrationslager keine Vorstellung machen. Er dachte, er hätte "alle Leidensstationen der Hölle hinter sich, aber das alles war nur der Vorhof". Die "Hölle" sollte er erst in Buchenwald kennenlernen.

15. Oktober 1938, Ankunft am Bahnhof in Weimar: SS-Männer standen dort — mit Stahlhelm, das Gewehr im Anschlag. Auf einem Pritschenwagen wurden die Gefangenen nach Buchenwald gefahren. "Wer spricht, wird erschossen", drohte die SS. In der Aufnahmebaracke hieß es "Aufstellen! In Reih und Glied! Gesicht zur Wand! Hände hoch — auf den Nacken zusammenlegen!" Befragungen, Stockhiebe, Tritte in die Hoden. In der Effektenkammer mussten die Häftlinge ihr Habe abgeben. Bleicher kam in den Block 37.

Der Blockälteste empfing ihn freundlich. Er trug — wie Willi Bleicher — das rote Stoffdreieck, die Kennzeichnung für politische Häftlinge. "Wo kommst du her? Weshalb bist du eingesperrt?", fragte der Blockälteste. "Bist du Sozialdemokrat oder bist du Kommunist?" Bleicher erklärte, er sei aus

Willi Bleicher (1907–1981)

Willi Bleicher, aufgenommen 1945, von den Strapazen der KZ-Haft gezeichnet.

der KPD ausgeschlossen worden, weil er für die Kommunistische Partei Opposition (KPO) gearbeitet hatte, die den stalinistischen Kurs der KPD-Führung kritisiert hatte. Die KPD verurteilte die SPD in dieser Zeit als „sozialfaschistisch" und spaltete die Gewerkschaften durch die Gründung der „Roten Gewerkschaftsopposition". Die KPO hingegen forderte eine Einheitsfront gegen rechts, vor allem zusammen mit den Sozialdemokraten und den Gewerkschaften. Nun trafen sich die damaligen Kontrahenten wieder – als Gefangene im Konzentrationslager. Die Häftlinge waren oft so lange drangsaliert worden, bis sie aufgaben, sich erhängten oder in die Postenkette beziehungsweise in den elektrischen Zaun liefen, erzählte Bleicher später. Die Schikane gehörte nun zu seinem täglichen Leben.

Das „Kind von Buchenwald"
Willi Bleicher wurde als Funktionshäftling Kapo in der Effektenkammer. Alle Ankömmlinge mussten durch sein Kommando, mussten hier ihre Habseligkeiten abgeben. Und so hatte er eine Schlüsselrolle inne, als im Sommer 1944 plötzlich ein kleiner Junge mit „platinblonden Haaren und blauen Augen" vor ihm stand – „unter hunderten von nackten und bärtigen Gestalten", die gerade aus Polen gekommen waren. Mit großen Augen schaute der Kleine den 36-Jährigen an. „Hilflos und gleichsam hilfesuchend klammerte er sich an seinen Vater", berichtete Bleicher später. Der Vater, ein Rechtsanwalt aus Krakau, hieß Zacharias Zweig, das Söhnchen Stefan Jerzy, die polnische Variante des Namens Georg. Bleicher nannte den Dreijährigen Juschu.

Diese Geschichte, aber möglicherweise auch die Geschichte eines anderen Kleinkindes in Buchenwald, ist das Vorbild für den 1958 erschienenen Roman *Nackt unter Wölfen* von Bruno Apitz, der selbst Häftling in Buchenwald war. Apitz wollte keinen Tatsachenroman schreiben. Er verarbeitete den Stoff zu einer fiktiven Geschichte: die Rettung des Kindes als Metapher für Menschlichkeit unter barbarischen Bedingungen. Später hat die DEFA das Buch unter der Regie von Frank Beyer verfilmt. Der Kapo der Effektenkammer heißt im Roman Höfel, im Film gespielt von Armin Müller-Stahl.[2]

Wie genau das „Kind von Buchenwald" gerettet wurde, ist schwer zu rekonstruieren. Die Darstellungen von Zeitzeugen sind nur bruchstückhaft und widersprechen sich manchmal zumindest in Details. Verwechslungen

---

2 Neuverfilmung von Nico Hofmann. Drehbuch: Stefan Kolditz, Regie: Philipp Kadelbach. Die Partie des Kapos im Kammergebäudes spielt Peter Schneider. Die ARD strahlte *Nackt unter Wölfen* zum 70. Jahrestag der Befreiung Buchenwalds Anfang April 2015 zur besten Sendezeit aus.

sind nicht auszuschließen. Immerhin lebte im Lager mit Josef Streich noch ein zweites Kleinkind. Am aufschlussreichsten ist der Bericht des Vaters Zacharias aus dem Jahr 1961.[3]

Bahnstation Buchenwald: Zacharias Zweig und sein Söhnchen marschierten mit den anderen Häftlingen in Fünferreihen zum Lager. Sie passierten das Eingangstor und gingen in Richtung Baderäume. Plötzlich kam ein SS-Mann und fragte: „Wo ist das Kind? Raustreten!" Zweig nahm die Mütze ab und stellte sich in Habachtstellung auf. Er bat den SS-Offizier, das Kind im Lager zu belassen. Es ging hin und her. Zuletzt sagte der SS-Mann: „Gut, das Kind bleibt bei dir." Der Vater war erleichtert. Doch es sollte sich erweisen, dass die Worte nicht der Wahrheit entsprachen.

Bleicher und andere Häftlinge fragten den Neuankömmling im Kammergebäude nach seiner Herkunft. Zacharias Zweig berichtete über seinem Leidensweg. Schon drei Jahre zuvor sei seine vierköpfige Familie in das Räderwerk der Judenverfolgung der Nazis in Polen geraten. Sie habe alles unternommen, um zusammen zu bleiben. Leben in der Illegalität, Ghettoaufenthalt und verschiedene Konzentrationslager folgten. Als die ersten Lager in Polen wegen der anrückenden Roten Armee evakuiert wurden, wurde die Familie getrennt. Mutter und Tochter sollten nicht überleben. Ihre Endstation war Auschwitz. Doch dies werden Zacharias Zweig und sein Sohn erst viel später erfahren.

Zweig war bei dem Gespräch mit den Häftlingen der Effektenkammer verunsichert, doch Bleicher und seine Kameraden beruhigten ihn. Wenn das Kind bisher überlebt habe, bleibe es ein Symbol des Widerstandes gegen Hitler und verdiene gerettet zu werden, erklärten ihm die Männer mit dem roten Winkel an der Jacke. Und dies, obwohl sie wussten, dass „unnütze Esser" wie ein Kleinkind im Lager hoch gefährdet waren.

Die Rettung von Stefan Jerzy Zweig war unter den politischen Häftlingen von Anfang an umstritten. Sie hatten − von der SS unbemerkt − eine Widerstandsorganisation aufgebaut, um ihr Leben erträglicher zu gestalten und sich nach Möglichkeit zu befreien. Es gelang ihnen sogar, Waffen zu verstecken. Führende politische Häftlinge im Lager warfen Bleicher im Zusammenhang mit der Rettung des Kindes Abenteuertum und Disziplinlosigkeit vor. Er habe ohne Rücksicht auf Verluste vollendete Tatsachen geschaffen, einfach emotional gehandelt, ohne die möglichen Folgen zu

---

3 Die folgende Darstellung beruht zu großen Teil auf dem Bericht von Zacharias Zweig: Mein Vater, was machst du hier ...? Zwischen Buchenwald und Auschwitz − der Bericht des Zacharias Zweig, Frankfurt/M. 1987, sowie auf eigenen Recherchen, vgl. Abmayr, Wir brauchen kein Denkmal (wie Anm. 1).

bedenken. Man warnte davor, dass das mühsam aufgebaute illegale Netz der Genossen zerstört werden könnte. Schlimmste Repressalien der SS seien die Folge. Beteiligte und Unbeteiligte müssten mit Folter und Tod rechnen.

„Ich entschied, dieser Junge stirbt nicht. Ganz spontan", berichtete Willi Bleicher später. „Ich wusste, was das für mich bedeutet. Ich wusste auch, dass das fürs Lager schlimme Folgen haben könnte. Wegen eines Jungen mit drei Jahren. Die politische Lagerleitung, die politische Häftlingsleitung in Gefahr zu bringen wegen eines kleinen Jungen mit drei Jahren. Alles durcheinander zu wirbeln. Warum?" Trotzdem und trotz der Kritik: Willi Bleicher blieb bei seinem Beschluss. Die Häftlinge in seinem Arbeitskommando unterstützten ihn. Auch die Kritiker akzeptierten dies schließlich.

In Buchenwald kümmerte sich Willi Bleicher um den kleinen Stefan, als wäre es sein eigener Sohn. Zärtlich und mit viel Hingabe spielte er mit dem Kind. Das war nicht selbstverständlich, denn die Männer waren nach so langer Haft einen rauen Umgang und eine grobe Sprache gewohnt. Auch Willi Bleicher, so erinnerte sich sein wesentlich jüngerer Mithäftling Hans Gasparitsch, der ebenfalls aus Stuttgart stammte: „Er war ein Polterer, ein Haudegen, aber ein Kamerad und solidarisch bis zur Selbstaufgabe." Das galt auch für die Rettung von Stefan Jerzy Zweig, der – von der SS geduldet – in Bleichers Kommando kam. Das Kind weinte ständig. Es konnte die Trennung vom Vater nur schwer verkraften, der zunächst in den Quarantäneblock im „Kleinen Lager" einquartiert wurde.

Juschu hatte sich inzwischen ein wenig an die neue Umgebung gewöhnt. Der Vater konnte sein Söhnchen regelmäßig besuchen. Auch dafür sorgten die Häftlinge. Aber nachts weinte der Kleine immer noch. Bleicher bat Zacharias Zweig deshalb, drei Wochen lang nicht mehr zu kommen. Als er den Knaben dann wiedersah, traute er seinen Augen nicht. Juschu trug einen extra für ihn in der Werkstatt genähten Anzug. Er spielte mit Spielzeug, das die Häftlinge in den lagereigenen Gustloff-Rüstungswerken angefertigt hatten. Täglich kümmerte sich ein Erzieher um Juschu, vermutlich ein junger Häftling aus der Effektenkammer.

Im September 1944 wurde der Junge schwer krank. Bleicher und die Kumpels in der Effektenkammer beschlossen, dies vor der SS geheim zu halten und das Kind nicht ins Krankenrevier zu bringen. Dort arbeiteten zwar Häftlinge als Ärzte, jedoch unter strenger Kontrolle der SS-Ärzte. Willi Bleicher traute ihnen nicht. Er ließ Stefan deshalb von einem Häftling, einem jüdischen Arzt aus Holland, behandeln. Über SS-Wachleute ließ er Medikamente aus einer Apotheke in Weimar besorgen.

Verhinderter Transport nach Auschwitz

Nach dem Bericht von Zacharias Zweig soll sich Willi Bleicher zwei Mal in Zusammenhang mit Juschu etwas unvorsichtig verhalten haben. Er machte sich deshalb Vorwürfe, denn die SS wollte das Kind im Herbst 1944 zusammen mit anderen nach Auschwitz schicken. Bleicher vermutete, dass der SS-Kommandoführer der Gärtnerei sich über Juschu beschwert habe. Jedenfalls sei er von einem Oberscharführer zur Rede gestellt worden. Zwei Tage danach sei die Aufforderung gekommen, Juschu zum Transport fertig zu machen. Willi Bleicher informierte Zacharias Zweig. Zusammen mit einigen Kameraden setzte er alles in Bewegung, um den Transport doch noch zu verhindern. So versuchten die Männer einen SS-Arzt dazu zu bringen, Juschu im Krankenbau aufzunehmen. Doch der lehnte ab.

Man sprach mit dem Kommandanten des Konzentrationslagers, Hermann Pister, und erklärte ihm, dass der Fall mit den Kriegsinteressen der Deutschen nichts zu tun habe. Doch Pister berief sich auf einen Befehl aus der Kanzlei Himmlers, der die Säuberung aller Lager von Kindern, Jugendlichen und Kranken fordere.

Nachdem auch noch Bleichers Versuch misslungen war, der SS die Lüge zu vermitteln, Stefan Jerzy habe Buchenwald bereits verlassen, geriet das Leben des Kindes in größte Gefahr. Eine Stunde später musste Zacharias Zweig sein Söhnchen am Lagertor abliefern. Der Vater war verzweifelt, wollte sein Kind nach Auschwitz begleiten, doch auch das wurde abgelehnt. Die SS verlangte, dass 200 Minderjährige nach Auschwitz und damit in den sicheren Tod deportiert wurden. Die Häftlinge in der Effektenkammer standen wie versteinert da. Plötzlich begann Will Bleicher laut zu weinen und zu schreien. Er schlug mit dem Kopf an die Wand und verfluchte Hitler und sein ganzes System. „Ich gebe das Kind nicht mehr her", rief er. Die Häftlinge waren um Bleicher besorgt. Er hatte die Nerven verloren.

Kurze Zeit später kam ein Kumpel mit der rettenden Nachricht. „Lauf sofort ins Revier", sagte er zu Zacharias Zweig, der mit dem Kleinen wie ein Häufchen Elend dastand. „Das Kind wurde als Kranker aufgenommen, lauf schnell, vielleicht kommt die Kontrolle, um festzustellen, ob das Kind krank ist ..." Zweig rannte mit dem Kleinen zum Krankenhaus, wo ihn bereits ein SS-Arzt — er war vermutlich bestochen worden — und ein Sanitäter erwarteten. In der Typhusabteilung verabreichte der Sanitäter dem Kind eine Spritze. Er bekam starkes Fieber, war damit transportunfähig und gerettet. Sein Name wurde auf der Transportliste gestrichen und durch einen anderen ersetzt, durch Willy Blum, einen 16-jährigen Sinto. Auch in elf weiteren Fällen wurden Namen gestrichen und dafür andere eingesetzt, denn an der Zahl 200 war nicht zu rütteln.

Wiedersehen 1964: Willi Bleicher mit Stefan Jerzy Zweig, dem „Kind von Buchenwald".

Wie oft Stefan Jerzy Zweig auf einer Transportliste stand, ist nicht bekannt. Willi Bleicher berichtete später, „er sollte wiederholt auf Transport gehen, aber wir haben das immer wieder verhindert". Und man habe ihn zuletzt „ganz konsequent versteckt". Er sei dann „einfach nicht mehr da gewesen".[4] Als Versteck nutzen Bleicher und seine Leute das „Kleine Lager", in dem Neuankömmlinge aufgenommen wurden. Es gab dort kaum sanitäre Einrichtungen und es herrschte Seuchengefahr. Überall lagen Kranke oder Sterbende. Die SS mied diesen mit Stacheldraht vom übrigen Lager getrennten Bereich so gut sie konnte, weshalb der kleine Stefan hier relativ sicher war. Die Häftlinge brachten ihn in einem kleinen Zimmer des Lagerältesten Eugen Waller unter. Der Vater konnte ihn hier besuchen; auch Willi Bleicher kam immer wieder. Doch bald sollte er von Juschu getrennt werden.

Die SS hatte erfahren, dass Bleicher an einer illegalen Zusammenkunft zu Ehren des in Buchenwald ermordeten KPD-Chefs Ernst Thälmann teilgenommen hatte. Er kam in den Bunker, das abgeriegelte Lagergefängnis. Spä-

---

4 Bleicher im Interview mit den WDR-Journalisten Klaus Ullrich, 1973 (unveröffentlicht). Es ist das umfangreichste Interview mit Willi Bleicher über dessen Leben bis 1945.

ter übernahm die Gestapo die Ermittlungen und brachte ihn nach Weimar in eine Stehzelle des Polizeigefängnisses. Er wurde fürchterlich gefoltert, doch er gab keine Namen preis. Schließlich wurde er in das Zuchthaus von Ichtershausen in Thüringen verlegt und kam auf einen Todesmarsch in Richtung Theresienstadt, wo die SS das Konzentrationslager noch unter ihrer Kontrolle hatte. Anfang Mai 1945 konnten amerikanische Soldaten Willi Bleicher und wenige andere Überlebende im Erzgebirge retten.

Willi Bleicher kehrte für kurze Zeit nach Buchenwald zurück; das Konzentrationslager war bereits einen Monat zuvor befreit worden. Er freute sich, dass Zacharias und Stefan Jerzy Zweig überlebt hatten. Der Kleine spielte gerade mit amerikanischen Soldaten. Erst 1964 begegneten sich die beiden in Stuttgart wieder. Stefan Zweig, inzwischen ein junger Mann, war für einige Tage Gast der Familie Bleicher. Beide besuchten anschließend gemeinsam Buchenwald.

Streikführer und Gegenspieler von Hanns Martin Schleyer
Willi Bleicher war inzwischen Chef der IG Metall in Baden-Württemberg geworden. Er hatte ein Jahr zuvor, 1963, den ersten großen Arbeitskampf der Nachkriegsgeschichte geführt. Sein Gegenspieler beim Verband der Metallindustrie war der Daimler-Manager Hanns Martin Schleyer. Dieser war schon früh ein überzeugter Nationalsozialist und zuletzt SS-Offizier gewesen. Im besetzten Prag hatte er für den Zentralverband der Industrie gearbeitet. Ausgerechnet mit ihm musste Willi Bleicher jetzt immer wieder verhandeln.

„Sie waren beide durch Gottes Zorn oder durch menschliches Schicksal gezwungen, miteinander auszukommen und Kompromisse zu schließen", so Franz Steinkühler, Bleichers langjährige „rechte Hand" in der Stuttgarter Bezirksleitung der IG Metall. Dabei hatten Bleicher und Schleyer auch Gemeinsamkeiten: Beide wollten „ihren Laden" im Griff haben, beide pflegten einen zum Teil extrem autoritären Führungsstil, und beide zeigten sich nach außen als harte Kämpfer, was Schleyer zum Inbegriff des „bösen Kapitalisten" machte. Doch die beiden konnten auch warmherzig sein und bei einer gemeinsamen Zigarre Nettigkeiten austauschen. Wenn Schleyer zu Bleicher zum Vieraugengespräch kam, ließ das ehemalige SS-Opfer dem ehemaligen SS-Offizier eine Schachtel „Simon Arzt Orient" bereitstellen, Schleyers Zigarrenmarke. Und obwohl der Gewerkschafter seine Tarifkontrahenten schrecklich attackieren konnte, lehnte er es ab, Schleyers NS-Vergangenheit im Arbeitskampf auszuschlachten.

Das Konzentrationslager hatte Willi Bleicher bis zu seinem Tod am 23. Juni 1981 nicht mehr losgelassen. Nach seiner Pensionierung hatte er es sich zur Aufgabe gemacht, vor allem mit der Jugend über die Lehren aus seiner Geschichte zu diskutieren. Denn er war sich sicher, dass es Menschen gibt, die unter denselben Verhältnissen und Umständen wie in der Zeit der NS-Diktatur „zu jeder Schandtat" fähig seien. Und deshalb, so seine Forderung, müsse der Humanismus „die Richtschnur unseres Handelns sein".

Literatur

Abmayr, Hermann G.: Wir brauchen kein Denkmal. Willi Bleicher: Der Arbeiterführer und seine Erben, Stuttgart 1992.

Benz, Georg u. a. (Hrsg.): Willi Bleicher – ein Leben für die Gewerkschaften, Frankfurt/M. 1983.

Niven, Bill: Das Buchenwaldkind. Wahrheit, Fiktion und Propaganda, Halle 2009.

Stein, Harry: „Nackt unter Wölfen". Literarische Fiktion und Realität einer KZ-Gesellschaft, in: Thüringer Institut für Lehrerfortbildung (Hrsg.): Sehen, Verstehen und Verarbeiten, Saalfeld 2000, S. 27–40.

Wenke, Bettina: Interviews mit Überlebenden. Verfolgung und Widerstand in Südwestdeutschland, Stuttgart 1987.

Wenke, Bettina: Willi Bleicher. Gewerkschafter aus Württemberg, in: Michael Bosch/Wolfgang Niess (Hrsg.): Der Widerstand im deutschen Südwesten 1933–1945, Stuttgart 1984, S. 129–141.

Zweig, Zacharias: Mein Vater, was machst du hier ...? Zwischen Buchenwald und Auschwitz – der Bericht des Zacharias Zweig, Frankfurt/M. 1987.

Zweig, Stefan J.: Zacharias Zweig: Tränen allein genügen nicht. Eine Biographie und ein wenig mehr, 2. Aufl. Wien 2006.

Filme

Hermann G. Abmayr: Wer nicht kämpft, hat schon verloren – Willi Bleicher: Widerstandskämpfer und Arbeiterführer, 60 Minuten, 2007.

Hannes Karnick/Wolfgang Richter: Du sollst dich nie vor einem lebenden Menschen bücken, 35 Minuten, 1978.

Beate Kosmala

Richard Gölz (1887–1975) – Theologe, Kirchenmusiker und Lebensretter aus Wankheim

Richard Gölz, einer der ungewöhnlichsten Kirchenmusiker und Theologen des 20. Jahrhunderts, wurde während des Zweiten Weltkriegs als evangelischer Pfarrer in Wankheim bei Tübingen eine der Schlüsselgestalten eines württembergischen Netzwerks der Hilfe für verfolgte Jüdinnen und Juden. Damit gehört er zu den wenigen Ausnahmen unter den rund 1200 Pfarrern der Evangelischen Landeskirche in Württemberg, denn weniger als dreißig von ihnen halfen aktiv Juden.[1] 1944 geriet Richard Gölz in die Fänge der Gestapo und bezahlte seinen Einsatz mit der Haft in einem Konzentrationslager. Wer war dieser aufrechte, streitbare und beherzte Theologe?

Frühe Prägungen
Am 5. Februar 1887 kam Richard Gölz als fünftes von sechs Kindern des Lehrers Johannes Gölz und seiner Frau Margarethe, geb. Sommer, in Stuttgart zur Welt. Die Atmosphäre im Elternhaus war geprägt von pietistischer Frömmigkeit und der Freude an Musik. Nach seinem Abitur 1905 am Stuttgarter Karls-Gymnasium trat der begabte junge Mann in das traditionsreiche Tübinger Stift ein und studierte – wie auch schon seine älteren Brüder – evangelische Theologie. Parallel widmete er sich intensiv dem Studium der Kirchenmusik. 1910 legte er sein erstes theologisches Staatsexamen ab und absolvierte danach mehrere Stationen als Vikar. Im Sommer 1912 reiste Gölz drei Monate durch den Norden Deutschlands und erlebte die großen Orgelmeister seiner Zeit. Danach übernahm er die Stelle eines Hausgeistlichen an der Diakonissenanstalt Stuttgart. 1913 legte er das zweite theologische Staatsexamen ab. Die Kirchenmusik blieb auch in dieser Phase eine Konstante seines Lebens. Er nahm Unterricht im Orgelspiel und im altprotestantischen Kirchenlied. 1914 heiratete der junge Theologe die 22-jährige Hildegard Werner, Tochter eines württembergischen Pfarrers. Das Ehepaar bekam fünf Kinder.

---

[1] Kurt Oesterle: Richard Gölz. Ein Wankheimer Licht im deutschen Dunkel, Tübingen 2011, S. 11.

Richard und Hildegard Gölz, aufgenommen um 1942.

Seit 1916 war Richard Gölz Pfarrer in Knittlingen, führte parallel seine kirchenmusikalische Ausbildung im Württembergischen Konservatorium für Musik in Stuttgart fort und schloss diese 1919 ab. Er war damit für die neu geschaffene Musiklehrerstelle am Tübinger Stift bestens gerüstet, auf die er ein Jahr später berufen wurde. 1927 verlieh ihm der Evangelische Oberkirchenrat den Titel eines Kirchenmusikdirektors. Am Stift wirkte Gölz bis 1935 als Musikdirektor und Chorleiter. Außerdem war er auch als Dozent an der Württembergischen Hochschule für Musik in Stuttgart tätig.

Seine theologische Einstellung und seine Spiritualität waren stark beeinflusst von der liturgischen Gottesdienstreformbewegung der zweiten Hälfte der 1920er-Jahre. In der geistlich-liturgischen Arbeit hatte der asketisch wirkende Mann den Ruf, konsequent und kompromisslos zu sein. Gölz galt als eigenwillig und war schwer einzuordnen. Einerseits war er — verstärkt durch seine kirchenmusikalische Ausbildung — interessiert an der eher konservativ-hochkirchlich orientierten liturgischen Erneuerungsbewegung. Andererseits engagierte er sich in der theologisch von Karl Barth inspirierten „Kirchlich-theologischen Sozietät", einer kirchenpolitischen Gruppierung innerhalb der württembergischen Bekennenden Kirche. Gölz hatte schon ihrer Vorläuferin, der „Kirchlich-theologischen Arbeitsgemeinschaft" angehört, die 1930 als freier Arbeitskreis junger Theologen entstanden war. Sie trat im Sommer 1933 mit einem kritischen *Wort zur Gleichschaltung von Kirche und Staat* hervor. Die Theologen der Sozietät standen nicht nur im Gegensatz zu den Deutschen Christen, einer Strömung im deutschen Protestantismus im Einklang mit der nationalsozialistischen Ideologie, sondern kritisierten auch die württembergische Kirchenleitung und den Landesbruderrat. Damit zog Gölz viele Sympathisanten, aber auch Gegner aus unterschiedlichen Lagern an.[2] Dem Nationalsozialismus stand er aus religiösen und politischen Gründen zweifellos ablehnend gegenüber.

Als Pfarrer im Kirchenkampf
Schon 1932 war Gölz Angriffen von rechts entschieden entgegengetreten. Als er die Aufführung von Werken der Komponisten Erich Katz (1900—1973) und Wolfgang Fortner (1907—1987) plante, verlangte der Vertreter des „Kampfbundes für deutsche Kultur. Ortsgruppe Tübingen", diese „undeutsche" atonale Musik abzusetzen. Erich Katz, jüdischer Musikschriftsteller, Pädagoge und Komponist, war als Anhänger einer gemäßigten Moderne seit 1931 scharfen Angriffen der nationalsozialistischen Presse ausgesetzt. Sein *neues chorbuch* wurde als „Musikbolschewismus" diffamiert. Bereits 1933 folgte die Entlassung von Katz aus dem von ihm gegründeten Freiburger „Musik-Seminar". Nachdem er im November 1938 in das KZ Dachau verschleppt worden war, gelang ihm nach seiner Entlassung die Flucht nach England, 1943 schließlich in die USA. Auch der junge Fortner, seit 1931 Dozent für Komposition und Musiktheorie am Evangelischen Kirchenmusikalischen Institut in Heidelberg, wurde wie Katz öffentlich als „Kulturbolschewist" angegriffen. Fortner passte sich aber nach 1933 den neuen Gegebenheiten an. Nach 1945 knüpfte er an die Neue Musik aus der Zeit vor 1933 an und machte Karriere im Nachkriegsdeutschland.

Richard Gölz wehrte sich vehement gegen die Nazi-Hetze und setzte sich für die beiden Komponisten ein. Damit brachte er die Tübinger Rechten gegen sich auf. Mitte der 1930er-Jahre kehrte der streitbare Kirchenmusiker

---

2 Peter Haigis: Sie halfen Juden. Schwäbische Pfarrhäuser im Widerstand, Stuttgart 2007, S. 142.

auf eigenen Wunsch ins Pfarramt zurück. Kurz zuvor war sein Hauptwerk, das *Chorgesangbuch* erschienen, ein Standardwerk bis in die Gegenwart, in dem er bedeutende Werke besonders der Reformationszeit und des Frühbarock für die Chorarbeit neu herausbrachte. In der Weihnachtszeit 1935 wechselte Gölz von Tübingen in das nur fünf Kilometer entfernte Wankheim, um in diesem bäuerlich geprägten 700-Seelen-Dorf die vakante Pfarrstelle anzutreten. Er wurde mit seiner Frau und den Kindern herzlich aufgenommen. Seine kirchliche Arbeit blieb in den kommenden Jahren von zahlreichen Konflikten um die kirchenpolitische Haltung der Landeskirche bestimmt. Als Mitglied der Sozietät befand sich Gölz in der vordersten Linie des Kirchenkampfes. Ende 1937 verlangte der Reichserziehungsminister von allen Pfarrern, die an staatlichen Schulen Religionsunterricht erteilten, das Gelöbnis abzulegen, dem Führer „treu und gehorsam zu sein". 1938 gehörte Gölz – wie auch alle übrigen fünfzig Mitglieder der Sozietät – zu denjenigen Pfarrern, die diese durch den Evangelischen Oberkirchenrat geforderte Treuebekundung verweigerten. Über seine Haltung informierte Gölz am 8. Juli auch den Wankheimer Kirchengemeinderat. „Der Staat habe Gesetze gegen die Kirche erlassen, die von uns abgelehnt werden, dann können wir doch nicht gleichzeitig Gehorsam gegen diese Gesetze geloben u.a. mehr", heißt es im Protokoll.[3] Disziplinarische Folgen für den Pfarrer blieben aus; nur der Ortsvorsteher trat danach aus dem Kirchengemeinderat aus. Er gehörte der kleinen NSDAP-Ortsgruppe an.

Auch Mitstreitern leistete Gölz Unterstützung: Als das Sozietätsmitglied Paul Schempp, Pfarrer in Iptingen, 1938 für seinen scharfen Vorwurf an die Landeskirche, sie habe keine eindeutige Stellung gegen das „positive Christentum" des NS-Staates bezogen, eine Ordnungsstrafe erhielt, überwies ihm der solidarische Amtsbruder Gölz einen Geldbetrag.

Gölz trat nicht nur im Kirchenkampf vehement für die Bekennende Kirche ein, auch in theologischen Fragen scheute er nicht den Konflikt mit der Kirchenleitung in Stuttgart unter dem Landesbischof Theophil Wurm. 1933 hatte er als Tübinger Kirchenmusikdirektor die „Kirchliche Arbeit Alpirsbach" gegründet und ihre Gesamtleitung übernommen. Ihre Mitstreiter bildeten eine Gruppierung innerhalb der evangelischen Kirche, ausgehend vom Alpirsbacher Münster, die Teil der in den 1920er- und 1930er- Jahren in beiden christlichen Kirchen entstandenen liturgischen Bewegung war (auch als „Singbewegung" bezeichnet). Gölz gab den entscheidenden Impuls zur Wiederentdeckung der Gregorianik für die evangelische Liturgie. Aber

---

3 Zitiert nach Joachim Conrad: Richard Gölz. Der Gottesdienst im Spiegel seines Lebens, Göttingen 1995, S. 83.

es ging auch um die Überwindung der typisch evangelischen Konzentration auf die Predigt, die andere Elemente, nicht zuletzt das Altarsakrament, vernachlässige. Die Wiederherstellung der klassischen abendländischen Messe sollte angestrebt werden. Die seit 1933 durchgeführten „Alpirsbacher Wochen" wurden fester Bestandteil des kirchenmusikalischen Lebens in Württemberg. „‚Alpirsbach' stand mit Gölz in einer Reihe mit der Sozietät und damit kritisch gegen die Kirchenleitung in Stuttgart unter Landesbischof Theophil Wurm."[4] Im Februar 1941 fanden während einer „Alpirsbacher Woche" erstmals Messfeiern in Wankheim statt, denen weitere folgten. Nach der Überlieferung eines Dorfchronisten waren die Gottesdienste des Pfarrers, der sich als Liturgiereformer verstand, „aufrüttelnd" und „begeisternd". Zu Weihnachten hielt Gölz mehrstündige Christmetten.

Antisemitismus und Beginn der Deportationen

Richard und Hildegard Gölz fanden einerseits viel Unterstützung in ihrer Pfarrgemeinde, andererseits machte sich auch hier der propagierte Judenhass bemerkbar. 1939 wurde in Wankheim, wo im 19. Jahrhundert eine kleine jüdische Gemeinde existiert hatte, der israelitische Friedhof massiv geschändet. Bis 1933 waren dort noch Juden aus Tübingen und Reutlingen beigesetzt worden, obwohl es schon seit 1892 keine jüdischen Einwohner mehr gab. Unter den aus Württemberg deportierten Juden befanden sich drei Menschen, die in Wankheim geboren waren. Am 1. Dezember 1941 verließ der erste Deportationszug den Stuttgarter Nordbahnhof mit dem Zielort Riga in Lettland. Elf weitere folgten. Im Februar 1945 fuhr vom Stuttgarter Hauptbahnhof der letzte Transport ins Ghetto Theresienstadt ab. Insgesamt wurden etwa 2500 Männer, Frauen und Kinder aus Württemberg und Hohenzollern verschleppt. Dem konnten auch Pfarrer Gölz und die anderen Theologen der Sozietät nichts entgegensetzen. Gölz weigerte sich 1942 zunächst, dem Reichssippenamt und dem Evangelischen Oberkirchenrat die per Erlass geforderten sogenannten „Judenregister" von Wankheim herauszugeben, musste im Oktober aber dem Druck nachgeben.[5] Von April 1941 bis Mai 1943 musste Gölz in den Gemeinden Breitenburg bei Calw, Talheim und Scharenstetten als „Kriegsstellvertreter" für die zahlreichen Pfarrer, die zur Wehrmacht eingezogen worden oder schon gefallen waren, einspringen. Er kehrte schließlich unerlaubt zu seiner Gemeinde nach Wankheim zurück — möglicherweise, weil er bereits in die Hilfe für Juden einbezogen war.

---

4 Conrad, Richard Gölz (wie Anm. 3), S. 16.
5 Conrad, Richard Gölz (wie Anm. 3), S. 98.

Hilfe für Jüdinnen und Juden als Teil der „Pfarrhauskette"
Ende 1942 war das Thema der Hilfe für geflüchtete, untergetauchte Juden Gegenstand einer Zusammenkunft der Mitglieder der Sozietät in der Reformierten Kirche in Stuttgart, wo Pfarrer Kurt Müller, einer der Organisatoren der Hilfe, im Amt war. Gölz' Mitstreiterin Gertrud Kirn überlieferte über dieses Treffen:

> „Zunächst gab es eine Exegese des Sonntagstextes, danach hat [Pfarrer Hermann] Diem erzählt, wie wichtig es sei, Juden zu helfen, die untertauchen müssten. Er wolle in der Sozietät fragen, wer bereit sei mitzumachen. Er hat die Notwendigkeit der Hilfe vermittelt und die Gefährdung, die damit verbunden ist. [...] Am Schluss musste einer nach dem anderen ja oder nein sagen. Richard Gölz fragte zunächst seine Frau Hilde. Sie stimmte in der gleichen Sekunde zu."[6]

Gölz hatte offenbar Dietrich Bonhoeffers Botschaft, dass Liturgie und die Lebensrettung Verfemter zusammengehören („Nur wer für die Juden schreit, darf auch gregorianisch singen"), verinnerlicht.

Die erste Person, die bei Richard und Hildegard Gölz Zuflucht fand, war Beate Steckhan (1892–1974), eine „nichtarische" Christin. Im August 1942, als sie deportiert werden sollte, floh sie in das Versteck in einem befreundeten Pfarrhaus in Berlin, von wo sie schließlich an die württembergische „Pfarrhauskette" vermittelt wurde. Am 6. Januar 1943 erschien sie im Wankheimer Pfarrhaus. Während ihres Aufenthalts dort rang sich die damals 50-jährige Frau dazu durch, Richard und Hildegard Gölz ihre Identität preiszugeben. Über deren Reaktion schrieb sie eindrücklich in ihrem Nachkriegsbericht:

> „An dem Morgen, an dem ich tränenüberströmt beinahe herausschrie, dass ich ‚der Rasse nach' Jüdin sei, eröffnete sich mir die ganze Größe dieser beiden Menschen. Der Widerhall bei Pfarrer Gölz war: ‚Wir müssen am nächsten Sonntag ein Tedeum singen, weil wir die Ehre haben, eine Tochter aus dem Haus Israel bei uns zu haben.' So fromm war er, aber auch so weltfremd."[7]

Nach drei Wochen wurde sie bei weiteren Mitgliedern der Sozietät aufgenommen, so wie es das besprochene Rettungskonzept vorsah.

Das Pfarrhaus Gölz war für die möglichst unauffällige Aufnahme von Fremden bzw. „Illegalen" ein verhältnismäßig günstiger Ort, da man im Dorf daran gewöhnt war, dass dort ein reges Kommen und Gehen herrschte. Meist kamen Teilnehmer der „Alpirsbacher Wochen" oder Tübinger Studen-

---

6 Zitiert nach Haigis, Sie halfen Juden (wie Anm. 2), S. 136 f., ohne Zeitangabe.
7 Beate Steckhan: Nacht über Deutschland, hrsg. vom Fridtjof-Nansen-Haus, Göttingen [o. J.], S. 14.

ten, Professoren und Bibelübersetzer, später auch „Ausgebombte" aus Großstädten, die am Mittagstisch der Pfarrfamilie teilnahmen. Im September 1943 gelangte auch der jüdische Berliner Kaufmann Max Krakauer (1888–1965), der bereits in Berlin und Pommern versteckt gewesen war, ins Gölz'sche Pfarrhaus. Über seine Zuflucht in Wankheim schrieb er:

> „Das Verhältnis zur Pfarrersfamilie wurde überaus herzlich. Schon früher hatten sie des Öfteren Juden bei sich verborgen. Die Andachten in der Hauskapelle [...] waren für mich ein Quell der Ruhe und Freude, der inneren Genesung. [...] Da der Herbst 1943 dem Württemberger Land eine Rekordernte bescherte, hatte ich es nicht geschafft, in den ersten drei Wochen meiner Anwesenheit alles Obst von den Bäumen zu holen, so dass ich noch eine vierte bleiben durfte."[8]

Eine Denunziation und die Folgen

Im Juli 1944 bot das Ehepaar auch dem ebenfalls aus Berlin geflüchteten jüdischen Arzt Hermann Pineas (1892–1988) Unterschlupf, was Richard Gölz schließlich zum Verhängnis wurde. Max Krakauer erinnerte sich:

> „Pfarrer G[ölz], mein guter Freund, hat seine Hilfsbereitschaft und seine Nächstenliebe bitter bezahlen müssen. Wie vor mir, nahm er auch nach mir jüdische Flüchtlinge bei sich auf. Einer von ihnen, ein Berliner Arzt, scheint sich dabei doch etwas zu auffällig und unvorsichtig benommen zu haben. Es war die Zeit nach dem 20. Juli 1944, dem Tage des missglückten Attentats auf Hitler, als sich die Gestapo für alle [...] Ortsfremde interessierte."

Ein Wankheimer Lehrer zeigte den Pfarrer bei der Gestapo an.[9] Pineas konnte noch rechtzeitig flüchten, aber Pfarrer Gölz wurde festgenommen. Auf Drängen des Polizisten gestand der Geistliche im Verhör schließlich, einen jüdischen Arzt versteckt zu haben, gab jedoch eine falsche Personenbeschreibung an. Er beschwor den Polizisten, dass er als Christ den Geflohenen nicht verraten dürfe. Möglicherweise ließ dieser sich davon beeindrucken. Richard Gölz wurde erst vier Monate später, am 23. Dezember 1944, während eines Frühgottesdienstes in der Tübinger Stiftskirche festgenommen und zunächst in ein Stuttgarter Untersuchungsgefängnis gebracht, ehe er in das nordöstlich von Stuttgart gelegene Welzheim im Schwäbischen Wald verschleppt wurde. Dort wurde er in das „Schutzhaftlager" der Gestapo eingewiesen, das auch als Polizeigefängnis, Gestapogefängnis oder als KZ Welzheim bezeichnet wird. Nach mehr als drei Monaten wurde Pfarrer Gölz kurz vor Kriegsende, am 18. April 1945, entlassen, bevor die meisten anderen Gefangenen in

---

8   Max Krakauer: Lichter im Dunkel. Flucht und Rettung eines jüdischen Ehepaares im Dritten Reich, überarb. Aufl. der Erstausg. von 1947, Stuttgart 2007, S. 79.
9   Haigis, Sie halfen Juden (wie Anm. 2), S. 144.

Eilmärschen in Richtung Bodensee getrieben wurden; kein Häftling sollte den nachrückenden alliierten Truppen in die Hände fallen. Später berichtete Gölz über seine Rückkehr aus Welzheim, dass er im Städtchen für seine wenigen Habseligkeiten einen Handwagen bekommen konnte, mit dem er sich zu Fuß auf den Weg nach Hause machte.

Auf der Suche nach einem Neuanfang
Nach seiner Gefangenschaft im Konzentrationslager kehrte der Pfarrer von Wankheim als vollkommen veränderter Mensch zurück. Sein Leid war durch den Tod seines Sohnes Gottfried bei einem U-Boot-Test im letzten Kriegsjahr noch verstärkt worden. Über seine Erfahrungen in Welzheim sprach er in den Nachkriegsjahren nicht. Sein Gesundheitszustand blieb als Folge der Haftbedingungen dauerhaft beeinträchtigt.

In seinem kirchlichen und kirchenmusikalischen Einsatz als Leiter der „Kirchlichen Arbeit" in Alpirsbach war er jedoch ungebrochen. In Wankheim ließ er die völlig verwahrloste Kirche instand setzen und einen Gemeindesaal in der Pfarrscheune einrichten. Gölz organisierte neben seinem Pfarrdienst Kirchliche Wochen im Kloster Bebenhausen, die nach seinen Vorstellungen zu einem „Seminar der Bekennenden Kirche" werden sollten. Diese Überlegungen wurden aber von Alpirsbach nicht mitgetragen, sodass

Die Abbildung zeigt den Ausweis von Richard Gölz als Verfolgter des NS-Regimes aus dem Jahr 1946.

es zum Zerwürfnis kam. Gölz ließ sich beurlauben und wurde bald darauf vorzeitig in den Ruhestand versetzt.

1949 trat der eigenwillige evangelische Pfarrer zur russischen Orthodoxie über und wurde 1950 zum Priester geweiht. Richard Gölz trennte sich von seiner Familie und zog allein nach Milwaukee/Wisconsin in den USA, wo er in den Dienst der orthodoxen St. Sava Cathedral trat. Dort starb er am 3. Mai 1975 im Alter von 88 Jahren als Protopresbyter. Denen, die sich mit seiner Vita beschäftigten, gilt er als schillernde und charismatische Persönlichkeit.

Richard und Hildegard Gölz (sie starb 1986 in Reutlingen) wurden 1992 posthum von der israelischen Holocaustgedenkstätte Yad Vashem in Jerusalem für ihren Einsatz zur Rettung von Juden als „Gerechte unter den Völkern" geehrt. Bereits im Jahr 1979 hatte Hildegard Gölz für sich und ihren bereits verstorbenen Mann das Bundesverdienstkreuz erhalten. Seit dem Jahr 2000 erinnert in Wankheim ein Gölz-Brunnen an diesen mutigen und eigenwilligen Geistlichen, und im Jahr 2010 wurde dort eine Straße nach ihm benannt.

Literatur

Camphausen, Thomas/Wolfes, Matthias: Richard Gölz, in: Biographisch-Bibliographisches Kirchenlexikon, Bd. XVI (1999), Spalten 575–598.
Conrad, Joachim: Richard Gölz. Der Gottesdienst im Spiegel seines Lebens, Göttingen 1995.
Haigis, Peter: Sie halfen Juden. Schwäbische Pfarrhäuser im Widerstand, Stuttgart 2007.
Krakauer, Max: Lichter im Dunkel. Flucht und Rettung eines jüdischen Ehepaares im Dritten Reich, überarb. Aufl. der Erstausg. von 1947, Stuttgart 2007.
Oesterle, Kurt: Richard Gölz. Ein Wankheimer Licht im deutschen Dunkel, Tübingen 2011.
Steckhan, Beate: Nacht über Deutschland, hrsg. vom Fridtjof-Nansen-Haus, Göttingen [o. J.].
Yad Vashem, Righteous Among the Nations Archives, Nr. 5039 (1991).

Winfried Meyer

Franz Heckendorf (1888–1962) – Maler, Bohemien und Fluchthelfer für Juden an der Schweizer Grenze

Die Vorsehung hat gesprochen! Der Kelch ist an mir vorübergegangen, ich lebe und habe die Hoffnung, dass die Sonne der Freiheit noch einmal für mich scheinen wird."[1] Diese Worte der Erleichterung schrieb der Berliner Maler Franz Heckendorf am 26. März 1944 aus dem Landgerichtsgefängnis Waldshut an seine Lebensgefährtin und seinen Sohn. Wenige Tage zuvor, am 14. März 1944, hatte ihn das in Waldshut tagende Sondergericht Freiburg unter dem Vorsitz des als „Blutrichter" berüchtigten Landgerichtspräsidenten Oskar Schmoll wegen „Judenschmuggels" als „Volksschädling" zu zehn Jahren Zuchthaus verurteilt, obwohl der Anklagevertreter, der Staatsanwalt Hans Prüfer, für ihn die Todesstrafe gefordert hatte. Das Gericht war diesem Antrag nicht gefolgt, weil es in Heckendorf nur den Handlanger einer lediglich in der Phantasie der Ankläger bestehenden Organisation „jüdischer Hintermänner" hatte sehen wollen und ihm außerdem seine „impulsive, sprunghafte Natur" und das „nicht zu verkennende Künstlertum in ihm" zugutegehalten hatte.[2]

„Immer ein wilder Junge"
Franz Heckendorf, am 5. November 1888 als Sohn eines Architekten im späteren Berliner Stadtteil Lichterfelde geboren, hatte nach einer Lehre als Dekorationsmaler eher lustlos an der Unterrichtsanstalt des Berliner Kunstgewerbemuseums und an der Königlichen Akademischen Hochschule für die Bildenden Künste zu Berlin Malerei studiert, sich sein technisches Rüstzeug aber vor allem durch Selbststudium und Zeichenunterricht in der Malschule von Lovis Corinth erworben.[3] Ab 1909 stellte er seine Arbeiten regelmäßig

---
1 Franz Heckendorf an Hilda Kosmack und Günter Heckendorf, 26.3.1944, Privatbesitz Trautl Jährling, Weiterstadt.
2 Staatsarchiv Freiburg (StA FR), A 47/1, Nr. 1712, Bl. 60 ff.: Sondergericht Freiburg i. Br., Urteil So KLs 125/43-So AK 284/43 vom 22.3.1944 gg. Franz Heckendorf, Otto Altenburger, Nikolaus Josef Lebens und Wilhelm Martin, S. 18 ff.
3 Franz Heckendorf an den künstlerischen Nachwuchs, in: Weltkunst, die Zeitschrift für Kunst und Antiquitäten vom 15.9.1962, S. 7.

Franz Heckendorf, aufgenommen um 1949.

in den Ausstellungen der Berliner Sezession aus, deren offizielles Mitglied er aber erst 1915 wurde.

Im Ersten Weltkrieg war Heckendorf zunächst als Infanterist an der Ostfront, dann als Mitglied der Fliegertruppe auf dem Balkan und im Nahen Osten eingesetzt. Mit expressiven farbigen Bildern südlicher Landschaften schaffte er noch vor Kriegsende seinen Durchbruch als einer der wichtigsten Vertreter der „Jungen Kunst". Da er jetzt als „Schlager' der Sezession" galt, wurde er 1916 in deren Vorstand und in die Ausstellungsjury gewählt.[4] Auch nachdem er sich unter dem Eindruck der Novemberrevolution 1918 „den gewaltigen Rhythmus der Großstadt" als Sujet erschlossen hatte, blieb er der Landschaftsmalerei treu.[5] Inspirationen für seine Landschaften holte er sich auf Reisen in zahlreiche europäische Länder, die er teilweise gemeinsam mit Künstlerfreunden wie Eugen Spiro und Jozsef Bató unternahm. Auf diesen Reisen entstandene Aquarelle veröffentlichte er als Illustrationen zu Reisereportagen in Zeitschriften, die sich der Modernität verschrieben hatten, wie etwa *Sport im Bild*, deren Redaktion sein Freund Erich Maria Remarque angehörte.[6]

Gegen Ende der Weimarer Republik wurde Heckendorf je nach politischem Standpunkt als „Maler der Republik" gepriesen oder als deren „Hofmaler" verspottet und angefeindet.[7] Seine Gemälde wurden nicht nur von demokratischen Politikern der Weimarer Republik wie dem Finanzminister Matthias Erzberger und Außenminister Walther Rathenau privat geschätzt, sondern auch von Reichskanzler Hermann Müller und Innenminister Carl Severing für Reichskanzlei und Innenministerium angekauft. Heckendorf malte zudem wichtige republikanische Ereignisse wie die Verfassungsfeier 1929 und die Feier der Rheinlandbefreiung 1930. Als einer von acht Künstlern wurde er vom Reichskunstwart Edwin Redslob eingeladen, das Staatsbe-

---

4 Karl Scheffler: Gelegentlich der Herbstausstellung der Berliner Sezession, in: Kunst und Künstler. Illustrierte Monatsschrift für Kunst und Kunstgewerbe XVI (1918), S. 122 f.
5 Franz Heckendorf: Mein Leben bzw. Der Künstler über sich selbst, in: Joachim Kirchner: Franz Heckendorf. Mit einer Selbstbiographie des Künstlers, einem farbigen Titelbild und 32 Abbildungen (Junge Kunst, Bd. 6), Leipzig, 1. Aufl. 1919, S. 15 f., 2. Aufl. 1924, S. 16.
6 Z.B. Franz Heckendorf: An Norwegens Küste. Nach Originalaquarellen des Verfassers, in: Sport im Bild 30 (1924), Nr. 20, S. 1156 f.; Eva Heckendorf: Holländische Reiseeindrücke. Zu den für *Sport im Bild* gemalten Bildern von Franz Heckendorf, in: Sport im Bild 32 (1926), Nr. 5 vom 5.3.1926, S. 200 f., S. 222−224; Paul F. Schmidt: Spanisches Allerlei. Mit vier farbigen und fünf schwarzen Abbildungen nach Studien von Franz Heckendorf, Westermanns Monatshefte, H. 836 (April 1926), S. 185−193.
7 „Franz Heckendorf vor Gericht", in: Berliner Lokal-Anzeiger vom 6.8.1931; „Die Affären des Malers Heckendorf", in: Das 12-Uhr-Blatt vom 1.7.1931, S. 1 und S. 4.

gräbnis für Reichsaußenminister Gustav Stresemann am 6. Oktober 1929 künstlerisch zu dokumentieren. Die Ergebnisse zeigte die Deutsche Kunstgemeinschaft, die mit staatlicher Förderung den Kunstbesitz sozial breiter streuen und notleidende Künstler unterstützen wollte, in einer ihrer Ausstellungen im Berliner Schloss. Wenig später war Heckendorf der absatz- und ertragsstärkste der von der Deutschen Kunstgemeinschaft vertretenen Künstler.

Trotz dieser kommerziellen Erfolge war er wegen seines bohemehaften Lebensstils, seiner Vorliebe für schnelle Automobile, seiner Großzügigkeit gegenüber weniger erfolgreichen Kollegen und seinem auf die schiefe Bahn geratenen Bruder Walter ständig in Geldnöten. In einer „Cognac-Laune" entwendete er im Januar 1931 mit seinem Bruder eine Skulptur von Georg Kolbe aus dem Vorgarten eines Bankiers in Wannsee.[8] Zwischen seiner Festnahme Ende Juni und dem Prozess gegen die Brüder Heckendorf vor dem Landgericht Potsdam Anfang August 1931 sorgte die „sensationelle Diebstahlsaffäre im Berliner Kunstleben" für Schlagzeilen in der Berliner Presse.[9] Nachdem Georg Kolbe selbst, der Malerfreund Leo von König und vor allem Eugen Spiro, der amtierende Vorsitzende der Berliner Sezession, ihm vor Gericht bescheinigt hatten, „immer ein wilder Junge, ein großes Kind" gewesen zu sein, das „an seinen dummen Streichen [...] eine fast sportliche Freude" habe, verhängte das Gericht gegen Heckendorf wegen dessen „Künstlernatur" eine geringe Gefängnisstrafe, deren nicht verbüßter Rest zur Bewährung ausgesetzt wurde.[10]

Nach der Entlassung aus der Haft betrieb Heckendorf gemeinsam mit seiner Lebensgefährtin Hilda Kosmack deren hoch verschuldete Villa in Molchow bei Altruppin als Hotel und Restaurant „Schloss am Molchowsee". Der beliebte Treffpunkt von Prominenten aus Kultur, Presse und Wirtschaft Berlins wurde nach 1933 von den Nationalsozialisten als „Absteigequartier für Juden, fremde Diplomaten und ausländische Journalisten" beargwöhnt. Hilda Kosmack musste das Anwesen schließlich an die Reichsjugendführung verpachten, nachdem sich anfänglich sogar Hitler selbst an einem Erwerb des Anwesens interessiert gezeigt hatte.[11] Im August 1937 wurden im Rahmen der Aktion „Entartete Kunst" auch Heckendorfs Bilder aus den Museen

---

8 „Die ‚Cognac-Laune' des Malers Heckendorf. Gefängnisstrafen für den Künstler und seinen Bruder", in: Berliner Morgenpost vom 7.8.1931, 1. Beiblatt.

9 „Maler Franz Heckendorf verhaftet. Sensationelle Diebstahlsaffäre im Berliner Kunstleben", in: Berliner Tageblatt vom 1.7.1931, 1. Beiblatt.

10 „Maler Heckendorf vor Gericht: Einbruch und Hehlerei. Prozess im Kunst-Milieu. Überfüllter Zuhörerraum — Sezessionisten als Zeugen", in: Tempo vom 6.8.1931, S. 1 f.

11 Interview Winfried Meyer mit Yolande Hayton, geb. Kosmack, 20.2.2008.

entfernt, weil sie „nicht den kulturellen Zielsetzungen des Großdeutschen Reiches" entsprachen. Wegen seiner fortgesetzten Weigerung, seine „arische Abstammung" zu belegen, schloss die Reichskammer der Bildenden Künste Heckendorf 1940 als Mitglied aus. Sie untersagte ihm „jede berufliche – auch nebenberufliche – Tätigkeit auf dem Gebiete der Bildenden Kunst", nachdem auch die Berliner NSDAP seine Haltung als „so ungünstig" befunden hatte, dass sie ihm „politische Zuverlässigkeit" absprechen musste.[12]

Fluchthilfe für Juden als Freundschaftsdienst und Gelderwerb
Schon 1939 hatte Heckendorf mit dem Niederländer Josef Lebens einen kleinen Laden eröffnet, in dem Lebens Teppiche und Heckendorf eigene Bilder und andere „entartete Kunst" unter der Hand verkaufte. In diesem Laden lernte er 1941 den Kellner Otto Altenburger kennen, der aus dem im „Jestetter Zipfel" gelegenen Dörfchen Altenburg an der schweizerischen Grenze stammte. Dort betrieb Altenburgers Bruder Karl, ein ehemaliger Radrennfahrer, eine auf Rüstungsproduktion umgestellte Fabrik für Fahrradteile. Heckendorf besuchte nun diesen Bruder unter dem Vorwand von Landschaftsstudien am Rhein. Tatsächlich suchte er aber einen Fluchtweg in die Schweiz für den Holzhändler Kurt Schueler. Schueler hatte als ehemaliger Untermieter bei Heckendorfs Mutter den kleinen Franz in dessen Wunsch, Maler zu werden, bestärkt und ihn später durch Ankauf zahlreicher Bilder als Mäzen unterstützt. Da sie als Juden seit dem Beginn der Massendeportationen im Oktober 1941 akut von Verschleppung und Ermordung bedroht waren, hielten sich Kurt Schueler und seine Ehefrau Hilda bei nichtjüdischen Freunden versteckt. Damit sie sich von den Strapazen der Zwangsarbeit erholen konnten, brachte Heckendorf sie zunächst in Kitzbühel bei seiner Lebensgefährtin Hilda Kosmack unter, die dort als aus der Internierung entlassene britische Staatsangehörige unter Polizeiaufsicht leben musste. Mit von Heckendorf gefälschten Kennkarten auf den Namen Schroeder reisten die Schuelers dann ins Grenzgebiet und flohen am 19. Mai 1942 aus einem Zug der über schweizerisches Gebiet führenden badischen Hochrheinbahn zwischen Singen und Erzingen bei einem Zwischenaufenthalt auf dem Bahnhof Schaffhausen auf eidgenössisches Territorium.[13] In einem im Juli 1942 anonym in der deutsch-jüdischen New Yorker Wochenschrift *Auf-*

---

12 Landesarchiv Berlin (LAB), A Rep. 243-04, Nr. 3155: Der Präsident der Reichskammer der Bildenden Künste an Franz Heckendorf, 6.7.1940.
13 Winfried Meyer: Sechs Minuten. 1942: Vor 70 Jahren verhilft der Berliner Maler Franz Heckendorf seinem jüdischen Mäzen zu einer spektakulären Flucht in den Schweizer Kanton Schaffhausen, in: Der Freitag vom 21.7.2012.

bau erschienenen Bericht über ihre „geglückte Flucht aus dem Reich" hat Kurt Schueler versteckt auf die entscheidende Hilfe Heckendorfs hingewiesen:

> „Das Wort ‚Wohltun bringt Zinsen' hat sich bei uns bewahrheitet. Ein Mann, dem wir vor vielen Jahren halfen und von dem wir lange nichts hörten, tauchte auf und erklärte, dass er – trotz der Lebensgefahr für ihn – glaube, dass jetzt die Zeit gekommen sei, sich dankbar zu erweisen."[14]

Nach der spektakulären Flucht der Schuelers verhinderte die Gestapo weitere Fluchtversuche über den Bahnhof Schaffhausen durch verstärkte Zugkontrollen. Bei einem weiteren Besuch in Altenburg lernte Heckendorf aber den Wirt der dortigen Bahnhofsgaststätte Wilhelm Martin kennen, der gegen Bezahlung bereit war, Flüchtlinge über die bei Altenburg sehr unübersichtliche Grenze zum Kanton Schaffhausen zu schleusen. Dorthin konnten sich mithilfe Heckendorfs und Martins am 17. September 1943 Curt von Bleichröder, ein Enkel des Bismarck-Bankiers Gerson von Bleichröder, und am 31. Oktober 1942 der Buchhalter Hans Adler, der nebenberuflich die Buchhaltung mehrerer Berliner Galerien und Antiquariate erledigt hatte und dadurch mit Heckendorf befreundet war, in Sicherheit bringen.

Da sich diese erfolgreichen Fluchten bei den bedrohten und teilweise im Untergrund lebenden Berliner Juden herumsprachen, suchten immer häufiger Bedrohte Heckendorfs kleinen Laden am Wittenbergplatz auf. Einige wurden von Otto Altenburger, weitere von dem ehemaligen Filmkaufmann Henry Auerbach, der selbst Jude, aber durch seine Ehe mit einer Dänin vor der Deportation geschützt war, dorthin vermittelt. Mit der gleichen Selbstverständlichkeit, mit der Heckendorf aus eigener Initiative und unentgeltlich die Flucht jüdischer Bekannter und Freunde organisiert hatte, verlangten er und sein Geschäftspartner Lebens aber nun Honorar nicht nur für den Grenzführer Martin in Altenburg, sondern auch für die Vermittlung der Fluchtroute, die Fälschung von Kennkarten bzw. den Ankauf von Blankoformularen bei einem korrupten Polizeibeamten und die Begleitung ins Grenzgebiet. Gegen die Zahlung teilweise beträchtlicher Geldbeträge konnten mit Heckendorfs Hilfe zwischen Mitte Oktober 1942 und Mitte Februar 1943 insgesamt 13 weitere Berliner Juden über die „grüne Grenze" in den schweizerischen Kanton Schaffhausen fliehen, wo sie sich im Grenzzollamt Durstgraben der eidgenössischen Grenzwacht stellten.[15] Zumindest einer

---

14 Geglückte Flucht aus dem Reich – 200 Mark für einen Judenstern, 1000 Mark für eine Dosis Veronal, in: Aufbau vom 31.7.1942, S. 1 f.
15 Winfried Meyer: NS-Justiz gegen Judenhelfer: „Vernichtung durch Arbeit" statt Todesstrafe. Das Urteil des Sondergerichts Freiburg i. Br. gegen den Berliner Ma-

der Geretteten zeigte später Verständnis für Heckendorfs Forderung eines Honorars für die Fluchthilfe:

> „In der damaligen Zeit war mit der Hilfeleistung zur Flucht eines Juden ins Ausland eine Gefahr verbunden, auch Kosten konnten entstehen."[16]

Verhaftung und Prozess vor dem Sondergericht

Heckendorf war aber nach wie vor auch bereit, ihm gänzlich unbekannten Juden ohne jegliche Gegenleistung zu helfen. Im Nachtexpress Berlin–München kam er Mitte Februar 1943 mit dem 18-jährigen Juden Werner Bab ins Gespräch, der mit einem gefälschten Ausweis als SS-Filmberichterstatter auf dem Weg nach München war, um dort nach einer Fluchtmöglichkeit zu suchen. Heckendorf erläuterte dem jungen Mann den Fluchtweg über Altenburg, wo er sich an Wilhelm Martin wenden und bei Kontrollen angeben solle, er suche Arbeit bei dem Fabrikanten Karl Altenburger. Mit diesen Instruktionen und seinen gefälschten Papieren konnte Bab mehrere Zugkontrollen überstehen und traf am 18. Februar 1943 bei Wilhelm Martin in Altenburg ein.[17] Inzwischen hatte aber die Häufung der Grenzübertritte in ihrem Abschnitt den Verdacht der schweizerischen Grenzwacht erregt, die ihrem Kommandanten in Schaffhausen noch einen Tag vor Babs Ankunft gemeldet hatte:

> „Auffallend ist, dass die in Durstgraben aufgegriffenen Juden alle von Berlin stammen und immer an der gleichen Stelle Schweizer Gebiet betreten. Es muss bestimmt eine Organisation vorhanden sein, entweder hat ein deutscher Grenzbeamter die Hand im Spiel, oder es muss sonst ein Grenzbewohner von Jestetten oder Altenburg mitwirken."[18]

Ein entsprechender Hinweis war wohl auch an die deutschen Grenzschutzstellen gegangen, die auf jeden Fall in der folgenden Nacht die Postenkette an der Grenze verstärkten und außerdem Motorradpatrouillen Streife fahren ließen. Von einer solchen Motorradpatrouille wurde Werner Bab aufgegriffen, als er in der Nacht des 18. Februar 1943 die Grenze zur Schweiz zu

---

ler Franz Heckendorf und seine Vollstreckung; in: Wolfgang Benz (Hrsg.): Jahrbuch für Antisemitismusforschung 19 (2010), S. 331–362, hier S. 340 ff.

16 Landesamt für Bürger- und Ordnungsangelegenheiten Berlin/Entschädigungsbehörde (LABO/EB), Reg. Nr. 50172, Bl. D. 103: Arthur Calmon, Eidesstattliche Erklärung vom 3.5.1955.

17 Interview Winfried Meyer mit Werner Bab, 16.3.2004.

18 Schweizerisches Bundesarchiv (BAR), E 4264, 1985/196, Nr. 3326: Landjäger-Corps, Kanton Schaffhausen, an die Polizeidirektion des Kts. Schaffhausen vom 26.5.1942.

überqueren suchte. Wenig später wurden von der Gestapo Waldshut auch Wilhelm Martin und Karl Altenburger festgenommen.[19]

Ihre Aussagen führten schnell zu Heckendorf, der am 24. Februar 1943 in Kitzbühel in der Wohnung seiner Lebensgefährtin Hilda Kosmack verhaftet und nach Waldshut gebracht wurde. Nach langwierigen Ermittlungen der Gestapo wurden Franz Heckendorf, Nikolaus Lebens, Otto Altenburger und Wilhelm Martin vor dem Sondergericht Freiburg im Breisgau wegen „gemeinschaftlich begangener Beihilfe zu Vergehen gegen die Passstrafverordnung vom 27. Mai 1942 in Verbindung mit § 4 der Verordnung gegen Volksschädlinge vom 5. September 1939" angeklagt. Dieser Paragraph sah für beliebige „unter Ausnutzung der durch den Kriegszustand verursachten außergewöhnlichen Verhältnisse" begangene Straftaten auch die Todesstrafe vor, „wenn dies das gesunde Volksempfinden wegen der besonderen Verwerflichkeit der Straftat erfordert".[20] Am 14. März 1944 verurteilte das Sondergericht Freiburg die Angeklagten nach zweitägiger Verhandlung in Waldshut schließlich als „Volksschädlinge" zu hohen Zuchthaus- und empfindlichen Geldstrafen, weil sie sich mit ihrem „Judenschmuggel"

> „vorsätzlich unter Ausnutzung der durch den Kriegszustand außergewöhnlichen Verhältnisse [...] auf die Seite unserer Feinde gestellt und zum Wohl des Reiches geplante Maßnahmen der Regierung im Krieg zu sabotieren unternommen"

hätten. Auf das Todesurteil gegen Heckendorf hatte das Gericht wohl vor allem verzichtet, um keine Zweifel am propagandistisch gehegten Bild einer homogenen „rassebewussten deutschen Volksgemeinschaft" aufkommen zu lassen. Deswegen wurde über das Urteil unter der Überschrift *Hohe Zuchthausstrafen für Judenknechte!* auch nur in einer Teilauflage der Lokalzeitung berichtet, um die Bewohner des Grenzgebiets von ähnlichen Fluchthilfeaktivitäten abzuhalten.[21]

Vernichtung durch Arbeit – Lebensmut durch Kunst

In seine Erleichterung über das ausgebliebene Todesurteil mischte sich bei Heckendorf auch die Angst vor dem NS-Strafvollzug: „Seltsam formt sich oft das Leben, nur gut, dass ich nicht in die Zukunft schauen kann, sonst gäbe

---

19 StA FR, G 723, Nr. 13: Gefangenenbuch des Landgerichtsgefängnisses Waldshut 1942/43 III (7.1.–3.6.1943), Nrn. 1199 (Wilhelm Martin), Nr. 1200 (Karl Altenburger) und Nr. 1201 (Werner Bab).
20 RGBl. 1939 I, S. 1679: Verordnung gegen Volksschädlinge vom 5.9.1939.
21 „Hohe Zuchthausstrafen für Judenknechte!", in: Der Alemanne. Kampfblatt der Nationalsozialisten Oberbadens, Bezirksausgabe Süd — Waldshut, Folge 89 vom 30.3.1944, S. 3.

es nicht das große Wort Hoffnung."²² Als „Volksschädling" wurde er in das Zuchthaus Ensisheim im Elsass gebracht, das vom Reichsjustizministerium gerade als Strafanstalt ausgewählt worden war, in der „asoziale Gefangene" mit „außergewöhnlich schweren, gesundheitsschädlichen oder gefährlichen Arbeiten" beschäftigt werden sollten, sodass sie „vermutlich schon nach kurzer Zeit aus den angeführten Gründen eingehen".²³ Auch Heckendorf erlebte dieses Zuchthaus, dessen Gefangene in den umliegenden Kaliminen in etwa 1000 Metern Tiefe bei einer Hitze von 40 bis 50 Grad Celsius in ständig gebückter Haltung und mit eher primitiven Gerätschaften Kalisalze abbauen und abtransportieren mussten, als „eine Welt des Grauens […], die ich nicht kannte".²⁴ Nachdem er schließlich todkrank auf die Krankenstation eingeliefert worden war, erreichte eine Pflegerin − für Heckendorf „der Engel von Ensisheim" −, dass er beauftragt wurde, die Zuchthauskirche zu renovieren und mit Wandmalereien zu schmücken, wobei er nur unter Aufsicht des Anstaltspfarrers stand.

Lebensmut bezog Heckendorf während der Haft vor allem daraus, dass er zeichnete und malte, wegen der Materialknappheit auf winzigen Zetteln und nur bei Auftragsarbeiten für das Wachpersonal auch in größeren Formaten. Während er in der Untersuchungshaft in Waldshut vor allem das sich beim Blick aus dem Zellenfenster präsentierende Rheintal gemalt und aus der Erinnerung frühere Arbeiten kopiert hatte, änderten sich seine Sujets in der Strafhaft in Ensisheim. In den wenigen dort und an den späteren Haftstationen entstandenen Arbeiten versuchte er nun, die Geschehnisse in der Haft zeichnerisch zu dokumentieren und Haftgenossen zu porträtieren.

Als das Zuchthaus Ensisheim im September 1944 wegen des Vormarsches der Alliierten evakuiert wurde, kam Heckendorf in das „Arbeitshaus Kaltenstein" in Vaihingen/Enz. In dem 1843 als „Polizeiliche Beschäftigungsanstalt" für gesellschaftliche Außenseiter gegründeten Arbeitshaus waren Ende 1944 etwa 600 kranke Strafgefangene und Sicherungsver-

---

22 Franz Heckendorf an Hilda Kosmack und Günter Heckendorf, 26.3.1944 (wie Anm. 1).
23 BArch, R 3001/25103: Reisebericht des Staatsanwalts Dr. (Otto) Gündner über die im Auftrag von Herrn Ministerialdirektor Engert vorgenommene Besichtigung von Arbeitsbetrieben bei den Vollzugsanstalten in Siegburg, Ensisheim und Rottenburg/Neckar, 26.1.1944, S. 1; BArch, R 22/895, Bl. 77: Min. Dir. (Karl) Engert: Tätigkeitsbericht der Abteilung XV (Stand vom 23. Februar 1944), S. 3.
24 LAB, B Rep. 025-01, Nr. 11/13 WGA 842/57 (Heckendorf, Franz), Bl. 92 ff.: Franz Heckendorf an Hilda Kosmack, 23. April 1944.

Franz Heckendorf: Auspeitschung eines Häftlings, Arbeitshaus Vaihingen/Enz, 4. Januar 1945.

wahrte inhaftiert, die Bastkörbe und -schuhe herstellen mussten. Allein im Jahr 1944 starben als Folge der Arbeit und der unzureichenden Ernährung 103 von ihnen. In den ersten drei Monaten des Jahres 1945 waren es noch einmal weitere 68 Häftlinge, die den Qualen erlagen. Vier Tage vor dem Einmarsch französischer Truppen in Vaihingen wurden 290 Häftlinge des Arbeitshauses Kaltenstein in Richtung Ulm in Marsch gesetzt, von denen auf dem Weg 22 als marschunfähig und einer tot zurückgelassen sowie zwei auf der Flucht erschossen worden sein sollen, während die Überlebenden am 11. April 1945 im Gefängnis Ulm eintrafen.²⁵ Zu ihnen gehörte Franz Heckendorf, der aber schon wenig später in das Konzentrationslager Mauthausen bei Linz transportiert wurde. Dort wurde er ebenso wie Werner Bab, der im KZ Auschwitz inhaftiert und nach dessen Evakuierung in das Mauthausener Außenlager Ebensee verschleppt worden war, Anfang Mai 1945 von US-Truppen befreit.

Nach Aufenthalten in Wien und Salzburg ließ sich Franz Heckendorf 1949 schließlich in München nieder, wo er vergeblich versuchte, an seinen künstlerischen Erfolg aus der Zeit vor 1933 anzuknüpfen. Sein Freund Erich Maria Remarque, den er häufig in Ascona besuchte, plante, Heckendorfs Fluchthilfe für Juden und seine anschließende Haft zum Stoff eines Romans zu machen.²⁶ Dieser Roman blieb ungeschrieben, weil Franz Heckendorf am 17. August 1962 in München starb.

Literatur

Meyer, Winfried: NS-Justiz gegen Judenhelfer: „Vernichtung durch Arbeit" statt Todesstrafe. Das Urteil des Sondergerichts Freiburg i. Br. gegen den Berliner Maler Franz Heckendorf und seine Vollstreckung, in: Wolfgang Benz (Hrsg.): Jahrbuch für Antisemitismusforschung 19 (2010), S. 331–362.

Meyer, Winfried: Franz Heckendorf. Mitglied der Berliner Secession, Maler der Republik, Lebenskünstler und Lebensretter, in: Galerie Mutter Fourage (Hrsg.): Franz Heckendorf. Lebenskünstler und Lebensretter, Maler der Berliner Secession, Berlin 2015, S. 9–55.

---

25 Landgericht Heilbronn: Urteil Ks 4/52 vom 7. Dezember 1953, in: Justiz und NS-Verbrechen. Sammlung deutscher Strafurteile wegen nationalsozialistischer Tötungsverbrechen 1945–1966, Bd. XII, S. 110 ff.
26 „Remarque will Roman über Prof. Heckendorf schreiben", in: 8-Uhr-Blatt vom 8.11.1958.

Angela Borgstedt

Eva (1900–1997) und Carl Hermann (1898–1961) – zwei Mannheimer Quäker halfen Juden

Am 9. Juli 1943 standen der 45-jährige Physiker Dr. Carl[1] Heinrich Hermann und seine zwei Jahre jüngere Ehefrau Eva wegen Rundfunkvergehens und Verbreitung „zersetzender" Nachrichten vor dem Sondergericht Mannheim. Carl Hermann habe, so die Richter, von Kriegsbeginn bis zu seiner Festnahme im Mai 1943 regelmäßig ausländische Rundfunksender gehört, seine Ehefrau zum Mithören veranlasst und die gewonnenen Kenntnisse unter Arbeitskollegen der Ludwigshafener I.G. Farben verbreitet. „Die Gesamttat des Angeklagten Dr. Hermann", hieß es in der Urteilsbegründung,

> „ist [...] so schwer, dass – auch aus Gründen allgemeiner Abschreckung – auf die Zuchthausstrafe von 8 Jahren und wegen der Ehrlosigkeit der zutage getretenen Gesinnung auf die Aberkennung der Ehrenrechte für die gleiche Dauer zu erkennen war".[2]

Carl Hermann, der während der Haft kriegswichtige Forschungsaufgaben fortsetzen musste,[3] verbüßte seine Freiheitsstrafe im elsässischen Ensisheim sowie dem berüchtigten Zuchthaus in Halle an der Saale. Am 22. April 1945 erlebte er hier die Entlassung. Eva Hermann, als Mittäterin zu drei Jahren Haft verurteilt, kam in das Zuchthaus Haguenau im Elsass. Die Befreiung erlebte sie im württembergischen Eberbach/Fils.

Was sich hier als harte Sanktionsmaßnahme des NS-Staates gegen „nonkonformes Handeln" darstellt, zeigt freilich nur die Oberfläche eines tiefschichtigen Falls von Widerstandshandeln. Zunächst waren Eva, später auch Carl Hermann im Zuge von Ermittlungen gegen ein Netzwerk religiös motivierter Unterstützer sogenannter „nichtarischer" Christen und Juden

---

1 Schreibung des Vornamens mit „C" entsprechend Neue Deutsche Biographie (NDB), Bd. 8, S. 662.
2 Generallandesarchiv Karlsruhe (GLA KA) 507/4958: Urteilsbegründung des Sondergerichts Mannheim, S. 24.
3 Vgl. dazu: Gedenkstätte Stille Helden (Hrsg.): Widerstand gegen die Judenverfolgung 1933 bis 1945, 2. Aufl. Berlin 2009, S. 78.

ins Visier der Gestapo geraten. Auch die Hermanns hatten im Rahmen ihrer Möglichkeiten geholfen und im Januar 1943 schließlich ein von der Deportation bedrohtes jüdisches Ehepaar aus Berlin für mehrere Wochen illegal in ihrer Wohnung aufgenommen. Sie vermittelten Folgequartiere in Frankfurt am Main und Saarbrücken und nahmen die Eheleute Ende März auch selbst noch einmal kurzzeitig auf. Damit und mit der Bereitstellung von Lebensmittelmarken begingen die Hermanns sogenannte „Feind-" oder „Judenbegünstigung" bzw. „Wehrkraftzersetzung". Bestraft wurden sie jedoch wegen eines subsidiären Delikts, nämlich Rundfunkvergehens. Damit verschoben sich Zuschreibungen und Verantwortlichkeiten, denn nicht der als Haupttäter verurteilte Carl Hermann, sondern seine Ehefrau Eva war zentrale Akteurin in der Judenhilfe. Dass ihre Solidarität mit Verfolgten des NS-Regimes nicht im Mittelpunkt der Verhandlung stand, ist ebenso auffällig wie die Tatsache, dass beide nicht wie andere Judenhelfer ohne Verfahren in KZ-Haft kamen.

Wer waren Eva und Carl Hermann? Die Pfarrerstochter Eva Hermann, geb. Lüddecke, wurde am 24. Mai 1900 im niedersächsischen Grünenplan geboren. Sie hatte nach der Schule das Lehrerinnenseminar in Droyssig absolviert. Carl Heinrich Hermann wurde am 17. Juni 1898 in Lehe (heute ein Stadtteil von Bremerhaven) als Sohn eines Kaufmanns und Kapitäns geboren und war 1916 nach der Reifeprüfung am humanistischen Gymnasium in Bremen zum Kriegsdienst eingezogen worden. Er studierte seit 1919 in Göttingen Mathematik, Physik und physikalische Chemie und promovierte 1923 bei Max Born.

> „Das Göttingen jener Jahre gewährte in jeder Hinsicht die befruchtende Atmosphäre, die geeignet war, in einem angehenden Mathematiker Begeisterung für die theoretische Physik zu wecken",

hieß es 1961 im Nachruf.[4] Hermann hatte zunächst eine Assistentenstelle am Kaiser-Wilhelm-Institut in Berlin inne, fachlich prägend war jedoch seine Zeit am Stuttgarter Lehrstuhl von Paul Peter Ewald in den Jahren von 1925 bis 1935. Hier spezialisierte er sich im Bereich der Kristallstrukturforschung und entwickelte eine Systematik der Symmetrieanordnung von Bauelementen im Raum, die sich international durchsetzte. Es war dies freilich nicht der Beginn einer akademischen Karriere, denn der 1931 habilitierte Privatdozent wechselte trotz einschlägig theoretischer Ausrichtung in die Industrie, nämlich zur Ludwigshafener I.G. Farben, wohl weil ihm der politische Konformitätsdruck an Universitäten inzwischen zu hoch war. Die

---

4 Nachruf des Rektors der Philipps-Universität Marburg, 18.9.1961.

Universitätslaufbahn sollte er erst im postdiktatorischen Deutschland einschlagen.

Blick für die Not anderer
Die Hermanns hatten 1924 in Berlin geheiratet. Beide verbanden die religiöse Lebenseinstellung, daraus resultierend ein großes soziales Engagement sowie ein konsequenter Pazifismus. Er sei, so Carl Hermann im Gestapoverhör, zwar kein Kriegsdienstverweigerer, würde sich aber „aufgrund meiner religiösen Haltung lieber töten lassen als selbst zu töten".[5] Die Eheleute waren seit 1927 aktive Mitglieder der Religionsgemeinschaft der Quäker. Auch dies mag ihr weitreichendes soziales Engagement erklären. Carl Hermann unterstützte bedürftige Studenten und gab so zurück, was er selbst als Stipendiat an finanzieller Förderung erfahren hatte. Überdies beherbergten und verköstigten die Hermanns monatelang eine in Not geratene Mutter mit ihren Kindern.[6] Im November 1940 adoptierten Eva und Carl Hermann den noch nicht ein Jahr alten Pflegesohn Hans-Jürgen; zum Zeitpunkt der Verhaftung lebte zudem die Pflegetochter Jutta Anita im Haushalt.

Ein gemeinsames Interesse des Paares galt Fremdsprachen. Carl Hermann war nach dem Zeugnis seiner späteren Marburger Professorenkollegen sprachlich „hochbegabt, lernte zum Beispiel spielend innerhalb kürzester Zeiten jeweils eine ihn gerade reizende neue Sprache bis zur Konversationsreife".[7] Die Eheleute gehörten seit dem Wechsel nach Mannheim einem reihum in der Wohnung eines Mitglieds stattfindenden „englischen Leseabend" an, dem auch die jüdischen Ehefrauen zweier Kollegen Herbst und Schuster angehörten. Bis kurz nach Kriegsbeginn, so Eva Hermann im Gestapoverhör, habe die englische Jüdin Leonie Kaufmann die Aussprache der Teilnehmer korrigiert. Als eine jüdische Bekannte nach der Einführung des „Judensterns" an den Treffen nicht mehr teilnehmen konnte, besuchte sie weiterhin regelmäßig Eva Hermann, um den Kontakt zu erhalten.

Dass die Hermanns wie selbstverständlich in der NS-Diktatur Kontakt zu Juden unterhielten, war ihrer der NS-Rassendoktrin konträren Weltanschauung zuzuschreiben. Sie sahen sich nicht als Regimegegner, sondern als in diesem Punkt — wie auch in der Frage des Kriegsdiensts — andersdenkend. „Das Quäkertum lehnt die nationalsozialistische Rasselehre und daher auch die Rassengesetze ab", so Carl Hermann gegenüber der Gestapo. „Ich selbst bin der gleichen Auffassung und habe daher auch noch Verkehr mit Juden bis in die

---
5 GLA KA 507/4958: Verhörprotokoll vom 4.5.1943, Bl. 29.
6 GLA KA 507/4958: Urteilsbegründung des Sondergerichts Mannheim, S. 24.
7 Nachruf des Rektors der Philipps-Universität Marburg, 18.9.1961.

letze Zeit unterhalten."[8] Eva Hermann war in der Auswanderungshilfe der Quäker aktiv und berichtete über antisemitische Verfolgungsmaßnahmen ins Ausland. Mit Beginn der Deportationen unterstützte sie Betroffene mit Brief- und Paketsendungen. Eine Namensliste der vorwiegend älteren Adressaten ist erhalten geblieben.[9] „In erster Linie waren diese Sendungen nicht als materielle Unterstützung gedacht, sondern sie sollten den betroffenen Personen ein Zeichen des Mitgefühls sein."[10] Eva und Carl Hermann handelten hier nicht allein. Die Freiburger Caritas-Mitarbeiterin Gertrud Luckner[11] hatte die im Februar 1940 aus Stettin und Schneidemühl nach Lublin verschleppten Juden[12] ebenso mit Paketsendungen unterstützt wie die Opfer der sogenannten Oktoberdeportation: badische und saarpfälzische Juden, die nach Südfrankreich verschleppt worden waren. Gleiches taten für Mannheimer und Heidelberger im Sammellager Gurs der Stadtpfarrer der Heiliggeistkirche Hermann Maas[13] sowie Marie Baum,[14] eine Urgroßnichte des Komponisten Felix Mendelssohn-Bartholdy. Maas kannte Eva Hermann bereits lange vor der „Machtergreifung" aus der gemeinsamen Mitarbeit beim Internationalen Versöhnungsbund. Auch mit Gertrud Luckner standen Eva und Carl Hermann schon über Jahre in Verbindung. Die beiden Frauen hatten in den 1930er-Jahren an Seminaren des *Woodbrooke College* in Selly Oak nahe Birmingham teilgenommen, einer von Quäkern unterhaltenen Einrichtung.

Quartier für Verfolgte

Im Herbst 1941 lernte Eva Hermann bei einem Besuch in Freiburg die Schwester einer früheren jüdischen Mitschülerin am Oberlyzeum Droyssig kennen. Diese stellte den Kontakt zu der nunmehr in Berlin verheirateten

---

8 GLA KA 507/4958: Verhörprotokoll vom 4.5.1943, Bl. 29.
9 Vgl. Hans-Joachim Fliedner: Die Judenverfolgung in Mannheim 1933–1945, 2. Aufl. Stuttgart 1991, S. 327–333, die Namensliste auf S. 330. Unter den Beschenkten befand sich der Mannheimer Kinderarzt Dr. Eugen Neter, ein persönlicher Freund des Heidelberger Stadtpfarrers Hermann Maas.
10 GLA KA 507/4958: Verhörprotokoll vom 4.5.1943, Bl. 29.
11 Zu Luckner vgl. Hans-Josef Wollasch: Gertrud Luckner. „Botschafterin der Menschlichkeit", Freiburg 2005.
12 Vgl. Else Rosenfeld/Gertrud Luckner (Hrsg.): Lebenszeichen aus Piaski. Briefe Deportierter aus dem Distrikt Lublin, München 1968.
13 Zu Maas vgl. u. a. Angela Borgstedt: „... zu dem Volk Israel in einer geheimnisvollen Weise hingezogen". Der Einsatz von Hermann Maas und Gertrud Luckner für verfolgte Juden, in: Michael Kißener (Hrsg.): Widerstand gegen die Judenverfolgung, Konstanz 1996, S. 227–259.
14 Vgl. Marie Baum: Rückblick auf mein Leben, Heidelberg 1950, S. 336 f.

Schulfreundin Hilde Rosenthal her. Bei einem Treffen in Berlin wurden Pläne erörtert, wie sich die Eheleute Rosenthal der drohenden „Evakuierung" entziehen könnten. Am 18. Januar 1943 trafen die Rosenthals mit illegal beschafften Papieren, die sie als Eheleute Rasch auswiesen, in der Mannheimer Lameystraße 30 ein. „Im Januar 1943 ist Frau Rosenthal in Begleitung ihres Ehemannes Fritz Rosenthal zu uns nach Mannheim gekommen", so Eva Hermanns gegenüber der Gestapo. „Sie erzählten uns, daß sie ihre Wohnung in Berlin im Stich ließen, da sie evakuiert werden sollten. Sie hielten sich dann etwa 3 oder 4 Wochen bei uns auf, ohne polizeilich gemeldet zu sein."[15]

Der Alltag der beiden Ehepaare in dieser Zeit lässt sich aus den Sondergerichtsakten kaum rekonstruieren. Aus vergleichbaren Fällen ist bekannt, wie extrem belastend das Zusammenleben unter solchen Bedingungen war. Es überrascht daher nicht, dass Fritz Rosenthal sich in jenen drei oder vier Wochen mithilfe der im Hause Hermann ohnehin regelmäßig abgehörten „Feindsender" über den Kriegsverlauf informieren wollte. Die Nachrichten aus Stalingrad ließen Hoffnung auf ein baldiges Kriegsende im Osten, den Sieg der Alliierten und damit das persönliche Überleben aufkeimen. „Auf Vorhalt will ich zugeben, daß Herr Rosenthal während seines Aufenthalts in unserer Wohnung verschiedentlich in den Tagesstunden Nachrichten ausländischer Sender abhörte und diese Nachrichten seiner Frau in meiner Gegenwart erzählte", so Eva Hermann im Verhör.[16] Wenigstens einmal erhielten die beiden Ehepaare Besuch von Gertrud Luckner, in deren Beisein wohl auch Pläne für die Zeit nach Kriegsende diskutiert wurden. Über die Deckadresse des Mannheimer Monikaheims übermittelte Gertrud Luckner fortan Lebensmittelmarken wie eine beträchtliche Finanzhilfe von 400 Reichsmark.

Mitte Februar 1943 mussten Hilde und Fritz Rosenthal ihr Quartier wechseln, um in der Nachbarschaft nicht aufzufallen. Es war dies die längste mögliche Aufenthaltsdauer, für die keine behördliche Anmeldung erforderlich war. Eva Hermann verwies ihre Freunde an die befreundete Quäkerin Elisabeth Mann in Frankfurt am Main, die wohl durch ein den Rosenthals mitgegebenes Schreiben Gertrud Luckners instruiert wurde. Ende März kehrten die Rosenthals noch einmal für ein Wochenende nach Mannheim zurück. Sie länger aufzunehmen, erschien den Hermanns nun zu riskant. „Anfang oder Mitte März 1943 kam eine Frau Braun vom Caritasverband Karlsruhe zu mir und übergab mir ein Schreiben der Luckner, in dem sie erwähnte, daß sich die Gestapo für sie interessiere und sie daher vorerst nicht

---

15 GLA KA 507/4958, S. 2: Verhörprotokoll vom 10.4.1943.
16 GLA KA 507/4958, Bl. 18: Verhörprotokoll vom 27.4.1943.

mehr zu mir kommen würde."[17] Die Rosenthals kamen für die folgenden Wochen bei einer Frau Dr. Lobe in Saarbrücken unter, auch sie eine einstige Schulfreundin Hilde Rosenthals.

Die Folge der guten Tat: Prozess, Gefängnishaft und späte Anerkennung
Am 24. März 1943 wurde Gertrud Luckner auf einer Zugfahrt bei Offenburg verhaftet und in das Karlsruher Gefängnis in der Riefstahlstraße verbracht. Es gelang ihr in den nun folgenden Verhören, die tatsächliche Dimension ihrer Hilfstätigkeit zu verschleiern. Doch hatten die seit Monaten speziell auf Luckner angesetzten Beamten selbst etliche ihrer Helfer und Kontaktpersonen namhaft gemacht, darunter Eva Hermann. Am 10. April 1943 wurde sie verhaftet und gleichfalls in das Karlsruher Gefängnis eingeliefert. Auch sie versuchte sich zunächst als „Einzeltäterin" auszugeben, sodass ihr am 12. April eingehend vernommener Ehemann vorerst entlassen wurde. Anfang Mai jedoch nahm man auch ihn fest und ließ ihn im Mannheimer Schlossgefängnis inhaftieren. Carl Hermanns Arbeitgeber reagierte prompt. Am 29. Mai 1943 erhielt er die fristlose Kündigung. Zu diesem Zeitpunkt hatten die Verfolger längst den Aufenthalt der Rosenthals ermittelt. „Die Jüdin Rosenthal wurde in Saarbrücken festgenommen und der Staatspolizeileitstelle Berlin überstellt. [...] Der Jude Rosenthal hat bei seiner Festnahme Selbstmord durch Einnehmen von Zyankali verübt", lautete lapidar der Schlussbericht der Karlsruher Gestapo.[18] Hilde Rosenthal wurde nach Beendigung der Verhöre in eines der Vernichtungslager im Osten deportiert und dort ermordet.

Bereits im ersten Verhör am 12. April 1943 erläuterte Carl Hermann seine ethischen und religiösen Prinzipien und das daraus resultierende Handeln. Freimütig bekannte auch seine Ehefrau gegenüber dem verhörenden Kriminalassistenten, ihr sei die nationalsozialistische Weltanschauung wesensfremd, die antisemitische Einstellung gänzlich unverständlich. Diese Aussage relativierte ihre zuvor geäußerte Behauptung, das Ehepaar Rosenthal aus reinem Pflichtgefühl einer alten Schulfreundin gegenüber aufgenommen zu haben. Die Hermanns, so konnte die Karlsruher Gestapo folgern, waren „Überzeugungstäter", geleitet von den christlichen Prinzipien einer Religionsgemeinschaft, über deren Struktur und Glaubensinhalte sich der ermittelnde Beamte eingehend informierte. Verdächtig aus nationalsozialistischer Sicht war bereits der supranationale Charakter der „Internationalen Gesellschaft der Freunde" mit ihren engen Verbindungen vor allem

---

17 GLA KA 507/4958, S. 2: Verhörprotokoll vom 10.4.1943.
18 GLA KA 507/4958, Bl. 35: Schlussbericht vom 7.5.1943.

nach Großbritannien und in die USA.[19] „Obwohl sich die Quäker angeblich nur auf caritativem Gebiet betätigen wollten", so das zweiseitige Resümee der Verfolger,

> „haben die eingehenden Ermittlungen ergeben, daß diese Unterstützungen in den ersten Jahren nach der Machtübernahme vornehmlich politischen Gefangenen und deren Angehörigen zu gute [sic] kamen. Später wurden in erster Linie Juden unterstützt."[20]

Damit war „politische Unzuverlässigkeit" als Wesenszug der Eheleute Hermann ausgemacht.[21]

Unter diesen Prämissen überrascht das eingangs zitierte Urteil des Mannheimer Sondergerichts. Abgesehen davon, dass die Hermanns überhaupt vor Gericht und nicht gleich in ein Konzentrationslager kamen, erstaunt vor allem, dass die in den Gestapoverhören zentrale Judenhilfe in der Urteilsbegründung zur Marginalie wurde. Fast entschuldigend führt das Richterkollegium dazu aus: „So überragend der Angeklagte als Chemiker ist, so abseitig und wirklichkeitsfremd ist er in weltanschaulicher Hinsicht." Fehlgeleitet durch seine religiöse Überzeugung, so hieß es in der Urteilbegründung weiter, habe ihn seine karitative Veranlagung zu einer Betätigung gegen staatspolitische Notwendigkeiten bei der Lösung der Judenfrage geführt.

> „Es kann allerdings nicht gesagt werden, daß sein praktisches Verhalten in der Judenfrage einer dem heutigen Staat feindlichen Einstellung entspringt. Ausschlaggebend für ihn war das nur vom Standpunkte eines Quäkers verständliche menschliche Mitgefühl für die Betroffenen."[22]

Damit waren die Hermanns aus Sicht des Gerichts nicht für eine staatsfeindliche Haltung verantwortlich zu machen. Stattdessen erfolgte eine Verurteilung wegen Vergehens gegen die Rundfunkverordnung, die notwendigerweise die in der Judenhilfe aktivere Eva Hermann entlasten, ihren Ehemann hingegen zum eigentlichen Haupttäter machen musste. Entsprechend er-

---

19 Vgl. den Bericht des amerikanischen Repräsentanten in der Berliner Zentrale der Quäker: Leonard S. Kenworthy: An American Quaker inside Nazi Germany. Another Dimension of the Holocaust, Washington 1982, S. 69 ff. und S. 85 speziell über Carl und Eva Hermann.
20 GLA KA 507/4958, Bl. 113 f.: Bericht über die „Religiöse Gesellschaft der Freunde (Quäker)".
21 GLA KA 507/4958: Geheime Staatspolizei Karlsruhe an den Oberstaatsanwalt beim Sondergericht Mannheim, 29.6.1943.
22 GLA KA 507/4958, Bl. 21 f.: Urteilsbegründung des Sondergerichts Mannheim.

Im März 1977 wird Eva Hermann mit der Auszeichnung „Gerechte unter den Völkern" geehrt.

hielt Carl Hermann die auch vom Staatsanwalt für hoch erachtete Freiheitsstrafe. Diese Auffassung verteidigte dieser gegen Kritik aus dem Reichsjustizministerium, nachdem die lokale NS-Presse die Todesstrafe gefordert hatte.[23]

Eva und Carl Hermann kehrten nach ihrer Befreiung aus der Gefängnishaft nur kurzfristig nach Mannheim zurück. Bereits 1946 erhielt Carl Hermann einen Ruf an die Technische Hochschule Darmstadt, ein Jahr später wechselte er an den eigens für ihn geschaffenen Lehrstuhl für Kristallographie an die Universität Marburg. Jetzt erst begann seine internationale wissenschaftliche Karriere. Seine wissenschaftliche Bedeutung wird allein daran ersichtlich, dass die Deutsche Gesellschaft für Kristallographie seit 1996 als ihre höchste Auszeichnung die Carl-Hermann-Medaille an herausragende Forscherpersönlichkeiten auf diesem Gebiet verleiht. Hermanns Engagement wie das seiner Ehefrau für die vom NS-Regime Verfolgten wurde 1976

---

[23] GLA KA 507/4960, Bl. XX: Oberstaatsanwalt Mannheim an den Reichsminister der Justiz, 21.10.1943.

Carl Hermann auf einem Foto aus seiner Personalakte der Universität Marburg, aufgenommen im Jahr 1946.

mit der Verleihung des Titels „Gerechter unter den Völkern" vom Staate Israel anerkannt.[24] Carl Hermann erlebte diese Ehrung nicht mehr. Er war bereits am 12. September 1961 in Marburg verstorben. Eva Hermann starb dort am 31. Juli 1997.

---

24 Vgl. Anton M. Keim (Hrsg.): Yad Vashem. Die Judenretter aus Deutschland, Mainz, München 1983, S. 71.

Literatur

Borgstedt, Angela: Eva und Dr. Carl Hermann. Zwei Mannheimer Quäker und ihre Hilfe für Verfolgte des NS-Regimes, in: Badische Heimat 79 (1999), S. 183–189.

Fraenkel, Daniel/Borut, Jakob (Hrsg.): Lexikon der Gerechten unter den Völkern. Deutsche und Österreicher, Göttingen 2005, S. 148 f.

Gedenkstätte Stille Helden (Hrsg.): Widerstand gegen die Judenverfolgung 1933 bis 1945, 2. Aufl. Berlin 2009.

Claudia Schoppmann

Luise Meier (1885–1979) und Josef Höfler (1911–1994) – Fluchthilfe zwischen Berlin und Singen

Dass einige wenige Deutsche bereit waren, trotz der Gefahr von drohenden empfindlichen Haftstrafen beziehungsweise ab Oktober 1941 der Einweisung in ein Konzentrationslager jüdischen Verfolgten zu helfen, zeigt das Netzwerk um Luise Meier und Josef Höfler. Etwa 28 Flüchtlinge aus Berlin gelangten mit ihrer Hilfe zwischen Mai 1943 und Mai 1944 illegal in die Schweiz, nachdem die eidgenössischen Behörden die Grenzen im August 1942 endgültig geschlossen hatten.

Von der Hilfe für Nachbarn zum Fluchtnetzwerk
Ihren Anfang nahmen die Rettungsaktivitäten in Berlin, wo Luise Meier (1885–1979) mit ihrer Familie lebte, zu der drei bereits erwachsene Söhne und eine Tochter gehörten. Ebenso wie ihr Ehemann, der Kaufmann Karl Meier, lehnte die gläubige Katholikin das NS-Regime ab und unterstützte jüdische Nachbarn, die zunehmend unter den verschiedensten Restriktionen litten.

Im November 1942 entkamen zwei ihrer Nachbarinnen in den Schweizer Kanton St. Gallen, indem sie nahe Bregenz durch den Alten Rhein schwammen. Meier konnte auf demselben Weg auch dem jüdischen Ehepaar Herta und Felix Perls zur Flucht verhelfen. Anfang des folgenden Jahres suchte schließlich der Schweizer Delegierte des Internationalen Komitees vom Roten Kreuz (IRK), Jean-Edouard Friedrich, die inzwischen verwitwete Luise Meier auf und bat sie, auch einer Verfolgten namens Lotte Kahle beizustehen. Diese war im Oktober 1942 nur um Haaresbreite der Deportation entgangen und mit ihrem Freund und späteren Ehemann Herbert Strauss untergetaucht. Friedrich – für die Betreuung von Kriegsgefangenenlagern zuständig – nutzte die ihm zur Verfügung stehende Möglichkeit, Briefe und Nachrichten ohne Kontrolle durch NS-Behörden von der Schweiz in die Reichshauptstadt zu bringen.

Luise Meiers politische Einstellung und ihr christlicher Glaube mögen die Gründe dafür gewesen sein, dass sie sich auf das Wagnis einließ, auch Lotte Kahle auf der langen und wegen der Ausweiskontrollen gefährlichen Fahrt in die Stadt Singen am Hohentwiel, zwanzig Kilometer nordöstlich des

Schweizer Kantons Schaffhausen, zu begleiten. Meier wusste, in welcher Gefahr die jüdische Bevölkerung schwebte. Aber vielleicht führten auch persönlichere Gründe zur Hilfe: So fürchtete Meier, dass einer ihrer Söhne an „Unmenschlichkeiten gegen Juden"[1] beteiligt gewesen sein könnte, wie Lotte Strauss 1997 vermutete. Tatsächlich war ihr ältester Sohn Rudolf Meier seit 1934 Mitglied der SS und seit 1935 auch der NSDAP. Er gehörte der „Leibstandarte-SS Adolf Hitler" an und nahm während des Krieges in der SS-Division „Wiking" am Feldzug gegen die Sowjetunion teil, wo er im August 1943 fiel.

Entscheidend für den weiteren Fortgang der Ereignisse war schließlich Ludwig Schöneberg, Lotte Kahles Onkel, der seit 1938 in der Schweiz lebte. Er stand nicht nur in Verbindung zu dem IRK-Delegierten Friedrich, sondern ihm gelang es auch, Fluchthelfer in Grenznähe zu finden. Unterstützt wurde er dabei von dem jüdischen Arzt Nathan Wolf, der 1939 aus Deutschland ins schweizerische Stein am Rhein geflohen war.[2] Ortskundige Fluchthelfer waren besonders wichtig, denn Flüchtlinge, die ohne Begleitung den Weg suchten, gerieten leicht an der unübersichtlich verlaufenden Grenze unversehens wieder auf deutsches Gebiet.

Nathan Wolf konnte durch seine Tätigkeit als Arzt zwei Männer gewinnen, die in Südbaden nahe der Schaffhauser Grenze lebten. Da dies der einzige Kanton der nördlichen Schweiz ist, der über eine längere Landgrenze zu Deutschland verfügt, schien diese Region für Fluchten besonders geeignet. Insgesamt entkamen ab 1942 knapp 100 jüdische Flüchtlinge aus dem Deutschen Reich nach Schaffhausen.

Einer der Männer war Josef Höfler (1911–1994), ein Schlosser, der in der Rüstungsindustrie in Singen beschäftigt war und mit seiner Frau Elise und der Tochter in Gottmadingen, einem Dorf in unmittelbarer Grenznähe, wohnte. Der andere war der Elektromonteur Willy Vorwalder (1915–1972), ein Arbeitskollege Höflers bei den Aluminium-Walzwerken. Während Höfler aufgrund seiner Ablehnung des NS-Regimes zur Hilfe bereit war, sah es Vorwalder vor allem als seine „menschliche Pflicht" an, den Verfolgten beizustehen, wie er kurz nach Kriegsende angab.[3]

---

1 Vgl. Lotte Strauss: Über den grünen Hügel. Erinnerungen an Deutschland, Berlin 1997, S. 136; ähnlich auch Jizchak Schwersenz: Die versteckte Gruppe. Ein jüdischer Lehrer erinnert sich an Deutschland, Berlin 1988, S. 154.
2 Vgl. Anne Overlack: In der Fremde eine Heimat. Das Leben einer jüdischen Familie, Tübingen 2016.
3 Vgl. Archiv Gedenkstätte Deutscher Widerstand: Interview Barbara Schieb mit Josef Höfler, 10.10.1990; Landesamt für Besoldung und Versorgung Baden-Württemberg, Fellbach: Entschädigungsakte Willy Vorwalder, EF 1987, Bl. 31.

Erster Erfolg des Netzwerks: Lotte Kahles Flucht
Ende April 1943 fuhren Luise Meier und die knapp dreißigjährige Lotte Kahle mit dem Zug nach Süddeutschland. Von Singen aus wurde Kahle von Vorwalder zu Familie Höfler gebracht, wo sie übernachtete. Am 1. Mai 1943 spazierte die kleine Gruppe als Ausflügler getarnt in Richtung Grenze. Josef Höfler und Willy Vorwalder gingen vorneweg, Elise Höfler und Lotte Kahle folgten. Ihre fünfjährige Tochter hatten Höflers zur besseren Tarnung mitgenommen. Kahle hatten sie, wie es bei den Frauen in dieser Gegend damals üblich war, mit einem blumengeschmückten Hut ausgestattet, um ihre großstädtische Kurzhaarfrisur zu verbergen. So passierten sie dank eines gelungenen Ablenkungsmanövers der Familie Höfler den Grenzposten und Lotte Kahle gelangte schließlich auf Schweizer Boden.

Nachdem diese Flucht geglückt war, vereinbarten Luise Meier und Josef Höfler, ihre Hilfe fortzusetzen – trotz der Gefahr, die ihnen bei Entdeckung drohte. Ende Mai 1943 konnte Luise Meier auch Wally Heinemann, eine Jüdin, die sie fast drei Monate lang in ihrer Wohnung versteckt hatte, in Sicherheit bringen, nachdem Hausbewohner Verdacht geschöpft hatten.

Im Juni 1943 waren die Fluchthelfer schließlich bereit, auch Lotte Kahles Verlobten Herbert Strauss und dessen Freund Ernst Ludwig Ehrlich in die Schweiz zu geleiten. Damit wagten zum ersten Mal zwei junge Männer im „wehrfähigen" Alter die Flucht, nachdem es ihnen zuvor gelungen war, sehr gut gefälschte Papiere zu erhalten. Zu Ehrlichs Enttäuschung brachte Höfler sie jedoch nach ihrer Ankunft in Singen nicht direkt bis an die Grenze, denn nach einem Fluchtversuch britischer Kriegsgefangener waren die dortigen Sicherungsmaßnahmen verstärkt worden. Nun patrouillierten bewaff-

Lotte Kahle, aufgenommen nach ihrer Flucht in die Schweiz im Mai 1943.

nete Posten mit Fahrrädern auf den Straßen entlang der Grenze und führten abgerichtete Schäferhunde mit sich. Höfler zeigte lediglich die genaue Richtung an, die Strauss und Ehrlich nachts einschlagen sollten. Da Vollmond war, mussten die beiden lange auf einen günstigen Moment warten, um den deutschen Grenzposten nicht aufzufallen, bevor sie schließlich am 12. Juni 1943 die Schweiz erreichten.

Konflikte bei der risikoreichen und belastenden Fluchthilfe
Die Konflikte, die sich hier zeigen, lagen in der Natur der Sache. So waren die Verfolgten in erster Linie am Gelingen der eigenen Flucht interessiert und wollten beispielsweise möglichst lange von der Ortskenntnis der Fluchthelfer profitieren, während diese bemüht waren, das Risiko für sich, aber auch für die Route so gering wie möglich zu halten. Auch wenn sie den Flüchtlingen einschärften, bei Verhören durch die Schweizer Polizei die Namen ihrer Fluchthelfer zu verschweigen, lebten diese mit der begründeten Angst, nachträglich noch aufgespürt und von der NS-Justiz zur Rechenschaft gezogen zu werden.

Problematisch war auch, dass manche Flüchtlinge sich nicht an die getroffenen Absprachen etwa bezüglich des Treffpunkts hielten oder zusätzliche Begleitung mitbrachten. Auch waren die meisten Flüchtlinge unerfahren in konspirativem Verhalten und schätzten die Gefahr, die etwa ein mitgeführtes Gepäckstück in Grenznähe bedeutete, falsch ein. Wie viele Faktoren den Ausgang der Flucht beeinflussen konnten und welcher psychischen Belastung alle Beteiligten ausgesetzt waren, wurde im Verlauf der Fluchthilfe immer wieder deutlich.

Anfang Juli 1943 begleitete Luise Meier etwa das jüdische Ehepaar Eugenia und Bernhard Einzig und die ebenfalls untergetauchte Elisabeth Goldschmidt im Zug nach Süddeutschland. Aus Sicherheitsgründen saßen sie in getrennten Abteilen. Als sie in Singen aussteigen wollten, wurde Bernhard Einzig festgenommen. Die drei Frauen konnten entkommen, ohne jedoch dem Verhafteten helfen zu können. Die beiden Jüdinnen gelangten mit Meiers und Höflers Hilfe in die Schweiz. Bernhard Einzig dagegen wurde wenig später nach Theresienstadt deportiert, wo er am 8. Dezember 1943 ums Leben kam.

Inzwischen hatte sich die Hilfstätigkeit von Luise Meier in Berlin herumgesprochen. Immer mehr Verfolgte wandten sich an sie, aber auch an Hilde Staberock (1887–1968), die als Portiersfrau in einem großen Geschäftshaus nahe dem Zoologischen Garten arbeitete, in dem sie mehrere Verfolgte übernachten ließ. Nicht zuletzt wegen der zahlreichen Luftangriffe auf Berlin suchte sie nach einer Möglichkeit, um ihre Schützlinge in Sicherheit zu bringen. So kam Staberock schließlich in Kontakt mit Luise Meier und ihrem Fluchthelfernetzwerk, an das sie in der Folgezeit Untergetauchte verweisen konnte.

Ende 1943 gab Willy Vorwalder aus unbekannten Gründen die Fluchthilfe auf. Doch Josef Höfler gelang es, in seinem Umfeld neue Helfer zu gewinnen: den Mechaniker Wilhelm Ritzi (1907–1972), ebenfalls ein Arbeitskollege, sowie dessen Vetter, den Arbeiter Hugo Wetzstein (1905–1971), der mit seiner Familie in dem wenige Kilometer nördlich von Gottmadingen gelegenen Büßlingen wohnte und damals als Zollassistent an der Grenze Dienst tat. Nun wurden die Vorgehensweise und die Route geändert. Fortan führte Höfler den beiden Mitstreitern die Flüchtlinge zu, die sie dann von Büßlingen aus zur nahen Grenze bei Hofen brachten.

Im Lauf der Zeit wurden zunehmend Vorsichtsmaßnahmen ergriffen, die alle Beteiligten, aber auch den Fluchtweg schützen sollten. Dass dies für die Flüchtlinge unangenehme Folgen haben konnte, bekam etwa Jizchak Schwersenz zu spüren, der Leiter der jüdischen Jugendgruppe „Chug Chaluzi" (hebräisch für „Kreis der Pioniere") im Untergrund. Im Februar 1944 hatte der jüdische Lehrer von Berlin aus die Flucht angetreten. In Singen angekommen, weigerten sich die beiden Fluchthelfer – wohl Ritzi und Wetzstein –, ihn und seine Begleiterin Jacheta Wachsmann noch am selben Abend über die Grenze zu bringen. Wegen heftigen Schneefalls, in dem man ihre Fußspuren leicht hätte zurückverfolgen können, schien den Helfern das Weitergehen zu gefährlich. Zwangsläufig mussten die Flüchtlinge nochmals übernachten. Nur dank seiner Geistesgegenwart überstand Schwersenz eine nächtliche Ausweiskontrolle im Hotel. Am 13. Februar 1944 überschritten er und Jacheta Wachsmann, wegen des Schnees in weiße Tücher gehüllt, die Schweizer Grenze.

Schließlich sollten im Mai 1944 auch Emmi Brandt und die 15-jährige Eva Caro, die ebenfalls bei Hilde Staberock versteckt gewesen waren, in Sicherheit gelangen. Die Portiersfrau begleitete die beiden schließlich im Zug nach Singen, wo Wilhelm Ritzi sie in Richtung Grenze führte. Sie mussten den Übertritt in den Kanton Schaffhausen jedoch abbrechen, da wegen eines Alarms der Grenzschutz verstärkt worden war.

In den frühen Morgenstunden des 23. Mai 1944 fuhren Emmi Brandt und Eva Caro mit dem Regionalzug nach Singen zurück. Im Zug fiel einem der Arbeiter das Reisegepäck der Fremden auf, und er denunzierte sie bei der Polizei. Im Verhör gab Emmi Brandt die ihr bekannten Namen preis. Wenig später wurden Hilde Staberock, Luise Meier und alle beteiligten Männer verhaftet. Elise Höfler, eine gebürtige Schweizerin, die in die Aktivitäten ihres Mannes involviert war, entkam mit ihrer Tochter in die Schweiz. Ihr

Familie Höfler und Luise Meier (zweite von links), aufgenommen um 1952.

Haus in Gottmadingen wurde beschlagnahmt. Emmi Brandt wurde nach längeren Verhören ins KZ Ravensbrück verschleppt, Eva Caro dagegen nach Auschwitz. Beide überlebten die Haftzeit.

Festnahmen und Ermittlungen
Nach der Festnahme ermittelte das Sondergericht Freiburg gegen Luise Meier und ihre Mithelfer wegen „fortgesetzter Beihilfe zur illegalen Auswanderung von Juden nach der Schweiz". Man wollte offenbar wissen, ob „in Berlin noch weitere Hintermänner ermittelt werden" könnten und ob „die Meier nur ein Mitglied einer noch größeren Judenschlepporganisation ist". Dafür hätten sich jedoch, so der Oberstaatsanwalt des Sondergerichts Freiburg am 27. Juni 1944, „bisher keine sicheren Anhaltspunkte"[4] gewinnen lassen.

Eine Rolle dürfte auch gespielt haben, ob die Beschuldigten – nach Einschätzung des Gerichts – primär aus humanitären Gründen gehandelt hatten oder vor allem aus materiellem Interesse. Die Gestapo beschlagnahmte zahlreiche Wertgegenstände in den Wohnungen mehrerer Beschuldigter.

---
4 Vgl. Bundesarchiv, R 3001/147875: Ermittlungsverfahren der Oberstaatsanwaltschaft beim Sondergericht Freiburg.

Dabei war jedoch nicht eindeutig feststellbar, was aus dem Besitz der Helfenden stammte oder was von den Flüchtlingen nur vorübergehend zurückgelassen worden war. Auch wenn von den Verfolgten — wie einige Überlebende nach dem Krieg angaben — Geld oder Sachwerte verlangt wurden, ist nicht mehr zu klären, wer — und in welcher Höhe — davon profitiert hat. So schildert etwa Jizchak Schwersenz, dass die badischen Fluchthelfer zunächst 6000 Reichsmark von ihm forderten. Diese hohe Summe konnte Schwersenz nicht aufbringen. Auf Bitten von Luise Meier waren die Männer jedoch schließlich bereit, statt des Bargelds vier Koffer mit Wäsche anzunehmen.

Nach Aussagen mehrerer Flüchtlinge ließ sich Luise Meier offenbar lediglich die Unkosten erstatten, die ihr durch die wiederholten weiten Bahnreisen von Berlin nach Singen entstanden. Umgekehrt fuhr Josef Höfler mehrmals in die Reichshauptstadt, um Details der Fluchthilfe zu besprechen, weil dies telefonisch oder brieflich aufgrund der Zensur zu gefährlich gewesen wäre.

Dass die badischen Fluchthelfer — alle waren verheiratet und hatten mindestens ein Kind — im Fall einer möglichen Verhaftung ihre Familien wenigstens finanziell abgesichert wissen wollten, ist nachvollziehbar. Sie alle kamen aus wirtschaftlich einfachen Verhältnissen. Auch wenn sie einem zusätzlichen Verdienst nicht abgeneigt waren, nahmen sie dafür ein enormes Risiko auf sich und handelten in der Absicht, Menschenleben zu retten.

Ob der Staatsanwalt beim Sondergericht Freiburg zu dem Schluss kam, dass Luise Meier und ihre Mithelfer in erster Linie aus Gewinnsucht handelten, kann nicht mehr festgestellt werden, da die Anklageschrift infolge der Kriegsereignisse als verloren gilt. Möglicherweise hätte sich eine „kriminelle" Motivation strafmildernd ausgewirkt. Denn wer an den jüdischen Flüchtlingen lediglich verdienen wollte, erschien den Machthabern weniger gefährlich als jemand, der aus Mitmenschlichkeit handelte und dessen Vorgehen daher als Akt des Widerstands gegen das Regime ausgelegt wurde.

Im Juli 1944 wurde das Verfahren gegen Luise Meier und ihre Mitstreiter auf Geheiß des Reichsjustizministeriums an den Volksgerichtshof in Berlin abgegeben, der für die Aburteilung von Hoch- und Landesverrat zuständig war. Dort sollte die Anklage auf „Feindbegünstigung" lauten, worauf lebenslange Zuchthausstrafe oder sogar die Todesstrafe standen. Im Januar 1945 galten die Ermittlungen des Volksgerichtshofs als abgeschlossen, und der Oberreichsanwalt wollte nun Anklage erheben. Doch zur Verhandlung kam es glücklicherweise nicht mehr. Über die Gründe kann aufgrund fehlender

Gerichtsakten nur spekuliert werden. War der Volksgerichtshof nach dem Attentat auf Hitler am 20. Juli 1944 mit Prozessen überlastet? Lag es am Chaos der letzten Kriegsmonate? Oder waren die von Luise Meiers Tochter Lieselotte, einer Studienassessorin, eingeschalteten Anwälte erfolgreich, die das Verfahren in die Länge zu ziehen versuchten?

Im Fall einer Verhandlung vor dem Volksgerichtshof, der für seine zahlreichen Todesurteile berüchtigt war, hätten die Beschuldigten mit dem Schlimmsten rechnen müssen. Schließlich durften sie aber im Frühjahr 1945 die Befreiung erleben: Luise Meier und Hilde Staberock am 21. April 1945 in Stockach am Bodensee, wohin sie im März von Singen aus verlegt worden waren. Josef Höfler und Wilhelm Ritzi wurden aus dem Landgerichtsgefängnis Konstanz entlassen. Willy Vorwalder und Hugo Wetzstein dagegen wurden auf einem Todesmarsch vom KZ Dachau befreit, wohin sie noch kurz vor Kriegsende, am 23. April 1945, überstellt worden waren.

Das Fluchthilfenetz um Luise Meier und Josef Höfler war keine fest strukturierte „Judenschlepporganisation", wie es im NS-Jargon abschätzig hieß. Vielmehr waren es mutige Einzelpersonen, die sich in einer konkreten Situation entschlossen, nach vertrauenswürdigen Mitstreitern zu suchen und Fluchthilfe zu leisten. Nicht alle standen miteinander in direktem Kontakt. Auch wenn die Beteiligten überzeugt waren, richtig zu handeln, war ihnen klar, dass sie nicht nur mit dem Gesetz in Konflikt kommen, sondern auch zu „Kriminellen" abgestempelt werden könnten. Wer Fluchthilfe leistete, musste mit der Verurteilung durch ein Sondergericht oder gar mit der Einweisung in ein Konzentrationslager rechnen. Dennoch nahmen sie die Gefahr in Kauf, um Verfolgte, die sie in den allermeisten Fällen vorher nicht kannten, vor der Deportation zu bewahren. Sie leisteten damit Widerstand gegen das erklärte Ziel des Regimes, die jüdische Bevölkerung zu ermorden.

Schmerzhaft war es für die ehemaligen Helferinnen und Helfer, dass sie nach dem Krieg jahrelang um eine finanzielle Entschädigung für die Haftzeit beziehungsweise für die von der Gestapo beschlagnahmten Sachwerte kämpfen mussten. Bis auf Josef Höfler, der 1984 mit dem Bundesverdienstkreuz geehrt wurde, blieb ihnen eine offizielle Anerkennung zu Lebzeiten versagt. Erst posthum, im Jahr 2001, wurden Luise Meier sowie Josef Höfler und seine Frau Elise für ihre Hilfe von der israelischen Gedenkstätte Yad Vashem als „Gerechte unter den Völkern" ausgezeichnet. Seit einigen Jahren wird auch in der Gedenkstätte „Stille Helden" in Berlin an sie erinnert.

Literatur

Battel, Franco: „Wo es hell ist, dort ist die Schweiz". Flüchtlinge und Fluchthilfe an der Schaffhauser Grenze zur Zeit des Nationalsozialismus, Zürich 2000.

Behrend-Rosenfeld, Else: Ich stand nicht allein. Erlebnisse einer Jüdin in Deutschland 1933 bis 1944, Hamburg 1949.

Krell, Else: Wir rannten um unser Leben. Illegalität und Flucht aus Berlin 1943, hrsg. von Claudia Schoppmann, Berlin 2015.

Meier, Luise: Assistance to Jews Escaping from Germany, Yad Vashem 02/188, Wiener Library Nr. 193.

Schwersenz, Jizchak: Die versteckte Gruppe. Ein jüdischer Lehrer erinnert sich an Deutschland, Berlin 1988.

Strauss, Herbert: Über dem Abgrund. Eine jüdische Jugend in Deutschland 1918–1943, Frankfurt/M. 1997.

Strauss, Lotte: Über den grünen Hügel. Erinnerungen an Deutschland, Berlin 1997.

Peter Haigis

Hildegard Spieth (1919–1999) – die Stettener Pfarrfrau rettete zwei Juden das Leben

„In diesem Pfarrhaus überlebte das jüdische Ehepaar Max und Ines Krakauer die letzten Kriegstage. Über 20 Monate waren beide in Württemberg versteckt worden. Zuletzt gewährte ihnen die Stettener Pfarrfrau Hildegard Spieth (1919–1999) unter Einsatz ihres Lebens hier eine Zuflucht bis zum Einmarsch der amerikanischen Streitkräfte am 21. April 1945."

So erinnert eine Gedenktafel am Pfarrhaus in Stetten im Remstal seit April 2004. Das Gedenken gilt einerseits dem jüdischen Ehepaar Max und Ines Krakauer, die wie Tausende andere auch vor der Verfolgung durch die Nationalsozialisten untergetaucht waren. Andererseits wird an die damalige Stettener Pfarrfrau Hildegard Spieth erinnert.

Die Lebensgeschichte des Ehepaars Krakauer ist weitgehend bekannt: Max Krakauer, Jahrgang 1888, stammte aus Leipzig und war Leiter einer großen Filmfirma. In Leipzig lernte er auch seine Frau Karoline, genannt Ines, geb. Rosenthal, Jahrgang 1894, kennen. Nach Beginn der Judenverfolgung durch die Nationalsozialisten im Jahr 1933 versuchten sie mehrmals auszuwandern, doch alle Pläne scheiterten. 1939 übersiedelten sie nach Berlin und mussten dort Zwangsarbeit leisten. Als im Januar 1943 Berlin mit der sogenannten „Fabrikaktion" „judenfrei" gemacht werden sollte, tauchten sie als Ehepaar Ackermann unter. Sie durchliefen verschiedene Stationen in Berlin und Pommern und gelangten schließlich im August 1943 nach Württemberg. Weniger bekannt sind dagegen diejenigen, die zu den Helfern und Rettern jener verfolgten Juden gehören und ihnen Unterschlupf und Lebensmittel boten, wie zum Beispiel Hildegard Spieth.

Quartiersuche für flüchtige Juden
Die Geschichte, die Hildegard Spieth mit dem Lebensschicksal von Max und Ines Krakauer in Verbindung bringt, begann Anfang 1945, als der damals in Flacht bei Weissach westlich von Stuttgart tätige Pfarrer Otto Mörike im Stettener Pfarrhaus auftauchte, um bei der Ehefrau seines Kollegen um Asyl für zwei flüchtige Juden aus Berlin zu ersuchen. Er selbst und seine Frau Gertrud gehörten einem informellen Netzwerk von Helferinnen und Hel-

fern an und hatten das Ehepaar Krakauer schon zwei Mal im eigenen Pfarrhaus versteckt. Inzwischen wurden jedoch die Aussichten, noch verfügbare Quartiere zu finden, immer dürftiger. In zwei Interviews im April 1995 und im November 1996 gab Hildegard Spieth fünfzig Jahre später Auskunft über jenen Besuch:

> „Im Februar 1945 kam Pfarrer Mörike zu mir. Er hatte sich mit zur Aufgabe gemacht, für die Krakauers — Ackermann hießen sie ja damals — immer wieder Unterschlupf zu finden. Ich habe ihn vorher nicht gekannt, aber er sagte, er kenne meinen Mann. Er hat mir erzählt, dass er Juden bei sich gehabt habe, und mich gefragt, ob ich sie unterbringen könne. Wir haben lange darüber gesprochen. Ich hatte nicht gewusst, dass es noch Juden gibt, die illegal in Deutschland leben. Das waren ja Tausende gewesen, wie nach Kriegsende bekannt wurde. Obwohl ich mir der Gefahr damals bewusst war, habe ich zugesagt, nachdem ich noch mit meinen Eltern gesprochen hatte, die oft zu mir kamen. Sie hatten zwar Bedenken, haben aber meinen Entschluss unterstützt. Ich habe mir gedacht, mein Mann wäre auch dazu bereit gewesen.
>
> Bevor sie zu mir gekommen sind, waren sie bei Dekan Zeller in Waiblingen. Das war ein sehr kluger und liebenswürdiger Mensch. Er hatte mir gesagt, es werde etwa April werden, bis sie zu mir kommen, bis dahin hätte er noch Quartiere und er würde mich kurzfristig benachrichtigen. Damals hatten wir kein Telefon mehr und deshalb hat er mir jemand von Waiblingen geschickt mit der Nachricht, der Besuch käme etwa am 8. April."[1]

Die Planung möglicher Fluchtwege und Quartieraufenthalte war längst ausgesprochen schwierig geworden. Die herannahenden Truppen der Alliierten und die sich täglich verschiebenden Frontverläufe engten auch für die Geflüchteten sowie für ihre Fluchthelfer den Spielraum immer mehr ein.

Die Befreiung lässt auf sich warten

Nachdem das Ehepaar Krakauer, das unter dem Decknamen Ackermann unterwegs war, zu Dekan Hermann Zeller nach Waiblingen gelangt war, verschaffte dieser ihnen zunächst die Möglichkeit zu einem einwöchigen Aufenthalt im Pfarrhaus von Korb im Remstal. Die Frau des dortigen Pfarrers Eberhard Beck, die neben ihren vier Kindern eine Schwester mit deren Tochter sowie die Gemeindediakonin beherbergte, nahm das Ehepaar Krakauer großzügig bei sich auf. Nach Ablauf der Wochenfrist kamen die beiden zurück ins Waiblinger Dekanshaus. Eventuell hätte sich eine getrennte Unter-

---

[1] Die Interviews, die von Eberhard Kögel am 24.4.1995 und am 5.11.1996 geführt wurden, sind unveröffentlicht. Ich beziehe mich hier auf zusammenfassende Verschriftlichungen aus dem Archiv Eberhard Kögels, dem ich für die Erlaubnis der Zitation herzlich danke.

bringung in den Remstalorten Grunbach und Stetten angeboten, doch Max und Ines Krakauer wollten sich in der jetzigen Phase der Kriegsereignisse nicht mehr trennen, was Dekan Zeller gut verstehen konnte. So behielt er beide bei sich, bis der Weg nach Stetten geebnet war. Ein kurzes, von ihm arrangiertes Treffen zwischen den Krakauers und Hildegard Spieth sollte die notwendigen Verabredungen ermöglichen.

Hildegard Spieth hat die Begebenheit ohne nähere Angaben in ihrem Tagebuch unter dem Datum vom Freitag, 6. April 1945, festgehalten: „8 Uhr Haushalt, ½ 2 Uhr nach Waiblingen auf Wirtschaftsamt u[nd] zum Dekan, ½ 6 Uhr zurück, Papa da, 7 Uhr gegangen, [...] den ganzen Tag Voralarm + Alarm", liest man dort.[2] Ausführlicher beschrieb Max Krakauer in seinen nach Kriegsende niedergeschriebenen Aufzeichnungen jene erste Begegnung mit der jungen Pfarrfrau aus Stetten:

> „Die Befreiung ließ auf sich warten. Im Frühjahr ist es in einem Stadthaushalt besonders schwer, mit den Lebensmittelzuteilungen auszukommen, und im Dekanat gab es nur drei Karten. [...] Wir saßen fest; noch einmal boten die Ereignisse unserer Wanderschaft Halt. Da erschien eine sehr junge Dame im Dekanat, die uns als Frau Pfarrer Sp[ieth] aus Stetten vorgestellt wurde. Als Dekan Z[eller] ihr erzählte, dass wir in diesen kritischen Tagen gerne zusammenbleiben wollten, erklärte sie sich bereit, nicht nur meine Frau, sondern uns beide bei sich aufzunehmen – für eine Woche. Eine Woche, nicht nur einen Tag! Bis dahin würde sich alles entscheiden. Wenn es uns gelang, diese acht Tage zu überstehen, waren wir gerettet."[3]

Bis Max und Ines Krakauer endlich nach Stetten weiterziehen konnten, vergingen jedoch noch einige Tage. Sie kamen schließlich am Dienstag, 10. April, in dem kleinen Weinort an. Frau Spieth notierte in ihr Tagebuch: „7 Uhr Haushalt, Herr u[nd] Frau A[ckermann] gek[ommen], im Garten nähen, 9 Uhr Kirchenchor."[4] Dekan Zeller begleitete das Ehepaar, das seine Habseligkeiten in zwei Koffern verstaut auf einem Handwagen mit sich führte, persönlich zum Quartier.

---

2 Zitiert nach einem Faltblatt, das Eberhard Kögel in Zusammenarbeit mit der Evangelischen Kirchengemeinde Stetten im Remstal anlässlich der Anbringung einer Gedenktafel für Frau Spieth am Stettener Pfarrhaus im Jahr 2004 produziert hat.
3 Max Krakauer: Lichter im Dunkel. Flucht und Rettung eines jüdischen Ehepaares im Dritten Reich, Stuttgart 1947, S. 126.
4 Vgl. Anm. 2.

Hildegard Spieth mit ihrem Ehemann Helmut. Das Hochzeitsfoto stammt aus dem Jahr 1940.

Eine junge Frau zeigt Zivilcourage

Die 25-jährige Pfarrfrau war damals keineswegs allein in ihrem geräumigen Pfarrhaus. Die Gebäude der Kirchenleitung in Stuttgart waren ausgebombt und deren Mitarbeiter in den kleinen Remstalort Großheppach evakuiert worden. Die Oberkirchenräte und Prälaten wurden auf die umliegenden Pfarrhäuser verteilt, und so war auch das Stettener Pfarrhaus als Quartier für einen Kollegen der Kirchenleitung samt Frau und Kind – es handelte sich um den späteren Landesbischof Martin Haug – bestimmt. Frau Spieth sah sich – gestützt durch die Rückendeckung des Dekans – genötigt, den Mitarbeiter der Kirchenleitung über die Aufnahme der „Ackermanns" zu unterrichten. Schließlich wohnte man Wand an Wand und teilte Küche und Toiletten. Doch die Akzeptanz, auf die die Pfarrfrau stieß, war ausgesprochen gering. Der Oberkirchenrat gab Frau Spieth zu verstehen, er wäre in die Sache lieber nicht hineingezogen worden. So belaste dies sein Gewissen. Am Ende tolerierte die Familie allerdings die Aktion und blieb verschwiegen.

Hildegard Spieth, geb. Wolpert, wurde am 23. Juli 1919 in Stuttgart geboren. Sie besuchte zunächst das Stuttgarter Mädchengymnasium Katharinenstift, danach eine Diakonieschule. Im Jahr 1941 heiratete sie Pfarrer Helmut Spieth, der seit 1936 als Pfarrverweser in Stetten im Remstal tätig war. „Mein Mann", so erzählte sie im Interview von 1995/96,

> „wurde 1940 zur Wehrmacht eingezogen und hatte dann den ganzen Frankreichfeldzug unter unvorstellbaren Strapazen bei größter Hitze mitgemacht, mit täglichen Fußmärschen zwischen 50 und 60 km. Anfang 1941 hatte der Kirchengemeinderat eine Eingabe beim Wehrbezirkskommando Esslingen gemacht und um ‚uk'-Stellung [uk = unabkömmlich, im „Dritten Reich" oft beantragt für Inhaber bestimmter Berufe wie Ärzte, Pfarrer oder Unternehmer] für einige Wochen gebeten, um das Stettener und auch das [benachbarte] Strümpfelbacher Pfarramt zu versorgen. Der Strümpfelbacher Pfarrer war nämlich auch bei der Wehrmacht. Ein der Kirche gutgesinnter Wehrmachtskommandant hat dem stattgegeben. Das gab es damals auch. Es war nämlich nicht selbstverständlich, dass ein junger Mann ‚uk' gestellt wurde. In diesen Wochen hatten wir geheiratet.
>
> Zunächst kümmerte ich mich mit meinem Mann zusammen um die kirchliche Jugendarbeit, damals nur mit Mädchen von der Konfirmation ab aufwärts. [...] Als mein Mann wieder zur Wehrmacht, d. h. also wieder ‚ins Feld' musste, blieb mir allein die Aufgabe der Jugendarbeit. Und vieles andere kam dazu. Zum Beispiel die Führung der Kirchenbücher war mir übertragen, die Sorge, Pfarrer für die Gottesdienste zu finden, für Beerdigungen, Trauergottesdienste und eventuell Trauungen. Besuche bei den Angehörigen der Gefallenen und bei Kranken gehörten ebenfalls zu meinem Dienst. Nicht zu vergessen die amtliche Schreibarbeit. Mein Mann kämpfte mit seiner Einheit an der Westfront. Ab Oktober 1944 hatte ich ein Jahr lang von ihm nichts mehr gehört. Erst im Oktober 1945 erhielt ich die erste Post aus England, eine Karte mit 25 Wörtern. Mehr durften die Gefangenen nicht schreiben."⁵

Sensibilisiert für die Not anderer

Für das Leid der jüdischen Mitbevölkerung war Hildegard Spieth bereits Jahre zuvor sensibilisiert worden. In ihrem Interview äußerte sie lebhafte Erinnerungen an Deportationen, die von Stuttgart abgingen und deren unfreiwillige Augenzeugin sie wurde:

> „Mein Mann hatte 1942 vierzehn Tage Urlaub gehabt. Da meine Mutter von Altensteig gebürtig war, sind mein Mann und ich dort 10 Tage gewesen. Als wir mit dem Zug zurückgefahren und in Stuttgart angekommen sind, sahen wir auf dem Nachbarbahnsteig dicht gedrängt eine große Menge von Leuten. Das waren alles Juden mit den Judensternen, teilweise in Rollstühlen. Auch jüdische Krankenschwestern waren dabei. Sie wurden bewacht von einem großen Aufgebot an SS-Leuten mit Megaphonen: ‚Nicht stehen bleiben! Weitergehen! Weitergehen!' wurden die Reisenden auf den anderen Bahnsteigen angeschrien. Oben auf dem Killesberg war die Sammelstelle. Von dort wurden sie an den Bahnhof und dann wei-

---

5 Vgl. hierzu die Bemerkungen in Anm. 1.

ter transportiert. Und zwar mit Bettzeug und Taschen. Sie meinten ja alle, sie kommen wieder heim, irgendwann einmal. Kinder waren auch dabei. Das war 1942. Wir waren tief erschüttert."[6]

Während der Zeit, als Max und Ines Krakauer bei Hildegard Spieth einquartiert waren, galt ihr Bestreben vor allem dem Ziel, den von ihrer mehr als zweijährigen Flucht reichlich ausgezehrten und gehetzten Flüchtigen einen Raum der Geborgenheit zu verschaffen. Sie bezog die beiden — so gut es irgend möglich war — in den Pfarrhausalltag ein, ging mit ihnen spazieren und einkaufen, musizierte mit ihnen und ließ Herrn Krakauer im Garten arbeiten und im Hof das Holz spalten. In ihrem Tagebuch notierte Hildegard Spieth unter dem Sonntag, 15. April: „9 Uhr Kirche, mit Ackermanns spaz[ieren], ein wenig musizieren, ab[en]ds unterhalten. D[en] g[an]z[en] Tag Vor- u[nd] Alarm." Und unter dem Datum vom Montag, 16. April, schrieb sie: „Mittags alle zus[ammen] das Tal hinaus spaz[iert], ab[en]ds noch mit Hr. A[ckermann] unterhalten, [...] fortwähr[end] Voralarm u[nd] A[larm]."[7]

Größte Unauffälligkeit nach außen — Ackermanns galten einfach als Evakuierte aus Berlin — und größte Selbstverständlichkeit in der Tagesgestaltung sollte den Verfolgten das Gefühl der Bedrohung und Angst nehmen. Doch das Kriegsgeschehen und die unberechenbaren Ereignisse in einem in Auflösung begriffenen Unrechtsstaat waren allgegenwärtig: „Jedes Klingeln an der Hausglocke erschreckte uns alle drei, besonders am Abend. Zur Beruhigung der beiden trugen auch die etwa 150 Zigaretten bei, die ich als Nichtraucherin gehortet hatte — für Notfälle", erinnerte sich Frau Spieth später.

> „Zwei oder drei Tage vor dem Einmarsch der Amerikaner klingelte es abends um etwa 9 Uhr an der Türe des Pfarrhauses. Es war ein Ordonnanzoffizier, der mir sagte, sie kämen über den Wald von Esslingen her, hätten verwundete Soldaten bei sich und möchten im Pfarrhauskeller einen Hauptverbandsplatz einrichten. Mein Herz stockte. Zumal meine Stuttgarter Mitbewohnerin mich spontan bat, Ackermanns wegzuschicken. Sie hatte die größte Sorge, dass die Belegung des Kellers mit Verwundeten und Sanitätern uns den sicheren Tod brächte. Es war klar, wenn diese Einquartierung käme, dass die Personalien aller Hausbewohner, auch der Nachbarn, die immer in den Keller kamen, meistens Frauen und ältere Männer, kontrolliert werden würden. Diese Situation hätte unser Ende bedeuten können. Der Tod war in diesen Monaten und Wochen allgegenwärtig. Wir wussten, dass im Remstal in Folge kleinster Anlässe Menschen an den Bäumen hingen. Mein erster Gedanke war, was in diesem Fall aus meinem elf Monate alten Bub

---

6 Vgl. Anm. 1.
7 Vgl. Anm. 2.

werden würde. Sie haben ja immer nur die Erwachsenen aufgehängt und die Kinder sind wer weiß wohin transportiert worden."[8]

In diesem Augenblick bewies Hildegard Spieth größten Mut. Sie stellte sich selbstbewusst vor Max und Ines Krakauer und machte der Mitbewohnerin klar, dass dieses Haus ihr Haus sei, dass sie darin das Sagen habe und auch allein die Verantwortung dafür trage, wem sie ihre Türen öffne. Zur Einquartierung der deutschen Militärs kam es dann glücklicherweise nicht mehr. Die amerikanischen Truppen waren schon zu nahe herangerückt.

Tag der Befreiung
Am 21. April 1945 rückten amerikanische Soldaten in Stetten ein. Für das Ehepaar Krakauer wurde es der Tag der lang ersehnten Befreiung. Hildegard Spieth hielt die Ereignisse der letzten Kriegstage kurz und bündig in ihrem Tagebuch fest:

„Freitag, 20. April [der in den Kalender eingedruckte Hinweis auf „Führers Geburtstag" ist durchgestrichen]: 7 Uhr Haushalt, mit A[ckermanns] auf Siebenlinden spaz[iert], Winnenden brennt. Gr[oße] Anspannung. Stricken. ½ 12 i[m] Bett. Deutsches Militär will Quartier nachm[ittags]. D[en] g[an]z[en] Tag Voralarm.

Sonnabend, 21. April: ½ 7 Haushalt, nachm[ittags] Besetzung Stettens durch USA Truppen. Alles gut gegangen. Kein Licht. [...] Viel Arti[llerie]-Feuer in der Nacht. ½ 12 Uhr i[m] Bett.

Sonntag, 22. April: Kein Licht. Ausgang v[on] 7–9 Uhr u[nd] 15–17 Uhr. [...] 8 Uhr kurz Kirche. Dann daheim mit Ackermanns. 3–5 Uhr Konfirmation. Zuhause unterhalten mit A[ckermanns]. Kein Licht. ¾ 10 Uhr i[m] B[ett]. Tag sehr ruhig, ohne Schießen. Haussuchung nach Waffen.

Montag, 23. April: 7 Uhr Haushalt, [...] Kaufmann kurz da. Dekan Zeller gekommen u[nd] Ackermanns mitgenommen nach Waibl[ingen]. Lesen. ¼ 10 Uhr i[m] Bett."[9]

Etwas ausführlicher beschreibt Frau Spieth den Tag der Befreiung fünfzig Jahre später im Interview:

„Wir waren noch im Esszimmer bei einer Tasse Kaffee, natürlich Ersatzkaffee, als wir plötzlich das Rattern von Panzern hörten. Wir eilten sofort in den Keller, denn wir wussten natürlich nicht, was folgen würde. Nachdem es ziemlich ruhig wurde, wagte Herr Ackermann [...] den Keller vorsichtig zu verlassen. Auch wir Frauen folgten ihm ins Freie, in den Hof des Pfarrhauses. Erster Eindruck: Amerikanische Soldaten schlichen sich mit Maschinenpistolen bewaffnet an den Häusern entlang, nach allen Seiten spähend. Wir standen da und harrten der Dinge, die da kommen würden. Eigentlich ohne große Angst. Ich hatte mein Kind auf

---
8 Vgl. Anm. 1.
9 Vgl. Anm. 2.

dem Arm, fest an mich gedrückt. Auch zum Schutz für mich, denn besonders wir Frauen wussten ja nicht, was auf uns zukommt. Die Tage zuvor, vor dem Einmarsch, wurden uns von den Nazis die schrecklichsten Gräuelgeschichten erzählt, um uns Angst zu machen. Brutalste Vergewaltigungen, Erschießungen, und wir würden alle in den Bunker oben in der Steige gesperrt und mit Handgranaten in die Luft gejagt. Gott sei Dank, ging alles ruhig und friedlich vorüber. Natürlich waren wir in Sorge, ob nicht ein paar Verrückte bzw. SS-Leute oder der Volkssturm, der an den Zufahrtswegen nach Stetten Barrikaden errichtet hatte, aktiv werden würden. Aber zum Glück hatten einige beherzte Männer diese Barrikaden vor dem Einmarsch wieder entfernt. Nun wurden einige amerikanische Panzer auf dem Kirchplatz und auch an einigen anderen Stellen platziert. Man wurde durch Lautsprecher aufgefordert, sich in die Häuser und Wohnungen zu begeben, und es wurde uns mitgeteilt, dass bis auf weiteres Ausgehverbot sei. Man war zunächst etwas ratlos, wie es weitergehen sollte. Nichts ereignete sich. So gingen wir abends nach all den Aufregungen recht erleichtert ins Bett, zum ersten Mal nach 6 Jahren ohne Angst vor weiteren Fliegeralarmen.

Am nächsten Tag, einem Sonntag, dem 22. April, waren allgemeine Razzien in ganz Stetten. Die Amerikaner kamen in alle Häuser, je zwei und zwei, um an allen Ecken und Enden nach eventuell versteckten deutschen Soldaten und Waffen zu spähen. Jeder Bewohner musste sich der Ausweiskontrolle unterziehen. Natürlich auch meine Ackermanns. Ich holte mein bestes Schulenglisch hervor und sagte ihnen, dass dies das Haus des Pfarrers sei und dass dieses Ehepaar keine Ausweise habe, da sie Juden seien, die seit fast zweieinhalb Jahren untergetaucht waren. Die Amerikaner konnten zuerst nicht glauben, dass in Hitlerdeutschland noch Juden lebten, es seien doch alle vergast worden. Sie haben also von den Vergasungen gewusst. Nun, sie stellten keine weiteren Fragen. Ich sagte ihnen noch einmal, dass sie sich in einem Pfarrhaus befänden und dass viele Juden bei Pfarrern Unterschlupf gefunden hatten. Jetzt erfuhr ich von Ackermanns auch den wahren Namen – Max und Ines Krakauer. Die Befreiung brachte für uns ein unbeschreibliches Glücksgefühl. Die ständige Angst war von uns abgefallen, und besonders Krakauers mussten sich immer wieder umarmen und unter Freudentränen ihrer Dankbarkeit mir gegenüber Ausdruck geben. Ich nahm sie stellvertretend für die vielen, die ihnen geholfen hatten, entgegen."[10]

Rosen zur Anerkennung und eine späte Ehrung

Wenige Tage nach der Befreiung fuhr ein US-Jeep mit zwei amerikanischen Offizieren der Kommandantur in Waiblingen und mit Dekan Zeller beim Pfarrhaus Spieth in Stetten vor. Zeller hatte mit dem amerikanischen Kommandanten von Waiblingen gesprochen, weil Max und Ines Krakauer keine Ausweise besaßen und deshalb auch keine Lebensmittelkarten bekommen konnten. Einer der beiden Offiziere, der in Amerika Pfarrer einer Methodistenkirche war, überreichte Frau Spieth einen Rosenstrauß. Die beiden Kof-

---

10 Vgl. Anm. 1.

Ines und Max Krakauer, aufgenommen auf einem nicht genau zu datierenden Foto um 1945.

fer mit den wenigen Habseligkeiten der Krakauers waren schnell gepackt. Der Jeep brachte das befreite jüdische Ehepaar zu Dekan Zeller nach Waiblingen, wo sie die nächsten Wochen wohnen konnten. Später erhielten sie eine Wohnung, die von einem mittelständischen Fabrikanten beschlagnahmt worden war, der sich in der Zeit der Naziherrschaft an einer jüdischen Fabrik bereichert hatte. Helmut Spieth kehrte 1948 aus der Kriegsgefangenschaft zurück. 1952 zog Familie Spieth nach Fellbach, wo Helmut Spieth geschäftsführender Pfarrer an der Lutherkirche wurde. Dort lebte Frau Spieth mit einer kurzen Unterbrechung bis zu ihrem Tod am 10. April 1999. 1979 erhielt sie das Bundesverdienstkreuz. Außerdem wurde das Andenken an sie in die 2008 eröffnete Berliner Gedenkstätte „Stille Helden" aufgenommen.

Hildegard Spieth hat durch ihr Verhalten großen Mut bewiesen. Die Beherbergung des flüchtigen jüdischen Ehepaars Krakauer hat zwei Menschen das Leben gerettet, die andernfalls der erbarmungslosen Todesmaschinerie der nationalsozialistischen Terrorherrschaft zum Opfer gefallen wären. Insgesamt zwei Wochen hat die Stettener Pfarrfrau die beiden Juden in ihrem Haus beherbergt — zwei Wochen Sicherheit in ihrer unruhigen und bedrohten Lebensphase, zwei von mehr als hundert Wochen auf der Flucht. Das scheint nur ein kleiner Beitrag zu sein, doch wer die Aufzeichnungen

Max Krakauers liest, bekommt einen Eindruck davon, wie wertvoll in dieser Zeit jeder Tag für ihn und seine Frau war, an dem sie sich einigermaßen sicher und geborgen fühlen konnten. Hildegard Spieth hat mit ihrem Einsatz ihre Freiheit, ja ihr eigenes Leben aufs Spiel gesetzt. Ihre Tat war ein Akt gegen den NS-Unrechtsstaat, es war eine Form von Widerstand — ganz unauffällig, wenig spektakulär, aber im biographischen Schicksal zweier verfolgter Menschen ausgesprochen wirksam.

Die späteren Äußerungen Hildegard Spieths zeigen, wie sie selbst diesen Widerstandsakt verstanden hat. Sie fühlte sich weder als politische Kämpferin noch als mutige Heldin. Nach dem Krieg über ihr Handeln zu sprechen, erschien ihr lange Zeit keineswegs nötig — auch aus Bescheidenheit. Sie handelte nicht aus dem strategischen Kalkül heraus, später gut dazustehen, sondern aus purer Menschlichkeit und Nächstenliebe, spontan und intuitiv. Und dennoch ist ihr so ganz und gar unprätentiöses Beispiel als eine Form von Widerstand in der Zeit des nationalsozialistischen Terrors in Deutschland zu verstehen.

Anlässlich der Verleihung des Bundesverdienstkreuzes sagte Hildegard Spieth 1979:

> „Ich muss Ihnen gestehen: Ich war damals nicht so sehr mutig, wie es vorhin bei Ihren mancherlei Worten angeklungen ist, als Herr und Frau Krakauer [...] bei mir im Hause waren. Nein, ich hatte auch Angst, Angst bei jedem Läuten an der Haustüre, ganz besonders am Abend. Und auch in der Nacht hat die Angst mich manchmal überfallen: Was ist, wenn die beiden als Juden erkannt werden? Das war nicht auszudenken! Und es gab Situationen, da waren unsere Nerven bis zum Zerreißen gespannt. Als dann die Amerikaner als unsere Befreier kamen, da war ich dankbar, dass ich ein ganz klein wenig dazu beigetragen hatte, dass wenigstens zwei Menschen, die auch erbarmungslos vergast worden wären, das Leben behalten durften. Und darüber freue ich mich noch heute! Vielleicht sollten uns aber gerade solche Ereignisse ermuntern, uns auch heute noch dafür einzusetzen, dass Gerechtigkeit, Menschenwürde, Frieden und Freiheit verwirklicht werden."[11]

Literatur

Haigis, Peter: Sie halfen Juden, Stuttgart 2007.
Krakauer, Max: Lichter im Dunkel. Flucht und Rettung eines jüdischen Ehepaares im Dritten Reich, Erstaufl. Stuttgart 1947, neu herausgegeben von Gerda Riehm und Jörg Thierfelder unter Mitarbeit von Susanne Fetzer, Stuttgart 2007.
Röhm, Eberhard/Thierfelder, Jörg: Juden — Christen — Deutsche, Bd. IV: 1941–1945, Teil I, Stuttgart 2004.

---

11 Vgl. Anm. 2.

Eberhard Zacher

Ludwig Peter Walz (1898–1989) – Helfer bedrängter Juden in Buttenhausen

Ludwig Peter Walz wurde am 7. Februar 1898 in Ulm geboren, wo er die Mittelschule besuchte und danach eine kaufmännische Lehre antrat. Diese absolvierte er zunächst auf dem sogenannten „Judenhof" im Ulmer Ghetto, danach in einem jüdischen Geschäft für Herrenbekleidung in Stuttgart. 1916 erhielt er den Gestellungsbefehl zum Kriegsdienst und kämpfte im Ersten württembergischen Feldartillerie-Regiment „König Karl" Nr. 13. Im Jahr 1918 wurde ihm das Eiserne Kreuz II. Klasse verliehen. Nach Kriegsende arbeitete Walz noch im väterlichen Bekleidungsgeschäft in Ulm, heiratete dann 1921 die Klavierlehrerin Ruth Bacher und zog mit ihr nach Riedlingen, wo er mit finanzieller Unterstützung seines Vaters 1924 ein Geschäft für Herren- und Knabenbekleidung eröffnete.

Unter dem Einfluss seiner Mutter war Walz „mit dem Alten Testament und den alten Propheten als Vorbildern"[1] in der christlichen Gemeinschaft der Siebenten-Tags-Adventisten aufgewachsen.[2] Darüber berichtet er in einem Brief an Jetta Gut, Tochter des Buttenhausener Oberlehrers Naphtali Berlinger:

„So war für meine Mutter der Samstag kein Samstag, sondern der Tag des Herrn – Sabbat. Am Freitag vor Sonnenuntergang war Sabbatanfang. In unmittelbarer Nähe der elterlichen Wohnung war ein jüdischer Bäcker und bei ihm holte ich den Berches.[3] [....] Meiner Mutter war auch wichtig, die Speisegesetze zu beachten. Geistige Getränke waren unter der göttlichen Ordnung ausgeschlossen. So enthielt

---

1 Interview des Verfassers mit Ludwig Walz am 3.1.1981 in Riedlingen.
2 Bei den Siebenten-Tags-Adventisten handelt es sich um eine im 19. Jahrhundert in den USA gegründete protestantische Freikirche. Ihre Mitglieder glauben an die baldige Wiederkehr Jesu Christi, halten den Sabbat (Samstag), den siebenten Wochentag nach der biblischen Zählung, heilig und lehnen getreu den alttestamentlichen Speisegesetzen den Verzehr von Schweinefleisch sowie den Genuss jeglicher Art von Rauschmitteln ab.
3 Berches (hebr. Berachot = Segen, Segenssprüche) ist das jüdische Festtagsbrot zum Sabbat. Die zwölf Teigstränge, zu einem Zopf geflochten, symbolisieren die zwölf Stämme Israels. Die Zutaten sind in der Regel auf helles Weizenmehl, Hefe, Back-

ich mich, bis in mein 26. Lebensjahr, jeglichen Alkohols. Ebenso war das Rauchen ausgeschlossen."[4]

Kontakte zu Buttenhausener Juden

Nach seinem Umzug nach Riedlingen näherte sich Walz der pietistischen Hahn'schen Gemeinschaft, suchte aber gleichzeitig auch den Kontakt zu Juden, nachdem er schon in Ulm die aus Buttenhausen stammende jüdische Familie Levi kennengelernt hatte. Häufig besuchte er nun den Gottesdienst in der Buttenhausener Synagoge und freundete sich schnell mit den Familien Kirchheimer und Berlinger an.[5] Über seine Besuche im Haus Kirchheimer schreibt Walz:

> „Ich war sehr oft Gast in der Familie Kirchheimer. Eine Kammer in dem Haus war stets für mich gerichtet. Segensreich waren die Freitagabende in Gemeinschaft mit Familie Kirchheimer. Zum Sabbataus gang reichte der gottesfürchtige Herr Kirchheimer ein Kästchen herum, nachdem er als erster mit freudigen Augen hineingesehen und den Geruch der Pflanzen aus dem Heiligen Land eingeatmet hatte. ‚Kraft für die ganze Woche', so sprach er, gebe ihm das Sehen und Riechen der Pflanzen aus dem Heiligen Land."[6]

An anderer Stelle berichtet Walz:

> „Ich kam auch zu Herrn Kirchheimer, der eine Bäckerei hatte. Da kamen am Freitagabend gelegentlich von den jüdischen Familien die Männer oder die Frauen, man erzählte, man sprach, ich kannte das Alte Testament von Jugend auf, so dass ich gut mit ihnen sprechen konnte. Ich konnte mit ihnen fühlen, auch in der Lage, in der sie jetzt waren, das hat sie tief beeindruckt. Herr Kirchheimer, dem es gelegentlich passierte, dass ihm ein Gebetbuch entfallen ist, bückte sich und küsste dieses Gebetbuch, und ich sagte zu ihm: ‚Herr Kirchheimer, warum küssen Sie dieses Buch?' ‚Es ist mir so sehr leid, dass mir dieses Buch entfallen ist. Gott der Ewige möge mir vergeben, meine Unachtsamkeit'."[7]

---

malz, Salz und Wasser beschränkt. In Buttenhausen wurde der Berches mit Mohn bestreut und, mit einem Tuch bedeckt, auf einer Platte serviert.

4 Christoph Knüppel: Zur Geschichte der Juden in Riedlingen, in: Heimatkundliche Blätter des Kreises Biberach 29 (2006), H. 2, S. 38–65, hier S. 53.

5 Kirchheimer war Bäcker und Mesner in Buttenhausen, Berlinger Oberlehrer an der Israelitischen Volksschule, Vorsänger und Gemeindepfleger, Mohel (Beschneider) und Schochet (Schächter).

6 Walz in einem Brief vom 12.1.1973 an den Jüdischen Nationalfonds, abgedruckt in: Knüppel, Geschichte der Juden in Riedlingen (wie Anm. 4), S. 53.

7 Juden und ihre Heimat Buttenhausen, Gedenkbuch zum 200. Jahrestag des Buttenhausener Judenschutzbriefs am 7. Juli 1987, hrsg. von der Stadt Münsingen, Münsingen 1987, S. 93.

Als nach der „Machtergreifung" der Nationalsozialisten 1933 die Zwangsmaßnahmen und Einschränkungen gegenüber den Juden zunahmen, fuhr Walz ab 1934 regelmäßig jede Woche donnerstags mit dem Motorrad die 35 Kilometer nach Buttenhausen, um Juden der dortigen Gemeinde mit Nahrungsmitteln zu versorgen. Um nicht aufzufallen, mussten diese Fahrten bei Nacht erfolgen. „Ich habe nicht gewusst, wohin er fuhr, er war einfach weg", berichtete Ruth Mussotter, die Tochter von Walz. „Uns hat er damals aus allem herausgehalten."[8] Vom evangelischen Pfarrer in Buttenhausen ist bekannt, dass er ein gutes Verhältnis zur jüdischen Gemeinde hatte und Walz bei der Verteilung seiner Gaben zeitweise unterstützte.

Walz brachte vor allem Fische nach Buttenhausen mit, die der Müller Buck aus Hundersingen am Fallenstock gefangen hatte. In diesem Zusammenhang sagte einmal Berlinger, der mit seiner Familie sehr koscher lebte, etwas spaßhaft zu Walz: „Wissen Sie, bei der Sintflut kamen alle Tiere um, aber die Fische nicht." Walz betont, er habe das doppeldeutig kommentiert: „So wie der Fisch gegen den Strom schwimmt, kann auch der, der den Fisch isst, gegen den Strom schwimmen."[9] Gemeint war die Auflehnung gegen die nationalsozialistische Herrschaft.

Seine enge Verbundenheit zum Haus Berlinger[10] brachte es mit sich, dass Walz bei der Hochzeit der Tochter Berta ebenso anwesend war wie beim Begräbnis von Berlingers Frau Hanna. Als Walz von den Vorgängen der Pogromnacht vom 9. November 1938 durch einen Vertreter aus Buchau erfuhr, begab er sich sofort nach Buttenhausen, wo er Berlinger in dessen Haus antraf. Dieser machte ihm Vorhaltungen, er sei in höchster Gefahr, wenn er bleibe; er solle an Familie und Existenz denken und lieber gehen.[11] Berlinger, so berichtet Walz weiter, seien die Tränen die Wangen herab in seinen langen Bart gelaufen und er habe gesagt, ihm sei alles genommen, er habe nichts mehr zu verlieren.

Der Münsinger Lehrer und Vorsteher der dortigen pietistischen Gemeinschaft Friedrich Mayer notierte am 11. November 1938 in seinem Tagebuch:

„Bruder Ludwig Walz fuhr heute früh zu dem so hart bedrängten und allmählich zusammengeschmolzenen Judenhäuflein nach Buttenhausen, obwohl er dadurch

---

8 Alexander Schweda: Ein Gerechter unter den Völkern, in: Evangelisches Gemeindeblatt für Württemberg 15 (2009), S. 26–27.
9 Interview mit Ludwig Walz (wie Anm. 1).
10 Zur Familie Berlinger vgl. Eberhard Zacher: Ein Mann der Thora und der Weisheit. Der Buttenhausener jüdische Lehrer und Vorsänger Naphtali Berlinger, in: Jahrbuch 2016 des Geschichtsvereins Münsingen, hrsg. von der Stadt Münsingen.
11 Interview mit Ludwig Walz (wie Anm. 1).

in nicht geringe Gefahr gerät. Er versorgt die meist alten Leute (die jungen sind ausgewandert) mit Fischen, da sie in keinem Laden mehr etwas bekommen [....]. Tatsächlich wurde dieser Bruder, der von Anfang an so konsequent war, bis jetzt wunderbar erhalten."[12]

Nach der Pogromnacht im November 1938 fuhr Walz mit seinem Motorrad sogar die lange Strecke bis nach Frankfurt am Main, um sich dort nach dem Schicksal von Berta Berlinger und ihrer Familie zu erkundigen. Tief in der Nacht kehrte er nach Buttenhausen zurück, um zu berichten, dass er alle wohlauf vorgefunden hatte. Einige Tage später erschien er erneut im Hause des Oberlehrers und brachte mehrere tausend Reichsmark mit, die unter den Mitgliedern der jüdischen Gemeinde verteilt werden sollten.[13]

Gegner des Nationalsozialismus
Bereits früh hatte Walz vor der nationalsozialistischen Ideologie gewarnt und deutlich seinen Abscheu vor dem Regime geäußert. Unter anderem schrieb er zahlreiche Briefe an evangelische Pfarrer, die er ihnen teilweise selbst auf die Kanzel legte.[14] Auch den Hitlergruß hatte er von Anfang an abgelehnt und sich der Beflaggung seines Geschäftsgebäudes immer wieder erfolgreich entzogen. Als man ihn im August 1939 zu einer Pionierabteilung nach Neu-Ulm einberief, verweigerte er das Tragen der mit Hakenkreuzen versehenen Uniform und den Fahneneid mit der Bemerkung: „Ich kämpfe nicht für eine Weltanschauung, die ich nicht bejahe."[15] Im Militärgefängnis wurde ihm zunächst die Hinrichtung angedroht, doch dann wurde er zu seiner eigenen grenzenlosen Überraschung nach dreitägiger Haft nach Hause entlassen und wenig später lediglich zu einer Geldstrafe verurteilt. Der Grund dafür war die Auskunft eines evangelischen Pfarrers, der die Behörden darauf aufmerksam gemacht hatte, dass Walz im Ersten Weltkrieg mit dem Eisernen Kreuz II. Klasse ausgezeichnet worden war.[16] Gegen eine erneute Einberufung zur Wehrmacht konnte sich Walz allerdings nicht wehren. Nach Fronteinsätzen in Frankreich und Russland kehrte er

---

12 Friedrich Mayer: Immanuel. Aus den Tagebüchern und Briefen, Bd. 2, Metzingen 1992, S. 72; zitiert bei Knüppel, Geschichte der Juden in Riedlingen (wie Anm. 4).
13 Lexikon der Gerechten unter den Völkern: Deutsche und Österreicher, hrsg. von Daniel Fraenkel und Jakob Borut, Yad Vashem Jerusalem. Deutsche Ausgabe Göttingen 2005, S. 280.
14 Tochter Ruth Mussotter in: Schweda, Ein Gerechter unter den Völkern (wie Anm. 8).
15 Interview mit Ludwig Walz (wie Anm. 1).
16 Knüppel, Geschichte der Juden in Riedlingen (wie Anm. 4), S. 54.

schließlich 1944 verwundet nach Deutschland zurück. In der Schlussphase des Zweiten Weltkriegs wurde Walz dann als Sanitäter in einem Lazarett für Kriegsgefangene in Freudenstadt eingesetzt.

Nach 1945 wurde Walz rehabilitiert und in Riedlingen zum Gemeinderat gewählt. Obwohl er evangelisch war, wurde er als Kandidat der CDU von der fast gänzlich katholischen Bevölkerung Riedlingens 1947 mit 97,7 Prozent der Stimmen zum ersten ehrenamtlichen Nachkriegsbürgermeister gewählt – „keine Selbstverständlichkeit in einer Zeit, da die trennenden Elemente der Konfessionen noch überaus stark geprägt waren".[17] Bei der öffentlichen Begründung für den Wahlvorschlag wurde allerdings die von Walz geleistete Hilfe für die Buttenhausener Juden mit keinem Wort erwähnt:

> „Herr Kaufmann Walz hat seit über zwanzig Jahren in Riedlingen ein Herrenkonfektionsgeschäft inne und brachte dieses auf Grund seiner kaufmännischen Fähigkeiten und trotz eines umfangreichen Brandschadens auf eine beachtliche Höhe. [....] Mit dem Nationalsozialismus ging Herr Walz nie einig, weil dieser im Kampf gegen die Kirchen stand. Als ein gut christlicher Mann hat er stets nach seinem Glauben gelebt und gehandelt."[18]

Ludwig Walz als Bürgermeister von Riedlingen, aufgenommen um 1949/50.

---

17 Michael Schmid, Studiendirektor des Gymnasiums Riedlingen, in seiner Rede zum 90. Geburtstag von Ludwig Walz am 7.2.1988.
18 Schwäbische Zeitung, Ausgabe Riedlingen vom 21.2.1947.

Ludwig Walz bekleidete das Amt des Bürgermeisters bis zum Jahr 1954. In seiner Amtszeit gründete er 1950 den Riedlinger Stadtteil Eichenau, in dem er 150 ungarndeutschen Flüchtlingen, die zum großen Teil einer evangelisch-freikirchlichen Gemeinschaft angehörten, eine neue Heimat bot. Walz lebte selbst noch in diesem Riedlinger Stadtteil bis zu seinem Tod am 24. Juli 1989.[19] Sein Bekleidungshaus in der Langen Straße führte er noch bis 1971.

Ehrung in Yad Vashem und Riedlingen
Eine späte Ehrung erfuhr Ludwig Walz im Jahre 1974. Aufgrund von Aussagen der Berlinger-Tochter Jetta Gut (1904–1992) wurde er von der Gedenkstätte Yad Vashem in Jerusalem als „Gerechter unter den Völkern" ausgezeichnet.[20] Zunächst hielt ihn seine Flugangst davon ab, selbst nach Jerusalem zu fliegen. „Er bat meinen ältesten Bruder, für ihn die Einladung anzunehmen", erinnert sich Ruth Mussotter. Später reiste er dann aber doch noch nach Israel, wo er unter anderem auch Berlingers Schwiegertochter traf.[21] Am 9. Februar 1975 wurde Walz in Anwesenheit der israelischen Botschaftsrätin Hawa Bitan die Medaille und Urkunde der Auszeichnung im Saal der Jüdischen Gemeinde in Stuttgart überreicht.

Eine weitere, posthume Ehrung wurde Walz im Jahr 2009 in seiner Stadt Riedlingen zuteil. Seine Tochter enthüllte die Namensschilder einer nach ihm benannten Straße.[22] Damit sollten sowohl seine Hilfsaktionen für die jüdische Bevölkerung im „Dritten Reich" als auch sein lebenslanger Einsatz für die Schwachen geehrt werden. Darüber hinaus wurden im Mai 2016 in Riedlingen zwanzig Stolpersteine verlegt, die an Opfer des Nationalsozialismus erinnern. In diesem Zusammenhang wurde mit den dafür aufgebrachten überzähligen Spendengeldern entweder in Form einer Plakette oder einer Büste an das Engagement des ehemaligen Riedlinger Bürgermeisters Ludwig Walz erinnert.[23]

---

19 Nachrufe auf Ludwig Walz in: Stadt Riedlingen am 25.7.1989; Schwäbische Zeitung vom 26.7.1989; Wochenblatt für Riedlingen u. a. vom 3.8.1989.
20 Ein Gesetz des Staates Israel von 1953 schrieb die Errichtung von Yad Vashem als Gedenkstätte der Helden und Märtyrer des Holocaust fest. Hier werden nach einem komplexen Anerkennungsprozess „die (nichtjüdischen) Gerechten unter den Völkern, die ihr Leben wagten, um Juden zu retten", geehrt.
21 Schweda, Ein Gerechter unter den Völkern (wie Anm. 8), S. 26.
22 Schwäbische Zeitung, Ausgabe Riedlingen vom 18.6.2015 und 19.6.2015; Amtliches Mitteilungsblatt der Stadt Riedlingen vom 21.1.2009; Alb-Bote vom 11.7.2007 und 16.1.2009.
23 Schwäbische Zeitung, Ausgabe Riedlingen, vom 8.6.2015.

Ludwig Peter Walz (1898–1989)

Ludwig Walz im Jahr 1974 vor einem Baum, der ihm zu Ehren in der „Allee der Gerechten" in Yad Vashem gepflanzt wurde.

Heute stellt sich vor allem die Frage, woher ein Mann wie Ludwig Walz den Mut und die Kraft nahm, so konsequent gegen das Regime zu handeln, und welchen Gefahren er sich dabei aussetzte. Sicherlich war für ihn ein wesentlicher Anstoß zum Handeln seine persönliche Beziehung zu den Juden von Buttenhausen, die schon vor der „Machtergreifung" Hitlers bestand, danach aber an Intensität weiter zunahm. Hinzu kommt bei Walz, dass ihn seine religiösen Überzeugungen zu einem engagierten Antifaschisten machten und in ihm einen inneren Zwang zum Handeln auslösten. Auf die Frage, welches Risiko Walz mit seinen Aktivitäten einging, gibt es keine eindeutige Antwort. Aber zweifellos stieg sein Risiko proportional mit der zunehmenden Verschärfung der nationalsozialistischen Judenpolitik. In der Praxis konnten Strafen von einer Verwarnung oder Geldstrafe bis zur Haft in einem Konzentrationslager reichen. Im Grunde muss jede Handlung, die die Judenpolitik der Nationalsozialisten in irgendeiner Form durchkreuzte, als ein Akt des Widerstands gewertet werden – auch wenn sie, wie bei Walz, in erster Linie auf der Ebene des Alltagslebens stattfand. Allgegenwärtig war für solche Judenhelfer vor allem die Gefahr der Denunziation, da nicht wenige Deutsche bereit waren, der Gestapo zuzuarbeiten. Umso erstaunlicher ist die Tatsache, dass Ludwig Walz nie denunziert wurde.

Man würde Ludwig Walz sicherlich nicht gerecht werden, wenn man ihn zum Helden stilisieren würde. Dafür war er ein zu bescheidener Mensch. Aber er hatte in einer „Gesellschaft, in der sich Rassenverfolgung zu staatlich organisiertem Massenmord gesteigert hatte",[24] den Mut und die Kraft, sich in seiner Überzeugung nicht beirren zu lassen und menschlich zu handeln.

Literatur

Knüppel, Christoph: Zur Geschichte der Juden von Riedlingen, in: Heimatkundliche Blätter des Kreises Biberach 29 (2006), H. 2, S. 28–65.
Landeszentrale für politische Bildung Baden-Württemberg (Hrsg.): „Wir als Juden können diese Zeit nicht vergessen". Die Juden von Buttenhausen – Vom Leben und Untergang einer Landgemeinde in Württemberg. Redaktion: Eberhard Zacher und Sibylle Thelen. Reihe MATERIALIEN, 2. Aufl. Stuttgart 2014 (www.lpb-bw.de/fileadmin/lpb_hauptportal/pdf/bausteine_materialien/materialien_buttenhausen.pdf).
Lexikon der Gerechten unter den Völkern, Deutsche und Österreicher, hrsg. von Daniel Fraenkel und Jakob Borut, Yad Vashem Jerusalem. Deutsche Ausgabe Göttingen 2005, S. 280.

---

24 Lexikon der Gerechten unter den Völkern (wie Anm. 13), S. 31.

Schweda, Alexander: Ein Gerechter unter den Völkern, Evangelisches Gemeindeblatt für Württemberg 15 (2009), S. 26–27.

Zacher, Eberhard: Ein Mann der Thora und der Weisheit. Der Buttenhausener jüdische Lehrer und Vorsänger Naphtali Berlinger, in: Jahrbuch 2016 des Geschichtsvereins Münsingen, hrsg. von der Stadt Münsingen.

Olga Volz

Verbotener Umgang mit Kriegsgefangenen – Hilfe und Solidarität als „Widerstehen im Alltag"

Am 25. Juli 1944 wurde der 43-jährige Familienvater Ernst Karl Bach durch Strafbefehl des Amtsgerichts Mannheim zu einer „Gefängnisstrafe von 4 Monaten" verurteilt, weil er mit einem französischen Kriegsgefangenen

> „mindestens drei Briefe [...] ausgetauscht und zwei Päckchen mit Schokolade und Zigaretten sich von ihm aus Mainz [...] übersenden lassen und umgekehrt in Briefen dem Kriegsgefangenen einige Schwarz- und Weißbrotmarken [hat] zukommen lassen."[1]

Ernst Karl Bach, von Beruf Schlosser, und der französische Kriegsgefangene Josef Penouilh hatten sich Ende 1941 kennengelernt, als beide in der Mannheimer Firma Bopp & Reuther gearbeitet hatten. Es entstand eine Freundschaft, die auch aufrechterhalten werden konnte, als Penouilh nach Mainz versetzt wurde. Jahrelang blieb der Kontakt unentdeckt. Erst als gegen Penouilh Anfang 1944 ein Verfahren wegen Beihilfe zur Flucht eingeleitet wurde, fand die Gestapo Mainz Hinweise auf eine Verbindung zwischen den beiden. Bach wurde in „Schutzhaft" genommen und mehrfach Verhören unterzogen. Schließlich konnte anhand von Briefen und Postkarten, die bei Wohnungsdurchsuchungen gefunden wurden, der Kontakt nachgewiesen werden. Unmittelbar nach Erlass des Strafbefehls trat Bach seine viermonatige Gefängnisstrafe an. Während seiner Haft stellte Bach ein Gnadengesuch, das trotz Bittschreiben seines Arbeitgebers vom Staatsanwalt abgelehnt wurde. Er wurde schließlich am 13. Oktober 1944 nach Verbüßung der vollen Strafe aus dem Gefängnis entlassen. Vier Jahre nach Ende des Zweiten Weltkrieges stellte Bach beim Öffentlichen Anwalt für Wiedergutmachung beim Amtsgericht Weinheim einen Antrag auf Urteilsaufhebung. Ohne gerichtliche Prüfung wurde der Strafbefehl aufgehoben und die Strafe aus dem Strafregister getilgt.

---

1 Generallandesarchiv Karlsruhe (GLA KA), 276/3487.

Amtsgericht
S.G.3.

Ausfertigung

Mannheim, den 25. Juli 1944.

Aktenzeichen:

3 Cs 128/44.

Es wird ersucht, in Zuschriften an das Amtsgericht das Aktenzeichen anzugeben.

Strafbefehl

Auf Antrag der Staatsanwaltschaft wird gegen

den am 15. Juli 1901 zu Heddesheim geborenen, in Heddesheim, Werderstrasse 7 wohnhaften, verheirateten Schlosser

Ernst Karl B a c h

von 6.6. bis 23.6.1944 in Schutzhaft und seitdem in Untersuchungshaft in der Untersuchungshaftanstalt Mannheim-Schloß,

eine Gefängnisstrafe von 4 Monaten unter Anrechnung von 6 Wochen der erlittenen Schutz- und Untersuchungshaft

festgesetzt.

Zugleich werden den Beschuldigten die Kosten auferlegt.

Der Genannte wird beschuldigt, er habe aufgrund einheitlichen Willensentschlusses in der Zeit von Juni 1942 bis 23.9.1943 von Mannheim-Waldhof und Heddesheim aus mit dem damaligen französischen Kriegsgefangenen Josef Penuilh, der er 1941/42 bei der ihn beschäftigenden Firma Bopp & Reuther

StP. 67b.
Amtsrichterlicher Strafbefehl (§ 409 StPO.)
Ausfertigung mit Zahlungsausweis.
(5 weiß; A4; 1. 1943; 20000; Z6).

Kostenrechnung

Herr — Frau
hat nach dem Strafbefehl des hiesigen Amtsgerichts vom
binnen einer Woche nach Rechtskraft des Strafbefehls

an Geldstrafe	RM	Rpf
an Wertersatzstrafe	RM	Rpf
an eingezogenem Geldbetrag	RM	Rpf
an Kosten	RM	Rpf
zusammen	RM	Rpf

Behörde und Aktenzeichen:

Amtsgericht

an die hiesige Gerichtskasse — Gerichtszahlstelle — bei Vermeidung der Zwangsvollstreckung zu zahlen. Bei barer Zahlung ist dieser Ausweis vorzulegen. Wegen der Art der Zahlung und der Folgen nicht rechtzeitiger Zahlung vergl. Rückseite.

Wer durch die Post zahlt, muß die Behörde und das Aktenzeichen auf dem Abschnitt für die Gerichtskasse angeben, wer durch Scheck bezahlt, auf diesem.

Kostenrechnung zum Strafbefehl. (5 weiß; A4; 1. 1943; 20 000; Z6).

Strafbefehl gegen Ernst Karl Bach vom 25. Juli 1944.

Verbotener Umgang mit Kriegsgefangenen

in Mannheim-Waldhof kennengelernt hatte, in Verbindung gestanden, habe mindestens drei Briefe mit ihm ausgetauscht und zwei Päckchen mit Schokolade und Zigaretten sich von ihm aus Mainz, wo der Kriegsgefangene bei der Firma Kupferberg beschäftigt war, übersenden lassen und umgekehrt in Briefen dem Kriegsgefangenen einige Schwarz- und Weißbrotmarken zukommen lassen.
Er habe somit in fortgesetzter Tat vorsätzlich in einer das gesunde Volksempfinden gröblich verletzenden Weise dem Verbot zuwidergehandelt, wonach jedermann jeglicher Umgang mit Kriegsgefangenen und jede Beziehung zu ihnen untersagt ist, sofern nicht ein Umgang durch die Ausübung einer Dienst- oder Berufspflicht oder durch ein Arbeitsverhältnis der Kriegsgefangenen zwangsläufig bedingt ist.
Die Tat ist ein Vergehen und strafbar nach § 1 der Verordnung über den verbotenen Umgang mit Kriegsgefangenen vom 11. 5. 1940 (RGBl. I S. 769) in Verbindung mit § 4 der VO. zur Ergänzung der Strafvorschriften zum Schutze der Wehrkraft des Deutschen Volkes vom 25.11. 1939 (RGBl. I S. 2319); § 60 StGB.

Zeuge: Kriminalobersekretär Nübling bei der Gestapo in Mannheim.

xxxxxxxxxxxxxxxxxxxx
Dieser Strafbefehl wird vollstreckbar, wenn d........ Beschuldigte...... nicht **binnen einer Woche nach der Zustellung** bei dem unterzeichneten Gerichte schriftlich oder zur Niederschrift der Geschäftsstelle Einspruch erheb................ er
Geldstrafen, Wertersatzstrafen, eingezogene Geldbeträge und die Kosten sind nach Eintritt der Vollstreckbarkeit bei Vermeiden der Zwangsvollstreckung an die hiesige Gerichtskasse — Gerichtszahlstelle — im Gerichtsgebäude zu zahlen.

xxxxx

xxxxx
(gez.)
Dr. S Ausgefertigt
Geschäftsstelle des Amtsgerichts

Bemerkungen:

Der Betrag kann entrichtet werden:
1. durch Einsendung von Gerichtskostenmarken an die oben bezeichnete Dienststelle oder
2. durch Einzahlung auf das Postscheckkonto der — Gerichtskasse — Gerichtszahlstelle — unter Benutzung der beiliegenden Zahlkarte oder
3. durch Überweisung auf eines der oben angegebenen Kassenkonten oder
4. durch Barzahlung bei der — Gerichtskasse — Gerichtszahlstelle — ....Straße.

Zu 1: Gerichtskostenmarken können bei jedem Gericht gekauft werden. Die Marken sind auf der Rückseite der beiliegenden Zahlkarte aufzukleben und im Briefumschlag an die obenbezeichnete Dienststelle einzusenden, und zwar bei höheren Werten zweckmäßig mittels Einschreibe- oder Wertbriefs.
Zu 3: Bei der Überweisung müssen die Behörde und das Aktenzeichen angegeben oder der Kasse besonders mitgeteilt werden.
Zu 4: Bei der Barzahlung ist diese Aufforderung vorzulegen. Barzahlung darf nur im Geschäftszimmer der — Gerichtskasse — Gerichtszahlstelle — geleistet werden.
Alle Einsendungen müssen postgebührenfrei erfolgen.
Der Überbringer dieser Aufforderung ist zum Empfang des Geldes nicht berechtigt.

Kassenkonten der — Gerichtskasse — Gerichtszahlstelle —:

Reichsbankgirokonto ....

Postscheckkonto Karlsruhe Nr. ....

Zahlstunden für Bareinzahlungen von .... Uhr bis .... Uhr

Bestrafung auch kleiner Gesten der Menschlichkeit

Wie Ernst Karl Bach wurden während des Zweiten Weltkrieges zahlreiche Deutsche wegen verbotenen Umgangs mit Kriegsgefangenen verurteilt. Hintergrund des Umgangsverbots war der Arbeitseinsatz Millionen Kriegsgefangener und Zwangsarbeiter im Deutschen Reich während des Zweiten Weltkrieges. Was anfangs als zeitlich begrenzte Heranziehung ausländischer Arbeitskräfte geplant war, um die Lücke zu füllen, die durch die Rekrutierung der deutschen Männer zur Wehrmacht gerissen wurde, wurde spätestens 1942 zum konstitutiven Element der deutschen Kriegswirtschaft.[2] Insgesamt wird die Zahl der im „Großdeutschen Reich" eingesetzten „Fremdarbeiter" auf 13,5 Millionen geschätzt. Dabei gab es kaum einen Wirtschaftszweig, in dem ausländische Arbeitskräfte nicht eingesetzt waren.[3] Weil die massenhafte Hereinnahme der Kriegsgefangenen und zivilen Arbeiter jedoch zugleich auch massive sicherheitspolitische und ideologische Bedenken auslöste, wurde versucht, den Kontakt der deutschen Bevölkerung zu den sogenannten „Fremdarbeitern" auf ein Mindestmaß zu beschränken.[4] So war ursprünglich geplant, Kriegsgefangene nur in geschlossenen Kolonnen einzusetzen. Kriegswirtschaftliche Notwendigkeiten zwangen die Entscheidungsträger jedoch, von dieser Form des Einsatzes abzusehen. Vielfach wurden „Fremdarbeiter" in Rüstungsbetrieben sogar absichtlich zwischen deutsche Arbeitskräfte gestellt. Man erhoffte sich davon, dass letztere die ausländischen Arbeitskräfte überwachten, was einerseits nicht selten zu Misshandlungen von ausländischen Arbeitskräften durch Deutsche führte, andererseits aber auch freundschaftliche Kontakte begünstigte.[5] Besonders auf dem Land hatten ausländische Arbeitskräfte oftmals mehr Freiheiten, vor allem wenn sie einem bestimmten landwirtschaftlichen Betrieb zugewiesen wurden. In solchen Fällen war ein besonders intensiver Kontakt zwischen der deutschen Bevölkerung und den ausländischen Arbeitskräften möglich.

Zur Vermeidung eines allzu engen Kontakts zwischen Deutschen und Kriegsgefangenen wurde am 25. November 1939 vom Ministerrat für die Reichsverteidigung unter § 4 der *Verordnung zur Ergänzung der Strafvorschrif-*

---

2 Ulrich Herbert: Fremdarbeiter. Politik und Praxis des „Ausländer-Einsatzes" in der Kriegswirtschaft des Dritten Reiches, Berlin 1985, S. 65 f.
3 www.bundesarchiv.de/zwangsarbeit/geschichte/auslaendisch/begriffe/index.html (Zugriff am 21.12.2016).
4 Herbert, Fremdarbeiter (wie Anm. 2), S. 11.
5 Roland Peter: Rüstungspolitik in Baden. Kriegswirtschaft und Arbeitseinsatz in einer Grenzregion im Zweiten Weltkrieg, München 1995, S. 344 und S. 353.

ten zum Schutz der Wehrkraft des deutschen Volkes der Umgang mit Kriegsgefangenen unter Strafe gestellt. Jeglicher Kontakt zu Kriegsgefangenen, der über das „notwendigste Maß" hinausging, galt als „gröbliche" Verletzung des „gesunden Volksempfindens" und wurde „mit Gefängnis, in schweren Fällen mit Zuchthaus bestraft".[6] Die Formulierung der Verordnung ließ großen Interpretationsspielraum und wurde in dieser breiten Deutung auch tatsächlich umgesetzt.

Die meisten wissenschaftlichen Untersuchungen zum Delikt des verbotenen Umgangs mit Kriegsgefangenen konzentrieren sich auf Liebesbeziehungen, die zwischen deutschen Frauen und ausländischen Kriegsgefangenen während des Zweiten Weltkriegs entstanden.[7] Statistisch gesehen stellte diese Form der Übertretung des Umgangsverbots tatsächlich den größten Teil der vor Gericht verhandelten Fälle dar. Die Übertretung des Umgangsverbots äußerte sich jedoch nicht nur in intimen Beziehungen zwischen deutschen Frauen und sogenannten „Fremdarbeitern". Was bei der Betrachtung dieses Delikts oft aus dem Blick gerät, ist, dass ein nicht unerheblicher Teil der Verurteilten für weitaus geringere Übertretungen des Kontaktverbots bestraft wurde. Ebenso bleibt oft auch die Tatsache unbeachtet, dass zu dem Kreis der wegen dieses Delikts Bestraften vor allem das andere Geschlecht – die deutschen Männer – gehörten.

Anders als beispielsweise das Delikt der „Rassenschande", bei dem nur der männliche Teil – unabhängig von der „rassischen" Zugehörigkeit – bei Übertretung mit Strafen zu rechnen hatte, wurde das Kontaktverbot nicht geschlechtsspezifisch formuliert. Beide Geschlechter waren gleichermaßen von dem Kontaktverbot betroffen. Auch stand bei dem Delikt der „Rassenschande" nur der außereheliche Geschlechtsverkehr unter Strafe. Hingegen wurden beim verbotenen Umgang bereits weit geringere Übertretungen wie das Grüßen oder die Gabe von Lebensmitteln mit unverhältnismäßig hohen Strafen geahndet. Dennoch gab es Menschen, die Zwangsarbeitern halfen, die ihnen Lebensmittel oder Kleidung gaben, die sie auch nur freundlich grüßten und damit die Zwangsarbeiter vor allem als Menschen behandelten

---

6 „Verordnung zur Ergänzung der Strafvorschriften zum Schutz der Wehrkraft des Deutschen Volkes" vom 25. November 1939, in: RGBl. 1939, Teil I, S. 2319. Präzisiert wurde der § 4 der Wehrkraftschutzverordnung durch die „Verordnung über den Umgang mit Kriegsgefangenen vom 11. Mai 1940": RGBl. 1940, Teil I, S. 769.

7 Obwohl sich das Delikt des verbotenen Umgangs bereits zu Beginn des Krieges zu einem Massendelikt entwickelt hatte, wurde es lange Zeit lediglich am Rande von Themen wie dem Ausländereinsatz oder Studien zu Sondergerichten behandelt. Erst in den 1990er-Jahren erschienen erste regionalgeschichtliche Aufsätze, die sich diesem Delikt widmeten.

und sich von der geforderten „Herrenmenschen"-Mentalität distanzierten. Diese Handlungen mögen nur kleine Gesten gewesen sein, jedoch sollte man nicht außer Acht lassen, unter welchen Umständen sie erfolgten. Bei Bekanntwerden riskierte man, trotz der vermeintlichen Geringfügigkeit zu mehrmonatigen Gefängnisstrafen verurteilt zu werden. Gerade dieses selbstlose und nicht selbstverständliche Verhalten soll hier Beachtung finden.

Dimension der Verbotsverstöße

Über die tatsächliche Zahl derer, die Menschlichkeit gegenüber den Kriegsgefangenen und ausländischen Zivilarbeitern im Alltag zeigten, kann nur spekuliert werden. Die verfügbaren Zahlen geben nur eine Orientierung. Die Anzahl der Fälle, die nicht zur Verurteilung oder auch nur zur Anzeige gekommen sind, wird sicherlich höher gewesen sein. Dennoch wissen wir, dass sich das Delikt des verbotenen Umgangs mit Kriegsgefangenen bereits Ende 1940 zu einem Massendelikt entwickelt hatte.[8] In den darauffolgenden Jahren nahm die Zahl der Verhaftungen stetig zu. So wurden 1942 reichsweit knapp 5000 und 1943 bereits über 15 300 Menschen wegen Umgangs mit Kriegsgefangenen verhaftet.[9] Hierbei muss man sich aber vor Augen halten, dass es sich bei den meisten Verurteilten – den vorliegenden Akten zufolge in etwa drei Viertel der Fälle – um Frauen handelte, die wegen einer Liebesbeziehung zu Kriegsgefangenen verurteilt wurden. Nur ein geringer Teil, etwa neun Prozent der Fälle, dokumentieren Hilfeleistungen Deutscher gegenüber Kriegsgefangenen.[10] Jedoch kann davon ausgegangen werden, dass die tatsächliche Zahl der Hilfsaktionen wesentlich höher gewesen ist, denn viele kleine Gesten der Menschlichkeit wurden nicht denunziert. Nicht selten geht aus den Ermittlungsverfahren hervor, dass der Denunziation bei der Gestapo innerbetriebliche Verwarnungen vorausgegangen waren. Die Durchsicht der Aktenbestände für den Bereich Nordbaden hat zudem gezeigt, dass die Fälle des verbotenen Umgangs oftmals im Zuge von Ermittlungen zu anderen Fällen bekannt wurden. Natürlich trugen auch anonyme Hinweise aus dem näheren Bekannten- und sogar Familienkreis zur Entdeckung bei. Aber der Umstand, dass viele Fälle im Zuge von Ermitt-

---

8 Herbert, Fremdarbeiter (wie Anm. 2), S. 122 f.
9 Zitiert nach: Klaus Drobisch/Gideon Botsch: Der Widerstand und die nationalsozialistischen Gewaltverbrechen, in: Peter Steinbach/Johannes Tuchel (Hrsg.): Widerstand gegen die nationalsozialistische Diktatur 1933–1945, Berlin 2004, S. 206–225, hier S. 212.
10 Die Angaben basieren auf dem für Nordbaden vorgefundenen gerichtlichen Aktenmaterial.

lungen und nicht durch Denunziation bekannt wurden, führt zu der Frage, wie viele Fälle gänzlich unbeachtet geblieben sind oder zwar beobachtet, aber nicht denunziert wurden, weil das Verhalten nicht als sanktionswürdig oder gar strafbar angesehen wurde.

Ein weiterer Punkt sei noch angemerkt: Ein nicht zu unterschätzender Teil der Umgangsübertretungen kam bei Entdeckung nicht vor Gericht, denn strafrechtlich sanktioniert wurde nur der Kontakt zu Kriegsgefangenen. Die justizielle Zuständigkeit war nur für den Kontakt zu Kriegsgefangenen begründet, was jedoch nicht bedeutete, dass es der deutschen Bevölkerung gestattet war, mit ausländischen Zivilarbeitern ungestraft Umgang zu pflegen. Und umgekehrt wurden die ausländischen Zivilarbeiter darauf hingewiesen, keinen Kontakt zur deutschen Bevölkerung aufzunehmen. Ziel war es nämlich, mögliche Liebesbeziehungen zwischen deutschen Frauen und Ausländern zu vermeiden. So sagte der ehemalige französische Kriegsgefangene Penouilh aus, dass ihm bei seiner Entlassung aus der Kriegsgefangenschaft gesagt wurde, „dass er nun alle Freiheiten habe, ihm sei nur verboten, mit deutschen Frauen Umgang zu pflegen". Faktisch markierte das Gesetz nur die Trennlinie, an der der Kompetenzbereich der Justiz endete und die Zuständigkeit der Gestapo begann. Die vorhandenen Gerichtsakten dokumentieren folglich nur die Fälle der Übertretung des Umgangsverbots mit Kriegsgefangenen. Hilfeleistungen gegenüber ausländischen Zivilarbeitern sucht man in den Gerichtsakten vergeblich.

„Mit den Kriegsgefangenen Mitleid" – Der Fall Bohe aus Pforzheim

> „Er hat sich dabei als Katholik den Gedanken der christlichen Hilfsbereitschaft stark betonend in eine fast kindlich naive religiöse Weltanschauung hineingesteigert und ist so zu einem einspännigen, verschrobenen Menschen geworden. [...] Der Angeklagte, der selbst im Weltkrieg nur mit knapper Not der Kriegsgefangenschaft entronnen war, hatte mit den Kriegsgefangenen Mitleid. [...] Aus reinem Mitleid, ohne eine gegensätzliche Haltung gegen die Regierung kundgeben zu wollen [...]."

So schätzte der Richter die Motivation Gustav Adolf Bohes ein.[11] Der 58 Jahre alte Reichsbahninspektor und Vater dreier Kinder hatte bereits am Ersten Weltkrieg teilgenommen und für seinen Einsatz mehrere Kriegsauszeichnungen erhalten, darunter auch das Eiserne Kreuz II. Klasse. Während sein ältester Sohn in Hitlers Krieg im Felde stand, musste sich der Familienvater im April 1941 vor dem Amtsgericht Pforzheim verantworten, weil er französischen Kriegsgefangenen mehrmals Zigaretten und Brot sowie in einem

---
11 GLA KA, 309/3752–3754.

Fall ein selbst übersetztes Gebet gegeben hatte — wie er selbst erklärte zur Kontrolle seiner Französischkenntnisse. Denunziert wurde Bohe, der bei der Reichsbahn arbeitete, von einem Betriebsangehörigen. Der Staatsanwalt beabsichtigte, eine Gefängnisstrafe von drei Monaten zu beantragen. Diese erschien dem Generalstaatsanwalt zu gering, weshalb das geforderte Strafmaß auf sieben Monate erhöht wurde. Schließlich erging am 29. April 1941 beim Amtsgericht Pforzheim das Urteil, wonach Bohe zu einer Gefängnisstrafe von drei Monaten abzüglich sieben Wochen erlittener Untersuchungshaft verurteilt wurde. Neben den strafrechtlichen Folgen seines Handelns hatte Bohe zudem mit Konsequenzen auf beruflicher Ebene zu rechnen. Noch während des Ermittlungsverfahrens wurde er seines Dienstes enthoben. Gegen ihn wurde ein förmliches Dienstverfahren eingeleitet und ein Viertel seines Diensteinkommens einbehalten. Wie Ernst Karl Bach versuchte auch Gustav Adolf Bohe, seine Gefängnisstrafe mittels Strafaussetzung auf Wohlverhalten zu verkürzen. Er hatte Glück: Seinem Gnadengesuch wurde stattgegeben und ihm wurde am 4. Juli eine Strafaussetzung mit Bewährungsfrist bis zum 1. Juli 1944 gewährt.

Hilfe für Kriegsgefangene als Widerstand?
Die Anerkennung der Hilfe für Kriegsgefangene als eine Form des Widerstands erfolgte erst recht spät. Die Widerstandsforschung in der Bundesrepublik konzentrierte sich in den 1950er-Jahren vor allem auf den Attentatsversuch am 20. Juli 1944, auf die Weiße Rose, den kirchlichen Widerstand und seit den 1960er-Jahren auch auf den sozialistischen und kommunistischen Widerstand.[12] Der bis dahin eng interpretierte Widerstandsbegriff erfuhr erst in den 1970er-Jahren eine begriffliche Ausdifferenzierung. Basierend auf einem neuen alltagsgeschichtlichen Ansatz initiierte und etablierte allen voran das am Münchener Institut für Zeitgeschichte unter der Leitung von Martin Broszat und anderen durchgeführte Projekt *Bayern in der NS-Zeit* neue Formen des Widerstands. Das Spektrum reichte von dem von Broszat geprägten Begriff der „Resistenz" über „gesellschaftliche Verweigerung" und „weltanschauliche Dissidenz" (Richard Löwenthal) bis hin zur „loyalen Widerwilligkeit" (Klaus Michael Mallmann/Gerhard Paul) und weiteren Formen nonkonformen Verhaltens im Alltag. Auch wenn vielfach Einwände gegen diese weite Öffnung des Widerstandsbegriffs hervorge-

---

12 Thomas Altmeyer: Widerstand gegen das NS-Regime. Stand und Perspektiven der Forschung, in: Studienkreis Deutscher Widerstand 1933–1945 (Hrsg.): Widerstand gegen den Nationalsozialismus. Perspektiven der Vermittlung, Frankfurt/M. 2007, S. 24–42, hier S. 25.

bracht wurden,¹³ hat die sozialgeschichtliche Wende in der Widerstandsforschung den Weg für die Anerkennung vorher nicht wahrgenommener Formen nonkonformen Verhaltens geebnet. Der Widerstandsbegriff wurde auf eine Vielzahl von Alltagshandlungen ausgedehnt. So wurden in der Folgezeit Solidarität und Hilfe gegenüber Juden und auch die Jugendopposition als Formen des Widerstands anerkannt und erforscht.¹⁴

Ausdrücklich findet die Hilfe für Kriegsgefangene bislang nur in wenigen Arbeiten zum Widerstand Erwähnung. Unter der Kategorisierung „Widerstehen im Alltag" behandeln Klaus Drobisch und Gideon Botsch in ihrem Aufsatz *Der Widerstand und die nationalsozialistischen Gewaltverbrechen* neben Themenbereichen wie „Aufstehen gegen Judenverfolgung" und „Engagement für Rettung von Kranken" auch die „Hilfe für Kriegsgefangene". Sie rücken diese Aktionen damit in die Nähe des Widerstands.¹⁵ Unter der Rubrik „Widerstand von Einzelnen: ‚Kollektive Systemopposition' – ‚Resistenz'" findet die Hilfe für Kriegsgefangene bzw. für „Fremdarbeiter" im Allgemeinen bei Wolfgang Neugebauer, dem österreichischen Historiker und langjährigen wissenschaftlichen Leiter des Dokumentationsarchiv des österreichischen Widerstands, eigene Erwähnung. Neugebauer erkennt darin nicht nur Handlungen aus „humanitären Erwägungen und Mitleid" heraus, sondern sieht in der Hilfe für Zwangsarbeiter „eine bewusste Ablehnung des Regimes und seiner rassistischen Ideologie und Normen."¹⁶

Diese Einschätzung wird durch die Biographien der Delinquenten bestätigt: Schon in der Vergangenheit grüßte Gustav Adolf Bohe kontinuierlich mit „Grüß Gott" statt mit dem Hitlergruß, obwohl er vom Betrieb deswegen bereits verwarnt worden war. Außerdem wurde gegen Bohe bereits 1934 wegen eines „Heimtückevorwurfs" ermittelt. Damals hatte er die Regierung als „Bubenregierung, die bald wieder abgesetzt würde" bezeichnet. Äußerungen dieser Art verdeutlichen die gegnerische Haltung der Delinquenten gegenüber dem Regime und unterstreichen damit den widerständischen Charakter der Verstöße. Auch gegen Ernst Karl Bach war Jahre vor seiner Verurteilung ein Verfahren wegen verbotenen Umgangs anhängig, das

---

13 Ian Kershaw: „Widerstand ohne Volk?". Dissens und Widerstand im Dritten Reich, in: Jürgen Schmädeke/Peter Steinbach (Hrsg.): Der Widerstand gegen den Nationalsozialismus. Die deutsche Gesellschaft und der Widerstand gegen Hitler, München 1986, S. 779–798, hier S. 779.
14 Altmeyer, Widerstand gegen das NS-Regime (wie Anm. 12), S. 27.
15 Drobisch/Botsch, Der Widerstand und die nationalsozialistischen Gewaltverbrechen (wie Anm. 9).
16 Wolfgang Neugebauer: Der österreichische Widerstand 1938–1945, Wien 2008, S. 225.

aber mangels Beweisen eingestellt werden musste. Allein der Umstand, dass es trotz der extensiven Indoktrination immer wieder Menschen gab, die dem Verbot zuwider handelten und Kriegsgefangenen halfen, zeigt, dass diese im vollen Bewusstsein gehandelt haben. So ging mit der Hilfe gegenüber Kriegsgefangenen nicht selten eine systemoppositionelle Haltung einher.

Verbotener Umgang mit Kriegsgefangenen als Regimeopposition?
Hilfe und Solidarität gegenüber Kriegsgefangen war aber keineswegs ausschließlich auf Männer beschränkt. Zweifellos gab es auch Frauen, die Kriegsgefangenen halfen. So versorgte die 1914 geborene Soldatenfrau und Mutter von vier Kindern, Hildegard I.,[17] aus „Dankbarkeit" für Reparaturmaßnahmen an ihrem bombenbeschädigten Haus einen französischen Kriegsgefangenen fast täglich mit Essen und wusch ihm die Kleidung. Wegen des Vorwurfs, ein „Freundschaftsverhältnis" mit dem Kriegsgefangen unterhalten zu haben, wurde Hildegard I. im November 1944 vom Amtsgericht Mannheim zu einer Gefängnisstrafe von drei Monaten verurteilt.[18] Auch die 1895 geborene Soldatenfrau Emma Helen Jahn musste sich vor Gericht verantworten, weil sie einem französischen Kriegsgefangenen, der ihr Radiogerät repariert hatte, „Bier und Zigaretten gegeben und vor allem ihn an den gemeinschaftlichen Mittagstisch genommen und dort bewirtet" hatte. Sie wurde vom Amtsgericht Mannheim im Sommer 1943 zu einer zweimonatigen Gefängnisstrafe verurteilt. Die gegen diesen Strafbefehl eingelegte Revision hatte Erfolg: „Anstelle einer verwirkten Gefängnisstrafe von einem Monat" wurde Jahn zu einer Geldstrafe von 150 Reichsmark verurteilt.[19]

Kennzeichnend für die erwähnten Fälle, aber auch für solche, in denen sich deutsche Frauen auf intime Verhältnisse mit Kriegsgefangen einließen, ist, dass ihr Handeln seitens der Verfolgungsinstanzen – Gestapo und Justiz – als unpolitisch eingestuft wurde. Aber auch die Frauen selbst gaben vielfach an, unpolitisch zu sein. Und dennoch gab es unter der deutschen Bevölkerung Frauen, die aus einer regimefeindlichen Einstellung heraus – aus Überzeugung – Kriegsgefangenen Beistand leisteten. Eine von ihnen war die Gastwirtin Anna Breitenbacher.[20] Die 1894 in Mannheim geborene Mutter zweier Söhne und Frau eines Soldaten übernahm, nachdem

---

17 Aus Gründen des Datenschutzes wurde der Name anonymisiert.
18 GLA KA, 276/3708.
19 GLA KA, 276/3713.
20 GLA KA, 309/6335, dort auch die folgenden Zitate.

ihr Ehemann zur Wehrmacht eingezogen worden war, die Leitung der gemeinsamen Wirtschaft „Zum alten Viehhof". Der Wirtin, die ihren jüngeren Sohn aus erster Ehe bereits im Krieg verloren hatte, wurde vorgeworfen, Ausländer auch im geschlossenen Lokal verkehren zu lassen und ihnen Wein zu geben, den sie deutschen Volksgenossen verwehre. Auch soll sie einem flüchtigen Kriegsgefangenen Unterkunft gewährt und ihm Kleidung ihres an der Front befindlichen Ehemannes gegeben haben. Wie in fast allen Fällen wurde auch ihr ein intimes Verhältnis zu einem der Kriegsgefangenen unterstellt. Verbotener Umgang mit Kriegsgefangenen war jedoch nicht das einzige Vergehen, dessen sie beschuldigt wurde. Sie soll zudem auch zusammen mit den ausländischen Zivilarbeitern „feindliche" Sender abgehört haben, es zugelassen haben, dass die ausländischen Kriegsgefangenen zusammen mit Deutschen in ihrem Lokal Glücksspiele spielten, einem flüchtig gegangenen deutschen Soldaten Beistand geleistet haben, mindestens vier Tiere schwarz geschlachtet und sich staatsfeindlich geäußert haben. So sollte sie gegenüber einem Gast bemerkt haben: „Ausländer sind mir am Arsch lieber als die Deutschen im Gesicht." Sie war jedoch nicht die einzige im Lokal, die durch eine staatsfeindliche Einstellung auffiel. Auch ihre Stammgäste, allen voran Oskar Heil (* 1905), teilten ihre Auffassung über die Unrechtmäßigkeit des Regimes. Oskar Heil, ein ehemaliges Mitglied der Kommunistischen Partei, sollte sich ebenfalls mehrfach staatsfeindlich geäußert, deutsche Soldaten wiederholt zur Desertion aufgefordert sowie mindestens einen fahnenflüchtigen Soldaten beherbergt und ihm Zivilkleidung ausgehändigt haben. Zudem wurde auch ihm Schwarzschlachtung vorgeworfen.

Auch andere Stammgäste von Anna Breitenbacher — Friedrich Falkner (* 1899), Emil Hilbert (* 1892) und Emil Schmitt (* 1896) — sowie zwei französische Zivilarbeiter, zwei flüchtig gegangene französische Kriegsgefangene und zwei Bedienungen des Lokals machten sich diverser Vergehen dieser Art schuldig. Sie wurden bei einer unangekündigten Kontrolle der Gastwirtschaft am 18. Januar 1945 festgenommen, nachdem die Vorgänge im Lokal mehrere Wochen von V-Leuten überwacht worden waren. Der zuständige Richter, Amtsgerichtsrat Woll, zog die erlassenen Haftbefehle jedoch tags darauf aufgrund mangelnder Glaubwürdigkeit der V-Personen zurück, auch weil die Aussagen der französischen Kriegsgefangenen unter Misshandlung der Gestapobeamten erpresst worden waren. Daraufhin wandte sich der Kommandeur der Sicherheitspolizei für Baden und das Elsass an den Oberstaatsanwalt beim Sondergericht Mannheim, der am 5. März 1945 erneut Haftbefehl gegen sämtliche Beteiligten erließ. Das Verfahren gegen Anna Breitenbacher und Oskar Heil wurde, „soweit es den Verdacht der Wehrkraftzersetzung betrifft, an den Herrn Oberreichsanwalt beim Volksgerichtshof in Berlin abgegeben".

Parallel zu diesen behördlichen Vorgängen überschlugen sich die Ereignisse. Am 27. Februar wurde Hilbert leblos in seiner Zelle im Strafgefängnis Mannheim aufgefunden. Er hatte sich erhängt. Schmitt gelang einen Tag später die Flucht. Während eines Fliegerangriffs am 1. März konnte auch Oskar Heil aus dem Gefängnis entkommen. Was mit den anderen Verdächtigen geschah, lässt sich nicht mehr rekonstruieren. Nach dem Krieg wurde das Verfahren gegen sämtliche Beteiligten eingestellt, teils weil die betreffenden Verordnungen durch den Alliierten Kontrollrat aufgehoben wurden, teils weil ihnen „zu Gute" gehalten wurde, „dass sie mit ihren Handlungen dem damaligen Staat entgegengearbeitet haben" und sie sich „durch ihre Einstellung gegen den nationalsozialistischen Staat hervorgetan" haben.

Der Fall Anna Breitenbacher zeigt, dass auch Frauen aus einer systemoppositionellen Haltung heraus Kriegsgefangenen halfen. Damit muss das Bild vom Delikt des verbotenen Umgangs als einem Vergehen, das im Wesentlichen Liebesbeziehungen von Frauen betraf, revidiert werden. Die vorgestellten Fälle zeigen, dass nicht nur Liebesbeziehungen, sondern auch Hilfeleistungen bereits als Übertretung des Umgangsverbots gewertet und strafrechtlich sanktioniert wurden. Dies betraf sowohl Männer als auch Frauen. Die Bandbreite der Motive für diese Akte der Menschlichkeit, die symbolisch auch für die Überwindung „rassischer" Vorgaben des NS-Regimes stehen, konnte dabei – bei beiden Geschlechtern – von reinem Mitleid bis hin zur systemoppositionellen Einstellung reichen. Im letzteren Fall wäre die Grundlage gegeben, die Übertretung des Umgangsverbots in die Nähe des Widerstands zu rücken. Der Umstand, dass diese Menschen aus Überzeugung halfen und sich möglicher Konsequenzen sehr wohl bewusst waren, würde eine Einordnung als „Widerstehen im Alltag" legitimieren. Aber unabhängig davon, ob man dieses Verhalten tatsächlich unter dem Begriff des Widerstands subsumieren möchte oder nicht, sollten diese Handlungen anerkannt und gewürdigt werden.

Literatur

Boll, Bernd: „... das gesunde Volksempfinden auf das Gröbste verletzt." Die Offenburger Strafjustiz und der „verbotene Umgang mit Kriegsgefangenen" während des Zweiten Weltkrieges, in: Die Ortenau 71 (1991), S. 645–678.

Herbert, Ulrich: Fremdarbeiter. Politik und Praxis des „Ausländer-Einsatzes" in der Kriegswirtschaft des Dritten Reiches, Berlin 1985.

Scharf, Eginhard: Die Verfolgung pfälzischer Frauen wegen „verbotenen Umgangs" mit Ausländern, in: Hans Berkessel/Hans-Georg Meyer (Hrsg.): „Unser Ziel — die Ewigkeit Deutschlands", Mainz 2001, S. 79–88.

Schneider, Silke: Verbotener Umgang. Ausländer und Deutsche im Nationalsozialismus. Diskurse um Sexualität, Moral, Wissen und Strafe, Baden-Baden 2010.

Teil 4:
„Rassisch" verfolgt und widerständig

Angela Borgstedt

„Rassisch" verfolgt und widerständig

Die nationalsozialistische Politik machte millionenfach Menschen zu Opfern. Sie wurden Opfer von Ausgrenzung, Entrechtung und Vernichtung, wurden ihres Menschseins, ihrer Individualität beraubt, herabgewürdigt zur Masse der Namenlosen, der Nummern. Kennzeichen des Opfers ist die Wehrlosigkeit. Wer aufbegehrt, ist nicht mehr nur Opfer. Dass sich Menschen gegen ihre Entrechtung und Vernichtung gewehrt haben, scheint angesichts der Zahl der Verbrechensopfer kaum vorstellbar. Der amerikanische Historiker und Holocaustforscher Raul Hilberg schloss dies in den 1960er-Jahren noch rundweg aus. Die nach 1945 an Überlebende gerichtete Frage lautete demnach auch nicht, *ob* sie sich gewehrt hatten, sondern vielmehr: „Warum habt ihr nicht rebelliert?"[1] Nach wie vor waren Vorurteile wirksam, die den Verfolgten selbst eine Mitschuld an ihrer Verfolgung zuschrieben. Für die deutsche Nachkriegsgesellschaft war diese selbstentlastende Sicht naheliegend. Aber auch andere Gesellschaften begegneten jenen mit Misstrauen, ja Verachtung, die Opfer von Verschleppung und Deportation geworden waren. In das Unverständnis für fehlende Gegenwehr mischte sich bisweilen auch der Vorwurf der Kollaboration: Wer sich so widerstandslos, passiv „wie Schafe zur Schlachtbank" füge, der habe es seinen Verfolgern leicht gemacht, ihnen sogar entgegengearbeitet. Zur Identifikationsfigur eignete er sich nicht. Er war das Gegenbild des Kämpfers, des *Résistants*, des Helden.

Die Frage nach dem Warum des ausgebliebenen Widerstands setzt voraus, dass es überhaupt entsprechende Handlungsmöglichkeiten gegeben hatte. Doch inwieweit konnten sich Verfolgte überhaupt wehren? Und sahen sie Gegenwehr als Option, ja als Erfordernis? „Mein Vater hat da nicht so sehr schwarz gesehen", meinte Elisabeth Marum-Lunau (1910–1998), die Tochter des 1934 im KZ Kislau ermordeten SPD-Politikers Ludwig Marum (1882–1934). „Er hat gedacht, wir leben in einem Rechtsstaat […]. Da

---

[1] Vgl. Hannah Arendt: Eichmann in Jerusalem. Ein Bericht von der Banalität des Bösen, Neuausg. München 1986, S. 276.

kommt jetzt eine neue Regierung und da sind Unruhen, aber das wird sich schon wieder legen."² In der Tat bestanden viele Rechtsnormen formal weiter. Doch etablierte sich daneben gesetzförmiges Unrecht und Rechtswillkür. Nur wenige Wochen nach der „Machtergreifung" wurden mit der „Reichstagsbrandverordnung" die freiheitlichen Grundrechte ausgehebelt. Der NS-Staat beseitigte Grundrechte und setzte ein Ausnahmerecht durch, das vor allem Juden traf. „Bis zu dem Pogrom, für das es allerdings schon einzelne Vorläufer im Jahre 1933 und danach gab", so Joachim Perels,

> „wurde die Aufhebung des Gleichheitssatzes für Juden, ihre Ausschaltung aus dem öffentlichen Dienst, ihre bürgerliche und zivilrechtliche Diskriminierung, vor allem durch die Nürnberger Gesetze, im Wesentlichen in rechts- und justizförmige Formen gegossen".³

Dieses Ausnahmerecht wurde bis in die Kriegszeit fortgeschrieben. Neben dieses „Recht ohne Rechtscharakter" (Gustav Radbruch) trat im nationalsozialistischen „Doppelstaat" (Ernst Fraenkel) vermehrt die außergesetzliche Aktion des „Maßnahmenstaates": Führerbefehl, Geheimerlasse, Ermächtigungsschreiben wie beispielsweise die auf privatem Briefbogen Hitlers verfasste formale Grundlage der „Euthanasie"-Morde.

Gerade für assimilierte deutsche Juden war der damit einhergehende Vertrauensverlust in Rechtsstaatlichkeit und Rechtssicherheit traumatisch. Dass bestehendes Recht für sie nicht mehr galt, weil sie Juden waren, war vielen unbegreiflich. Als Reichstagsmitglied widersprach Ludwig Marum seiner Festnahme am 10. März 1933. Er dürfe

> „nach Artikel 35 Absatz 2, Artikel 40 a und Artikel 37 Absatz 2 der Reichsverfassung ohne Genehmigung weder in Haft genommen werden [...], noch irgendeiner anderen Beschränkung der persönlichen Freiheit unterworfen werden".⁴

Es war ein absehbar vergeblicher Protest. Doch war er deshalb sinnlos? Welche Option blieb dem rechtlos Gewordenen denn überhaupt noch, wenn nicht wenigstens der Widerspruch, die kleine Renitenz? Als 1933 viele Berufstätige einen „Abstammungsnachweis" erbringen sollten, taten dies die

---

2 Zit. nach Josef Werner: Hakenkreuz und Judenstern. Das Schicksal der Karlsruher Juden im Dritten Reich, 2. Aufl. Karlsruhe 1990, S. 32.
3 Joachim Perels: Wendepunkt in der Politik des Judenhasses. Die Reichspogromnacht und die Komplizenschaft der Gesellschaft, in: Franz-Josef Düwell (Hrsg.): Licht und Schatten. Der 9. November in der deutschen Geschichte und Rechtsgeschichte, Baden-Baden 2000, S. 59–69, hier S. 60.
4 Generallandesarchiv Karlsruhe (GLA KA), Rechtsanwaltskammer Karlsruhe Nr. 209.

meisten willfährig. Der Karlsruher Rechtsanwalt Reinhard Anders (1898 – 1970) jedoch beschäftigte die Behörden über Monate mit der als unzureichend abgewiesenen Versicherung, seine Vorfahren seien evangelisch getauft. Am Ende stufte ihn „ein Gutachten des beim Reichsministerium des Innern bestellten Sachverständigen für Rasseforschung"[5] als „nicht arisch" ein. Hätte er es den Behörden leicht machen sollen, statt Sand in bürokratisches Getriebe zu streuen?

Ging es Marum oder Anders überhaupt um Selbstbehauptung oder Gegenwehr? Entspricht ihr Handeln nicht eher fortgesetztem Vertrauen in Verfahren und Institutionen, die bislang unerschütterlich in Geltung waren?[6] Diese Frage wirft nicht zuletzt der Fall Emil Behr (1900 – 1983) auf.[7] Behr, der zuletzt als Hausmeister im Israelitischen Altersheim in Mannheim gearbeitet und nach der Deportation der letzten Bewohner beschäftigungslos geworden war, hatte Ende 1943 vor dem dortigen Arbeitsgericht die Erfüllung seines Arbeitsvertrags eingeklagt. „Nun war das Recht eines Juden, ein Arbeitsgericht anzurufen, zwar nicht formal abgeschafft worden", doch das Reichssicherheitshauptamt, dem Behrs Arbeitgeber, die Reichsvereinigung der Juden in Deutschland, unterstand, „akzeptierte generell nicht, dass eine Behörde oder ein Gericht seine Entscheidungen überprüfte und gegebenenfalls revidierte".[8] Denn wer entbehrlich wurde, dem drohte die Deportation. Das traf auf Emil Behr, der in „privilegierter Mischehe" verheiratet war, jedoch nicht zu. Warum handelte er, verließ die relativ sichere Deckung, statt abzuwarten?

War Selbstrettung, der Versuch, sich drohender Deportation zu entziehen, Widerstand? Die Beispiele der beiden jungen Sinti Anton Reinhardt (1927 – 1945) und Oskar Rose (1906 – 1968) veranschaulichen, wie einsam und entschlossen Betroffene den Kampf gegen die nationalsozialistische Vernichtungspolitik und um ihr eigenes Überleben aufnahmen.[9] „Lasst

---

5 GLA KA, 240/602: Minister des Kultus, Unterrichts- und der Justiz an RA Dr. Reinhard Anders, 20.7.1933.
6 Harald Welzer: Alles, was recht ist. Über einen Fall notwendig irriger Einschätzung der Wirklichkeit, in: Monique Behr/Jesko Bender (Hrsg.): Emil Behr. Briefzeugenschaft vor – aus – nach Auschwitz, 1938 – 1959, Göttingen 2012, S. 37 – 48, hier S. 47.
7 Vgl. hierzu den Beitrag von Monique Behr in diesem Band.
8 Beate Meyer: „Unerwünschte Handlungen" und „Weiterungen". Missverständnisse und Konflikte zwischen Mitarbeitern und Funktionären der Reichsvereinigung der Juden in Deutschland unter den Bedingungen der NS-Herrschaft, in: Behr/Bender, Briefzeugenschaft (wie Anm. 6), Göttingen 2012, S. 48 – 59, hier S. 53.
9 Vgl. hierzu den Beitrag von Frank Reuter in diesem Band.

euch nicht deportieren", hatte die Berlinerin Edith Wolff (1904–1997), nach NS-Kategorien „Halbjüdin", jüdische Jugendliche aufgefordert.[10] Wolff gehörte wie die bei Karlsruhe lebende Hannelore Hansch (1918–2007)[11] zu den selbst von „rassischer" Verfolgung Betroffenen, die anderen beim Überleben im Versteck halfen. Allein in Berlin versuchten etwa 7000 Juden, sich durch Flucht in die Illegalität zu retten. Etwa 1500 von ihnen überlebten unterstützt von Helfern, einzelne auch auf sich allein gestellt, das Regime. Die jugendlichen Schwestern Ilka (1923–2007) und Edith Königsberger (1921–2015) schlugen sich 1942 gar von Berlin bis an die Schweizer Grenze durch. Frechheit siegt, überschrieb Cioma Schönhaus (1922–2015), der die Strecke sogar mit dem Fahrrad bewältigte, ein Kapitel seiner Lebenserinnerungen, um im Folgekapitel gleich kleinlaut einzuräumen: Frechheit siegt nicht immer.[12] Eine Anzahl von etwa vierzig Jugendlichen fand sich im Berliner Untergrund in der zionistischen Jugendgruppe „Chug Chaluzi" (Kreis der Pioniere) zusammen. Sie trafen sich täglich, hielten gemeinsam den Sabbat, lernten Hebräisch und Englisch. Der regelmäßige Kontakt und der strukturierte Tagesablauf gaben ihnen Rückhalt. Anders als die etwa dreißig Mitglieder starke Widerstandsgruppe „Gemeinschaft für Frieden und Aufbau" um Hans Winkler (1906–1987) und Werner Scharff (1912–1945) trat der „Chug Chaluzi" um Edith Wolff und Jitzchak Schwersenz (1915–2005) nicht mit Flugblattaktionen hervor. Die jungen Zionisten wollten vor allem überleben, um später am Aufbau eines jüdischen Staates in Palästina mitwirken zu können.

Die Berliner Gruppe um Herbert Baum (1912–1942) tat sich im Mai 1942 mit einer spektakulären Aktion hervor: dem Anschlag auf die Ausstellung *Das Sowjetparadies* im Lustgarten der Hauptstadt. Dass sie sich gerade diese antisowjetische Propagandaschau ausgewählt hatte, war kein Zufall. Die etwa 100 Mitglieder waren Kommunisten und wollten dem nationalsozialistischen Antibolschewismus entgegentreten. In der Ausführung war ihr Widerstand ein Fanal: der Versuch, mit einem terroristischen Akt die öffentliche Aufmerksamkeit zu erreichen. Dass ein Verfolgter auf diese Weise wachrütteln wollte, war kein Einzelfall. Der aus Stuttgart stammende Helmut („Helle") Hirsch (1916–1937)[13] hatte sich im Prager Exil gar der

---

10 Ferdinand Kroh: David kämpft. Vom jüdischen Widerstand gegen Hitler, Reinbek bei Hamburg 1988, S. 103 ff.
11 Vgl. hierzu den Beitrag von Angela Borgstedt in diesem Band.
12 Cioma Schönhaus: Der Passfälscher. Die unglaubliche Geschichte eines jungen Grafikers, der im Untergrund gegen die Nazis kämpfte, 5. Aufl. Frankfurt/M. 2005.
13 Vgl. hierzu den Beitrag von Christopher Dowe in diesem Band.

Schwarzen Front um Otto Strasser angeschlossen, deren Mitglieder einst der NSDAP angehört hatten und die nun als Renegaten besonders verhasst waren. Hirsch wurde in deren Auftrag zum Attentäter, der einen Anschlag auf das allerdings menschenleere Reichsparteitagsgelände in Nürnberg durchführen sollte. Das bekannteste Fanal war Herschel Grynszpans (1921–1942/45) Attentat auf den Pariser Diplomaten Ernst Eduard vom Rath (1909–1938), das den Nationalsozialisten den Vorwand für das Novemberpogrom lieferte.[14] Zwei Jahre zuvor hatte David Frankfurter (1909–1982) in Davos den Schweizer NSDAP-Landesgruppenführer Wilhelm Gustloff (1895–1936) erschossen.

Die Möglichkeit zum bewaffneten Kampf gegen Nationalsozialismus und Faschismus bot sich Verfolgten in den Reihen der Internationalen Brigaden im Spanischen Bürgerkrieg, der Résistance oder den alliierten Streitkräften. Viele Arbeiter und Linksintellektuelle, aber auch Juden schlossen sich 1936 den Internationalen Brigaden an, um mit den putschenden Militärs zugleich deren faschistische Verbündete zu bekämpfen.[15] Zwei von ihnen waren die Heidelberger Geschwister Edgar (1903–1982) und Margarete (Gretel) Linick (1906–1942).[16] Gretel teilte das Schicksal mancher, die nach der Niederlage der spanischen Republik in Frankreich interniert und schließlich den Deutschen ausgeliefert wurden. Andere schlossen sich, wie zahlreiche Juden im französischen oder niederländischen Exil, dem Widerstand gegen die deutschen Besatzer an. Einer von ihnen war der in Mannheim geborene Karl Heinz Klausmann (1922–1944/45), der sich der Untergrundbewegung, dem *Maquis*, anschloss.[17] Die Résistance kämpfte gegen die deutsche Besatzung. Résistance und jüdische Hilfsorganisationen bemühten sich aber auch, die wieder in die Reichweite der Verfolger gelangten Juden, vor allem Kinder, zu retten. Sie versteckten sie in christlichen Kinderheimen und Klöstern oder brachten sie illegal über die Alpen in die Schweiz. Dabei gingen sie ein hohes Risiko ein. Was gerade ihnen im Fall der Entdeckung drohte, zeigt das Beispiel Marianne Cohns (1922–1944),[18] die jüdische Kinder retten wollte und dafür bestialisch ermordet wurde – als ob die Täter sie gleich dreifach erniedrigen wollten: als *Résistante*, als Jüdin und als Frau.

---

14 Vgl. Raphael Gross: Novemberpogrom 1938. Die Katastrophe vor der Katastrophe, München 2013, S. 30 f.
15 Arno Lustiger: Schalom Libertad! Juden im spanischen Bürgerkrieg, Neuausg. Berlin 2001.
16 Vgl. hierzu den Beitrag von Brigitte und Gerhard Brändle in diesem Band.
17 Vgl. hierzu den Beitrag von Joachim Maier in diesem Band.
18 Vgl. hierzu den Beitrag von Susanne Urban in diesem Band.

Das Narrativ schicksalsergebener Hinnahme von Verfolgung erscheint demnach fragwürdig. Daraus ein Bild heroischer Gegenwehr abzuleiten, hieße freilich die damaligen Rahmenbedingungen zu verzeichnen. Tatsächlich weiß die historische Forschung noch immer zu wenig davon, „wie die Nationalsozialisierung der deutschen Gesellschaft aufseiten der Opfer erlebt und gedeutet wurde".[19]

---

19 Welzer, Alles, was recht ist (wie Anm. 6), S. 47.

Monique Behr

Emil Behr (1900–1983) – ein Jude in Mannheim im unverrückbaren Glauben an das Gemeinwesen

Als ich meinen Großvater als Kind fragte, was das für eine Nummer auf seinem Unterarm sei, antwortete er mir, es handle sich um eine frühere Telefonnummer. Mit einem Lächeln in Richtung meines Vaters erzählte er weiter, die hätte er sich, als er jünger war, nie merken können. Auch mein Vater lächelte bei diesen Worten, und obwohl ich spürte, dass an der Geschichte etwas nicht stimmen konnte, traute ich mich nicht, weiter zu fragen. Ich traute mich nicht, solange er lebte. Seine Geschichte, die auch prägend für uns Nachkommen war, sollte ich erst vor wenigen Jahren durch Briefe und Dokumente aus einer Kiste erfahren.

Liebe kennt keine Religion
Emil Behr, geboren 1900 in Leimersheim (Pfalz), war das mittlere von fünf Geschwistern einer angesehenen deutsch-jüdischen Familie, die in Karlsruhe herrschaftlich in der Beiertheimer Allee 26 residierte. Als junger Mann verliebte er sich in Hedwig Westermann. Das Paar bekam 1920 einen Sohn, Werner – meinen Vater. Die Verbindung wurde von beiden Familien nicht gerne gesehen – Hedwig entstammte einer katholisch gläubigen Familie. Das Paar heiratete schließlich erst, als Werner bereits sieben Jahre alt war. Der Junge wurde von seiner Mutter katholisch erzogen, ging jedoch jeden Freitagabend mit seinem Vater zum „Schabbes" in die Beiertheimer Allee – ohne Hedwig.

1933 bis 1938: Entrechtung
Emil Behr war gelernter Maschinenschlosser. Im Zuge der frühen nationalsozialistischen Bestrebung, jüdische Mitbürger aus dem Arbeitsleben auszuschließen, hatte er durch das 1933 erlassene *Gesetz zur Wiederherstellung des Berufsbeamtentums* seine Anstellung als Monteur beim Elektrizitätsversorger Badenwerk in Karlsruhe, einem staatlichen Unternehmen, verloren. Erst 1938 fand er wieder Arbeit als Verwalter des Israelitischen Altersheimes in Neustadt an der Weinstraße, das auch seiner Frau Hedwig Anstellung gab. Aus der erhaltenen Korrespondenz kann man die hinter ihm liegenden er-

folglosen Versuche der vergangenen fünf Jahre, den Lebensunterhalt für die kleine Familie zu verdienen, lesen, wie auch die entsprechend große Erleichterung, endlich wieder Arbeit gefunden zu haben. Infolge der Pogrome im November desselben Jahres wurde er mit seinem ältesten Bruder Oskar im Konzentrationslager Dachau inhaftiert. Ein erklärtes Ziel der Inhaftierung von ungefähr 30 000 von den Nationalsozialisten sogenannten „Aktionsjuden" war es, diese deutschen Bürger zur Auswanderung zu bewegen. Zwei Postkarten aus dem KZ Dachau sind von Emil Behr erhalten. Er schreibt nichts über das Leben im Lager, außer, dass es ihm gut gehe. Vor allem will er wissen, ob Hedwig die „Vorbereitungen zur Auswanderung" weiter vorantreibe und wie es Familie und Bekannten gehe. Ob er tatsächlich vorhatte auszuwandern, oder ob die Sätze dem ausgeübten Druck in der Inhaftierung geschuldet waren, lässt sich nicht sagen.

Zur gleichen Zeit, als Emil in Dachau in Haft kam, wurde sein Sohn Werner als zukünftiger Soldat in die Rheinlandkaserne von Ettlingen bei Karlsruhe aufgenommen. Die nationalsozialistischen Behörden hatten ihm als sogenanntem „Mischling ersten Grades" in Aussicht gestellt, nach Ableisten des Reichsarbeitsdienstes und Eintritt in die Wehrmacht ein Studium beginnen zu können – eine Hoffnung, die sich nicht erfüllen sollte. In seinem ersten Brief aus der Kaserne vom 20. November 1938 schreibt er an seine Mutter: „Mir geht's hier gut, kann nicht klagen, nur möchte ich gar zu gern etwas über und von Vater wissen. Wo ist er denn und wie geht es ihm?"

Auswanderung und Verbleiben
Nach wenigen Wochen wurden die Brüder Emil und Oskar Behr aus Dachau entlassen. Oskar und seine Familie folgten den bereits über England nach Amerika ausgewanderten Schwestern Martha und Hilda. Von Amerika aus gelang es ihnen schließlich auch, ihre Eltern Mathilde und Edmund Behr aus dem Konzentrationslager Gurs auszulösen und nach New York nachzuholen. In das Lager Gurs am Rand der Pyrenäen waren am 21. und 22. Oktober 1940 im Rahmen der Wagner-Bürckel-Aktion, benannt nach den initiierenden Gauleitern von Baden und der Saarpfalz, über 6500 Deutsche jüdischen Glaubens aus Baden und der Saarpfalz verschleppt worden. Es handelte sich um eine der frühesten und konsequentesten Deportationen. Edmunds Brüder und ihre Familien verloren in Gurs ihr Leben. Emil und sein Bruder Alfred blieben in Karlsruhe, denn beide waren mit katholischen Frauen verheiratet und deswegen zunächst vor weiteren lebensbedrohenden Auswirkungen der nationalsozialistischen Rassegesetze geschützt.

Die Klage und ihre Folgen

Das Altersheim in Neustadt war im Zuge der Pogrome 1938 niedergebrannt worden. Dabei waren zwei Insassen ums Leben gekommen. Emil arbeitete nun im Israelitischen Altersheim Mannheim in befristeter Anstellung, die sich jährlich automatisch verlängerte, wenn sie nicht jewels vorher mit einer Frist von sechs Monaten von einem der Vertragspartner gekündigt wurde. Sein Arbeitgeber war die Reichsvereinigung der Juden in Deutschland, deren Geschicke von der Gestapo geleitet wurden. Im Juni 1943 wurden die letzten Insassen des Altersheimes deportiert. Was dies alles für Emil bedeutet haben muss, kann man nicht erahnen. Er löste das Heim auf und half bei der Übergabe des Hauses an die Gestapo – was lobend in einer Bestätigung derselben erwähnt wird. Am 4. September 1943 richtete er ein Schreiben an seinen Arbeitgeber, die Reichsvereinigung, die es de facto zu diesem Zeitpunkt nicht mehr gab, in dem er um die Überweisung seiner Auslagen für Besorgung von Essen für die Heiminsassen und sein ausstehendes Gehalt bat. Seit Juni hatte er beides nicht mehr erhalten. In der Folge wurden die Auslagen ersetzt, aber das Gehalt nicht gezahlt. Als überzeugter Sozialdemokrat um seine Rechte wissend, klagte Emil Behr vor dem Arbeitsgericht und geriet so in den Fokus der Gestapo. Am 28. Februar 1943 wurde er in „Schutzhaft" genommen – ein hämisches Hüllwort der Nationalsozialisten, um missliebige Personen willkürlich zu inhaftieren und zu deportieren.

Es sind bewegende Briefe, in denen Hedwig nun versuchte, bei den entsprechenden Stellen eine Haftverschonung für ihren Mann zu bewirken. Keinen ihrer Briefe unterschrieb sie mit dem damals konformen „Heil Hitler". Emil Behr schrieb zunächst noch voller Hoffnung aus der Haft. Vom 8. Mai 1944 sind zwei Briefe erhalten. Hatte er in einem ersten Brief von alltäglichen Dingen berichtet und solche auch bei seiner Frau und seinem Sohn nachgefragt, schrieb er in seinem zweiten Brief, dass gerade ein Schutzhaftbefehl gekommen sei. Aus diesem zitierte er ausführlich:

> „Er gefährdet nach dem Ergebnis der staatspolizeilichen Feststellungen durch sein Verhalten den Bestand und die Sicherheit des Volkes und des Staates, indem er [...] entgegen der ihm erteilten Unterweisung Klage gegen die R.V. [Reichsvereinigung der Juden in Deutschland] angestrengt hat und damit zu erkennen gibt, dass er nicht gewillt ist, behördliche Anordnungen zu befolgen und sich den für die Juden bestehenden Verhältnissen einzuordnen."

Seine Verzweiflung wird offenbar, als er fortfährt:

> „Meine Lieben, was hat das zu bedeuten, ich bin vollständig fertig, ist das der Befehl zum K.Z.[?] Erkundigt Euch sofort was für ein Verwandtniss er hat [...]. L[ie]b[e] Hedwig, ich muss dich sprechen, wenn es so weit ist, ich muss mich doch von

Euch verabschieden, bitte doch darum dass du mich sprechen kannst. [...] Ich weis nicht mehr was ich schreibe. [...] Schreibt gleich[.] Es küs[s]t euch innig Euer unglücklicher Vater."

Auschwitz

Ja, es war „der Befehl zum K.Z.". Am 4. Juli 1944 schrieb Hedwig zwei Briefe, die sie per Einschreiben an die Schutzhaftstelle beim Chef des Sicherheitswesens und des Sicherheitsdienstes sendete. „Heute dauert diese Schutzhaft bereits 127 Tage", schrieb sie noch im ersten Brief, „mein Mann dürfte daher hinreichend gesühnt haben", sodass sie erneut „inständig" um Aufhebung der Haft bat. Im zweiten Brief ist ihr innerer Aufruhr spürbar: „Mein Mann Emil Israel Behr, [...] wurde am 17. Mai, ohne dass ich es wusste, von hier weggebracht." Da keine amtliche Stelle ihr mitteilen könne, wohin er gebracht worden sei, bitte sie um Angabe, „unter welcher Adresse ich meinem Mann die so notwendig gebrauchte Wäsche und Kleidungsstücke nachsenden kann".

Tatsächlich war Emil Behr in das Konzentrationslager Auschwitz gebracht worden. Er gehörte zu den wenigen Personen dieses Transports, die nicht sofort umgebracht wurden, sondern als arbeitsfähig eingestuft wurden. Hier wurde ihm die Häftlingsnummer eintätowiert, seine „Telefonnummer". Emil arbeitete im Lager in der vergleichsweise „privilegierten" Position eines Elektrikers. So ist auch zu erklären, dass er Pakete erhalten durfte. Wegen der kriegsbedingt schwierigen Versorgungslage hatte man den wichtigsten Arbeitskräften erlaubt, sich Lebensmittel von zu Hause schicken zu lassen.

Die Gefangenen durften auch Briefe schreiben und erhalten. Nicht nur bei Emil Behr schürten diese Briefe, die ihn inmitten der grauenvollen Realität des Lagers erreichten, die Hoffnung, seine Familie eines Tages wiederzusehen. Neun ein- oder zweiseitige Briefe sowie Postkarten, die er aus Auschwitz schrieb, sind erhalten geblieben. Sie waren den streng festgelegten und auf den Briefbögen abgedruckten Lagerordnungen unterworfen. Die Ortsangabe war ebenfalls aufgedruckt: „Auschwitz, den ...". Die Post unterlag der Zensur, auf jedem Brief ist ein Stempel „geprüft [...] K.L. Auschwitz" sichtbar. Emil Behr schrieb über Alltägliches, über den Erhalt der Pakete, was ihm schmeckte, was — obwohl aufgelistet — nicht im Paket war. Er fragte nach Freunden und Verwandten und ließ diese grüßen. Und er versuchte, seine Frau und seinen Sohn zu beruhigen und zu trösten. Und immer wieder die Bitte, sich „in Berlin" für ihn zu erkundigen und einzusetzen. Über das Leben im Lager durfte er nicht schreiben. „Ich arbeite in meinem Beruf", heißt es da nur ein Mal.

Emil Behr (1900–1983)

Emil Behr, aufgenommen in Karlsruhe in den 1970er-Jahren.

Als die sowjetische Armee näher rückte, wurden alle noch gehfähigen Insassen des Konzentrationslagers Auschwitz in Marsch gesetzt. Emil Behr überlebte den „Todesmarsch" von Auschwitz ins Konzentrationslager Mauthausen und wurde dort im Nebenlager Gusen am 5. Mai 1945 befreit.

Es ist noch nicht vorbei
Die Nachkriegszeit gestaltete sich nicht einfach. Von der amerikanischen Besatzungsmacht wurde Emil mit seiner Frau und seiner Schwägerin kurz vor den Weihnachtsfeiertagen 1946 auf erschreckende Art und Weise aus seiner Wohnung geworfen, weil diese für Zwecke der Besatzer verwendet werden sollte. Es wurde ihm eine Wohnung zugewiesen, die einem ehemaligen Parteimitglied gehört hatte. Wissend, dass andere Wohnungen nicht belegt waren und er als einziger ehemaliger Verfolgter seine Wohnung räumen musste, zeugt die Korrespondenz Emil Behrs zum Rechtsstreit mit dem Besitzer der ihm von der amerikanischen Militärregierung zugewiesenen Wohnung von seinem klaren Unrechtsempfinden, mit dem er gegen seine Behandlung vorging. Wie es in seinem Inneren ausgesehen haben muss, ist schwer vorstellbar, doch die Überzeugung, um sein Recht kämpfen zu müssen – also in diesem Sinne Widerstand zu leisten –, war offenbar größer als seine Gefühle.

Resümee
1983 starb Emil Behr, ohne seiner Familie je von seinen Erlebnissen erzählt zu haben. Dank der erhaltenen Briefe treten Facetten seiner Persönlichkeit jedoch nochmals klarer hervor. Uns Enkelkindern war er ein liebevoller, zugewandter Großvater. Er erzählte zwar nichts aus der Zeit der Verfolgung, war in meiner Erinnerung eher introvertiert, verkörperte aber Werte, zu denen Anstand und eine rechtsstaatliche sozialdemokratisch geprägte Überzeugung gehörten. Es wohnte ihm eine natürliche Autorität inne, der wir Kinder ohne Widerrede gehorchten. Ihm und auch meinem Vater gebührt Respekt: Beide haben sich durch die Ereignisse nicht brechen lassen, sondern waren uns Kindern gegenüber prinzipiell positiv eingestellte Persönlichkeiten und haben uns immer unaufgeregt den Glauben an das Gemeinwesen vermittelt, das ihnen übel mitgespielt hatte. Diese Haltung verkörpert für mich Widerstand im besten Sinne.

Seine Klage kann als Ungehorsam, also als Widerstand bezeichnet werden, sie kann aber auch die Frage auslösen, ob er nicht realitätsblind gehandelt hatte. Hierbei muss berücksichtigt werden, dass Emil vieles nicht wusste, was uns heute an historischen Fakten und Dokumenten bekannt ist. Er wusste nicht um Gesetzeslagen. Seine Klage gründete auf Überzeugung und war nicht als Akt des Ungehorsams gedacht.

Emil Behr erlebte in der Reaktion auf seine Klage den von Ernst Fraenkel in seinem Buch *Der Doppelstaat* dargestellten Normenstaat auf der einen Seite, dessen Handeln sich an Gesetzen orientiert, und auf der anderen Seite den Maßnahmenstaat, der sich an politischen Zweckmäßigkeitsüberlegungen ausrichtet. Formal betrachtet gab es das Recht zu klagen – und es wurde auch genutzt. In Emil Behrs Arbeitsumfeld hatte ein jüdischer Arbeitnehmer gegen den gleichen Arbeitgeber, die Reichsvereinigung der Juden in Deutschland, geklagt, ohne dass ihm daraus nachteilige Konsequenzen entstanden wären. Emil Behr, der aus der Zeit der Weimarer Republik, als die rechtliche Lage der Arbeitnehmer gestärkt worden war, seine Rechte kannte und wusste, dass diese gewahrt werden müssen, war nicht realitätsblind. Er konnte durch seine persönliche Geschichte, die ihn und seine kleine Familie die ganzen Jahre seit 1933 hatte überleben lassen, kaum wissen, dass das Rechtssystem zwar formal bestand, aber faktisch unterhöhlt worden war.

Emil Behrs Handlung war zunächst Widerstand im Sinne eines Sich-Wehrens. Im Laufe der weiteren Ereignisse bildete sich wahrscheinlich ein Verständnis von politischem Widerstand heraus, der ihn in den Nachkriegsjahren nicht nur dazu brachte, bei den Nürnberger Nachfolgeprozessen und Voruntersuchungen zum Auschwitzprozess auszusagen, sondern immer wieder bei aktuellen Anlässen ausdrücklich Position zu beziehen. In seinem letzten Lebensjahr wollte ich ihn zum Schicksal der Familie im „Dritten Reich" befragen: Er mochte nicht mehr an diese Zeit erinnert werden und antwortete nicht.

Epilog
Im Nachlass Emil Behrs fanden sich auch Dokumente, die von einer tiefen Spaltung der Familie zeugen, die durch das nationalsozialistische Regime ausgelöst wurde. Mathilde, die Mutter der fünf Geschwister, die nach Amerika ausgewandert war und in den 1960er-Jahren starb, hatte in ihrem Testament die zwei in Deutschland gebliebenen Söhne Emil und Alfred gravierend benachteiligt. Emils Gram und sein Unverständnis über das Vorgehen der Mutter sind deutlich in seinen Briefen an die Geschwister spürbar.

Erst als junge Erwachsene lernte ich meine weitverzweigte Verwandtschaft in den Vereinigten Staaten von Amerika kennen, und mit manchen entwickelte sich ein erhellender Austausch über unsere Herkunftsfamilien und über falsche Vorstellungen. Die Vorfahren meiner amerikanischen Großcousins hatten zwar das Glück gehabt, auswandern zu können, doch der Verlust der Heimat saß tief und prägte die heranwachsende Gene-

Emil Behr mit seiner Enkeltochter Monique beim Spielen, aufgenommen Ende der 1960er-Jahre.

ration in unglücklicher Weise. Erst durch die Veröffentlichung der Briefe Emil Behrs erfuhren sie Näheres von seinem Leben – und mussten das Bild über das angebliche Glück, dass Emil wenigstens in seiner Heimat hatte verbleiben können, korrigieren. Auch mussten sie ihre Einschätzung revidieren, dass er, durch seine Heirat mit einer Nichtjüdin geschützt, sich nicht dem nationalsozialistischem Regime bedingungslos gefügt hatte, sondern um sein Überleben, das seiner Familie sowie auch um seine Rechte gekämpft hatte.

Literatur

Behr, Monique/Bender, Jesko (Hrsg.): Emil Behr. Briefzeugenschaft, vor, aus, nach Auschwitz 1938–1959, Göttingen 2012.

www.briefzeugenschaft.de

Susanne Urban

Marianne Cohn (1922–1944) – eine Jüdin aus Mannheim rettete Kinder im besetzten Frankreich

Marianne Cohn-Colin hatte ihr Leben aufs Spiel gesetzt und als nicht einmal 22-Jährige verloren, weil sie jüdische Kinder vor dem Zugriff der deutschen Besatzer rettete und von Frankreich in die Schweiz brachte.[1]

„Am meisten liegt uns aber am Ergehen der Kinder"[2]
Geboren wurde Marianne Cohn am 17. September 1922 in Mannheim. Sie war die erstgeborene Tochter von Alfred und Grete Cohn. Die jüngere Schwester Lisa kam 1924 hinzu. Alfred Cohn, der zunächst Kunstgeschichte studiert hatte, musste sich den ökonomischen Zwängen beugen und arbeitete als kaufmännischer Angestellter. Grete Cohn, geb. Radt, hatte ein Studium als Nationalökonomin abgeschlossen und war zudem an Erziehungsfragen und Pädagogik leidenschaftlich interessiert. Die Familie war modern und liberal eingestellt. Das Judentum war Teil ihres kulturellen Hintergrunds, stand aber nicht im Zentrum ihres alltäglichen Lebens.

Alfred Cohn war mit Walter Benjamin zur Schule gegangen, woraus sich eine lebenslange Freundschaft entwickeln sollte. Grete Radt ihrerseits war 1915/16 mit Benjamin verlobt gewesen. 1921 heirateten jedoch Alfred Cohn und Grete Radt. Die beiden Männer schrieben sich über Jahre hinweg Briefe. Sie tauschten sich über Literatur und über die politische Situation aus, sie diskutierten kulturelle und auch existenzielle ökonomische Angelegenheiten und sie erinnerten sich an gegenseitige Besuche. Zudem war Walter

---

1 Viele Informationen und Details sind zu entnehmen aus: Kurt Schilde: Marianne Cohn – „...dass sie sich absolut nicht für eine Heldin hielt." Eine Fluchthelferin in der Resistance, in: Julius H. Schoeps/Dieter Bingen/Gideon Botsch (Hrsg.): Jüdischer Widerstand in Europa (1933–1945), Berlin 2016, S. 161–181; Kurt Schilde: „Geht die Arbeit weiter?" Marianne Cohn – illegale Sozialarbeiterin in der Résistance, in: Kurt Schilde: Jugendopposition 1933–1945, Berlin 2007, S. 63–75.
2 Alfred Cohn an Walter Benjamin, 16.8.1936, in: Christoph Gödde/Henri Lonitz (Hrsg): Walter Benjamin: Gesammelte Briefe, Band V: 1935–1937, Frankfurt/M. 1999, S. 369.

Benjamin sehr stark am Aufwachsen der beiden Töchter interessiert. Immer wieder bat er um Fotos der Familie und seiner Besuche in Mannheim, und er freute sich, dass die Kinder dichteten. Die erhaltenen Briefe zeigen zudem, wie sehr sich Walter Benjamin um die Familie nach deren Flucht aus Deutschland sorgte. Die Korrespondenz endete mit Benjamins Freitod 1940.[3]

In Mannheim wechselte die Familie binnen sieben Jahren vier Mal die Adresse. Als Marianne auf die Welt kam, wohnten die Cohns in der Richard-Wagner-Straße 26, von November 1922 bis Mai 1924 in der Werderstraße 29 und zuletzt, von Juni 1924 bis Oktober 1929, in der Meerfeldstraße 4a. Dort befindet sich heute ein Stolperstein für Marianne Cohn.

Die beiden Töchter der Cohns besuchten den Montessori-Kindergarten. Von 1929 an lebte die Familie in Berlin-Tempelhof am Wulfila-Ufer 52. Die siebenjährige Marianne besuchte eine Grundschule in Berlin-Mariendorf und wechselte im Oktober 1932 an das Lyzeum in der Tempelhofer Ringstraße.[4] Am Wulfila-Ufer erinnert seit 2007 ebenfalls ein Stolperstein an Marianne Cohn.

Alfred Cohn war in Berlin zunächst bei der Borsig-Hall GmbH als leitender Angestellter tätig, wechselte dann zur Maschinenfabrik und Eisengießerei C. Henry Hall/Nachfolger Carl Eichler, wo er nach kurzer Zeit Mitinhaber wurde. Carl Eichler wurde aufgrund seiner oppositionellen Haltung zur NSDAP im Frühjahr 1933 verhaftet und in das KZ Oranienburg verschleppt. Alfred Cohn verstand dies als Warnung; die Familie bereitete daraufhin ihre Flucht vor. Im Frühjahr 1934 reiste das Paar mit den beiden Töchtern nach Paris, von dort zogen sie nach einem kurzen Aufenthalt gemeinsam mit anderen Flüchtlingen weiter nach Barcelona.

Marianne Cohn besaß ein Abgangszeugnis aus Berlin vom 28. März 1934. Darin wurde der Abgang von der Schule als „Verlegung des elterlichen Wohnsitzes nach dem Auslande" bezeichnet.[5] Das Zeugnis war blendend; in jüdischer Religion — extern unterrichtet — gab es ebenso wie in Musik die Note „sehr gut", in Deutsch, Französisch und anderen Fächern erhielt sie ein „gut". Zum Zeitpunkt der Flucht war Marianne Cohn elf Jahre alt. In Barcelona besuchten die beiden Schwestern weiterhin eine Schule, während

---

3 Christoph Gödde/Henri Lonitz (Hrsg): Walter Benjamin: Gesammelte Briefe, Bde. III–VI, Frankfurt/M. 1997–2000.
4 Heute Dag-Hammerskjöld-Oberschule; auf der Internetseite der Schule findet sich kein Hinweis auf Marianne Cohn.
5 Schilde, Marianne Cohn — „…dass sie sich absolut nicht für eine Heldin hielt." (wie Anm. 1).

der Vater versuchte, die Familie mit dem Verkauf von Modeschmuck über Wasser zu halten. Die Mutter vermietete Zimmer. Ein Pensionsgast mit dem Nachnamen Hirsch war ebenfalls Emigrantin. Als praktizierende Jüdin und Zionistin ermöglichte sie Marianne und ihrer Schwester einen Einblick in das nicht säkulare Judentum. Die zukunftsorientierte, mutige Haltung von Zionisten wie Frau Hirsch schien die Schwestern zu beeindrucken.

Im Sommer 1936 brach der Spanische Bürgerkrieg aus. Die Eltern entschieden sich, als erstes ihre beiden Töchter in Sicherheit zu bringen. Sie schickten die Mädchen zunächst zu einem Onkel nach Paris und schließlich ein Jahr später, getrennt voneinander, zu Pflegefamilien in die Schweiz. 1938 lief die Aufenthaltsberechtigung aus, die Schwestern mussten nach Paris zurückkehren. Die Eltern hatten Spanien nach dem Sieg der Faschisten ebenfalls verlassen, denn obwohl Spanien jüdischen Flüchtlingen den Aufenthalt ermöglichte, wollte das liberal eingestellte Ehepaar Cohn dort nicht bleiben. Das Jahr 1940 trieb die Familie Cohn nach dem deutschen Überfall auf Frankreich wie Hunderttausende andere – Franzosen, Emigranten, Juden, Nichtjuden – erneut auf die Flucht. Sie gingen nach Südfrankreich, in die unbesetzte Zone. Dort wurden die Eltern der beiden Mädchen noch im Mai 1940 als „feindliche Ausländer" im südwestfranzösischen Lager Gurs interniert. Während Grete Cohn das Lager im Juli verlassen konnte, musste Alfred Cohn bis zum Mai 1941 ausharren. Entlassen wurde er nur, weil seine Gesundheit schwer angeschlagen war. Aber die Odyssee war noch nicht zu Ende. Das Ehepaar ließ sich in Moissac nieder, wo auch Marianne und Lisa Zuflucht gefunden hatten. Die *Éclaireurs Israélites de France*, eine jüdische Pfadfinderbewegung, die sich unter deutscher Besatzung zunehmend im Widerstand betätigte, evakuierte jüdische Kinder und Jugendliche aus Paris und ermöglichte jüdischen Kindern, die alleine oder mit Angehörigen im Süden gestrandet waren, in einem Heim in Moissac in Geborgenheit und zunächst auch in Sicherheit zu leben. Moissac befand sich in der freien Zone, im Departement Tarn-et-Garonne. Am Ufer des Tarn, an das sich ein überlebendes Kind als „Landungsplatz der Juden" erinnerte, feierte Marianne ihren 19. Geburtstag.

Alfred Cohn unterrichtete kurzzeitig in der Schule des Heimes, bis er im Februar 1942 erneut verhaftet und in ein Internierungslager gebracht wurde. Zwei Monate später – sein Zustand hatte sich extrem verschlechtert – kam er frei. Das Ehepaar musste sich nun abermals von den Töchtern trennen; die Angst vor einer neuerlichen Verhaftung war zu groß. Die Deutschen besetzten im November 1942 den bis dahin freien Süden Frankreichs. Die Jagd auf Juden, Emigranten und Oppositionelle begann. Hilfe und Rettungswiderstand wurden zentrale Aufgaben von Helfern wie dem US-amerikanischen Journalisten Varian Fry, der Gelder sammelte und zu dessen Unterstützern unter anderem Eleonore Roosevelt zählte. Fry leitete ab Sommer 1940 in Marseille ein Rettungsnetzwerk, das rund 2000 Menschen zur Flucht verhelfen konnte, darunter Marc Chagall, Lion Feuchtwanger, Alma Mahler-Werfel und Franz Werfel sowie Heinrich Mann.

Mariannes jüngere Schwester Lisa überlebte die knapp zwei Jahre bis zur Befreiung im August 1944 im Raum Toulouse in einem Versteck. Die Eltern harrten unter falschem Namen zunächst in den Savoyer Alpen aus, dann in der von Italien besetzten Zone in Frankreich. Das von Marianne Cohn im Heim verdiente Geld half den Untergetauchten bis zum Sommer 1944.

In Mannheim war Marianne Cohn ein Kleinkind gewesen, in Berlin hatte sie ein Stück Kindheit verbracht, in Spanien entwickelte sie eine neue Nähe zum Judentum und in Frankreich wurde sie erwachsen. Sie nahm im Kinderheim in Moissac an jüdischen Festtagen teil, beteiligte sich an Diskussionen zu jüdischen und zionistischen Themen, begeisterte sich für die Natur. In den Erinnerungen von damaligen Leitern und Kindern des Hauses wird Marianne als starke Persönlichkeit beschrieben. Sie sei für ihr Alter erstaunlich erwachsen gewesen, auch dank ihrer außerordentlichen Intelligenz und ihres hohen Bildungsstandes.

Marianne Cohn war 20 Jahre, als sie mit den Aktivitäten jüdischer Rettungsorganisationen in Berührung kam. Diese versuchten, Kinder bei Nichtjuden unterzubringen, sie in die Schweiz zu schmuggeln oder in allgemeinen Kinderheimen sowie Klosterschulen zwischen den anderen Kindern zu „verbergen".

Entscheidungen: Rettung und Widerstand

Seit 1940 war der 1911 in Russland geborene Simon Levitte in Moissac aktiv. Er gründete 1942 in Montpellier das *Mouvement de la jeunesse sioniste* (MJS). Marianne Cohn beschloss, den Protesten der Leitung von Moissac und ihrer Eltern zum Trotz, spätestens ab Frühjahr 1943 ihm und der Bewegung zur Seite zu stehen und sich am Aufbau des Netzwerkes zur Hilfe und Rettung zu beteiligen. In Moissac betrieb das MJS eine Art Ausbildungszentrum. Marianne Cohn war höchstwahrscheinlich ebenso wie mehr als zwanzig weitere junge Juden Teil der Bewegung. Wichtigste Partner des MJS wurden die jüdischen Pfadfinder und das Hilfswerk *Oeuvre de Secours en Enfants* (OSE). In vielen Städten und Orten — von Nizza über Lyon bis Marseille und Limoges — bildeten sich lokale Zellen, die sich der Rettung der jüdischen Kinder annahmen. Im Rettungswiderstand war eine hohe Anzahl Frauen aktiv; zudem gab es Unterstützung unter anderem durch französische Geistliche sowie nichtjüdische Franzosen.

Die Stafette aufnehmen
Marianne Cohn nahm im Oktober 1943 im Widerstand der *Mouvement de la jeunesse sioniste* (MJS) den Platz der von den Deutschen verhafteten Mila Racine ein. Die 1921 in Moskau geborene Mila Racine war 1925 mit ihren Eltern aus der Sowjetunion nach Frankreich geflohen. Sie hatte von Januar 1942 bis zu ihrer Verhaftung am 21. Oktober 1943 jüdische Kinder und Erwachsene über die Grenze in die Schweiz geschmuggelt. Für das MJS hatte die junge Frau bei Toulouse, Gurs und im nahe der Schweizer Grenze befindlichen Annemasse agiert. Ihr Bruder Emmanuel Racine war ein Leiter des MJS. Am 21. Oktober 1943 begleitete Mila Racine gemeinsam mit Roland Epstein, einem weiteren wichtigen Aktivisten des MJS, einen Konvoi, als die Deutschen den Transport anhielten und sie zurück nach Annemasse brachten, wo sie im Hotel Pax festgehalten wurden. Das Hotel war unter deutscher Besatzung das Hauptquartier der Gestapo der Region und zugleich das Gefängnis.

Der Bürgermeister Jean Deffaugt versuchte, den Inhaftierten zu helfen. Es gelang ihm, einige Jugendliche sowie ein 14-monatiges Baby freizubekommen. Mila Racine lehnte eine Flucht bzw. Rettung ab, um die weiteren Aktionen und vor allem die Kinder nicht zu gefährden. Anfang Februar 1944 wurde sie nach ihrer Inhaftierung unter anderem im Gefängnis Montluc zunächst in das KZ Ravensbrück deportiert und im März 1944 von dort in das KZ Mauthausen verschleppt. In einem der Außenlager starb sie um den 25. März 1945 infolge eines Bombardements der Alliierten. Roland Epstein überlebte die Haft im KZ Buchenwald.

Emmanuel Racine benötigte einige Wochen, um nun neue Fluchtwege und Passagen sowie vertrauenswürdige Verbindungsleute zu finden. Zudem musste jemand die Arbeit seiner Schwester weiterführen. Marianne Cohn, mittlerweile mit dem Tarnnamen Marianne Colin und falschen Papieren ausgestattet, nahm diese Aufgabe an. Sie begleitete insgesamt rund 200 jüdische Kinder, deren Eltern beispielsweise in Drancy interniert oder bereits deportiert waren, an die Schweizer Grenze und damit in Sicherheit.

Am 30. Mai 1944 fuhr eine Gruppe jüdischer Kinder und Jugendlicher in Limoges los. Zunächst ging es per Zug nach Lyon. Bei Annecy wartete am nächsten Morgen Marianne Cohn mit einem Fahrer und einem Lastkraftwagen auf die Gruppe. In Saint-Julien, wenige Kilometer vor der Schweizer Grenze, wurde der Transport von deutschen Zöllnern angehalten und kontrolliert. Leon Hertzberg, der zu der Kindergruppe gehörte, erinnerte sich 1984:

Marianne Cohn, aufgenommen um 1942.

„Ich war 1944 elf Jahre alt, mein Bruder 15. Wir kamen ohne große Probleme bis Lyon, dann nach Annecy. Dort übernahm uns Marianne Cohn. [...] Sie gewann auf Anhieb unser Vertrauen [...]. Wir sind also von Annecy mit einem Lkw losgefahren, der mit einer Plane abgedeckt war. Wir bekamen das Gefühl, verfolgt zu werden. Wenig später wurden wir angehalten. Der erste Abend war schrecklich. [...] Wir hatten einiges über die Lager in Nazideutschland gehört. Aber wir wussten nicht, dass es so etwas wie die ‚Endlösung' gab, doch wir ahnten etwas derartiges. [...] Wir hatten Angst, wir müssten sterben. Am anderen Morgen brachte man uns in das Hotel Pax. [...] Einer nach dem anderen wurden wir verhört. Ein Offizier, der die Fragen stellte, ohrfeigte uns und schlug auch mit der Faust zu."[6]

Eine Warnung aus Genf, den Transport nicht in Gang zu setzen, hatte den Widerstand nicht mehr erreicht. Marianne Cohn versuchte, den Deutschen zu erklären, dass die Kinder auf dem Weg in ein nichtjüdisches Kinderlager seien, um sie vor den Kriegshandlungen in Sicherheit zu bringen. Die Gruppe musste zu dem genannten Heim fahren und es wurde klar, dass die Geschichte nicht stimmte. Alle — Marianne Cohn, der Fahrer und die 32 Kinder im Alter zwischen zweieinhalb und 18 Jahren — wurden auf Lastkraftwagen nach Annecy und von dort in derselben Nacht nach Annemasse ins Hotel Pax gebracht. Dort begannen die Verhöre; auch die Kinder mussten dabei die Brutalität der Gestapo ertragen.

Foto der Gruppe, die am 30. Mai 1944 mit Marianne Cohn versucht hatte, die Grenze zur Schweiz zu überqueren.

---

6 Raphael Delpard: Überleben im Versteck. Jüdische Kinder 1940–1944, Bonn 1994, S. 171 ff.

Folter, Mut und ein Gedicht

Der Bürgermeister von Annemasse, Jean Deffaugt, der sich bereits wenige Monate zuvor unerschrocken um die Freilassung von Mila Racine bemüht hatte, trat auch jetzt wieder den Deutschen entgegen. Er erkundigte sich am Morgen nach den Kindern, verhandelte mit den Deutschen, hielt Kontakt mit dem Widerstand. Deffaugt erreichte nach drei Tagen die Freilassung derjenigen Kinder, die unter elf Jahre alt waren, indem er persönlich – auch im Namen seiner Familie – für diese Kinder bürgte und zusagte, er werde sie bei eventuell erfolgender Gestapoorder wieder ins Hotel Pax einliefern. Anstatt sie jedoch in Annemasse zu belassen, brachte er sie im nahegelegenen Bonne-sur-Menoge in Sicherheit. Elf Jugendliche – sechs Jungen und fünf Mädchen – blieben inhaftiert und von Marianne getrennt. Sie wurden jeden Tag zu Zwangsarbeiten verpflichtet.

Deffaugt erhielt von der Gestapo die Erlaubnis, das Gefängnis jederzeit betreten zu können. So konnte er nicht nur den Kindern, sondern auch anderen dort inhaftierten Juden Lebensmittel und Medikamente bringen. Er half ihnen, so gut es ging. Nach der Befreiung betonte er, seine Frau und er selbst hätten entsetzliche Ängste ausgestanden: „Ich war ängstlich. Ich ging niemals die Stufen in das Gefängnis hoch, ohne mich zu bekreuzigen oder ein Gebet zu sprechen."[7]

Die Tarnung der Marianne Cohn als Nichtjüdin war nicht lange unentdeckt geblieben. Der jüdische Widerstand bat Deffaugt, Marianne zur Flucht zu verhelfen. Sie solle eine Krankheit vortäuschen und dann auf dem Weg ins Krankenhaus oder von dort fliehen. Marianne Colin lehnte dies ab, in der Annahme, die Kinder würden ebenso wie andere Gefährdete deportiert oder erschossen werden.

In den wenigen Stunden, in denen sie mit den inhaftierten Jugendlichen sprechen durfte, half sie ihnen nach deren späterer Aussage beim Lernen mit den Büchern, die Deffaugt ins Gefängnis gebracht hatte. Sie diskutierte mit ihnen über Literatur und erzählte ihnen von der Welt, die auf sie wartete. Sie versuchte ihnen Mut und Überlebenswillen zuzusprechen. Einige der von Deffaugt aus dem Hotel Pax herausgeschmuggelten Briefe von Marianne Cohn sind überliefert. Darin sorgte sie sich um ihre Gefährten, verfasste liebevolle Zeilen anlässlich des Geburtstags ihres Vaters und erkundigte sich nach ihrer Schwester. Deffaugt gelang ein letztes Mal eine Rettungsaktion: Alle noch inhaftierten jüdischen Jugendlichen wurden am 7. Juli 1944 freigelassen.

---

7 https:/yadvashem-france.org/les-justes-parmi-les-nations/les-justes-de-france/dossier-178 (Zugriff am 18.9.2016).

Marianne Cohn (1922–1944)

In der Nacht zum 8. Juli 1944 wurde Marianne Colin gemeinsam mit anderen Widerstandskämpfern durch den deutschen Sicherheitsdienst (SD) aus dem Gefängnis geholt. Das Auto fuhr Richtung Lyon, doch in einem Waldstück bei Ville-la-Grand, nur wenige Kilometer von Annemasse entfernt, wurden Marianne Cohn und ihre Mitstreiter, vier Männer und eine weitere Frau, brutal ermordet.

Überliefert ist ein Gedicht, das Marianne Cohn in der Haft geschrieben hatte.[8]

Verraten werde ich morgen
Ich werde morgen verraten, heute nicht.
Heute reißt mir die Nägel aus.
Ich werde nichts verraten.

Ihr kennt die Grenze meines Mutes nicht.
Ich kenn sie.
Ihr seid fünf harte Pranken mit Ringen.
Ihr habt Schuhe an den Füßen.
Mit Nägeln beschlagen.

Ich werde morgen verraten, heute nicht.
Morgen.

Ich brauch die Nacht, um mich zu entschließen,
Ich brauch wenigstens eine Nacht,
Um zu leugnen, abzuschwören, zu verraten.
Um meine Freunde zu verleugnen,
Um dem Brot und Wein abzuschwören,
Um das Leben zu verraten,
Um zu sterben.

Ich werde morgen verraten, heute nicht.
Die Feile ist unter der Kachel,
Die Feile ist nichts fürs Gitter,
Die Feile ist nicht für den Henker,
Die Feile ist für meine Pulsader.
Heute habe ich nichts zu sagen.
Ich werde morgen verraten.

---

[8] In der Übertragung von Wolf Biermann, in: Arno Lustiger: Zum Kampf auf Leben und Tod! Vom Widerstand der Juden 1933–1945, Köln 1994, S. 441 f.

Die Befreiung und eine grauenhafte Entdeckung

Die Alliierten waren am 15. August 1944 in der Provence gelandet und hatten gemeinsam mit Partisanenverbänden die deutschen Truppen in Südfrankreich rasch zurückdrängen können. Am 18. August 1944 um 10.15 Uhr wurde in Annemasse von den deutschen Besatzern die weiße Flagge gehisst. Der von ihnen geforderte freie Abzug in die Schweiz wurde abgelehnt. Am selben Tag kam es zu einem stillen Umzug durch die Straßen von Annemasse, mit dem der Opfer der Besatzung gedacht wurde.

Die jüdischen Kinder aus dem letzten Transport von Marianne Cohn wurden wenige Tage nach der Befreiung zunächst in Annemasse wieder zusammengeführt. Bevor die gesamte Gruppe nach Genf in ein jüdisches Heim gebracht wurde, entstand ein Foto. Leon Hertzberg erinnerte sich an das Verlustgefühl, als das Foto aufgenommen wurde:

> „Später, nach der Befreiung, stellten wir uns auf der Freitreppe des Rathauses von Annemasse auf, für ein Gruppenfoto mit Herrn Deffaugt. Aber Marianne war nicht mehr dabei."[9]

Wenige Tage später, am 23. August 1944 wurde in dem Waldstück bei Ville-la-Grand ein Grab entdeckt. Sechs Leichen kamen zum Vorschein, darunter zwei Frauen, fast unbekleidet und von Folter gezeichnet. Marianne Cohns Leiche wurde mutmaßlich an der Bluse und den Sandalen erkannt, die endgültige Identifizierung erfolgte durch ihre Schwester Lisa. Das Wissen, unter welchen Umständen Marianne ums Leben gekommen war, brachte der Familie Cohn entsetzlichen Schmerz.

Die sterblichen Überreste Marianne Cohns wurden nach Grenoble gebracht und dort am 26. September 1944 beigesetzt. Vertreter des MJS und der *France Tireurs Partisanes* begleiteten die Zeremonie. Alfred Cohn starb 1954 als gebrochener Mann, Grete Cohn starb 1979, Lisa 1996. Keiner von ihnen kehrte nach Deutschland zurück. Die Überlebenden der Familie Cohn blieben in Frankreich.

Erinnerung und ein ungesühnter Mord

Am 7. November 1944 erhielt Marianne Cohn posthum das *Croix de Guerre*. Seit 1956 markiert ein Gedenkstein die Stelle des Massengrabes, in dem die sechs Leichen gefunden wurden. In Annemasse erinnert ein Gedenkstein an Marianne Cohn und eine Straße trägt ihren Namen. 1965 ehrte die israelische Gedenkstätte Yad Vashem Jean Deffaugt als „Gerechten unter den Völkern". 1982 entstand in Erinnerung an Marianne Cohn in Yad Vashem ein Garten.

---

9 Delpard, Überleben im Versteck (wie Anm. 6), S. 172.

In Mannheim und Berlin erinnern seit der Mitte der 2000er-Jahre Stolpersteine an Marianne Cohn. In Mannheim wurde 2014 auch eine Straße nach Marianne Cohn benannt. Eine Berliner Schule trägt ihren Namen. Ihre Folterer und Mörder wurden jedoch nie zur Rechenschaft gezogen. Aus dem Privatbesitz eines Wehrmachtssoldaten stammt ein Foto, das Soldaten der Wehrmacht zeigt, wie sie sich breit grinsend, geradezu vergnügt, um die Leiche einer Frau gruppiert haben, die augenscheinlich brutal vergewaltigt und dann ermordet wurde. Nach Recherchen des Simon-Wiesenthal-Centers, insbesondere des Mitarbeiters Stefan Klemp, handelt es sich wahrscheinlich um die Leiche von Marianne Cohn.[10]

Literatur

Lustiger, Arno: Zum Kampf auf Leben und Tod! Vom Widerstand der Juden 1933–1945, Köln 1994.

Lustiger, Arno: Rettungswiderstand. Über die Judenretter in Europa während der NS-Zeit, Götttingen 2011.

Samuel, Vivette: Die Kinder retten, Frankfurt/M. 1999.

Schilde, Kurt: Marianne Cohn – „…dass sie sich absolut nicht für eine Heldin hielt." Eine Fluchthelferin in der Resistance, in: Julius H. Schoeps/Dieter Bingen/Gideon Botsch (Hrsg.): Jüdischer Widerstand in Europa (1933–1945), Oldenbourg 2016, S. 161–181.

Schilde, Kurt: „Geht die Arbeit weiter?" Marianne Cohn – illegale Sozialarbeiterin in der Résistance, in: Ders. (Hrsg.): Jugendopposition 1933–1945, Berlin 2007, S. 63–75.

Strobl, Ingrid: Die Angst kam erst danach. Jüdische Frauen im Widerstand 1939–1945, Frankfurt/M. 1998.

---

10 www.operationlastchance.org/GERMANY_OLC_Comments-German_16-4.htm (Zugriff am 18.9.2016).

Angela Borgstedt

Hannelore Hansch (1918–2007) – eine Karlsruher Theologin versteckte zwei jüdische Frauen

Als 14-Jährige war Hannelore Hansch, geb. Gebhardt, erstmals mit dem Verfolgungsapparat des NS-Staats in Konflikt geraten. Sie hatte 1933 die einsetzende Judenverfolgung und die Einrichtung von Konzentrationslagern nicht beschweigen wollen und war wegen „Verbreitung von Gräuelmärchen" verhört worden. „Hannelore Gebhardt war mit ihrer Mutter unmittelbar nach der Einvernahme zu mir nach Bamberg gekommen, um meinen Rat einzuholen", beschrieb ihr Onkel Thomas Dehler, damals Rechtsanwalt in Bamberg und später Bundesjustizminister, rückblickend die Situation. „Meine Schwägerin Thea Gebhardt hat unter den seit März 1933 einsetzenden und in der Folge sich steigernden Bedrückungen seelisch und körperlich schwer gelitten."[1] Hier kamen Angst um die couragierte Tochter und Angst vor der eigenen Bedrohung zusammen, denn Thea Gebhardt war Jüdin. Als sogenannte „Halbjüdin" war auch Hannelore Hansch Schikanen und Verfolgungsmaßnahmen ausgesetzt. Das hinderte sie jedoch weder daran, sich für andere Verfolgte des NS-Regimes einzusetzen, noch sich an oppositionellen Gesprächsrunden zu beteiligen. „Geistige Klarheit und Selbständigkeit des Erkennens, Denkens und Argumentierens waren ihr von früh an eigen und bewirkten in ihr auch ‚Widerständigkeit'."[2] Bequemlichkeit im Denken und Handeln war für sie in keiner Gesellschaftsordnung akzeptabel. Und so war sie auch nach 1945 in innerkirchlichen wie gesellschaftspolitischen Fragen im besten Sinne unbequem: sei es im Umgang mit der Kirchenleitung, sei es im Einsatz für Frieden und Abrüstung.[3]

---

1 Generallandesarchiv Karlsruhe (GLA KA) 480 EK 12368: Bundesjustizminister Thomas Dehler an das Landesamt für Wiedergutmachung, 26.6.1952.
2 Hilde Binz: Hannelore Hansch geb. Gebhardt, in: Hartmut Ludwig/Eberhard Röhm (Hrsg.): Evangelisch getauft – als „Juden" verfolgt. Theologen jüdischer Herkunft in der Zeit des Nationalsozialismus, Stuttgart 2014, S. 144–145, hier S. 144.
3 Birgit Lallathin: Zeitzeugen 1945. Hannelore Hansch und Hannelis Schulte. Ein Beitrag für badische Kirchengeschichte im 2. Weltkrieg und der Nachkriegszeit, in: Udo Wennemuth (Hrsg.): Unterdrückung, Anpassung, Bekenntnis. Die Evange-

Ein weltoffenes Elternhaus

Hannelore Margret Elisabeth Hansch wurde am 15. Mai 1918 als ältere von zwei Töchtern des Unternehmerehepaars Dr. Fritz und Thea Gebhardt in Köln geboren. Weltläufigkeit und Offenheit, aber auch den selbstbewussten Umgang mit ungewohnten Situationen muss Hansch schon deshalb früh gelernt haben, weil ihr Vater als Generaldirektor der Henschel-Lokomotivwerke an verschiedenen Standorten tätig war und die Familie mehrfach umziehen musste. Als besonders eindrucksvoll blieb der Wohnort Istanbul in Erinnerung. Zum Zeitpunkt der sogenannten „Machtergreifung" lebten die Gebhardts schließlich in Kassel. Der Vater wurde gleich 1933 entlassen, weil das Unternehmen keinen Firmenleiter mit jüdischer Ehefrau mehr duldete. Fritz Gebhardt erhielt immerhin eine Abfindung, womit er eine landwirtschaftliche Versuchsanstalt, den Rittnerthof oberhalb von Karlsruhe, kaufte. Die Familie zog in den Südwesten, 1937 machte Hannelore Hansch dort ihr Abitur. Zu diesem Zeitpunkt hatte sich die Situation der Gebhardts bereits dramatisch verändert. Der Vater war 1935 in die USA gereist, um dort die Gründung einer neuen Existenz und die Emigration der Familie vorzubereiten. Am 12. November wurde er in New York bei einem Raubüberfall auf offener Straße ermordet.[4] Zur Trauer kam der Verlust des ohnehin prekären Schutzes für die jüdische Ehefrau und die „nichtarischen" Töchter. Thea Gebhardt emigrierte schließlich auf Betreiben der älteren Tochter Hannelore 1939 in die Schweiz, wobei der Durlacher Notar Franz Ripfel praktische Hilfe leistete.[5]

Hannelore Hansch hatte sich 1937 an der Universität Halle für das Studium der evangelischen Theologie immatrikuliert. Sie wollte Vikarin oder Religionslehrerin werden. Diese Studienwahl hatte sich früh abgezeichnet. Im Elternhaus war der Vater als gläubiger evangelischer Christ prägend,[6] wegweisend war zudem Paul Lieberknecht, der Pfarrer der Kasseler Kreuzkirche, der dort auch Mitbegründer der Bekennenden Kirche war. Lieberknecht war bis 1939 Vertrauensmann des „Büros Pfarrer Grüber" und der „Kirchlichen Hilfsstelle für evangelische Nichtarier".[7] Er war es, von dem

---

lische Kirche in Baden im Dritten Reich und in der Nachkriegszeit, Karlsruhe 2009, S. 455–464, hier S. 464.
4 GLA KA 480 EK 27484.
5 Zu Franz Ripfel vgl. Nicole Zerrath: Badische Notare zwischen innerer Emigration und aktivem Widerstand, in: Angela Borgstedt (Hrsg.): Badische Juristen im Widerstand (1933–1945), Konstanz 2004, S. 77–103.
6 Binz, Hannelore Hansch (wie Anm. 2), S. 144.
7 Vgl. Dietfried Krause-Vilmar: Ein „wahrer Helfer und Seelsorger" in dunklen Zeiten. Pfarrer lic. theol. Paul Lieberknecht und der Nationalsozialismus, in: Hessisches Pfarrblatt 25 (2015), S. 161–168.

Hannelore Hansch konfirmiert werden wollte. „In der Zeit des beginnenden Kirchenkampfes war [sie dann] tief beeindruckt von Martin Niemöller und Karl Barth."[8] Die Wahl des Studienortes war insofern nur folgerichtig, denn Halle-Wittenberg galt als „Zentrum der Bekennenden Kirche"[9]. Unter ihren akademischen Lehrern ragt der Kirchenhistoriker Ernst Wolf heraus, dem sie zeitlebens in Freundschaft verbunden blieb. Ihr Studium konnte Hansch nicht beenden, da ihr als „Halbjüdin" im Januar 1940 die Immatrikulation verwehrt wurde.[10] Auch wenn sie fortan ihren Lebensunterhalt auf dem vom Vater ererbten Gut bestritt, blieb Hansch Theologin. Sie war 1939 Mitbegründerin der Theologischen Sozietät in Baden und versammelte zu Kriegszeiten und darüber hinaus Gleichgesinnte zum kritischen Dialog auf dem Rittnerthof.

Ein Gutshof als Zuflucht
Um den Rittnerthof überhaupt halten zu können, musste Hannelore Hansch kämpfen.

> „Da meine Mutter Jüdin ist und unser Betrieb nach dem Tode meines Vaters als jüdischer Betrieb galt, waren wir sowohl persönlich als auch geschäftlich stetigen Anfeindungen ausgesetzt",

sollte sie nach 1945 im Entnazifizierungsverfahren jenes Richters berichten, der mit seiner Entscheidung die drohende Enteignung abgewendet hatte.[11] Dass sie seit August 1938 ihren Ehemann Kurt Hansch an ihrer Seite hatte, musste sich die erst Zwanzigjährige ebenfalls erstreiten. Als damals noch Minderjährige benötigte sie eine Heiratsgenehmigung, die ihr die jüdische Mutter aber nicht erteilen durfte. Zudem konnte die Trauung wegen der NS-Rassengesetze nur im Ausland erfolgen. Die Hochzeit fand deshalb im englischen St. Alban/Hertfordshire statt. Zwei Töchter, Ursula (* 1941) und Brigitte (* 1942), und der Sohn Michael (* 1943) gingen aus dieser Ehe hervor. Die Bewirtschaftung eines Gutshofs mag als erzwungener Rückzug erscheinen, doch der Rittnerthof war in jenen Kriegsjahren sogar mehr als ein „geistiger Freiraum" und Ort der Distanzierung und Selbstvergewisserung. Er war Treffpunkt für Mitglieder der Bekennenden Kirche und bot vor allem Zuflucht für „rassisch" Verfolgte.

---

8 Binz, Hannelore Hansch (wie Anm. 2), S. 144.
9 Lallathin, Zeitzeugen 1945 (wie Anm. 3), S. 458.
10 Vgl. Eberhard Röhm/Jörg Thierfelder (Hrsg.): Juden – Christen – Deutsche. Bd. 3/II, 1938–1941, Stuttgart 1995, S. 111.
11 GLA KA 465c/51/11/4067: Hansch an die Militärregierung, 27.9.1945.

Hannelore Hansch zeigte sich schon in jungen Jahren als willensstarke, durchsetzungsfähige und zielstrebige Frau. Manchen mochten diese Eigenschaften als Härte erscheinen. Herta Pineas, die Hansch im Umgang mit Arbeitern erlebte, beschreibt sie nicht gerade mit Sympathie:

> „Eine sehr hübsche, städtisch gekleidete Gutsherrin von 25 Jahren, regierte sie das vom Vater ererbte Anwesen [...] mit starker Hand. [...] Auf dem Hof arbeiteten ca. 25 polnische Zwangsarbeiter, deren Arbeitskraft, wie ich beobachtete, sehr ausgenutzt wurde, die aber, was Umgangston, Wohnung und Ernährung betrifft, es gut hatten."[12]

Mitglied eines oppositionellen Gesprächskreises
Hansch war nach dem für sie existenzsichernden Prozessausgang mit dem Richter Gerhard Caemmerer in näheren Kontakt getreten.

> „In der Folgezeit entwickelte sich dann ein reger persönlicher Verkehr, bei dem wir feststellen konnten, dass wirklich *die* führenden Leute der Opposition gegen das Naziregime bei ihm zusammentrafen."[13]

Dieser Kreis traf sich seit Mitte der 1930er-Jahre zu politischen Gesprächen, debattierte über „die Probleme der Nachkriegszeit" und über „die Möglichkeiten und Maßnahmen [...], wie nach dem erstrebten Zusammenbruch des Nationalsozialismus ein geordneter Rechtsstaat zu errichten sei".[14] Die meisten Gesprächsteilnehmer waren Juristen. Hannelore Hansch führte ihren Onkel als weiteren gelegentlichen Gast in die Runde ein. Manche der hier versammelten NS-Gegner teilten Hanschs Situation der Bedrohung und Verfolgung aus „rassischen" Gründen: Neben dem in „Mischehe" verheirateten Thomas Dehler galt auch der spätere Karlsruher Oberbürgermeister und Wirtschaftsminister von Baden-Württemberg, der Sozialdemokrat Hermann Veit, als „jüdisch versippt". Karl Eisemann, ein weiterer Gesprächsteilnehmer und ehemals Amtsrichter in Karlsruhe, war als Jude nur deshalb noch nicht deportiert worden, weil er mit einer Nichtjüdin verheiratet war. Als ihm im Februar 1945 die Deportation nach Theresienstadt drohte, versteckte ihn Caemmerer in der Gartenhütte des Notars Ripfel. Die zur Versorgung nötige bezugsscheinfreie Milch kam vom Rittnerthof.

---

12 Herta Pineas: Meine illegale Zeit vom 6. März 1943, Datum des Untertauchens, bis Herbst 1944. Memmingen 1946, S. 12 f. (Bestand des Leo Baeck Institute, New York).
13 GLA KA 465c/51/11/4067: Hansch an die Militärregierung, 27.9.1945.
14 GLA KA 465a/51/11/4067: Zeugnis von Julius Federer vom 15. April 1946. Zu Federer vgl. Alexander Hollerbach: Julius Federer (1911–1984). Rechtshistoriker und Verfassungsrichter, Karlsruhe 2007.

Versteck auf dem Rittnerthof

Hannelore Hanschs Hilfe für Verfolgte beschränkte sich freilich nicht nur auf Lebensmittelgaben. 1943 beherbergten sie und ihr Mann mehrere Wochen lang zwei aus Berlin stammende jüdische Frauen, die vor der drohenden Deportation bis nach Baden geflüchtet waren. Die eine, Beate Steckhan, geb. Hecht, war die Witwe eines im Ersten Weltkrieg gefallenen Offiziers und kannte Kurt Hansch aus ihrer Tätigkeit als Fürsorgerin. Es war Hansch, „der mir vier Wochen auf seinem Gut [Rittnerthof] Zuflucht gab und mir von da an regelmäßig einen Satz Lebensmittelmarken schickte".[15] Zeitpunkt, Dauer und Verlauf des Aufenthalts sind im Fall der 52-Jährigen Herta Pineas weit besser dokumentiert. Sie war mit ihrem Ehemann Hermann, einem Neurologen, Anfang Februar 1943 in die Illegalität gegangen und mithilfe der Berliner Bekennenden Kirche in den Südwesten gekommen. Dort hatte sie in diversen schwäbischen Pfarrhäusern Unterkunft gefunden, zuletzt in Gerstetten im Ostalbkreis bei der Pfarrersfrau Hannah Holzapfel. Deren Schwester stellte über eine gemeinsame Freundin den Kontakt zu Hannelore Hansch her. Vom 17. November bis kurz vor Weihnachten 1943 war Pineas „als Hilfe zum Nähen"[16] auf dem Rittnerthof. Mit dieser Tätigkeit wurde einerseits die Anwesenheit gegenüber den Gutsmitarbeitern begründet, andererseits wurde hier auch jede Hand gebraucht. Herta Pineas half auch bei der Betreuung der drei Kinder, vor allem des erst sechs Monate alten Michael Hansch. In Erinnerung an diese Periode ihrer „gejagten Zeit"[17] blieben ihr nicht zuletzt die sich häufenden Bombenangriffe. Nie habe sie auf ihrer Flucht so wenig geschlafen wie hier. Der Rittnerthof war für beide nur eine von vielen Stationen ihrer illegalen Existenz.[18] Daran, dass sie das Ende der NS-Diktatur erlebten, hatten viele Menschen ihren Anteil, darunter Hannelore Hansch. Dass Hansch „rassische" Verfolgung aus eigener Betroffenheit kannte, wussten die von ihr beherbergten Frauen nicht. Sie habe es deshalb nicht verraten, „weil ich bei der Frau Steckhan gemerkt habe, dass das in gewisser Weise enthemmt […]. Ich habe das alles auf politisches und religiöses Engagement geschoben"[19], äußerte Hansch rückblickend.

---

15 Beate Steckhan: Nacht über Deutschland, Göttingen [o. J.], S. 20.
16 Pineas, Meine illegale Zeit (wie Anm. 12), S. 12.
17 Pineas, Meine illegale Zeit (wie Anm. 12), S. 1.
18 Vgl. Peter Haigis: Sie halfen Juden. Schwäbische Pfarrhäuser im Widerstand, Stuttgart 2007, S. 144 ff.
19 Josef Werner: Hakenkreuz und Judenstern. Das Schicksal der Karlsruher Juden im Dritten Reich. 2. Aufl. Karlsruhe 1990, S. 428.

Dabei drohte zuletzt auch ihr die Deportation in ein Konzentrationslager. Hansch erinnert sich, jeweils rechtzeitig von einem anonymen Anrufer gewarnt worden zu sein. Jemand von der Polizei

> „rief dann hier an und sagte: ‚Sie wollten doch wieder ihre Tante in Bamberg besuchen.' Da wussten wir, dass wieder ein Transport zusammengestellt wurde. Wenn das herum war, war auch die Gefahr wieder vorbei und ich durfte wieder auftauchen."[20]

Dass ein Polizeibeamter sie warnte, berichtet auch Gerda Caemmerer, deren Vater in den letzten Kriegswochen insgesamt drei Verfolgte versteckte. In ihrem Fall wies er auf eine bevorstehende Razzia hin.[21]

Engagement für eine erneuerte Kirche

Endgültig vorbei waren solche Gefahren erst mit der Befreiung durch die Alliierten, zunächst durch die Franzosen, dann durch die Amerikaner. Dass ausgerechnet sie in unverständlicher Gleichbehandlung mit den Profiteuren des Regimes nun ihr Heim räumen musste, ist schwer erklärlich.

> „Familie Hansch muss ihr Gutshaus den Amerikanern überlassen, die als Besatzer viel Wertvolles, auch den hinterlassenen Besitz der im Osten umgekommenen jüdischen Tante und Onkel, zerstören [...]."[22]

Für ihre kritische Distanz zu Konrad Adenauers Westbindung hätte es dieser Erfahrung wohl nicht bedurft. Die Kritikfähigkeit hatte ja bereits Hanschs Weg in die Widerständigkeit geprägt. Und diese bewahrte sie sich auch im demokratischen Rechtsstaat.

Hansch engagierte sich in der 1945 von Pfarrer Egon Thomas Güß wiederbegründeten Theologischen Sozietät in Baden. Die Arbeitsgemeinschaft, in der sich während der NS-Diktatur eidverweigernde Theologen zusammengefunden hatten, wollte nun „den bald auch in der Kirche auftretenden restaurativen Tendenzen" entgegentreten. „Dabei", so Güß,

> „erwies sich für unsere Gemeinschaft am fruchtbarsten, dass Frau Hansch aus der Schule Karl Barths und in ununterbrochenem regen Verkehr mit den führenden Theologen Deutschlands stehend, die eigentlich theologische Arbeit des Kreises [...] weiterbetrieb".[23]

---

20 Lallathin, Zeitzeugen 1945 (wie Anm. 3), S. 459.
21 Mündliche Mitteilung von Gerda Caemmerer, Karlsruhe, 6.2.2003.
22 Lallathin, Zeitzeugen 1945 (wie Anm. 3), S. 460.
23 GLA KA 480 EK 12368: Schreiben von Pfarrer E. Th. Güß, Durlach, 8.11.1960. Zu Güß vgl. Simone Höpflinger: Egon Thomas Güß. Ein religiöser Sozialist und NS-

Verleihung des Bundesverdienstkreuzes an Hannelore Hansch am 23. Juni 1979.

Barth war es auch, den sie gemeinsam mit anderen Theologen und Laien Nordbadens noch im Juni 1945 hinsichtlich ihres Verhältnis zur Kirchenleitung um Rat fragte.²⁴ Der erwünschte personelle Neuanfang, etwa mit dem Heidelberger Stadtpfarrer Hermann Maas an der Spitze, blieb jedoch aus.

Hannelore Hansch engagierte sich kirchlich als Mitglied der Landessynode in der Evangelischen Landeskirche in Baden und zunehmend auch politisch in der Bundesrepublik. Der 1952 gegründeten Gesamtdeutschen Partei Gustav Heinemanns gehörte sie als Mitglied an. Sie war Mitverfasserin der *Frankfurter Erklärung* der Bruderschaften gegen die Atombewaffnung und sie engagierte sich aktiv in der Ostermarschbewegung. „Besonders stolz bin ich, dass wir damals die Atomsynode zusammengebracht haben, als [der geplante Bau des Atomkraftwerks im südbadischen] Wyhl aktuell war."²⁵ Politisch blieb Hansch lange Zeit liberalen Grundsätzen und konkret der FDP als Par-

---

Gegner, in: Rolf-Ulrich Kunze (Hrsg.): Badische Theologen im Widerstand (1933–1945), Konstanz 2004, S. 25–44.
24 Gerhard Schwinge (Hrsg.): Die Evangelische Landeskirche in Baden im Dritten Reich. Quellen zu ihrer Geschichte. Bd. 5: 1933–1945/46, Karlsruhe 2004, S. 359 ff.
25 Lallathin, Zeitzeugen 1945 (wie Anm. 3), S. 464.

tei ihres Onkels Thomas Dehler verbunden, die sie nach eigenem Bekunden aber zuletzt nicht mehr wählen konnte.

Für ihre Hilfe für verfolgte Juden in der NS-Diktatur wurde sie 1979 als „Gerechte unter den Völkern" ausgezeichnet. Im gleichen Jahr erhielt sie dafür das Bundesverdienstkreuz. Hannelore Hansch, die bis zuletzt auf dem Rittnerthof lebte, starb am 17. November 2007.

Literatur

Bitz, Hilde: Hannelore Hansch geb. Gebhardt, in: Hartmut Ludwig/Eberhard Röhm (Hrsg.): Evangelisch getauft − als „Juden" verfolgt. Theologen jüdischer Herkunft in der Zeit des Nationalsozialismus, Stuttgart 2014, S. 144−145.

Bitz, Hilde: Hannelore Hansch, in: Hannelore Erhart (Hrsg.): Lexikon früherer evangelischer Theologinnen. Biographische Skizzen, Neukirchen-Vluyn 2005, S. 156.

Lallathin, Birgit: Zeitzeugen 1945. Hannelore Hansch und Hannelis Schulte. Ein Beitrag für badische Kirchengeschichte im 2. Weltkrieg und der Nachkriegszeit, in: Udo Wennemuth (Hrsg.): Unterdrückung, Anpassung, Bekenntnis. Die Evangelische Kirche in Baden im Dritten Reich und in der Nachkriegszeit, Karlsruhe 2009, S. 455−464.

Christopher Dowe

Helle Hirsch (1916–1937) – mit 21 Jahren in Stuttgart hingerichtet

Am 4. Juni 1937 meldete das Deutsche Nachrichtenbüro: „Der am 8. März 1937 wegen des Verbrechens des Hochverrats verurteilte Helmut Hirsch ist hingerichtet worden."[1] Hinter diesen kargen Worten verbirgt sich nicht nur der bewegende Lebensweg eines jungen Stuttgarters, der sein Eintreten gegen den Nationalsozialismus mit dem Leben bezahlte. Sein Widerstand und sein Schicksal bis zur Hinrichtung durch das NS-Regime erfuhren auch in außergewöhnlicher Weise von verschiedenen Seiten unterschiedlichste Deutungen.

Der nationalsozialistische Blick
Am 8. März 1937 verurteilte der Zweite Senat des Volksgerichtshofs den am 27. Januar 1916 in Stuttgart geborenen Helmut („Helle") Hirsch wegen Hochverrats in Tateinheit mit einem verbrecherischen Sprengstoffvergehen zum Tode.[2] Dass der 21-Jährige aus nationalsozialistischer Sicht als „Volljude" galt, fügte sich hervorragend in das antisemitische Feindbild des Regimes ein. Zentral für die Härte des Urteils war jedoch etwas anderes: sein Mitwirken an den gegen das Regime gerichteten Aktionen der Schwarzen Front. Hirsch hatte nach seinem 1935 in Stuttgart abgelegten Abitur das nationalsozialistische Deutschland mit seinen Rassegesetzen verlassen, um ab Herbst 1935 in Prag an der dortigen deutschsprachigen Technischen Hochschule Architektur studieren zu können.

In der tschechischen Hauptstadt schloss sich Hirsch der Schwarzen Front um Otto Strasser an. Die Mitglieder dieser Gruppen hatten ursprünglich der NSDAP angehört, jedoch 1930 mit Hitler gebrochen und die Partei verlassen.

---

[1] Zitiert nach Bernd Burkhardt: Helmut Hirsch, in: Michael Bosch/Wolfgang Niess (Hrsg.): Der Widerstand im deutschen Südwesten 1933–1945, Stuttgart 1984, S. 329.

[2] Urteil 2H 9/37 — 8J 31/37g RS, publiziert in: Nationalsozialismus, Holocaust, Widerstand und Exil 1933–1945. Online-Datenbank, de Gruyter (Stand 6.5.2011), Dokument-ID: wh312.

Seitdem bekämpften sich beide Seiten mit allen Mitteln. Otto Strasser floh vor dem Nazi-Terror 1933 nach Prag, um von dort aus gegen das Nazi-Regime zu agitieren. Sein Bruder Gregor war hingegen 1930 in der Partei geblieben, behielt seine einflussreiche Position als Reichsorganisationsleiter der Partei und trat ähnlich wie Otto für eine stärker links orientierte, nationalrevolutionär-nationalbolschewistische Ausrichtung der NSDAP ein. Im Dezember 1932 zog sich Gregor Strasser als Verlierer im innerparteilichen Richtungskampf aus seinen Parteiämtern zurück. Eineinhalb Jahre später ließen ihn führende Nationalsozialisten während des sogenannten „Röhm-Putsches" ermorden. Auch der emigrierte Otto Strasser sollte nach Deutschland entführt oder umgebracht werden, doch zahlreiche Versuche scheiterten. Einen Mitstreiter Otto Strassers, den aus Stuttgart stammenden Radiotechniker Rudolf Formis, der mit einem Untergrundsender aus dem tschechischen Grenzgebiet bis weit ins nationalsozialistische Deutschland hinein über die Verbrechen des Regimes aufklärte, erschossen Gestapoagenten hingegen 1935 in Slapy nad Vltavou (deutsch Slap).[3]

Die Mitarbeit gerade bei der Schwarzen Front diente dem Volksgerichtshof dazu, das Todesurteil gegen Helmut Hirsch zu rechtfertigen. Der junge Student hatte nicht nur tatkräftig dabei mitgeholfen, Propagandamaterial der Schwarzen Front ins Reich zu schmuggeln und dort zu verteilen. Er hatte sich auch von Otto Strasser und dessen damaligem Vertrauten Heinrich (Beer-)Grunow dazu überreden lassen, in einem symbolischen Akt gegen den Nationalsozialismus zu protestieren, die deutschen Massen gegen das Regime wachzurütteln und dem Ausland ein Signal zu senden. Die beiden Funktionäre hatten darauf bestanden, Hirsch solle gerade als Jude seinen Mut zur Tat beweisen und dem Nationalsozialismus entgegentreten. (Beer-)Grunows Vorschlag, während der Olympischen Spiele 1936 einen Sprengstoffanschlag auf das Berliner Olympiastadion auszuführen, lehnte Hirsch ab, da unvermeidlich Menschen dabei verletzt und getötet worden wären. Der Stuttgarter Hauptbahnhof kam für Hirsch als mögliches Ziel ebenfalls nicht infrage, da er das Gebäude als architektonisches Kunstwerk einstufe. Pläne, eine Bombe im Nürnberger Hauptbahnhof zu zünden, zerschlugen sich ebenso wie spätere Überlegungen, das Verlagsgebäude des nationalsozialistischen Hetzblattes *Stürmer* in Nürnberg mit Sprengstoff zu beschädigen. Schließlich sollte Hirsch einen Turm oder ein vergleichbares anderes

---

3 Zu Formis vgl. Andreas Morgenstern: Rundfunksendungen widersprechen NS-Nachrichten, in: Haus der Geschichte Baden-Württemberg (Hrsg.): Anständig gehandelt. Widerstand und Volksgemeinschaft 1933–1945, Stuttgart 2012, S. 57–60.

Helle Hirsch (1916–1937)

Als wichtiges Erinnerungsstück bewahrte die Familie dieses Porträt des jugendbewegten Helle Hirsch auf.

Bauwerk auf dem Reichsparteitagsgelände in Nürnberg kurz nach Weihnachten 1936 sprengen.

Diese Planungen wurden jedoch an die deutschen Behörden verraten – aller Wahrscheinlichkeit nach von deutschen Spitzeln im Umfeld der Prager Zentrale der Schwarzen Front. So wurde Hirsch am Morgen nach seiner Einreise in Stuttgart in einem Hotel von der Gestapo verhaftet. Der Kurier der Schwarzen Front, der die Bomben über die tschechisch-deutsche Grenze schmuggeln und Hirsch in Nürnberg übergeben sollte, stellte sich einen Tag später freiwillig den deutschen Behörden, sobald er die Grenze überschritten hatte. Welches Spiel die Spitzen der Schwarzen Front mit ihm eigentlich treiben wollten, wurde Hirsch erst in der Haft klar, als die Ermittlungen der Nazi-Behörden zeigten, dass die Schwarze Front entgegen den Absprachen mit Hirsch Zünder mit so kurzer Zündschnur in die mit Sprengstoff gefüllten Koffer eingebaut hatten, dass Hirsch die Explosion nicht hätte überleben können. Mit Hirsch hatten (Beer-)Grunow und Strasser fiktive Pläne für dessen Rückkehr nach Prag besprochen. Für das Urteil des Volksgerichtshofes waren diese Ermittlungsdetails jedoch belanglos. In den Augen der nationalsozialistischen Richter hatte Hirsch als Handlanger der Renegaten der Schwarzen Front Hochverrat begangen und damit sein Leben verwirkt.

Der Blick der Angehörigen
Hirschs Eltern und seine Schwester flohen im Frühjahr 1936 aus dem nationalsozialistischen Deutschland und emigrierten ebenfalls nach Prag. Ihnen sagte Helle Hirsch wenige Tage vor Weihnachten, er gehe für einige Tage Skifahren. Skier und entsprechendes Gepäck nahm er aus der elterlichen Wohnung mit und hinterließ sie in der Prager Zentrale der Schwarzen Front, bevor er nach Deutschland fuhr, um den Bombenanschlag durchzuführen.

Für seine Familie war Helle Hirsch wochenlang wie vom Erdboden verschluckt, da die deutschen Behörden seine Verhaftung geheim hielten. Sowohl in der Tschechoslowakei als auch in Deutschland ließ die Familie nach Helle Hirsch suchen. Zu ihrem großen Entsetzen erfuhren die Angehörigen im März 1937 vom Todesurteil des Volksgerichtshofes gegen den 21-Jährigen. Um ihn zu retten, trat die Familie an die Öffentlichkeit.

Aus Sicht von Eltern und Schwester war Helle Hirsch ein „empfindsamer", verführter junger Mann, dessen Idealismus für politische Zwecke missbraucht worden war. Seine jüngere Schwester beschrieb im April 1937 den Lebensweg ihres Bruders: Er sei 1916 in der mütterlichen Heimat Stuttgart geboren, während die Eltern zu diesem Zeitpunkt ihren Wohnsitz in Elsass-Lothringen hatten. Nach dem Ersten Weltkrieg habe die Familie wie viele andere Deutsche Elsass-Lothringen verlassen müssen und sei nach Stuttgart gezogen. Sie betonte, Helle habe schon als Kind in Stuttgart seine künstlerischen Fähigkeiten entfaltet. Mit 15 Jahren sei er in die „Deutsche Jungenschaft vom 1. November 1929" (dj1.11) eingetreten, die sein weiteres Leben geprägt habe. Sein Dichten, Malen und Zeichnen habe „Inhalt und Prägnanz" gewonnen. Bei aller Bewunderung ihrem Bruder gegenüber betonte sie im Frühjahr 1937 „seine politische Unklarheit und Unerfahrenheit".[4]

In dieser Lebensbeschreibung vermischen sich schwesterlicher Blick und die Hoffnungen der Angehörigen, Helle trotz Verurteilung durch den Volksgerichtshof wiederzusehen. Dazu wies die Familie auf sein junges Alter hin und darauf, dass er in seiner Unerfahrenheit politisch instrumentalisiert worden sei. Gewicht erhielten diese familiären Bemühungen dadurch, dass es den Eltern gelang, insbesondere US-amerikanische Medien und Teile der US-Administration zu mobilisieren.

Der amerikanische Blick

Helles Eltern hatten eine Zeit lang in den USA gelebt und waren amerikanische Staatsbürger geworden, bevor sie nach Elsass-Lothringen gingen. Ihr Sohn erhielt mit seiner Geburt 1916 — kurz bevor die USA sich den Gegnern Deutschlands im Ersten Weltkrieg anschlossen — ebenfalls die amerikanische Staatsangehörigkeit. Infolge der Kriegsereignisse und der Flucht aus Elsass-Lothringen fehlten Helles Eltern in den 1920er-Jahren notwendige Dokumente, um ihre amerikanische Staatsangehörigkeit verlängern zu lassen, was bei dauerhaftem Auslandsaufenthalt vorgeschrieben war. Daraufhin galten die Hirschs als Staatenlose, die dauerhaft in Deutschland lebten, bis sie nach Prag emigrierten.

Nachdem das Todesurteil für Helle Hirsch bekannt geworden war, setzte innerhalb der amerikanischen Administration ein heftiges Ringen darüber ein, ob Helle Hirsch nicht doch als amerikanischer Staatsbürger zu gelten und für den sich die US-Regierung einzusetzen habe. Schließlich setzte sich die unter anderem vom amerikanischen Botschafter in Berlin vorgetragene Auffassung durch, dass Hirsch Amerikaner sei. Mehrere Vorstöße des Botschafter, Helles Hinrichtung zu verhindern, scheiterten, gab es doch jenseits des Appells an den guten Willen der deutschen Regierung keine völker-

---

4 Zitiert nach Burkhardt, Helmut Hirsch (wie Anm. 1), S. 326; Paulus Buscher: Helmut „helle" Hirsch — ein junger Jude und bündischer Künstler im Widerstand, in: Hinrich Siefken/Hildegard Vieregg (Hrsg.): Resistance to National Socialism: Kunst und Widerstand, München 1995, S. 153–154.

rechtlich vorgesehene Interventionsmöglichkeit für die amerikanische Seite. Verbittert musste der amerikanische Botschafter zur Kenntnis nehmen, dass mit Helle Hirsch am 4. Juni 1937 der erste amerikanische Staatsbürger durch Nazi-Deutschland hingerichtet worden war.[5]

Blicke deutscher Emigranten
Unter deutschen Emigranten hatten das Bekanntwerden von Helmut Hirschs Todesurteil für große Aufmerksamkeit gesorgt. Die in Prag erscheinende deutsche Exilzeitung *Sozialdemokrat* etwa sah im Hingerichteten am 5. Juni 1937 einen „Märtyrer", der „mit seinem unschuldig vergossenen Blut für die Sache der Freiheit und der Menschlichkeit" zeuge. Helle Hirsch sei „Opfer rasender Mordgesellen" geworden und sein Schicksal sei eine Warnung „für alle Gutgläubigen, die an die Gefahren des Dritten Reiches nicht glauben wollen".[6]

Einen Monat früher waren ebenfalls in Prag residierende Mitglieder des SPD-Exilvorstandes noch davon ausgegangen, dass es „den Bemühungen der Amerikaner gelingen" könne, „ihn frei zu bekommen" und dass eine Abschiebung in die Tschechoslowakei zu erreichen sei.[7] Als Quelle für diese Informationen benannte ein Sozialdemokrat Prager Exilkommunisten,[8] die ihre Einschätzung über den geheimen Abwehrapparat der Exil-KPD bis nach Moskau verbreiteten.[9] In ihrer Hetze gegen den Trotzkismus als Form des Faschismus bezeichneten moskautreue Kommunisten Hirschs Schicksal sogar als Beleg dafür, dass der trotzkistische Bundesgenosse Strasser mit seinem Umfeld „Attentatspläne geschmiedet" habe, „die Hitler gebraucht, um seinen Massenterror besser legalisieren und durchführen zu können".[10] Dass das Zentralkomitee der KPD in geheimen internen Rundschreiben verkündete, Gestapoagenten hätten das Hirsch-Attentat organisiert, diente dazu, moskau-

---

5 Vgl. Thomas H. Etzold: An American Jew in Germany: The Death of Helmut Hirsch, in: Jewish Social Studies 35 (1973), H. 2, S. 125–140.
6 Zitiert nach Burkhardt, Helmut Hirsch (wie Anm. 1), S. 329.
7 Zitiert nach Marlis Buchholz/Bernd Rother (Hrsg.): Der Parteivorstand der SPD im Exil. Protokolle der Sopade 1933–1940, Bonn 1995, S. 193.
8 Buchholz/Rother, Der Parteivorstand der SPD im Exil (wie Anm. 7), S. 193.
9 Buscher, Helmut „helle" Hirsch (wie Anm. 4), S. 158–160.
10 Vgl. Rundschreiben des Auslandssekretariats der KPD über die „Wühlarbeit" der „Banditen und Verräter" in Deutschland, Spanien [...] (Dok. 419), in: Hermann Weber/Jakov Drabkin/Bernhard H. Bayerlein (Hrsg.): Deutschland, Russland, Komintern. II. Dokumente (1918–1943), Teilbd. 1, Berlin 2014, S. 1388–1393, hier S. 1391.

hörige Exilgruppen der KPD politisch auf Linie zu bringen und deren Zusammenarbeit mit ausländischen Geheimdiensten zu unterbinden.[11]

Mit dem Versuch, über Helle Hirsch in Deutschland ein Sprengstoffattentat zu verüben, hatten Strasser und (Beer-)Grunow die Aufenthaltsmöglichkeiten für deutsche politische Flüchtlinge in der Tschechoslowakei massiv gefährdet. (Beer-)Grunow wurde mehrere Tage in Prag inhaftiert, Strasser mehrfach intensiv befragt, obwohl beide bis dahin über sehr gute Beziehungen zu den tschechischen Sicherheitsbehörden verfügten. Gerüchte und gezielte Desinformationen aller Beteiligten geisterten in den folgenden Wochen durch die Prager Exilantenszene. Falsche Spuren wurden gelegt, Verantwortlichkeiten unter anderem von Strasser und (Beer-)Grunow) wurden bestritten, Gründe für das tschechische Vorgehen gegen die Schwarze Front unter Emigranten erörtert und erfunden. Strasser trennte sich in der Folge von (Beer-)Grunow, der ins französische Exil ging. Dort fiel er nach der Besetzung seines Gastlandes durch deutsche Truppen der Gestapo in die Hände und starb 1945 im KZ Sachsenhausen.[12] Strasser hingegen versuchte im Laufe des Jahres 1937 weiterhin von Prag aus, in einem erneuten, vierten Anlauf in Deutschland ein Sprengstoffattentat verüben zu lassen. Auch in diesem Fall verhaftete die Gestapo die von Strasser Auserkorenen, die schließlich vom Volksgerichtshof zum Tode verurteilt wurden.[13] Ebenso scheiterte Strasser mit seinem Vorhaben, in Österreich Sprengstoffattentate durchführen zu lassen, um einen SA-Putsch gegen die dortige Regierung zu provozieren. Strasser selbst verließ 1938 die Tschechoslowakei.[14] Im Exil überlebte er das nationalsozialistische Terrorregime. 1958 erschienen seine Erinnerungen in Buchform. Über Helle Hirsch findet sich darin keine Zeile.[15]

Der jugendbewegte Blick

In bestimmten jugendbewegten Kreisen wurde hingegen vor und nach 1945 an Helle Hirsch erinnert. So widmete Eberhard Koebel alias Tusk in der

---

11 Vgl. ferner den Brief Ulbrichts an die Internationale Kontrollkommission der Komintern zum Parteiausschluss Willi Münzenbergs (Dok. 446), in: ebda. S. 1482–1492, hier S. 1489–1490.

12 Buchholz/Rother, Der Parteivorstand der SPD im Exil (wie Anm. 7), S. 193, Anm. 28.

13 Vgl. Anklage 8J 384/38g, in: Nationalsozialismus, Holocaust, Widerstand und Exil (wie Anm. 2), Dokument-ID wh1112, bes. S. 27–28.

14 Anklage 8J 384/38g, in: Nationalsozialismus, Holocaust, Widerstand und Exil (wie Anm. 2), Dokument-ID wh1112, S. 37.

15 Zunächst im Selbstverlag, 1969 dann vom Heinrich-Heine-Verlag veröffentlicht unter dem Titel *Mein Kampf*.

kommunistisch beeinflussten Londoner Exilzeitung *Freie Tribüne* im August 1944 einen längeren Beitrag dem Widerstand aus dem Geist der Jugendbewegung und erinnerte an Helle Hirsch und Hans Scholl, die beide „ihr Blut für die Freiheit ihrer Generation" vergossen hätten. Tusk stellte Hirschs Schicksal vor und betonte, dass fünf Briefe Hirschs aus der Haft während der NS-Zeit in jugendbewegten Kreisen im Untergrund kursiert wären. Auch wenn es, so Tusk, Hirsch selbst so erschienen sein mag, dass er sein Leben nutzlos verspielt habe, so zeige sich in langer Perspektive Hirschs Tod als US-Bürger als wichtiger Schritt, „den Stein ins Rollen zu bringen, unter dem der Hitlerfaschismus jetzt zermalmt wird".[16]

Es war nicht ohne Grund Eberhard Koebel, der so und andernorts an Helle Hirsch erinnerte. Koebel war der Gründer und Kopf der linksorientierten jugendbewegten Gruppierung gewesen, der sich Helle Hirsch als 15-Jähriger angeschlossen hatte. Die „dj1.11" ging wie andere Jugendorganisationen in der Hitlerjugend auf. Helle Hirsch ging diesen Weg nicht mit und durfte ihn aufgrund der NS-Rassenideologie als aus assimiliert-jüdischer Familie stammend auch nicht mitgehen. Ungeachtet dessen hielt er Kontakt zu anderen ehemaligen Mitgliedern der „dj1.11", auch während seiner Studienzeit in Prag. Das galt auch für Koebel, der nach Großbritannien emigriert war. Koebel äußerte etwa in einem Brief an Hirsch, nur Strasser könne „das Vertrauen des wollenden d[eu]tschl[an]d verdienen".[17]

Nach 1945 erinnerten zahlreiche Jugendbewegte an Helle Hirsch. Ihre Bemühungen waren jedoch höchst konfliktträchtig, stritten sie doch zugleich über das Verhältnis von Jugendbewegung und Nationalsozialismus im Allgemeinen und über die Rolle einzelner Jugendbewegter in der Zeit von 1933 bis 1945 im Besonderen. Die Frage, ob Helle Hirsch 1933 im Rahmen einer Annäherung der „dj1.11" an den Nationalsozialismus möglicherweise aus der Jungenschaft ausgeschlossen worden war, Vorwürfe einzelner Jugendbewegter gegeneinander, als Verräter zu den Nationalsozialisten übergelaufen zu sein, oder der Streit darüber, welchen Stellenwert kommunistische Ideen vor 1933 in der „dj1.11" besaßen – das Thema Helle Hirsch bot mehr als genug Konfliktstoff.

---

16 Zitiert nach dem Abdruck bei Buscher, Helmut „helle" Hirsch (wie Anm. 4), S. 162.
17 Brief von Eberhard Koebel an Helmut Hirsch vom 12.10.1935, zitiert nach Schmidt, Fritz: Helmut Hirsch. Ein junges Leben vom Nationalsozialismus gewaltsam ausgelöscht, Baunach 2015, S. 38.

Heutige Perspektiven
Jenseits der Würdigungen Hirschs durch die Historiographie aus der und über die Jugendbewegung lassen sich entsprechende Erinnerungsbemühungen vor allem zwei Zusammenhängen zuordnen. In Baden-Württemberg sorgt beispielsweise die Landeszentrale für politische Bildung seit mehr als dreißig Jahren dafür, dass in ihren Sammelwerken zum Widerstand auch an Helle Hirsch erinnert wird. Das Haus der Geschichte Baden-Württemberg berücksichtigte 2012 in einer Großen Landesausstellung zu Widerstand und nationalsozialistischer „Volksgemeinschaft" im deutschen Südwesten auch den Stuttgarter Jugendbewegten. In diese Erinnerungstradition reiht sich auch dieser Beitrag ein.

Nicht übergangen werden sollte, dass 2007 die Initiative Stolpersteine Stuttgart-Nord Helle Hirsch in seiner Heimatstadt einen Stolperstein widmete, der zusammen mit einer entsprechenden Internetseite an den mit 21 Jahren Hingerichteten erinnert. In einen ganz anderen Kontext gehört die Aufklärungsarbeit der US-amerikanischen Brandeis University, die von Hirschs Schwester den Familiennachlass übernehmen konnte und mit einer englischsprachigen Online-Ausstellung an das Schicksal Helle Hirschs als deutsch-amerikanischen Juden, Jugendbewegten, Künstler und Widerständler erinnert. Wichtige und weit verbreitete deutschsprachige Überblickswerke zur Geschichte des Widerstands gegen den Nationalsozialismus gehen hingegen auf Helle Hirsch nicht ein.

Literatur

Borgstedt, Angela: Hirsch, Helmut (Helle), in: Maria Magdalena Rückert (Hrsg.): Württembergische Biographien Bd. 2, Stuttgart 2011, S. 127–129.
Burkhardt, Bernd: Helmut Hirsch, in: Michael Bosch/Wolfgang Niess (Hrsg.): Der Widerstand im deutschen Südwesten 1933–1945, Stuttgart 1984, S. 319–329.
Buscher, Paulus: Helmut „helle" Hirsch – ein junger Jude und bündischer Künstler im Widerstand, in: Hinrich Siefken/Hildegard Vieregg (Hrsg.): Resistance to National Socialism: Kunst und Widerstand, München 1995, S. 113–169.
Etzold, Thomas H.: An American Jew in Germany: the Death of Helmut Hirsch, in: Jewish Social Studies 35 (1973), H. 2, S. 125–140.
Gregorius, Saskia: Anschlagsversuch auf das Reichsparteitagsgelände, in: Haus der Geschichte Baden-Württemberg (Hrsg.): Anständig gehandelt. Widerstand und Volksgemeinschaft 1933–1945, Stuttgart 2012, S. 76–78.
Helmut Hirsch exhibit. Online unter https:/lts.brandeis.edu/research/archives-speccoll/exhibits/hirsch/index.html (Zugriff am 3.9.2016).
Schmidt, Fritz: Helmut Hirsch. Ein junges Leben vom Nationalsozialismus gewaltsam ausgelöscht, Baunach 2015.

Joachim Maier

Karl Heinz Klausmann (1922–1945) – ein Schriesheimer in der Résistance

Karl Heinz Klausmann wurde am 6. Mai 1922 in Mannheim als uneheliches Kind der Margarethe Fulda und des Arztes Ernst Hirsch geboren. Beide Eltern waren Juden. Durch Vermittlung einer Frau aus Schriesheim nahmen der Gärtner Kamill Klausmann und seine Ehefrau Maria Katharina, geb. Hartmann, das Kind etwa drei Monate nach seiner Geburt in Pflege. Im Februar 1928 adoptierten sie das Kind und ließen es schließlich am 3. Februar 1929 in Schriesheim evangelisch taufen.[1] Karl Heinz Klausmann besuchte den Kindergarten und später die örtliche Volksschule. Am 14. März 1937 wurde er gemeinsam mit mehr als sechzig Klassenkameraden konfirmiert.

Der Vater vermittelte Karl Heinz Klausmann zunächst eine Ausbildung auf dem Hofgut Fremersberg bei Baden-Baden. Von dort wurde er jedoch schon nach einem halben Jahr „von der Landesbauernführerin weggeholt und zu dem Hauptmann Behrens, Geflügelhof, in Achern verbracht, wo er die Geflügelzucht erlernte".[2] Hier wurde der Nachweis der „arischen Abstammung" notwendig. Eine Rückfrage des Reichsnährstandes in Karlsruhe beim Bezirksamt Mannheim löste entsprechende Nachforschungen aus. Das Ergebnis war geradezu „vernichtend": Jetzt war amtlich festgestellt, dass die leiblichen Eltern und alle vier Großeltern Juden waren. Entsprechend setzte der Landrat unter den im März 1939 erstellten „Stammbaum" des 16-jährigen Jungen lapidar den NS-Begriff „Volljude".[3]

Anfang Mai 1939 wechselte Karl Heinz Klausmann vom Geflügelhof Achern zur Geflügelfarm Fornoff in Weinheim; Behrens und Fornoff kann-

---

1 Taufregister der Evangelischen Kirchengemeinde Nr. 2/1929. Im Folgenden werden die Eheleute Klausmann als Eltern, Vater bzw. Mutter bezeichnet.
2 Aussage von Kamill Klausmann in seiner Vernehmung durch die Gestapo am 26.11.1942 in Weinheim, zitiert bei Hans-Joachim Fliedner: Judenverfolgung in Mannheim, 2. Aufl. Stuttgart 1991, S. 632.
3 Stadtarchiv Schriesheim, A 1949: Schreiben des Landrates von Mannheim an den Reichsnährstand (Landesbauernschaft Baden) in Karlsruhe, nachrichtlich an Bürgermeister in Schriesheim.

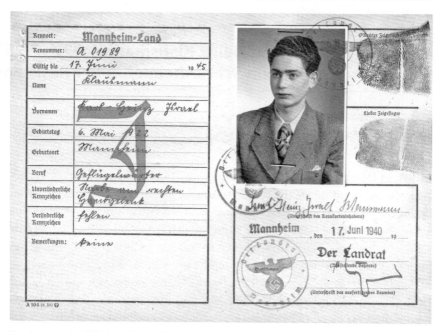

Kennkarte (auch: „Volkskarteikarte") für Karl Heinz Klausmann, 1940.

ten sich über den Verband Deutscher Geflügelzüchter. Die Familie Fornoff wusste um die jüdische Abstammung des Jungen und wollte helfen. Karl Heinz Klausmann hatte die Geflügelfarm im Auftrag von Frau Fornoff selbständig zu leiten. Er musste den täglichen Ertrag an Eiern feststellen und sie zum Verkauf vorbereiten, das Hühnerfutter verwalten und einteilen. Karl Heinz Klausmann pflegte Kontakte zu anderen Jugendlichen aus der Umgebung und dem nahen Viernheim. Nachdem er 18 Jahre alt geworden war, wurde ihm vom Landratsamt in Mannheim eine Kennkarte ausgestellt. Darin überragt das großformatig eingetragene „J" die anderen Einzelangaben. In seiner Unterschrift musste Karl Heinz Klausmann den zusätzlichen Vornamen „Israel" ergänzen.

Als am 22. Oktober 1940 die Juden aus Baden und der Saarpfalz nach Gurs am Fuß der Pyrenäen deportiert wurden, konnte sich Karl Heinz Klausmann entziehen. Karl Fornoff, der Sohn der Geflügelzüchterfamilie, der gemeinsam mit einem Sohn des in der Nachbarschaft wohnenden badischen Ministerpräsidenten Walter Köhler (1897–1989) die Schule besuchte, erinnert sich, Fornoffs Mutter habe mit Köhler gesprochen und dadurch möglicherweise erreicht, dass Klausmann bleiben konnte. Diese Angaben konnten mit Quellen nicht belegt werden.

Flucht vor der drohenden Deportation
Seit Dezember 1941 wurden auch die Juden aus Württemberg deportiert. Im Rahmen dieser „Abwanderungstransporte" erfasste die Gestapo auch jene badischen Juden, die nicht nach Gurs verschleppt worden waren. Wie etwa 130 weitere Juden aus Baden wurde Karl Heinz Klausmann Ende März 1942 von der Bezirksstelle Baden-Pfalz der Reichsvereinigung der Juden darüber informiert, dass er zu einem von Karlsruhe „nach Osten" abgehenden Transport eingeteilt und sein Vermögen beschlagnahmt sei. Die Mitteilung erfolgte auf Veranlassung der Gestapo. Aber dem noch nicht zwanzig Jahre alten Karl Heinz Klausmann gelang es erneut, sich der drohenden Deportation zu entziehen. Er konnte sich nicht vorstellen, künftig mit Juden zu leben. Er sei „evangelisch erzogen" und könne „sich nicht zu den Juden bekennen".[4] Gezielt bereitete er seine Flucht nach Frankreich vor. Von der Geflügelfarm schaffte er eine ganze Reihe Hühner fort, durch deren Verkauf er seine finanzielle Situation verbessern konnte. Bei der Volksbank Weinheim hob er sein Spargutheben ab und besorgte sich in Mannheim französisches Geld. Sein Vater kaufte ihm eine neue Hose, gab ihm 200 Reichsmark und einige Schmuckstücke seiner am 1. Oktober 1940 verstorbenen Mutter mit. Offenbar hatte er auch in Mannheim Freunde, die seine Planungen unterstützten und Ratschläge für eine erfolgreiche Flucht gaben. Sie empfahlen ihm, mit dem Fahrrad bis Ludwigshafen zu fahren und dort den Zug um 4.25 Uhr Richtung Straßburg zu nehmen, um dann über Colmar und Mühlhausen über die Grenze (Demarkationslinie) zu kommen. Vor den Städten solle er jeweils den Zug verlassen und die Stadt mit dem Rad umfahren. Ob die Flucht tatsächlich nach dem vom Vater geschilderten Plan verlief, kann nicht rekonstruiert werden, aber sie gelang. Karl Heinz Klausmann konnte sich ins unbesetzte Frankreich, das sogenannte „Vichy-Frankreich" durchschlagen. Wie lange er dazu brauchte und wo er sich zwischen April 1942 und Herbst 1943 aufhielt, wissen wir nicht. Immerhin lässt sich seine Spur aber ab September 1943 wieder verfolgen.

Natürlich schrieb die Gestapo Klausmann unmittelbar nach der Flucht zur Fahndung aus, auch in Frankreich. Auch in der „freien Zone" hatten sich die Sicherheitspolizei und der Sicherheitsdienst (Sipo-SD) eingenistet. Im Frühjahr 1944 intensivierten die deutschen Polizeibehörden ihre Suche nach versteckten Juden noch einmal. Weit mehr aber waren die Kommandos der Sipo-SD damit beschäftigt, mit den Aktivitäten der Résistance fertig

---
[4] Aussagen von Kamill Klausmann in seiner Vernehmung vom 26.11.1942 in Weinheim, zitiert in: Fliedner, Judenverfolgung (wie Anm. 2), S. 633. Hier auch die Belege zum Folgenden.

zu werden, die erheblich zugenommen hatten. In diesem Zusammenhang treffen wir wieder auf die Spur von Karl Heinz Klausmann.

In der französischen Résistance
Bereits 1971 hat Hans-Joachim Fliedner den Text der nachfolgend abgebildeten Mitteilung des Kommandeurs der Sicherheitspolizei in Lyon vom 16. Juni 1944 an den Oberstaatsanwalt in Mannheim veröffentlicht; der Nachname ist dort mit „K." abgekürzt, die Unterschrift zur Meldung nicht mitgeteilt.[5] Klausmann war demnach Anfang Mai 1944 gefangen genommen worden. Das Original dieser Meldung konnte 2002 im Generallandesarchiv Karlsruhe ausfindig gemacht werden.

Erst jetzt bestätigte sich die Annahme, dass sich Klausmann in den Händen von Klaus Barbie (1913–1991), dem berüchtigten „Schlächter von Lyon", befand. Barbie rühmte sich noch in seinen 1983 verfassten Memoiren der Erfolge in seinem „speziellen Aufgabengebiet", der Bekämpfung der Résistance. Mit seinen Foltermethoden gelang es ihm auch, Karl Heinz Klausmann „umzudrehen" – jedoch nicht so nachhaltig, wie er das erwartet hatte.

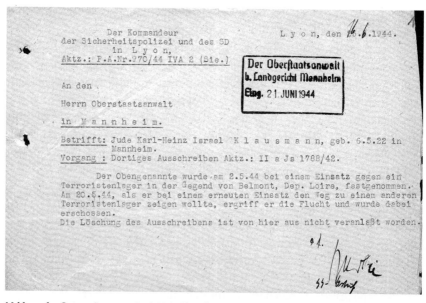

Meldung der Gestapo Lyon vom Juni 1944 über die angebliche Erschießung Klausmanns.

---

5 Vgl. Fliedner, Judenverfolgung (wie Anm. 2), S. 634 (1. Aufl. 1971, S. 402).

Den Angaben der Meldung aus Lyon zufolge wurde Klausmann zweieinhalb Wochen nach seiner Gefangennahme bei einem „Fluchtversuch" erschossen. Ungewöhnlich wäre das nicht. Die Hinweise in der Meldung aus Lyon auf seine Mitwirkung in der Résistance („Terroristenlager") veranlassten eigene Nachforschungen in Frankreich. Anfragen bei mehreren großen französischen Archiven blieben ohne Befund. Erst Recherchen direkt vor Ort in Belmont-de-la-Loire förderten neue Quellen über Klausmanns Zeit in Frankreich zutage. Sie begründeten berechtigte Zweifel an der von Klaus Barbie behaupteten Erschießung Klausmanns im Mai 1944.

Der in der Meldung aus Lyon erwähnte Einsatz gegen ein „Terroristenlager in der Gegend von Belmont (Dep. Loire)" bezieht sich auf die Attacke der deutschen Truppen am 3. Mai 1944 gegen ein Lager der *Maquis de Chauffailles*[6] in den Wäldern von Thel. Karl Heinz Klausmann gehörte zu dieser Widerstandsgruppe. Die Gemeinde Thel ist die Nachbargemeinde von Belmont-de-la-Loire. Von den Ereignissen bei Thel lässt sich sowohl eine Vorgeschichte als auch eine Nachgeschichte rekonstruieren.[7]

Die Anfänge der Widerstandsgruppe *Maquis de Chauffailles*, die sich im Süden des Departements Saône-et-Loire nachweisen lassen, liegen im April 1943. Ihre eigentliche Gründung erfolgte jedoch erst im Herbst 1943 aus Mitgliedern der *Maquis de Beaubery* und der *Maquis de Cruzille*. Die *Maquis de Beaubery* war in dieser Region eine bedeutende Widerstandsgruppe, die etwa 100 Mann umfasste – nicht mitgezählt diejenigen, die an ihren Wohnorten sesshaft blieben. Karl Heinz Klausmann (Tarnname „Charlot") gehörte spätestens ab September 1943 zu der *Maquis de Beaubery* und beteiligte sich an den heftigen Kämpfen gegen die deutschen Truppen in der Region Charollaise bei Beaubery und Montmelard. Am 11. November 1943 erlitt die *Maquis de Beaubery* jedoch eine schwere Niederlage. Die Chefs der *Armée secrète* (AS) und der *Maquis* mussten die vorhandenen Kräfte neu sortieren. Im Februar 1944 wurden schließlich alle bewaffneten Kräfte des französischen Widerstandes in den *Forces Françaises de l'Interieur* (FFI) vereint. Maßgeblichen Einfluss hatte hier seit Mitte 1943 der eigentliche Gründer, Organisator und Kommandant der Résistance im Süden des Departements Saône-et-Loire,

---

6 *Maquis* = Widerstandsbewegung, Widerstandsgruppe; die einzelnen Gruppen der *Maquisards* (= Widerstandskämpfer) werden nach ihrem Gründungsort benannt.

7 Die wichtigsten Quellen für die nachfolgenden Angaben: Schreiben von Capitaine Gaston Gireaud vom 12.7.2004 ; Claude Rochat: Les Compagnions de l'Espoir, Mâcon 1987, S. 120–124 ; Mitteilungen von Raymond Tachon, Mitglied der Maquis de Chauffailles, im Gespräch am 27.8.2004 in seiner Wohnung in Chandon (Departement Loire).

Claude Rochat (Tarnname „Guillaume"; 1917–2009). Dieser hatte sich im April 1943 der Résistance zunächst in Lyon angeschlossen, seit August 1943 wirkte er als *Maquisarde* im Departement Saône-et-Loire und als Leiter des Departements *Maquis* in der AS. In dieser Funktion reformierte und befehligte er die Résistance-Gruppen in der Bresse und in der Umgebung von Chauffailles. Nach der Befreiung Frankreichs im August 1944 wurde Rochat zum Subpräfekten von Chalon bestimmt.

Karl Heinz Klausmann gehörte nunmehr zur Widerstandsgruppe der *Maquis de Chauffailles*. Die Gruppe umfasste 38 Mann und stand unter dem Kommando von Gaston Gireaud (Tarnname „Petit Jules"). Im Laufe des Winters 1943/44 hatten sich die Maquisarden nach Osten in die Bresse zurückgezogen, formierten sich aber im Frühjahr 1944 im Departement Saône-et-Loire neu. Es gelang ihnen, in Sainte-Foy-en-Brionnais vorübergehend zwei Plätze zu besetzen. Bei einem Angriff auf das deutsche Lager in Saint-Yan konnten sie mehrere tausend Liter Benzin erbeuten. Die Gruppe war nach dem späteren Zeugnis von Claude Rochat „im besten Zustand, was die Ausrüstung, die Kleidung und den Komfort betraf".[8] Am 23. April 1944 verließ sie auf Weisung von Rochat aus Sicherheitsgründen ihr Lager bei Mussy-sous-Dun und installierte sich unter Hütten aus Ästen und Zweigen am Col de la Buche (Buche-Schlucht) oberhalb von Thel im angrenzenden Departement Rhône in der Nähe von Belmont (Departement Loire). Die drei Departements grenzen hier eng aneinander: Ein nordöstlicher Zipfel des Departements Loire mit Belmont schiebt sich zwischen die beiden Departements Rhône und Saône-et-Loire. Die Lage des Camps wurde den Deutschen von einem Rekruten verraten, der sich der Gruppe an ihrem neuen Platz angeschlossen hatte, aber wenige Tage später unter Mitnahme seines Maschinengewehrs geflohen war. In der Nacht vom 2. auf den 3. Mai 1944 bezogen deutsche Truppen in einer Stärke von 1500 Mann Position in der Nähe des Lagers der *Maquis* bei Thel. Im Laufe des sechs Stunden währenden Kampfes wurden von den 38 Männern der Gruppe etwa 16 getötet. Ein Teil der Männer kam mit dem Leben davon, weil er den ganzen Tag in den Tannen sitzend verbrachte, ein anderer Teil durchbrach die feindliche Umklammerung mithilfe ihrer Schusswaffen.

Karl Heinz Klausmann wurde als einziges Mitglied der Gruppe, derer die Deutschen habhaft wurden, nicht erschossen, sondern im Gefängnis Montluc in Lyon festgehalten. In Verhören wurde er gefoltert. Sicherheitspolizei und SD wollten erreichen, dass er weitere Widerstandsgruppen und ihre Helfer verrate. Dazu fuhren sie mit Klausmann in die verschiedenen Dörfer in der

---

8 Rochat, Les Compagnions (wie Anm. 7), S. 121.

Bresse, in denen sich die Gruppe im Winter 1943/44 aufgehalten hatte (Montrevel, Romenay, Béréziat). Die Einwohner sahen die ihnen wohlbekannten kleinen Lastwagen der Widerstandsgruppe ankommen und erkannten auf dem vorderen Sitz eines solchen Lastwagens „Charlot" (Klausmann). Dieser gab den Leuten in Béréziat und Montrevel durch seine Mimik zwar zu verstehen, dass sie nicht mit ihm sprechen sollten, aber die meisten erkannten zu spät, dass es die Deutschen waren, die in den Wagen heranfuhren. Die Folge war, dass ein Bauernhof, in dem sich die Gruppe im Winter 1943/44 versteckt hatte, niedergebrannt wurde.

Die Deutschen glaubten nun, in Klausmann einen „umgedrehten" Helfer auf der Suche nach weiteren Führern der Résistance gefunden zu haben. Sie setzten ihn unter der Bedingung frei, dass er sich verpflichtete, die Aufenthaltsorte von Rochat („Guillaume") und von Vincent Bertheaud, der im Frühjahr 1943 die *Maquis de Cruzille* kommandiert hatte, auszuspähen und der Gestapo mitzuteilen. Im Keller des Gefängnisses Montluc musste er sich Kleidung aussuchen; dann wurde er nach Mâcon gebracht. Er erhielt eine Michelinkarte, ein Päckchen Zigaretten, 500 Francs und eine Brotkarte, aber keinen Ausweis. Etwa acht Tage nach den Ereignissen von Thel traf Klausmann tatsächlich Vincent Bertheaud in Villefranche und berichtete ihm von seinem Vorhaben, möglichst schnell Rochat („Guillaume") wiederzufinden, den er in der Gegend von Lamure-sur-Azergues vermutete. Als Rochat davon erfuhr, schaltete er die Gendarmerie von Lamure ein,

> „die ganz auf Seiten der Résistance stand, und bat sie, Charlot dingfest zu machen und ihn bis zu meiner Ankunft festzuhalten. So geschah es denn auch, und kurz danach fand ich ihn in Poule-les-Écharmeaux, einem meiner Standorte, wo er im Bahnhofshotel in Gewahrsam gehalten wurde. Er schlief seit 48 Stunden".[9]

Rochat misstraute Klausmann zunächst und dachte daran, ihn „auf einen Spaziergang in den Wald mitzunehmen, von dem er nicht mehr zurückkehren würde". Klausmann jedoch erzählte seine Geschichte und erklärte, er habe zur Widerstandsgruppe zurückkehren und Vincent Bertheaud und Claude Rochat vor der Suche nach ihnen warnen wollen. Als Rochat zudem sah, dass man Klausmann mehrere Zähne ausgeschlagen hatte und sein Körper von Folter gezeichnet war, änderte er seine Meinung und brachte ihn wieder bei einer Widerstandsgruppe unter.

Die Meldung des Kommandeurs der Sicherheitspolizei in Lyon vom Juni 1944 an den Oberstaatsanwalt in Mannheim, Klausmann habe nach seiner Verhaftung bei der Suche nach einem weiteren „Terroristenlager" zu fliehen versucht und sei am 20. Mai 1944 erschossen worden, enthält demnach nur

---

9 Rochat, Les Compagnions (wie Anm. 7), S. 123 f. Hier auch das folgende Zitat.

die halbe Wahrheit. Die tatsächlich gelungene Flucht wurde durch die Dokumente zu verschleiern versucht.

Nach seiner Rückkehr zur Widerstandsgruppe kämpfte Klausmann bis Anfang September weiter gegen die deutsche Besatzung, zunächst als Mitglied der *Maquis de Chauffailles FFI*, nach der Neuorganisation vom 1. August bis etwa 10. September 1944 im *3. Battaillon du Charollais FFI*. Über die Zeit von Anfang Juni bis Anfang September 1944 konnte Raymond Tachon (1924–2005) im August 2004 zuverlässig Auskunft geben. Er nannte Orte, an denen er zwischen Juli und September 1944 mit „Charlot" zusammen war. Sie schliefen in Camps nebeneinander, ihre Waffe hatten sie sich an das Bein gebunden. Raymond Tachon übergab während eines Besuchs in seiner Wohnung in Chandon auch ein Exemplar der FFI-Abzeichen, das von den Mitgliedern der verschiedenen Gliederungen der Résistance, mithin auch von Karl Heinz Klausmann, getragen wurde.

Nach dem Sieg über die deutschen Besatzer – in Villefranche waren etwa 3000 Deutsche gefangen genommen und mehrere Geschütze erbeutet worden – wurden die Widerstandsgruppen demobilisiert und in die neu aufgebaute reguläre Armee überführt. Für Klausmann schien dies nicht möglich zu sein, weil er kein französischer Staatsbürger war. Von nun an lassen sich Klausmanns Spuren nicht zweifelsfrei rekonstruieren. Es gibt zwei Varianten: Einzelne Mitglieder der Widerstandsgruppe wollen Klausmann Mitte September 1944 noch in Villefranche getroffen haben, wo er ihnen erklärt habe, er wolle nun zur Fremdenlegion (*Légion étrangère* = L. E.) gehen. Dort habe er in der 11. Halbbrigade der Fremdenlegion gekämpft und sei im Elsass gefallen. Im Archiv der Fremdenlegion in Marseille gibt es jedoch keine Akte Klausmann. Möglich ist, dass er unter anderem Namen aufgenommen wurde. Die Fremdenlegion nahm, von den Amerikanern mit modernster Ausrüstung versehen, am 15. August 1944 an der Landung in der Provence teil. Anschließend wirkte sie bei der Befreiung Südfrankreichs als Teil der 1. französischen Armee mit. Ende 1944 und Anfang 1945 beteiligte sie sich an den Kämpfen im Elsass und in Südwestdeutschland, wo die Regimenter der Legion hohe Verluste erlitten. Unter diesen Opfern könnte dann auch Klausmann gewesen sein – als Mitglied entweder der Fremdenlegion oder der Armee. Zu dieser Variante passt die Angabe von Claude Rochat, der zum „Fall Charlot" abschließend sagt:

> „Ich habe Charlot auf einem Bauernhof untergebracht. Er kehrte zum Widerstand zurück und verpflichtete sich bei der Befreiung bei der 1. Armee und wurde im Laufe des Feldzugs gegen Deutschland getötet."[10]

---

10 Rochat, Les Compagnions (wie Anm. 7), S. 124.

In der Zeit, in der die Fremdenlegion und die 1. Armee gemeinsam kämpften, konnte Klausmann in beiden Abteilungen gewesen sein.

Nach anderer Überlieferung kämpfte Klausmann an der italienischen Front in der *1ère Division Francaise Libre*.[11] Er wurde dort wenige Tage vor Ende der Feindseligkeiten bei Barcelonette (Departement Haute-Provence) nahe der italienischen Grenze gesehen. Er sei in den letzten Kämpfen am 7. Mai 1945 gefallen und in diesem Gebiet beerdigt worden.

Es gehört zur Tragik dieses jungen Lebens, dass Karl Heinz Klausmann offenbar noch kämpfte, als seine Heimatstadt Schriesheim schon seit mehreren Wochen befreit war. Unabhängig von der letztlich offen bleibenden Frage nach seinem genauen Schicksal in den letzten Monaten, mahnt die Würdigung seines Einsatzes aus der Feder eines französischen Kameraden zum angemessenen Gedenken auch in seiner Heimat:

> „Eine Sache ist sicher: Nachdem Karl Heinz Klausmann aus seinem Vaterland geflohen war, hat er nicht gezögert, den Nationalsozialismus zu bekämpfen. Er hat seine ganze Kraft eingesetzt vor allem in der Résistance, zuerst für die Befreiung Frankreichs und damit in der Konsequenz auch für die Befreiung seines Heimatlandes vom Joch der Naziherrschaft."[12]

Seit 1994 erinnert ein Mahnmal an den Kampf von Thel am 3. Mai 1944. Es wurde von den Mitgliedern und Freunden der Widerstandsgruppe (*L'Amicale des Anciens du Maquis de Chauffailles*) zum 50. Jahrestag am Ort des Geschehens errichtet. Jeweils am Jahrestag findet dort ein öffentliches Gedenken statt.

In Deutschland wird an folgenden Stellen an Karl Heinz Klausmann erinnert:
- in Mannheim mit einem Namenseintrag auf dem Glaskubus (vor P 2): Tafel 1 (zum Eingang Galeria Kaufhof)/Reihe 35/Nr. 1 (seit 2003);
- in Schriesheim mit einem Namenseintrag auf der Tafel 7 für die Opfer der nationalsozialistischen Gewaltherrschaft an der Kriegsopfergedenkstätte (Bismarckstraße; seit 2006);
- in Weinheim mit einem Stolperstein am zuletzt gemeldeten Wohnort (Mühlweg 12; seit 2007);
- in Schriesheim mit einem Stolperstein am letzten frei gewählten Wohnsitz (Mainzer Land 5; seit 2012).

---

11 Schreiben von Gaston Gireaud vom 12.7.2004 mit Namensverzeichnis der Mitglieder der *Maquis des Chauffailles* und Eintrag des Todesdatums 7.5.1945 zu Klausmann; Schreiben von Robert Trouillet vom 9.10.2004.

12 Robert Trouillet (Roanne), Kamerad von Raymond Tachon, im Brief vom 19.9.2004.

Damit ehren diese Städte öffentlich einen jungen Mann, der wegen seiner jüdischen Abstammung abrupt ausgegrenzt wurde und vor der Öffentlichkeit regelrecht versteckt werden musste. Die fortschreitende Diskriminierung bedrohte diesen Jugendlichen in seinem Lebensrecht. Karl Heinz Klausmann erkannte dies sehr genau. Er fand Wege, um der Verfolgung zu entrinnen. So rettete er vorerst noch sein Leben. Zuletzt gab er es hin im Kampf gegen das Unrecht und für die Freiheit.

Literatur

Fliedner, Hans-Joachim: Judenverfolgung in Mannheim, 2. Aufl. Stuttgart 1991 (1. Aufl. 1971).

Maier, Joachim/Stärker-Weineck, Monika: „Fürchte dich vor keinem, das du leiden wirst!" Vom Schicksal eines evangelischen „Nichtariers" im Dritten Reich, in: Schriesheimer Jahrbuch 6 (2002), S. 88–103 (Nachtrag in: Schriesheimer Jahrbuch 9 (2005), S. 31–36).

Rochat, Claude: Les Compagnions de l'Espoir, Mâcon 1987.

www.ardmediathek.de/radio/Stolpersteine/Karl-Heinz-Klausmann-Schriesheim/SWR2¬/Audio-Podcast?bcastId=18003206&documentId=21075456 (Zugriff am 18.7.2017)
www.juden-in-weinheim.de/de/personen/k/klausmann-karl-heinz.htm

Frank Reuter

Anton Reinhardt (1927–1945) und Oskar Rose (1906–1968) – Flucht und verweigerte Hilfe für Sinti und Roma

Die Erscheinungsformen widerständigen Verhaltens von Sinti und Roma im NS-Staat waren vielfältig. Zunächst handelte es sich um individuelle Reaktionen auf die nationalsozialistische Rassenpolitik. Daher leiten sich auch die verschiedenen Varianten des Widerstands von Sinti und Roma vom jeweils spezifischen Charakter der Verfolgung ab und spiegeln deren Radikalisierung wider.[1] Am Beginn standen jene Formen der Verweigerung und des Protestes, mit denen sich Sinti und Roma gegen ihre systematische Ausgrenzung und Entrechtung zur Wehr setzten. Flucht und Untertauchen waren eine Reaktion von Sinti und Roma angesichts ihrer drohenden Deportation in die Konzentrations- und Vernichtungslager. Dazu gehörten auch die wenigen überlieferten Fälle geleisteter Fluchthilfe durch Angehörige der Mehrheitsgesellschaft. Selbst innerhalb der Konzentrationslager hat es vielfältige Formen des Widerstands von Sinti und Roma gegeben, bis hin zum verzweifelten Auflehnen gegen Vernichtungsaktionen.

Widerstand war für die Angehörigen der verfolgten Minderheit zumeist gleichbedeutend mit dem Versuch des bloßen Überlebens. Im Deutschen Reich sahen sich Sinti und Roma einem übermächtigen Verfolgungsapparat gegenüber, der von der „Reichszentrale zur Bekämpfung des Zigeunerunwesens" im Berliner Reichskriminalpolizeiamt bis zu den lokalen Dienststellen reichte. Angesichts der von Heinrich Himmler in seinem Erlass vom 8. Dezember 1938 angeordneten totalen Erfassung aller „Zigeuner" und ihrer lückenlosen Überwachung gab es für die betroffenen Familien kaum eine Chance, sich dem engmaschigen Netz der Verfolger zu entziehen. Deutlich größer waren die Handlungsspielräume und damit die Überlebenschancen in den deutsch besetzten Ländern, vor allem in den Staaten Ost- und Südosteuropas, wo der Besatzungsapparat vor der Schwierigkeit stand, „Zigeuner"

---

1 Die unterschiedlichen Aspekte der Selbstbehauptung und des Widerstands von Sinti und Roma im Nationalsozialismus sind noch immer unzureichend erforscht. Den besten Überblick bietet nach wie vor Ulrich König: Sinti und Roma unter dem Nationalsozialismus. Verfolgung und Widerstand, Bochum 1989.

erst einmal zu identifizieren, was die Mithilfe einheimischer Eliten erforderte.

Zur Überlieferung ist anzumerken, dass es keiner weiteren Erläuterung bedarf, warum Formen des Widerstands von Sinti und Roma in den Täterquellen selten, und wenn, dann meist in verzerrter Perspektive erscheinen. Den Großteil unseres heutigen Wissens zum Widerstand von Sinti und Roma verdanken wir der mündlich überlieferten Geschichte. In ihrem widerständigen Verhalten werden Sinti und Roma – und das gilt selbstredend auch für andere Gruppen von Verfolgten – als historische Subjekte sichtbar, die sich nicht auf die Rolle des passiven Opfers reduzieren lassen. Natürlich bedürfen auch die Zeugnisse der Überlebenden einer quellenkritischen Reflexion. Dessen ungeachtet machen sie bewusst, dass die vielschichtige Geschichte des Widerstands im Nationalsozialismus nicht zuletzt eine Geschichte persönlichen Mutes und der Solidarität einzelner Menschen ist.

Im Folgenden sollen die Lebensgeschichten von zwei Personen näher betrachtet werden, die sich dem Diktum selbsternannter „Herrenmenschen" widersetzten. Beide biographischen Skizzen sind zugleich Geschichten verweigerter Hilfeleistung durch übergeordnete Instanzen: die Schweizer Behörden im Fall von Anton Reinhardt, die katholische Kirchenführung im Fall von Oskar Rose. Dies unterstreicht, dass Widerstandsaktionen und Überlebensstrategien ungeachtet ihrer individuellen Prägungen in übergeordnete historische und gesellschaftliche Kontexte eingebunden waren. Es waren nicht zuletzt Entscheidungen von Menschen, die innerhalb von Institutionen Verantwortung trugen, die über Leben und Tod der Verfolgten mitbestimmten.

„Ich wünsche euch eine gute Gesundheit und ein langes Leben. Gute Nacht": Die Geschichte des Anton Reinhardt

Anton Reinhardt wurde am 10. Juni 1927 in dem kleinen Dorf Weiden über dem Neckartal im Schwarzwaldvorland geboren, als zweites von drei Kindern der Sinti Elvira und Ludwig Reinhardt.[2] Bereits mit fünf Jahren verlor er seinen Vater. Die „Rassenbiologische und Bevölkerungsbiologische Forschungsstelle", die in enger Zusammenarbeit mit dem SS- und Polizeiapparat die systematische Erfassung der Sinti und Roma nach rassenbiologischen Kriterien betrieb, klassifizierte Anton Reinhardt in einem Gutachten als „Zi-

---

2 Die nachfolgenden Ausführungen basieren insbesondere auf der Darstellung von Andreas Pflock in Anita Awosusi/Andreas Pflock: Sinti und Roma im KZ Natzweiler-Struthof. Anregungen für einen Gedenkstättenbesuch, Heidelberg 2006, S. 69 ff.

geunermischling". Von der Ende Februar 1943 einsetzenden familienweisen Deportation der Sinti und Roma in das Vernichtungslager Auschwitz-Birkenau – auf der Grundlage des Himmler-Erlasses vom 16. Dezember 1942 – war der junge Sinto zunächst nicht betroffen. Möglicherweise lag der Grund darin, dass er nach seinem Schulabschluss in der Maschinenfabrik „Mann" in Waldshut arbeitete. Denn Arbeit, die als kriegswichtig eingestuft wurde, war angesichts der prekären Lage an der Front und des Mangels an qualifizierten Arbeitskräften einer der Gründe, warum insbesondere junge arbeitsfähige Männer in Einzelfällen von der Deportation ausgenommen wurden. Für „Zigeunermischlinge" sah der Himmler-Erlass in diesem Fall die Unfruchtbarmachung vor. Die Zwangssterilisation stellte eine andere Variante der gegen Sinti und Roma gerichteten genozidalen, also auf totale Auslöschung zielenden Politik dar.

Am 25. August 1944 kam Anton Reinhardt in das Städtische Krankenhaus in Waldshut, wo die Sterilisation operativ vollzogen werden sollte. Trotz der Androhung, dass er im Falle einer Weigerung in ein Konzentrationslager eingewiesen werde, widersetzte sich der junge Sinto dieser Form der Verstümmelung und fasste den Entschluss, in der Schweiz Schutz zu suchen. Noch am selben Tag floh er aus dem Krankenhaus. Nach langem Fußmarsch schwamm er oberhalb der Eisenbahnbrücke bei Koblenz (Kanton Aargau) bei anbrechender Dunkelheit durch den Rhein und erreichte tatsächlich Schweizer Boden. Doch die Grenzüberschreitung blieb nicht unbemerkt. Laut einem Dossier der Schweizer Polizei[3] wurde Anton Reinhardt am 25. August 1944 um 20.30 Uhr wegen „illegalem Grenzübertritt" in Koblenz verhaftet und in das Bezirksgefängnis im sechs Kilometer entfernten Zurzach eingeliefert. Bei seiner Befragung drei Tage später verschwieg er zunächst die „rassische" Verfolgung durch die Nationalsozialisten. Stattdessen gab er als Motiv seiner Flucht an, er habe sich einer Einberufung zur Wehrmacht entziehen wollen. Er nahm wohl an, als Militärflüchtling bessere Chancen zu haben, in der Schweiz Asyl zu erhalten. Erst bei einem weiteren Verhör am 30. August erklärte er, Sohn einer in der Schweiz geborenen Sintiza zu ein. Er gab zu Protokoll, dass bereits mehrere Verwandte nach Auschwitz deportiert worden seien und ihm dieses Schicksal ebenfalls drohe. Zum Abschluss des Verhörs bekräftigte der 17-Jährige: „Es ist nach wie vor mein Wunsch, in der Schweiz bleiben zu dürfen. Ich würde bei einer Rückkehr nach Deutschland bestimmt schwer bestraft."

---

3 Schweizerisches Bundesarchiv, E 4264 1985/196, Band 1072. Die nachfolgenden Quellenzitate stammen, falls nicht anders angegeben, aus diesem Dossier.

Am 5. September 1944 entschied der Chef der zuständigen Polizeiabteilung in Bern: „Nach unsern Weisungen über Aufnahme oder Rückweisung ausländischer Flüchtlinge vom 12. Juli 1944 kann Reinhardt nicht Asyl gewährt werden." Tatsächlich sahen die flüchtlingspolitischen Richtlinien vom 12. Juli 1944 vor, dass für „alle Ausländer, die aus politischen oder anderen Gründen wirklich an Leib und Leben gefährdet sind", von einer Ausweisung abzusehen sei.[4] Auch ist schwer vollstellbar, dass die Schweizer Verantwortlichen von der systematischen Verfolgung der Sinti und Roma im Deutschen Reich keine Kenntnis hatten.

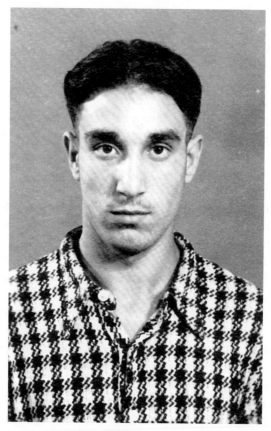

Anton Reinhardt auf einer Aufnahme der Schweizer Polizei nach seinem Fluchtversuch.

---

4 Thomas Huonker/Regula Ludi: Roma, Sinti und Jenische. Schweizerische Zigeunerpolitik zur Zeit des Nationalsozialismus. Beitrag zur Forschung, hrsg. von der Unabhängigen Expertenkommission Schweiz – Zweiter Weltkrieg, Zürich 2001, S. 83.

Am 8. September teilte die Polizeibehörde Anton Reinhardt mit, dass er nach Deutschland zurückgeschafft werde. Immerhin lieferte sie ihn nicht direkt an die Deutschen aus, sondern gab ihm die Möglichkeit, die Grenze an einer günstigen Stelle „selbständig und frei zu überschreiten". Noch am selben Tag – um 22.05 Uhr, wie das Protokoll penibel vermerkt – schob man den jungen Sinto „ohne Zwischenfall" beim Grenzstein Nr. 118 ins Elsass ab.[5]

Wenig später wurde Anton Reinhardt unter ungeklärten Umständen verhaftet und in das Sicherungslager Schirmeck-Vorbruck eingeliefert. Später wurde er ins Lager Rotenfels bei Gaggenau verlegt, wo er im März 1945 fliehen konnte. Am Karfreitag (30. März 1945) nahm ihn eine Einheit des Volkssturms in der Nähe von Bad Rippoldsau fest. Nach einem Verhör durch den örtlichen SD-Beauftragten, SS-Hauptsturmbannführer Karl Hauger, verurteilte ein improvisiertes Standgericht den 17-Jährigen noch in der Nacht zum Tode – nach einem „Kameradschaftsabend" mit reichlich Alkohol. Zwar autorisierte ein kriegsversehrter Wehrmachtsoffizier namens Franz Wipfler, der die Volkssturmeinheit formal befehligte, das Todesurteil mit seiner Unterschrift, doch Hauger war die treibende Kraft bei dieser Entscheidung. Am nächsten Morgen fuhrte ein Kommando Anton Reinhardt in ein abgelegenes Waldstück. Dort musste der Junge, der nach Aussagen von Anwohnern verzweifelt nach seiner Mutter rief, sein eigenes Grab schaufeln, bevor ihn der SS-Mann mit einem Genickschuss tötete. Zuvor gewährte man Anton Reinhardt einen Abschiedsbrief an seine Mutter. Er endet mit den Worten: „Ich wünsche euch eine gute Gesundheit und ein langes Leben. Gute Nacht".

Der Haupttäter Karl Hauger lebte nach dem Krieg längere Zeit unter falschem Namen in Norddeutschland und stellte sich 1957 freiwillig der Justiz. Am 30. Oktober 1959 wurden er und Franz Wipfler vom Offenburger Schwurgericht wegen gemeinsam begangenen Totschlags – also nicht wegen Mordes, wie von der Anklage gefordert – zu siebeneinhalb bzw. vier Jahren Gefängnis verurteilt. Das Landgericht Karlsruhe reduzierte die Strafe am 10. Juli 1961 auf sieben bzw. dreieinhalb Jahre. Da man Wipfler die Untersuchungshaft anrechnete, musste er nicht mehr ins Gefängnis. Schon nach zwei Monaten erteilte das Landgericht auch Hauger eine Strafaussetzung auf Bewährung.[6]

---

5 Schweizerisches Bundesarchiv, E 4264 1985/196, Band 1072.
6 Eine differenzierte Darstellung des Offenburger Verfahrens und des vom Gericht rekonstruierten Tatablaufs gibt Bernd Ralf Herden: Der Karsamstagmord von 1945 in Bad Rippoldsau, in: Die Ortenau: Veröffentlichungen des Historischen

Der Regisseur Karl Fruchtmann hat das Verbrechen in seinem 1999 entstandenen Fernsehfilm *Ein einzelner Mord* rekonstruiert. Seit Oktober 2000 erinnert ein Gedenkstein auf dem Friedhof von Bad Rippoldsau an Anton Reinhardt.

„Nein, kann keine Hilfe in Aussicht stellen": Oskar Rose und die katholischen Bischöfe
Oskar Rose kam am 27. Januar 1906 in Groß Strehlitz (im damaligen Oberschlesien) zur Welt. Gemeinsam mit seinen Eltern Anton und Lisetta Rose, seinem Bruder Vinzenz und weiteren Angehörigen führte er ein erfolgreiches Kinounternehmen. Bereits 1934 versuchte die Gaustelle Hessen-Nassau, der Familie durch den Ausschluss aus der Reichsfilmkammer die Erwerbsgrundlage zu entziehen, was zunächst abgewehrt werden konnte. Doch Ende 1937 mussten Oskar Rose und seine Angehörigen den Kinobetrieb wegen der Rassengesetze endgültig einstellen. Die Familie kaufte ein Haus im pfälzischen Frankenthal, wo Oskar Rose bei einem Rechtsanwalt arbeitete.

Am 21. Oktober 1940 entschloss sich die Familie Rose spontan zur Flucht aus Frankenthal, um einer unmittelbar drohenden Verhaftung zu entgehen. Ihr Weg führt sie in den folgenden Jahren bis in die Tschechoslowakei. Anfang 1943 wurden die meisten Familienmitglieder in Schwerin verhaftet und nach kurzer Haft ins Vernichtungslager Auschwitz-Birkenau deportiert. Anton Rose wurde dort ermordet, seine Frau Lisetta wurde in das Frauenkonzentrationslager Ravensbrück gebracht, wo sie den unmenschlichen Lebensbedingungen erlag. Vinzenz Rose kam von Auschwitz-Birkenau Ende 1943 zunächst ins KZ Natzweiler, wo ihn Ärzte für medizinische Versuche mit Fleckfiebererregern missbrauchten. Von dort wurde er im April 1944 in das Außenlager Neckarelz verschleppt. Seine Tochter, noch ein Kleinkind, fiel in Auschwitz-Birkenau dem Völkermord zum Opfer.

Oskar Rose konnte der Verhaftung entgehen und tauchte anschließend mit einem gefälschten Pass unter dem Namen Alexander Adler in München unter. Anfang April 1943 versuchte er, bei Michael Kardinal von Faulhaber in dessen Münchener Residenz vorzusprechen, um ihn angesichts der Massendeportationen von Sinti- und Roma-Familien nach Auschwitz-Birkenau um Hilfe zu bitten. In seiner damaligen Situation war dies zweifellos ein hohes Risiko. Doch der Kardinal weigerte sich, ihn persönlich zu empfangen. Erst vor einigen Jahren wurde bekannt, dass Faulhaber den Besuch von

---

Vereins für Mittelbaden, Offenburg, Nr. 92 (2012), S. 173–198. Die umfangreichen Gerichtsakten werden im Staatsarchiv Freiburg verwahrt: Staatsarchiv Freiburg, F 179/6 „Staatsanwaltschaft Offenburg", Pakete 10-16/Nr. 119–123.

Oskar Rose in seinem privaten Tagebuch festhielt. Unter dem Datum des 5. April 1943 heißt es:

> „Bei Sekretär ein Zigeuner, namens Adler, katholisch – Die 14 000 Zigeuner im Reichsgebiet sollen in ein Lager gesammelt und sterilisiert werden, die Kirche soll einschreiten. Will durchaus zu mir. – Nein, kann keine Hilfe in Aussicht stellen."[7]

Wenige Wochen nach diesem gescheiterten Versuch sandte Oskar Rose zwei anonyme Bittgesuche an den Sprecher der deutschen Bischofskonferenz, den Breslauer Kardinal Adolf Bertram, und den Freiburger Erzbischof Conrad Gröber. Aus den Schreiben ging der systematische und mörderische Charakter der gegen Sinti und Roma gerichteten staatlichen Maßnahmen unmissverständlich hervor. Zu Beginn des an Bertram gerichteten Schreibens, das am 6. Mai 1943 in dessen Breslauer Bischofssitz einging, heißt es:

> „Alle Zigeuner sowie Zigeunermischlinge werden in das Konzentrationslager Auschwitz/Oberschlesien gebracht. Ihr Hab und Gut sowie ihre ersparten Pfennige werden ihnen abgenommen."

Das Gesuch endet mit den Worten:

> „Man geht systematisch dazu über, unseren Stamm auszurotten. [...] Es kann nicht der Wille des Gesetzgebers sein, dass Frauen und Kinder in Konzentrationslager gesteckt werden. Ganze Familien nur wegen ihrer Zugehörigkeit zu einem Stamm dort sterben, ohne auch nur die leiseste Begründung irgend eines kriminellen oder staatsfeindlichen Verbrechens in Händen zu haben. Aus all den angeführten Gründen erachten wir es als ein Gebot der Menschlichkeit, diese Vorgänge zur Kenntnis zu bringen und um Fürsprache und Prüfung zu bitten."[8]

Auch aus weiteren Quellen war den deutschen Bischöfen das Ausmaß der staatlichen Vernichtungspolitik gegenüber den Sinti und Roma bekannt. Dies gilt insbesondere mit Blick auf die Deportationen von Sinti- und Roma-Kindern aus Kinderheimen katholischer Trägerschaft. Zu einem gemeinsamen öffentlichen Protest, wie es der Hildesheimer Bischof Joseph Godehard

---

7 Aufzeichnung Faulhabers, 5.4.1943. Erzbischöfliches Archiv München, Nachlass Faulhaber 10021. Die in Gabelsberger Stenographie verfassten Faulhaber-Tagebücher sind seit Sommer 2012 der wissenschaftlichen Forschung zugänglich. Vgl. dazu den Beitrag von Antonia Leugers in der Zeitschrift *Theologie.Geschichte* Bd. 8 (2013), abrufbar unter http:/universaar.uni-saarland.de/journals/index.php/tg/article/view/548/587.
8 Erzbischöfliches Archiv Breslau/Wrocław, IA25z1. Ein Mikrofilm der Akte befindet sich im Archiv der Kommission für Zeitgeschichte, Bonn.

Oskar Rose, aufgenommen um 1940.

Machens in einem Schreiben vom 6. März 1943 an Kardinal Bertram forderte,[9] konnte sich die Bischofskonferenz indes nicht durchringen.

Oskar Rose hoffte auf die Solidarität der katholischen Kirche, mit der die meisten deutschen Sinti und Roma seit Generationen eng verbunden waren. Auch wenn sein Hilferuf an die Kirchenführung nicht die erhoffte Resonanz hatte, ist sein Rettungsversuch – der alle vom Tod bedrohten Sinti und Roma einschloss – eine große Tat: das verzweifelte Aufbäumen eines Einzelnen gegen den Vernichtungswillen der Nationalsozialisten.

In der Folgezeit verbarg sich Oskar Rose bei einer Försterwitwe in Heidelberg, deren Haus unauffällig am Waldrand lag. Aus der Illegalität heraus unternahm er alle Anstrengungen, um seinen deportierten Familienangehörigen zu helfen. Mithilfe gefälschter Papiere organisierte er zusätzliche Lebensmittelmarken, um seine im Konzentrationslager inhaftierten Verwandten mit Lebensmitteln zu versorgen. Als er erfuhr, dass sein Bruder Vinzenz ins nahe gelegene KZ-Außenlager Neckarelz verlegt worden war, organisierte er unter höchst riskanten Umständen dessen Flucht. Die Häftlinge mussten in einem unterirdischen Stollen, der streng bewacht wurde, Zwangsar-

---

9 Der Brief von Machens ist abgedruckt in Ludwig Volk (Bearb.): Akten deutscher Bischöfe über die Lage der Kirche 1933–1945. Bd. VI: 1943–1945, Mainz 1985, S. 39.

beit leisten. Mithilfe eines bestochenen Zivilarbeiters, der mit dem Lastwagen Material aus dem Stollen transportierte, konnte Vinzenz Rose am 30. August 1944, verborgen unter dem Fahrersitz des Lkw, entkommen. Oskar Rose hatte alles zur weiteren Flucht vorbereitet. Bis zur Befreiung überlebten die Brüder unerkannt in Bayern.

Nach dem Krieg betrieb Oskar Rose zunächst ein Kino in Neckargemünd bei Heidelberg, später in Neureut und weiteren Orten. Schon 1947 beauftragten die Brüder Rose einen Privatdetektiv in Heidelberg damit, einzelne NS-Täter aufzuspüren, um sie juristisch zur Rechenschaft zu ziehen. Im Jahr 1956 riefen sie den „Verband rassisch Verfolgter nichtjüdischen Glaubens" ins Leben. Oskar Rose verstarb 1968, Vinzenz Rose im Jahr 1996. Beide gehören zu den Wegbereitern der Bürgerrechtsbewegung Deutscher Sinti und Roma. Zu deren Symbolfigur ist Romani Rose geworden, Sohn von Oskar Rose und seit 1982 Vorsitzender des Zentralrats Deutscher Sinti und Roma. Bis heute führt er den Kampf seines Vaters um historische Gerechtigkeit fort.

Literatur

Awosusi, Anita/Pflock, Andreas: Sinti und Roma im KZ Natzweiler-Struthof. Anregungen für einen Gedenkstättenbesuch, Heidelberg 2006.

König, Ulrich: Sinti und Roma unter dem Nationalsozialismus. Verfolgung und Widerstand, Bochum 1989.

Reuter, Frank: Zentrale Direktive und lokale Dynamik: Der nationalsozialistische Völkermord an den südwestdeutschen Sinti und Roma, in: Peter Steinbach/Thomas Stöckle/Sibylle Thelen/Reinhold Weber (Hrsg.): Entrechtet – verfolgt – vernichtet. NS-Geschichte und Erinnerungskultur im deutschen Südwesten, Stuttgart 2016, S. 281–327.

Teil 5:
Widerstand gegen die „Euthanasie"-Verbrechen

Teil 5

Angela Borgstedt

Widerstand gegen die „Euthanasie"-Verbrechen

Die massenhafte Tötung psychisch Kranker und Menschen mit Behinderung ist eines der nationalsozialistischen Großverbrechen. Als „Euthanasie" („schöner Tod") verbrämt war sie die letzte Konsequenz einer Biologisierung des Sozialen. Dieser lag die Vorstellung zugrunde, dass die menschliche Physis das Sein bestimme. Soziale Eigenschaften wurden als erblich, bestimmte physiognomische Merkmale als deren Ausweis gesehen. Die Form und Größe von Ohren, Nase und Händen machten demnach beispielsweise den Kriminellen. Wenn aber die Biologie das Soziale bestimmte, dann musste Sozialpolitik bei der Vererbung sozialer Eigenschaften ansetzen. Kriminalitätsprävention ließ demnach, Straffällige an der Fortpflanzung zu hindern. Die biologische Substanz einer Gesellschaft sollte sich durch Auslese und Züchtung insgesamt verbessern. Diese Denkmuster waren keine Besonderheit der NS-Diktatur, sondern Bestand der technisch-naturwissenschaftlichen Moderne. Sie waren nach dem Ersten Weltkrieg mit utilitaristischen Kosten-Nutzen-Rechnungen verquickt und wurden längst nicht mehr nur in akademischem Rahmen geführt. Der Erste Weltkrieg hatte den Diskurs noch einmal zugespitzt. Das machten zwei Freiburger Professoren, der Jurist Karl Binding und der Mediziner Alfred Hoche, deutlich, die für „die Freigabe der Vernichtung lebensunwerten Lebens"[1] eintraten. Die „Euthanasie" war also längst Thema gesellschaftlicher Diskurse, als der NS-Staat daran ging, sie in praktische Politik umzusetzen.

Ein erster Schritt dazu war das *Gesetz zur Verhütung erbkranken Nachwuchses* vom 14. Juli 1933, das Zwangssterilisationen ermöglichte. Es wurde gerade in Baden exzessiv angewandt. Mit fast 13 000 Fällen war etwa ein Prozent der Bevölkerung betroffen.[2] Allein in Mannheim wurden bis zum Ende der

---

1 Karl Binding/Alfred Hoche: Die Vernichtung lebensunwerten Lebens. Ihr Maß und ihre Form, Leipzig 1920.
2 Thomas Stöckle: Grafeneck 1940 — die Verbrechen von Zwangssterilisation und NS-„Euthanasie" in Baden und Württemberg 1933–1945, in: Peter Steinbach/Thomas Stöckle/Sibylle Thelen/Reinhold Weber (Hrsg.): Entrechtet — verfolgt — ver-

NS-Diktatur 1912 Zwangssterilisationen durchgeführt. Stefan Berninger, der dieses Lokalbeispiel untersucht hat, hält den persönlichen Einsatz Theodor Pakheisers (1898–1969), des Zuständigen in der Gesundheitsabteilung des badischen Innenministeriums, für entscheidend.[3] Hinzu kam allerdings ein enges Zusammenwirken von Gesundheitsämtern, Ärzten, sozialer Fürsorge, Pflegeeinrichtungen und Vormundschaftsrichtern, die Patientendaten zusammengetragen und den eigens eingerichteten „Erbgesundheitsgerichten" gemeldet hatten. Zur Zwangssterilisierung vorgesehen waren Menschen mit physischen oder psychischen Krankheiten wie Schizophrenie, manischer Depression, „erblichem Schwachsinn", aber auch Alkoholismus. Viele wehrten sich gegen den erheblichen Eingriff in ihre Persönlichkeitsrechte. „Einen solchen Eingriff [betrachten wir] als eine Schändung unserer Person", hieß es im Einspruch eines Wiesentaler Geschwisterpaares, das ihr Pfarrer formuliert hatte: „Wir können deshalb niemals freiwillig uns einer solchen Operation unterziehen."[4] Der stationär durchgeführte Eingriff war mit erheblichen Risiken behaftet. Es gab Todesfälle, dazu Suizide Betroffener, die mit der so empfundenen Schändung nicht umgehen konnten oder ihr entgehen wollten.[5] Dokumentiert ist eine Beunruhigung in der Bevölkerung, aber kaum ein öffentliches Wort der Kritik. Dabei war die Position der katholischen Kirche zur Zwangssterilisation eindeutig: „Es ist nicht erlaubt, sich selbst zur Sterilisation zu stellen oder Antrag zu stellen auf Sterilisierung eines anderen Menschen."[6] Dies wurde in einer Kanzelankündigung im Januar 1934 noch einmal bekräftigt. Dennoch hat die öffentliche Kritik wie die des Schwerzener Pfarrers Philipp Berger (1885–1953)[7] am Grab eines Sterilisationsopfers eher Ausnahmecharakter.

---

nichtet. NS-Geschichte und Erinnerungskultur im deutschen Südwesten, Stuttgart 2016, S. 143–195, hier S. 155. Vgl. ferner Heike Krause/Andreas Maisch (Hrsg.): „Ausmerzen". Eugenik, Zwangssterilisierung und Krankenmord in Schwäbisch Hall 1933–1945, Schwäbisch Hall 2009; Gudrun Silberzahn-Jandt: Esslingen am Neckar im System von Zwangssterilisation und „Euthanasie" während des Nationalsozialismus. Strukturen – Orte – Biographien, Ostfildern 2015.

3 Stefan Berningen: Zwangssterilisation im Nationalsozialismus. Eine Beschreibung der Praxis der Zwangssterilisation im Nationalsozialismus mit Auswertung der Quellen zu Mannheim, Mannheim 1992, S. 107–110.
4 Generallandesarchiv Karlsruhe (GLA KA), 507/6296: Eingabe vom 23.1.1936.
5 GLA KA, 507/6209.
6 Zitiert nach Kurt Nowak: „Euthanasie" und Sterilisierung im „Dritten Reich". Die Konfrontation der evangelischen und katholischen Kirche mit dem „Gesetz zur Verhütung erbkranken Nachwuchses" und der „Euthanasie"-Aktion, Göttingen 1978, S. 113.
7 Vgl. hierzu den Beitrag von Angela Borgstedt in diesem Band.

Von der Zwangssterilisierung ausgenommen waren Menschen, die in Heil- und Pflegeanstalten untergebracht waren. In welchem Umfang sie später Opfer der „Euthanasie" wurden, ist noch nicht hinlänglich erforscht. Die Tötung Kranker und Behinderter fügte sich ins Konzept der nationalsozialistischen Rassenideologie, sie sollte aber erst im Krieg erfolgen. Hitler begründete dies damit, dass dann „alle Welt auf den Gang der Kampfhandlungen schaut" und der „Wert des Menschenlebens ohnehin minder schwer" wiege.[8] Offensichtlich glaubte er aber die Verschleierungsmöglichkeiten zu brauchen, die der Krieg bot. Ein geheimes „Ermächtigungsdokument", das Hitler auf den Kriegsbeginn zurückdatierte, bezeichnete die zu treffenden Maßnahmen als kriegsbedingt. „Die scheinbar allmächtige Führung wagte es nicht, aus dem undurchsichtigen Dunkel von Kanzleierlassen hinaus an die Öffentlichkeit zu treten",[9] kommentierte der Ankläger im Freiburger Grafeneck-Prozess die fehlende Rechtsform. Sie war weder gewollt noch letztlich notwendig, da (fast) niemand die normative Grundlage des Führerbefehls infrage stellte.

Die „Euthanasie" war auf Tarnung angelegt. Ihre Zentrale in der Berliner Tiergartenstraße 4 hatte das Adressenkürzel „T 4", das sich in der Nachkriegsbezeichnung „Aktion T 4" für das Mordprogramm wiederfindet. Die Dienststelle war Hitler direkt unterstellt und beherbergte zunächst drei, später vier Einrichtungen, die für Erfassung und Selektion, Personalverwaltung, Transport und Kostenabwicklung zuständig waren. Zunächst wurden 1939 die Anstalten und Einrichtungen und die dort untergebrachten Personen erfasst. Mittels Meldebogen wurden Patientendaten wie Diagnose, Aufenthaltsdauer, aber auch Arbeitsfähigkeit, Besucherfrequenz und „rassische Zugehörigkeit" erhoben.[10] Auf Grund dieser Angaben trafen dann ärztliche Gutachter quasi im Minutentakt eine Entscheidung über Leben und Tod. Es wurde nicht diagnostiziert, sondern nach bestimmten Selektionskriterien „ausgesondert". Wer nicht arbeitsfähig war oder wer als Langzeitpatient langfristig Kosten verursachen würde, wurde zur Tötung bestimmt. Weil die Erfassung als kriegsbedingte Maßnahme kaschiert wurde, machten Anstaltsleiter mitunter falsche Angaben hinsichtlich der Einsatzfähigkeit ihrer Pa-

---

[8] Zitiert nach Alexander Mitscherlich/Fred Mielke (Hrsg.): Medizin ohne Menschlichkeit. Dokumente des Nürnberger Ärzteprozesses, Heidelberg 1949, S. 184.
[9] Karl Siegfried Bader: Umschau, in: Deutsche Rechts-Zeitschrift (DRZ) 2 (1947), S. 401.
[10] Hans-Walter Schmuhl: Rassenhygiene, Nationalsozialismus, Euthanasie. Von der Verhütung zur Vernichtung „lebensunwerten Lebens", 1890–1945, Göttingen 1987, S. 197.

tienten — nicht ahnend, dass gerade dies den sicheren Tod bedeutete. Die fertigen Todeslisten schickte die T4-Behörde an die Landesinnenministerien, wo nun die Todestransporte terminiert wurden. Wieder war der Südwesten Vorreiter. Hier wurde in Grafeneck bei Münsingen, einer Einrichtung der evangelischen Samariterstiftung für körperlich Behinderte, die dafür eigens enteignet wurde, eine von insgesamt sechs Tötungsanstalten errichtet, die im Januar 1940 ihren Betrieb aufnahm.[11] Innerhalb eines knappen Jahres wurden dort 10 654 Menschen in einer Gaskammer getötet und in einem Krematorium verbrannt. Die Angehörigen erhielten eine stereotype Todesbescheinigung sowie die Mitteilung, die Einäscherung sei aus Seuchenschutzgründen bereits erfolgt.

Das „System Grafeneck" war wie die gesamte „Euthanasie"-Aktion auf Tarnung und Täuschung angelegt. Doch ließen sich Massentötungen dieser Dimension tatsächlich geheimhalten? Allein der fast fahrplanmäßige Verkehr der grauen Transportbusse in die verlassene Gegend fiel auf. Viele Betroffene wussten längst, dass es in den Tod ging. „Das Todesauto steht vor der Tür, und ich soll jetzt sterben", so ein Opfer.[12] Immer mehr wehrten sich gegen den Abtransport, klammerten sich verzweifelt an das Pflegepersonal.

Die 3946 Württemberger und 4380 Badener, die in Grafeneck ermordet wurden, und weitere 500 Menschen aus dem Südwesten, die im hessischen Hadamar getötet wurden, hatten Angehörige und Pfleger. Heinrich Hermann (1878–1961),[13] Heimleiter der Zieglerschen Taubstummenanstalt Wilhelmsdorf im Kreis Ravensburg, durchschaute den Zweck der Meldebogenaktion und verweigerte die Bearbeitung. Angehörige stellten Fragen, wandten sich an die Pflegeeinrichtungen, an Kirche, Behörden, Parteistellen. Unter den beschwerdeführenden Angehörigen waren auch Parteimitglieder. Der Generalstaatsanwalt in Stuttgart erhielt eine anonyme Anzeige wegen Mordes an Geisteskranken. Eine solche Strafanzeige stellte auch Lothar Kreyssig (1898–1986), Amtsrichter in Brandenburg. Unter 1400 beruflich mit Vormundschaftssachen befassten Richtern war er der einzige, der zum Schutz seiner Mündel intervenierte.[14]

---

11 Thomas Stöckle: Grafeneck 1940. Die Euthanasie-Verbrechen in Südwestdeutschland, 3. Aufl. Tübingen 2012, S. 141.
12 Oswald Haug: Nazizeit — Verfolgung der Kirche, in: Freiburger Diözesan-Archiv 90 (1970), S. 270–292, hier S. 271.
13 Vgl. hierzu den Beitrag von Thomas Stöckle in diesem Band.
14 Gerhard Fieberg: Lothar Kreyssig (1898–1986). Amtsgerichtsrat in Brandenburg an der Havel, in: Heiko Maas (Hrsg.): Furchtlose Juristen. Richter und Staatsanwälte gegen das NS-Unrecht, München 2017, S. 127–145.

Der württembergische Landesbischof Theophil Wurm (1868–1953) wandte sich mit Eingaben an die NS-Führung. Bischof Clemens August Graf von Galen (1878–1946) bezog in einer berühmt gewordenen Predigt 1941 Stellung gegen den eklatanten Verstoß gegen das Fünfte Gebot:

> „Wenn einmal zugegeben wird, dass Menschen das Recht haben, unproduktive Mitmenschen zu töten, […] dann ist der Mord an uns allen, wenn wir alt und altersschwach und damit unproduktiv werden, freigegeben. Dann ist keiner von uns seines Lebens sicher."[15]

„Das Beseitigen von sogenanntem lebensunwertem Leben ist Mord",[16] kommentierte der Pforzheimer Vikar und Religionslehrer Kurt Habich (1912–1997) den Propagandafilm *Ich klage an* vor seinen Schülern. Der Donaueschinger Stadtpfarrer Heinrich Feurstein (1877–1942) kritisierte in seiner Neujahrspredigt 1942 das nach der Schließung der Tötungsanstalten verdeckt praktizierte Weitermorden. Der

> „Kampf gegen das sogenannte lebensunwerte Leben [geht] zum Teil in hemmungsloser Weise weiter. Wenn der Arzt glaubt, dass ein Kranker hoffnungslos krank ist, soll er ihn künftig mit der Giftspritze in ein anderes Leben befördern dürfen."[17]

Das waren mutige Kritiker, doch es blieben Einzelne.

In Grafeneck wurden die Tötungen Ende 1940 eingestellt. Das Personal wurde von den Anstalten Hadamar, Sonnenstein (Pirna) oder Bernburg übernommen, bis auch diese im August 1941 schließlich geschlossen wurden. Weil dieser Stopp der zentral gelenkten Massentötungen etwa zeitgleich mit Galens Predigt erfolgte, hält sich bis heute die Wahrnehmung eines ursächlichen Zusammenhangs. Vermutlich aber war mit über 70 000 Tötungen eine erste Zielvorgabe erreicht, die sich das Regime gesetzt hatte. Auch die verbreitete Auffassung, die „Euthanasie"-Verbrechen hätten damit geendet, ist eine Fehlwahrnehmung. Die Tötung Behinderter und psychisch Kranker, darunter vieler Kinder, ging dezentral in psychiatrischen Kliniken und Kinderfachabteilungen von Krankenhäusern bis zum Kriegsende unvermindert weiter.[18]

---

15 Peter Löffler (Bearb.): Bischof Clemens August Graf von Galen. Akten. Briefe und Predigten 1933–1946, Bd. 2, Mainz 1988, S. 878 f.
16 Bericht des Vikars Kurt Habich, in: Freiburger Diözesan-Archiv 90 (1970), S. 251–258, hier S. 251.
17 Richard Zahlten: Stadtpfarrer Msgr. Dr. Heinrich Feurstein, in: Helmut Moll (Hrsg.): Zeugen für Christus. Das deutsche Martyrologium des 20. Jahrhunderts, Bd. 1, 5. Aufl. Paderborn 2010, S. 191–195, hier S. 193.
18 Ernst Klee: „Euthanasie" im NS-Staat. Die „Vernichtung lebensunwerten Lebens", Neuausg. Frankfurt/M. 2014.

Die „Euthanasie" war ein Großverbrechen, das in der unmittelbaren Nachbarschaft und nicht im entfernten Osteuropa begangen wurde. Die Anzahl derer, die als Angehörige Betroffene waren, war hoch, das Interesse an Aufklärung, juristischer Aufarbeitung und Erinnerung nach 1945 eher verhalten. Einzelne Verantwortliche der „T4-Aktion" standen im Nürnberger Ärzteprozess vor Gericht. Unter den Verfahren wegen NS-Straftaten hatten die „Euthanasie"-Prozesse nur einen geringen Anteil. Die meisten dieser 23 Prozesse vor westdeutschen Gerichten wurden bereits in der unmittelbaren Nachkriegszeit geführt.[19] Auch der „Grafeneck-Komplex" wurde in zwei Verfahren vor den Landgerichten Tübingen und Freiburg aufgearbeitet.[20] So unbefriedigend die richterliche Milde im einen und die Konterkarierung von Urteilsstrenge durch rasche Begnadigung im anderen Fall war: Diese frühen Prozesse haben zur Kenntnis des Verbrechenskomplexes beigetragen. Die systematische Erforschung und Dokumentation von Widerspruch gegen die „Euthanasie" steht demgegenüber aber noch eher am Anfang.

---

19 Anika Burkhardt: Das NS-Euthanasie-Unrecht vor den Schranken der Justiz. Eine strafrechtliche Analyse, Tübingen 2015, S. 3.
20 Jörg Kinzig/Thomas Stöckle (Hrsg.): 60 Jahre Tübinger Grafeneck-Prozess. Betrachtungen aus historischer, juristischer, medizinethischer und publizistischer Perspektive, Zwiefalten 2011.

Angela Borgstedt

Philipp Berger (1885–1953) – eine Grabrede in Schwerzen gegen die NS-Zwangssterilisationen

Am 1. Mai 1936 wurde auf dem Dorffriedhof von Schwerzen im Kreis Waldshut die Landwirtstochter Marie B. unter großer Anteilnahme zu Grabe getragen. Sie war drei Tage zuvor im Krankenhaus von Säckingen gestorben.[1] Die 34-Jährige war dort am 16. April auf Anordnung des „Erbgesundheitsgerichts" Waldshut wegen Schizophrenie zwangssterilisiert worden und hatte diesen Eingriff nicht überlebt.[2] In Schwerzen und Wutöschingen, dem Heimatort der Toten, war die Unruhe groß. In einer Nachbargemeinde war bereits zuvor ein Mädchen an den Folgen einer Sterilisation gestorben. Die Trauergemeinde stand erschüttert am Grab und erwartete den Trost und Beistand der Kirche. Philipp Berger, seit April 1928 Pfarrer der katholischen Gemeinde, richtete deshalb abweichend vom Ritus und mit sichtlicher Bewegung einige sehr persönliche Worte an die Hinterbliebenen. „Wir wissen alle, dass es nicht Wille der Kirche ist, was an ihr geschehen ist", so seine Worte. „Es ist zu bedauern, dass ein Mädchen [...] zwangsweise, ohne ihren Willen operiert worden ist." Und anklagend fügte er hinzu: „Derjenige, der das Mädchen zur Sterilisation gemeldet hat, ist der Mörder [...]." Wenn der zu ihm zum Beichten käme, würde er ihn nicht absolvieren.[3]

Die Äußerungen des Pfarrers verbreiteten sich wie ein Lauffeuer. Wer sie nicht selbst gehört hatte, erfuhr davon im Gasthaus. Bald kursierten die unterschiedlichsten Versionen. Sie kamen auch dem Ortsgruppenleiter zu Gehör, der die Gestapo wohl auch deshalb umgehend einschaltete, weil ihm der Geistliche politisch anstößig war. Nicht genug damit, dass Berger ein „Schwarzer", ein Parteigänger der katholischen Zentrumspartei war. Er habe

---

1 Vgl. die entsprechende Akte des Gesundheitsamts Waldshut im Staatsarchiv Freiburg (StA FR) G 1185/2, Nr. 261. Aus Gründen des Datenschutzes wurden die Namen von Sterilisationsopfern und ihren Angehörigen anonymisiert.
2 Vgl. Generallandesarchiv Karlsruhe (GLA KA) 507/2094: Urteilsbegründung des Sondergerichts Mannheim vom 11.9.1936.
3 GLA KA 507/2094: Bericht des Bezirksamts Waldshut/Geheime Staatspolizeistelle vom 23.7.1936 über die Zeugenvernehmung des Totengräbers Martin Duttlinger.

sich bislang mit Äußerungen, „die zwar nicht strafrechtlich erfassbar, aber auch nicht einwandfrei waren",[4] jeder Nachstellung entzogen und so als „windiger Rabulist" als das erwiesen, was dem nationalsozialistischen Klischee des Jesuiten entsprach. Jetzt aber hatte er mit dieser Äußerung etwas getan, das im NS-Staat tatsächlich justiziabel war. Diese Gelegenheit ließ sich der Ortsgruppenleiter nicht entgehen. Die umgehend eingeleiteten Ermittlungen führten am Ende zur Anklage vor dem Sondergericht Mannheim. Dieses verurteilte Pfarrer Berger am 11. September 1936 wegen heimtückischen Angriffs auf Staat und Partei in Tateinheit mit Vergehens gegen § 130a des Strafgesetzbuchs[5] zu einer Gefängnisstrafe von drei Monaten. Die „Heimtücke" bestand nach Auffassung des Gerichts darin, dass der Geistliche den Mitwirkenden an einer gesetzlich angeordneten Maßnahme als Mörder bezeichnet hatte. Berger musste die Haftstrafe im März 1937 im Gefängnis Freiburg antreten und in vollem Umfang verbüßen. Er erhielt zudem ein zunächst befristetes, 1942 schließlich ein dauerhaftes Unterrichtsverbot.

Eine Grabrede verändert einen Lebenslauf
Philipp Constantin Berger stammte aus Nordbaden. Er kam am 1. Mai 1885 in Waibstadt im Kreis Sinsheim als Sohn des Pflastermeisters Philipp Anton Berger und seiner Frau Stefanie, geb. Stadtelberger, zur Welt. Hier wuchs er mit mindestens einem Bruder namens Richard auf und besuchte acht Jahre lang die Volksschule. Das Gymnasium absolvierte er in Freiburg, wo er im Anschluss auch katholische Theologie studierte. Berger hatte damit eine für soziale Aufsteiger aus dem katholischen Milieu nicht untypische Berufsentscheidung getroffen. 1909 erhielt er die staatliche Zulassung zur Ausübung kirchlicher Funktionen,[6] 1910 erfolgte die Priesterweihe. Seine erste Stelle als Vikar trat Philipp Berger in Seelbach bei Lahr an. Im Ersten Weltkrieg war er zunächst bei einer Sanitätskompanie im Oberelsass, zuletzt zwei Jahre Divisionspfarrer in Russland. Für seinen Kriegseinsatz erhielt er das Eiserne Kreuz II. Klasse.

Als 33-jähriger Kriegsheimkehrer trat Philipp Berger Vikarstellen in Ettlingen bei Karlsruhe und in Emmendingen an, bevor er 1920 Pfarrer in Dingelsdorf bei Konstanz, anschließend in Albbruck wurde. Von 1928 bis September 1949 amtierte er in Schwerzen, das heute ein Ortsteil von Wutöschingen

---

4 GLA KA 507/2094: Anklageschrift vom 30.7.1936.
5 Das war der berüchtigte, noch aus dem „Kulturkampf" stammende „Kanzelparagraph" Bismarcks, der Geistlichen die Erörterung politischer Angelegenheiten „von der Kanzel" untersagte.
6 GLA KA 235/10365.

ist.⁷ 1950 war Berger Pfarrer in Friedingen im Landkreis Konstanz, noch im gleichen Jahr zog er nach Singen um, wo er am 9. Februar 1953 verstarb. Die Zuerkennung einer Entschädigung im Rahmen der Wiedergutmachung erlebte er nicht mehr. Sie wurde ihm im Juli 1958 mit der Begründung zugesprochen, seine Grabrede könne „durchaus als Ausdruck einer gegen den Nationalsozialismus und dessen Gesetzgebung gerichteten Haltung" gesehen werden.⁸

Die Stellung der Amtskirche zur Zwangssterilisation
Philipp Berger hatte seine Stellungnahme an Marie B.s Grab stets kleingeredet. Im Umgang mit Gestapo und Sondergericht war dies eine plausible Strategie. Er bestritt nicht seine grundsätzliche Kritik an den Zwangssterilisationen, wohl aber die unterstellte Staatsfeindlichkeit seiner Äußerung. „Ich weiß aber auch", so die Erläuterung seines Predigttextes gegenüber der Gestapo, „dass es nicht der Wille des staatlichen Gesetzgebers ist, dass dieses Mädchen heute tot vor uns liegt."⁹ An dieser Relativierung seiner Aussage hielt Berger auch nach 1945 fest. Er sei für eine Nichtigkeit verurteilt worden, erklärte er im Wiedergutmachungsantrag.¹⁰ Im Gestapoverhör hatte Berger geäußert, er habe lediglich den

„Standpunkt des Erzbischofs zum Ausdruck bringen wollen, wonach diejenigen ohne weiteres aus der Kirche ausgeschlossen sind, die irgendwie bei einer Unfruchtbarmachung mitgemacht haben."¹¹

Damit bezog er sich allgemein auf das im Juli 1933 geschlossene Konkordat sowie konkret auf eine vom Freiburger Erzbischof Conrad Gröber und Bischof Wilhelm Berning von Osnabrück namens des deutschen Episkopats im November 1933 erwirkte Zusicherung des Reichsinnenministers, „dem Kirchenvolk den Standpunkt der katholischen Kirche zur Sterilisierung ungehindert erläutern zu dürfen".¹² Und diese Stellung war eindeutig ablehnend. Sie war im Kontext eugenischer Debatten 1930 in der päpstlichen Enzyklika *Casti connubii* festgelegt worden und bestritt sowohl dem Staat als auch dem Individuum das Recht, die Reproduktionsfähigkeit des Menschen anzutasten. Die

---

7 StA FR G 1185/2, Nr. 261.
8 StA FR F 196/1, Nr. 2518.
9 GLA KA 507/2094: Vernehmungsprotokoll vom 14.5.1936.
10 StA FR F 196/1, Nr. 2518.
11 GLA KA 507/2094: Anklageschrift vom 30.7.1936.
12 Kurt Nowak: „Euthanasie" und Sterilisierung im „Dritten Reich". Die Konfrontation der evangelischen und katholischen Kirche mit dem „Gesetz zur Verhütung erbkranken Nachwuchses" und der „Euthanasie-Aktion", Göttingen 1978, S. 112.

katholische Kirche sah die biologistische Verabsolutierung der Körperlichkeit und das Bestreben, hier lenkend einzugreifen, ohnehin als höchst problematisch an. Die Sterilisation widersprach aber auch ganz konkret dem katholischen Konzept der Ehe und der ehelichen Sexualität, deren ausschließlicher Zweck die Reproduktion ist. Entsprechend erlaubte die katholische Kirche weder die Meldung zu noch die Mitwirkung an Sterilisationen.

Philipp Berger sah sich und seine Predigt in Übereinstimmung mit der Haltung seiner Kirche und durch das Konkordat gedeckt. Das betraf aber nicht seine klare Kennzeichnung des Amtsarztes als Mörder. Philipp Berger war kein Kurt Tucholsky im Priestergewand. Gegenüber der Gestapo gab er an, er habe damit den vielen im Dorf umlaufenden Gerüchten über Operationsfehler, Vertuschung, gar einen Selbstmord der Zwangssterilisierten entgegentreten wollen. Die Worte am Grab waren situativ gesprochen. Doch hatte Berger diese gravierende Anschuldigung tatsächlich unbedacht geäußert? Hatte er sich, wie der *Albbote* in seinem Bericht über den Prozess meinte, nicht staatsfeindlich, sondern lediglich ungeschickt ausgedrückt?[13] Dass der Pfarrer auch emotional handelte, ist vor dem Hintergrund dieses erschütternden Einzelfalls mehr als naheliegend.

Stellungnahme für verletzte Menschenwürde?
Das Opfer Marie B. hatte Philipp Berger als gläubiges Gemeindemitglied gekannt. Marie B. lebte im Haushalt ihres Bruders und ging ihm im bäuerlichen Betrieb zur Hand. Dieser hatte die verfügte Sterilisation seiner Schwester auch mit dem Argument abzuwenden gehofft, dass sie danach wohl nicht mehr so leistungsfähig und für die Landwirtschaft unbrauchbar sein werde. Das mag uns lieblos erscheinen, muss aber aus dem Milieu und der Zeit heraus verstanden werden. Emil B. kündigte im gleichen Brief an, „alles [zu] tun und mich dagegen zu sträuben so gut es geht".[14] Marie B. war in den Jahren zuvor mehrmals in stationärer psychiatrischer Behandlung, zuletzt im Juni 1935 in der Heil- und Pflegeanstalt Emmendingen, die ihren Fall — wie vom *Gesetz zur Verhütung erbkranken Nachwuchses* vorgeschrieben — dem Gesundheitsamt gemeldet hatte. Als die Einbestellung zur amtsärztlichen Untersuchung erging, war Marie B. schon wieder zu Hause. Sie leistete ihr nicht Folge. Der Amtsarzt gutachtete deshalb anhand der Patientenakte, die keine Diagnose enthielt.[15] Gleichwohl war er sich sicher, dass die Patientin

---

13 Der Albbote vom 21.9.1936 (StA FR G 1185/2, Nr. 261).
14 StA FR G 1185/2, Nr. 261: Brief an das Gesundheitsamt Waldshut vom 2.2.1936.
15 Auch die „Erbgesundheitsgerichte" entschieden oft, ohne die Betroffenen persönlich in Augenschein genommen zu haben. Vgl. für Freiburg Gunther Link: Euge-

schizophren war. Das war ein für Frauen gängiger Sterilisationsgrund. Seinen Befund aber stützte er auf Schreibdefizite, die sich genauso gut mit Bildungsferne erklären ließen: „Den Inhalt [ihres] Briefes kann man als sogenannten Wortsalat bezeichnen, der für die Schizophrenie typisch ist."[16] Hier verschmelzen medizinische Diagnose und sozialkritischer Blick. Die Soziopathologie im NS-Staat traf vor allem die unteren sozialen Schichten.[17]

Marie B. war schon dadurch in ihrer Würde verletzt worden, dass sie mit Polizeigewalt ins Krankenhaus gebracht worden war. „Unsere Nachbarn [waren] Zeuge", lautete die Beschreibung einer solchen Szene aus Oberkirch, „wie der Frontsoldat und Invalide Franz R., geschmückt mit Orden und Ehrenzeichen, zwangsweise abgeführt wurde zur Sterilisation".[18] Die Quelle, eine literarische Verarbeitung der Szene durch die betroffene Ehefrau, die sie in etwa dreißig Exemplaren unter den Kriegskameraden ihres Mannes verbreitete, muss kritisch betrachtet werden. Was ihr in jedem Fall zu entnehmen ist, ist die Öffentlichkeit des Geschehens und die Stigmatisierung ganzer Familien. Emil B. hatte gebeten, seiner ledigen, zurückgezogen lebenden Schwester den Eingriff zu ersparen. Die Wahrung der Moral bedeutete im ländlichen katholischen Milieu seiner Heimat die sexuelle Enthaltsamkeit unverheirateter Frauen. Wenn der NS-Maßnahmenstaat hier eine Zwangssterilisierung anordnete, unterstellte er den Betroffenen damit die Unfähigkeit zu sittlichem Lebenswandel.

Ein beispiellos offenes Wort der Kritik?
War Bergers Stellungnahme ein Einzelfall? Letztlich lässt sich nur feststellen, dass die Zahl der wegen Kritik an Zwangssterilisationen aktenkundig gewordener Pfarrer gering ist. Anna Blumberg-Ebel verweist in ihrer Untersuchung auf den Fall des Propstdechanten Josef Bömer im sauerländischen Arnsberg, der ein betroffenes Gemeindemitglied mit dem Hinweis auf gesundheitliche Risiken vor dem Eingriff bewahren wollte.[19] Im nordbadi-

---
nische Zwangssterilisationen und Schwangerschaftsabbrüche im Nationalsozialismus. Dargestellt am Beispiel der Universitätsfrauenklinik Freiburg, Frankfurt/M. 1999, S. 182.
16 StA FR G 1185/2, Nr. 261: Gesundheitsamt an Erbgesundheitsgericht Waldshut, 1.10.1935.
17 Vgl. u. a. Frederic Ruckert: Zwangssterilisationen im Dritten Reich 1933–1945. Das Schicksal der Opfer am Beispiel der Frauenklinik des Städtischen Krankenhauses und der Hebammenlehranstalt Mainz, Stuttgart 2012, S. 68.
18 GLA KA 507/6257: undatiertes Flugblatt Pauline Röschs.
19 Anna Blumberg-Ebel: Sondergerichtsbarkeit und „politischer Katholizismus" im Dritten Reich, Mainz 1990, S. 112 f.

schen Wiesental verfasste Pfarrer Heinrich Josef Gramlich in drei Fällen den schriftlichen Einspruch gegen den Sterilisationsbescheid, darunter den für eine verheiratete Mutter zweier Kinder.[20] Kaplan Josef Karl Dettinger aus Oberkirch war sogar fast zeitgleich mit Philipp Berger vom Sondergericht Mannheim zu einer zweimonatigen Haftstrafe verurteilt worden, weil er vor Berufsschülern im Religionsunterricht geäußert hatte, die Zwangssterilisation treibe die Betroffenen in den Selbstmord oder Irrsinn.[21]

Im Kreis Lörrach gab es schließlich einen Fall, der geradezu als konfessionell spiegelbildlich zu dem Bergers bezeichnet werden kann. Am 12. Februar 1937 wurde in der dortigen Gemeinde Schlächtenhaus der 35-jährige Landwirt Karl R. beerdigt. Er hatte an Epilepsie gelitten und war im März des Vorjahres für mehrere Monate in die Psychiatrische Klinik in Freiburg aufgenommen worden. Voraussetzung für die Entlassung war die Sterilisation, in die Karl R. letztlich deshalb einwilligte, weil er seinen Angehörigen die Klinikkosten ersparen wollte. Der im Sommer 1936 vorgenommene Eingriff warf ihn aber gänzlich aus der Bahn. Sein Zustand verschlechterte sich so sehr, dass er dauerhaft in eine Pflegeanstalt aufgenommen werden sollte.[22] Als deshalb im Februar 1937 eine erneute amtsärztliche Untersuchung anstand, erhängte sich Karl R. in der Scheune des brüderlichen Bauernhofs. Wie im Jahr zuvor in Schwerzen trat auch diesmal der Pfarrer mit deutlichen Worten vor die versammelte Trauergemeinde. Den Toten sah er nicht als Selbstmörder, sondern als Opfer. Pfarrer Rupert Fischer zeichnete den traurigen Lebensweg eines Mannes nach, der neun von seinen elf Geschwistern früh verloren hatte, zwei davon durch Selbsttötung.

> „Seit er vor ungefähr einem Jahr aufgrund des Gesetzes zur Verhütung erbkranken Nachwuchses in Freiburg sterilisiert worden war, plagte ihn die krankhafte und unsinnige Zwangsvorstellung, als ob dieser Vorgang eine Schande sei und ihn zu einem gezeichneten und unbrauchbaren Menschen mache."[23]

Das habe wohl zu Karl R.s Verzweiflungstat geführt, so Fischer.

Die Predigt war im Ton zurückhaltend und blieb ohne Anklage, was möglicherweise das Ausbleiben unmittelbarer staatlicher Reaktionen erklärt. Niemand denunzierte den Pfarrer. Seine Äußerungen gelangten erst Wochen später und eher zufällig der örtlichen Polizei zur Kenntnis. Im Unterschied zu Philipp Berger war Rupert Fischer zuvor politisch nie aufgefallen.

---

20 GLA KA 507/6296.
21 GLA KA 507/2045 f.
22 StA FR G 1173/1, Nr. 817.
23 GLA KA 507/6808: Einvernahme Pfarrer Rupert Fischer durch die Gestapo Lörrach, 23.3.1937.

Er hatte 1933/34 kurzzeitig sogar den Deutschen Christen angehört, war aber kein NSDAP-Mitglied und gehörte, abgesehen von der NS-Volkswohlfahrt, auch keiner Parteiorganisation an. In ihrer Stellungnahme im Entnazifizierungsverfahren bezeichneten ihn die politischen Parteien als „dem Dritten Reich gegenüber völlig konträr".[24] Er selbst führte in der Vernehmung durch die Gestapo Lörrach aus, sich nie politisch betätigt zu haben, „doch ich stehe auf dem Boden des Nationalsozialismus". Zudem „war [ich] nie ein Gegner des Sterilisationsgesetzes, im Gegenteil, ich habe immer das Zweckmäßige und Notwendige dieses Gesetzes eingesehen und auch anerkannt".[25] Das sahen die Belastungszeugen freilich anders. Ob es der Überzeugung des Pfarrers entsprach, war und ist ohnehin nicht aufzuklären. In jedem Fall war dies eine effektive Verteidigung, denn ein drohendes Sondergerichtsverfahren wegen Heimtücke wurde im April 1937 mangels ausreichender Verdachtsgründe eingestellt.

Pfarrer Rupert Fischer war 1905 als Sohn des Hofpredigers und Kirchenrats Ernst Fischer geboren und somit eine Generation jünger als Philipp Berger. Er war erst 1932 zunächst als Pfarrverweser nach Schlächtenhaus gekommen und bis 1938 Pfarrer im Ort. Fischer war jung verheiratet und Vater zweier kleiner Kinder. Sprach diese Lebenssituation nicht eher für politisch unauffälliges Verhalten? Er selbst wollte seine Äußerungen nicht als Kritik an der Zwangssterilisation verstanden wissen. Dass er im Gestapoverhör angab, nie Gegner der Sterilisationen gewesen zu sein, sondern dass er „im Gegenteil immer das Zweckmäßige und Notwendige dieses Gesetzes eingesehen und auch anerkannt" habe,[26] war keineswegs nur Verteidigungsstrategie, sondern entsprach gewissermaßen der hier weit ambivalenteren Position seiner Kirche.[27]

Die Trauergemeinde hatte an seinen Worten dem Anschein nach zuerst keinen Anstoß genommen. Den Ermittlern gegenüber äußerten dann aber doch einige ihren Unmut darüber, dass der Pfarrer mit der Erwähnung der Sterilisation des Verstorbenen ein Tabu verletzt habe. „Ob diese Äußerung nun eine Auflehnung gegen die fraglichen Gesetze darstellen soll, kann ich nicht sagen", so der Zeuge Wilhelm Kuttler, „man könnte es aber fast glauben".[28] Tatsächlich konnte Rupert Fischer allenfalls gegen eine politische

---

24 GLA KA 4650/8605.
25 GLA KA 507/6808: Einvernahme Pfarrer Rupert Fischer durch die Gestapo Lörrach, 23.3.1937.
26 Ebd.
27 Vgl. hier Nowak, „Euthanasie" und Sterilisierung im „Dritten Reich" (wie Anm. 12), S. 91–106.
28 GLA KA 507/6808.

Tabuisierung verstoßen haben, denn zumindest die Familie des Verstorbenen war offen mit dem Thema umgegangen. „Dass mein Bruder sterilisiert war, hat schon ein großer Teil der Einwohner in Schlächtenhaus von uns selbst gewusst",[29] so Philipp R., auf dessen Mitteilungen insgesamt die Ansprache fußte. War der Pfarrer damit aus der Verantwortung? Weshalb erwähnte er die Zwangssterilisation, wenn nicht als Kritik?

Die Reaktion des NS-Staats

Der NS-Staat beobachtete die Reaktionen auf die Zwangssterilisationen sehr genau. Ludwig Sprauer, Leiter der Gesundheitsabteilung im badischen Innenministerium, ließ sich die Ermittlungsakte im Fall Berger vorlegen und ordnete an, ihm den Ausgang des Verfahrens zu berichten. Dazu findet sich in den anderen Verfahren wegen kritischer Äußerungen zur Zwangssterilisierung kein Hinweis. Auch ein weiteres Indiz spricht für die Bedeutung, die das Regime gerade dem Fall Berger zumaß. Berger und auch der dann allerdings amnestierte Karl Dettinger wurden zu einer Zeit verurteilt, als Hitler Prozesse gegen Geistliche wegen Heimtücke- oder Kanzelparagraphdelikten eigentlich hatte aussetzen lassen. Wie Anna Blumberg-Ebel feststellt, war es unter allen Sondergerichten einzig Mannheim, das diese Unterbrechung nicht umsetzte. Offensichtlich wollte sich Baden auch auf dem Gebiet sogenannter „Sozialhygiene" profilieren. Wie auch immer Philipp Berger selbst seine Grabrede sah: Der NS-Staat verstand sie als nicht tolerierbare Kritik.

Literatur

Bock, Gisela: Zwangssterilisation im Nationalsozialismus. Studien zur Rassenpolitik und Frauenpolitik, Opladen 1986.

Blumberg-Ebel, Anna: Sondergerichtsbarkeit und „politischer Katholizismus" im Dritten Reich, Mainz 1990.

Link, Gunther: Eugenische Zwangssterilisationen und Schwangerschaftsabbrüche im Nationalsozialismus. Dargestellt am Beispiel der Universitätsfrauenklinik Freiburg, Frankfurt/M. 1999.

Nowak, Kurt: „Euthanasie" und Sterilisierung im „Dritten Reich". Die Konfrontation der evangelischen und katholischen Kirche mit dem „Gesetz zur Verhütung erbkranken Nachwuchses" und der „Euthanasie-Aktion", Göttingen 1978.

Silberzahn-Jandt, Gudrun: Esslingen am Neckar im System von Zwangssterilisation und „Euthanasie" während des Nationalsozialismus. Strukturen – Orte – Biographien, Ostfildern 2015.

---

29 Ebd.

Stöckle, Thomas: Grafeneck 1940 — die Verbrechen von Zwangssterilisation und NS-„Euthanasie" in Baden und Württemberg 1933—1945, in: Peter Steinbach/Thomas Stöckle/Sibylle Thelen/Reinhold Weber (Hrsg.): Entrechtet — verfolgt — vernichtet. NS-Geschichte und Erinnerungskultur im deutschen Südwesten, Stuttgart 2016, S. 143—195.

Westermann, Stefanie: Verschwiegenes Leid. Der Umgang mit den NS-Zwangssterilisationen in der Bundesrepublik Deutschland, Köln 2010.

Thomas Stöckle

Heinrich Hermann (1879–1961) – Leiter der Taubstummenanstalt Wilhelmsdorf und sein Widerstand gegen die „Euthanasie"-Morde

Heinrich Hermann war während der NS-Zeit Leiter der oberschwäbischen Taubstummenanstalt Wilhelmsdorf. Durch seinen Widerstand gegen die Deportation und Ermordung von Bewohnern seiner Einrichtung gehört er zu den herausragenden Protagonisten des Widerstands gegen den NS-Staat im deutschen Südwesten. Hermann wurde mit einem der großen Verbrechen des NS-Staates konfrontiert, dem staatlichen und industriellen Massenmord der sogenannten NS-„Euthanasie". Im Zeitraum zwischen 1940 und 1941 wurden über 70 000 Menschen aus Heil- und Pflegeanstalten ermordet. Für Südwestdeutschland lassen sich die Geschehnisse räumlich und zeitlich sehr präzise verorten: Grafeneck 1940.[1] Allein hier wurden binnen eines Jahres 10 654 Menschen ermordet. Allesamt waren die Opfer zuvor in Einrichtungen der Behindertenhilfe oder in psychiatrischen Kliniken untergebracht. Zwar wurde Grafeneck im Dezember 1940 geschlossen, aber die NS-„Euthanasie" war damit im Südwesten keinesfalls beendet. Im hessischen Hadamar bei Limburg an der Lahn wurde im Januar 1941 das Morden fortgesetzt. Mehr als 500 Frauen und Männer aus Baden und Württemberg fielen dort den Verbrechen zum Opfer, darunter auch 18 Heimbewohner der Taubstummenanstalt Wilhelmsdorf.[2]

---

1 Thomas Stöckle: Grafeneck 1940. Die Euthanasie-Verbrechen in Südwestdeutschland, 3. Aufl. Tübingen 2012; Thomas Stöckle: Grafeneck — Vergangenheit und Gegenwart, in: 1100 Jahre Dapfen. Geschichte — Erinnerungen, Gomadingen 2004, S. 130–164; Landeszentrale für politische Bildung Baden-Württemberg (Hrsg.): Grafeneck 1940 — „Wohin bringt ihr uns?" — NS-„Euthanasie" im deutschen Südwesten. Geschichte, Quellen, Arbeitsblätter. Reihe MATERIALIEN (Autoren: Franka Rößner und Thomas Stöckle), Stuttgart 2011; Gedenkstätte Grafeneck — Dokumentationszentrum. Ausstellungsband, Gomadingen 2007.
2 Uta George/Georg Lilienthal/Volker Roelcke/Peter Sandner/Christina Vanja (Hrsg.): Hadamar. Heilstätte — Tötungsanstalt — Therapiezentrum, Marburg 2006; Inga Bing-von Häfen: Die Verantwortung ist schwer ... Euthanasiemorde an Pfleglingen der Zieglerschen Anstalten, Ostfildern 2013.

Der NS-Staat als biopolitische Diktatur

Dreh- und Angelpunkt der biopolitischen Diktatur[3] des „Dritten Reiches" war nicht der Staat, sondern das Volk, der „Volkskörper" oder die „Volksgemeinschaft", die als biologisch-organisches Wesen verstanden wurden. Die zwei Säulen der biopolitischen Diktatur waren die „Erbgesundheits-" und die Rassenpolitik, die verbindliche Regeln und Mechanismen für die Inklusion in bzw. die Exklusion aus der „Volksgemeinschaft" schufen. Als wichtigstes Kriterium für die Kategorien „lebenswert" und „lebensunwert" galt hierbei Nützlichkeit im Sinne von Produktivität und Arbeitsfähigkeit. Menschen, die dieses Kriterium vermeintlich nicht oder nicht mehr erfüllten, hatten für „Euthanasie"-Befürworter sowie für einen radikalen Teil der Eugeniker und „Rassenhygieniker" kein Recht auf Leben.

Als bei Kriegsbeginn die „Euthanasie"-Morde einsetzten, kam es zu verschiedensten Formen und Aktionen von Protest und Widerstand. Widerspruch wurde meist von einzelnen Personen artikuliert, in der Regel aber nicht von Institutionen. Zu diesem Zeitpunkt hätten dies vermutlich nur noch die Kirchen sowie die Innere Mission oder die Caritas leisten können, die zu den großen Trägern von Wohlfahrtseinrichtungen und Anstalten innerhalb des Deutschen Reichs gehörten. Der Inneren Mission, dem Vorläufer der Diakonie, und dem Caritasverband gehörten sogenannte „Krüppelheime", „Epileptiker- und Schwachsinnigenanstalten" sowie Taubstummen- und Gehörlosenanstalten wie Wilhelmsdorf und weitere Heil- und Pflegeanstalten an, in denen Tausende von Menschen untergebracht waren. In den Jahren 1940 und 1941 wurden allein in Baden und Württemberg mehr als 1000 Männer, Frauen und Kinder aus diesen kirchlichen Einrichtungen in Grafeneck und Hadamar ermordet.[4]

Lange Zeit wurde der geäußerte Protest gegen die „Euthanasie"-Morde in der wissenschaftlichen und publizistischen Darstellung sowie in der öffentlichen Debatte nur verzerrt dargestellt. Die Geschichtswissenschaft hat erst in den letzten zwei Jahrzehnten begonnen, diese Verzerrungen und Stereotype zu hinterfragen und – wo nötig – zu widerlegen. Widerspruch kam von einer großen Zahl von Individuen, vereinzelt auch von Opfern und ih-

---

3 Jochen-Christoph Kaiser/Kurt Nowak/Michael Schwartz (Hrsg.): Politische Biologie in Deutschland 1895–1945. Eine Dokumentation, Berlin 1992.

4 Jörg Kinzig/Thomas Stöckle (Hrsg.): Der Grafeneck-Prozess 1949. Betrachtungen aus historischer, juristischer, medizinethischer und publizistischer Perspektive, Zwiefalten 2010; Henning Tümmers: Justitia und die Krankenmorde. Der „Grafeneck-Prozess" in Tübingen, in: Stefanie Westermann/Richard Kühl/Tim Ohnhäuser (Hrsg.): NS-„Euthanasie" und Erinnerung: Vergangenheitsaufarbeitung – Gedenkformen – Betroffenenperspektiven, Münster 2011, S. 95–122.

ren Angehörigen, von evangelischen und katholischen Kirchenvertretern, von einzelnen Vertretern aus Diakonie und Caritas, aber auch aus Kreisen der NSDAP, des Staates und der Justiz.

Die Anstaltsleiter der Heil- und Pflegeanstalten
Bis heute harrt das Verhalten der über fünfzig Anstaltsleiter und ärztlichen Direktoren von Einrichtungen, aus denen die Opfer in die Vernichtungsstätten deportiert wurden, einer systematischen Untersuchung. Eine erste Analyse ergab, dass die Leitungskräfte, in der Regel beamtete Mediziner und Anstaltsdirektoren oder aber Theologen und Pädagogen, in ihrem Verhalten und ihrer Positionierung gegenüber den „Euthanasie"-Maßnahmen völlig unterschiedliche Verhaltensweisen an den Tag legten. Die allermeisten Anstaltsleiter funktionierten im Sinne des NS-Systems. Die entsprechenden Erlasse wurden pflichtgemäß befolgt und die Meldebogen für einzelne Patientengruppen sorgsam ausgefüllt. Auch den Anweisungen zur Deportation, die aus den Innenministerien der Länder oder des Reichsinnenministeriums kamen, wurde Folge geleistet. Dieses Verhalten war die Garantie dafür, dass der NS-Staat seine selbstgesteckten Ziele erreichen konnte und beispielsweise allein in Grafeneck 10 654 Menschen ermordet wurden. Aus dem Kreis der staatlichen Direktoren ist mit Dr. Hans Römer, dem Direktor der staatlichen badischen Heilanstalt Illenau, nur ein Fall bekannt, der sich 1939 in den vorzeitigen Ruhestand versetzen ließ.

Die Reaktionsformen der Anstaltsleitungen decken ein breites Spektrum ab. So wurde von einer zwar kleinen, aber äußerst radikalen und fanatischen Fraktion von „Euthanasie"- und Vernichtungsbefürwortern die Ermordung nahezu ganzer Anstaltsbevölkerungen betrieben. Beispiele hierfür sind die Direktoren der badischen Anstalten Rastatt und Ottersweiher/Hub bei Achern mit ihren Direktoren Dr. Arthur Schreck und Dr. Otto Gerke.[5] Am anderen Ende des Spektrums finden sich – ebenfalls in einer kleinen Zahl – Anstaltsdirektoren, die in unterschiedlichster Art und Weise Protest- und Widerstand gegen die NS-„Euthanasie" leisteten. Ihr Ziel war es, die Deportationen in die Vernichtungsstätten Grafeneck und Hadamar zu verhindern oder – wo dies

---

5 Heinz Faulstich: Von der Irrenfürsorge zur „Euthanasie". Geschichte der badischen Psychiatrie bis 1945, Freiburg i. Br. 1993; Heinz Faulstich: Hungersterben in der Psychiatrie 1914–1949. Mit einer Topographie der NS-Psychiatrie, Freiburg i. Br. 1998; Walter Wuttke: Medizin, Ärzte, Gesundheitspolitik, in: Otto Borst (Hrsg.): Das Dritte Reich in Baden-Württemberg, Stuttgart 1988, S. 211–234; Haus der Geschichte Baden-Württemberg (Hrsg.): Anständig gehandelt – Widerstand und Volksgemeinschaft 1933–1945. Katalog zur Ausstellung vom 9. Mai 2012 bis 31. März 2013, Stuttgart 2012.

nicht möglich schien — eine große Zahl von Frauen und Männern zurückzuhalten. Darüber hinaus wurde versucht, die Maßnahmen abzuschwächen, zu verzögern oder zu unterlaufen. Beispiele hierfür finden sich in Einrichtungen der Inneren Mission in Württemberg. So versuchten die Gustav-Werner-Stiftung zum Bruderhaus mit Sitz in Reutlingen und die Samariterstiftung in Stuttgart das Ausfüllen der Meldebogen hinauszuzögern. Am fundamentalsten war aber der Widerstand des Wilhelmsdorfer Heimleiters Heinrich Hermann.

Heinrich Hermann – Wilhelmsdorf 1940

Heinrich Hermann war seit 1936 Leiter der Einrichtung in Wilhelmsdorf. Geboren war er 1878 in der Schweiz, wo er auch seine Kindheit verbrachte. Mit zwölf Jahren kam er aufgrund von familiären Beziehungen nach Wilhelmsdorf und besuchte bis zum Ende seiner Schulzeit das dortige Knabeninstitut. Nach Beendigung der Schulzeit lernte Heinrich Hermann zunächst den Beruf des Schriftsetzers, der ihn jedoch nicht ausfüllte. Nach nur zwei Jahren trat er in St. Chrischona bei Basel eine Ausbildung zum Diakon an. Beschrieben wird er folgendermaßen:

> „Getreuliche Pflichterfüllung als christlicher Lebensauftrag und komplette Verinnerlichung von Bibel und göttlichen Geboten waren wichtige Bestandteile der Lehrzeit in St. Chrischona, und sie sollten ihm auch für sein späteres Leben und Handeln Halt und Orientierung geben. Erfahrung auf dem Gebiet der Arbeit in einer großen Heil- und Pflegeanstalt sammelte er in Stetten im Remstal, wo er von 1927 bis 1936 Hausvater war. Im Anschluss kam er nach Wilhelmsdorf und übernahm die Hausvaterposition. Bis zu seinem Ruhestand im Jahr 1947 blieb er dieser Einrichtung treu — und treu blieb er auch Wilhelmsdorf, denn hier lebte er bis zu seinem Tod im Jahr 1961."[6]

Als am 1. August 1940 die Meldebogen des Berliner Reichsinnenministeriums in Wilhelmsdorf eintrafen, waren die „Euthanasie"-Verbrechen des NS-Staates bereits weit vorangeschritten. Schon im Herbst 1939 war in einem mehrstufigen Verfahren die Erfassung der Heil- und Pflegeanstalten sowie ihrer Bewohner erfolgt. Im Januar 1940 begannen dann im deutschen Südwesten als erster Region im Deutschen Reich die Deportationen und die systematische Ermordung in Grafeneck. Die ersten Opfer stammten aus den staatlichen Psychiatrien in Eglfing/Haar in München und Weinsberg. Die Deportationen aus diakonischen Einrichtungen begannen nur wenige Wochen später. Am 1. Februar 1940 waren Heimbewohner der Pfingstweide Tettnang, einer Einrichtung des Landesverbands der Inneren Mission in Württemberg, betroffen. Später wiederholten sich diese Vorgänge auch in

---

6 Inga Bing-von Häfen, Die Verantwortung ist schwer (wie Anm. 2), S. 71.

Heinrich Hermann auf einem undatierten Foto.

anderen diakonischen Einrichtungen wie der Diakonissenanstalt Schwäbisch Hall, der Heil- und Pflegeanstalt Mariaberg, dem badischen Kork sowie der Diakonie Stetten.

Heinrich Hermann wusste um die Bedeutung der Meldebögen. Vor dem Münsinger Amtsgericht sagte er im Rahmen der Voruntersuchungen zum sogenannten „Grafeneck-Prozess", der 1949 in Tübingen stattfand:

> „In Folge meiner Beziehungen zu Stetten habe ich von den Tötungen der in Stetten untergebrachten Korker Pfleglinge gehört; bei einem Besuch bei Hausvater Meerwein der Korker Anstalt in Stetten hat letzterer mir einen Stoß Briefe gezeigt von Angehörigen der Getöteten. Später habe ich auch erfahren, daß auch von Stetten viele Kranke nach Grafeneck gebracht worden sind."[7]

Aus dem Merkblatt, das den Meldebögen beigegeben war, ging hervor, dass die Hauptkriterien für die Selektion Arbeitsleistung und Produktivität sowie die Aufenthaltsdauer in der Anstalt waren. Es waren zuvorderst die „Unproduktiven" und auf öffentliche Kosten untergebrachten Anstaltsbewohner,

---

7 Staatsarchiv Sigmaringen (StA SIG), Wü 29/3 T 1 Nr. 1756/02/03. Hier auch die beiden folgenden Zitate.

die als „lebensunwertes Leben" und „Ballastexistenzen" für die Vernichtung vorgesehen waren. Das Schreiben aus Berlin, das zusammen mit den Meldebögen gekommen war, begann mit den Worten:

> „Im Hinblick auf die Notwendigkeit planwirtschaftlicher Erfassung der Heil- und Pflegeanstalten ersuche ich Sie, die anliegenden Meldebogen umgehend [...] auszufüllen und an mich zurückzusenden."

Ein gelber Bogen, auf dem nach den Verhältnissen in der Anstalt gefragt wurde, sollte von Hermann sofort ausgefüllt und nach Berlin zurückgesandt werden. Als letzter Stichtag für die einzelnen Meldebögen war der 15. September 1940 angegeben. Diese Frist ließ Heinrich Hermann jedoch verstreichen. Anfang Dezember 1947 fasste er im Rückblick die komplexen Ereignisse der folgenden Wochen zusammen:

> „Da ich als früherer Hausvater von Stetten wußte, was die Ausfüllung dieser Bögen zu bedeuten hat, entschloß ich mich nach einigen Tagen, die sämtlichen Bögen nach Berlin zurückzuschicken mit einem Schreiben vom 6. August 1940 – Blatt 1 meiner Aktenmappe. Eine Antwort bekam ich nicht. Ich teilte der Zentralleitung in Stuttgart dieses mein Schreiben mit. Die Zentralleitung hielt mein Vorgehen für gefährlich. Der Vorstand der Zieglerschen Anstalten hat zu mildern versucht, worauf ich mit Schreiben des Reichsministers d. I. vom 6.9.1940 Blatt 3 der Akten die Meldebögen wieder zugesandt erhielt."

Das Schreiben Heinrich Hermanns vom 6. August 1940, das zusammen mit den leeren Meldebögen direkt an den Reichsinnenminister ging, enthält Sätze wie in Stein gemeißelt. Sie sind für die Widerstandsgeschichte gegen die NS-„Euthanasie" von herausragender Bedeutung. Heinrich Hermann kündigte dem Reichsinnenminister an, bei der Selektion, Deportation und Ermordung seiner Anstaltsbewohner nicht mitzuwirken. Seine Worte machen den Charakter dieses monströsen Menschheitsverbrechens klar. Zu seinem Funktionieren bedurfte es einer Vielzahl von staatlichen und parteiamtlichen Organen und Stellen und einer großen Zahl von Tätern. Heinrich Hermann erkannte, dass die Durchführung des Verbrechens zwingend von der Mitwirkung der Anstalten abhängig war. Ohne die persönlichen Daten der Menschen in den Anstalten ließ sich der Vernichtungsprozess nicht initiieren. Hermann wollte mit seiner Verweigerungshaltung dem Rad der Vernichtung in die Speichen greifen. Im Endeffekt ist ihm dies nicht gelungen. Allerdings konnte er für seine Einrichtung die Vorgänge verzögern und die Täter auf Reichs- wie auf Landesebene mit ihren eigenen Taten konfrontieren. „Die Erfassung dieser Pfleglinge", so Heinrich Hermann an den Reichsinnenminister,

„treibt mich zu folgender Feststellung. Ich kenne den Zweck dieser planwirtschaftlichen Erfassung. Ich weiß von den vielen Todesnachrichten, welche die Angehörigen verschiedener württembergischer und badischer Heil- und Pflegeanstalten in den letzten Monaten erhalten haben. Ich kann da gewissenshalber nicht schweigen und nicht mitmachen. Wohl weiß ich, daß es heißt: ‚Seid untertan der Obrigkeit, die Gewalt über euch hat.' Ich habe deshalb auch den gelben Bogen ausgefüllt. Aber nun kann ich nicht weiter. Ich habe einfach die Überzeugung, daß die Obrigkeit mit der Tötung gewisser Kranker ein Unrecht begeht. [...] Keine Familie hat Sicherheit, daß nicht eins von ihren Kindern durch Krankheit und Unglücksfall schwachsinnig wird. Mit der Vernichtung eines solchen kranken oder einfach unnormalen Familien- oder Anstaltsgliedes handeln wir gegen Gottes Willen. Das ist es, warum ich in dieser Sache nicht mitmachen kann. Es tut mir leid, aber man muß Gott mehr gehorchen als den Menschen. Ich bin bereit, die Folgen dieses meines Ungehorsams auf mich zu nehmen. Ich verlange, auch wenn ich Schweizer Bürger bin, deswegen keine Schonung. [...] Ich kann nun nicht mit dazu beitragen, dass die uns von Behörden und Privaten anvertrauten schwachsinnigen Mitmenschen darum, weil sie keine nützliche Arbeit mehr tun können, vernichtet werden."

Am 7. August 1940 informierte Hermann auch seine vorgesetzte Behörde in Stuttgart, die Zentralleitung für das Stiftungs- und Anstaltswesen. Das Schreiben endet mit dem Satz: „Ich nehme die Folgen auf mich."[8]

Fatal für den Fortgang der Ereignisse war das Ausbleiben jeglicher Unterstützung für Heinrich Hermann innerhalb der Zieglerschen Anstalten in Wilhelmsdorf selbst. Hier stieß seine Konfrontation mit dem NS-Staat offenbar auf massive Ablehnung. Sowohl der Vorstand der Einrichtung als auch sein Kollege, der Leiter der Gehörlosenschule W. Stempfle, hintertrieben Hermanns Bemühungen. Schon wenige Tage später, am 16. August 1940, forderte Stempfle beim Reichsinnenministerium in Berlin fünfzig Meldebogen an. Diese wurden mit Schreiben vom 6. September nach Wilhelmsdorf versandt. Ebenfalls noch im August korrespondierte Stempfle mit dem württembergischen Innenministerium und der Zentralleitung für das Stiftungs- und Anstaltswesen in Stuttgart.

Am 23. September kündigte der württembergische Innenminister das Erscheinen seiner Beauftragten für den 23. Oktober in Wilhelmsdorf an. Unterzeichnet war das Schreiben von Dr. Eugen Stähle, dem Leiter der Medizinalabteilung des württembergischen Innenministeriums.

„Ich habe auf Veranlassung des Reichsministers des Innern meinen Berichterstatter Obermedizinalrat Dr. Otto Mauthe und den Landesjugendarzt Dr. Max Eyrich

---

8 Staatsarchiv Ludwigsburg (StA LB), E 191 Bü 6861.

beauftragt, die Ausfüllung der Meldebogen in der dortigen Anstalt zu überwachen bezw. selbst vorzunehmen."[9]

Einen Tag später, am 24. September, so berichtete Hermann nach dem Krieg,

„erhielt ich ein Schreiben des württembergischen Innenministeriums [...], in welchem ich ersucht wurde, eine Liste der bei uns untergebrachten Schwachsinnigen, Epileptischen und Geisteskranken in zweifacher Fertigung vorzulegen".[10]

In der Folge fand Heinrich Hermann weder bei der Zentralleitung noch beim Landesverband der Inneren Mission in Württemberg mit seinem Vorsitzenden Otto Seitz und seinem Geschäftsführer Alfons Schosser Unterstützung. In einem Schreiben vom 26. September 1940 an Hermann befürwortete der Landesverband der Inneren Mission die Überlassung einer Liste der „schwachsinnigen" Heimbewohner an das württembergische Innenministerium. Pfarrer Schosser forderte Hermann auch auf, den angekündigten Besuch aus dem württembergischen Innenministerium zu unterstützen und den staatlichen Anordnungen nachzukommen. Hermann sandte daraufhin eine Liste mit den Namen von 45 Heimbewohnern an das württembergische Innenministerium.

Am 23. Oktober 1940 fand der angekündigte Besuch von Obermedizinalrat Dr. Mauthe und Landesjugendarzt Dr. Eyrich statt. Für alle 45 gemeldeten Heimbewohner wurden im Rahmen der stattfindenden Untersuchungen Meldebogen ausgefüllt. Am Ende der Prozedur weigerte sich Hermann aber, die Meldebogen zu unterzeichnen. Er lehnte jede Verantwortung für die Aktion ab. Somit fuhren Mauthe und Eyrich ohne Meldebogen nach Stuttgart zurück. Zwei der bereits ausgefüllten Meldebogen hatte Mauthe auf Betreiben Heinrich Hermanns zerrissen. Die anderen hatte Hermann zu unterschreiben und per Post an das Innenministerium zu senden. Hermann kam dieser Aufforderung nach, unterzeichnete und sandte die Unterlagen am 25. Oktober nach Stuttgart. Von dort gelangten sie an das Reichsinnenministerium nach Berlin und schließlich an die Zentraldienststelle in der Tiergartenstraße 4, wo über Leben und Tod der Wilhelmsdorfer Heimbewohner entschieden werden sollte.

Heinrich Hermann fiel diese Preisgabe der Namen und Daten der ihm Anvertrauten schwer. Wie sehr ihn dieser Vorgang belastete, zeigt sein Begleitschreiben an Dr. Mauthe:

---

9 Landeskirchliches Archiv Stuttgart (LKA), ZA Nr. 23.
10 StA SIG, Wü 29/3 T 1 Nr. 1756/02/03.

„Mit schwerem Herzen schicke ich die Bögen heute an Sie ab. Es sind darauf Menschen geschrieben, die uns von Behörden und Privaten anvertraut sind, damit wir ihnen alle Sorgfalt und Liebe angedeihen lassen. Es war mir eine Freude, diesen Menschen zu dienen. Jetzt soll ich sie dem Tod ausliefern ‚aus Gehorsam gegen die Obrigkeit'. Handle ich damit nicht treulos gegen die, die sie uns in gutem Glauben anvertraut haben? Die Verantwortung ist schwer."[11]

Deportation in die staatliche württembergische Heilanstalt Weinsberg – März 1941
Nach mehreren Wochen trügerischer Ruhe traf am 8. März 1941 erneut ein Schreiben des württembergischen Innenministeriums ein. In ihm heißt es:

„Auf Anordnung des zuständigen Herrn Reichskommissars sind die in den Verlegungslisten aufgeführten Kranken in die Heilanstalt Weinsberg zu verlegen. [...] Die Benachrichtigung der Angehörigen über die Verlegung erfolgt durch die Aufnahmeanstalt, die Angehörigen und Kostenträger sind von der Abgabeanstalt nicht zu verständigen."[12]

Am 24. März 1941 wurden 19 Bewohnerinnen und Bewohner mit den grauen Bussen der Gemeinnützigen Krankentransport GmbH (GEKRAT) abgeholt und über Schussenried, wo sie eine Nacht verblieben, nach Weinsberg verlegt. Erklärbar wird dieser merkwürdige Umweg nur, wenn man sich in die Täterlogistik hineinversetzt. So war vorgesehen, dass auch Patienten und Heimbewohner der oberschwäbischen Heil- und Pflegeanstalten Schussenried und Heggbach deportiert werden sollten. Dies geschah dann am 25. März 1941. Jedoch verblieben die so „Verlegten" nicht lange in der Heilanstalt Weinsberg. Dieser war als nördlichster württembergischer Anstalt die Funktion einer Zwischenanstalt für 250 Heimbewohner und Patienten verschiedenster anderer Anstalten zugedacht. Ungefähr einen Monat später, am 22. April 1941, wurden die ersten 15 der aus Wilhelmsdorf Deportierten nach Hadamar bei Limburg an der Lahn weiterverlegt und dort ermordet.[13]

Hadamar hatte im Januar 1941 die Nachfolge von Grafeneck angetreten. Ein großer Teil der Täter von Grafeneck war hierfür in die Stadt bei Limburg an der Lahn versetzt worden. Erneut setzte sich Heinrich Hermann für die Rettung „seiner" Heimbewohner ein. Erneut erhielt er keine Hilfe — weder aus der eigenen Einrichtung noch aus seinem diakonisch-kirchlichen Umfeld. Bereits am 13. März, also fünf Tage, nachdem die Deportationslisten eingegangen waren, schrieb Wilhelm an das württembergische Innenministerium:

---

11 LKA Stuttgart, ZA Nr. 23; StA SIG, Wü 29/3 T 1 Nr. 1756/02/03.
12 LKA Stuttgart, ZA Nr. 23; StA SIG, Wü 29/3 T 1 Nr. 1756/02/03.
13 StA LB, F 234 I, Bü. 1140, Verlegungsliste der Heilanstalt Weinsberg.

"Im Besitz Ihrer Aufforderung vom 8. Mai, siebzehn von unseren Pfleglingen in die Heilanstalt Weinsberg zu verlegen, und bezugnehmend auf die [...] Erlaubnis, darunter befindliche brauchbare Arbeitskräfte und deren Arbeitsleistung namhaft zu machen, erlaube ich mir, vier solcher hier zu nennen: [...]."

Heinrich Hermann benannte drei Männer und eine Frau, deren Namen überliefert sind. Die Worte Hermanns berühren noch heute: Von Siegfried Klotz heißt es, er sei

"[...] seit vielen Jahren durch seine gute und fleißige Arbeit im Holzkleinmachen eine sehr wertvolle Hilfe. [...] Wir und seine Geschwister würden ihn sehr vermissen, wenn er nicht mehr da wäre."

Über Ernst Weiss schrieb Hermann: "Er faßt langsam auf, aber was er erfaßt, hält er fest. [...] Auch seine vielseitige Hilfe würde uns fehlen." Gotthilf Fischer, so Hermann, habe mit

"großer Energie schreiben gelernt, was einem Kunststück" gleichkomme. [...] Es täte uns weh, einen Menschen, der so intensiv sich an seiner Weiterbildung beteiligt hat, und kraft seines starken Willens vieles erreicht hat, hergeben zu müssen."

Zu Rosine Schaile schrieb er, sie habe

"Schreiben und Lesen gelernt und ist eine unserer besten Strickerinnen. [...] So ist sie den ganzen Tag nützlich beschäftigt und es würde eine empfindliche Lücke entstehen, wenn sie nicht mehr da wäre."[14]

Von den vier Genannten überlebte nur der 1920 in Calw geborene Ernst Weiss. Er kehrte im September 1941 nach Wilhelmsdorf zurück und lebte bis zu seinem Tod im Jahr 2009 in der Einrichtung. Sein Überleben ist mit großer Wahrscheinlichkeit auf die Tatsache zurückzuführen, dass seine im Stuttgarter Westen lebende Mutter stets einen engen Kontakt zu ihrem Sohn pflegte. Sie besuchte ihn in Wilhelmsdorf und nach seiner Deportation auch in Weinsberg. Auch scheint sie über die Deportationen in die Vernichtungsanstalt informiert gewesen zu sein. In einem Brief an Hermann sprach sie davon, dass ihr Sohn der letzte verbliebene Wilhelmsdorfer in Weinsberg sei und dass er in sein vertrautes Umfeld zurückwolle. Die Berliner und Stuttgarter Stellen genehmigten dies. Ernst Weiss konnte schließlich von einer Pflegerin aus Wilhelmsdorf abgeholt und nach Wilhelmsdorf zurückgebracht werden. Für die Rettung von Ernst Weiss waren aber auch die Bemühungen Heinrich Hermanns von Bedeutung. In zwei Schreiben bat er darum, Ernst Weiss von der Verlegungsliste zu streichen. Das erste war

---

14 StA SIG, Wü 29/3 T 1 Nr. 1756/02/03.

am 25. Oktober 1940 direkt an Obermedizinalrat Dr. Otto Mauthe gerichtet, das zweite ohne persönlichen Empfänger direkt an das württembergische Innenministerium.[15]

Eine Würdigung

Heinrich Hermann nimmt in der Geschichte des Widerstands gegen die NS-„Euthanasie" eine herausragende Stellung ein. Er ist der einzige Leiter einer Pflegeeinrichtung in Baden und Württemberg, der die Weitergabe der Daten und damit die Voraussetzungen für eine Selektion kategorisch verweigerte. Dass er diese Haltung nicht bewahren und schließlich auch nicht alle der Wilhelmsdorfer Heimbewohner schützen konnte, liegt nicht nur in seinem Zurückweichen begründet. Von größerer Bedeutung für das Scheitern seines mutigen Vorhabens war, dass er in seinem gesamten Umfeld keinerlei Unterstützung erfuhr. Niemand in seiner Einrichtung, bei der Inneren Mission oder bei der Evangelischen Landeskirche solidarisierte sich mit ihm. Die Gründe hierfür mögen vielfältig gewesen sein und decken die Bandbreite von Übereinstimmung mit NS-Positionen, Opportunismus und institutionellem Selbsterhaltungstrieb ab. Wenn man von einem Scheitern Heinrich Hermanns sprechen will, so liegt es zuallererst darin begründet.

Vielleicht kennzeichnet ein Zitat der Täter Heinrich Hermann am treffendsten. Es stammt von einer Reichskommission aus Berlin, die 1942 die württembergischen Anstalten bereist hatte. In ihrem Abschlussbericht *Planungsfahrt Württemberg* vom 25. November 1942 heißt es im Abschnitt über Wilhelmsdorf „Der Hausvater Heinrich Hermann ist fanatischer Euthanasiegegner."

Literatur

Bing-von Häfen, Inga: Die Verantwortung ist schwer ... Euthanasiemorde an Pfleglingen der Zieglerschen Anstalten, Ostfildern 2013.

Faulstich, Heinz: Von der Irrenfürsorge zur „Euthanasie". Geschichte der badischen Psychiatrie bis 1945, Freiburg i. Br. 1993.

Faulstich, Heinz: Hungersterben in der Psychiatrie 1914–1949. Mit einer Topographie der NS-Psychiatrie, Freiburg i. Br. 1998.

George, Uta/Lilienthal, Georg/Roelcke, Volker/Sandner, Peter/Vanja, Christina (Hrsg.): Hadamar. Heilstätte – Tötungsanstalt – Therapiezentrum, Marburg 2006.

Kinzig, Jörg/Stöckle, Thomas (Hrsg.): Der Grafeneck-Prozess 1949. Betrachtungen aus historischer, juristischer, medizinethischer und publizistischer Perspektive, Zwiefalten 2010.

---

15 StA SIG, Wü 29/3 T 1 Nr. 1756/02/03.

Stöckle, Thomas: Grafeneck 1940. Die Euthanasie-Verbrechen in Südwestdeutschland, 3. Aufl. Tübingen 2012.

Stöckle, Thomas: Grafeneck 1940 – die Verbrechen von Zwangssterilisation und NS-„Euthanasie" in Baden und Württemberg 1933–1945, in: Peter Steinbach/Thomas Stöckle/Sibylle Thelen/Reinhold Weber (Hrsg.): Entrechtet – verfolgt – vernichtet. NS-Geschichte und Erinnerungskultur im deutschen Südwesten, Stuttgart 2016, S. 143–195.

Teil 6:
Verteidigung geistiger Freiräume

Teil 6:
Verteidigung geistigen Eigentums

Angela Borgstedt

Verteidigung geistiger Freiräume

Diktaturen sind Misstrauensgesellschaften. Jeder ist potenziell verdächtig, Abweichler, Gegner oder Verräter zu sein. Trotz gegenteiliger Bekundung von Konformität und Gemeinschaft herrscht hier ein universales Misstrauen, das „mehr als alles andere sämtliche menschlichen Beziehungen in der totalitären Gesellschaft unterminiert".[1] Die Führung misstraut den Beherrschten, weil sie sich deren Denken nicht sicher sein kann. Sie argwöhnt Nonkonformität, Andersdenken und Ablehnung, weil sie sie nicht dingfest machen kann und weil sich zumindest in den Köpfen der Menschen Freiräume erhalten, derer sie nicht habhaft werden kann. Das sind geistige Räume, virtuelle Rückzugsräume, die Innehalten, Reflexion und den distanzierten Blick auf Politik und Staat ermöglichen. Selbstdistanzierung ist noch kein widerständiges Handeln, mag aber dazu führen. Schon deshalb misstrauen Diktaturen jeglicher Autonomie des Denkens.

Als totalitäre Bewegung misstrauten die Nationalsozialisten dem kritischen Intellekt. Was gedanklich vielschichtig, was expressiv oder abstrakt war, wurde als „undeutsch" verfemt und bekämpft. Das betraf Albert Einsteins Relativitätstheorie gleichermaßen wie die literarische Moderne von Dada bis Brecht, den kritischen Journalismus der *Weltbühne* oder Erich Schairers (1887–1956) *Heilbronner Sonntags-Zeitung*,[2] die atonale, aber auch die Jazzmusik, die expressionistische Malerei und die Neue Sachlichkeit in der Architektur. Doch nicht jeder Expressionist oder Zwölftöner war NS-Gegner. Und nicht jeder, der überkommenen Formen und Denktraditionen anhing, war automatisch regimekonform. Kompromittierte und Gegner gab es hier wie dort.

Die NS-Führung misstraute Künstlern und Intellektuellen, umgab sich aber auch mit ihnen und machte sie sich dienstbar. Die Dichterin Ricarda

---
1 Jan C. Behrends: Soll und Haben. Freundschaftsdiskurs und Vertrauensressourcen in der staatssozialistischen Diktatur, in: Ute Frevert (Hrsg.): Vertrauen. Historische Annäherungen, Göttingen 2003, S. 336–364, hier S. 337.
2 Vgl. hierzu den Beitrag von Manfred Bosch in diesem Band.

Huch (1864–1947) erkannte das frühzeitig und verließ deshalb im April 1933 die Sektion Dichtung der Preußischen Akademie der Künste. „Bei einer so sehr von der staatlich vorgeschriebenen Meinung abweichenden Auffassung halte ich es für unmöglich, in einer staatlichen Akademie zu bleiben", begründete sie ihren Rückzug. Doch sogar innerlich Distanzierten wie ihr wurden Zugeständnisse abverlangt. Sie haderte mit sich, dass sie sich Hitlers Huldigungen zu ihrem achtzigsten Geburtstag gefallen ließ, obwohl sie den Nationalsozialismus verabscheute.

Wer als nicht systemkonform galt, dem konnte Goebbels' neue Reichskulturkammer die Mitgliedschaft verwehren. Das kam einem Tätigkeitsverbot gleich. Erich Schairer, den Herausgeber und Journalisten der linksliberalen *Heilbronner Sonntags-Zeitung*, traf es endgültig 1937. „Damals schwebte [...] schon mein Gesuch um Aufnahme in die Reichsschrifttumskammer, und dieses Gesuch war eine Existenzfrage für uns", beschrieb Hans Fallada (1893–1947), Autor des Erfolgsromans *Kleiner Mann – was nun*, seine prekäre Situation.[3] Gleichwohl erschienen in den Anfangsjahren des Regimes auch Werke kritischer Köpfe wie Reinhold Schneider (1903–1958),[4] Werner Bergengruen (1892–1964), Jochen Klepper (1903–1942), Gertrud von Le Fort (1876–1971), Ernst Wiechert (1887–1950) oder eben Ricarda Huch. Wer im nationalsozialistischen Deutschland publizieren, aufführen oder ausstellen wollte, der musste die Zensur passieren. Er musste Wege finden, sich zu äußern, ohne politisch anstößig zu sein. Das war eine Gratwanderung zwischen verdeckter Kritik und scheinbarer Affirmation. Wer gelernt hatte, zwischen den Zeilen zu lesen, verstand den Subtext. Wer aber nur die Oberfläche sah, sah Ausweichen ins Unpolitische: eine thematisch wie in der Form an klassischer Tradition orientierte Kunst.

Künstler der so bezeichneten „inneren Emigration" fokussierten sich auf bestimmte Gattungen. In der Literatur waren es neben dem historischen Roman vor allem Kleinformen wie Erzählung und Sonett, in der bildenden Kunst waren es Landschaften. „Ich habe Landschaften gemalt", erklärte Otto Dix (1891–1969), der wegen seiner realistischen Kriegsbilder und gesellschaftskritischen Darstellungen verfemt und 1933 aus seinem Dresdener Professorenamt entlassen worden war, „das war doch Emigration".[5] Der Betrachter von Landschaften in der Tradition eines Albrecht Altdorfer (um

---

3 Hans Fallada: In meinem fremden Land. Gefängnistagebuch 1944, Neuausgabe Berlin 2017.
4 Vgl. hierzu den Beitrag von Peter Steinbach in diesem Band.
5 Heidrun Ehrke-Rotermund: Camoufliertes Malen im „Dritten Reich". Otto Dix zwischen Widerstand und innerer Emigration, in: Claus-Dieter Krohn/Erwin Ro-

1480–1538) oder Caspar David Friedrich (1774–1840), der Leser von Sonetten à la Gryphius mochte freilich entgegenhalten, es lediglich mit harmloser Gegenständlichkeit und Flucht in Ästhetizismus zu tun zu haben. Weshalb aber sollte Dix, der am Bodensee im „inneren Exil" lebte, ausgerechnet 1935 den *Judenfriedhof in Randegg im Winter mit Hohenstoffeln* in eine Ideallandschaft versetzen, wenn er damit nicht auf nationalsozialistischen Antisemitismus Bezug nehmen wollte?

Ob Dichter, Maler oder Musiker: Kritische Intellektuelle konnten mit Versatzstücken der kulturgeschichtlichen Tradition arbeiten, um ihre Aussagen zu tarnen. Nicht nur Otto Dix nahm die christliche Bildtradition der Alten Meister auf. Die Versuchung des Heiligen Antonius ließ sich so als Allegorie der künstlerischen Existenz in der Diktatur lesen, der Heilige Christophorus symbolhaft für die Rettung, das Hinübertragen des Geistigen. Den Schlüssel zur Dekodierung von Kritik fand der Rezipient in Abweichungen von der Tradition, etwa der Darstellung des Todes in schwarzer Uniform in Dix' heute in der Karlsruher Kunsthalle befindlichem Bild *Die Sieben Todsünden* von 1933. Die Figur des Neides, eines Gnoms mit schon damals auffallender Ähnlichkeit, erhielt den markanten Schnauzbart des Diktators freilich erst nach 1945. Maler wie Dix arbeiteten mit Elementen der christlichen Ikonographie, Komponisten mit der Satzform oder Themen der Klassik.[6] Für Literaten und Dichter war es nicht zuletzt ganz allgemein die Vergangenheit, die Historie, die ihnen die Möglichkeit „verdeckter Schreibweise" (Dolf Sternberger) eröffnete.

Ricarda Huch war zugleich immer schon Historikerin. In der Diktatur aber ließ sich mit Geschichte Gegenwartskritik betreiben.

> „Das Vergangene wird durch den gegenwärtigen Betrachter zu uns herübergezogen, aber auch wir werden durch den Betrachter, der sich so ganz in die Vergangenheit zu versetzen vermag, in die Geschichte hineingezogen",

schrieb Reinhold Schneider.[7] Das war fast schon eine Kommentierung seiner 1938 veröffentlichten Erzählung *Las Casas vor Karl V.*, die sich als Kritik

---

    termund/Lutz Winckler/Wulf Koepke (Hrsg.): Aspekte der künstlerischen inneren Emigration 1933–1945, München 1994, S. 126–155, hier S. 129.
6 Vgl. Hanns-Werner Heister: Karl Amadeus Hartmanns „innere Emigration" vor und nach 1945. Die Symphonische Ouvertüre „China kämpft", in: Krohn u. a., Aspekte der künstlerischen inneren Emigration (wie Anm. 5), S. 156–173.
7 Zitiert nach Peter Steinbach: „Distanz – eine bändigende Kraft", in: Babette Stadie: Die Macht der Wahrheit. Reinhold Schneiders „Gedenkwort zum 20. Juli" in Reaktionen von Hinterbliebenen des Widerstands, Berlin 2008, S. 11–61, hier S. 23.

an der NS-Judenpolitik lesen ließ. Ricarda Huch arbeitete sich im ersten Band ihrer *Deutschen Geschichte* nicht zufällig am Reichsbegriff ab und kontrastierte implizit das Alte Reich mit seinem komplexen Rechtscharakter dem zentralistischen Machtstaat des „Dritten Reiches". Während sich Hitler am „Tag von Potsdam" (21. März 1933) auf die Tradition des preußischen Königtums berief, stellten Reinhold Schneider, Werner Bergengruen und Jochen Klepper gerade die sittliche Fundierung dieser Monarchie heraus und hoben sie vom „Führerstaat" ab.[8] Klepper machte zudem gerade nicht Friedrich den Großen, den von den Nationalsozialisten vereinnahmten Preußenkönig, zu seiner Romanfigur, sondern den Vater des berühmteren Sohnes. Und diesen Soldatenkönig Friedrich Wilhelm I. zeichnete er als Aufklärer, Reformer, vor allem aber als demütigen Christen. Es ging um Herrschaftsethos und um die Dekonstruktion des Friedrich-Mythos, doch gerade preußisch gesinnte Kreise lasen den Erfolgsroman vor allem wegen seiner bildmächtigen und psychologisch dichten Gestaltung des beliebten Themas. War das ein Missverständnis? War es geglückte Camouflage? Oder war es letztlich einfach nicht möglich, Regimekritik in den Werken der „inneren Emigration" festzumachen?

Tatsächlich schlug die Waage mitunter deutlicher in Richtung der Kritik aus, wenn es um Stellungnahmen zu konkreten Maßnahmen ging. Dass Ricarda Huchs erster Band der *Geschichte des Alten Reichs* ein voller Empathie geschriebenes Kapitel über spätmittelalterliche Judenfeindschaft enthielt, ist per se Kritik am nationalsozialistischen Antisemitismus. In ihrer Erzählung *Der falsche Großvater* machte sie in ironischer Weise ihre Kritik an einer Maßnahme, dem „Ariernachweis", fest. Reinhold Schneider veröffentlichte 1934 die Erzählung *Der Tröster*, in der er kursierende Gerüchte über den Terror in Konzentrationslagern aufgriff. Sein Sonett *Allein den Betern kann es noch gelingen*, vielfach abgetippte und abgeschriebene Untergrundliteratur, wurde geradezu zum „Protestsong" (Friedrich Heer).[9]

Schreiben war hier ein Akt des Zuwiderhandelns. „Wer in persönlichen Aufzeichnungen sein Außerseitertum fixiert, setzt sich bewusst vom äußeren Tagesgeschehen ab."[10] Literatur konnte Freiräume eröffnen, stärken, er-

---

8 Reinhold Schneider: Die Hohenzollern. Tragik und Königtum, Leipzig 1933; Werner Bergengruen: Der ewige Kaiser, Graz 1937 und vor allem Jochen Klepper: Der Vater, Stuttgart 1937.
9 Steinbach, Distanz (wie Anm. 7), S. 24.
10 N. Luise Hackelsberger: Freiraum Schreibtisch, in: Frank-Lothar Kroll/N. Luise Hackelsberger/Sylvia Taschka (Hrsg.): Werner Bergengruen. Schriftstellerexistenz in der Diktatur. Aufzeichnungen und Reflexionen zu Politik, Geschichte und Kultur 1940–1963, München 2005, S. 21–25, hier S. 21.

klären, trösten. Elisabeth Strünck (1898–1977), Witwe des im KZ Flossenbürg ermordeten Widerstandskämpfers Theodor Strünck (1895–1945), bekannte Reinhold Schneider nach dem Ende der NS-Diktatur, „wie unglaublich ich durch Ihre ermunternden Worte, auszuharren im Leid, gestärkt worden bin".[11] „Da habe ich gesehen, was ein Mensch im Gefängnis aushalten kann", beschrieb der inhaftierte badische Sozialdemokrat Ludwig Marum (1882–1934) den starken Eindruck, den die Lektüre von Silvio Pellicos (1789–1854) Haftschilderung hinterlassen hatte.[12] Die Autobiographie des italienischen Freiheitskämpfers als Trostbrevier?

Lesen und Schreiben ist Zwiesprache, Denken ist Form eines inneren Monologs. Briefe wie die Ludwig Marums aus der KZ-Haft zeugen vom Erhalt kleiner geistiger Freiräume: Hier schrieb ein Häftling unter den Augen des Zensors von der Stärke, die die Gedankenwelt der Bücher verlieh. Andere bezogen Kraft aus der Lektüre ethisch-philosophischer oder religiöser Schriften, dachten nach über Letztwerte wie Recht, Rechtsstaatlichkeit und Gerechtigkeit. So dachte der kaltgestellte Staatsrechtler und einstige Reichsjustizminister Gustav Radbruch (1878–1949) über die Folgen einer Fixierung auf Buchstabengetreue statt den „Geist des Gesetzes" (Montesquieu) nach. War sie verantwortlich für ein meist fraglos angewandtes Recht ohne Gerechtigkeit? Aber auf welcher Rechtsgrundlage ließen sich die Gesetzesnormen des NS-Staates infrage stellen? Radbruch tauschte sich brieflich mit ehemaligen Schülern aus. Auch dies mochte Reflexionsprozesse anstoßen oder bestärken. Um Gedanken produktiv entwickeln zu können, mussten sie mitgeteilt werden, und das geschah nicht nur im Brief oder Tagebucheintrag, sondern vis à vis im Dialog. Der Oppositionskreis um den Karlsruher Anwalt Reinhold Frank (1896–1945)[13] besprach sich fast täglich in den Kanzleiräumen. Die in der Privatwohnung des Durlacher Richters Gerhard Caemmerer (1905–1961) stattfindenden Gespräche drehten sich „einmal natürlich um die Beurteilung der gegenwärtigen Lage, aber auch darum, Problemkreise zu erörtern, die nach Kriegsende bedacht werden müssten".[14] In Heidelberg war es Max Webers (1864–1920) Witwe Marianne Weber (1870–1954),[15] die schon seit den 1920er-Jahren in der Villa Ziegelhäuser Landstraße einen sonntäglichen *Jour fix* unterhalten und ihn nach 1933 zu einem Treffpunkt

---

11 Stadie, Macht der Wahrheit (wie Anm. 7), S. 159.
12 Ludwig Marum: Briefe aus dem Konzentrationslager Kislau, 2. Aufl. Karlsruhe 1988, S. 58.
13 Vgl. hierzu den Beitrag von Angela Borgstedt in diesem Band.
14 Auskunft von Hannelore Hansch an die Verfasserin vom 13.2.2003.
15 Vgl. hierzu den Beitrag von Bärbel Meurer in diesem Band.

oppositioneller Akademiker gemacht hatte. Diese Nachmittage, so Gustav Radbruch, seien ihm zum Ersatz für die verlorene Lehrtätigkeit geworden. Die Weber'sche Villa führte etwa siebzig Menschen zusammen, auch wenn sie dort nie alle gleichzeitig aufeinandertrafen. Sie war Hort der Intellektualität und weit mehr als ein Rückzugsort: Sie war die intellektuelle Lunge, die ein geistiges Durchatmen überhaupt ermöglichte.

Atem holen, um angesichts von Rechtlosigkeit und Gewalt nicht zu ersticken, ist noch kein Widerstandshandeln. Widerstehen bemisst sich an Aktionen, Andersdenken ist kein Gegenhandeln. Die sogenannte „innere Emigration" stand nach 1945 immer unter dem Vorbehalt folgenlos gebliebener *gedanklicher* Nonkonformität. Doch war sie tatsächlich folgenlos? Es ist dies eine notwendige, wenngleich kaum zu beantwortende Frage.

Manfred Bosch

Erich Schairer (1887–1956) – als Journalist „tapfer mit Feder und Geist"

Erich Schairer wurde am 21. Oktober 1887 in Hemmingen (Oberamt Leonberg) als Sohn eines Lehrers geboren. Nach dem Besuch der örtlichen Elementarschule wechselte er auf das Esslinger Gymnasium und legte 1901 als Primus das Landexamen ab, um anschließend von 1903 bis 1905 das Seminar Blaubeuren zu beziehen. Zum Militärdienst hatte er sich freiwillig gemeldet, wurde aber aus unbekannten Gründen zurückgestellt. Nach dem Abitur nahm Schairer ein Studium der Theologie und Philosophie am Tübinger Stift auf, obschon er damals bereits heftige Zweifel an seiner Eignung als Pfarrer hegte. Von grundsätzlichen Glaubenszweifeln abgesehen, schien ihm das Pfarramt ungeeignet, für das „Schöne und Wahre zu kämpfen" und „die Menschheit um einen Schritt weiter zu bringen".[1] So war im Grunde bereits für den Kandidaten der Theologie die Abwendung von der Kirche vorgezeichnet, die er nach Dienstprüfung (Note „gut") und feierlicher Ordination im Sommer 1909 innerlich vollzog. Fünf ländliche Vikariate belehrten den „Hausierer in kirchlichen Kurz- und Schnittwaren" (Schairer über Schairer) darüber, dass seine Zweifel in einem unauflösbaren Widerspruch zu seiner Selbstachtung standen. So bekleidete Schairer ab 1910 zunächst eine Stelle als Professoratsverweser am Lehrerseminar Esslingen, womit er freilich nur seiner seelsorgerlichen Pflichten ledig war. 1911 erklärte er schließlich seinen freiwilligen Austritt aus dem Dienst der Evangelischen Landeskirche.

Frühe politische Prägungen
Mit dem Plan einer Promotion über *Christian Friedrich Daniel Schubart als politischer Journalist* hatte Schairer, dem Politik näher lag als Theologie, den Weg in eine ihm gemäße berufliche Zukunft eingeschlagen. Er betrat ihn 1912 über eine Sekretärsstelle im Münchener „Nationalverein für das liberale Deutschland", sodann beim Reutlinger *General-Anzeiger*. „Druckerschwärze

---

1 Manfred Bosch/Agathe Kunze (Hrsg.): Bin Journalist, nichts weiter. Erich Schairer. Ein Leben in Briefen, Stuttgart 2001, S. 17.

riech' ich gern […]. Dabei bleiben wir", gab er sich gegenüber seinem Dichterfreund Hans Erich Blaich überzeugt.[2] Unter der Bedingung, dass er zunächst seine Doktorarbeit abschloss, stellte ihn Friedrich Naumann 1912 als Privatsekretär ein. 1913 übersiedelte der im gleichen Jahr in Tübingen frisch Promovierte nach Berlin, wo er mit Helene, geb. Lutz, eine Familie gründete, Naumann auf Reisen begleitete, Redaktionsmitglied in dessen Zeitschrift *Hilfe* wurde und in der Auseinandersetzung mit Naumanns sozial- und wirtschaftspolitischen Unternehmungen eigene Vorstellungen von einer nichtmarxistischen Gemeinwirtschaft entwickelte. Letztere wurde zur Leitidee Schairers und sollte es über alle künftigen, häufig wechselnden Stellungen und Funktionen hinweg bleiben. Einzelne Aspekte seiner gesellschaftspolitischen Konzeption legte Schairer von 1917 an in einer eigenen Schriftenreihe mit dem Titel *Deutsche Gemeinwirtschaft* dar, von der beim renommierten Diederichs Verlag insgesamt 18 flugschriftenartige Hefte zu Themen wie wirtschaftliche Selbstverwaltung, Kapitalkontrolle oder Gemeinrecht erschienen. Schairer selbst brachte seine Schrift *Sozialisierung der Presse* (1919) in diese Reihe ein und gab ein Brevier mit Zitaten aus den Schriften Walther Rathenaus heraus, mit dem er in persönlicher Beziehung stand. Nicht zuletzt dessen kriegssozialistische Maßnahmen wirkten inspirierend auf Schairer, dem die Unvernünftigkeit kapitalistischen Wirtschaftens ausgemacht schien. Um die Wirtschaft an eine Ethik sozialer Verantwortung zu binden, bedurfte es seiner Meinung nach eines auf gemeinwirtschaftlicher Basis aufgebauten Staatswesens, das sich die Kontrolle über die Einzelwirtschaften sicherte und ordnende Eingriffe überall dort vorbehielt, wo Eigenwille, Profitsucht und unvollkommene Organisation den Gang der Volkswirtschaft verteuerten, hinderten oder störten.

„Die Sonntags-Zeitung" – ein Blatt für Selbstdenker

Bis 1918 hatten sich Schairers Stellungnahmen zum Kriegsgeschehen vom Nationalismus jener Tage nur wenig unterschieden. Nach einem Intermezzo bei der *Neuen Hamburger Zeitung* war er als Geschäftsführer der „Deutsch-Türkischen Vereinigung" sowie als Privatsekretär ihres Vorsitzenden Ernst Jäckh in die offizielle Politik eingebunden, um nach seiner Einberufung in der Türkei die Zeitungen *Am Bosporus* und *Osmanischer Lloyd* zu leiten. Schairer hatte selbst die Naumann'sche Formel „Demokratie plus Kaisertum" mitgetragen. Nun aber, Ende 1918, war es die nicht länger zu verheimlichende Desinformationspolitik der Obersten Heeresleitung, die bei ihm für Ernüchterung sorgte, sah er doch die verbliebenen Handlungsmöglichkeiten durch

---

2 Bosch/Kunze, Ein Journalist (wie Anm. 1), S. 106.

die ausgeschlagenen Friedensverhandlungen vertan. Der aggressiven nationalistischen Politik der Alldeutschen gab er einen Großteil der Schuld am militärischen Debakel.

Nach der Demobilisierung übernahm Schairer 1918 auf Empfehlung von Theodor Heuss die Chefredaktion der Heilbronner *Neckar-Zeitung*. Als er mit seinem Versuch scheiterte, die Gemeinwirtschaft zu einem tragenden Pfeiler seiner Redaktionspolitik zu machen, zog er Ende 1919 die Konsequenzen und gründete sein eigenes Blatt: die *Heilbronner Sonntags-Zeitung*, die Anfang 1920 erstmals erschien, seit Oktober 1920 als *Süddeutsche Sonntags-Zeitung* firmierte und seit Oktober 1922 nur noch *Die Sonntags-Zeitung* hieß. Die Wochenzeitung mit ihren anfänglich vier, später sechs Seiten Umfang im sogenannten Berliner Format verstand sich als demokratisches, sozialistisches, pazifistisches und freigeistiges Oppositionsblatt, das gegen die alten Eliten und überkommenen Mentalitäten des Kaiserreichs ins Feld zog, Einzel- und Parteiegoismen bekämpfte und außenpolitisch einer europäischen Einigung auf der Basis von Gewaltverzicht und gegenseitiger Verständigung das Wort redete.

Die Auflage der *Sonntags-Zeitung* blieb stets minimal und schwankte zwischen anfänglichen 1000, 4000 (um 1924) bis hin zu 8000 (1932) Exemplaren. Gleichwohl zählte der „Presse-David" zu den originellsten Blättern der an bemerkenswerten Presseerzeugnissen nicht eben armen Zeit – war die *Sonntags-Zeitung* ihrem harmlosen Titel zum Trotz doch angetreten, mit dem Geist der Weimarer Verfassung Ernst zu machen. Was Schairer vorschwebte, war ein Blatt für Selbstdenker, denen er Anregungen bieten wollte. „Meine Leser sollen nicht von der Unfehlbarkeit, nur vom guten Willen ihrer Zeitung überzeugt sein", schrieb er. Er war der Kirche nicht entlaufen, um eine neue Gemeinde zu bilden: „Wenn mancher, der eben auch gerne geführt sein möchte, in der Sonntags-Zeitung das ersehnte Leitseil nicht findet: dem kann ich nicht helfen, er möge sich ein Parteiblatt kaufen."[3] Die linkspluralistische *Sonntags-Zeitung* spiegelte vielmehr jenes breite Spektrum wider, das von den etablierten Linksparteien und den Gewerkschaften über den organisierten Pazifismus und die republikanischen Schutzbünde, über die Paneuropabewegung und die „Liga für Menschenrechte", über Jugend-, Freidenker- und Frauenrechtsbewegung bis hin zu Lebensreform und Sexualstrafrechtsreform, Tier- und Naturschutz reichte. Indem das Blatt seinen Lesern die Positionen dieser überaus vielfältigen Szene mit kritischer Sympathie erschloss, erfüllte sie einen umfassenden Oppositionsbegriff gegen die herrschenden Richtungen im gesamten öffentlichen Leben.

---

3 „Sieben Jahre", in: Sonntags-Zeitung Nr. 52, 1926.

Anfangs war Schairer nicht nur Herausgeber und Redakteur, sondern auch sein eigener Werbemann und Buchhalter, Korrektor, Expedient und „Mädchen für alles". Mit der Zeit erweiterte sich die Redaktion auf vier Köpfe: Schairer standen Hermann Mauthe, Max Barth und Hermann List zur Seite, die — wie auch Schairer selbst — allesamt über mehrere Pseudonyme geboten. Um 1922 kam noch Hans Gerner mit seinen charakteristisch-treffsicheren Holzschnittkarikaturen hinzu. Was die Redakteure an Beiträgen nicht selbst bestritten, steuerten Autoren aus dem regionalen oder auch weiteren Umkreis bei wie Wolfgang Pfleiderer, Fritz Rahn, Christoph Schrempf, Emil Julius Gumbel oder Schairers Freund Hans Erich Blaich. Auch junge, unbekannte Talente kamen zum Zuge wie Josef Eberle, der unter dem Decknamen „Tyll" zum festen Mitarbeiter wurde. Charakteristisch für das Blatt waren gesellschaftliche Momentaufnahmen, zuspitzende Darstellungen und literarische Mischformen in konzisem, aufklärerischem, nicht selten polemischem oder satirischem Stil, der die Dinge auf den Punkt brachte, ohne den einfachen Leser zu über- bzw. den Intellektuellen zu unterfordern.

Tanz am Abgrund
Erstaunlicherweise bedeutete 1933 nicht das Ende der *Sonntags-Zeitung*. Sie wurde zwar für die Dauer von 14 Tagen verboten, durfte indes unter der Voraussetzung wieder erscheinen, dass sie sich der nationalsozialistischen Regierung gegenüber loyal verhielt und Tagespolitik künftig mied. Möglicherweise verdankte sie dies dem neuen württembergischen Innenminister Jonathan Schmid, einem ehemaligen Freund Schairers aus der Burschenschaftszeit, der damit die „Toleranz" des neuen Regimes unter Beweis stellen wollte. Es waren schmale Freiheiten, die der *Sonntags-Zeitung* blieben: Deutlichkeit und Prägnanz waren einmal Kennzeichen ihrer Sprache gewesen — nun musste sie es mit der Kunst der versteckten Andeutung halten. Schairer verstand sich meisterhaft darauf und übte sich in kleinen Nadelstichen und Konterbanden. Er rückte Aphorismen ins Blatt wie „Geselle dich stets zur kleinsten Schar" und unterschob seine Sätze, damit sie nicht anecken, auch mal gerne einem Klassiker.

Anfangs hatte sich Schairer täglich bei der Gestapo im Stuttgarter „Hotel Silber" zu melden. Seine Redakteure waren — wie beispielsweise Max Barth — nach der Machtübernahme ins Exil gegangen oder — wie Hermann Mauthe — in ein Konzentrationslager verschleppt worden; dasselbe Schicksal traf den Karikaturisten Hans Gerner. In einer Eingabe an das württembergische Ministerium hatte sich Schairer vergeblich anstelle von Mauthe und Späth zur Verfügung gestellt. Als ihm die Aufnahme in die Reichsschriftleiterkammer, an die die Publikationserlaubnis gekoppelt war, versagt wurde, sah er sich Mitte August 1934 zur Einsetzung eines Strohmannes gezwungen, mit dem er sich zu arrangieren wusste. Zum nächsten Schlag holte das „Württembergische Politische Landesamt" im Frühjahr 1936 aus: Schairer wurde die Fortsetzung seiner verlegerischen Tätigkeit verboten. Gleichwohl blieb er der *Sonntags-Zeitung* als Autor erhalten, der noch bis ins Frühjahr 1937 (lediglich mit „XXX" gezeichnete) Artikel beisteuerte. Sie hatten meist Wirtschaftspolitik zum Thema oder schöpften aus dem Ideenfundus der Gemeinwirtschaft. Im Frühjahr 1937 verkaufte der bisherige Eigentümer das Verlagsrecht an einen Stuttgarter Lokalredakteur, der das Blatt bis zu seiner letzten Ausgabe vom 28. März 1943 ohne größere Konzessionen halten konnte.

Intermezzo als Weinreisender und Reichsbahnbediensteter
In die 49. Ausgabe des Jahres 1936 hatte Schairer eine Anzeige in eigener Sache eingerückt: „49 Jahre alt, studierter Theologe und Doktor der Filosofie [...] mit sprachlichen, kaufmännischen, wirtschaftlichen Kenntnissen und [...] kritischem Blick und stark ausgeprägtem Ordnungssinn" sucht eine Stelle. Als sich nichts ergab, entschloss sich Schairer, seine „ausgeprägte Leidenschaft für Geistiges" beruflich zu nutzen: Er baute sich eine Existenz als Weinreisender auf. Dabei konnte er sich auf seinen alten Freundes- und Leserkreis verlassen, der bei ihm bestellte und ihn weiterempfahl. Seine Reisetätigkeit gab Schairer nicht nur Gelegenheit, Kontakte zu Gesinnungsfreunden zu pflegen, sondern auch zu konspirativer Tätigkeit. Im Rahmen des illegalen Informations- und Rettungsnetzes „Transportkolonne Otto" verhalf er politisch Gefährdeten zur Flucht in die Schweiz; das bestdokumentierte Beispiel ist der Theologe Kuno Fiedler. Als Schairer der Boden zu heiß wurde, übersiedelte er im Sommer 1937 mit seiner inzwischen achtköpfigen Familie nach Lindau-Reutin. Hier, am geliebten Bodensee und fernab der „Höhle des Löwen", glaubte er sich sicherer. Gleichwohl blieb er auch hier von Haussuchungen und Verhören nicht verschont.

Im neuen Domizil zog Helene Schairer eine Fremdenpension auf. Die Bewilligung dazu wurde ihr jedoch bald darauf wieder entzogen. Umso mehr war die Familie darauf angewiesen, die seit je praktizierte Selbstversorgung mit Gemüse, Obst, Most, Holz usw. zu intensivieren. Im November 1938 wurde Schairer zusammen mit Richard Schmid — nach 1945 Generalstaatsanwalt in Württemberg-Baden — in dessen Stuttgarter Wohnung verhaftet und im Hof des Polizeigefängnisses („Büchsenschmiere") gefangen gesetzt. Aufgrund der unzumutbaren Haftbedingungen fing er sich hier eine schwere Nierenentzündung ein und wurde nach einer Woche als krank entlassen. Ein Freund bezeichnete die Krankheit in seiner Grabrede auf Schairer später als „Todeskeim". Wieder zu Hause, widmete sich Schairer der Zusammenstellung seiner Aufsätze und Leitartikel aus den Jahren 1933 bis 1936 zu einer *Sozialistischen Fibel*, die er nach dem Kriege erscheinen lassen wollte. Darin propagierte er unter anderem eine neue Ethik im Umgang mit der Natur und ihren Ressourcen. Es habe sich erwiesen, schrieb er hellsichtig, dass die Natur nicht unerschöpflich sei. Wir näherten uns bedenklich dem Zeitpunkt, da wir den Raubbau unserer Ressourcen aufhalten und zu planmäßiger Pflege unserer Lebensgrundlagen greifen müssten.

1939 gab Schairer seine Weinvertretung auf und übernahm die Geschäftsleitung mehrerer Lindauer Hotels. 1943 wurde er dienstverpflichtet und arbeitete bis Mitte Mai 1945 bei der Reichsbahn auf dem Lindauer Bahnhof als Fahrdienstleiter. Hierbei konnten ihm durchfahrende Gefangenen- und Häftlingstransporte nicht verborgen bleiben: „Grünlich-bleiche Gesichter mit wirren Bartstoppeln, zum Skelett abgemagerte Gestalten. Sie wurden aus Überlingen ins Dachauer K.Z. zurückgebracht [...]."[4]

Erich Schairer, aufgenommen im Jahr 1942.

---

4 Agathe Kunze (Hrsg.): Erich Schairer zum Gedächtnis. Aus seinen Schriften – Würdigungen – Erinnerungen, Stuttgart 1967, S. 85.

Endlich wieder Journalist
Das Ende des Zweiten Weltkriegs und des Nationalsozialismus setzte den 58-Jährigen für die Fortführung seines journalistischen Lebenswerks wieder frei. Acht Jahre lebte er nun am Bodensee, und da er im Lindauer Antifa-Block, einer linkspolitischen Vereinigung konsequent demokratischer Kräfte, eine gewisse Rolle spielte, schwankte er zwischen Bodensee und Neckarraum als Schauplatz seines beruflichen Neubeginns. Da längere Zeit unklar blieb, ob Lindau der französischen oder der amerikanischen Besatzungszone zugeschlagen werden würde, sah er sich genötigt, doppelgleisig zu fahren und eine Lizenz für die *Sonntags-Zeitung* zu beantragen, ohne sich die Möglichkeiten für eine Lindauer Zeitungsgründung zu verbauen. In der zweiten Jahreshälfte 1945 erreichten Schairer mehrere Angebote von dritter Seite — darunter vom Tübinger *Schwäbischen Tagblatt*, dessen redaktionelle Leitung er Anfang 1946 übernahm. Im Frühjahr 1946 jedoch wurde sein Name durch die amerikanische Besatzung als weiterer Lizenzträger für die *Stuttgarter Zeitung* ins Spiel gebracht. Zusammen mit Josef Eberle und Franz Karl Maier wurde er ihr dritter Herausgeber. In diesem Triumvirat nahm Schairer die Gelegenheit wahr, seine Vorstellungen von einem Oppositionsblatt im Sinne der neuen Gegebenheiten abzuwandeln, um nach zwölf Jahren gleichgeschalteter Presse deren Funktion als Wächterin über die Freiheitsrechte des Bürgers wahrzunehmen. Schairer ermunterte seine Redakteure, sich durch Macht und Autoritäten nicht einschüchtern zu lassen und stärkte ihnen bei Angriffen den Rücken.

Unter seinen drückenden Herausgeberpflichten kam Schairers eigene journalistische Arbeit allzu kurz. Zwar verfasste er wieder zahlreiche Leitartikel und Beiträge, doch stand ihm dafür nur seine knapp bemessene Freizeit zur Verfügung. Außenpolitisch sah er voraus, dass sich mit der zunehmenden Feindschaft zwischen den Großmächten auch die Spaltung Deutschlands vertiefen musste. Anstatt zum Austragungsort militärischer Konflikte zu werden, dachte Schairer den beiden deutschen Staaten die Aufgabe eines „unblutigen Wettbewerbs" zu, in dem sich die beiden Systeme gegenseitig messen können. Innenpolitisch setzte sich Schairer für die Aufarbeitung der jüngsten Vergangenheit ein, focht für den Südweststaat, wandte sich gegen Beamtenprivilegien, vertrat die Sozialisierung der Schlüsselindustrien und warnte aus gegebenem Anlass vor Großen Koalitionen.

Neben seinen Leitartikeln pflegte Schairer mit besonderer Leidenschaft erneut die kurze Form. Seine regelmäßig wiederkehrende Sprachglosse *Fünf Minuten Deutsch*, von der zahlreiche Folgen erschienen, brachte es zu großer Beliebtheit. Hier dokumentierte sich noch einmal Schairers Sprachbewusstsein, dem falsches Deutsch und schlechter Stil als Kennzeichen

Erich Schairer (Bildmitte mit Brille), aufgenommen im Sommer 1949 bei einer der täglichen Redaktionssitzungen der „Stuttgarter Zeitung".

mangelhaften Denkens galten. In Erinnerung an dieses Anliegen Schairers stiftete die 1982 von den Erben errichtete Erich-Schairer-Journalistenhilfe einen Preis für Glossen, Kommentare und kleine Feuilletons, der bis 2015 insgesamt 16 Mal vergeben wurde. Zu größeren Plänen ließ Schairer die tägliche Mühle keine Zeit. Zusammen mit Josef Eberle gab er jedoch eine Sammlung mit Gedichten und Erzählungen von Hans Erich Blaich heraus. Zuvor schon hatten sich die beiden Herausgeber entschlossen, aus Überschüssen der *Stuttgarter Zeitung* das bedeutendste Klassikerarchiv der deutschen Literatur zu erwerben, um es vor der Zerstreuung durch Einzelverkäufe zu bewahren. Sie überließen das Cotta-Archiv dem Schiller-Nationalmuseum in Marbach zunächst als Leihgabe, um es später in eine Stiftung zu überführen, die den Grundstock für den Aufbau des Deutschen Literaturarchivs bildete.

Schairers schwierige Jahre während des „Dritten Reiches", seine Nierenerkrankung, die Doppelbelastung als Herausgeber und Journalist sowie interne Auseinandersetzungen um die *Stuttgarter Zeitung* hatten mehr an seinen Kräften gezehrt, als er wahrhaben wollte. 1955 sah er sich veranlasst, seinen Rückzug als Mitherausgeber der *Stuttgarter Zeitung* bekanntzugeben. Er unternahm noch Reisen, aber ein geglückter Ruhestand blieb ihm versagt. Am 3. August 1956 starb Erich Schairer im Kreiskrankenhaus Schorndorf. Seinem Andenken widmete Josef Eberle die Verse: „Dieses schreib' ich aufs

Mal, das der Wackre sich selber errichtet: /Tapfer mit Feder und Geist, /standhaft als Freund und als Mensch."[5]

Literatur

Bosch, Manfred (Hrsg.): Mit der Setzmaschine in Opposition. Auswahl aus Erich Schairers Sonntagszeitung 1920–1933, Moos/Baden-Baden 1989.
Bosch, Manfred/Kunze, Agathe (Hrsg.): Bin Journalist, nichts weiter. Erich Schairer. Ein Leben in Briefen, Stuttgart 2001.
Kunze, Agathe (Hrsg.): Erich Schairer zum Gedächtnis. Aus seinen Schriften – Würdigungen – Erinnerungen, Stuttgart 1967.

www.erich-schairer.de

---

5 Kunze, Erich Schairer zum Gedächtnis (wie Anm. 4), S. 154.

Peter Steinbach

Reinhold Schneider (1903–1958) – Bekenntnis eines Widerständigen zum Widerstand

„Wir brauchen nicht zu wissen, was wir erreichen werden, sondern nur was wir sollen." In diesem Satz drückt sich aus, welches Potenzial Reinhold Schneider, ein Repräsentant der „inneren Emigration" in der nationalsozialistischen Zeit, verkörperte. Er selbst behauptete sich gegen die Sogströmungen seiner Zeit. Aber durch seine Werke gelang es ihm auch, in seinen Zeitgenossen den Willen und die Kraft zu stärken, die ihnen die Distanzierung vom zerstörerischen und verblendenden Zeitgeist der Nationalsozialisten ermöglichte. „Tendenzmenschen", die sich stets nach den Erwartungen anderer richten, sind in diktatorisch geprägten Zeiten verloren. Andere, die widerstehen, brauchen hingegen auch Menschen, die ihnen den Blick öffnen und ihnen ermöglichen, genau hinzusehen. Aber Wahrnehmungen bewirken erst dann etwas, wenn aus der Nonkonformität und Dissidenz die Bereitschaft zum Handeln erwächst.

Nach der Wahrnehmung kommt das Handeln, der Protest, das abweichende Verhalten, der Widerspruch, der sich zur Widersetzlichkeit steigern kann. Der Übergang zum Widerstand ist zunächst fließend. Grenzen markiert das politische System, denn es verfügt über Möglichkeiten, Handlungen zu kriminalisieren und zu sanktionieren. Dann beginnt eine dritte Phase, die Seelenstärke und Mut, Konsequenz und Bereitschaft verlangt, den eingeschlagenen Weg fortzusetzen – und sei es bis in den Tod. Menschen, die den Blick auf die Realitäten öffnen, die Widerständigkeit rechtfertigen, vermitteln Maßstäbe, die dem weltanschaulichen Führungsanspruch der Machthaber eine Grenze setzen. Dies macht die Bedeutung Reinhold Schneiders vor 1945 und auch nach der Befreiung von der NS-Herrschaft aus. Denn dem Zeitgeist passte er sich zu keiner Zeit an, auch nicht in der frühen Bundesrepublik. Er blieb distanziert gegenüber intellektuellen Moden und lehnte Fraglosigkeit ab. Politisch willfährig wollte er zu keiner Zeit sein.

Wie spiegelt sich im Werk Reinhold Schneiders der Wunsch, dem Sog der Zeit wenn nicht zu entgehen, so doch ihm zu widerstehen? Dieser Frage wird hier mit einem Blick auf sein Werk nachgegangen, das für den Historiker eine bedeutende mentalitätshistorische Quelle für die Auseinandersetzung mit einer Zeitgenossenschaft im NS-Staat darstellt.

Vom Kaiserreich in die Nachkriegszeit

Dem im Jahre 1903 als Sohn eines angesehen Hotelbesitzers in Baden-Baden zur Welt gekommenen Reinhold Schneider war nicht vorherbestimmt, dass er einmal zu einem der bekanntesten deutschen Schriftsteller seiner Zeit werden sollte. Das Ende des Ersten Weltkriegs brachte nicht nur wegen der Insolvenz des elterlichen Betriebes sozialen Abstieg. Viel prägender war für den stets bedürfnislos lebenden Heranwachsenden der Zerfall der Familie. Seine Mutter trennte sich von seinem Vater, der — offenbar depressiv — Selbstmord verübte. Reinhold Schneider absolvierte eine Kaufmannslehre und lebte einige Zeit in Spanien und Portugal, in dessen Kultur er tief eindrang. Erste schriftstellerische Erfolge ermutigten ihn, sich seit 1930 ganz auf die Schriftstellerei zu verlegen. Schneider wurde geprägt durch die katholischen Erneuerungsbestrebungen in der ersten Hälfte des 20. Jahrhunderts. In seinen Werken spiegelte sich zunehmend eine tiefgläubige Katholizität, die sich nach der Übersiedlung von Baden-Baden nach Freiburg noch einmal intensivierte. Seit 1941 mit einem Schreibverbot belegt, gelang es ihm dennoch zu publizieren. Bald wurden seine Texte, vor allem seine Sonette, abgeschrieben und weitergereicht. Die Durchsuchung seiner Wohnung durch die Gestapo im Frühjahr 1944 war ein erstes Warnzeichen. Schneider konnte sich zwar verbergen, aber nicht der Vorbereitung einer Anzeige wegen angeblichen Hochverrats entkommen. Ihn bewahrte nur das Kriegsende vor Verurteilung und Haft, die mit Sicherheit seinen Tod bedeutet hätten.

Nach 1945 gehörte es zu den intellektuellen Moden, die „innere Emigration" zu verspotten, vielleicht weil zu viele Mitläufer versucht hatten, sich „Persilscheine" ausstellen zu lassen, die belegen sollten, dass sie sich vielleicht an Schlimmem beteiligt hatten, aber nur, wie sie behaupteten, um „Schlimmeres zu verhindern". Reinhold Schneider, Werner Bergengruen, auch Ricarda Huch benötigten keine „Persilscheine", denn ihr Werk zeugte von dem Willen, sich unmenschlichen Tendenzen zu widersetzen und ihre Leser zu stärken.

Reinhold Schneider wurde in dieser unmittelbaren Nachkriegszeit als „Gewissen der Nation" bezeichnet und hoch geehrt, unter anderem als Ritter des Ordens *Pour le mérite*. Er hatte in den Jahren zuvor erfahren, wie rasch öffentliche Stimmungen wechseln konnten. Als er sich gegen die Wiederbewaffnung der Bundesrepublik einsetzte, trat wieder ein Wandel ein.

Reinhold Schneider (1903–1958)

Reinhold Schneider anlässlich der Verleihung des Friedenspreises des Deutschen Buchhandels am 23. September 1956.

Konrad Adenauer charakterisierte ihn als einen „naiven Narren". Mitte der 1950er-Jahre gehörte Reinhold Schneider zu den bekanntesten Deutschen. Man hatte ihm 1956 den Friedenspreis des Deutschen Buchhandels verliehen, um ihn als einen entschiedenen Pazifisten zu ehren und gegen politische Anwürfe in Schutz zu nehmen, die sich daran entzündeten, dass er sogar im Zentralorgan der SED, dem *Neuen Deutschland*, seine gesamtdeutschen Bekenntnisse publizierte. Die Laudatio hielt einer seiner Weggefährten aus der Vergangenheit, Werner Bergengruen, der seine dunkle Epoche durch den Roman *Der Großtyrann und das Gericht* zu erhellen versucht hatte.

Reinhold Schneider lernte in seinem Leben den äußeren Erfolg nicht als Bestätigung, sondern als eine Art Erscheinung im Zeitenwandel zu nehmen. Seine bis dahin unterdrückten Bücher erlebten viele Auflagen; mit seinem plötzlichen Tod am 6. April 1958 brach dieser Erfolg jedoch jäh ab. Dies verstärkte sich noch einmal in den 1960er-Jahren und traf wenige Jahre später auch Werner Bergengruen.

Wie auch vor 1945 zeigte sich im Nachkriegsdeutschland in Reinhold Schneiders Leben und Handeln, wie recht der gegenüber staatlichen Zwängen so kritische Anarchist Michail Bakunin hatte, als er schrieb, die „Empörung des Individuums gegen die Gesellschaft ist eine weit schwierigere Sache als die gegen den Staat". Reinhold Schneider hat während seines ganzen Lebens Distanz gegenüber Staat und Gesellschaft wahren wollen und müssen. Deshalb wurde er nach 1933 in wenigen Jahren zum wichtigsten Dichter des Widerstands, wie der Querdenker Friedrich Heer rückblickend schrieb.[1] Deshalb galt Reinhold Schneider nach 1945 als eine moralische Autorität. Dies umso mehr, weil er sich bei den neuen deutschen Regierungen hüben wie drüben nicht andiente, keine Ansprüche aus seiner resistenten Konsequenz im „Dritten Reich" ableitete und stattdessen niemals vergaß, wie dünn der Firnis war, der Zivilisationsbrüche überdeckte, jederzeit wieder reißen und die sich langsam konsolidierende Nachkriegsordnung verletzbar machen konnte.

Reinhold Schneider gehörte zu den Schriftstellern, die den Kontakt zu ihren Lesern und Freunden hielten, auch in schwierigen Zeiten. Aus der NS-Zeit sind Zehntausende Briefe erhalten, die belegen, wie seine Sonette und Novellen, darunter *Las Casas vor Karl V.*, aufrüttelten, weil sie die Defekte der Gegenwart, das Unrecht und die Inhumanität, aber auch die Schuld und die Verantwortung des Einzelnen bewusst machten. Seine Manuskripte fanden immer schwerer den Weg zu Verlegern, vor allem nachdem Reinhold Schneider aus der Reichsschrifttumskammer ausgeschlossen worden war. Dennoch fand er Wege, sich mitzuteilen, vor allem durch die Unterstützung seines Verlegers Joseph Rossé aus dem Elsass, der erfolgreich Schneiders Texte geradezu als Untergrundliteratur verbreiten konnte. Dem Inhaber des Alsatia-Verlags gelang es, Papier zu beschaffen und Druckereien zu finden — bis heute ist nicht geklärt, weshalb er nach 1945 als Kollaborateur zu einer Gefängnisstrafe von 15 Jahren verurteilt wurde und 1951 in der Haft sterben musste.

Die erhaltene Bibliothek Schneiders macht deutlich, dass er sich nicht nur im brieflichen Austausch um eine klare Sicht auf die Realität des NS-Staates und des Kriegs bemühte, sondern dass er sich aktiv lesend alternative Weltsichten erarbeitete. Diese flogen ihm nicht zu. Er bemühte sich, immer kränkelnd und durch depressive Stimmungen gelähmt, unter großen Anstrengungen darum. Eine resistente Grundhaltung, dies zeigte er, muss

---

1 Friedrich Heer: Reinhold Schneider (1903–1958), in: Carsten Peter Thiede (Hrsg.): Über Reinhold Schneider, Frankfurt/M. 1980, S. 136–153.

erarbeitet werden. Sie muss immer neu dazu dienen, Lähmungen zu überwinden.

Parteinahme für die Regimegegner
Die Nationalsozialisten wussten, dass Schneider sich nicht auf sie einlassen wollte, so konservativ seine Grundüberzeugung auch war. So hatte er wiederholt Kontakt zu dem seit 1918 in den Niederlanden lebenden Wilhelm II., dem letzten Kaiser des Deutschen Reiches. Aber Schneiders Konservativismus trübte nicht seinen Blick auf die Gegenwart. Aktiv konnte er jenseits der Schriftstellerei erst nach 1945, mit der Befreiung von der nationalsozialistischen Herrschaft, werden. Was dies für ihn bedeutete, verrät ein merkwürdiges Konvolut zahlreicher Schreiben, denen eines gemeinsam ist: Die Absender tragen die Familiennamen jener bedeutenden Widerstandskämpfer, die nach dem 20. Juli 1944 von den Nationalsozialisten hingerichtet worden waren. Alle Briefschreiber bedanken sich bei Reinhold Schneider für ein kleines Heftchen mit dem unscheinbaren Titel *Gedenkwort 20. Juli*. Erstmals 1946 in der amerikanischen und in der französischen Besatzungszone gedruckt, legte Schneider hier ein entschiedenes Bekenntnis zum Widerstand im Umkreis des 20. Juli ab.

Offensichtlich traf Reinhold Schneider einen Nerv der Hinterbliebenen von Widerstandskämpfern, der Trauernden, die im Sommer 1944 als „Sippschaft von Verrätergeschlechtern" geächtet, von den Machthabern bedroht und verächtlich gemacht worden waren. Auch nach 1945 lag auf den Überlebenden des Widerstands und den Angehörigen der Ermordeten ein Schatten, der als umso bedrückender empfunden wurde, als auch die Alliierten alles taten, um die Erinnerung an den Widerstand in Deutschland zunächst zu verweigern. So mussten sich die, überdies häufig finanziell mittellosen, Nachlebenden weiterhin gegen Vorurteile ihrer Zeitgenossen behaupten, die ihre eigene Folge- und Gehorsamsbereitschaft gegenüber den Nationalsozialisten sogar als eine Art moralischer Haltung verteidigten, als Ausdruck ihrer „Eidtreue", die doch nur Ausdruck ihrer Ergebenheit gegenüber Hitler war. Schneider durchschaute diese Haltung auch als Ausdruck einer moralischen Maßstablosigkeit und setzte sein klares Bekenntnis zum Widerstand dagegen.

Die in der Badischen Landesbibliothek Karlsruhe aufbewahrten Briefe von Angehörigen der Widerstandskämpfer vom 20. Juli 1944 sind ein beeindruckendes Beispiel für die tröstende Wirkung, die unmittelbar nach dem Krieg die Anerkennung des Widerstands durch einen der angesehensten Schriftsteller der 1940er- und auch der 1950er-Jahre für die überlebenden Angehörigen haben konnte. Schneider war eingeladen worden, am 20. Juli

1946 zu sprechen, war dann aber doch von der amerikanischen Besatzungsbehörde gehindert worden, seinen Vortrag zu halten. Er entschied sich, seinen Vortrag zu veröffentlichen — so, wie er es auch vor 1945 immer wieder, den Bedrängnissen der nationalsozialistischen Zeit trotzend, gehalten hatte. Seine kleine Broschüre wurde von Hand zu Hand gereicht und erregte großes Aufsehen.

Freya von Moltke sprach in ihrem Dankesbrief von dem „Glück", dass Schneider ihr seine Gedächtnisrede geschenkt habe. Seine Art des Deutens bedeute eine Art „Befreiung". Sie sei „beseligend und befreiend", weil erstmals jenseits von „politischen" Werten der Widerstand als Ausdruck eines „inneren Konflikts und der Notwendigkeit" gedeutet worden sei. So überzeugend werde dem Sterben „eine geistige Richtung" gewiesen, dass sich die Angehörigen von Moltkes engstem Freund Peter Graf Yorck von Wartenburg gefragt hätten: „Woher weiß er das?". Freya von Moltke zeigte ihre Dankbarkeit auf eine anrührende Art und Weise, denn sie schenkte Schneider die ersten Abschriften der letzten Briefe ihres Mannes aus der Todeszelle.

Parteinahme gegen die Diffamierung des Widerstands
Indem Reinhold Schneider sich zum Widerstand bekannte, ergriff er Partei in den sich abzeichnenden erinnerungspolitischen Verwerfungen. Er hatte bereits während des Kriegs erfahren, dass sich mit der äußeren Not auch die geistige und seelische steigern konnte — darauf hatte er schreibend reagiert. Ebenso rasch reagierte er nun nach der Befreiung von der NS-Herrschaft auf die Not, die den moralischen Zusammenbruch in der oftmals apostrophierten „Stunde Null" begleitete. Deshalb stellte er sich denen an die Seite, die nun erneut unter der fehlenden Empathie der Zeitgenossen litten. Denn die „Eidtreuen" bezeichneten die Gegner des Nationalsozialismus als „Volks- und Landesverräter". So rückte Schneider nach 1945 rasch als geistiger Wegbegleiter erneut in das Zentrum moralischer Neuorientierung und fand wiederum überraschend schnell Anerkennung, umso mehr, als er zu denen gehörte, die sich nicht wendeten, indem sie, ehemalige Mitläufer oder Kriegsberichterstatter, ihre Rolle in der „inneren Emigration" beschworen. Er hatte sich nicht auf den Nationalsozialismus eingelassen und sich keinerlei Illusionen über den verbrecherischen Charakter von Hitlers Herrschaft gestattet. Deshalb brauchte Schneider auch gegenüber den Besatzungsmächten keine Kompromisse einzugehen. So fand er die Aufmerksamkeit bei den Zeitgenossen, die den Staat Hitlers immer verachtet hatten. Schneider diente der Verständigung untereinander, denn wer ihn las, aus seinen Schriften zitierte oder bei einem Gespräch in wenigen Sätzen auf ihn verwies, machte deutlich, wessen Geistes Kind er selbst war. Die Jahre

nationalsozialistischer Herrschaft waren für Schneider eine Zeit entbehrungsreicher Prüfung gewesen, die er deshalb nicht als sinnlos empfand. Deshalb musste er nach 1945 auch dem Widerstand einen Sinn geben.

Als Dichter hatte er niemals gängige Deutungen aufgegriffen. Er schrieb positiv über England, als viele darin ein „perfides Albion" sahen. Er deutete religiöse Dichter und zeichnete dunkle Herrschaftsepochen, die das Individuum gefährdeten oder seine menschliche Würde zerbrachen. Zwar schienen seine historischen Beschreibungen dem Stil der Zeit zu entsprechen – wer aber bewusst und kritisch las, machte sehr rasch die Erfahrung, dass es in seinen Arbeiten um kulturelle und religiöse Vergewisserung ging. Es ging um Geschichte nicht als Vergangenheit, sondern als eine Daseinsform, in der sich gegenwärtige Existenz entfaltet. Gerade dadurch war die historisch aufgeladene Zeitkritik oft explosiv. Das zeigte sich in seiner Novelle *Las Casas vor Karl V.*, die 1938 erschien und Assoziationen mit dem Novemberpogrom 1938 weckte. Diese Novelle, aber auch die späteren Reaktionen und Spitzeleien der Gestapo, machten sichtbar, dass Schneiders Leben in den letzten Jahren nationalsozialistischer Herrschaft durch die doppelte Front – zwischen Bomben und Gestapo – geprägt war.

Rassenhass war Reinhold Schneider fremd. Zugleich bereitete die Unbestechlichkeit seiner Argumentation aber auch Probleme, denn Schneider lieferte keinen erbaulichen Text, der die deutsche Geschichte leichter machte – im Gegenteil. Er lenkte den Blick auf die Verantwortung eines jeden für den Verlauf der politischen Entwicklungen, sprach in der Bewährung der Regimegegner zugleich das Versagen der meisten Mitmenschen an, nicht um anzuklagen, sondern um bei den Nachlebenden das Gespür für moralische Verantwortung zu wecken. Er distanzierte sich nicht von den Attentätern, indem er deren Handlungsweise kritisierte, sondern fragte nach Anerkennung und Unterstützung dieser Tat. Und er bezog sich selbst sehr selbstkritisch in die Kritik an dem Versagen der Zeitgenossen, an fehlendem Mut und an Inkonsequenz ein.

Das Thema des Widerstands ließ ihn seitdem nicht mehr los – er sammelte Zeugnisse und legte so, ähnlich wie Ricarda Huch, die Grundlage zum frühen Bekenntnis, das der Schriftsteller und Widerstandskämpfer Günther Weisenborn 1953 unter dem Titel *Der lautlose Aufstand* veröffentlichte. Hier liegt der Beginn einer beeindruckenden Sammlung von Zeugnissen des Widerstands durch Reinhold Schneider, die er gemeinsam mit Helmut Gollwitzer und Käthe Kuhn, der Frau des Philosophen Helmut Kuhn, unter dem Titel *Du hast mich heimgesucht bei Nacht* herausgab. Das Buch erschien in kritischer Zeit, denn die politische Rechte hatte sich vor allem in Norddeutschland formiert. Ein Bundestagsabgeordneter der Deutschen Partei (DP) hatte den Regimegegner Theodor Stelzer als „Vaterlandsverräter" bezeichnet; ein Gerichtsverfahren endete sogar mit einem Freispruch, weil der Richter die Verunglimpfung als freie Meinungsäußerung deutete. Wenige Monate später gewann die Sozialistische Reichspartei (SRP) um Ernst Otto Remer zahlreiche Mandate. Remer hatte maßgeblich zum Scheitern des Umbruchs nach Stauffenbergs Attentat beigetragen.

Die Briefsammlung *Du hast mich heimgesucht bei Nacht* enthielt viele Lebenszeugnisse der verunglimpften Regimegegner und entfaltete 1954, in dem Jahr, in dem sich auch Theodor Heuss zum Widerstand noch einmal grundlegend geäußert hatte, eine Wirkung, die man nur mit Inge Scholls Erinnerungsbuch an die *Weiße Rose* oder mit der von Annedore Leber, Richard Löwenthal und Willy Brandt herausgegebenen Sammlung von Lebensbildern vergleichen kann. Diese Sammlung, die Mitte der 1950er-Jahre unter den Titeln *Das Gewissen steht auf* und *Das Gewissen entscheidet* erschien, veränderte das allgemeine Bild vom Widerstand. Sie erklärte Widerstand zur moralisch gerechtfertigten Auflehnung gegen Menschenverachtung und Unrecht, ja machte ihn zur Grundlage eines neuen Selbstverständnisses der Bundesrepublik, das schließlich zum Bekenntnis des Rechts auf Widerstand im Grundgesetz (Art. 20, Abs. 4 GG) führte.

Reinhold Schneiders von den Nachfahren der Widerstandskämpfer 1946 so dankbar aufgegriffenes Gedenkwort war also mehr als ein glühendes Bekenntnis zum Recht auf Widerstand. Es verband eine moralische Position mit einer konkreten historischen Situation. Zugleich war es ein frühes und zugleich fast abschließendes Wort zu den immer wieder aufbrechenden Debatten über die Bewertung des Widerstands. Es zeigt, dass sich Schneider nicht nur als christlicher Schriftsteller, sondern als weitsichtiger Künder und auch als politischer Mahner verstand. Er wollte den einzelnen Menschen erreichen und so die entstehende politische Kultur prägen, indem er deutlich machte, was für ihn Traditionsgrundlage bleiben musste. Nicht auf den von jüngeren Literaten proklamierten Kahlschlag zielte er, sondern auf eine neue Fundierung von Moral und Ethik.

Zeit, Kultur, Kritik: Zeitkritik

Nach Stil und Denkhaltung blieb Reinhold Schneider gewiss ganz ein Mensch des 19. Jahrhunderts, im alttestamentarischen Sinne Hiobs gleichsam „ein Mensch von gestern". Und wenn er später ein Zitat von Jacob Burckhardt aufgriff und betonte, mancher „Mensch [sei] seiner Zeit ähnlicher als seinem Vater", so galt das nicht für ihn. Denn seiner Zeit passte er sich nicht, jeder Mode folgend, an. Gerade Schneiders Blick auf den Widerstand macht deutlich, dass in diesem Rückbezug auf ebenso bewährte wie überkommene und deshalb manchen als gestrig erscheinende Denkvorstellungen die Voraussetzungen für eine auch in die Zukunft tragende individuelle Selbstbehauptung zu sehen ist. Sie ließ Schneider in sich ruhen, ja mit sich selbst identisch bleiben. Gerade deshalb aber konnte er wie sein enger Freundeskreis Kritik an den Erscheinungen eines durch und durch politisierten „Massenzeitalters" üben, dessen Ausdruck der Nationalsozialismus war — eine Ära, die er aber keineswegs als überwunden oder gar als beendet ansah. Er war sogar überzeugt, dass sie nicht zuletzt durch die Massenmedien an Intensität und Bedrängnis zunehmen musste.

Es ging dabei keineswegs nur um Kultur- und allgemeine Zeitkritik, sondern um Gewissensbildung durch Gerechtigkeit des historischen Urteils. Schneider hatte erkannt, dass der Nationalsozialismus mit der Proklamation eines „neuen" Menschen und einer „neuen" Gesellschaft eine umstürzende Kraft entfaltet hatte, die vor allem auf das Wertgefüge zielte und auf diese Weise gerade mit der historischen Kontinuität brach, die die Geschichte prägte. Gerade diese Kontinuität verkörperte sich für Schneider in den Wertvorstellungen und Wertbezügen, die im Widerstand sichtbar wurden und schon einige Jahre nach dem Untergang des „Dritten Reiches" existenzbestimmend und lebenserhellend geworden waren. Wie in anderen seiner Texte wurde auch in seinem Gedenkwort zum Widerstand eine mutige, offene und deshalb bewundernswerte Rigorosität sichtbar, die sich nicht gefällig auf Zeitläufte und Zeitumstände einließ und die wohl gerade deshalb von den Angehörigen verstanden wurde. Clarita von Trott schrieb, Schneiders Worte hätten zu viel in ihr ausgelöst. Sie war zutiefst erschüttert von seiner Art, etwas „Gültiges über unsere Männer auszusagen". Sie bekannte: „Und darum haben mich Ihre Worte so erschüttert, darum muss ich weinen, sooft ich sie lese — weil Sie darin die Wurzeln unseres eigensten Erlebens aufdecken."

Schneider machte deutlich, dass die Widerstandskämpfer auf der richtigen, auf der gebotenen Seite gestanden hatten, verklärte sich aber nicht zu ihren Gefolgsleuten, denn erst sie hätten ihn durch ihre Tat von der Notwendigkeit des Tyrannenmordes überzeugt. Er selbst bekannte sich verantwortungsvoll zu seiner Schuld, eine Folge seines Versagens im Abseits. Dies zeigt: Ihm ging es dabei niemals nur um die jüngste Vergangenheit, sondern er wollte den Ort des Menschen in der Geschichte, in der Ordnung, im Spannungsverhältnis zur Heilsgeschichte bestimmen.

Immer hatte Reinhold Schneider nach einer Position gesucht, die über die geschichtliche Zeit hinauswies. 1945 konnte er frei über jene sprechen, die im Widerstand gegen den Nationalsozialismus ihr Leben zugleich verwirkt und erfüllt hatten. Er sprach auf eine neue, unerbittliche und geradezu unbedingte Weise – er wollte bewegen, aber nicht gefallen, indem er gefällig die Erwartungen der Zuhörer bediente. Musste vor 1945 die Antwort auf die drängenden Fragen der Zeit verklausuliert werden, so ging es nun um aufrichtig und mutig vertretene Wahrheit – nicht mehr um die Tarnung der Wahrhaftigkeit, sondern um Zivilcourage des Redners, der lieber auf Zustimmung verzichtete als dass er sich selbst verleugnete. Es ging um Wahrhaftigkeit, die den Angehörigen der Freunde im Widerstand wohltat. Und zugleich ging es um das rhetorische Beispiel einer Überwindung von verklärenden Schwebelagen des Urteils, um Klärung der Zwiespältigkeit, um Verdeutlichung der ganzen Bedeutung einer „Tarnung der Gerechtigkeit," wie Dietrich Bonhoeffer an ganz anderer Stelle einmal geschrieben hatte.

Schneider machte deutlich: Ganz anders hätte sich nach 1945 der aufrichtige und selbstkritische Zeitgenosse, der ehemalige Mitläufer, der Zuschauer, der angesichts von Unterdrückung und Verfolgung gleichgültig Gebliebene seiner Aufgabe zu stellen, Distanz gegenüber seiner eigenen Person zu schaffen, sein eigenes Gewissen zu befragen sowie Lehren aus Fehlentscheidungen und aus dem persönlichen Versagen zu ziehen. So fragte sich Martin Niemöller, einer der Führer im evangelischen Kampf der Bekennenden Kirche, der von 1937 bis 1945 im Konzentrationslager festgehalten worden war, selbstkritisch nach seinem „Alibi" für die Zeit vor seiner Verhaftung:

> „Adam, wo bist du? (1. Mose 3,9). Mensch, wo bist du gewesen? Ja, ich weiß, Mitte 1937 bis zum Ende hast du dein Alibi. Hier wirst du gefragt: ‚Wo warst du 1933 bis zum 1. Juli 1937?' Und ich konnte dieser Frage nicht mehr ausweichen. 1933 war ich ein freier Mann."

Nach der Befreiung vom Nationalsozialismus musste die Haltung zum Nationalsozialismus im Bekenntnis zum Widerstand deutlich gemacht werden. Dies bedeutete, sich in den Gegensatz zu den Vorstellungen mancher Zeitgenossen zu stellen. Nun galt es denen entgegenzutreten, die die Vergangenheit verklärten, weil sie sich entlasten wollten. Und zugleich musste man denen widersprechen, die aus politischen Gründen die Deutschen für belastet, für nicht besserungsfähig, für hoffnungslos verloren hielten.

Erinnern an den Widerstand – ein Beitrag zur Maßstabsbildung

Wer Schneider nach 1933 und vor 1945 gelesen hatte, bekam einen „politischen" Maßstab vermittelt, der sich aus christlicher Grundorientierung speiste. Dies spürten die Angehörigen, die Schneiders Gedenkwort zum 20. Juli als „ungemein tröstlich" empfanden (Karl August Graf von Drechsel) und sich von seinen Worten geradezu „ergriffen" fühlten (Charlotte Cramer). Aber auch frühere Zeugnisse lassen ahnen, in welchem Maße die Schriften von Reinhold Schneider im Widerstand gegenwärtig waren.

Am 2. Februar 1943, etwa zwei Wochen vor seiner Verhaftung, schrieb – um ein Beispiel zu geben – Willi Graf, der zum Freundeskreis der Geschwister Scholl gehörte und mit diesen zum Tode verurteilt wurde, an eine Kommilitonin, mit der er im November 1937 das Studium aufgenommen hatte, er arbeite „einige der Aufsätze Reinhold Schneiders aus *Macht und Gnade* durch". Willi Graf weiter:

> „Aus Vergangenem entwickelt sich ein großartiges Bild auch der Gegenwart, und ich ahne manchmal Dinge, die verborgen waren. Es ist eigentümlich, welche überragende Bedeutung Schneider für uns gewonnen hat, er ist wohl einer der ganz wenigen Menschen, die uns Wesentliches zu sagen haben."

Elisabeth Strünck berichtete, man habe ihr in der Haft heimlich Schriften Schneiders zugesteckt. Eva von Rabenau erwähnte, eine kleine Erzählung Schneiders sei 1944 ihre letzte Weihnachtslektüre gewesen. Umso überraschender ist es, dass Schneider niemals frömmelnd, erbaulich, besänftigend daherkam, sondern dass er die abseits stehenden Mitläufer und Willigen herausforderte, dass er sie auf ihre Verantwortung und Schuld hinwies, dass er sich selbst anklagte und gerade so auf eine Entscheidung für das Bekenntnis zum Widerstand zielte.

Der Mensch, das war seine Überzeugung, stand immer vor der Herausforderung, Eindeutigkeit zu leben, mochten Entscheidungen auch keine endgültige Lösung bringen, sondern immer neue Verstrickungen nach sich ziehen, in denen der Mensch sich stets neu zu behaupten und zu bewähren hatte. Dies war ein Grundzug menschlicher Existenz im Zeitverlauf des 20. Jahrhunderts. Schuldlos, das war Schneiders Überzeugung, konnte keiner bleiben. Leben, so las man bei ihm, bedeutete einfach auch, schuldig zu werden. Deshalb appellierte er an die Bereitschaft zur Verantwortung, deshalb begriff er sein Wirken als Versuch, die Fähigkeit zu stärken, Verantwortung zu übernehmen.

Reinhold Schneider wollte keine Erinnerung pflegen, nicht das „andere Deutschland" benutzen, um Ansprüche auf Respekt oder gar die Rückkehr Deutschlands in den Kreis der zivilisierten Nationen befördern. Zivilität, Humanität, Mitmenschlichkeit und Glaubensfestigkeit hatte er geradezu persönlich verkörpert. Er sprach über den Widerstand auf eine neue, unerbittliche und geradezu unbedingte, ihn selbst nicht schonende Weise. Gerade dadurch wirkte er anregend und anstößig. Die Auseinandersetzung mit dem Widerstand sollte der moralischen Neuorientierung und Konditionierung dienen. So nutzte Reinhold Schneider eine Chance.

Reinhold Schneider bleibt einer der wichtigen Widerständigen, weil er zeigte, dass Traditionen den Nachlebenden nicht in den Schoß fallen, sondern erarbeitet werden müssen. Und er war auch überzeugt, dass die Erinnerung an den Widerstand nicht dazu dient, Ansprüche auf Karrieren zu begründen, sondern Verpflichtung ist. Erst Jahre später erfüllte sich diese Erwartung. Heute gehört der Widerstand zu den wichtigen Traditionsbeständen der Bundesrepublik. Reinhold Schneider stand so am Beginn eines langen Weges und verkörpert bis heute die Einsicht, dass die Geschichte des Widerstands nicht von ihrer Nachgeschichte getrennt werden kann.

Literatur

Reinhold Schneider: Gesammelte Werke in zehn Bänden, Frankfurt/M. 1977–1981. (Diese Werkausgabe enthält allerdings nicht alle der mehr als 200 Publikationen Schneiders. Viele der Bände sind als Taschenbuchausgaben verfügbar.)
Koepcke, Cordula: Reinhold Schneider: Eine Biographie, Würzburg 1993.
Stadie, Babette (Hrsg.): Die Macht der Wahrheit. Reinhold Schneiders „Gedenkwort zum 20. Juli" in Reaktionen von Hinterbliebenen des Widerstandes, Berlin 2008.
Thiede, Carsten Peter (Hrsg.): Über Reinhold Schneider, Frankfurt/M. 1980.

Bärbel Meurer

Marianne Weber (1870–1954) – Gastgeberin des Heidelberger Sonntagskreises

Marianne Weber kam am 1. August 1870 in Oerlinghausen/Lippe zur Welt und wuchs in Lemgo auf. Die Heirat mit dem Soziologen Max Weber fand 1893 in ihrem Geburtsort statt. Marianne Weber hatte nur eine erbärmliche Schulbildung und erlernte auch keinen Beruf. Als Autodidaktin glich sie diesen Mangel aber weitgehend aus. Sie engagierte sich in Wissenschaft und Politik – vor allem auch in der Frauenbewegung. Anfang 1919 wurde Marianne Weber in die badische Nationalversammlung gewählt – als einzige Frau der Fraktion der linksliberalen Deutschen Demokratischen Partei (DDP). Als Max Weber 1919 aus finanziellen Gründen eine Professur in München annahm, musste Marianne Weber ihre Tätigkeit als Abgeordnete bald wieder aufgeben. Im Karlsruher Landtag war sie die erste Frau in Deutschland, die in einem Parlament gesprochen hatte. Von 1922 bis 1926 war sie Mitglied des Heidelberger Stadtrats. Für ihre große wissenschaftliche Arbeit zur Frauenrechtsgeschichte sowie für die Edition der Werke ihres verstorbenen Mannes Max Weber erhielt sie als erste Frau die Ehrendoktorwürde der Juristischen Fakultät der Universität Heidelberg.

Der Sonntagskreis in Marianne Webers Leben
1897 zog das Ehepaar Weber nach Heidelberg, wo Max Weber eine Professur erhalten hatte. Wegen einer Erkrankung gab er diese 1903 wieder auf. Das Ehepaar bezog 1910 eine Wohnung in der Ziegelhäuser Landstraße 17 (Fallenstein'sche Villa, später: Weber-Haus). Es handelte sich um das Elternhaus von Webers Mutter Helene. Auch für Marianne wurden Heidelberg und besonders dieses Haus zur eigentlichen Heimat. Webers lebten dort von 1910 bis 1919, Marianne Weber bewohnte es noch als Witwe von 1922 bis zu ihrem Tod 1954.

Im Saal der Wohnung fand ab 1911 der sogenannte Sonntagskreis statt. Er sollte nach Marianne Webers Vorstellung vor allem ihrem Mann als Ort akademischen Austausches dienen. Natürlich konnte man sich in Zeiten von Krieg und Wirtschaftskrisen nicht an diese Vorgabe halten. Nach dem

Ersten Weltkrieg zogen Webers 1919 nach München, wo Max Weber aus finanziellen Gründen wieder eine Professur übernahm. Nach seinem plötzlichen Tod 1920 kehrte Marianne Weber jedoch 1922 wieder nach Heidelberg zurück. Um sich die Wohnungsmiete in der alten Wohnung leisten zu können, musste sie zwei Zimmer untervermieten. 1924 nahm sie auch ihren Sonntagskreis wieder auf, in dem nun Vorträge zu allgemeinen akademischen Themen gehalten wurden. Für Max Webers Wissenschaft gab es einen eigenen Lesekreis.

Leben vor 1933: Vorahnungen

Etwa seit 1930 finden sich bei Marianne Weber und ihrem Umfeld Vorahnungen über eine mögliche Regierungsübernahme der Nationalsozialisten. Das zeigte sich besonders im Bund Deutscher Frauenvereine (BDF), in dem Marianne Weber sowohl in der Unterorganisation Verein für Frauenbildung/Frauenstudium in Heidelberg wie auch auf zentraler Ebene aktiv war. Ihre dortige Freundin Gertrud Bäumer (1873–1954) kritisierte bei einem BDF-Treffen, die bürgerlichen Schichten hätten sich an die Wirtschaft verkauft. Die Auseinandersetzung mit dem Kapitalismus müsse endlich beginnen. Sonst würde die Krise Hitler nützen.[1] Marianne Weber kommentierte, es komme ja nun erst „die ewige Polarnacht, die Max Weber vorausgesagt" habe.[2]

Der BDF unterstützte die Genfer Abrüstungskonferenz von 1932. Neben seinem Nachrichtenblatt gab der Frauenverband bis Februar 1933 die *Gelben Blätter* heraus, in denen der Nationalsozialismus kritisiert wurde. 1932 gab es darüber hinaus einen Heidelberger Frauenaufruf zum ersten Wahlgang der Reichspräsidentenwahl, in dem – anstatt nur die sozialdemokratische Alternative zu verhindern – bereits die Wahl Hindenburgs empfohlen wurde, um Hitler zu verhindern. Im zweiten Wahlgang trat dann auch die SPD für Hindenburg ein. Der Aufruf nahm Stellung gegen „Krieg" und „faschistischen Zwang" sowie für „staatsbürgerliche Freiheit und Frieden".[3]

Die politische Beunruhigung spiegelte sich auch im Heidelberger Sonntagskreis wider. So trugen in den Jahren 1931/32 folgende Redner in dem

---

[1] Protokoll vom 22.11.1930 über eine Aussprache im engeren Kreis des BDF vom 27.11.1930 über die Wahl vom 14.9.1930, in: Bärbel Meurer: Marianne Weber. Leben und Werk, Tübingen 2010, S. 508.

[2] Marianne Weber, Brief an Karl Löwenstein vom 20.9.1931, Amherst College Library, in: Meurer, Marianne Weber. Leben und Werk (wie Anm. 1), S. 508.

[3] Aufruf Heidelberger Frauen, Heidelberger Tageblatt vom 12.3.1932, abgedruckt in: Bärbel Meurer (Hrsg.): Marianne Weber. Beiträge zu Werk und Person, Tübingen 2004, S. 262 f.

Dieses Foto erschien am 25. Dezember 1932 in der „Berliner Illustrierten Zeitung" in einem Beitrag mit dem Titel „Heidelberg – ein geistiger Mittelpunkt Deutschlands". Es zeigt den Heidelberger Sonntagskreis mit Marianne Weber (Bildmitte).

Gelehrtenkreis vor: im November 1931 der Politiker, Arzt und Psychologe Willy Hellpach („In welcher Staatsform lebt Deutschland?"), im November 1932 der Soziologe und Politikwissenschaftler Hans W. Eckardt („Deutschlands politische Friedenspflicht") und im Dezember 1932 der Staats- und Völkerrechtler Walter Jellinek („Verfassungsrettung").[4] Marianne Weber bemerkte dazu später, „Verfassungsfragen" habe man im Kreis diskutiert, als die „Rechtsgrundlagen des Staates" bereits bedroht waren.[5]

Leben im Nationalsozialismus: Freiräume bewahren
1931 war bereits die NS-Frauenschaft begründet worden. Im Zuge der „Machtergreifung" wurden dann 1933 die Organisationen der unabhängigen Frauenbewegung verboten bzw. sie lösten sich selbst auf, um der „Gleich-

---

[4] Der Marianne Weber-Kreis. Festgabe für Georg Poensgen zu seinem 60. Geburtstag am 7. Dezember 1958, hrsg. von Klaus Mugdan, Heidelberg 1958, S. 13; Meurer, Marianne Weber. Leben und Werk (wie Anm. 1), S. 516.
[5] Marianne Weber: Lebenserinnerungen, Bremen 1948, S. 199; Meurer, Marianne Weber. Leben und Werk (wie Anm. 1), S. 516.

schaltung" zu entgehen. Das betraf auch den BDF und seine Unterorganisationen wie den Verein Frauenbildung/Frauenstudium.

Marianne Weber war durch ihre vielfältigen Aktivitäten eine bekannte Persönlichkeit des öffentlichen Lebens. Ihre geplante Ernennung zur Ehrenbürgerin von Oerlinghausen konnte genauso wie die Benennung einer Schule nach ihr in Lemgo nicht mehr stattfinden.

Marianne Weber und ihr Umfeld litten stark unter dem Schrecken und Terror, der sich nach 1933 verbreitete. Gertrud Bäumer verlor beispielsweise schon im April 1933 ihre Stelle als Ministerialrätin für Kulturpolitik im Reichsinnenministerium. Auch im engeren Familienkreis gab es Probleme. Marianne Weber hatte drei erwachsene Adoptivkinder. Ihre jüdische Schwiegertochter geriet immer mehr in Schwierigkeiten, auch deren Ehemann war Drangsalierungen ausgesetzt. Ein Schwiegersohn schloss sich der Bekennenden Kirche an und wurde inhaftiert. Darüber hinaus verschlechterte sich die finanzielle Lage zusehends, zumal Marianne Weber auch oft ihre Kinder unterstützen musste. Zuletzt konnte sie sich nur noch Reisen zu ihren Kindern leisten.

Aus dem Weber'schen Freundeskreis lief kaum jemand zum Nationalsozialismus über. Viele engagierten sich im Widerstand oder in Nothilfeorganisationen. Marianne Weber hielt zu ihnen Kontakt. So kannte sie den Philosophen Peter Wust (1884–1940) gut, der zum Widerstandskreis um Bischof Graf von Galen in Münster gehörte. Bis zu seinem Tod im Jahr 1940 schrieb Marianne Weber ihm Briefe.

Die „Euthanasie"-Morde, Judenpogrome und der Kriegsausbruch verschärften das Grauen in Marianne Webers Umfeld noch einmal fürchterlich. Besonders betroffen war Marianne Weber vom Freitod eines jüdischen Ehepaares, mit dem sie seit Langem befreundet war. Sie hielt eine Gedenkrede am Grab, obwohl auch das unter Beobachtung stand. Ihr Entsetzen formulierte Marianne Weber in einem Brief: „Zum schwersten gehört die Erkenntnis, dass es ein beglückender Irrtum war, anzunehmen, eine bestimmte Stufe der Humanität könne nicht wieder verlassen werden."[6]

Marianne Weber hatte sich schon vor 1933 der freireligiösen Gruppe der „Köngener" angeschlossen, einem Jugendverband, der aus den Schülerbibelkreisen hervorgegangen war. Obwohl selbst bekennende und überzeugte Atheistin, hoffte sie in religiösen Kreisen auf eine gewisse Resistenz gegenüber Hitler. 1933 ging ein kleiner Teil der Gruppe zum Nationalsozialismus über. Die Mehrheit blieb jedoch ablehnend. Marianne Weber hielt der Grup-

---

6 Marianne Weber, Brief an Eduard Baumgarten vom 3.10.1941, Nachlass Eduard Baumgarten, in: Meurer, Marianne Weber. Leben und Werk (wie Anm. 1), S. 542.

pe bis 1945 die Treue. Auch ihren früheren Max-Weber-Lesekreis behielt sie bei, wandelte ihn aber in einen Treffpunkt für unverheiratete Frauen um, insbesondere auch für Jüdinnen.

Die wichtigste Aktivität war aber zweifellos der Sonntagskreis. Nach einer kurzen Pause traf er sich 1933 wieder. Der Kreis, der nun etwa siebzig Mitglieder hatte, kam alle zwei bis drei Wochen zusammen, wobei Marianne Weber immer nur jeweils die Hälfte einladen konnte. Meist folgten etwa dreißig Gäste der Einladung. Marianne Weber schrieb: „Wir betrachten uns als den Rest des alten akademischen Heidelberg und sind einander recht kostbar."[7] Die Vorträge hatten natürlich unverfängliche Titel. Wichtig waren vor allem die informellen Gespräche. Nationalsozialisten waren nicht erwünscht.

Die Nachkriegszeit: Einsatz für die politisch-moralische Erneuerung
Im August 1945 wurde Marianne Weber 75 Jahre alt. An den Diskussionen über die politisch-moralische Erneuerung nach dem Untergang des NS-Regimes nahm sie dennoch intensiven Anteil. Sie erhielt nach Kriegsende auch Besuch von amerikanischen Besatzungsoffizieren, die in ihr eine Repräsentantin des „anderen Deutschland" sahen.

In ihrem 1946 erschienenen Buch *Erfülltes Leben* beschreibt sie ihre politischen Erwartungen. Die „Prinzipien der Freiheit und Gleichheit" seien durch „soziale Rechte" zu ergänzen. Die kapitalistische Wirtschaftsordnung sei zu beschränken und Deutschland dürfe sich nicht mehr auf „nationale Absonderung" stützen. Auch die Zeiten „kriegerischer Bewährung" seien vorbei. Darüber hinaus müssten die Deutschen nicht nur „gute Deutsche", sondern auch „gute Europäer" werden und zudem auch „Weltbürger".[8]

Auch den Sonntagskreis führte Marianne Weber weiter. Selbst nach ihrem Tod 1954 fand er noch einige Jahre statt – zu ihrem Andenken. Der Ort dafür war nun die Wohnung des Ehepaares Georg und Emma Poensgen im Obergeschoss des Kurpfälzischen Museums der Stadt Heidelberg. 1958 erschien ein Erinnerungsbuch zum Marianne-Weber-Kreis. Darin ist im Vorwort vom Kreis als einem „für die geistige Geschichte Heidelberg denkwürdigen Phänomen" die Rede. Es sei nicht wichtig, „was" dort war, sondern „dass" dort etwas stattfand.[9] Das Weber-Haus in der Ziegelhäuser Landstra-

---

7 Marianne Weber, Brief an Sophie Rickert vom 20.7.1942, Privatbesitz, in: Meurer, Marianne Weber. Leben und Werk (wie Anm. 1), S. 554.
8 Marianne Weber: Erfülltes Leben, Heidelberg 1946, S. 346 f.
9 Der Marianne Weber-Kreis (wie Anm. 4), S. 5 f.

ße 17 war lange Zeit das Gästehaus der Universität Heidelberg. Es wird noch heute von der Universität genutzt.

Literatur

Der Marianne Weber-Kreis. Festgabe für Georg Poensgen zu seinem 60. Geburtstag am 7. Dezember 1958, hrsg. von Klaus Mugdan, Heidelberg 1958.
Meurer, Bärbel (Hrsg.): Marianne Weber. Beiträge zu Werk und Person, Tübingen 2004.
Meurer, Bärbel: Marianne Weber. Leben und Werk, Tübingen 2010.
Weber, Marianne: Ehefrau und Mutter in der Rechtsentwicklung, Tübingen 1907.
Weber, Marianne: Max Weber. Ein Lebensbild, Tübingen 1926.
Weber, Marianne: Erfülltes Leben, Heidelberg 1946.
Weber, Marianne: Lebenserinnerungen, Bremen 1948.

Teil 7:
Junge Menschen im Widerstand

Angela Borgstedt

Junge Menschen im Widerstand

Die Jugend war für die Nationalsozialisten Hoffnungsträger. In ihr sah die Parteiführung die Zukunft des NS-Staates, weshalb sie die junge Generation in ihrem Sinne zu formen trachtete. Als künftige Volks- und möglichst auch Parteigenossen sollten Kinder und Jugendliche frühzeitig an den Nationalsozialismus und seine Weltanschauung gebunden und konkurrierenden Einflüssen von Elternhaus und Kirche entzogen werden. Ihre weltanschauliche Prägung sollten sie vor allem in der Hitlerjugend erhalten. Um eine umfassende Beteiligung zur erreichen, musste die Hitlerjugend konkurrenzlos und die Beteiligung verpflichtend werden. Entsprechend wurden sowohl Jugendbünde der Parteien, bündische Jugend und Kirchenjugend als auch die Jugendabteilungen der Arbeitersportvereine verboten oder gleichgeschaltet. 1936 wurde die Hitlerjugend zur Staatsjugend, eine Dienstpflicht bestand ab März 1939. Der NS-Staat reglementierte weitgehend die Freizeitgestaltung. Angefangen bei den zehnjährigen „Pimpfen" und „Jungmädel" erfasste sie alle Jungen und Mädchen bis zum Alter von 18 Jahren.

Die Hitlerjugend war Staatsjugend und viele Jugendliche waren durchaus gerne dabei. Sie verbrachten dort Zeit bei „Sport und Spiel, Wettkampf und Lied, Fahrt und Lager",[1] waren unter Gleichaltrigen und außerhalb der Kontrolle von Elternhaus und Schule. Zudem kam hier die Jugend unterschiedlicher sozialer Herkunft zusammen. Die Angebote waren auf jugendliche Abenteuerlust abgestimmt, die Verantwortung lag in der Hand nur unwesentlich Älterer. „Jugend wird durch Jugend geführt", lautete die Parole. „Was die Jugendbewegung zu Beginn des Jahrhunderts mit ihrem Ausbruch ‚aus grauer Städte Mauern' begonnen hatte, schien nun von der staatlichen Macht akzeptiert."[2] Doch die HJ war keine jugendbewegte Freizeitgestaltung. Was als Abenteuer daherkam, war paramilitärische Übung. Die Hitler-

---

1 Matthias von Hellfeld: Bündische Jugend und Hitlerjugend. Zur Geschichte von Anpassung und Widerstand 1930–1939, Köln 1987, S. 99.

jugend war uniformierte Jugend. Hier herrschten Dienstpflicht, Drill und nicht zuletzt ideologische Indoktrinierung.

Hatten die älteren Jugendlichen noch die jugendorganisatorische Vielfalt der Weimarer Republik erlebt, so wuchsen die jüngeren Jahrgänge in die Staatsjugend hinein. Begeisterung wie Widerstreben waren freilich altersunabhängig. Zu den anfänglich Begeisterten gehörten selbst Hans (1918–1943) und Sophie Scholl (1921–1943). Hans Scholl hatte als Fähnleinführer 1936 sogar am Nürnberger Reichsparteitag teilgenommen. Auch die 13-jährig als „Jungmädel" beigetretene Sophie machte Karriere in der Staatsjugend. Das unterschied die Geschwister Scholl von den übrigen studentischen Mitgliedern der Widerstandsgruppe Weiße Rose, die keinen Distanzierungsprozess durchlaufen mussten. Willi Graf (1918–1943) beispielsweise war hinsichtlich der HJ-Mitgliedschaft kompromisslos. Weder ließ er sich selbst dazu zwingen, noch akzeptierte er HJ-Mitglieder unter seinen Freunden. Die „Überläufer" strich er mit unerschütterlicher Konsequenz aus seinem Adressbuch: „Ist in der HJ" lautete der Kommentar zu diesem „Entfreunden".[3]

Viele junge Menschen liefen mit. Wer nicht mitlief, „musste aus der Reihe tanzen. Und wer aus der Reihe tanzte, dem wurde der Marsch geblasen."[4] Einzelne standen aus weltanschaulichen Gründen grundsätzlich gegen den Nationalsozialismus. Andere rebellierten aus Freiheitsdrang gegen Vereinnahmung und Drill. Pubertätskonflikte überlagerten sich mit politischer Auseinandersetzung. Hans Gasparitsch (1918–2002)[5] und gleichgesinnten Jugendlichen aus der Stuttgarter Arbeiterschaft genügte es nicht, sich der Hitlerjugend zu entziehen. Die Gruppe politisierte sich. Sie adaptierte die Strukturen der illegalen KPD. Und sie tat das, was viele KPD-Zellen und Angehörige des Kommunistischen Jugendverbandes (KJVD) im Untergrund taten: Sie druckten und verbreiteten Flugblätter und -schriften, brachten Protestparolen an Hauswänden und Klebezettel („Spuckis") an Pfosten und Stangen an. Das war symbolisches Handeln.[6] Den Nationalsozialisten sollte wenigstens mit Nadelstichen die Herrschaft über den öffentlichen Raum bestritten werden. Gasparitsch bemalte die Sockel der Rossebändiger-

---

2 Ulrich Chaussy/Gerd R. Ueberschär: „Es lebe die Freiheit!". Die Geschichte der Weißen Rose und ihrer Mitglieder in Dokumenten und Berichten, Frankfurt/M. 2013, S. 111.
3 Chaussy/Ueberschär, „Es lebe die Freiheit!" (wie Anm. 2), S. 146.
4 Wolfgang Beyer/Monica Ladurner: Im Swing gegen den Gleichschritt. Die Jugend, der Jazz und die Nazis, St. Pölten 2011, S. 14.
5 Vgl. hierzu den Beitrag von Roland Müller in diesem Band.
6 Kurt Schilde (Hrsg.): Jugendopposition 1933–1945. Ausgewählte Beiträge, Berlin 2007.

Statuen im Stuttgarter Schlossgarten mit Parolen wie „Hitler = Krieg". Andere junge Menschen erklommen Fabrikschornsteine, um dort die rote Fahne anzubringen oder holten Hakenkreuzflaggen von Kirchtürmen. Das waren politische Aktionen im Stile jugendlicher Mutproben. Wagemut — und oft auch Originalität — waren Spezifika des Jugendwiderstands. Wie viele andere jugendliche und erwachsene Kommunisten bezahlten Hans Gasparitsch und seine Freunde einen hohen Preis. Als gerade einmal 18-Jähriger wurde Gasparitsch 1936 wegen der „Graffiti-Aktion" zu zweieinhalb Jahren Gefängnis verurteilt und kam im Anschluss bis zum Ende des Regimes in KZ-Haft. Gasparitsch war kein Einzelfall — es war die Zeit, in der die Gestapo gerade die illegalen Strukturen der KPD aufrollte.

Handelten jugendliche NS-Gegner grundsätzlich anders als Erwachsene? Arno Klönne hat einige originelle Beispiele aus dem Umfeld des Internationalen Sozialistischen Kampfbunds wie Schallplatten-, Münz- oder Kofferaktionen[7] dokumentiert. Als jugendspezifisch lassen sich freilich weder Gasparitschs Graffiti-Aktion noch der Protest der jungen „Geislinger Weiber"[8] gegen die Schließung eines Kindergartens bezeichnen. Vielleicht sind es Ernsthaftigkeit und Enthusiasmus, Mut und Entschlossenheit, die teilweise sehr junge Menschen geradlinig einen Weg gehen ließen, der gar nicht selten in den Tod führte: Eva-Maria Buch (1921—1943) ist hier zu nennen, ebenso Cato Bontjes van Beek (1920—1943) und Liane Berkowitz (1923—1943), drei Frauen an der Schwelle zum Erwachsenenalter, die sich der Widerstandsgruppe um Arvid Harnack (1901—1942) und Harro Schultze-Boysen (1909—1942) in Berlin anschlossen.[9] Liane Berkowitz war zum Zeitpunkt ihrer Festnahme 1942 schwanger. Die NS-Schergen warteten die Niederkunft ab, bevor sie sie hinrichteten.

Warum tanzten manche Jugendliche aus der Reihe und stellten sich gegen die Anforderungen des Regimes? Einige folgten dem Vorbild ihrer El-

---

7 Die Schallplattenaktion war ein „Fake": Zu hören waren Reden in Hitlers Sprachduktus, die aber einen antinazistischen Redetext hatten; die Münzaktion setzte beim Sammelreflex vieler an, die eine Münze auf der Straße finden. Hier handelte es sich um Prägungen mit regimefeindlicher Parole. Mit dem Koffer schließlich ließ sich ein Säurestempel tarnen, der am Kofferboden angebracht dort einen Slogan gegen das Regime hinterließ, wo er gerade abgestellt worden war. Vgl. Kurt Schilde, Jugendopposition (wie Anm. 6), S. 19.
8 Vgl. hierzu den Beitrag von Christopher Dowe in diesem Band.
9 Vgl. Hans Coppi/Jürgen Danyel/Johannes Tuchel (Hrsg.): Die Rote Kapelle im Widerstand gegen den Nationalsozialismus, Berlin 1994; Kurt Schilde (Hrsg.): Eva-Maria Buch und die „Rote Kapelle". Erinnerungen an den Widerstand gegen den Nationalsozialismus, 2. Aufl. Berlin 1993.

tern. Die Berliner Journalistin Ruth Andreas-Friedrich (1901–1977) und ihre jugendliche Tochter Karin (1925–2015) waren gemeinsam in der Berliner Gruppe „Onkel Emil" aktiv, die „Graffities" anbrachte und Juden im Versteck half. Der Karlsruher Jurist Gerhard Caemmerer (1905–1961), der zu Kriegsende drei sogenannte „Nichtarier" in einer Gartenhütte versteckte, betraute seine heranwachsenden Töchter mit der Lebensmittelversorgung. Die Familie wurde zur Wagenburg gegenüber dem Regime. Das war vielfach im Arbeitermilieu der Fall. Und es war in den Familien der Ernsten Bibelforscher nicht anders. Sie vermittelten ihren Kindern Standhaftigkeit und Bekennermut, den außerhalb von Familie und Religionsgemeinschaft zu praktizieren den Jungen und Mädchen viel abverlangte. Wie konsequent Kinder und Jugendliche ihren Glauben lebten, zeigt etwa das Beispiel des 14-jährigen Willi Josef Seitz (*1923) aus Karlsruhe. Er hatte nicht nur Fahnenappelle und den Hitlergruß verweigert, sondern auch die Teilnahme an NS-Schulfeiern. Er hatte eher den Schulverweis riskiert als sich zu beugen. Ein Richter entzog den Eltern das Sorgerecht und erzwang die Unterbringung in einem Erziehungsheim.[10] Den „deutschen Gruß" verweigerten auch die drei Brüder Knöller aus Simmozheim. „Wir waren in der Schule die einzigen, die nicht mitmachten", erinnerte sich der 1933 erst elfjährige Bruno (*1922). Er räumte rückblickend ein, wie schwer es gewesen war, sich dem allseits lastenden Druck nicht zu beugen.[11] Die seinerzeit 13-jährige Anna Denz (*1923) aus Lörrach entging Repressionen nur dadurch, dass sie die Schule verließ. Sie war als einzige von 45 Schülerinnen ihrer Klasse nicht dem BDM beigetreten.

Auch Willi Graf stammte aus einem religiös geprägten Elternhaus, das gegen die NS-Ideologie immunisierte. Doch das allein erklärt die Geradlinigkeit nicht, mit der er sich jeglicher Anpassung widersetzte. Willi Graf war gläubiger Katholik und hatte sich als Saarbrücker Gymnasiast dem katholischen Schülerbund Neudeutschland angeschlossen, den die Nationalsozialisten auflösten. Aus dem Bund Neudeutschland kannte er auch die Brüder Heinrich (1916–1990) und Wilhelm („Willi", 1919–1975) Bollinger,[12] die er später für die Bildung lokaler Zellen der Widerstandsgruppe Weiße Rose

---

10 Vgl. Anette Michel: Ein junges Mädchen kämpft für seinen Glauben. Das Schicksal der Anna Denz, in: Hubert Roser (Hrsg.): Widerstand als Bekenntnis. Die Zeugen Jehovas und das NS-Regime in Baden und Württemberg, Konstanz 1999, S. 273–308, hier S. 281.
11 Detlef Garbe/Bruno Knöller: Die Bibel, das Gewissen und der Widerstand. Die Familie Knöller im „Dritten Reich", in: Roser, Widerstand als Bekenntnis (wie Anm. 10), S. 221–272, hier S. 229.
12 Vgl. hierzu den Beitrag von Pia Nordblom in diesem Band.

in Freiburg und Saarbrücken gewinnen konnte. Die beiden Bollingers, Graf und andere ließen sich vom Verbot Neudeutschlands nicht abschrecken. So führten etwa zwanzig Bruchsaler Schüler, darunter der spätere Intendant des Südwestfunks Hans Bausch (1921–1991), die dortige Gruppe Neudeutschland unter dem Namen „Christopher" auf sich allein gestellt weiter. Sie hielten „Heimabende" ab, schrieben Rundbriefe und gingen auf Fahrt, bis sie 1941 die Gestapo aufspürte. Wilhelm Eckert (1923–1943), der damals 18-jährige Leiter, erhielt eine achtmonatige Haftstrafe.[13]

„Tanzen war für sie etwas Befreiendes", beschrieb Inge Aicher-Scholl (1917–1998) ihre Schwester Sophie.[14] Tanzrhythmen und Tanzmusik standen für eine der Marschmusik und den Trommeln konträre Welt, für den Ausbruch aus den Kolonnen der Marschierer und die harmonische Bewegung zweier Menschen. Scholls erster Schritt aus der Reihe war womöglich ein Tanzschritt. Die „Swingjugend" grenzte sich mit Jazz- und Swingmusik, mit extravaganter Kleidung und mit der Haarmode vom militärischen Habit der NS-Jugend ab. Es war verfemte, „entartete" Musik, die diese Jugend hörte, und es war die „Leitkultur" des Kriegsgegners, den sie liebte: War der Trenchcoat Dresscode, so waren Anglizismen Sprachcode unter den Swings. Ein lokales Zentrum war Hamburg, „Swing-Jugend" gab es aber auch in Leipzig, Stuttgart oder Freiburg.[15] Allein in Stuttgart wurde gegen annähernd 200 Jugendliche ermittelt, die sich mit ihrer Jugendkultur Freiräume schaffen wollten.

Ebenfalls in den großstädtischen und den Kontext oppositioneller Jugendkultur gehören die „Edelweiß-Piraten".[16] Es gab sie unter lokalspezifisch unterschiedlicher Bezeichnung vor allem im Rheinland und Ruhrgebiet, aber auch in Städten wie Leipzig („Meuten") oder Frankfurt am Main – und auch im Südwesten. Anders als die bürgerliche Swingjugend stammten die „Piraten" und „Meuten" überwiegend aus der Arbeiterschaft. Ihre Cliquen waren ein Phänomen der letzten Kriegsjahre. Sie waren mitunter politisch widerständig, sammelten und verteilten abgeworfene alliierte Flugblätter und brachten Parolen an Hauswänden an. Aber sie waren keine Widerstandsbewegung. Sie legten sich mit der verhassten HJ an und trugen diese

---

13 Otto B. Roegele: Gestapo gegen Schüler. Die Gruppe „Christopher" in Bruchsal, 2. Aufl. Konstanz 2000.
14 Zitiert nach Chaussy/Ueberschär, „Es lebe die Freiheit!" (wie Anm. 2), S. 139.
15 Vgl. hierzu den Beitrag von Sascha Lange in diesem Band.
16 Vgl. hierzu Kurt Schilde: „Der Nationalsozialismus entließ seine Kinder – in die Opposition". Die „Edelweiß-Piraten" – Entdeckung einer jugendlichen Protestbewegung, in: Schilde, Jugendopposition (wie Anm. 6), S. 136–150.

Konflikte teilweise wie Jugendgangs aus. Auch deshalb ging der NS-Staat mit aller Härte gegen sie vor.

Dass die Akteure sehr jung waren, stand einer positiven Rezeption ihres Widerstandshandelns nach 1945 eher im Wege. Es ließ sich als unreflektiert und unpolitisch, unreif und leichtsinnig abtun, als halbstark-pubertäre Rebellion gegen Autoritäten, wie sie auch die Wohlstandsgesellschaft der frühen Bundesrepublik kannte. Das fiel umso leichter, wenn die Angehörigen der Jugendopposition vornehmlich nicht bildungsbürgerlicher Herkunft waren. Selbst die Erinnerung an die Weiße Rose unterlag einem Formierungsprozess, an dem die überlebende Schwester Inge Aicher-Scholl entscheidenden Anteil hatte.[17]

---

[17] Inge Scholl: Die weiße Rose. Frankfurt/M. 1952 (Erstausgabe); Christine Hikel: Sophies Schwester. Inge Scholl und die Weiße Rose, München 2012.

Pia Nordblom

Heinrich Bollinger (1916–1990) – Kopf der Weißen Rose in Freiburg

Die Weiße Rose zählt zu den bekanntesten Widerstandsgruppen gegen die nationalsozialistische Herrschaft im Reich. Die Mitglieder des hauptsächlich studentischen Freundeskreises an der Universität München verfassten und verbreiteten von Ende Juni 1942 bis Mitte Februar 1943 insgesamt sechs Flugblätter und brachten Maueranschriften an, die sich kritisch mit der nationalsozialistischen Ideologie und Politik auseinandersetzten, die Deutschen zum passiven Widerstand aufriefen, ihnen die Mitschuld an den Verbrechen der Regierung vor Augen hielten und eine moralische Erneuerung Deutschlands auf christlicher Grundlage forderten. Im Winter 1942/43 dehnte die Gruppe ihre Tätigkeit über München hinaus auf andere Universitätsstädte aus. Beim Auslegen von Flugblättern an der Universität München wurden die Geschwister Hans (1918–1943) und Sophie Scholl (1921–1943) am 18. Februar 1943 erkannt und verhaftet. Zwei Hauptprozesse vor dem Ersten Senat des Volksgerichtshofs in München am 22. Februar 1943 und 19. April 1943 unter dem Vorsitz seines Präsidenten Roland Freisler führten zu Todesstrafen für die Münchener Hauptakteure: Hans und Sophie Scholl sowie Christoph Probst (1919–1943) wurden noch am Abend des Prozesstages im Februar, Alexander Schmorell (1917–1943), Willi Graf (1918–1943) und Professor Kurt Huber (1893–1943) in den folgenden Monaten bis zum Herbst 1943 hingerichtet. Zahlreiche Unterstützer und Gesinnungsfreunde wurden zu Freiheitsstrafen verurteilt. Weitere Prozesse folgten. Dabei kostete Hans Leipelt (1921–1945) seine Führungsrolle in der Weißen Rose in Hamburg im Januar 1945 gleichfalls das Leben.

Der Kopf der Weißen Rose in Freiburg: Heinrich Bollinger
Während sich die öffentliche Erinnerung an die Weiße Rose heute in erster Linie um die Geschwister Hans und Sophie Scholl rankt, sind die Namen der übrigen Verurteilten und Unterstützer weitaus weniger präsent. Dies gilt auch für Heinrich Philipp („Heinz") Bollinger, der sich seit Ende Dezember 1942 für die Münchener Widerstandsgruppe von Freiburg aus engagierte. Er wurde im zweiten Prozess gegen die Weiße Rose im April 1943 zu ei-

ner siebenjährigen Zuchthausstrafe unter Aberkennung der „Bürgerehre" verurteilt. Das Gericht sah es als erwiesen an, dass er „Kenntnis von hochverräterischen Umtrieben gehabt, das aber nicht angezeigt" und gemeinsam mit dem Mitangeklagten Helmut Bauer „fremde Rundfunknachrichten" gehört habe.[1] Doch auf welchen Beobachtungen des Gerichts fußte dieser Urteilsspruch? Hatte die NS-Justiz die Rolle Bollingers im Rahmen der Weißen Rose zutreffend recherchiert und bewertet? Und darüber hinaus: Wer war überhaupt Heinrich Bollinger?

Frühe „Imprägnierung" gegen den Nationalsozialismus
Heinrich Bollinger kam am 23. April 1916 in Saarbrücken zur Welt. Er wuchs in einer katholisch und liberal geprägten Familie auf. Sein Vater war Hüttenbeamter in Burbach, einem Stadtteil von Saarbrücken. Nachdem ihn eine Wirbelverletzung 1927 schulisch zwei Jahre zurückgeworfen hatte, legte Heinrich Bollinger zu Ostern 1937 die Reifeprüfung am Reform-Realgymnasium Saarbrücken ab. Sehr bewusst hatte er bis dahin als Jugendlicher das propagandistische Werben der Nationalsozialisten um die Zugehörigkeit des Saargebiets in der Volksabstimmung von 1935 und die nachfolgende „Gleichschaltung" erlebt. Schon 1930 hatte er sich, ebenso wie sein drei Jahre jüngerer Bruder Wilhelm („Willi"; 1919–1975), dem Bund Neudeutschland angeschlossen. Diese katholische, an der Wandervogelbewegung orientierte Jugendorganisation für Schüler höherer Schulen, war – wie schon zuvor im Reich – nach der Rückgliederung der Saar am 17. November 1936 auch dort endgültig verboten worden, wenngleich auch manche ihrer Mitglieder ihre Aktivitäten illegal fortsetzten. Willi Bollinger erinnerte sich Anfang der 1960er-Jahre an diesen „Eishauch des Nationalsozialismus", der sich nach der Eingliederung des Saargebietes in das Reich über das vormals „außerordentlich rege" geistige Klima Saarbrückens gelegt hatte. Diese Atmosphäre, die den „Beginn der neuen Liturgischen Bewegung" und das Ringen „um tiefere Erfassung unseres Glaubens" erschwerte, nährte zugleich „Zweifel an der Gesellschaft, in der wir aufwuchsen": „Bevor wir zwanzig Jahre alt waren, hatte jeder aus unserem Kreis schon Bekanntschaft mit der Gestapo gemacht."[2]

---

1 Bundesarchiv Berlin-Lichterfelde (BArch), R 3001/147268/1, S. 63 f.: Urteil (Abschrift). Zitate S. 63, Urteil, S. 2.
2 Klaus Vielhaber (in Zusammenarbeit mit Hubert Hanisch und Anneliese Knoop-Graf): Gewalt und Gewissen. Willi Graf und die „Weisse Rose". Eine Dokumentation, Freiburg 1964, S. 97.

Universitätsjahre in Freiburg im Schnittfeld von Philosophie und Katholizismus
Das Studium führte Heinrich Bollinger in die Bischofs- und Universitätsstadt Freiburg. Zum Sommersemester 1938 schrieb er sich zunächst an der Theologischen Fakultät ein, wechselte aber im folgenden Jahr an die Philosophische Fakultät, um neben Philosophie auch die Fächer Germanistik, Geschichte und Romanistik zu belegen. Bei Bollingers Studienbeginn lag das Rektorat des Philosophen Martin Heidegger (Frühjahr 1933 bis Frühjahr 1934), das auf die radikale Durchsetzung des Führerprinzips ausgerichtet war, schon mehrere Semester zurück. Auch die heftigen Angriffe der nationalsozialistischen Studentenschaft, als Theodor Haecker auf Einladung katholischer Theologiestudenten am 13. Mai 1935 in seinem Vortrag *Der Christ und die Geschichte* der herrschenden Ideologie eine klare Absage erteilt hatte, waren vorüber. Und längst war dem bereits 76-jährigen jüdischen Emeritus und Philosophieprofessors Edmund Husserl zum Jahresende 1935 die Lehrbefugnis entzogen worden. Doch noch immer wirkten diese Veränderungen wie Markierungen des geistig-politischen Klimas des universitären Rahmens, in dem sich Bollinger als Katholik, der dem Nationalsozialismus entgegenstand, fortan bewegte. Während seiner Studienzeit in den Jahren 1938 bis 1942 gehörte er der Deutschen Studentenschaft, einer Teilorganisation des Nationalsozialistischen Studentenbunds, an. Weitergehenden Tribut an die Erwartungen der nationalsozialistischen Führung zur Mitgliedschaft in der NSDAP oder ihrer Gliederungen entrichtete er nicht.

Die Situation in Freiburg war für Bollinger nicht ganz einfach, zumal er nach dem vorzeitigen Tod seines Vaters Ende Januar 1941 finanziell gänzlich auf sich selbst gestellt war. Seinen Lebensunterhalt finanzierte er, wie schon in der Zeit zwischen Abitur und Studienbeginn an der Saar, mit Nachhilfeunterricht. Daher dürfte eine nur wenige Tage währende „Vergnügungsreise" ins nahe gelegene Straßburg im Mai 1939 eine der wohl seltenen aufwendigeren Unternehmungen während seines Studiums gewesen sein. Anders als für viele seiner Kameraden brachte der Krieg keine Unterbrechung seiner Studien, denn krankheitsbedingt war er zeitweilig vom Militärdienst zurückgestellt worden. Das erste Kriegstrimester verbrachte er an der Universität München, ein weiteres in Köln.

In Freiburg wurde der Philosophiedozent Max Müller für ihn zur wichtigen akademischen Bezugsperson. Müller lehrte im *Collegium Borromaeum* (heute Priesterseminar Freiburg), nachdem er 1937 zwar noch habilitiert worden war, aber aus politisch-weltanschaulichen Gründen an der Universität keine Anstellung erhalten hatte. Seit Mai 1941 und ohne Unterbrechung bis zu seiner Verhaftung am 5. März 1943 war Bollinger in unterschiedlichen Positionen am Seminar für Philosophie beschäftigt, dank der Unterstützung von Max Müller zunächst als Volontärassistent des Philosophieprofessors Martin Honecker, der einen durch das Badische Konkordat von 1932 konfessionell gebundenen Lehrstuhl bekleidete. Mit dem plötzlichen Tod Honeckers am 20. Oktober 1941 verlor Bollinger zunächst den Betreuer seiner Doktorarbeit. Gleichwohl schloss er die Promotion am 24. Juni 1942 mit einer philosophischen Dissertation zum Thema *Das Vorlogische in der Erkenntnis bei Max Scheler* mit der Gesamtnote „gut" ab. Ab Juni 1942 war er als wissenschaftliche Hilfskraft am Seminar für Philosophie und Erziehungswissenschaft, wie die Einrichtung dann hieß, tätig. Zum 1. September 1942 wurde der Lehrstuhl mit Robert Heiß (Köln) wiederbesetzt, aber zum Lehrstuhl für Psychologie umgewidmet und seines konfessionellen Charakters entkleidet. Dies geschah wohl nicht zuletzt auch auf Betreiben Heideggers, der eine Philosophie auf christlicher Grundlage ablehnte. Bollinger blieb zwar weiterhin als Hilfskraft tätig, scheint jedoch kein enges Verhältnis zu seinem neuen Vorgesetzten entwickelt zu haben. Dank seiner Anstellung an der Universität erhielt er einen kostenlosen Hörerschein und konnte sein Studium in den Fächern Geschichte, Germanistik und Latein mit dem Ziel des Staatsexamens fortsetzen, das er im Frühjahr 1943 abschließen wollte.

Weihnachtspause 1942/43: Anwerbung für die Weiße Rose

Doch wie fand Bollinger zum Kreis der Weißen Rose und wie brachte er sich für deren Anliegen ein? Die Wurzeln führen an die Saar und in die Weihnachtspause 1942/43. Diese Tage verbrachte Heinrich Bollinger bei seiner Familie. Als Besucher stellte sich Willi Graf ein. Heinrich und sein jüngerer Bruder Willi kannten ihn als Mitstreiter im Bund Neudeutschland aus Jugendtagen an der Saar. Graf studierte unterdessen in München Medizin, war mit Hans Scholl und Alexander Schmorell befreundet und ebenso wie diese seit Ende Juli zur dreimonatigen Feldfamulatur an der Ostfront eingesetzt gewesen. Graf suchte die Begegnung und den Austausch mit früheren Mitgliedern des Bundes Neudeutschland, insbesondere aber traf er sich mehrfach um den Jahreswechsel 1942/43 mit den Brüdern Bollinger, um sie für die Mitarbeit bei der Weißen Rose zu gewinnen, da die Münchener Gruppe ihre Aktivitäten seit November 1942 durch Zellenbildung an Hochschulen in andere Regionen auszudehnen versuchte. Bei den beiden Bollingers sowie Helmut Bauer und Rudi Alt war Grafs Werben letztlich erfolgreich. Willi Bollinger beispielsweise nutzte seine frühere Tätigkeit als Sanitätsobergefreiter in der Schreibstube des Reservelazaretts Heilig-Geist in Saarbrücken, um Waffen aus dem Besitz eingelieferter Kranker zu beschaffen und Dokumente für den Kreis der Weißen Rose zu fälschen.

Intensivierung der Aktivitäten

Ende Januar 1943 traf Graf noch einmal mit den Brüdern Bollinger zusammen. Eine Woche, nachdem in München Gauleiter Paul Giesler am 13. Januar 1943 in einer Pflichtversammlung von Studierenden im Deutschen Museum in München die anwesenden Studentinnen aufgefordert hatte, das Studieren aufzugeben und stattdessen „fleißig zu gebären", womit er für heftige Entrüstung auch im Kreis der Weißen Rose gesorgt hatte, brach Graf zu einer Rundreise in den Westen auf. Sie führte ihn in der Zeit vom 20. bis 24. Januar nach Köln und Bonn, Saarbrücken, Freiburg und Ulm. Zunächst versuchte er — erfolglos — den Kreis der Gleichgesinnten im Rheinland zu erweitern. Dann traf er noch einmal in Saarbrücken mit Willi Bollinger zusammen und stattete ihn mit einem Vervielfältigungsapparat zur Herstellung von Flugblättern sowie mit Abzügen des fünften Flugblattes der Weißen Rose aus, das in München in etwa 6000 bis 9000 Exemplaren hergestellt worden war und über München hinaus auch in Augsburg, Stuttgart, Frankfurt am Mainz, Salzburg, Wien und Linz verbreitet wurde. In Freiburg, Grafs nächster Station, wollte er zwar am 23. Januar Heinrich Bollinger treffen, fand aber nur Helmut Bauer vor. Von Bauer erfuhr Graf, dass Bollinger just am selben Tag den vormaligen Philosophiedozenten Max Müller in Ulm aufgesucht hatte, der inzwischen als Dienstverpflichteter eine Abteilung des Arbeitsamts Ulm leitete. Mit ihm stand Bollinger „seit Frühjahr 1939 in ununterbrochener engster Beziehung". Müller hatte als „Vertreter der geistigen Widerstandsbewegung" einen Kreis christlicher und antinationalsozialistischer Studenten um sich gesammelt, wie Bollinger im Herbst 1945 bezeugte.[3] Bei seinem Besuch in Ulm Ende Januar 1943 wollte er mit Müller über „Widerstandsmöglichkeiten" sprechen.[4] Weil dieser jedoch davon überzeugt war, dass noch wenigstens zwei Jahre Rüstungsgüter produziert werden könnten, das Ende des Krieges also noch nicht bevorstand, riet er Bollinger von Widerstandsaktivitäten zu diesem Zeitpunkt ab.

Willi Graf indessen traf auf der Rückreise von Freiburg nach München am 24. Januar in Ulm mit Heinrich Bollinger und dem ihm noch nicht persönlich bekannten Müller zusammen. Politik war bei dieser Begegnung kein Thema. Als jedoch Bollinger nachts Graf alleine zum Bahnhof brachte, übergab Graf ihm das jüngste — fünfte — Flugblatt der Weißen Rose (*Aufruf an alle Deutsche*) und bat Bollinger um Vervielfältigung und Verbreitung. Ganz

---

3 Universitätsarchiv Freiburg E 3/772: Erklärung (Abschrift), 8.11.1945.
4 Dr. Heinz Bollinger, helmut bauer — opfer des widerstandes. Ein Nachtrag zum „hirschberg", Sonderheft 9/10 1963, in: hirschberg. monatsschrift des bundes neudeutschland, Jg. 17 (1964) 2, S. 36 f., hier S. 36.

im Sinne Müllers hielt Bollinger die Verteilung noch für verfrüht. In der Stadt Freiburg herrsche „noch nicht die Atmosphäre" dazu. Seine Meinung teilte er Graf unverblümt mit: „Ich habe wörtlich gesagt, es müssen noch viel mehr Bomben fallen, bis dieses blöde Volk etwas kapiert."[5]

Nach Freiburg zurückgekehrt, überlegten Heinrich Bollinger und die saarländischen Freunde in Freiburg, Helmut Bauer und Rudi Alt, bei einem Kneipenabend in den letzten Januartagen, wie sich die Flugblätter in die Öffentlichkeit bringen ließen. Aufgrund seiner Kriegsverletzungen, die ihm besondere Vergünstigungen und Privilegien beim Transport gewährten, erwog Alt, die Flugblätter im Reich zu transportieren. Doch dann überschlugen sich die Ereignisse: „In Deutschland wird bekannt, dass Stalingrad von den Russen genommen sei. Eine Nachricht von großer Bedeutung", notierte Willi Graf am 3. Februar 1943.[6] Die Anzeichen einer Niederlage hatten sich schon den ganzen Winter verdichtet, und dementsprechend nervös reagierten die Behörden. Die Münchener Weiße Rose nutzte die Unruhe und lancierte umgehend das letzte Flugblatt (*Kommilitoninnen! Kommilitonen!*) als Aufruf zu „Freiheit und Ehre",[7] bis schließlich die Geschwister Scholl und Christoph Probst hingerichtet wurden und die Gestapo intensiv nach Mittätern, Unterstützern und Mitwissern fahndete. Bollinger verbrachte diese Tage gemeinsam mit Helmut Bauer und Werner Reinert, einem gleichfalls dem saarländischen Kreis von Neudeutschland zugehörigen Studienfreund, der — wie schon häufiger — als Soldat auf Genesungsurlaub zu Besuch in einer Hütte in Breitnau im Schwarzwald gekommen war. Dort erfuhr er durch das Abhören ausländischer Sender von den Hinrichtungen.

Im Visier der Gestapo
Bald führten die Spuren der Münchener Ereignisse auch nach Freiburg. Auf welchen Wegen Heinrich Bollingers Verbindungen zur Weißen Rose ins Visier der Gestapo gerieten, ist bis heute nicht geklärt. Am Morgen des 5. März erkundigten sich zwei Gestapobeamte bei seiner Vermieterin, Frau Kistner, in der Schwarzwaldstraße 80 nach ihm. Geistesgegenwärtig ließ sie die Beamten wissen, Bollinger sei bereits an der Universität, aber am Abend wieder anzutreffen. Tatsächlich war Bollinger an diesem Morgen noch in

---
5 Heinrich Bollinger 1983, zitiert nach Klaus-Michael Mallmann/Gerhard Paul: Das zersplitterte Nein: Saarländer gegen Hitler. Widerstand und Verweigerung im Saarland 1935–1945, Bd. 1, hrsg. von Hans-Walter Herrmann, Bonn 1989, S. 39.
6 Anneliese Knoop-Graf/Inge Jens (Hrsg.): Willi Graf. Briefe und Aufzeichnungen, Frankfurt/M. 1988, S. 104.
7 Inge Scholl: Die Weiße Rose, 10. Aufl. 2003, S. 95.

seiner Mansarde und ließ auf die Nachricht seiner Vermieterin hin alle belastenden Materialien verschwinden. Allerdings musste er feststellen, dass Helmut Bauer an diesem Morgen bereits verhaftet worden war. Umgehend sandte er Werner Reinert als Kurier zu seinem Bruder Willi, um ihn über die bevorstehende Verhaftung zu informieren, woraufhin Willi alle Relikte seiner Tätigkeit in die Saar warf.[8]

Mitwisserschaft statt Mittäterschaft – eine gelungene Camouflage
Am Abend des 5. März 1943 erschienen die Beamten noch einmal in der Schwarzwaldstraße, nahmen Heinrich Bollinger „wegen Verdachts der Vorbereitung zum Hochverrat bzw. Verbrechens nach § 139 RStGB. vorläufig" fest und überstellten ihn in das Gerichtsgefängnis II in Freiburg.[9] Akribisch listeten sie die wenigen Gegenstände auf, die er in die Haft mitgenommen hatte, darunter auch ein Gebetbuch. Nach dreitägiger „Schutzhaft" sollte er am 8. März zur Untersuchungshaft in das Hausgefängnis der Staatspolizeistelle München überstellt werden. Von dort am 24. März ins Gerichtsgefängnis Neudeck gebracht, erwartete er den Prozess. In vielstündigen Vernehmungen seit seiner Verhaftung versuchten die Ermittler vor allem seine Motive, seine tatsächlichen Aktionen und seine Kontaktnetze in Erfahrung zu bringen.

Die Protokolle zeichnen dabei das Bild eines jungen Mannes, der den Anwerbungsversuchen von Willi Graf für die Verbreitung von Flugblättern der Weißen Rose wegen fehlender „Gesinnungsidentität" widerstanden habe, weil seinem Verständnis nach „die Aufgaben des Christen rein religiöser Art seien".[10] Die Vernehmungen kreisten zunehmend um das Kontaktnetz Bollingers, insbesondere in Freiburg. Seine Verteidigungsstrategie ging letztlich auf: Es gelang ihm, sich als ängstlichen Mitwisser darzustellen, der seine von Graf erlangten Kenntnisse über die Weiße Rose nicht angezeigt hatte, weil er nicht in die Sache hineingezogen werden wollte. Darüber hinaus gestand er nur ein, gelegentlich ausländischen Rundfunk gehört zu haben. So-

---

8 Die Gestapo wurde daher erst spät auf das Wirken von Willi Bollinger aufmerksam und verurteilte ihn am 3. April 1944 zu drei Monaten Gefängnis. Die geringe Strafe macht deutlich, dass das ganze Ausmaß seiner Aktivitäten für die Weiße Rose nicht ermittelt wurde; vgl. Mallmann/Paul, Das zersplitterte Nein (wie Anm. 5), S. 41.
9 BArch, R 3017/29704, Akten betr. Heinrich Bollinger, S. 2, Geheime Staatspolizei, Staatspolizeistelle München, 6.3.1943.
10 BArch, R 3017/29704, Akten betr. Heinrich Bollinger, S. 18, Geheime Staatspolizei, Staatspolizeistelle München, München, 9.3.1943.

mit blieb Bollinger in den Prozessverhandlungen vom 19. April 1943 eine Nebenfigur.

Was die Prozessakten nicht erzählen

Doch wie konnte eine derartige Selbststilisierung unerkannt bleiben, wie sie in den Ermittlungsakten der Gestapo und des Volksgerichtshofs überliefert ist? Drei Umstände trugen dazu bei: Erstens haben Gestapo und Justizbehörden im Falle Bollingers nur unvollständig und teilweise bemerkenswert dilettantisch ermittelt, wenn man insbesondere an die ersten Nachforschungen am Morgen des 5. März bei seiner Vermieterin denkt. Vom vermeintlichen Allwissen der Gestapo kann im Falle Bollingers also nicht die Rede sein. Zweitens konnte der selber erst im Winter 1942/43 zum Kern der Weißen Rose gestoßene Willi Graf in seinen Vernehmungen Bollinger durch seine Aussagen umfassend schützen, indem er den Eindruck erweckte, Bollinger habe sich der Verteilung von Flugblättern widersetzt. Und drittens setzte ein Gestapobeamter Bollinger während eines Gefangenentransports über die Aussagen von Mitangeklagten soweit ins Bild, dass er seine eigenen Darstellungen darauf abstimmen konnte.

Das Zusammenwirken all dieser Umstände führte letztlich zu einem vergleichsweise milden Urteil. Bollinger kam mit dem Leben davon, wurde allerdings zu sieben Jahren Zuchthaus verurteilt. Darüber hinaus entzog ihm das Gericht die Bürgerehre, woraus auch der Verlust des Doktortitels folgte. Das eigentliche Ausmaß seiner Mittäterschaft und seiner weltanschaulichen Differenz blieben dem Gericht verborgen.

Tatsächlich, so betonte Bollinger wiederholt in schriftlichen Zeugnissen und Interviews in der Nachkriegszeit, hatte er sich bereits im November 1941 zum aktiven, notfalls bewaffneten Widerstand entschlossen und selbst den Tyrannenmord nicht abgelehnt. Im Freiburger Umfeld hatte er nach Gleichgesinnten gesucht. Nach den ersten Niederlagen in Russland sei dann in diesem Kreis die Hoffnung auf eine „Invasion der Alliierten" gewachsen, weil sie die deutschen Generäle zum Waffenstillstand und zur Beendigung der nationalsozialistischen Herrschaft motivieren würde. Über seinen Bruder habe er sich eine Waffe besorgt, die dazu dienen sollte, an dem ersehnten „Tag X zu verhindern, daß die Nazis noch ein Blutbad anrichten".[11] Zum Freiburger Zirkel zählten die Saarbrücker Freunde Helmut Bauer und Rudi Alt sowie Joseph Epp (*1916) und Monsignore Alois Eckert (1890–1969), Leiter des Caritasverbandes Freiburg, der mit Sachmitteln half.

---

11 Heinrich Bollinger 1983, zitiert nach Mallmann/Paul, Das zersplitterte Nein (wie Anm. 5), S. 35.

Heinrich Bollinger (1916–1990)

Der Rektor
der Albert-Ludwigs-Universität   22.Juli 1943

No. 5771

      I. Heinrich Bollinger aus Saarbrücken, der früher als wissenschaftliche Hilfskraft am Seminar für Philosophie und Erziehungswissenschaft beschäftigt war, ist durch den Volksgerichtshof, 1.Senat, unterm 28.April 1943 zu sieben Jahren Zuchthaus und zum Verlust der Bürgerehre für die gleiche Zeit verurteilt worden, weil er hochverräterische Umtriebe, von denen er Kenntnis erhalten hatte, nicht zur Anzeige brachte und fremde Rundfunknachrichten abhörte.

      Auf Grund dieses Urteils wird festgestellt, daß B o l l i n g e r die Befugnis zur Führung des ihm unterm 24.Juni 1942 von der Philosophischen Fakultät der Universität Freiburg verliehenen Titels eines Doktors der Philosophie nach § 33 des Reichsstrafgesetzbuches für dauernd verloren hat. Ein Rechtsmittel ist dagegen nicht gegeben.

      II. Zustellung an Herrn Heinrich Bollinger durch Vermittlung der Geschäftsstelle des Volksgerichtshofes, 1.Senat,Berlin.

          III. Der Philosophischen Fakultät
              zur Kenntnis.

          IV. Nachricht hiervon der Ortspolizeibehörde,Saarbrücken, Bollinger ist dort am 23.April 1916 geboren.

          V. Vermerk auf Diplom und im Promotions-Buch.

          VI. W.V.mit Zustellungsurkunde.

Am 22. Juli 1943 wird Heinrich Bollinger vom Rektor der Albert-Ludwigs-Universität Freiburg die Doktorwürde entzogen.

Haftzeit

Die Haftzeit verbrachte Bollinger nach mehreren Zwischenstationen ab Mitte Mai 1943 als Häftling Nr. 12043 im Zuchthaus Ludwigsburg mit Tütenkleben und mit bibliothekarischen Aufgaben, bevor er wegen des Vorrückens der amerikanischen Truppen am 12. April 1945 vorzeitig entlassen wurde. Die äußerliche Bilanz seiner Haftjahre zog Joseph Ruby, ein Freiburger Katholik, im Oktober 1945: „Im Zuchthaus zugezogene gesundheitliche Schäden[;] Allgemeines Herunterkommen." Dazu kamen zwei Jahre Verdienstausfall und die Unterbrechung des Staatsexamens.[12]

Der gleichfalls am 19. April 1943 verurteilte Helmut Bauer wurde in der Haft zeitweilig als Arzthelfer auf einer infektiösen Station des Zuchthauses auf dem Hohenasperg herangezogen, auf der Patienten ermordet wurden. Er überstand zwar gleichfalls die Haftzeit, verstarb aber 1952 an den Folgen einer Infektion und Haftpsychose, die er sich in dieser Umgebung zugezogen hatte.

Ausblick auf die Nachkriegsjahre

Nach der Entlassung aus der Haft nahm Heinrich Bollinger im Mai 1945 seine Tätigkeit als wissenschaftliche Hilfskraft am Seminar für Philosophie und Erziehungswissenschaft wieder auf. In der ersten Jahreshälfte 1947 firmierte er als Verwalter am Lehrstuhl für Philosophie, bis dann wiederum Max Müller, nunmehr selber Professor am Institut, seine Einstellung als wissenschaftlicher Assistent erfolgreich betrieb, ein Ansinnen, das auch Robert Heiß – nunmehr Dekan – befürwortete. Als weitere Stationen folgten zum 1. April 1950 die Ernennung zum Studienrat, die Verbeamtung auf Lebenszeit und die Anstellung an einer Lehrerbildungsanstalt, der Pädagogischen Akademie Lörrach, schließlich 1966 eine Professur für Philosophie an der Pädagogischen Hochschule Lörrach. Diese Position hatte er bis zum Eintritt in den Ruhestand 1981 inne.

Die französische Besatzungsmacht hatte Bollinger bald nach Kriegsende in die Reihe der *Victimes allemandes du nazisme* aufgenommen. Die Erste Strafkammer des Badischen Landgerichts in Freiburg hob im August 1950 das Urteil des Volksgerichtshofs gegen ihn auf und erkannte damit seine „aus politischen und weltanschaulichen Gründen aus Gegnerschaft zum Nationalsozialismus" begangene Handlungen an. Das Landesamt für Wiedergutmachung gestand ihm „wegen Schadens im beruflichen Fortkommen" eine

---

12 Staatsarchiv Freiburg (StA FR), F196/1, 1211, Bd. 1, S. 1: Badische Landesstelle für die Betreuung der Opfer des Nationalsozialismus, Zweigstelle Freiburg im Breisgau, 5. Oktober 1945.

Entschädigung zu.[13] Ein unangepasster Geist, der sich kritisch gegenüber Kirche und Parteien zeigte, blieb Bollinger offenbar zeitlebens. Politisch war er am Aufbau der CDU in Baden beteiligt, wechselte dann aber in das Lager der SPD und schließlich zu den Grünen. Aus der katholischen Kirche trat er aus. Möglicherweise erschwerten auch zeitweilig derartige Grenzziehungen die öffentliche Erinnerung an seinen Beitrag für einen Freiburger Kreis der Weißen Rose. Heinrich Bollinger starb am 17. Juli 1990 in Freiburg.

Literatur

Bald, Detlef: Die „Weisse Rose". Von der Front in den Widerstand, Berlin 2004.
Blaha, Tatjana: Willi Graf und die Weiße Rose. Eine Rezeptionsgeschichte, München 2003.
Goergen, Peter: Willi Graf – Ein Weg in den Widerstand, St. Ingbert 2009.
Graf, Willi: Briefe und Aufzeichnungen, hrsg. von Anneliese Knoop-Graf und Inge Jens, Frankfurt/M. 1988.
Haumann, Heiko/Schadek, Hans (Hrsg.): Geschichte der Stadt Freiburg im Breisgau. Bd. 3: Von der badischen Herrschaft bis zur Gegenwart, Stuttgart 1992.
Kißener, Michael: Willi Graf. Von der Prägung eines widerständigen Katholiken (1933–1939), in: Michael Kißener/Bernhard Schäfers (Hrsg.): „Weitertragen". Studien zur „Weißen Rose". Festschrift für Anneliese Knoop-Graf zum 80. Geburtstag, Konstanz 2001, S. 11–24.
Mallmann, Klaus-Michael/Paul, Gerhard: Das zersplitterte Nein: Saarländer gegen Hitler. Widerstand und Verweigerung im Saarland 1935–1945, Bd. 1, hrsg. von Hans-Walter Herrmann, Bonn 1989.
Moll, Christiane (Hrsg.): Alexander Schmorell – Christoph Probst. Gesammelte Briefe, Berlin 2011.
Ott, Hugo: „Die Weiße Rose". Ihr Umfeld in Freiburg und München. Vortrag zur Eröffnung der Ausstellung „Die Weiße Rose. Gesichter einer Freundschaft" in der Universität Freiburg am 29. April 2004 (http:/kultour-innovativ.de/Rede%20OT.pdf).
Scholl, Inge: Die Weiße Rose, 10. Aufl. Frankfurt/M. 2003.
Schüler, Barbara: „Im Geiste der Gemordeten…": Die „Weiße Rose" und ihre Wirkung in der Nachkriegszeit, Paderborn 2000.
Vielhaber, Klaus (in Zusammenarbeit mit Hubert Hanisch und Anneliese Knoop-Graf): Gewalt und Gewissen. Willi Graf und die „Weisse Rose". Eine Dokumentation, Freiburg 1964.

Inzwischen erinnert auch ein animierter Comic an Heinrich Bollinger, der sich insbesondere an Schüler richtet (www.youtube.com/watch?v=xU8X_lkUo1A; Zugriff am 18.7.2017).

---

13 StA FR, F166/3, 123: 26.8.1950; F 166/3, 218, S. 127: 12.1.1965.

Roland Müller

Hans Gasparitsch (1918–2002) – vom Widerstand zur Erinnerungsarbeit

Am 26. Mai 2000, mehr als ein halbes Jahrhundert nach dem Ende der NS-Diktatur, erhielt Hans Gasparitsch das vom Bundespräsidenten verliehene Bundesverdienstkreuz Erster Klasse aus der Hand des Stuttgarter Oberbürgermeisters Wolfgang Schuster. Welch ein langer Weg für einen KZ-Häftling und Kommunisten, der seine politische Überzeugung nicht verleugnet hatte! Die gesellschaftliche Anerkennung des Widerstands kam für viele zu spät – und sie musste erkämpft werden. Hans Gasparitsch selbst hat dazu maßgebliche Beiträge geleistet: als Zeitzeuge, als Mitinitiator der sogenannten „Alternativen Stadtrundfahrten" in Stuttgart, als Impulsgeber der Gedenkstätte Oberer Kuhberg und als Präsidiumsmitglied der Lagergemeinschaft Dachau. Auch die Übergabe seines Nachlasses an das Stadtarchiv Stuttgart stellte er in diesen Kontext. Dank dieses Engagements ist Hans Gasparitsch zu einer der bekanntesten Persönlichkeiten des politischen Widerstands im Südwesten geworden. Publikationen, Interviews und Filme, zuletzt eine Kurzbiographie von Peter Poguntke dokumentieren die Verfolgung, der Hans Gasparitsch und seine Freunde ausgesetzt waren. Deshalb wird hier besonders auf sein Leben und Wirken nach der Befreiung eingegangen.

Jugendwiderstand und Verfolgung
Hans Gustav Robert Gasparitsch kam am 30. März 1918 in Stuttgart als einziges Kind des Schuhmachers Johann und der Näherin Elisabeth Gasparitsch zur Welt. Von 1924 bis 1928 besuchte er die Ostheimer Volksschule, anschließend die Stöckach-Realschule, die er nach vier Jahren aus finanziellen Gründen abbrechen musste. Obwohl der Vater 1926 seine Stelle verlor und die eigene Schuhmacherwerkstatt wenig abwarf, durfte der künstlerisch begabte Sohn, von dem bemerkenswerte Kinderzeichnungen und sogar ein Kompositionsversuch überliefert sind, Geigenstunden nehmen.[1]

---
1 Stadtarchiv (StadtA) Stuttgart, NL Gasparitsch (2127) Nr. 53: Aus meinem Schubladen gekramt. Typoskript, von H. G. zum 70. Geburtstag zusammengestellt, S. 7 ff.

Im „Roten Osten" in Stuttgart wuchs Gasparitsch ins Milieu der Arbeiterbewegung hinein, auch dank des Vaters, der als „Kriegshasser" aus dem Ersten Weltkrieg zurückgekehrt und zudem überaus belesen war. Im Arbeiterschwimmverein (ASV) lernte er Artur Göritz kennen, der später, 1938, zusammen mit Lilo Hermann hingerichtet werden sollte. Im Sommer 1930 und 1931 nahm Hans Gasparitsch an Zeltlagern des sozialistischen Jugendverbands „Rote Falken" teil; 1932 feierte er seine Jugendweihe bei den Freidenkern. Noch im selben Jahr begann der 14-Jährige eine Lehre als Schriftsetzer.

Der Machtantritt der Nationalsozialisten veränderte Gasparitschs Leben grundlegend. Schlag auf Schlag erfolgten das Verbot des ASV, die Beschlagnahme von Heimen und Sportstätten sowie Verhaftungen im Bekanntenkreis. Hans Gasparitsch und die Kameraden aus dem ASV wechselten zunächst zu einem bürgerlichen Sportverein und trafen sich weiterhin zu gemeinsamen Wanderungen. Doch der „Abscheu" gegen die Nazis und deren Methoden wuchs; den meisten um Gasparitsch genügte es nicht, „der Hitlerjugend fernzubleiben und frei und ledig die alten Lieder zu singen".[2] Der drei Jahre ältere Fritz Brütsch etwa sorgte für politische Schulung. Doch der Leiter der nun verbotenen Jungpioniere im kommunistischen Jugendverband wurde von den Nationalsozialisten noch im Jahr der „Machtergreifung" im KZ Heuberg inhaftiert.

Die bisher teilweise eher nonkonformistischen Jugendlichen politisierten sich. Sie nannten sich Gruppe „G" (Gemeinschaft), gaben sich Tarnnamen und wuchsen in den Widerstand hinein mit Strukturen der illegalen KPD. Aus Verweigerung wurde aktive Opposition, als sie begannen, illegale Flugschriften zu verfassen und zu verteilen. Jahre nach der NS-Zeit berichtete Hans Gasparitsch von diesen Aktivitäten: „Wir waren fröhlich, unbekümmert, naiv, politisch dumm. Wir haben unsere Wanderungen fotografiert, haben Alben angelegt." Dies wurde den jungen Leuten bald zum Verhängnis. Nach der erneuten Verhaftung von Fritz Brütsch Ende 1934 entschlossen sie sich zu einer „großen Sache". Die Politische Polizei sollte nicht erkennen, dass sie mit Brütsch den Kopf der Gruppe erwischt hatte. Hans Gasparitsch, der Schriftsetzerlehrling, pinselte am Abend des 14. März 1935 die Parolen „Rot Front!" und „Hitler = Krieg" auf die Sockel der Rossebändiger-Statuen im Stuttgarter Schlossgarten. Doch noch mit dem Farbkübel in der Hand lief er der Polizei in die Arme, die nun auch die Gruppe anhand der Fotoalben und eines Tagebuchs aufrollen konnte.

---

2 Fritz Kaspar: Hanna, Kolka, Ast und andere. Stuttgarter Jugend gegen Hitler, Tübingen 1994, S. 35.

Das Foto zeigt eine Wandergruppe mit Hans Gasparitsch (vorne Mitte), Franz Franz (links) und Karl Klenk (rechts), aufgenommen vermutlich im Sommer 1934.

Nach einjähriger Untersuchungshaft verhandelte das Oberlandesgericht Stuttgart vom 16. bis 25. März 1936 gegen 25 junge Leute wegen „Vorbereitung zum Hochverrat"; einige Mitglieder der Gruppe wurden in anderen Verfahren abgeurteilt. Zwar konnte das Gericht Gasparitsch und den jüngeren Gruppenmitgliedern nicht nachweisen, dass sie die vor allem von Fritz Brütsch geleistete kommunistische Beeinflussung erkannt hätten. Gleichwohl verurteilte es Gasparitsch unter Anrechnung der Untersuchungshaft zu zweieinhalb Jahren Gefängnis. Er sei, stellte das Gericht fest, „seit seiner frühesten Jugend mit den Ideen des Kommunismus vertraut und auch heute noch kommunistisch eingestellt". Das Urteil erfolgte wenige Tage vor Gasparitschs 18. Geburtstag. Andere, die zur Tatzeit bereits 18 Jahre alt und teilweise bereits in „Schutzhaft" gewesen waren, erhielten Zuchthausstrafen. Elisabeth Schikora wurde zu fünfeinhalb Jahren und Fritz Brütsch zu vier Jahren und vier Monaten verurteilt.[3]

Hans Gasparitsch verbüßte die Haft im Landesgefängnis Ulm. Am 17. Oktober 1937 schloss er einen Brief an die Eltern mit den Worten: „Auf Wiedersehen am nächsten Montag!" Doch es sollte anders kommen. Die Staatspolizeistelle verhängte „Schutzhaft" über den nun 19-Jährigen. Über Stuttgart und Welzheim wurde er am 15. November 1937 in das KZ Dachau „ver-

---

3 Anklageschrift und Urteil vgl. StadtA Stuttgart 2127, Nr. 34 und Nr. 35.

schubt". Als das Lager nach dem Überfall auf Polen von der Waffen-SS benötigt wurde, wurde Gasparitsch vom 27. September 1939 bis zum 2. März 1940 im KZ Flossenbürg mit seinen berüchtigten Steinbrüchen festgehalten. Zurück in Dachau, arbeitete er in verschiedenen Kommandos, ehe er als Lagerschreiber in eine herausgehobene Funktion gelangte. Am 25. Juni 1944 schrieb er nach Hause: „Wieder einmal müsst Ihr eine Adressenänderung erfahren, ohne dass ich Euch nähere Gründe angeben kann."[4] Tatsächlich sollte er, nachdem Aktivitäten der kommunistischen Häftlinge verraten worden waren, im KZ Buchenwald in ein Todeskommando verlegt werden. Doch dank der Unterstützung der politischen Häftlinge, die auch dort die Funktionsstellen besetzt hatten, kam er in ein Kommando, dessen Kapo sein Landsmann Willi Bleicher war. Auch die gefährliche Endphase der NS-Herrschaft überstand Gasparitsch, nicht zuletzt weil im KZ Buchenwald eine Räumung mit „Todesmärschen" verhindert werden konnte.

Hoffnungen und Enttäuschungen nach 1945
Im Mai 1945 kehrte Gasparitsch nach Stuttgart zurück, gewillt dem Schwur von Buchenwald Taten folgen zu lassen: „Die Vernichtung des Nazismus mit seinen Wurzeln ist unsere Losung. Der Aufbau einer neuen Welt des Friedens und der Freiheit ist unser Ziel." Einige Freunde hatten Krieg und Haft überlebt und knüpften nun – freilich unter anderen Bedingungen – an frühere Aktivitäten an. Unter Leitung von Fritz Brütsch gründeten sie die Schwäbische Volksjugend (SVJ), in deren Satzung es hieß:

> „Sie erstrebt auf demokratischer Grundlage die Umformung des Lebens unserer Jugend. Sie will die geistigen und praktischen Ursachen und Folgen des Faschismus und Militarismus überwinden."[5]

Angedacht war auch ein Schwäbischer Jugendverlag. Als Bewerber für die Lizenz trat Gasparitsch auf. Im Mitteilungsblatt *Freie Jugend* finden sich mit „H.G." gezeichnete Beiträge.

Die SVJ veranstaltete im Frühjahr 1946 prominent besetzte Tagungen sowie am 2. August 1946 eine Friedenskundgebung. Ende des Jahres 1946 erfolgte die Umbenennung in Freie Jugend-Gemeinschaft (FJG) und im Juli 1948 beschloss eine Landeskonferenz in Anwesenheit des FDJ-Vorsitzenden Erich Honecker die Umbenennung in Freie Deutsche Jugend. Damit war auch in der Jugendarbeit eine Formierung entlang der weltpolitischen Entwicklung im Kalten Krieg nachvollzogen.

---

4 StadtA Stuttgart 2127, Nr. 18.
5 StadtA Stuttgart 2127, Nr. 47.

Nach einem Intermezzo bei der Stuttgarter Kriminalpolizei hatte Hans Gasparitsch rasch einen Arbeitsplatz bei der *Denazification Divison* der US-Militärverwaltung gefunden. Einem Freund schrieb er: „Zufrieden bin ich allerdings nicht — das deutsche Volk schläft noch immer!"[6] Tatsächlich war das Interesse an Politik gering. In einem Polizeibericht Ende 1945 war beispielsweise von „völliger politischer Apathie" die Rede. Die „Entnazifizierung", nach dem Diktum des Historikers Lutz Niethammer eine „Mitläuferfabrik", wies zweifellos zahlreiche Mängel auf; viele Kritiker meinten indes die Entnazifizierung selbst. Als die Spruchkammern im Laufe des Jahres 1948 nach und nach aufgelöst wurden, stellte die Militärregierung ihre Aktivitäten weitgehend ein.

Hans Gasparitsch musste sich, ohne erlernten Beruf, nach einem Arbeitsplatz umsehen. Inzwischen hatte er am 23. November 1946 die sieben Jahre jüngere Kindergärtnerin Lilly Frank geheiratet und eine Familie gegründet. 1947 und 1954 kamen zwei Töchter zur Welt. Wohl aufgrund politischer Kontakte nutzte er die Chance, an der „Arbeiter- und Bauernfakultät" in Jena das Abitur zu erwerben. Anschließend studierte er, nachdem er einen Kurs für die „Weststudenten" in Berlin absolviert hatte, Journalistik am Institut für Publizistik und Zeitungswissenschaft der Karl-Marx-Universität Leipzig. Frau und Tochter kamen bald nach und 1951 wurde der Freund Albert Kapr als Professor für Schrift- und Buchgestaltung an die dortige Hochschule für Graphik und Buchkunst berufen. Auch Franz Franz aus der ehemaligen Gruppe „G" war bei der sogenannten „7-Schwaben-Kommune an der Pleiße" mit von der Partie.

Für Hans Gasparitsch erfüllte sich ein Traum; dem Onkel schrieb er im Juli 1951: „Ich gehe den Weg der Arbeiterschaft an der Seite der ruhmreichen russischen Revolutionäre, ihnen allen voran Lenin und Stalin."[7] Fritz Brütsch hingegen klagte aus Stuttgart: „Unser Schicksal hier ist erneut wie in Hitlers Tausend Jahre[n] […]. Nur etwas ist neu, die Freunde aus unserem Kreis haben nicht mehr die Kraft wie damals."[8] Am 12. August 1953 legte Gasparitsch seine Diplomarbeit über *Die Bedeutung der Arbeit der Zeitung „Freies Deutschland" (Moskau 1943–1945) für die antifaschistische Erziehung der deutschen Soldaten und Kriegsgefangenen* vor. Zwar konstatierte der Prüfer formale Mängel, aber entscheidend für die letztlich gute Beurteilung war der

---

6 StadtA Stuttgart 2127, Nr. 74.
7 StadtA Stuttgart 2127, Nr. 53: Aus meinem Schubladen gekramt, S. 43.
8 StadtA Stuttgart 2127, Nr. 72. Fritz Brütsch starb im März 1953 mit nur 38 Jahren.

Nachweis, „wie das ‚F.D.' an der Schaffung einer breiten deutschen antifaschistischen Bewegung unter den Kriegsgefangenen gearbeitet hat".[9]

In jenem Sommer 1953 kam es in der DDR zu Protesten gegen eine Erhöhung von Arbeitsnormen und Einschränkungen der Versorgung, die am 17. Juni gewaltsam niedergeschlagen wurden. Auch der Student Gasparitsch hatte am 23. Mai

> „als Genosse in Einzelaktion, weil die Parteigruppe an der Fakultät nicht mitmachte, gegen die verheerenden Maßnahmen protestiert [...]. Allerdings nicht gegen die Erhöhung der Arbeitsnormen [...], sondern gegen den Entzug der Lebensmittelkarten für den Mittelstand."[10]

Noch 1953 kehrte die Familie nach Stuttgart zurück. Ob dieser Schritt eine situative Entscheidung war oder ob er langfristig geplant war, ist offen. Jedenfalls übernahm Gasparitsch eine Stelle als Redakteur bei der *Volksstimme*, dem KPD-Organ. Im Rückblick schrieb er: „Doch aller Idealismus nützte nichts, die Arbeitermassen standen nicht zu den Kommunisten."[11] Zudem lief seit 1951 ein Verbotsverfahren gegen die KPD. Diese hatte sich zwar im März 1956 unter dem Eindruck des Wandels in Moskau zu den „verfassungsmäßigen Grundrechten und Freiheiten" bekannt, doch am 17. August 1956 verbot das Bundesverfassungsgericht die KPD.

Hans Gasparitsch geriet damit – wie viele andere Genossen auch – in eine existenziell gefährliche Lage. Einen Milchladen konnte das Ehepaar nur drei Jahre halten. Dann fand Gasparitsch mithilfe eines Freundes ein Auskommen als Bautechniker. Zusätzlich brachte er die Energie für ein Fernstudium auf, das er 1967 als Hochbauingenieur abschloss. So konnte er sich eine solide ökonomische Basis schaffen.

Hans Gasparitsch engagierte sich ungeachtet des KPD-Verbots für seine politischen Ziele. Er exponierte sich besonders, als er mit Kameraden zwischen 1956 und 1959 ein illegales Mitteilungsblatt der Bezirksgruppen Ost und Neckarland herausgab.[12] Ein öffentliches Aktionsfeld bot das Bündnis „Kampf dem Atomtod", nachdem Bundeskanzler Konrad Adenauer 1957 eine atomare Bewaffnung mit einem eigenständigen Zugriff der Bundesrepublik verlangt hatte. Gasparitsch war unter anderem Mitorganisator einer von zahlreichen Vereinen und Organisationen getragenen Kundgebung am 20. Mai 1957 im Stuttgarter Stadtteil Gablenberg.[13]

---

9 StadtA Stuttgart 2127, Nr. 4.
10 StadtA Stuttgart 2127, Nr. 68.
11 StadtA Stuttgart 2127, Nr. 53: Aus meinem Schubladen gekramt, S. 44.
12 StadtA Stuttgart 2127, Nr. 49; elf von 15 Heften sind im Nachlass überliefert.
13 StadtA Stuttgart 2127, Nr. 51.

Die Proteste der Anti-Atom-Bewegung gingen über in die Ostermarschbewegung. Auch hier war Gasparitsch über viele Jahre in vorderer Reihe aktiv, ebenso bei Demonstrationen gegen Rechtsextremismus, gegen die Berufsverbote in den 1970er-Jahren und gegen die sogenannte Nachrüstung in den 1980er-Jahren. Mehrfach trat er dabei mit anderen KZ-Überlebenden in Sträflingskleidung auf, so auch 1986 bei einer Blockade des Pershing-II-Depots in Mutlangen.

Im Zuge der gesellschaftlichen Veränderungsprozesse sowie des Erstarkens der NPD veränderten sich die Voraussetzungen für die Zulassung einer kommunistischen Partei – nicht als Wiederzulassung der KPD, sondern als Neugründung der Deutschen Kommunistischen Partei (DKP) am 22. September 1968. Gasparitsch stürzte sich sofort in die politische Arbeit, wie eine Fülle von – fast durchweg erfolglosen – Anträgen der Ortsgruppe Weilimdorf zur Grundsatzerklärung der Partei belegt.[14]

Hans Gasparitsch war kein dogmatischer Parteisoldat. Intern hatte er schon in den 1950er-Jahren Intoleranz beklagt. Bei Besuchen in der DDR und bei einer ersten Reise in die Länder des real existierenden Sozialismus, die ihn 1972 über Polen in die Sowjetunion führte, sparte er bei aller Sympathie nicht mit Kritik.[15] Den Einmarsch von Truppen des Warschauer Pakts 1968 in die Tschechoslowakei nannte er „die schlimmste Katastrophe in der Nachkriegsentwicklung des sozialistischen Lagers". Damit, so Gasparitsch, sei die letzte Chance zum Aufbau des „Sozialismus von unten" vertan worden.

> „Und wir Kommunisten in der BRD [...] werden uns davon nicht mehr erholen. Doch je aussichtsloser die Weltlage wird, umso mehr versuche ich mitzuhelfen, die heutige Jugend über die Vergangenheit aufzuklären."[16]

Erinnerungspolitische (Jugend-)Arbeit als Zeitzeuge

Als in den 1970er-Jahren mit den Fragen nach Tätern und Opfern der NS-Zeit auch das Interesse an Zeitzeugen erwachte, sah Hans Gasparitsch darin seine Chance und Aufgabe: „Wenn es einen Sinn gab, diese Lager zu überleben, dann den, an die Jugend unsere Erfahrungen von Solidarität und Zusammenhalt weiterzugeben."[17] Dementsprechend übernahm er eine Vielzahl von Vorträgen, Führungen und Schulbesuchen.

---

14 StadtA Stuttgart 2127, Nr. 48.
15 StadtA Stuttgart 2127, Nr. 5.
16 StadtA Stuttgart 2127, Nr. 74; ähnlich: StadtA Stuttgart 2127, Nr. 53: Aus meinem Schubladen gekramt, S. 66.
17 Teckbote vom 10.5.1988.

1980 initiierte er mit Alfred Hausser, dem langjährigen Landesvorsitzenden der Vereinigung der Verfolgten des Naziregimes – Bund der Antifaschisten (VVN-BdA), nach Hamburger Vorbild die „Alternativen Stadtrundfahrten" in Stuttgart, um die Zeitzeugenberichte an den Orten von Widerstand und Verfolgung anschaulich zu gestalten.[18] Weil das städtische Verkehrsamt stets abgelehnt hatte, das Mahnmal für die Opfer der NS-Gewaltherrschaft in seine Führungen einzubeziehen, wandten sie sich an den Stadtjugendring. Dieser übernahm die Organisation und später, als das Alter von den Zeitzeugen zunehmend seinen Tribut forderte, die Rundfahrten selbst. Gasparitsch blieb als jüngster der Zeitzeugen lange aktiv, wobei die Arbeit für eine KZ-Gedenkstätte auf dem Oberen Kuhberg in Ulm zunehmend in den Mittelpunkt seines Engagements rückte.

Nach der Schließung des Lagers Heuberg zugunsten der Wehrmacht hatte die Politische Polizei im November 1933 in den Anlagen der ehemaligen Bundesfestung in Ulm ein regionales Konzentrationslager für Württemberg eingerichtet, das bis Juli 1935 bestand. Zunächst bemühte sich die 1948 gegründete KZ-Lagergemeinschaft Heuberg-Kuhberg-Welzheim um ein angemessenes Erinnern. An der Gründung eines Kuratoriums „Mahn- und Gedenkstätte Oberer Kuhberg", dem auch Repräsentanten des politischen und gesellschaftlichen Lebens angehörten, wirkte Hans Gasparitsch 1971 als Schriftführer mit. Daraus ging 1977 der Verein „Dokumentationszentrum Oberer Kuhberg Ulm e. V. – KZ-Gedenkstätte" (DZOK) hervor, dessen Vorsitz Gasparitsch fünf Jahre später als Nachfolger des Dachauer Mithäftlings Julius Schätzle übernahm. Drei Jahre später war mit der Eröffnung der Gedenkstätte am 19. Mai 1985 das erste Ziel erreicht. Gasparitsch erklärte: „Das Vermächtnis der unzähligen Opfer der braunen Tyrannei hat hier [...] eine neue Heimstatt gefunden."[19]

Die Eröffnung war freilich nur ein Anfang: Ausstellung und Gebäude erforderten weitere Anstrengungen, die Arbeit sollte professionalisiert werden. Den Anspruch, das Zentrum für die NS-Geschichte in der Region Ulm zu sein, untermauerte Silvester Lechner 1988 mit dem ersten Band einer neuen Schriftenreihe. Er sollte 1991 als erster hauptamtlicher Mitarbeiter der Gedenkstätte eine Fünfzigprozentstelle antreten. Hans Gasparitsch reichte am 12. Mai 1990 den Stab weiter, blieb aber dem DZOK als Ehrenvorsitzender verbunden.

---

18 Vgl. StadtA Stuttgart 2127, Nr. 57.
19 StadtA Stuttgart 2127, Nr. 59.

Hans Gasparitsch bei einer Führung in der Gedenkstätte Oberer Kuhberg im Jahr 1994.

Wende

Sein Weltbild, bilanzierte Hans Gasparitsch um die Jahrtausendwende, hatte mit dem Zusammenbruch des sozialistischen Lagers 1989/90 einen Schlag erlitten. Seiner grundsätzlich kritischen Sicht blieb er jedoch treu. Er kritisierte das „Plattwalzen durch den Kapitalmacht-Apparat" sowie die Haltung von SPD und Gewerkschaften. Als Ursache der Umwälzung erkannte er hingegen „ganz allein" das Versagen des real existierenden Sozialismus.[20] Empört war Gasparitsch über eine Neubewertung des kommunistischen Widerstands, die im Streit um die Rolle der kommunistischen Funktionshäftlinge vor allem im KZ Buchenwald kulminiert war. Die Kontroverse hatte sich an der Bewertung jener Maßnahmen entzündet, die Rettungswiderstand ermöglicht, aber gleichzeitig andere Häftlinge preisgegeben hätten. Hans Gasparitsch, seit 1992 auch Vizepräsident der Lagergemeinschaft des KZ Dachau, warnte vor einer Relativierung der NS-Verbrechen, forderte eine Einbeziehung der Lagergemeinschaften in die konzeptionelle Arbeit der Gedenkstätten und wandte sich gegen eine Interpretation des Begriffes Antifaschismus als ideologisches Konstrukt. Er verwies auf seine eigene Biographie: „Ich wollte kein Held werden. Im KZ bin ich von kommunistischen

---

20 StadtA Stuttgart 2127, Nr. 75.

Häftlingen behütet worden. Ihnen danke ich mein Leben. Durch sie wurde ich Antifaschist, der ich geblieben bin."[21]

Als Gasparitsch Anfang 1994 erfuhr, dass ein ehemaliger sowjetischer Kriegsgefangener ihn als „Helfershelfer der Lageradministration" beschrieben hatte, musste er sich mit der eigenen Rolle als Funktionshäftling auseinandersetzen. Er gelangte dabei zu einer differenzierten Einschätzung:

> „Aber beim weiteren Überlegen wurde mir klar, dass von der Sicht der meisten Häftlinge, vor allem der Russen, Polen und Juden, die am härtesten und grausamsten von den Verfolgungs- und Ausrottungsmaßnahmen der SS betroffen waren, wir Lagerfunktionäre für sie Handlanger der SS-Leitung waren. Wir mussten die Kameraden zur Arbeit, zur Vernehmung, zur Bestrafung, zu den Überstellungen in andere Lager, zur Kommandantur oder ans Tor oder in den Bunker bringen."[22]

Es wird Gasparitsch damals eine Genugtuung gewesen sein, dass 1994 im Silberburg-Verlag die Geschichte der Gruppe „G" erscheinen konnte. Zuerst als Gemeinschaftswerk unter dem Kunstnamen „Fritz Kaspar" geplant, hatten, nachdem die beiden früheren Mitstreiter Fritz Brütsch und Franz Franz gestorben waren, Hans Gasparitsch und Albert Kapr Ende der 1950er-Jahre das Werk fast allein verfasst, das 1960 in der DDR veröffentlicht wurde. In der Bundesrepublik hatte sich jedoch vor der Wende kein Verleger gefunden; lediglich zwei Raubdrucke waren hier erschienen. Auch biographische Filme entstanden. Nachdem 1991 aus einem Projekt an der Jörg-Rathgeb-Schule der 23-minütige Film *„Micha" – Ein Stuttgarter Jugendlicher im Widerstand gegen den Nationalsozialismus* hervorgegangen war, entstand auf Basis eines Gesprächs mit Silvester Lechner 1999 der 40-minütige Film *Ich bin ja jetzt der letzte*. Die Stuttgarter Journalistin Annegert Bock schrieb dazu:

> „Befremdlich für manche ist sicherlich die Tatsache, dass Gasparitsch im Film diese KZ-Jahre nicht als Martyrium schildert. Er denkt eher wehmütig an den Zusammenhalt und die Menschlichkeit in der Lagergemeinschaft zurück. Dem Arbeiterjungen, einem Einzelkind aus Stuttgart-Ostheim, wurden die kommunistischen Mithäftlinge offenbar zur Ersatzfamilie."[23]

Zwei Jahre nach der Verleihung des Bundesverdienstkreuzes ist Hans Gasparitsch nach schwerer Krankheit am 13. April 2002 in Stuttgart gestorben.

---

21 ANTIFA, Heft 7/1994, S. 24.
22 StadtA Stuttgart 2127, Nr. 69.
23 Stuttgarter Zeitung vom 21.4.1999.

Literatur

Burkhardt, Bernd: Hitler = Krieg. Jugend im Widerstand — die Stuttgarter Gruppe „G", in: Stuttgart im Dritten Reich. Anpassung, Verfolgung, Widerstand. Die Jahre 1933 bis 1939, hrsg. vom Projekt Zeitgeschichte im Kulturamt der Landeshauptstadt Stuttgart, Stuttgart 1984, S. 379—387.

„Ich bin ja jetzt der Letzte ..." [Video mit Begleitheft]: Arbeiterkultur, Jugendwiderstand, Konzentrationslager; Hans Gasparitsch, geboren 1918, erzählt ...; Film von Silvester Lechner und Roland Barth, Dokumentationszentrum Oberer Kuhberg Ulm e. V. 1999.

Kaspar, Fritz: Die Schicksale der Gruppe „G". Nach Aufzeichnungen und Briefen, Berlin [Ost] 1960.

Kaspar, Fritz: Hanna, Kolka, Ast und andere. Stuttgarter Jugend gegen Hitler, Tübingen 1994.

Poguntke, Peter: Hans Gasparitsch (1918—2002). Unbeugsam im Widerstand, in: Stuttgarter Lebenswege im Nationalsozialismus. Sieben Biographien, hrsg. von Peter Poguntke, Konstanz 2015, S. 144—163.

www.geschichtsort-hotel-silber.de/virtueller-ort/1945-1984-die-polizei-bleibt-im-silber-/hans-gasparitsch-widerstandskaempfer (Zugriff am 16.10.2016).

Christopher Dowe

Die „Geislinger Weiberschlacht" – Mütter im Kampf um ihre Kinder

Mit Geislingen verbinden die meisten Menschen sicherlich die am Aufstieg auf die Schwäbische Alb gelegene Stadt, durch die mit der Eisenbahnlinie Stuttgart–Ulm–München eine zentrale europäische Verkehrsachse läuft. Dass sich etwa 80 Kilometer weiter südwestlich bei Balingen eine weitere, ebenfalls am Fuß der Schwäbischen Alb gelegene württembergische Gemeinde namens Geislingen befindet, ist weniger bekannt. Dabei vollzogen sich hier während des Zweiten Weltkrieges Ereignisse, die für die Beschäftigung mit dem Nationalsozialismus von generellem Interesse sind. Denn der Blick auf die sogenannte „Geislinger Weiberschlacht" ermöglicht es, Handlungsspielräume in der Diktatur aufzuzeigen, kollektives, öffentliches Vorgehen von Frauen in der Kriegsgesellschaft zu beleuchten und für den ländlichen Raum ähnliche Verhaltensweisen aufzuzeigen, wie sie beispielsweise für Berlin als „Rosenstraßen-Protest" erinnert werden. In der Reichshauptstadt hatten ab Ende Februar 1943 Hunderte von Frauen tagelang öffentlich im Kollektiv die Freilassung ihrer als „Halbjuden" in der Rosenstraße inhaftierten Männer gefordert. Während die Berliner Ereignisse durch zahlreiche Bücher und nicht zuletzt durch Margarethe von Trottas filmische Darstellung (*Rosenstraße*, 2003) international bekannt wurden, vollzog sich das Erinnern an die Geislinger Ereignisse über Jahrzehnte nur vor Ort und innerfamiliär im Kreise der Alteingesessenen. Erst anlässlich des 70. Jahrestages arbeiteten Ehrenamtliche und Verantwortliche der Stadt die Geschehnisse im Jahr 1941 auf. Sie führten 2011 zahlreiche Veranstaltungen zur „Geislinger Weiberschlacht" durch und dokumentierten ihre Erkenntnisse mit der Unterstützung der Historikerin Annegret Hägele in einer ansprechenden Broschüre.[1]

---

[1] Die folgende Darstellung der Ereignisse beruht auf Annegret Hägele: Die „Geislinger Weiberschlacht" 1941. Frauen im Aufstand gegen die NS-Kindergartenpolitik, Geislingen 2011.

Was geschah 1941 in Geislingen bei Balingen?
Am Montag, den 1. Dezember 1941, überschlugen sich in Geislingen bei Balingen, das in Friedenszeiten etwa 2000 Einwohner zählte, die Ereignisse. Früh am Morgen waren zahlreiche Bewohner der katholischen Gemeinde zum Requiem in die Kirche gegangen, um für Schwester Gilda zu beten, die nach langer Krankheit zwei Tage zuvor feierlich zu Grabe getragen worden war. Die Vinzentinerin hatte 22 Jahre lang vor Ort gewirkt und war zuletzt Oberin der Geislinger Schwesternstation der Kongregation der Barmherzigen Schwestern vom hl. Vinzenz von Paul in Untermarchtal gewesen. In Geislingen betrieb der Orden nicht nur seit 1901 eine Krankenstation, sondern auch seit 1903 den örtlichen Kindergarten.

Als Mütter nach dem Gottesdienst ihre Kinder in den Kindergarten bringen wollten, erfuhren sie zu ihrem großen Schrecken, dass die Nationalsozialisten den Vinzentinerinnen verboten hatten, im Geislinger Kindergarten zu wirken. Stattdessen sollten von nun an Mitarbeiterinnen der Nationalsozialistischen Volkswohlfahrt (NSV) dafür sorgen, dass die Kinder nicht mehr katholische Werte vermittelt bekommen, sondern im Sinne des Regimes zu „guten" Nationalsozialisten erzogen werden. Wie sich später herausstellte, hatte das Kreisamt für Volkswohlfahrt dieses Vorgehen, wie in anderen Gemeinden auch, gemeinsam mit der jeweiligen Kommunalverwaltung geplant, es aber bislang verheimlicht. Während die Übernahme der Kindergärten durch „braune Schwestern" der NSV an anderen Orten ohne bemerkenswerte Vorkommnisse erfolgte, kam es in Geislingen zu offenen Protesten, die für diese Phase der nationalsozialistischen Diktatur ganz außergewöhnlich waren.

Denn die Mütter der mehr als 100 Kinder, die den Geislinger Kindergarten besuchten, ließen ihre Kleinen nicht im Kindergarten, sondern zogen in einer größer werdenden Gruppe zum Rathaus, um gegen die Maßnahme zu protestieren. Andere Frauen des Ortes schlossen sich an. Um den Beschluss der Nationalsozialisten rückgängig zu machen, versuchten die Geislinger Frauen einerseits, die Kreisleitung in Balingen telefonisch zu erreichen. Andererseits zogen sie zunächst zum Rathaus, wurden dort aber auf die Zuständigkeit der NSV verwiesen. Daraufhin zogen die Frauen zum Schulgebäude, war doch der örtliche Leiter der NSV hauptberuflich Lehrer. Doch dieser weigerte sich, mit den vehement Protestierenden zu sprechen. Stattdessen stellte er in Aussicht, dass am frühen Nachmittag der Kreisleiter in Geislingen Rede und Antwort stehen werde.

Nach dem Mittagessen trafen sich die Frauen wieder und warteten vergeblich auf den Kreisleiter. Gegen 16 Uhr mussten sich schließlich die Vinzentinerinnen zum Rathaus begeben, wo ihnen das sofortige Ende ihrer Tä-

Die Geburtsjahrgänge 1929 bis 1931 mit zwei Vinzentinerinnen im Garten des Geislinger Kindergartens, um 1934/35.

tigkeit im Kindergarten offiziell in Form einer Kündigung mitgeteilt wurde. Zahlreiche Protestierende hatten die Ordensschwestern begleitet und wandten sich zum zweiten Mal an diesem Tag im Rathaus gegen die Übernahme des Kindergartens durch die NSV. Auf Anraten des Bürgermeisters trugen sich die Frauen in eine Unterschriftenliste ein, um ihrer Forderung nach Beibehaltung der Vinzentinerinnen als Kindergärtnerinnen Nachdruck zu verleihen. Schließlich sandten die Protestierenden zwei Abordnungen nach Balingen zu Landrat und Kreisleiter – ohne, dass diese mehr als hinhaltende Äußerungen der jeweiligen Amtsträger erhielten. Ebenso scheiterten Versuche, im Laufe des Abends noch von Mitgliedern des Geislinger Gemeinderates Auskunft zu erhalten. Schließlich bewachte eine Reihe von Frauen die Nacht über das Schwesternhaus der Vinzentinerinnen, um diese zu schützen und zu verhindern, dass die Nonnen gezwungen werden könnten, den Ort zu verlassen.

Am folgenden Dienstagmorgen hatten sich gegen 7 Uhr wieder zahlreiche Mütter vor dem Rathaus versammelt. Im Laufe der nächsten Stunden stießen immer mehr Frauen dazu, die in Geislinger Firmen beschäftigt waren und ihre Arbeit niederlegten, um sich dem Protest anzuschließen. Schließlich hatten sich zwischen 150 und 200 Frauen versammelt – angesichts der Einwohnerzahl des Ortes und vor dem Hintergrund dessen, dass ein großer Teil der Männer zum Kriegsdienst eingezogen waren, war dies eine sehr große

Menge. Deshalb überrascht es nicht, dass das Geislinger Rathaus den Balinger Landrat alarmierte, der seinerseits das Überfallkommando der Landjäger aus Balingen und die Gestapo in Oberndorf herbeirief. Zwischen 10 und 11 Uhr vormittags erreichten die bewaffneten Kräfte Geislingen. Auch Landrat und Kreisleiter der NSDAP fanden sich ein, als Gendarmen und Gestapo gewaltsam die Demonstration der Frauen auflösten, mehrere Frauen blutig schlugen, mit Füßen traten und öffentlich demütigten. Zahlreiche Protestierende wurden im Rathaus verhört, weitere wurden von der Polizei nach Balingen gebracht, und mindestens drei wurden von der Gestapo mehrere Tage lang in „Schutzhaft" genommen. Zudem erhielten alle Frauen, die sich im Rathaus in die Unterschriftenliste eingetragen hatten, Verwarnungen der Gestapo.

Das Ringen um den Kindergarten nach der „Geislinger Weiberschlacht"
Mit der gewaltsamen Beendigung der öffentlichen Proteste wurde das vom NS-Regime erhoffte Ende des Konfliktes in Geislingen nicht erreicht, vielmehr verlagerte sich die Auseinandersetzung auf andere Ebenen. Eine der an den Protesten beteiligten Frauen, Frida Straub, eine junge Kriegerwitwe, deren Tochter noch nicht im Kindergarten war, wandte sich wenige Wochen nach der „Weiberschlacht" in einem langen Brief an den württembergischen Innenminister und beschwerte sich massiv über das Verhalten der Behörden in Geislingen und Balingen sowie über das gewaltsame Vorgehen gegenüber den Frauen. Die Funktionsträger vor Ort hätten „feige" gelogen. „Die Beamten des Überfallkommandos" hätten, so Frida Straub weiter, „die Geislinger Frauen in der schändlichsten Weise behandelt. Man hat unseren Frauen ins Gesicht geschlagen, daß sie aus dem Munde bluteten." Besonders erboste die Geislingerin, dass dies während des Krieges geschehen sei. Sie argumentierte, dass die Männer und Söhne der Protestierenden im Osten gegen den Bolschewismus kämpften, der keine Religion und kein Christentum dulde. Dies habe auch der Führer so gesagt. Der katholische Glaube stärke die Geislinger Soldaten in diesem Kampf, während in der Heimat die katholischen Schwestern aus dem Geislinger Kindergarten vertrieben und die Geislinger Mütter, Frauen und Großmütter blutig geschlagen würden. Dieses Vorgehen in der Heimat werde „wahrscheinlich" negative Rückwirkungen auf die Motivation der Geislinger Soldaten haben. Deshalb schloss Frida Straub ihren Brief mit der Bitte, die sie auch im Namen „alle[r] Frauen in Geislingen, deren Männer im Felde stehen u[nd] zum Teil schon ihr Leben oder ihre Gesundheit gegeben haben", der Innenminister möge dafür sorgen, dass die Ordensschwestern wieder im katholischen Kindergarten Geislingens die Kinder

betreuen dürften.² Ob Frida Straub eine Antwort auf ihren Brief bekam, ist nicht mehr rekonstruierbar. Er ist, mit einem Bearbeitungsvermerk abgeheftet, in den Ministerialakten im Stuttgarter Hauptstaatsarchiv überliefert. Hinweise auf eine mögliche Verfolgung dieser Geislinger Mutter wurden vor Ort nicht erinnert.

Den Weg der offiziellen Beschwerde scheint nur Frida Straub gegangen zu sein. Die große Mehrheit der Geislinger Familien setzte auf ein anderes Mittel, das die Nationalsozialisten in den 1930er-Jahren vielerorts selbst als Teil ihrer antisemitischen Ausgrenzungs- und Vernichtungspolitik praktiziert hatten: das des Boykotts. Die Geislinger Mütter brachten ihre Kinder nicht mehr in den Kindergarten. Hatten die Vinzentinerinnen etwa 140 Kinder betreut, konnten sich die NSV-Schwestern anfangs nur um ein einziges Kind kümmern. Obwohl das Regime die Geislinger Mütter massiv unter Druck setzte und beispielsweise Vergünstigungen strich, stieg die Zahl der von den „braunen Schwestern" Betreuten in der Folge nur geringfügig an und schwankte nun um die acht Kinder. Praktisch alle Geislinger Mütter hielten ihren Boykott bis zum Kriegsende aufrecht. Im Herbst 1945 konnten die Vinzentinerinnen wieder die Kinderbetreuung übernehmen und sich um 150 bis 180 Kinder kümmern.

Die „Geislinger Weiberschlacht" historisch eingeordnet
Die „Geislinger Weiberschlacht" hatte eine schon ältere Vorgeschichte. Geislingen war eine durch und durch katholische Siedlung, die bis ins Jahr 1933 hinein eine Hochburg der Volkspartei des Katholizismus, der Zentrumspartei, gewesen war. 1937 hatten die Nationalsozialisten ernsthafte Versuche unternommen, die Kinder und Jugendlichen des Ortes ideologisch stärker zu kontrollieren und zu indoktrinieren. NSV-Schwestern hatten für die kleineren Kinder einen Spielenachmittag angeboten, um so zunächst in Geislingen Fuß fassen und mittelfristig den Kindergarten übernehmen zu können. Doch die Geislinger Familien sorgten dafür, dass keine Kinder kamen. Im Herbst des gleichen Jahres wurden etwa 120 Jugendliche, die noch nicht in der Hitlerjugend (HJ) oder im Bund Deutscher Mädel (BDM) aufgenommen worden waren, in das Rathaus bestellt und zum Eintritt in die entsprechenden NS-Formationen aufgefordert – mit minimalem Erfolg, denn dem Druck folgten nur drei Jungen und kein einziges Mädchen.

Den Geislinger Spannungen entsprach ein Konflikt auf Landesebene. Der für Württemberg zuständige katholische Bischof von Rottenburg, Joannes

---
2 Alle Zitate nach der Reproduktion in Hägele, Die „Geislinger Weiberschlacht" (wie Anm. 1), S. 33.

Baptista Sproll, hatte seit Mitte der 1930er-Jahre öffentlich immer wieder auf dem Vorrang der kirchlichen Lehre in Fragen des Glaubens und der Moral auch gegenüber nationalsozialistischen Ansprüchen beharrt. Tausende Gläubige hatten ihrem Bischof dafür bei zahlreichen kirchlichen Großveranstaltungen zugejubelt und so den württembergischen Nationalsozialisten Grenzen ihres Machtanspruchs aufgezeigt. Als sich Sproll im April 1938 demonstrativ weigerte, die Einheitsliste der Nationalsozialisten für den Großdeutschen Reichstag zu wählen, organisierte die NSDAP Proteste und Krawalle gegen den Bischof, bevor sie den kirchlichen Würdenträger offiziell aus seinem Bistum verwies. Katholischen Vereinen hatten die Nationalsozialisten schon seit 1933 nicht nur in Württemberg den Kampf angesagt, und die Proteste des Münsteraner Bischofs Clemens August von Galen gegen die nationalsozialistischen „Euthanasie"-Morde an als behindert geltenden Menschen wurden 1941 auch in Württemberg unter Katholiken in hektographierter Form unter der Hand weitergegeben.

Dass in Geislingen ein Kindergarten Auslöser massiver Konflikte war, ist kein Zufall. Denn seit dem frühen 19. Jahrhundert wurde immer wieder über Schulen (und über die erst später gegründeten Kindergärten) heftig gestritten, weil nach zeitgenössischen Vorstellungen derjenige die Zukunft der Gesellschaft bestimmte, der die zukünftige Generation im Geiste seiner Weltanschauung erzog. Aus katholischer Sicht kam noch hinzu, dass es nicht nur um die zukünftige Ausrichtung der Gesellschaft, sondern auch um das Seelenheil der Schutzbefohlenen ging. Konflikte über die katholische Erziehung von Kindern in den Volksschulen waren bereits eine zentrale Ursache für die Entstehung der Württembergischen Zentrumspartei gewesen, und so konnte einer der Gründerväter dieser Volkspartei des katholischen Teils der Bevölkerung Württembergs 1895 resümieren, „Kutten und Kinder haben uns zusammengeführt".[3] Den Verboten von katholischen Orden kam eine ähnliche Symbolkraft wie Erziehungsfragen zu, galten doch solche staatlichen Maßnahmen vielen Katholiken des 19. Jahrhunderts als Speerspitze der am eigenen Leibe erfahrenen religiösen Diskriminierung. Beide Themen behielten in der Weimarer Republik ihre potenzielle Brisanz. In Geislingen entfalteten die Themen religiöse Kindererziehung und Umgang mit einem katholischen Frauenorden auch noch während des Zweiten Weltkriegs große mobilisie-

---

3 Zitiert nach Andreas Gawatz: „Kutten und Kinder haben uns zusammengeführt": Matthias Erzberger und die Formierung des modernen politischen Katholizismus, in: Rottenburger Jahrbuch für Kirchengeschichte 23 (2004), S. 157–173, hier S. 157.

rende Wirkung, die die Nationalsozialisten vor Ort offensichtlich unterschätzt hatten.

Hatten sich in Geislingen bis Dezember 1941 „nationalsozialistische Volksgemeinschaft" und örtliche Vorstellungen von katholisch durchsäuerter Volksgemeinschaft scheinbar im Einklang befunden, traten sie in der „Geislinger Weiberschlacht" für alle sichtbar konfliktreich auseinander. Die Entfernung der katholischen Schwestern aus dem Kindergarten war der übergroßen Mehrheit der Geislingerinnen als nicht zu ertragender Verstoß gegen die ungeschriebenen Regeln des Miteinanders vor Ort erschienen. Dass diese Maßnahme von außen verordnet worden war und sich die wenigen nationalsozialistischen männlichen Funktionsträger vor Ort aus Sicht der Frauen als Drückeberger, Feiglinge und Lügner wegduckten, stärkte den Zusammenhalt der Geislinger Frauen in ihrem außergewöhnlichen Vorgehen, für das es im Deutschland der nationalsozialistischen Kriegsgesellschaft kaum Parallelen gibt. Wer die Geschichte der „Geislinger Weiberschlacht" kennt, wird auf jeden Fall nicht mehr wie der Historiker Nathan Stoltzfus davon ausgehen können, dass Proteste wie in der Berliner Rosenstraße praktisch nur in Großstädten möglich gewesen wären, aber kaum im ländlichen Raum.[4] Das Beispiel Geislingen beweist das Gegenteil. Nur hatte der kollektive öffentliche Frauenprotest in der kleinen württembergischen Gemeinde seinen eigenen gesellschaftlichen Kontext.

Literatur

Berger, Manfred: Vorschulerziehung im Nationalsozialismus. Recherchen zur Situation des Kindergartenwesens 1933–1945, Weinheim 1986.
Hägele, Annegret: Die „Geislinger Weiberschlacht" 1941. Frauen im Aufstand gegen die NS-Kindergartenpolitik, Geislingen 2011.

---

4 Nathan Stoltzfus: Widerstand des Herzens. Der Aufstand der Berliner Frauen in der Rosenstraße – 1943, München 2002, S. 362.

Sascha Lange

„Swings" in Stuttgart und Freiburg – Widerstand mit Musik?

Wenn der 17-jährige Helmut Baumann[1] mit seinen Freunden am Sonntagnachmittag das Café im Stuttgarter Hindenburgbau in der Schubartstraße besuchte, setzten sie sich immer in die Nähe des Tanzorchesters, um nichts von der Musik zu verpassen. Denn manchmal spielten die Musiker auch amerikanische Swingtitel – und genau deswegen waren Helmut Baumann und seine Freunde hier.

Die Swingjugend war während der Zeit des Nationalsozialismus kein reines Hamburger oder Frankfurter Phänomen. Überall in deutschen und europäischen Großstädten fanden Jugendliche in den 1930er- und 1940er-Jahren Gefallen an dieser neuen aufregenden Musik aus Amerika. Swingfan zu sein bedeutete mit der Mode zu gehen. Nichts war moderner als Swing und nichts war weiter von den Marschübungen der Hitlerjugend (HJ) entfernt. Selbst die Reichsjugendführung musste im September 1942 in einem internen Bericht zugeben: „Die ‚Swing-Jugend' z. B. ist heute zu einer fast über ganz Europa verbreiteten Modeseuche geworden."[2]

Im Laufe des Jahres 1942 bildete sich im Stuttgarter Stadtteil Bad Cannstatt ein „Swing-Klub" aus etwa 15 Mädchen und Jungen, unter ihnen auch Helmut Baumann. Gekleidet waren sie ähnlich wie amerikanische und deutsche Filmstars, was sich von der HJ-Uniform in der Öffentlichkeit sichtbar abhob. Darüber hinaus trugen sie als Erkennungszeichen selbst hergestellte kleine Abzeichen, in denen das Wort „Swings" eingeprägt war. Regelmäßig besuchten sie den Hindenburgbau, um den Tanzkapellen zuzuhören. Das Gastspiel des Niederländers Ernst van't Hoff mit seinem Orchester war dabei ein besonderer Höhepunkt, denn er hatte zahlreiche amerikanische Swingtitel im Repertoire. Politik interessierte den Freundeskreis weniger, es ging vor allem um Swingmusik.

---

1 Der Autor bedankt sich herzlichst bei Susanne Weber aus Stuttgart für die Unterstützung bei der Recherche sowie den Informationen zu Helmut Baumann.
2 Aus dem Bericht „Cliquen- und Bandenbildung unter Jugendlichen", RJF Personalamt Überwachung, Berlin im September 1942, S. 7.

Der Hindenburgbau am Stuttgarter Hauptbahnhof, aufgenommen 1937.

Anfang 1943 beschwerte sich eine Mutter bei der Stuttgarter Polizei, dass ihr Kind sich mit anderen Swings immer abends in einer Gaststätte treffen würde. Daraufhin begann die Gestapo gegen die Clique aus Bad Cannstatt zu ermitteln. Helmut Baumann – damals Beamtenanwärter bei der Reichsbahn – wurde am 1. März als angeblicher „Rädelsführer" verhaftet. Weitere Festnahmen von Cliquenmitgliedern folgten.

Die Gruppe aus Bad Cannstatt war damals nicht allein. Die Gestapo ermittelte zu dieser Zeit gegen fast 200 Stuttgarter Jugendliche aus verschiedenen Cliquen, wobei nicht bekannt ist, ob diese auch Swings waren oder ob sie zu anderen Stadtteilcliquen jenseits der HJ gehörten. Im Gegensatz zu den massiven polizeilichen und juristischen Verfolgungen gegen solche Jugendcliquen in anderen deutschen Städten wie Hamburg, Köln oder Leipzig blieben die Strafen in Stuttgart relativ gering. Als haltbar erwies sich letztlich nur der Vorwurf der Übertretung der „Polizeiverordnung zum Schutze der Jugend".[3] Mehrere Mitglieder wurden durch die Gestapo verwarnt. Hel-

---

3 Ingrid Bauz/Sigrid Brüggemann/Roland Maier (Hrsg.) Die Geheime Staatspolizei in Württemberg und Hohenzollern, Stuttgart 2013, S. 333 f. Siehe auch: Roland Müller: Stuttgart zur Zeit des Nationalsozialismus, Stuttgart 1988, S. 484 f.

Helmut Baumann aus Bad Cannstatt war einer der Stuttgarter Swings.

mut Baumann selbst saß drei Wochen in Polizeihaft, danach wurde er ohne Prozess wieder entlassen.

Swing im Nazi-Deutschland

Wie kam es überhaupt zur Bildung der Swingjugend unter den Bedingungen des Nationalsozialismus in Deutschland? Die linke Arbeiterbewegung war 1933 von den Nationalsozialisten zerschlagen, alle Jugendverbände jenseits der HJ waren aufgelöst worden, Antisemitismus war Staatsdoktrin. Auch auf kulturellem Gebiet beabsichtigten die Nationalsozialisten jegliche „undeutschen" Kultureinflüsse auszumerzen. Doch zwischen ideologischem Anspruch einerseits und wirtschaftlichen Interessen andererseits klaffte eine gewaltige Lücke. Amerikanische Musik und Filme kamen daher nach 1933 weiterhin nahezu ungefiltert nach Deutschland. Ein Grund waren langfristige Lizenzverträge zwischen Firmen aus beiden Staaten. Bis 1939 hielt sich zudem die deutsche Außen- und Wirtschaftspolitik die Türen nach Großbritannien noch weit offen, nach den USA sogar bis 1941. Zunächst gab es daher auch weiterhin Jazzplatten zu kaufen, in den Kinos liefen noch immer amerikanische Filme und die deutschen Rundfunksender spielten wie bisher Jazzmusik in ihren Programmen. Die Beschränkungen und Verbote durch die Reichsmusikkammer nahmen mit den Jahren zwar immer mehr zu, aber ein generelles Verbot von amerikanischer Tanzmusik war nicht durchsetzbar. Die regelmäßig veröffentlichten schwarzen Listen mit unerwünschten Musiktiteln hinkten den Neuerscheinungen beständig monatelang hinterher. Viele deutsche Tanzorchester umgingen mögliche Programmzensuren, indem sie Jazztitel als unverfänglichen Foxtrott deklarierten, denn das Publikum wollte ab 1933 nicht schlagartig aufhören, moderne englischsprachige Tanzmusik zu hören — im Gegenteil.

Hinzu kam, dass sich der Jazz in den USA weiterentwickelte und ab Mitte der 1930er-Jahre unter dem neuen Sammelbegriff „Swing" als Tanzmusik musikalisch gefälliger und somit noch populärer wurde. Katalysator dafür waren amerikanische Musikfilme. *Broadway Melody*, der 1936 in die deutschen Kinos kam, bot dem Publikum reichlich Swingmusik und amerikanischen Lifestyle. Swing sprach sofort eine Vielzahl von vor allem jungen Menschen an — ohne dass sie damit gleich eine politische Aussage verbanden. Auch in anderen europäischen Ländern begeisterte Swing junge Menschen und Musiker.

Zu einem der wichtigsten Künstler in Deutschland entwickelte sich ab 1936 der Schweizer Bandleader Teddy Stauffer, der mit seinen „Original Teddys" durch die renommiertesten deutschen Tanzsäle tourte und zahlreiche Schallplatten bei Telefunken veröffentlichte. Teddy Stauffer verkörperte allein mit seiner Coolness, Kleidung und Frisur den amerikanischen Lifestyle in Reinkultur und kann als das erste große Jugendidol im Bereich moderner Musik in Deutschland angesehen werden. Jeder, der während der NS-Zeit in Deutschland mit Swingmusik in Kontakt kam, kannte Teddy Stauffer und hatte mindestens eine seiner Platten.

Swing als Jugendkultur
Diese amerikanischen Kultureinflüsse trafen in Deutschland Ende der 1930er- und Anfang der 1940er-Jahre auf eine Generation, die zwischen 1920 und 1929 geboren worden war. Aufgrund ihres jungen Alters hatte sie nur wenige bis keine kulturellen Bezüge zu Jugendgruppen der Weimarer Zeit. Jugendliche in größeren Städten, die sich aus den verschiedensten Gründen nicht für den Dienst in der HJ begeistern konnten, stießen auf der Suche nach einem Freundeskreis, einer kulturellen Identität bzw. auch einfach nur nach ansprechenden Freizeitgestaltungen zwangsläufig auf moderne amerikanische Kultur: ob musikalisch in Form von Swingmusik, visuell in Form von Spielfilmen oder vielfach auch als Sammelbilder von amerikanischen Symbolen wie Wolkenkratzern. Mitunter faszinierten auch die negativen Berichte in den NS-Medien über diese Musik und weckten erst recht das Interesse.

Bei Swing ging es für viele Jugendliche auch außerhalb Deutschlands nicht allein um die Musik. Swing vermittelte ein neues Lebensgefühl — modern, hedonistisch und ein wenig elitär. Man hob sich von der Masse ab, fühlte sich kulturell auf der Höhe der Zeit — im weltweiten Maßstab. Es gab nichts aktuelleres, nichts moderneres als Swing. Kein Verharren in vergangenen Zeiten, keine alten Volkslieder und Volkstänze.

Die Bestandteile der Swingwelle aus Musik, Tanz, Kleidung und einer bestimmten Attitüde im Umgang untereinander stellten die Grundpfeiler der weltweit ersten modernen Jugendkultur dar. Die Großstadt wurde zur individuellen Erlebniswelt, gerade an den Wochenenden. Kinobesuche, Tanzveranstaltungen, Privatpartys — damals noch „Hausbälle" genannt — wurden zum bestimmenden Freizeitfaktor. Mädchen und Jungen verbrachten gemeinsam ihre Freizeit, ohne die Kontrolle durch Erwachsene. Das neue Freizeitverhalten zeigte man auch durch seine Kleidung, um sich optisch quasi permanent von der Erwachsenenwelt, der Hitlerjugend bzw. anderen jugendlichen Subkulturen abzugrenzen. Das Outfit war den Filmstars aus Amerika, aber auch aus Deutschland sowie den Swingmusikern nachempfunden.

Die jugendlichen Freundeskreise, die sich Ende der 1930er-Jahre in deutschen Großstädten zusammenfanden, entstammten zunächst vorwiegend dem Bürgertum. Doch auch unter jungen Arbeitern wurden Swingmusik und die entsprechende Kleidung spätestens ab 1940 an immer mehr Orten zunehmend populär. Wer zu Hause ein leistungsstarkes Radiogerät besaß, mit dem man auch ausländische Rundfunksender empfangen konnte, hörte Radio Luxemburg und BBC aus England, die reichlich Swing über den Äther gehen ließen.

Swing wurde während der NS-Zeit trotz aller Erfolge nicht zu einer dominierenden Massenkultur in Deutschland. Gründe sind seine zunehmenden öffentlichen Beschränkungen Ende der 1930er-Jahre, seine Vermischung mit anderen Musikstilen bei Tanzorchesteraufführungen, die Tatsache, dass er kulturell aus dem Ausland nach Deutschland importiert wurde sowie das Verhaftetsein vieler Deutscher in althergebrachter Musik wie Klassik, Volksliedern oder Schlager. Für Menschen, die sich aus den aktuellen gesellschaftlichen Konventionen ausklinken wollten, wurde der von den Nationalsozialisten öffentlich angefeindete Swing hingegen zur elitären Nische, zur ersten modernen Jugendsubkultur, in der sie ihre kulturelle Heimat fanden.

Der Beginn des Zweiten Weltkrieges am 1. September 1939 brachte erste Beschränkungen für öffentliche Tanzveranstaltungen in Form eines zeitweiligen Tanzverbotes. Man sollte sich zuhause nicht amüsieren dürfen, während die Wehrmacht fremde Länder eroberte. Auch die Mitglieder deutscher Tanzorchester blieben von der Einberufung zur Wehrmacht nicht verschont. Zu Beginn der 1940er-Jahre kamen dafür verstärkt ausländische Kapellen nach Deutschland, vor allem aus Italien und den Niederlanden, die in Cafés und Tanzlokalen spielten. In ihrem Repertoire befanden sich neben klassischer Tanzmusik und deutschem Schlager auch nach wie vor amerikanische Swingtitel.

Ende 1941 griffen die USA infolge des japanischen Angriffs auf Pearl Harbour in das Kriegsgeschehen ein. Deutschland erklärte den USA im Dezember 1941 den Krieg und amerikanische Filme und Musik landeten umgehend auf den Verbotslisten. Aber weiterhin spielten Tanzorchester die beim Publikum beliebten amerikanischen Swingtitel. Diese tarnten sie in der Folgezeit, indem sie beispielsweise den englischsprachigen Titel eindeutschten, um eventuell im Saal anwesende Gestapospitzel nicht auf sich aufmerksam zu machen. So wurde der Klassiker *Tiger Rag* oftmals als „Tigerjagd" angekündigt.

Nach der deutschen Niederlage in Stalingrad im Februar 1943 verbot man endgültig alle öffentlichen Tanzveranstaltungen. In einigen Lokalen spielten jedoch kleinere Orchester weiter zur Unterhaltung der Gäste. Tanzmusik war nach wie vor präsent. Wollte man selbst tanzen, musste man private Hausbälle veranstalten. Für Jugendliche boten auch Tanzschulen einen kleinen Freiraum, wo man die üblichen Gesellschaftstänze auf dem Weg zum Erwachsenwerden erlernte. Je nachdem wie tolerant die Tanzlehrer eingestellt waren, ergaben sich dort Möglichkeiten, auch zu Swingmusik zu tanzen. Mutige Jugendliche hörten zu Hause die verbotenen Sendungen der englischen BBC und anderen ausländischen Sendern, die Swingmusik spielten.

Swings in Freiburg

Die Stuttgarter Swings waren bei Weitem nicht die einzigen Freunde für amerikanische Musik auf dem Gebiet des heutigen Baden-Württemberg. In Freiburg im Breisgau entwickelte sich bereits um 1940 eine lokale Swingjugendszene, deren Mitglieder von Außenstehenden auch „Jazzbrüder" genannt wurden. Die einzelnen Cliquen waren auf mehrere Stadtgebiete verteilt und sollen insgesamt etwa 100 Jugendliche umfasst haben, zum Großteil Gymnasiasten. Teilweise gaben sich die Gruppen auch eigene Namen, wie zum Beispiel die „Stenze von Herdern" aus dem gleichnamigen Freiburger Stadtteil. Neben den obligatorischen etwas längeren Haaren trugen sie als Erkennungsmerkmal einen weißen Seidenschal.

Gastspiele ausländischer Tanzkapellen fanden im beschaulichen Freiburg nicht sehr häufig statt und wenn, dann im „Wiener Café", im „Casino" oder im Café „Museum". Bei den Auftritten wurde die unterschiedlichste Tanzmusik gespielt, nur teilweise waren auch Swingtitel darunter, die das jugendliche Publikum umso mehr erfreuten. Aufgrund der wenigen Livemusik versuchten die Jugendlichen verstärkt, über die verbotenen ausländischen Rundfunksender Musik zu hören. Auch auf Hausbällen wurden Swingplatten gespielt. Der Freiburger Rudi Schmaltz und sein Freund Gérard versuchten darüber hinaus am Klavier und Schlagzeug populäre Swingnummern nachzuspielen und gaben bei privaten Hausbällen der eigenen Clique kleine Konzerte.

Im Gegensatz zu anderen Städten blieben die Swingjugendlichen in Freiburg von Repressalien und Verfolgung weitgehend verschont. Ermittlungen seitens der Polizei sind trotz der Beobachtung der sich eher unauffällig verhaltenden Swingcliquen durch die lokale HJ nicht bekannt.[4]

---

4 Guido Fackler: Die Swing-Jugend — oppositionelle Jugendkultur im nationalsozialistischen Deutschland, in: Alenka Barber-Kersovan/ Gordon Uhlmann (Hrsg.): Getanzte Freiheit. Swingkultur zwischen NS-Diktatur und Gegenwart, Hamburg 2002, S. 42–45.

Widerstand mit Musik?

Obgleich und gerade weil Swingmusik aus den NS-kontrollierten Medien weitgehend verdrängt worden war, bekam er für Jugendliche spätestens zu Beginn der 1940er-Jahre etwas Exklusives — je verbotener, desto interessanter. Er wurde auch umso wichtiger, je mehr er half, sich zumindest zeitweise mental aus dem Alltag und dem Krieg auszuklinken. Mit einem Koffergrammophon zu Hause, im Park oder in einem Freibad zusammen mit Freunden Swingmusik zu hören, hatte etwas befreiendes, bot ein Stück Freiheit — ohne dass damit zwangsläufig eine politische Aussage verbunden war. Die Zeit rannte davon. Männliche Jugendliche wussten, dass sie spätestens mit 18 Jahren zur Wehrmacht eingezogen werden würden. Davor kam noch der sechsmonatige Reichsarbeitsdienst. Auch wenn die NS-Propaganda den Kriegsdienst als Heldentat für Deutschland schönredete, hatten nicht wenige durch Erlebnisberichte älterer Brüder oder Väter von weitaus weniger romantischen Kriegserlebnissen erfahren. Zudem mehrten sich die Meldungen über gefallene Soldaten in den Familien, im Freundeskreis, im Wohngebiet. Sinn und Zweck der wenigen Freizeit war darum für viele Jugendliche, das Leben bis zur Einberufung in vollen Zügen zu genießen, sich zu verlieben, zu feiern und zu tanzen. Swingmusik war dafür perfekt. Und sie war zugleich der Soundtrack für Jugendcliquen, die aus den unterschiedlichsten Gründen dem NS-Regime bzw. der HJ reserviert bis ablehnend gegenüberstanden. Swing bot somit einen kulturellen Gegenentwurf zur Staatsjugend und zu dem, was die Nationalsozialisten als „deutsche Kultur" verstanden. Swing war ungezwungen und entsprach genau dem Lebensgefühl pubertierender Jugendlicher. Die Nachahmung dieses Lebensstils brachte junge Menschen in Kontakt mit einem elitären Kreis von Musikfans, von Gleichgesinnten, die — bewusst oder unbewusst — das Jugend- und Kulturverständnis der Nationalsozialisten ablehnten.

Das Hören von Swingmusik und die Treffen der Freunde der Swingmusik stellen darum keine Widerstandshandlung im engeren Sinne dar, sondern sind als eine Form von Nichtanpassung, von Resistenz bzw. Opposition gegenüber dem NS-Regime einzuordnen. Umso mehr zeigen die Swingjugendcliquen, dass Jugendliche sehr wohl in der Lage waren, sich trotz der Lebensumstände im Nationalsozialismus eine eigene Meinung zu bilden, eigene Freiräume zu suchen und zu finden.

Literatur

Barber-Kersovan, Alenka/Uhlmann, Gordon (Hrsg.): Getanzte Freiheit. Swingkultur zwischen NS-Diktatur und Gegenwart, Hamburg 2002.

Bauz, Ingrid/Brüggemann, Sigrid/Maier, Roland (Hrsg.): Die Geheime Staatspolizei in Württemberg und Hohenzollern, Stuttgart 2013.

Kater, Michael H.: Gewagte Spiel. Jazz im Nationalsozialismus, Köln 1995.

Kurz, Jan: „Swinging Democracy". Jugendprotest im Dritten Reich, Münster 1995.

Lange, Sascha: Meuten, Swings & Edelweißpiraten. Jugendkultur und Opposition im Nationalsozialismus, Mainz 2015.

Müller, Roland: Stuttgart zur Zeit des Nationalsozialismus, Stuttgart 1988.

Polster, Bernd (Hrsg.): Swing Heil. Jazz im Nationalsozialismus, Berlin 1989.

Rathgeb, Kerstin: Helden wider Willen. Frankfurter Swing-Jugend — Verfolgung und Idealisierung, Münster 2001.

Ritter, Franz (Hrsg.): Heinrich Himmler und die Liebe zum Swing. Erinnerungen und Dokumente, Leipzig 1994.

Ueberall, Jörg: Swing Kids, Berlin 2004.

Wuthe, Stephan: Swingtime in Deutschland, Berlin 2012.

Teil 8:
Widerstand in der Endphase des Krieges

Angela Borgstedt

Widerstand in der Endphase des Krieges

Selbst als immer mehr deutsche Städte in Trümmern versanken, weigerte sich die nationalsozialistische Führung, die absehbare Kriegsniederlage anzuerkennen. Der Einsatz so bezeichneter „Wunderwaffen" sollte die Kriegswende bringen, die mancher noch mit dem Tod von US-Präsident Franklin D. Roosevelt (1882–1945) im April 1945 gekommen glaubte. Zugleich schürte die NS-Propaganda Ängste vor den heranrückenden Kriegsgegnern, um Gegenwehr zu mobilisieren. Jedes Dorf, jeder Häuserblock sollte verteidigt werden.[1] Den Abwehrkampf sollten nicht nur Soldaten und „Volkssturm", sondern auch Zivilisten bis zum Äußersten führen. Wenn die Deutschen die drohende Niederlage nicht abwenden konnten, dann hatten sie nach Hitlers Auffassung den Untergang verdient. Und seine Führung schickte sich an, ihnen diesen Untergang zu bereiten. Was an Infrastruktur und Industrieanlagen noch bestand, sollte auf der Grundlage sogenannter „Nero-Befehle" zerstört werden. Die „verbrannte Erde", die so dem Kriegsgegner bereitet werden sollte, nahm aber auch der deutschen Zivilbevölkerung die Existenzgrundlage. Dass der „Endkampf" längst auch gegen die eigene kriegsmüde Bevölkerung geführt wurde, veranschaulicht die Einrichtung von Standgerichten in sogenannten „feindbedrohten Reichsteilen" ebenso wie Himmlers „Flaggenbefehl", der zumindest Männer über 14 Jahren mit sofortiger Erschießung bedrohte, wenn sie mit weißer Fahne Kapitulationswillen signalisierten. Dass die Drohung ernst zu nehmen war, macht etwa der Fall des Heilbronner Kreisleiters Richard Drauz (1894–1946) deutlich, der vier Menschen dafür umbringen ließ, dass an ihrem Haus eine weiße Flagge hing.[2] Wer war, so mochten sich viele fragen, unter

---

1 Vgl. Edgar Wolfrum: Widerstand in den letzten Kriegsmonaten, in: Peter Steinbach/Johannes Tuchel (Hrsg.): Widerstand gegen den Nationalsozialismus, Bonn 1994, S. 537–552, hier S. 540.
2 Susanne Schlösser: „Was sich in den Weg stellt, mit Vernichtung schlagen." Richard Drauz, NSDAP-Kreisleiter von Heilbronn, in: Michael Kißener/Joachim Scholtyseck (Hrsg.): Die Führer der Provinz. NS-Biographien aus Baden und Würt-

diesen Prämissen eigentlich der Feind?³

Dabei war vielen längst bewusst, dass der Krieg verloren war. Als erste deutsche Großstadt war im Oktober 1944 Aachen eingenommen worden, am 23. November wurde Straßburg befreit. Für die Badener war der Kriegszustand ablesbar am fluchtartigen Rückzug der Gauleitung, die dort 1940 ihren Sitz genommen hatte. Die deutsche Offensive in den Ardennen hielt den Vormarsch der Alliierten im Westen nur noch kurzzeitig auf. Am 7. März 1945 gelangten die Amerikaner über eine unzerstörte Brücke bei Remagen auf das östliche Rheinufer. Weiter südlich setzte die amerikanische 5. Infanteriedivision am 22. und 23. März bei Nierstein und Oppenheim über den Rhein. Am 29. März wurde Mannheim eingenommen, am Tag darauf Heidelberg. Zeitgleich gelangte die 1. französische Armee bei Germersheim über den Rhein und rückte einerseits flussaufwärts Richtung Süden vor, andererseits südöstlich in den Großraum Stuttgart und in Richtung Schwäbische Alb. Ende April standen die Franzosen an Hochrhein und Bodensee. Zu diesem Zeitpunkt war Berlin eingeschlossen, Amerikaner und Sowjets besiegelten ihr Zusammentreffen bei Torgau an der Elbe mit Handschlag.⁴

Die deutsche Zivilbevölkerung sah das Ende von NS-Herrschaft und Krieg kommen und stellte sich auf die Zeit danach ein. Wenn nun die Heimat zur Front wurde, drohte in letzter Minute der Verlust auch dessen, was überhaupt noch unzerstört war.⁵ Das galt es zu verhindern. Deshalb verweigerten Menschen den geforderten „Endkampf" und setzten sich für eine kampflose Übergabe ein. Sie brachten weiße Fahnen und Tücher an, entwaffneten „Volkssturmmänner" oder Hitlerjungen, räumten Panzersperren und machten Waffen unschädlich. Der Brettheimer Landwirt Friedrich Hanselmann (1895–1945) nahm kampfbereiten Hitlerjungen, die ihm über den Weg liefen, kurzerhand die Panzerfäuste ab und entsorgte sie in einem Löschteich.

---

temberg, 3. Aufl. Konstanz 2016, S. 143–159, hier S. 156. Vgl. überdies Christopher Dowe: Verweigerung des „Endkampfs" in Messstetten, in: Haus der Geschichte Baden-Württemberg (Hrsg.): Anständig gehandelt. Widerstand und Volksgemeinschaft 1933–1945, Stuttgart 2012, S. 178 ff.

3 Manfred Messerschmidt: Verweigerung in der Endphase des Krieges, in: Landeszentrale für politische Bildung Baden-Württemberg/Haus der Geschichte Baden-Württemberg (Hrsg.): Formen des Widerstandes im Südwesten 1933–1945. Scheitern und Nachwirken, Ulm 1994, S. 152–164, hier S. 153.

4 Vgl. u. a. Wolfgang Benz: Potsdam 1945. Besatzungsherrschaft und Neuaufbau im Vier-Zonen-Deutschland, 3. Aufl. München 1994, S. 46–67.

5 Vgl. Jill Stephenson: Hitler's Home Front. Württemberg under the Nazis, London 2006, S. 321.

„Die Rotzbuben wollen noch verteidigen!", war ihm kurz zuvor berichtet worden. Auf die Nachricht, der Kampfkommandant wolle die Stadt verteidigen, versammelten sich in Pfullingen massenhaft Frauen, die ihn davon abbringen wollten.[6] Sie ließen sich selbst mit Gewalt nicht davon abhalten, einen als Panzersperre eingesetzten Eisenbahnwaggon zu entfernen. Am Ende zog eine von ihnen, Sofie Schlegel, in weißem Kleid und mit weißer Fahne den anrückenden Franzosen entgegen. Über den „Frauenaufstand in Pfullingen"[7] soll sogar Radio Luxemburg berichtet haben. Dabei waren Frauen als Akteure der Kriegsendphase schon wegen der kriegsbedingten Abwesenheit vieler Männer nicht ungewöhnlich. Vergleichbares hatte sich im benachbarten Metzingen und in Holzelfingen zugetragen. Im badischen Wertheim waren es zwei Stadthonoratioren, die mit dem Argument, „ein städtebauliches Kleinod mittelalterlichen Charakters von seltener Schönheit und Harmonie", vor allem aber das Leben von 4000 Einwohnern und zahlreichen Evakuierten retten zu müssen, beim Bürgermeister intervenierten.[8]

Meist handelten die Menschen situativ, doch gab es auch planvolles Vorgehen. So wollte die sich Anfang April 1945 formierende „Rettet-Stuttgart-Bewegung" aus liberalen NS-Gegnern den fanatischen Gauleiter Wilhelm Murr (1888–1945) an der Umsetzung des „Nero-Befehls" hindern. Arnulf Klett (1905–1974), der spätere Stuttgarter Oberbürgermeister, setzte sich dafür erfolgreich beim NS-Oberbürgermeister Karl Strölin (1890–1963) ein.[9] Auch andernorts fanden sich lokale Honoratioren zusammen, um die Modalitäten einer friedlichen Übergabe zu beraten. Vor allem in der Bodenseeregion formierten sich „Antifaschistische Ausschüsse", die teils auch über das Kriegsende hinaus fortbestanden. Manche hatten Kontakt zu französischsprachigen Kriegsgefangenen oder „Fremdarbeitern", die bei der Übergabe als Übersetzer und Vermittler fungierten. Es gab Flugblattaktionen, die zur kampflosen Übergabe aufforderten; vereinzelt wurden auch Sabotageakte verübt.

Der Krieg war zu Ende, aber die Menschen erlebten dieses Kriegsende sehr unterschiedlich. Für die einen war es unspektakulär, für die anderen traumatisch. Wie die jeweilige Erfahrung ausfiel, hing von letztlich zufälli-

---

6 Ulrich Mohl: Die Weiber von Pfullingen, Pfullingen 2001.
7 Vgl. hierzu den Beitrag von Angela Borgstedt in diesem Band.
8 Hauptstaatsarchiv Stuttgart, J 170 Bü 76 Wertheim: Protokoll vom 1.8.1945, S. 2.
9 Wolfrum, Widerstand (wie Anm. 1), S. 547; Thomas Schnabel: „Die Leute wollten nicht einer verlorenen Sache ihre Heimat opfern", in: Landeszentrale für politische Bildung Baden-Württemberg/Haus der Geschichte Baden-Württemberg, Formen des Widerstandes S. 165–179.

gen Gegebenheiten ab: der Anwesenheit von SS- oder Wehrmachtseinheiten, dem Fanatismus oder Überlebenswillen lokaler NS-Funktionäre oder dem Tempo des alliierten Vormarschs. „Wer sich in diesen Wochen engagierte, hielt bewusst den Kopf hin."[10] Das Risiko, zwischen Kriegshandlungen und dem Wüten des untergehenden Regimes umzukommen, war hoch. Das mussten die Einwohner im nordbadischen St. Leon-Rot erleben, als dort am 1. April 1945 gegen acht Uhr morgens amerikanische Panzer einrollten. „Man war der Meinung, dass die Kampfhandlungen ein Ende gefunden haben, doch die Panzerbesatzungen forderten mit Handbewegungen die winkende Bevölkerung auf, die schützenden Keller aufzusuchen."[11] Etwas oberhalb hatte Artillerie der Waffen-SS Stellung bezogen und feuerte – wohl als Vergeltung für die kampflose Übergabe – in drei Serien Granaten auf den heutigen Ortsteil Rot. „Das schwarze Rot", so habe ein Offizier der zuvor im Ort stationierten Waffen-SS geäußert, „muss in Schutt und Asche gelegt werden". 32 Menschen starben dabei, allein auf einem Hof acht Kinder. In diesem Krieg gegen die Zivilbevölkerung kam den Amerikanern buchstäblich die Rolle des Retters zu, war es doch ihrer Ersthilfe zu verdanken, dass es nicht noch mehr Opfer gab.

Solche Kriegsendverbrechen wie in Rot trafen keineswegs allein die Zivilbevölkerung. Der Zusammenbruch der NS-Diktatur brachte seine Gegner und Opfer in nochmals erhöhte Gefahr. Gerade sie wollte das Regime in seinen Untergang einbeziehen. Widerstandskämpfer wie Georg Elser (1903–1945) und Dietrich Bonhoeffer (1906–1945) wurden ebenso noch kurz vor Kriegsende ermordet wie Gefangene der Résistance. So wurden 1944 insgesamt 231 Angehörige des Widerstandsnetzes *Réseau Alliance*[12] an badischen und württembergischen Tatorten sowie im KZ Natzweiler-Struthof liquidiert, beginnend mit der Erschießung von zwölf Franzosen und zwei Belgiern im Karlsruher Hardtwald und dem Höhepunkt der „Schwarzwälder Blutwoche" Ende November 1944 unter anderem in Kehl und Pforzheim.[13]

---

10 Werner Bramke: Der antifaschistische Widerstand in der Geschichtsschreibung der DDR in den achtziger Jahren. Forschungsstand und Problem, in: Aus Politik und Zeitgeschichte 38 (1988), S. 23–33, hier S. 28.

11 Arbeitskreis Heimatgeschichte St. Leon-Rot (Hrsg.): Ostersonntag, 1. April 1945. Tag des Schreckens. Deutscher Artillerieangriff auf Rot und Maschinengewehrsalven in St. Leon. Zeitzeugen erinnern sich. Eine Dokumentation, St-Leon-Rot 2015, S. 18. Das folgende Zitat S. 19.

12 Vgl. hierzu den Beitrag von Ute Scherb in diesem Band.

13 Vgl. Brigitte Brändle/Gerhard Brändle: Hinrichtungen im Hardtwald 1944. NS-Mordserie im deutschen Südwesten begann in Karlsruhe, in: Blick in die Geschichte 100 (2013), S. 6–7.

KZ-Häftlinge wurden massenhaft auf sogenannte „Todesmärsche" geschickt. Wer sich wie die Hausmeisterfamilie Horber in Neckarelz für sie einsetzte, brachte sich in erhebliche Gefahr.[14] „Der Tod war in diesen Monaten und Wochen allgegenwärtig", erinnerte sich die Pfarrersfrau Hildegard Spieth (1919–1999) aus dem Remstal,[15] die in den letzten Kriegstagen ein jüdisches Ehepaar im Pfarrhaus versteckte. „Wir wussten, dass [...] in Folge kleinster Anlässe Menschen an den Bäumen hingen."[16] „Da unten baumelt einer", hatten Bewohner von St. Leon-Rot berichtet und damit den Friedhof des benachbarten Walldorf gemeint.[17] Der 17-Jährige war zum Deserteur erklärt und von einem Standgericht zum Tode verurteilt worden. Im Münstertal bei Freiburg erschossen Angehörige eines SS-Jagdverbands nicht nur zwei Wehrmachtsdeserteure, sondern überdies den Pfarrer von St. Trudpert, Willibald Strohmeyer (1877–1945).[18] Vermutlich wollten sie einfach nicht, dass der ihnen missliebige Pfarrer das Kriegsende erlebt. Der Krieg im Inneren richtete sich, das machen die sieben in Waldkirch hingerichteten Wehrmachtsdeserteure deutlich,[19] explizit gegen jene, die den „Endkampf" verweigerten.

„Leistet ja keinen Widerstand!", hatten durchziehende Wehrmachtssoldaten die Bewohner des fränkisch-hohenlohischen Brettheim gewarnt, „sonst wird alles zusammengeschossen."[20] Wer aber genau das tat und den Verteidigungs- oder „Nero-Befehlen" trotzte, riskierte das Standgericht. Dieses Dilemma eines Widerstehens in letzter Stunde wird besonders dort deutlich, wo der Vormarsch der Alliierten umkämpft war. So suchten Wehrmachtseinheiten sowie das XIII. SS-Armeekorps die vorrückenden Amerikaner auf einer Linie von Heilbronn bis Crailsheim zum Halt zu bringen. Die Gegenwehr verzögerte mancherorts die Ankunft der Amerikaner. In Crailsheim mussten die US-Streitkräfte die bereits am 6. April eingenommene Stadt sogar kurzfristig noch einmal räumen. Für die betroffenen Bewohner hatte das zum Teil fatale Folgen. In Brettheim hatten am 7. April einige Männer, darunter Landwirt Friedrich Hanselmann, vier Hitlerjungen entwaffnet und ihre Panzerfäuste und ein Gewehr im Löschteich versenkt. Die Front verlief

---

14 Vgl. hierzu den Beitrag von Dorothee Roos in diesem Band.
15 Vgl. hierzu den Beitrag von Peter Haigis in diesem Band.
16 Zit. nach Peter Haigis: Sie halfen Juden. Schwäbische Pfarrhäuser im Widerstand, Stuttgart 2007, S. 27.
17 Arbeitskreis Heimatgeschichte St. Leon-Rot, Ostersonntag (wie Anm. 11), S. 18.
18 Vgl. hierzu den Beitrag von Bernd Braun in diesem Band.
19 Vgl. hierzu den Beitrag von Wolfram Wette in diesem Band.
20 Hans Schultheiß: Die Tragödie von Brettheim, in: Ders. (Bearb.): Die Männer von Brettheim. Villingen-Schwenningen 1993, S. 15–57, hier S. 17. Vgl. auch Hans Schultheiß: Die Tragödie von Brettheim, Tübingen 2002.

hier gerade einmal etwa sechs Kilometer vom Ort entfernt. Es sollte aber noch zehn Tage dauern, bis die Amerikaner Brettheim erreichten. In der Zwischenzeit verhängte ein mobiles Standgericht der SS die Todesstrafe gegen Bauer Hanselmann. Und weil der Bürgermeister und der Ortsgruppenleiter als Beisitzer die Unterzeichnung des Todesurteils verweigerten, wurden auch sie wegen Wehrkraftzersetzung standrechtlich hingerichtet. Am 10. April 1945 vollstreckten Hitlerjungen die Urteile. Der Anblick der drei Toten an der Friedhofslinde sowie die im Dorf stationierte SS machten jeden weiteren Gedanken an eine kampflose Übergabe zunichte. Weil keine weißen Fahnen sichtbar waren, zerstörten die Amerikaner das Dorf erheblich. Auch Crailsheim wurde bei der Wiedereroberung stark zerstört, denn hier leisteten SS- und Wehrmachtstruppen erbitterte Gegenwehr.

„Leistet ja keinen Widerstand!", waren die Brettheimer gewarnt worden. Doch war die Verweigerung des „Endkampfs" Widerstand? Und war damit auch ein Handeln Widerstand, das oft primär dem Willen entsprang, Haus und Heimat über das Kriegs- und Diktaturende zu retten, also eher nicht politisch motiviert war? Die Frage lässt sich kaum pauschal beantworten. Wer wie Hilde Spieth oder die Bauersleute Wilhelmine (1910–1993) und Gottlieb Kaiser (1908–1981)[21] aus Weipertshofen in dieser Kriegsendphase selbstlos Verfolgten half, der ist eindeutig dem Widerstand zuzuordnen. Einem Ettlinger Wirtschaftsprüfer und Parteigenossen jedoch wurde diese Uneigennützigkeit abgesprochen, da selbst die Geretteten ihn als Opportunisten sahen, der „immer auf zwei Seiten Wasser getragen [habe, der] bei anderen Leuten ein großer Nazi, bei uns ein krasser Gegner [war]".[22] Aber trug er nicht ebenso ein immenses Risiko? „Gegen das Gewaltregime zu handeln", so Edgar Wolfrum, „stellte in jedem Fall eine Alternative zur Anpassung und zum Abwarten dar."[23] Tatsächlich fordert gerade die Betrachtung der Kriegsendphase dazu auf, den Widerstandsbegriff noch einmal neu zu überdenken und die Komplexität der Geschichte des Widerstands gegen den Nationalsozialismus noch deutlicher zu konturieren.

---

21 Vgl. hierzu den Beitrag von Ulrike Marski in diesem Band.
22 Generallandesarchiv Karlsruhe, 465a/52/15/3505: Protokoll der Spruchkammerverhandlung vom 9.8.1946.
23 Wolfrum, Widerstand (wie Anm. 1), S. 432.

Dorothee Roos

Die Hausmeisterfamilie Horber – Leben und Helfen im Konzentrationslager Neckarelz

Deutschland im Frühjahr 1944: Das Kriegsglück hatte sich für Hitlerdeutschland schon lange gewendet, die Verluste häuften sich, deutsche Städte wurden systematisch bombardiert. Im Dorf Neckarelz, in Baden etwa vierzig Kilometer südöstlich von Heidelberg am Zusammenfluss von Elz und Neckar gelegen, herrschte noch ländlicher Friede. Die Region war bisher vom Krieg kaum berührt – nur die eingezogenen Männer fehlten. In dem Dorf, das eigentlich 1700 Einwohner haben sollte, lebten fast nur noch Frauen, Kinder und ältere Männer. Doch im März 1944 änderte sich das Bild schlagartig. In Berlin wurde beschlossen, dass eine bedeutende Rüstungsfabrik aus Genshagen bei Ludwigsfelde in Brandenburg an den Neckar verlagert werden sollte, in die unterirdischen Stollen einer Gipsgrube mit dem schönen Namen „Friede". Diese Grube liegt in Obrigheim auf der anderen Seite des Flusses gegenüber von Neckarelz. Es war ein riesiges Projekt, das die Region in vielerlei Hinsicht verändern sollte.

Eine Schule wird Konzentrationslager
Die unterirdische Fabrik erhielt den Tarnnamen „Goldfisch". Dahinter verbarg sich ein kriegswichtiges Flugzeugmotorenwerk des Daimler-Benz-Konzerns, in dem Motoren für Kampfflugzeuge vom Typ ME 109 und ME 110 hergestellt wurden. Die mechanische Fertigung der Motorenteile sollte nun „bombensicher" an den Neckar verlagert werden. Die Firma „Goldfisch" stand als sogenanntes „Sonderbauvorhaben" unter der Leitung der SS. Die Arbeitskräfte, die die Gipsgrube in wenigen Monaten in eine moderne Hochleistungsfabrik verwandeln sollten, holte die SS aus den Konzentrationslagern.

Am 15. März 1944 kamen die ersten 500 Männer aus dem KZ Dachau in Neckarelz an. Sie wurden in der örtlichen Grundschule untergebracht, einem großen Gebäude aus dem Jahr 1909, das damals am Rande des Ortes lag. Die KZ-Häftlinge mussten einen Stacheldrahtzaun rund um das Haus und den dahinter liegenden Schulhof ziehen. Für die sechs Klassenräume zimmerten sie zweistöckige Pritschen. Innerhalb von nur wenigen Tagen verwandelte sich die Schule in ein Konzentrationslager. Die Schulkinder wurden ausquartiert; der Unterricht fand von nun an im Kindergarten statt.

Doch ganz leer war die Schule nicht. In dem Gebäude wohnte eine Familie namens Horber, die aus drei Generationen bestand. Der Vater, Otmar Horber, war Jahrgang 1890 und mit seinen 54 Jahren zu alt für den Kriegsdienst. Er arbeitete in einer Eisengießerei in Neckarelz. Seine Frau Eva war bei der Gemeinde Neckarelz als Hausmeisterin der Schule angestellt. Bei den Eltern lebte die erwachsene Tochter Ilse Horber, damals 22 Jahre alt. Sie war nicht verheiratet, hatte aber einen kleinen Sohn namens Hans-Peter, geboren 1942. Damit sie sich besser um den Zweijährigen kümmern konnte, war Ilse von der Dienstverpflichtung in der Eisengießerei freigestellt worden. Sie hatte eine Anstellung als Butterformerin in einem Milch- und Käsegeschäft nahe der Schule.

Jetzt, da es in der Schule keine Kinder mehr gab, war Eva Horber eigentlich arbeitslos. Der Familie wurde gesagt, dass bald Soldaten einquartiert würden. Die Familie möge doch ausziehen, aber in Neckarelz war keine Wohnung zu finden, weil das Projekt „Goldfisch" innerhalb von nur drei Wochen Hunderte von Menschen in die Region führte. Nicht nur die Häftlinge mussten untergebracht werden, sondern auch Wachpersonal, Ingenieure, Architekten, Meister sowie Vor- und Facharbeiter von Baufirmen, die beim Ausbau des Stollens „Goldfisch" die Zwangsarbeiter anleiten sollten. Die vierköpfige Familie Horber fand kein neues Domizil und blieb deshalb in der Schule wohnen.

Doch es kamen keine Soldaten, sondern zerlumpte Männer in gestreiften Anzügen und Holzpantinen — KZ-Häftlinge. Familie Horber reagierte geschockt, denn sie hielten diese Männer zunächst für „Zuchthäusler",[1] für Räuber und Mörder. Die Gefangenen wurden in den Klassenzimmern im ersten und zweiten Stock der Schule einquartiert. Familie Horber wohnte weiterhin im dritten Stockwerk unter dem Dach; die Treppe dorthin war für die Gefangenen verboten. Die Wachleute schärften den Mitgliedern der Familie ein, dass sie niemals alleine die Wohnung verlassen und durch das Treppenhaus auf die Straße gehen dürften; es musste sie immer ein Wachmann begleiten. Die Familie musste sich auch schriftlich dazu verpflichten, nicht mit den Gefangenen zu sprechen, ihnen nichts zu geben und auch nichts anzunehmen. Außerdem sollten sie über alles, was sie sahen und hörten, strenges Stillschweigen bewahren.

Mit der Zeit merkten die Horbers, dass es sich bei den Häftlingen nicht um Kriminelle handelte. Sie lernten, die Farben der auf den gestreiften An-

---

[1] Ilse Pusch, geb. Horber, im SWR-Film *KZ-Lager im Neckartal* (Monika Regelin, 1999).

zügen angebrachten Winkel zu unterscheiden. Die meisten der Männer trugen den roten Winkel der politischen Gefangenen, doch auch grüne, schwarze, rosa und lila Winkel kamen vor. Sie standen für kriminelle, „asoziale", homosexuelle Häftlinge oder für Zeugen Jehovas. Unter den Gefangenen waren nur wenige Deutsche. Am häufigsten waren am Buchstaben im Dreieck unter der Nummer Polen und Russen zu erkennen. Aber auch Franzosen, Belgier, Luxemburger, Tschechen, Italiener, Jugoslawen und viele andere waren dabei, sodass fast ganz Europa in Neckarelz versammelt war. Die verschiedensten Sprachen schwirrten durcheinander. Trotz des Kontaktverbotes blieb es nicht aus, dass die Familie Horber von den deutschen Häftlingen, die oft Funktionen wie Stubenältester, Kapo usw. bekleideten, erfuhr, was es mit den Gefangenen auf sich hatte. Sie erlebten auch, wie brutal manche Wachleute und auch Kapos die Häftlinge behandelten.

Erste Berührungen zwischen der Familie und den „Männern"[2]

Die Horbers waren keine politisch engagierten Menschen, keine Nazigegner oder gar Widerstandskämpfer. Manches am Nazi-Regime schätzten sie durchaus. Die sportliche Ilse Horber hatte beim Bund Deutscher Mädel (BDM) die Sportwettkämpfe und insbesondere das Skilaufen im Schwarzwald geliebt: „Das war meine schönste Zeit! Ohne den BDM wäre ich nie aus Neckarelz rausgekommen, Skilaufen war damals undenkbar für uns."[3] Doch mit der Errichtung des Konzentrationslagers in der Schule sahen die Horbers die andere Seite des NS-Regimes, die sie bisher nicht wahrgenommen hatten. Sie fanden, dass man mit Menschen nicht so umgehen dürfe und versuchten innerhalb ihres Umfeldes zu helfen, wo es möglich war. Dabei nahmen sie zunehmend auch Risiken in Kauf. Aus dem Helfen wurde widerständiges Verhalten, vielleicht sogar Widerstand, zumindest in einem weiten Verständnis des Begriffs.

Im Frühjahr und Sommer 1944 kamen immer mehr Gefangene in die Schule, manchmal waren bis zu 1000 Männer in den sechs Klassenzimmern zusammengepfercht. Das war nur möglich, weil sie abwechselnd in zwölfstündigen Tag- und Nachtschichten arbeiteten. Die Männer marschierten mitten durch das Dorf zur Arbeit; die Einwohner von Neckarelz sahen jeden Tag vier Mal die Kolonnen der Häftlinge. Manche der Dorfbewohner schau-

---

2 Die Familie sprach grundsätzlich von „Männern". In Neckarelz wurden die Häftlinge meist „Sträflinge" oder — wegen ihrer gestreiften Anzüge — „Zebras" genannt.

3 Dies hat Ilse Pusch, geb. Horber, in vielen Gesprächen mit der Verfasserin immer wieder betont.

ten sie mitleidig an, doch die meisten sahen weg – zu groß war die Furcht vor den Männern, die man immer noch für Verbrecher hielt, und erst recht vor dem Wachpersonal.

Um zum Gipsstollen zu gelangen, mussten die Gefangenen den Neckar auf der Eisenbahnbrücke zu Fuß überqueren. Auf der Strecke nach Heidelberg fuhren immer noch fahrplanmäßige Züge, mitten durch die Baustellen im Bereich der Firma „Goldfisch". Die Reisenden sollten im Zug die Vorhänge schließen, doch sie sahen die marschierenden Gefangenen und auch die Baustellen auf der anderen Neckarseite. Denn nicht alle Teile der Fabrik „Goldfisch" waren unterirdisch; viele Werkstätten und manche Versorgungsgebäude lagen auch über Tage.

Die Schule wurde bald zu klein, immer mehr Arbeitskräfte wurden für das Projekt „Goldfisch" angefordert, neue Lager wurden eröffnet. Im April 1944 entstand das Lager Neckargerach, einige Kilometer neckarabwärts, im Juli 1944 das Lager Neckarelz II beim alten Bahnhof, nur etwa 700 Meter Luftlinie von der Schule entfernt. Nun lebten in Neckarelz mehr KZ-Häftlinge als Einwohner. Im Herbst 1944 wurden dann noch drei kleine Lager in etwas weiter entfernten Dörfern errichtet. Weil vier der sechs Lagerorte mit dem Wort „Neckar" beginnen, wurden die Lager später in Frankreich die „Neckarlager" genannt.

Immer wieder wurden die Männer innerhalb der Neckarlager von einem Lager ins andere verlegt; es herrschte ein ständiges Kommen und Gehen. Familie Horber bekam immer mehr mit, denn die strengen Kontrollen ließen sich auf Dauer gar nicht durchhalten. Zu dem Lagerältesten Emil Schmitt, einem deutschen Kommunisten, entwickelte sich eine fast freundschaftliche Beziehung, auch wenn man nur heimlich wenige Worte wechseln konnte. Ihm zuliebe gingen Horbers ein großes Risiko ein: Sie luden Schmitts Frau zu sich in die Schule ein und behaupteten, es handle sich um eine Tante. So konnte Emil Schmitt, der bereits in den 1930er-Jahren verhaftet worden war, nach langer Zeit zum ersten Mal wieder mit seiner Frau sprechen. Auch hatten Horbers bemerkt, dass prügelnde Wachleute nicht selten zu schlagen aufhörten, wenn ein Familienmitglied sich innerhalb des Schulgeländes bewegte. Deshalb liefen sie manchmal absichtlich die Treppe hinunter, wenn sie Schreie hörten. Gelegentlich stifteten sie auch den kleinen Hans-Peter an, mit Äpfeln auf die Männer zu werfen. Das sah aggressiv aus, und der Zweijährige krähte fröhlich: „Männer meißen!" Doch die Äpfel waren bei den Gefangenen, die nie Obst bekamen, sehr begehrt.

Im Oktober 1944 wurde den Horbers dann doch noch eine andere Wohnung angeboten – nach Meinung einiger Wachoffiziere wussten sie inzwischen zu viel. Im August 1944 hatten sie sogar erlebt, dass im Schulhof der

Russe Gregori Ruban und der Pole Iwan Tschaikowski nach gescheiterten Fluchtversuchen gehängt wurden. Zwar konnte man von der Dachwohnung aus die Hinrichtung, die sich nahe dem Haus abspielte, nicht wirklich sehen. Darüber hinaus war es ihnen streng verboten, aus dem Fenster zu schauen, aber die Familie hatte die Vorgänge trotzdem mitbekommen.

Die Ärzte im Krankenrevier – Kontakt und wechselseitige Hilfe
Doch nun, da die Familie umziehen sollte, war Ilse Horber schwer an einer Lungenentzündung mit Rippenfellentzündung erkrankt. Der Dorfarzt von Neckarelz, Dr. Hans Wey, besuchte sie in der Schule. Er war für die Wachleute zuständig und übte eine Art medizinischer Aufsicht über das Konzentrationslager aus. Auch er hatte sich hinter dem Rücken der SS mit einem Gefangenen angefreundet: mit Dr. Werner Vogl, einem Neurologen aus Wiesbaden, der ebenfalls politischer Häftling war. Vor Dr. Vogl hatte selbst die SS einen gewissen Respekt, und ihm war es gelungen, mit Dr. Wey in Kontakt zu treten. Obwohl die beiden Männer politisch ganz verschieden dachten – Wey war Mitglied der NSDAP, Vogl war Linkssozialist und sollte nach dem Krieg in die KPD eintreten –, gelang es ihnen zusammen mit den gefangenen französischen Ärzten, vor allem Dr. Philippe Bent, Dr. Raymond Solladié und Dr. Francis Rohmer, die medizinische Versorgung im Konzentrationslager Neckarelz entscheidend zu verbessern. Als nun Ilse Horber schwer erkrankte, zog Dr. Wey seinen gefangenen Kollegen Dr. Vogl zu Rate. Gemeinsam beschlossen sie, bei der Patientin eine Punktion vorzunehmen. Danach ging es ihr zwar deutlich besser, aber sie war noch so schwach, dass die Familie einen Umzug ablehnte und in der Schule wohnen blieb.

Durch Ilses Krankheit waren die Horbers mit den Ärzten, die im Krankenrevier der Schule arbeiteten, in näheren Kontakt gekommen. Von nun an erhielten die Ärzte des Krankenreviers, die dort häufig völlig entkräftete Häftlinge aufnahmen, von Horbers immer wieder Lebensmittel. Durch die Arbeit im Milchgeschäft hatte Ilse Horber Zugang zu Dingen, die es sonst nur auf Marken gab – Milch, Butter, Eier. Gelegentlich konnte sie den Ärzten davon etwas abgeben. Nach dem Krieg beglaubigten einige deutsche Häftlinge dies mit ihrer Unterschrift.[4]

Die Dankbarkeit der Häftlinge zeigt sich auch in den Geschenken, die Familie Horber an Weihnachten 1944 erhielt – eine wirklich erstaunliche Tatsache in einem Konzentrationslager. Insbesondere Hans-Peter Horber, der kleine Sohn von Ilse, wurde von den Gefangenen reich bedacht. Sie leg-

---
4 Archiv der KZ-Gedenkstätte Neckarelz.

ten selbstgeschnitzte Spielzeugtiere auf den Treppenaufgang, russische Häftlinge fertigten sogar eine Balalaika an, die der kleine Junge bekam. Und für Ilse Horber gab es handgemalte Weihnachtskarten mit Grüßen und Neujahrswünschen – ein Zeichen, dass die Familie von den „Männern", wie die Horbers sagten, als eine Insel normalen Lebens und der Mitmenschlichkeit mitten im Lager wahrgenommen wurde.

Auflösung des Lagers – Familie Horber versteckt geflohene Häftlinge
Als 1945 die deutsche Ardennenoffensive zusammenbrach, begann die Schlussphase der Firma „Goldfisch" und der Konzentrationslager am Neckar. Die Produktion im Stollen kam im Februar 1945 praktisch zum Erliegen; zu groß waren die Transport- und Nachschubprobleme. Alle wussten, dass der Krieg verloren war; Angst und Unsicherheit nahmen zu – bei den Deutschen, aber auch bei den Gefangenen.

In der Nacht vom 29. auf den 30. März begann die Evakuierung der Lager, in der Schule in Neckarelz ebenso wie in den anderen Neckarlagern. Die gehfähigen Häftlinge mussten aufbrechen und in Richtung Dachau marschieren. Einen Tag später wurden diejenigen, die nicht mehr laufen konnten, zum Bahnhof gebracht und in einen Transportzug gepackt, der ebenfalls nach Dachau fahren sollte.

Als Otmar Horber einen Kontrollgang durch die nunmehr wieder stillen Räume machte und zum Dachboden der Schule hinaufstieg, benahm sein Hund sich seltsam. Rasch entdeckte Horber den Grund: Zwei Menschen hatten sich dort versteckt, Häftlinge, wie sich bald herausstellte, Albert Schmitt und Raymond Plicque. Und sie waren nicht die einzigen. Wie sich später zeigte, hatten sich noch zwei weitere, Edmond Riand und Jean Sordet, auf dem Schulgelände verborgen. Jean Sordet kam sogar erst beim Einmarsch der Amerikaner aus dem Latrinengebäude zum Vorschein.

Das Auffinden der Häftlinge stellte eine schwierige und gefährliche Situation für die Horbers dar. Wenn die SS auf der Suche nach den Fehlenden zurückkehrte und die Versteckten fand, waren diese dem Tod geweiht. Und wenn Familie Horber die Flucht nicht meldete, schwebte sie selbst in großer Gefahr. Doch eine Denunziation kam für die Horbers nicht infrage. Tatsächlich kehrte einen Tag später ein Wachsoldat zurück und durchsuchte das Schulgebäude. Einer der Franzosen konnte sich gerade noch im Toilettenhäuschen einschließen. Als Otmar Horber nach der verschlossenen Tür gefragt wurde, sagte er, da müsse wohl gerade seine Frau oder seine Tochter drinnen sein. Der Wachmann prüfte das nicht nach, sondern ging seiner Wege. Der Horber'sche Familienrat beschloss nun, dass die Männer nicht auf dem Schulgelände bleiben konnten. Otmar Horber brachte sie in der

Nacht zu einem Versteck im Schuppen auf der anderen Straßenseite, hinter dem Gasthaus, wo vorher die SS logiert hatte. Dort wurden sie noch zwei Tage lang mit Essen versorgt.

Am 2. April 1945, dem Ostermontag, marschierten amerikanische Truppen in Neckarelz ein. Sie stießen bald auf die Schule, die insgesamt über zwölf Monate lang als Konzentrationslager gedient hatte. Die Gefangenen verließen ihr Versteck und gaben sich zu erkennen. Im Schulhof kam es zu einer kleinen improvisierten Befreiungsfeier, sogar Sekt wurde getrunken, und die befreiten Männer umarmten Eva Horber und ihre Tochter Ilse herzlich. Auch bescheinigten sie der Familie schriftlich ihre risikoreiche Hilfe:

> „[... Jean Sordet] bescheinigt, dass die hier wohnhafte Familie zu den politischen Häftlingen dieses Lagers immer sehr gut gewesen ist. Am Tag unserer Evakuierung hat sie auf eigenes Risiko und eigene Gefahr zwei politische Häftlinge im Schuppen versteckt und uns bis zur Ankunft der alliierten Truppen am Montag, dem 2. April verpflegt [...].“[5]

Kronzeugin der Geschichte – nach 50 Jahren des Schweigens
Einige Jahre nach dem Krieg wurde Ilse Horber selbst Hausmeisterin in der Grundschule in Neckarelz. Die Arbeit wuchs, denn das alte Schulhaus musste durch einen Anbau erweitert werden, weil es mehr Schulkinder gab. 1952 heiratete Ilse Horber. Sie hieß nun Pusch und wohnte mit ihrem Mann Gottfried nach wie vor in der Schule; 1955 wurde ihr zweiter Sohn Michael geboren.

In Neckarelz sprachen die Einwohner nach dem Krieg nicht über die Zeit, als die Schule ein Konzentrationslager war. Die Menschen verdrängten die Kriegsereignisse. Sie wollten nach vorne schauen und die schweren Dinge, die sie mit angesehen hatten, vergessen. Auch Ilse Pusch redete mit niemandem darüber, der nicht zur Familie gehörte. Ihre Mutter Eva starb 1955, ihr Vater elf Jahre später. Allerdings bekam die Familie viel Post von ehemaligen Häftlingen, darunter den Ärzten Dr. Philippe Bent und Dr. Werner Vogl – und manchmal kam auch Besuch.

Viele Jahrzehnte später, im Jahr 1993, gründeten Bürgerinnen und Bürger aus Mosbach und Neckarelz den Verein „KZ-Gedenkstätte Neckarelz". Sie wollten verhindern, dass die Geschichte des KZ-Außenkommandos Neckarelz dem völligen Vergessen anheimfiele. Der Verein hatte zum Ziel, auf dem Schulgelände eine Gedenkstätte einzurichten; Neckarelz war inzwischen ein Stadtteil von Mosbach geworden. Am 12. August 1994, genau

---
5 Dieses *Certificat d'hébergement* (Bescheinigung über Beherbergung) befindet sich im Archiv der KZ-Gedenkstätte Neckarelz.

Familie Horber, aufgenommen im Jahr 1947. Von links nach rechts: Ilse Horber, Hans-Peter, Otmar Horber (separates Bild).

50 Jahre nach der Hinrichtung der geflüchteten Häftlinge Ruban und Tschaikowski, gestaltete der Verein eine Erinnerungsfeier auf dem Schulhof. Auch Ilse Pusch nahm daran teil. An diesem Abend brach sie ihr Schweigen und erzählte zum ersten Mal von ihrer Familie, die mitten im Konzentrationslager gelebt und geholfen hatte — ein vielleicht einmaliger Fall in der Geschichte der Konzentrationslager. Seit diesem Tag berichtete sie immer wieder für Schulklassen und bei Veranstaltungen aus dieser Zeit, auch vor der Filmkamera.[6] Sie wurde die wichtigste Zeitzeugin in Neckarelz und Ehrenmitglied des Vereins „KZ-Gedenkstätte Neckarelz". Am 23. Juli 2011 ist sie gestorben.

---

6 Im Archiv des Vereins KZ-Gedenkstätte gibt es drei Erzählvideos mit Ilse Pusch, geb. Horber. Auch im Film des SWR *KZ-Lager im Neckartal* (Monika Regelin, 1999) kommt sie als Zeitzeugin zu Wort.

Literatur

Beitrag „Ilse Pusch", in: Georg Fischer/Christina Schneider: „KZ-Komplex Neckarlager". Stand des Wissens der KZ-Gedenkstätte Neckarelz, CD-ROM, Neckarelz 2012.

Markowitsch, Tobias/Zwick, Kattrin: Goldfisch und Zebra. Die Geschichte des Konzentrationslagers Neckarelz, Außenkommando des KZ Natzweiler-Struthof, St. Ingbert 2011.

Roos, Dorothee: Une famille tout à fait normale au milieu d'un KZ, in : Le Patriote Résistant No. 852 (avril 2011).

Ulrike Marski

Wilhelmine (1910–1993) und Gottlieb Kaiser (1908–1981) – ein Bauernpaar aus Weipertshofen gewährte Schutz

An einem Tag im Dezember 1944 bat eine junge Frau auf dem Unteren Käshof[1] bei Weipertshofen, etwa sieben Kilometer südlich von Crailsheim in Nordostwürttemberg gelegen, um Aufnahme als Pensionsgast, weil sie „Bombenflüchtling" sei. Die Bäuerin Wilhelmine Kaiser meinte später, dass ihr Mann Gottlieb die Besucherin aus der Stadt mitgebracht hätte.[2] Ilse Rosenfelder glaubte sich zu erinnern, dass man ihr und ihren beiden Begleitern in Crailsheim geraten hatte, auf dem abgelegenen Hof nach einer Unterkunft zu fragen.[3] Zehn Monate lang war die Zwanzigjährige zu diesem Zeitpunkt schon mit ihrem jüdischen Vater Max Rosenfelder und dem Wehrmachtsangehörigen Willi Bruchhausen mit gefälschten Papieren auf der Flucht vor der Gestapo gewesen.

Der 28-jährige Bruchhausen hatte die Familie in Augsburg wahrscheinlich über den Bruder der „arischen" Mutter kennengelernt, der ebenfalls Soldat war. Um den beginnenden Deportationen der jüdischen Partner aus „Mischehen" zu entgehen, war Max Rosenfelder (*1898) zusammen mit Willi Bruchhausen im Herbst 1943 untergetaucht. In der Familie Rosenfelder war man sich nach dem Abtransport von Verwandten des Vaters der Lebensgefahr nur allzu bewusst. Der Begleiter Bruchhausen erscheint in der Erzählung Ilse Rosenfelders als ein etwas undurchsichtiger Mann mit wenig Skrupel, der offensichtlich über Eigenschaften verfügte, die ihn zu einem Überleben im Untergrund besonders befähigten.

---

1 Der Hof wurde ins Hohenloher Freilandmuseum in Schwäbisch Hall-Wackershofen transloziert und dort 2001 eröffnet. Er enthält eine Audiodokumentation der hier beschriebenen Geschehnisse. Das dazu erschienene Buch ist: Ulrike Marski (Hrsg.): Der Käshof aus Weipertshofen. Leben und Überleben in einem abgelegenen Gehöft. Häuser, Menschen und Museum Bd. 2, hrsg. von Albrecht Bedal, Schwäbisch Hall-Wackershofen 2001.
2 Diese und alle folgenden Aussagen machte Wilhelmine Kaiser bei einem Interview in Käsbach am 23.2.1993.
3 Das Interview mit Ilse Rosenfelder fand am 29.4.1999 in Bad Wörishofen statt.

Ulrike Marski

Ein sicherer Platz?

Nach einem Bombenangriff auf München hielt die Tochter den Vater für tot; die Mutter ließ sie bewusst in diesem Glauben, um beide zu schützen. Im Februar 1944 bekam Ilse Rosenfelder von einem Gestapomann den Hinweis, dass sie nach Theresienstadt gebracht werden sollte. Jetzt half ihr die Mutter dabei, mit den beiden Männern persönlich Kontakt aufzunehmen, mit denen sie bislang telefonisch in Verbindung gestanden hatte. Die drei trafen sich (einer der beiden Rosenfelder-Söhne, ein Graphiker, hatte falsche Papiere vorbereitet) und waren seitdem gemeinsam unterwegs. Die Reise ging per Zug kreuz und quer durch Süddeutschland. Man hielt sich gerade immer so lange an einem Ort auf, wie es ohne behördliche Registrierung möglich war.

Mit Einbruch des Winters sollte Ilse Rosenfelder an einen sicheren Platz gebracht werden. So gelangte sie auf den Käshof und hielt sich dort — neben einer ganzen Reihe von weiteren Personen, die ebenfalls auf dem Hof untergekommen waren — bis zur Ankunft der Amerikaner Ende April 1945 auf. Max Rosenfelder und Willi Bruchhausen besuchten sie offenbar zur Weihnachtszeit und um die Jahreswende.

Die Familie Rosenfelder in Augsburg mit der Tochter Ilse und den beiden jüngeren Söhnen im Jahr 1941. Zu diesem Zeitpunkt plante Max Rosenfelder noch eine Auswanderung in die USA. Dieses Foto sollte ihn an seine Familie erinnern.

Dass die drei Personen im nahen Weipertshofen durchaus wahrgenommen worden waren, zeigt ein Schreiben, das einer der beiden Gastwirte später der Spruchkammer im Zuge seines Entnazifizierungsverfahrens vorlegte. Das ehemalige Parteimitglied hatte es sich von Willi Bruchhausen unterschreiben lassen, als dieser zusammen mit Ilse Rosenfelder 1946 noch einmal Käsbach besuchte. Das maschinengeschriebene Blatt mit dem Briefkopf des Bürgermeisteramts enthält folgende Erklärung: Der Wirt hätte Kenntnis davon gehabt, dass Bruchhausen zum Jahreswechsel 1944/45 auf der „Flucht vor der Gestapo bei dem Bauern Gottlieb Kaiser, Käsbach, Gemeinde Weipertshofen, Zuflucht finden" konnte.[4] In seiner Begleitung wären „der Jude Max Rosenfelder und dessen Tochter Ilse (Halbjüdin) unter dem Namen Egon Drab bzw. Frau Brandl" gewesen. Zu seiner Entlastung führte der Gastwirt an, dass er die Untergetauchten hätte anzeigen können, es aber unterlassen habe.

Treffpunkt für heimliche Zusammenkünfte
Was dachten die Kaisers über ihre Logiergäste? Glaubten sie die Geschichte der „Bombenflüchtlinge"? Die Tatsache, dass Gottlieb Kaiser Ilse Rosenfelder nach dem Einmarsch der Amerikaner den Rat gab, sich möglichst schnell bei deren Dienststelle in Crailsheim zu melden, um sich in Sicherheit zu bringen, könnte ein Hinweis darauf sein, dass die Gastgeber die Gefährdung der Frau durchaus ahnten. Genau ein Jahr später kam Ilse Rosenfelder übrigens – wie oben erwähnt – noch einmal zusammen mit Willi Bruchhausen zurück. Sie hatte verabredet, den kleinen Hund der Kaisers zu sich zu nehmen, der während des fünfmonatigen Aufenthalts ihr engster Freund geworden war. Nun klärte sie die Familie über den tatsächlichen Grund ihres Aufenthalts auf und bedankte sich für den Schutz, der ihr gewährt worden war. Zur Erinnerung ließ Ilse Rosenfelder Fotos von sich und ihrem Vater zurück. Und als sie einige Zeit später heiratete, schickte sie Hochzeitsbilder nach Käsbach.

Wilhelmine und Gottlieb Kaiser gehörten also nicht zu denen, die sich aus religiösen oder politischen Motiven entschlossen hatten, NS-Verfolgte aufzunehmen. Sie waren eher zwei selbständige Persönlichkeiten, die auf ihrem Hof mit einer bemerkenswerten Furchtlosigkeit taten, was sie für richtig und nötig hielten: etwa einen heimlichen Treffpunkt für die „Fremd-" und Zwangsarbeiter der Umgebung zur Verfügung zu stellen, die eigentlich ihre Einsatzorte nicht verlassen durften. Wilhelmine Kaiser erinnerte sich fünfzig Jahre später:

---
4   Staatsarchiv Ludwigsburg, EL 902/5, Az. 9/54/336.

„Da hat man ihnen einen halben Laib Weißbrot gegeben und Most haben sie sich holen können, so viel sie wollten und haben dann gegessen und getrunken, gejault, getanzt und geweint und gebetet."

Als an einem dieser Sonntagnachmittage der Dorfpolizist vor der Tür stand, versteckte der Hausherr die Besucher im Stall und wimmelte den Kontrolleur erfolgreich ab – auch, indem er listig bemerkte: „Ja, wir haben den Krieg bis jetzt noch nicht gewonnen, da können wir noch gar nichts sagen ..."

Anders als die anderen

Gottlieb Kaiser war 1908 im Nachbarort Schüttberg als neuntes von zehn Kindern geboren worden. Seine Eltern kauften den Käshof, als er drei Jahre alt war. Im Familienregister ist beim Vater Heinrich die Berufsbezeichnung „Köbler" – also ein Kleinbauer ohne Landbesitz – durchgestrichen und durch „Bauer" ersetzt. Zunächst konnte die Familie nur Land pachten, später dann aber erwerben. Als sie dem Sohn den Hof anlässlich seiner Heirat 1939 überschrieben, war er zu einem der größten Güter der Gemeinde geworden. Der älteste Bruder hatte schon als sehr junger Mann weggeheiratet; die vier folgenden Brüder waren als Kinder beziehungsweise Jugendliche gestorben, sodass unter den männlichen Geschwistern die Reihe an Gottlieb kam, den Hof zu übernehmen. Eine der drei Schwestern starb ebenfalls schon als Kind, die anderen zwei verheirateten sich in andere Orte. Die Eltern lebten bis zu ihrem Tod Anfang der 1950er-Jahre auf dem Käshof.

Schon früh zeigte Gottlieb Kaiser, der so gar nicht zur alteingesessenen bäuerlichen Führungsschicht des Dorfes gehörte, seinen Stolz auf den wirtschaftlichen Erfolg und tischte, wie sich einer seiner Altersgenossen erinnerte, bei Zusammenkünften der Dorfjugend auf dem Käshof großzügig auf: „Da hat er sich nicht lumpen lassen!"[5] Gleichzeitig war er gefürchtet, weil er dazu neigte, andere zu provozieren und sich über sie lustig zu machen.

Auch in politischer Hinsicht dachte er nicht daran, sich der Norm entsprechend zu verhalten. Im Mai 1933 trat er in die NSDAP ein – und im Juli 1934 wieder aus.[6] Anders als sein in einer Nachbargemeinde lebender Bruder oder beispielsweise der nächste Nachbar vom Oberen Käshof, die beide Gemeinderatsmitglieder waren (was ab 1937 die Parteimitgliedschaft voraussetzte), hielt sich Gottlieb Kaiser aus der Gemeindepolitik heraus. Wenn es um Geselligkeit ging, so bevorzugte er Menschen in seinem Geburtsort

---

5 Interview der Autorin mit Hermann Kirschbaum, Weipertshofen, am 29.10.1997.
6 Bundesarchiv Berlin, schriftliche Auskunft vom 22.9.1998.

Schüttberg. Nur sonntags ging er in Weipertshofen zur Kirche und anschließend mit den Männern ins Wirtshaus.

Ein fleißiges Mädchen
Mit Wilhelmine Hasel nahm sich der angehende Käshofbauer 1939 eine – an der Größe des Hofes gemessen – nicht standesgemäße Ehefrau, die aber einen ganz ähnlichen sozialen Hintergrund hatte. Sie selber bezeichnete ihr Elternhaus als „Höfle" und den Vater Leonhard als „Büttel", also als Gemeindediener; im Familienregister ist er als „Bahnhilfswärter" vermerkt. Die Familie bezog ihr Einkommen nicht nur aus Dienstleistungen für Gemeinde und Reichsbahn, sondern versah auch schon seit Generationen das Mesneramt in der Ellrichshausener Kirche.

Wilhelmine wurde 1910 als drittes Kind in der ersten Ehe von Leonhard Hasel geboren. Sie hatte ihr erstes Lebensjahr noch nicht vollendet, als die Mutter starb. Eineinhalb Jahre später kam eine Stiefmutter ins Haus, die einen Sohn mitbrachte und bald drei weitere Kinder bekam.

Das Mädchen versah schon sehr früh eine Vielzahl von Aufgaben: „Ich bin immer der Laufbursche gewesen. ‚Die Kleine, das kann die Kleine tun, das tut die Kleine'". Sie holte Holz und Wasser vom Brunnen, fütterte das Vieh, brachte als Schülerin zu jeder Jahreszeit morgens um halb sechs Uhr die Post vom Pfarrhaus zum Bahnhof, putzte mit der Großmutter die Kirche und heizte sie im Winter, läutete die Betglocke, führte noch als Schulmädchen dem ledigen Ellrichshausener Bürgermeister den Haushalt und wurde nach dessen Heirat dort das Dienstmädchen. Mit 18 Jahren ging sie „in Dienst" in große Betriebe wie die Brauerei „Frankenbräu" in Riedbach, wo sie in der Küche arbeitete und täglich zwanzig, dreißig Leute zu verpflegen hatte.

Selbständig und unabhängig
Wo sich Gottlieb Kaiser und Wilhelmine Hasel, beide schon Endzwanziger und damit reif für eine Eheschließung, trafen und entschieden, dass sie die Richtigen füreinander seien, ist nicht überliefert. Sehr wahrscheinlich aber ist, dass Gottlieb Kaiser die Tatkraft und Zähigkeit der schmalen kleinen Person erkannte und sie sich für seinen Hof wünschte. Er wollte seine Ehefrau nicht bei typisch weiblichen Arbeiten sehen, sondern entschied: „Für was brauchst du denn stricken, Handarbeit und so? Du gehst lieber in den Stall."

Ulrike Marski

Wilhelmine und Gottlieb Kaiser mit ihrem ältesten Sohn Otto vor ihrem Haus, aufgenommen im Winter 1943/44. Oben rechts am Fenster wahrscheinlich eine russische Zwangsarbeiterin.

Die Perspektive, als Bäuerin auf dem Käshof mit harter Arbeit zu dessen Gedeihen beizutragen, dürfte Wilhelmine Hasel gefallen haben. Sie war es bereits gewöhnt, in einem großen Anwesen zu wirtschaften. Bedürftigkeit machte abhängig vom Wohlwollen anderer, und ein gewisser Wohlstand befreite davon. An den damals an Winterabenden beliebten geselligen Zusammenkünften (in Nordwürttemberg auch „Vorsitz" genannt) mochte sie nicht teilnehmen:

> „Ich brauch' keine Nachbarschaft, ich hab' mit keinem nichts, ich bin mit jedem gut und hab' aber noch keins gebraucht. Ich bin immer für mich gewesen, sei es mit Kochen, sei es, was es will, ich hab's nicht gebraucht."

Auch der Kirchgang gehörte nicht zu ihren Gewohnheiten. Während der Bauer den Sonntagmittag in Weipertshofen verbrachte, bereitete sie das Essen vor.

1940 wurde der erste Sohn geboren, drei Jahre darauf der zweite. Der dritte Sohn kam im März 1945 zur Welt, während Bomben auf Crailsheim fielen und während sich Ilse Rosenfelder, eine Russin und ein Ukrainer sowie Verwandte und Bekannte auf dem Hof aufhielten: rund zwanzig Personen, die alle versorgt sein mussten.

Zwei Verbündete

Dass sie selber nichts von anderen verlangte, bedeutete aber nicht, dass sie unempfindlich gegenüber den Bedürfnissen derjenigen war, denen es schlechter ging als ihrer Familie. Der einträgliche Hof ermöglichte es ihr zu helfen:

> „Ach, was wir nach dem Krieg hergegeben haben! Mein lieber Vater! Wir haben niemanden ohne etwas laufen lassen. Also die Mutter hat als gesagt und der Vater, wenn die gemerkt haben, dass wieder welche fort sind und hatten etwas: Du gibst alles her und hast als selber nichts mehr. Hast selber immer einen Haufen Leute. Herrgott nochmal – ich hab' auch gesagt, wenn es nur Gottes Wille wäre, dass die Leute genug zum Essen hätten."

Ein wirtschaftlicher Aufsteiger und eigenbrötlerischer Außenseiter zusammen mit einer fleißigen und umsichtigen Frau, die aus kleinen Verhältnissen zur Bäuerin geworden war und die wusste, dass sie sich auf ihre eigenen Kräfte verlassen konnte – diese beiden waren für die Versprechen der Nationalsozialisten unempfänglich. Sie erscheinen wie Verbündete gegen die dörfliche Elite, gegen Vorschriften, die ihren moralischen Vorstellungen nicht entsprachen (etwa die „Fremdarbeiter" betreffend) und auch gegen Ansprüche der großen Politik.

Als Gottlieb Kaiser 1941 zur Wehrmacht eingezogen werden sollte und eine Eingabe beim Weipertshofener Bürgermeisteramt wegen einer Freistellung erfolglos geblieben war, machte sich Wilhelmine Kaiser an einem frühen Morgen mit einer Speckseite auf zum Wehrkreiskommando nach Bad Mergentheim. Sie argumentierte mit Nachdruck, dass die Anwesenheit des Bauern auf dem Hof unerlässlich wäre. Tatsächlich blieb Gottlieb Kaiser – auch dank der Fürsprache eines Crailsheimer Geschäftspartners – ein Kriegseinsatz erspart: „Da hat man immer eingekauft. Doch. Und der hat ihn gut gekannt, und der hat gesagt, er soll seinen Wehrpass nehmen und soll heim und soll ihn verbrennen."

Kein Interesse an öffentlicher Anerkennung
Undurchschaubar ist, weshalb Gottlieb Kaiser, der, weil er kein NSDAP-Mitglied gewesen war, anfänglich zum örtlichen Entnazifizierungsausschuss gehört hatte, anders als die anderen Mitglieder aber nicht mehr in der Nachfolgekommission, dem Ausschuss der öffentlichen Kläger der Gemeinde Weipertshofen, zu finden war.[7] Könnte hier wiederum die Ursache sein Unwillen gewesen sein, sich in dörfliche Belange verwickeln zu lassen? Gottlieb und Wilhelmine Kaiser hatten nach 1945 keinerlei Interesse daran, ihr Verhalten als „Retter" der drei Untergetauchten öffentlich zu machen. Zu ihrer Schwester sagte Wilhelmine Kaiser später: „Ich hab' nichts gewollt."[8] Um soziale Anerkennung und Bedeutung hatte sich das Paar noch nie bemüht. Erst als ein halbes Jahrhundert nach den Geschehnissen die 83-jährige ehemalige Käshofbäuerin, die sich immer noch sehr aufrecht hielt, für eine Ausstellung zu früheren Wintern befragt und dabei ein ganzes Leben erzählt wurde, fielen ein paar wenige Sätze dazu. Sechs Monate nach diesem langen Gespräch starb Wilhelmine Kaiser im August 1993; Gottlieb Kaiser lebte da schon seit zwölf Jahren nicht mehr.

Literatur

Marski, Ulrike (Hrsg.): Der Käshof aus Weipertshofen. Leben und Überleben in einem abgelegenen Gehöft. Häuser, Menschen und Museum Bd. 2, hrsg. von Albrecht Bedal, Schwäbisch Hall-Wackershofen 2001.

---

7 Kreisarchiv Schwäbisch Hall, Bestand Crailsheim, 9820: Bildung von Ausschüssen der einzelnen Gemeinden für den öffentlichen Kläger, 27.6.1946.
8 Gespräch der Autorin mit Frieda Hasel am 30.9.1998 in Ellrichshausen.

Ute Scherb

Tatort Kehl – die Ermordung französischer Widerstandskämpfer des *Réseau Alliance*

Als alliierte Truppen am 23. November 1944 Straßburg befreiten, geschah auf der anderen Rheinseite ein furchtbares Verbrechen: Drei Beamte der Straßburger Gestapoleitstelle, Kriminalkommissar Julius Gehrum, Kriminalsekretär Reinhard Brunner und Kriminalkommissar Erwin Schöner, suchten das Kehler Gefängnis auf und forderten die Herausgabe von neun Inhaftierten. Unter vorgehaltener Waffe zwangen sie die französischen Widerstandskämpfer zum nahe gelegenen Rheinufer, wo sie sich vollständig entkleiden mussten. Anschließend wurden sie per Genickschuss getötet und ihre Körper in den Rhein geworfen. Das letzte, was die Ermordeten sahen, war das befreite Straßburg, ein wichtiger Markstein auf dem Wege zur Niederlage des verbrecherischen NS-Systems – das große Ziel, wofür sie jahrelang alles riskiert hatten.

Die Widerstandsorganisation Réseau Alliance
Die neun ermordeten Franzosen gehörten der Widerstandsgruppe *Réseau Alliance* an, einem Nachrichtennetzwerk, das sich bereits wenige Monate nach der deutschen Besetzung großer Teile Frankreichs etabliert hatte. Gründer war der ehemalige Offizier und Verleger Georges Loustaunau-Lacau, der von Anfang an aufs Engste mit Marie-Madeleine Méric zusammenarbeitete, die unter dem nach ihrer Heirat angenommenen Namen Fourcade besser bekannt ist. Nachdem Loustaunau-Lacau im Mai 1941 von der Gestapo verhaftet worden war, übernahm sie die Führung des Nachrichtennetzes. Einen Großteil der frühen Mitstreiter hatte Loustaunau-Lacau, der im konservativ-nationalistischen Milieu höherer Militärkreise bestens vernetzt war, aus ehemaligen Armeeangehörigen rekrutiert. Unter den Mitgliedern befanden sich aber schon bald auch Bauern, Handwerker oder Sekretärinnen. Sie lieferten dem britischen Geheimdienst kriegswichtige Informationen über geheime Rüstungsfabriken in Deutschland, Abschussrampen für V1- und V2-Raketen, deutsche Truppenbewegungen, Transportrouten deutscher Versorgungsschiffe und Einsatzpläne deutscher U-Boote. Daneben leistete das *Réseau Alliance* Fluchthilfe und unterstützte politisch Verfolgte sowie deren Familien.

Das Netzwerk unterhielt sogar Beziehungen zu den Offizieren von Claus Schenk Graf von Stauffenberg und kannte deren Attentatspläne.

Das *Réseau Alliance* war mit seinen Sektionen in ganz Frankreich aktiv. Jeder Sektion stand ein sogenannter Kommandoposten vor, der für mehrere Departements verantwortlich war. Ihre wichtigsten Agenten belegte Marie-Madeleine Fourcade zur Tarnung mit Tiernamen: Léon Faye, der militärische Kopf des Netzwerkes, erhielt den Decknamen *l'Aigle* (Adler), dessen Nachfolger Paul Bernard *Martinet* (Mauersegler), André Coindeau *Urus* (Ur = Auerochse) und der ebenfalls in Kehl ermordete Hugues Monclin *Pingouin*. Sich selbst nannte sie *Hérisson* (Igel). Irritiert durch die vielen Tiernamen, die bei abgehörten Funksprüchen immer wieder auftauchten, gab die deutsche Abwehr dem Netzwerk, nach dem sie fieberhaft fahndete, schon bald den Namen „Arche Noah".

Gnadenlose Verfolgung

Wegen seiner nachrichtendienstlichen Verbindungen zu den Alliierten galt das *Réseau Alliance* bei den Nationalsozialisten bald als eine der gefährlichsten Widerstandsgruppen. Im Jahr 1943 gehörten dem Netzwerk etwa 3000 Mitglieder an. Rund ein Viertel davon waren Frauen, die vor allem Kurierdienste leisteten. 436 Mitglieder mussten diesen Einsatz mit ihrem Leben bezahlen.

Bereits im Juni 1942 kam es zu ersten Festnahmen. Die neun später in Kehl Inhaftierten wurden zwischen Dezember 1943 und März 1944 aufgespürt und wie alle anderen Festgenommenen zunächst im Gefängnis Fresnes südlich von Paris eingesperrt. Die meisten Mitglieder des *Réseau Alliance* überstellte die Gestapo als sogenannte „NN-Häftlinge" in das Sicherungslager Schirmeck im Elsass. Insgesamt wurden nach einem „Führererlass" vom 7. Dezember 1941 etwa 7000 des Widerstands verdächtige Personen aus Frankreich, Belgien und anderen westlichen Ländern nach Deutschland oder ins Elsass verschleppt, als „Nacht- und Nebel-Häftlinge" in totaler Isolationshaft gehalten und heimlich abgeurteilt. In der sonst so gründlichen deutschen Aktenführung durften sie keine Spuren hinterlassen. Man misshandelte die Gefangenen auf die übelste Art und Weise, war ihren Verfolgern doch klar, dass sie zwar pro forma noch vor das Reichskriegsgericht gestellt, sofort danach aber erschossen würden. Selbstverständlich blieb jede Kontaktaufnahme zu den Angehörigen verboten; diese erfuhren nicht einmal von der Vollstreckung des Todesurteils. Die Abwehrstelle III der Gestapo in Straßburg war im Vorfeld für die Zusammenstellung der Anklagepapiere für das Reichskriegsgericht zuständig, das zunächst in Torgau, später in Freiburg tagte. Nach der Landung der Alliierten in der Normandie und ihrem schnellen Vordringen verloren die Deutschen keine Zeit mehr: In der Nacht vom 1. auf den 2. September deportierte die Gestapo 106 „NN-Gefangene" von Schirmeck ins nahe gelegene Konzentrationslager Natzweiler-Struthof, wo sie sofort erschossen wurden.

Wohl wegen Überfüllung des Lagers hatte die Gestapo nicht alle Mitglieder des *Réseau Alliance* in Schirmeck interniert, sondern 114 Männer und 14 Frauen auf badische Gefängnisse verteilt. Für mehr als siebzig von ihnen stellte das Kehler Gefängnis die erste Station auf der rechtsrheinischen Seite dar. Während die anderen weiter „verschubt" wurden, sollten neun Gefangene die letzten Monate ihres Lebens hinter Kehler Gefängnismauern fristen. Nachdem am 1. April 1944 in Karlsruhe und am 21. August 1944 in Ludwigsburg zahlreiche Mitglieder des *Réseau Alliance* nach Reichskriegsgerichtsurteilen erschossen worden waren, begann am 23. November desselben Jahres in Kehl jene Mordserie, die später als „Schwarzwälder Blutwoche" in die französische Geschichte eingehen sollte. Die Gestapomänner um den Straßburger Kriminalkommissar Julius Gehrum zogen von Kehl aus nach Rastatt, Offenburg, Freiburg, Bühl, Pforzheim und Gaggenau, wo sie bis zum 30. November weitere 61 Männer und Frauen ermordeten. Sie verfuhren immer nach demselben Muster: Die Opfer wurden aus den Gefängnissen geholt und ohne Gerichtsurteil umgehend getötet.

Lediglich ein in Kehl inhaftiertes Mitglied der Gruppe überlebte: Paul Bernard alias *Martinet*, der seit der Verhaftung von General Faye im Herbst 1943 als militärischer Kopf des Netzwerks fungiert hatte. Die Gestapo hatte ihn 14 Tage vor der in Kehl beginnenden Mordserie nach Berlin-Moabit überstellt. Im dortigen Gefängnis war nach dem Attentat vom 20. Juli 1944 eine eigene Untersuchungshaftanstalt eingerichtet worden, wo Bernard, inzwischen als Kontaktmann zu den Hitler-Attentätern um Stauffenberg enttarnt, speziellen Verhören unterzogen werden sollte. Nach dem Krieg konnte er über die Haftbedingungen im Kehler Gefängnis Auskunft geben: totale Isolation, täglich elf bis zwölf Stunden Arbeit, unzureichende, da gänzlich fettfreie Ernährung, brutale Misshandlungen und häufig mehrtägige Bestrafungen in der Dunkelzelle. Letztere wurden vor allem verhängt, wenn die stundenlangen, durch Vertreter der Abwehrstelle Straßburg vorgenommenen Verhöre nicht die erwünschten Ergebnisse gezeigt hatten. Die Bewacher seien hochmütig und unerbittlich gewesen. Die einzig mögliche Form der Kontaktaufnahme habe in einem schnellen Zuzwinkern bestanden. Wer tagelang zur Strafe in der Dunkelzelle einsitzen musste, durfte nicht einmal auf den Hof.

Wer waren die Opfer?

Unter den neun Opfern vom 23. November 1944 waren drei Männer aus der Region um Nantes und Angers. Sie waren im Dezember 1943 verhaftet worden, als sie versuchten, Material aufzunehmen, das aus einem britischen Flugzeug abgeworfen worden war. Es handelte sich um André Coindeau, von Beruf Ingenieur und Leiter des Kommandopostens des *Réseau Alliance* für die Sektion Bretagne. Der zweite Festgenommene war sein 21-jähriger Schwager, der Landwirt Maurice Mandin. Der dritte Mann war der Postbeamte Hugues Monclin, der für das Netzwerk als Funker arbeitete. Ein eingeschleuster Spitzel der deutschen Abwehr hatte sie verraten. Die Gestapo überstellte die drei Männer noch im Dezember 1943 von Fresnes per Bahn nach Kehl. Im Zug befand sich zudem Coindeaus Ehefrau Yvonne, die Schwester von Mandin, die einen kleinen Friseursalon besaß und sich als Verbindungsagentin betätigt hatte. In der Nacht vom 1. auf den 2. September 1944 wurde sie im KZ Natzweiler-Struthof ermordet. Von der Verhaftungswelle war auch der bretonische Zeichner Armand Troudet betroffen. Spätestens in Kehl traf die Gruppe auf den Techniker Louis Helault, der ebenfalls der bretonischen Abteilung des *Réseau Alliance* angehörte und bereits am 23. November 1943 verhaftet worden war. Vier weitere in Kehl gefangen gehaltene Mitglieder stammten aus anderen Gegenden Frankreichs: Oscar Hosch und Joseph Singer, beide Angehörige der französischen Luftwaffe, beide Elsässer, der eine aus Barr, der andere aus Rittershoffen. Sie dürften sich aus der gemeinsamen Tätigkeit für den Geheimdienst der Vichy-Regierung (*Groupement de Contrôles Radioélectriques*, GCR) gekannt haben, wo ihnen jedoch schon bald klar wurde, dass sie den Falschen dienten. Bei den beiden anderen handelte es sich um den Makler Joffre Lemeunier aus einem kleinen Ort bei Le Mans, der als Unterleutnant den *Forces françaises combattantes* de Gaulles angehörte, sowie Louis Proton aus der Nähe von Lyon, bis 1942 *Capitaine d'Artillerie* der französischen Armee. Beide arbeiteten im Sektor Poitiers für das *Réseau Alliance* und wurden am 8. März 1944 festgenommen – der eine in Paris, der andere in Le Mans.

Der jüngste der Ermordeten war 22, der älteste 41 Jahre alt. Die meisten waren verheiratet, einige hatten bereits Kinder. Es bestand keinerlei Kontakt zu den Familien, die daher erst nach Kriegsende von dem Schicksal ihrer Angehörigen erfuhren.

Geschichte verjährt nicht

Die Morde in Kehl geschahen unmittelbar nach der Befreiung Straßburgs und parallel zur Räumung der rechtsrheinischen Stadt Kehl, die die Wehrmacht angesichts der drohenden Besetzung angeordnet hatte. Tatsächlich jedoch kam es erst ein knappes halbes Jahr später, am 15. April 1945, zur Einnahme Kehls. Ab 1946 siedelte die Besatzungsmacht französische Zivilisten in den weitgehend intakt gebliebenen Häusern an, und erst 1949 entschieden die Westalliierten bei einer Konferenz in Washington, dass die Stadt wieder deutsch werden sollte.

Ein Denkmal, das an die grausamen Morde am rechten Rheinufer erinnern sollte, wurde zunächst nicht in Kehl, sondern auf der Straßburger Seite des Rheins gestiftet. Der Erinnerungsort besteht aus einer großen, aufrecht stehenden Stele aus Sandstein, die beidseits von je einer kleineren, schräg gestellten Tafel flankiert wird. Die Inschrift der Stele erinnert an das Verbrechen in Kehl, die beiden seitlichen Tafeln an die Morde in Rastatt am 24. und in Bühl am 29. November 1944. Die Inschrift benennt die Opfer, beschreibt das mörderische Geschehen und endet in dem Ausspruch: *Morts pour la France*.

Lange Zeit spielten die Gestapomorde im Gedächtnis der Stadt Kehl keine Rolle. Erst 51 Jahre nach der Tat, am 23. November 1995, gedachte man der Opfer endlich auch am Tatort selbst auf der Kehler Rheinseite. Hier hatte die „Ärzte-Initiative", ein Zusammenschluss engagierter Kehler Mediziner, neun weiße Holzkreuze aufgestellt. Jedes davon trug ein Schild, auf dem das Wort *Alliance* niedergeschrieben war. Nur wenige Tage später wurden die Erinnerungsmale teils gestohlen, teils zertreten. Wie so oft in Fällen, in denen es um die Zerstörung derartiger Symbole des Erinnerns geht, blieben die Ermittlungen der Polizei ohne Ergebnis.

Im folgenden Jahr ließ die „Ärzte-Initiative" am Sockel der Europabrücke eine dauerhafte Gedenktafel anbringen, die die Namen der Opfer trägt sowie die Inschriften: „Widerstandskämpfer des *Réseau Alliance*. Am 23.11.1944 hier von der Gestapo ermordet" und „Gestorben für uns, für ein Europa ohne Barbarei!"

Solche Tafeln werden jedoch kaum wahrgenommen und noch leichter übersehen als dreidimensionale Mahnmale. Deshalb beschloss der Gemeinderat im Jahr 2012, ein deutlicheres Zeichen zu setzen. Schließlich war Kehl der Ort, wo die „Schwarzwälder Blutwoche" ihren Ausgang nahm. Außerdem spielt für beide Städte, für Straßburg und für Kehl, die eine Vielzahl von Projekten verbindet, nicht nur die geographische Nachbarschaft am Rhein, sondern seit der grenzüberschreitenden Landesgartenschau im Jahr 2004 auch eine gemeinsame Erinnerungskultur eine zentrale Rolle.

Das Erinnerungsprojekt „Grenzrosen"

Im Jahr 2011 stellte der Essener Künstler Thomas Rother in Kehl sein Projekt „Grenzrosen" vor, ein europäisches Versöhnungsprojekt mit dem Ziel,

„an verschiedenen Grenzorten zu allen neun Nachbarländern Deutschlands Skulpturen aufzustellen, die an Ereignisse aus dem Zweiten Weltkrieg erinnern". Damit stieß er in Kehl auf offene Ohren, und so entstanden im Gedenken an die neun ermordeten Mitglieder des *Réseau Alliance* neun „Kehler Grenzrosen" unter Federführung der Stadt und in Kooperation mit zahlreichen Bildungseinrichtungen und Finanzierungspaten. Die Generalbevollmächtigte der französischen Vereinigung *Souvenir Français*, Mireille Hincker aus Straßburg, unterstützte das Projekt inhaltlich. Die aufwendige Herstellung der „Grenzrosen" übernahm der Ausbildungsbetrieb der Badischen Stahlwerke. Dort setzten sich die Jugendlichen intensiv mit diesem dunklen Teil der Kehler Geschichte auseinander, und neun Auszubildende unterschiedlicher nationaler Herkunft stellten in mühsamer Handarbeit jeweils eine der vierzig Zentimeter großen Stahlskulpturen her.

Gedenken beidseits des Rheins: Die Enthüllung der Straßburger „Grenzrose" zum 70. Jahrestag des Verbrechens.

Als Standortpaten fanden sich sechs Bildungseinrichtungen unterschiedlichen Typs von der Förderschule bis zur Hochschule, die nicht nur die Aufstellung auf ihrem Grundstück genehmigten, sondern die Gedenkfeiern anlässlich der Enthüllung „ihrer" Grenzrosen wesentlich mitgestalteten. Teilweise beschäftigten sich die Schülerinnen und Schüler der jeweiligen Bildungseinrichtung wochenlang mit dem Thema. So falteten Grundschüler Papierkraniche und erinnerten damit an das japanische Mädchen Sadako Sasaki aus Hiroshima, das 1955 an den Spätfolgen des Atombombenabwurfes starb. Am Ende der Veranstaltung ließen sie die an Luftballons befestigten Kraniche fliegen und brachten damit ihre Sehnsucht nach einer friedlichen Welt zum Ausdruck.

Bewusst übernimmt das Kehler Grenzrosenprojekt nicht die Systematik der zeitgleich in Kehl gestifteten Stolpersteine, denn eine Hierarchisierung des Gedenkens sollte vermieden werden: Jede der unterschiedlich gestalteten Stahlskulpturen erinnert an alle neun Opfer, nicht nur auf Schulhöfen, sondern auch vor dem Gefängnis, am mutmaßlichen Tatort am Rheinufer, im Hafen an der Anlegestelle für Ausflugsdampfer und beidseits der *Passerelle de deux rives*, der „Friedensbrücke" zwischen Kehl und Straßburg. Der damalige Kehler Oberbürgermeister Günther Petry überreichte die Grenzrose für die linksrheinische Seite im Sommer 2013 anlässlich der Feierlichkeiten zum fünfzigsten Jahrestag des Élysée-Vertrags an seinen Straßburger Kollegen Roland Ries. Sie wurde 2014 zusammen mit ihrem Pendant auf der anderen Brückenseite anlässlich des 70. Jahrestags der Morde während einer von beiden Städten zusammen ausgerichteten Veranstaltung enthüllt. Damit wurde das Gedenken an das Verbrechen zum Anlass grenzüberschreitender Versöhnung.

Literatur

Association Amicale Alliance (Hrsg.): Mémorial de l'Alliance, Paris [o. J.] [1948].
Fourcade, Marie-Madeleine: L'Arche de Noé, Paris 1968.
Gerhards, Auguste: Tribunal de guerre du IIIe Reich. Des centaines de Français fusillés ou déportés. Résistants et héros inconnus, 1940 – 1945, Paris 2014.
Jansen-Degott, Ruth/Junk, Anne (Hrsg.): Mortes pour la France. Annäherung an die vier 1944 in Offenburg ermordeten französischen Widerstandskämpferinnen, Offenburg 2009.
Pflug, Konrad: Die Gedenkorte für die Widerstandsgruppe Réseau Alliance in Kehl – Strasbourg und Bühl/Baden, in: Konrad Pflug/Ulrike Raab-Nicolai/Reinhold Weber (Hrsg.): Orte des Gedenkens und Erinnerns in Baden-Württemberg, Stuttgart 2007, S. 198 – 201.

Wolfram Wette

Wehrmachtsdeserteure in Waldkirch 1945 – Entziehung als Widerstand des „kleinen Mannes"

Desertionen aus der Wehrmacht waren in der Endphase des Zweiten Weltkriegs trotz massiver Durchhaltepropaganda des NS-Regimes ein häufiges Phänomen. Viele entzogen sich angesichts der bevorstehenden Niederlage Deutschlands dem Kriegsdienst, obwohl sie genau wussten, dass Fahnenflucht für jeden Soldaten eine absolut lebensgefährliche Angelegenheit war. Denn zumindest dem Sinne nach wusste jeder Soldat der Wehrmacht, was Adolf Hitler bereits in seiner programmatischen Schrift *Mein Kampf* Mitte der 1920er-Jahre verkündet hatte:

> „Es muss der Deserteur wissen, dass seine Desertion gerade das mit sich bringt, was er fliehen will. An der Front kann man sterben, als Deserteur muss man sterben. Nur durch eine solche drakonische Bedrohung jedes Versuches zur Fahnenflucht kann eine abschreckende Wirkung nicht nur für den einzelnen, sondern auch für die Gesamtheit erzielt werden."[1]

Während des Zweiten Weltkriegs bekämpfte die NS-Militärjustiz als ausführendes Organ der Wehrmachtführung gnadenlos alle Aufweichungstendenzen. Zusammen mit der Wehrmachtführung entfaltete sie einen regelrechten Durchhalteterror. Wie wir heute wissen, fällte die Wehrmachtjustiz in den Jahren 1939 bis 1945 – glaubwürdigen Hochrechnungen zufolge – etwa 30 000 Todesurteile, von denen mehr als 20 000 auch vollstreckt wurden. Die hauptsächlichen Delikte, die zu Todesstrafen führten, waren Fahnenflucht, „Wehrkraftzersetzung", Kriegsdienstverweigerung und „Kriegsverrat", also Handlungen, in denen man den Widerstand des „kleinen Mannes in Uniform" erkennen kann.

Im südbadischen Waldkirch wurden in den ersten Monaten des Jahres 1945 sieben Wehrmachtsdeserteure erschossen.[2] Sie stammten nicht aus Waldkirch, sondern aus anderen Regionen des Deutschen Reiches. Was sie

---

1 Adolf Hitler: Mein Kampf. Zweiter Band: Die nationalsozialistische Bewegung, 9. Aufl. München 1933, S. 587.
2 Wolfram Wette: Durchhalte-Terror in der Schlussphase des Krieges. Das Beispiel der Erschießungen in Waldkirch am 10./11. April 1945, in: Rolf-Dieter Müller/Gerd

Erschießung eines zum Tode verurteilten Wehrmacht-Deserteurs durch ein fünfköpfiges Erschießungskommando der Wehrmacht. Im Hintergrund Volkssturmmänner, die zum Zwecke der Abschreckung der Erschießung beiwohnen mussten. Es handelt sich um ein in der ehemaligen DDR nachgestelltes Foto, weil bislang keine Originalaufnahmen von Erschießungen von Deserteuren bekannt sind.

zusammenführte war der Kriegsdienst in jenen Teilen der Wehrmacht, die damals im Südwesten Deutschlands eingesetzt waren. Am Anfang des Monats April 1945 verlief die Front im südbadischen Raum am Rhein, während die Truppen der Alliierten weiter vorrückten. Bald schon kämpften die Deutschen auf eigenem Boden. Spätestens jetzt konnte sich niemand mehr darüber hinwegtäuschen, dass das Kriegsende nahe und der Krieg für Deutschland nicht mehr zu gewinnen war.

Aber die Menschen nahmen auch sehr genau wahr, dass die Führung des NS-Staates und die der Wehrmacht nicht bereit waren, Konsequenzen aus dieser Lage zu ziehen. Hitler, Goebbels, der badische Gauleiter Robert Wagner und die anderen Größen des bankrotten NS-Regimes redeten noch immer vom „Endsieg" und forderten die Menschen — Soldaten wie Zivilisten — zum „Durchhalten" auf. So verbreitete der *Alemanne*, das *Kampfblatt der Nationalsozialisten Oberbadens*, am 3. April 1945 auf seiner ersten Seite die Anordnung des Leiters der Parteikanzlei Martin Bormann:

„Ein Hundsfott, wer seinen vom Feind angegriffenen Gau ohne ausdrücklichen Befehl des Führers verlässt, wer nicht bis zum letzten Atemzuge kämpft; er wird

---

R. Ueberschär/Wolfram Wette: Wer zurückweicht wird erschossen! Kriegsalltag und Kriegsende in Südwestdeutschland 1944/45, Freiburg i. Br. 1985, S. 70–73.

als Fahnenflüchtiger geächtet und behandelt. Reißt hoch die Herzen und überwindet alle Schwächen! Jetzt gilt nur noch eine Parole: Siegen oder fallen!"

Niemand konnte sich darüber hinwegtäuschen, dass dies nichts weniger als leere Propagandaworte waren.

Die Namen der sieben in Waldkirch erschossenen Deserteure
Ein Ort der Erinnerung an diesen Terror der Endphase des Kriegs und an seine Opfer ist der Friedhof der Stadt Waldkirch. Auf dem sogenannten „Ehrenhain" des Friedhofes, den die Stadtverwaltung bereits in den 1960er-Jahren einrichtete, wurden Menschen mit ganz unterschiedlichen Lebensläufen und Todesursachen beerdigt: 28 Wehrmachtssoldaten, die im Kampf fielen oder an ihren Verwundungen starben; zwei polnische und ein ungarischer Kriegsgefangener, die als Zwangsarbeiter starben; eine unbekannte Frau sowie sieben Wehrmachtsdeserteure, die aufgrund von Unrechtsurteilen ermordet wurden.

Über die Biographien der 28 hier bestatteten Soldaten weiß man bislang genauso wenig wie über die insgesamt etwa 750 Gefallenen und Vermissten des Zweiten Weltkriegs aus dem Bereich der heutigen Stadt Waldkirch. Nicht bekannt sind auch die Todesursachen der polnischen und des ungarischen Kriegsgefangenen und der unbekannten Frau, die während des Zweiten Weltkriegs in Waldkirch umkamen. Dank erhaltener Unterlagen im Stadtarchiv Waldkirch ist die Informationslage zu den sieben Deserteuren, die an drei verschiedenen Tagen des Frühjahrs 1945 von Kommandos der Wehrmacht in Waldkirch erschossen wurden, etwas besser.

Am 21. Januar 1945 wurden der Grenadier Werner Mensch und der Grenadier Ernst Rudolf Reinhard Otto erschossen. Werner Mensch war 19 Jahre alt, der aus Magdeburg stammende Rudolf Reinhard Otto 35 Jahre alt. Am 10. April 1945, morgens um 7 Uhr, wurden drei weitere Wehrmachtssoldaten in Waldkirch erschossen: der aus Bayern stammende, 25 Jahre alte Grenadier Alfons Gierlinger, der in Oberfranken geborene, 23 Jahre alte Grenadier Johann Heinz und der aus Oberschlesien stammende, 25 Jahre alte Grenadier Max Geisler. Am nächsten Tag, dem 11. April 1945, wiederum um 7 Uhr morgens, wurden der 34 Jahre alte Jäger Adolf Grasamer und der aus Westfalen stammende, 40 Jahre alte Pionier Wilhelm Emil Kohl erschossen.

Die zum Tode verurteilten Soldaten wurden im mobilen Wehrmachtgefängnis des Armeeoberkommandos (AOK) 19 festgehalten, das seit Anfang Dezember 1944 im Gefängnisgebäude der Stadt untergebracht war. Im Februar 1945 wurde auch der etwa 170 Militärpersonen zählende Stab des Armeeoberkommandos 19 in Waldkirch stationiert. Nach den Erschießungen der Deserteure verlegte das AOK 19 — infolge der Veränderung der militärischen Lage — seinen Armeestab weiter nach Osten und richtete in Jungingen einen neuen Gefechtsstand ein. Jetzt bezog das XVIII. SS-Armee-Korps unter dem SS-Gruppenführer und General der Waffen-SS Georg Keppler für kurze Zeit die militärisch genutzten Gebäude in Waldkirch.

Tatort der Erschießungen war eine Sandgrube im Bruckwald am Südrand von Waldkirch, in der Nähe des heute noch sichtbaren Wasserreservoirs am Aufgang zum Berg Kandel. Das Erschießungskommando unterstand dem AOK 19. Es waren deutsche Soldaten, die andere deutsche Soldaten erschossen. Der Waldkircher Kaplan Uhlig war als geistlicher Beistand der zum Tode Verurteilten anwesend. Volkssturmmänner aus dem ganzen Elztal wurden gezwungen, zum Zwecke der Abschreckung als Augenzeugen an den Erschießungen teilzunehmen. Einer der Verurteilten soll gerufen haben: „Nieder mit Hitler! Es lebe Deutschland!" Nach der Exekution wurden die Leichen der Soldaten hinunter zum Friedhof geschleift. Die auf dem Wege hinterlassene Blutspur wies neugierigen jugendlichen Waldkirchern — unter ihnen der spätere Hauptamtsleiter der Stadt Waldkirch, Hubert Thoma, der als Augenzeuge darüber berichtete — den Weg zum Erschießungsort. Beschriftete Holzkreuze und ein Stahlhelm vor den Gräbern verrieten, dass hier Angehörige der Wehrmacht begraben waren.

Der politische Kampf um eine Rehabilitierung der Wehrmachtsdeserteure
Nach dem Zweiten Weltkrieg hielt sich in politisch rechts orientierten Kreisen noch jahrzehntelang das Negativbild, das die nationalsozialistische Propaganda von den Fahnenflüchtigen geprägt hatte: Der Deserteur sei ein Verräter gewesen, der seine Kameraden im Stich gelassen habe, um sich selbst in Sicherheit zu bringen, womit er der kämpfenden Truppe geschadet habe. Gegen Deserteure verhängte und vollstreckte Todesurteile seien daher auch im Rückblick nicht zu beanstanden. Diese Sichtweise hat in den parlamentarischen Beratungen des Deutschen Bundestags noch zu Beginn des 21. Jahrhunderts eine Rolle gespielt. Diejenigen, die sich — gerade auch in Waldkirch — seit den 1980er-Jahren für die Rehabilitierung von Wehrmachtsdeserteuren einsetzten, hatten es dagegen nicht leicht.[3]

---

3 Siehe im Einzelnen Wolfram Wette (Hrsg.): Deserteure der Wehrmacht. Feiglinge — Opfer — Hoffnungsträger? Dokumentation eines Meinungswandels, Essen 1995; Wolfram Wette: Die verweigerte Rehabilitation. Die Bundesrepublik und die Wehrmacht-Deserteure, in: Blätter für deutsche und internationale Politik 40 (1995), Heft 1, S. 46—54; Wolfram Wette: Desertion im Wandel der öffentlichen

Die Argumentation der Befürworter einer Rehabilitierung lässt sich folgendermaßen zusammenfassen:

> „Über eines sollte Einverständnis möglich sein: darüber, dass die Frage der Bewertung der Desertion im Zweiten Weltkrieg sich nicht trennen lässt vom Charakter dieses Kriegs, der von Anfang an auf die Unterjochung und Vernichtung ganzer Völker zielte. Angesichts dieser verbrecherischen Dimension des Krieges war ,Wehrkraftzersetzung' oder ,Fahnenflucht', war überhaupt jede Form der Verweigerung eine achtenswerte, moralisch gebotene Handlung."[4]

Die Deserteure waren „Sand im Getriebe der NS-Kriegsmaschinerie". „Jeder Soldat, der sich – aus welchen Gründen auch immer – im Zweiten Weltkrieg den Streitkräften Hitlers entzog, verdient deshalb unseren Respekt." Bleibt hinzuzufügen: Die Deserteure haben früher als andere erkannt, dass sie zur Beteiligung an einem großen Verbrechen missbraucht wurden. Mit ihrer Fahnenflucht haben sie auch dazu beigetragen, die Beendigung des Kriegs zu beschleunigen.

Wegen der prekären Quellenlage bei der Erforschung der Geschichte einfacher Soldaten ließ sich während des langen politischen Prozesses der Rehabilitierung nicht im Einzelfall klären, aus welchen Gründen ein bestimmter Wehrmachtsoldat seine Truppe verlassen hatte, ob ihn zum Beispiel politische Motive oder andere Erwägungen zu seinem Schritt veranlasst haben. Deutlich war allerdings, dass ein Soldat der Wehrmacht, der sich dazu entschloss, seiner Truppe den Rücken zu kehren und zu desertieren, ein extrem hohes Risiko einging. Alleine schon diese Tatsache straft diejenigen Lügen, die das Bild von einer feigen Flucht vor der Gefahr bezeichnen, durch Kriegshandlungen getötet zu werden. Der Deserteur musste häufig noch größere Gefährdungen auf sich nehmen.

In der distanzierten historischen Rückschau stellte sich die Desertion aus der Großorganisation Wehrmacht, die einen völkerrechtswidrigen Vernichtungskrieg führte und die in die Ermordung der europäischen Juden involviert war, anders dar als für die meisten Zeitgenossen. Durch ihre

---

Meinung, in: Dokumentation Deserteurs-Gedenkwochen Waldkirch April 1995, hrsg. von der Initiativgruppe zur Ehrung der Waldkircher Deserteure. Waldkirch 1995, S. 5–10; Wolfram Wette: Deserteure der Wehrmacht rehabilitiert. Ein exemplarischer Meinungswandel in Deutschland (1980–2002), in: Zeitschrift für Geschichtswissenschaft (ZfG) 52 (2004), H. 6, S. 505–527. Siehe auch Ulrich Baumann/Magnus Koch (Hrsg.): „Was damals Recht war ...". Soldaten und Zivilisten vor Gerichten der Wehrmacht, Berlin 2008.

4 Dieses und die folgenden Zitate aus Volker Ullrich: „Ich habe mich ausgestoßen ...". Das Los von Zehntausenden deutscher Deserteure im Zweiten Weltkrieg, in: DIE ZEIT vom 26.9.1991, S. 45 f.

Entziehung[5] wirkten die Deserteure objektiv wie Sand im Getriebe der Vernichtungsmaschinerie. Wir sind heute bereit, diese Entziehung als eine Form des Widerstandes des „kleinen Mannes in Uniform" zu würdigen, denn wir haben längst erkannt, dass nicht nur jene hochrangigen Offiziere widerständig handelten, die das NS-Regime stürzen wollten und dazu kraft ihrer Positionen auch — potenziell — in der Lage waren. Der „kleine Mann in Uniform", der widerständig gesonnen war oder der einfach nicht mehr mitmachen wollte, suchte sich notgedrungen andere Formen, um seine ablehnende Haltung zum Ausdruck zu bringen, unter anderem die Desertion.

Lange Zeit konzentrierte sich das Gedenken auf den Offizierswiderstand des 20. Juli 1944 und sein Umfeld. Seit dem Remer-Prozess von 1952, in dem der hessische Generalstaatsanwalt Fritz Bauer eine führende Rolle spielte, wurde auch in konservativen Kreisen anerkannt, dass Offiziere in bestimmten Fällen ihren Eid brechen durften. Aber gleichzeitig sollte der Widerstand „von unten" gar nicht erst in den Blick kommen. Es wurde behauptet, den „kleinen Leuten" in der Uniform der Wehrmacht habe der Überblick über die militärische Gesamtlage gefehlt. Daher könne man den einfachen Soldaten, die sich auf unterschiedliche Weise dem Vernichtungskrieg verweigerten, nicht zugestehen, Widerstand geleistet zu haben. So hat es noch einmal Jahrzehnte gedauert, bis sich die Erkenntnis durchsetzte, dass auch für die einfachen Soldaten galt, was Fritz Bauer über den Offizierswiderstand gesagt hatte: „Unrecht kennt keinen Verrat!"[6]

Tatsächlich — da haben die Bedenkenträger recht — konnten jene Soldaten, die während der Nazi-Herrschaft ihrem Gewissen folgten und Kriegsgefangenen oder der bedrohten Zivilbevölkerung beim Überleben halfen, also unter anderem Juden und Partisanen, nicht am großen Rad der Weltgeschichte drehen. Sie waren nicht in der Lage, die NS-Regierung zu stürzen, und genauso wenig hatten sie es in der Hand, den Krieg zu beenden. In ihrem Denken und Handeln ging es nicht um Tyrannenmord oder Staatsumsturz. Vielmehr agierten sie in realistischer Einschätzung ihrer Möglichkeiten mit dem Blick nach unten hin, orientiert an ihrem unmittelbaren Umfeld am unteren Ende der militärischen Hierarchie. Dort suchten sie

---

5 Siehe dazu die Untersuchung der österreichischen Historikerin Maria Fritsche: Entziehungen. Österreichische Deserteure und Selbstverstümmler in der Deutschen Wehrmacht, Wien 2004.

6 Wolfram Wette: Unrecht kennt keinen Verrat. War ein Feigling, wer aus Hitlers Wehrmacht desertierte? Oder Fahnenflucht der Widerstand des kleinen Mannes in Uniform gegen Tyrannei und Angriffskrieg?, in: DIE ZEIT vom 24.2.1995, S. 52.

ihre Handlungsspielräume, wenn sie denn den Willen hatten, Verfolgten zu helfen und zu ihrer Rettung beizutragen.

Aufhebung der Unrechtsurteile durch den Deutschen Bundestag
Es hat Jahrzehnte gedauert, bis sich die Mehrheit der Menschen in Deutschland zu dieser Erkenntnis durchgerungen hat und bis ihr dann die staatlichen Institutionen folgten. Es hat gedauert, aber die Neubewertung setzte sich durch.[7] Eine entscheidende Rolle spielte dabei der Fünfte Strafsenat des Bundesgerichtshofs in Berlin, des in Sachen Strafgerichtsbarkeit höchsten deutschen Gerichts. Im Jahre 1995, ein halbes Jahrhundert nach dem Ende des Zweiten Weltkriegs, fällte dieses hohe Gericht ein aufsehenerregendes Grundsatzurteil. Der Bundesgerichtshof stellte fest, die Kriegsrichter hätten die Todesstrafe missbraucht; ja sie hätten als „Terrorjustiz" gehandelt. Richter, die in der NS-Militärjustiz tätig gewesen waren und hernach in der Bundesrepublik ihre Laufbahn fortgesetzt hatten, bezeichnete der Bundesgerichtshof als „Blutrichter", die sich eigentlich „wegen Rechtsbeugung in Tateinheit mit Kapitalverbrechen hätten verantworten müssen".[8]

Es dauerte dann noch bis zum Mai 2002, bis der Deutsche Bundestag die Konsequenzen aus diesem Grundsatzurteil zog.[9] In der entscheidenden Abstimmung des Bundesparlaments setzten sich die Abgeordneten der damaligen Regierungsparteien SPD und Bündnis 90/Die Grünen durch. Mit seinem *Gesetz zur Aufhebung nationalsozialistischer Unrechtsurteile* hob der Bundestag die Rechtsprechung dieser „Blutrichter" auf und beschloss eine generelle Rehabilitierung der Deserteure der Wehrmacht – und zwar in politischer, rechtlicher und moralischer Hinsicht. Die Masse der gehorsam gebliebenen Wehrmachtsoldaten wurde durch diese richterlichen und parlamentarischen Entscheidungen nicht ins Unrecht gesetzt. Vielmehr wurden die Deserteure vom Makel des Kriminellen befreit.

---

7 Siehe den Stenographischen Bericht der Parlamentsdebatte über den Entwurf des *Gesetzes zur Änderung des Gesetzes zur Aufhebung nationalsozialistischer Unrechtsurteile in der Strafrechtspflege (NS-AufhGÄndG)*, in: Deutscher Bundestag, 14. Wahlperiode, 237. Sitzung, Berlin, Freitag, den 17.5.2002, S. 23735–23743; sowie den Gesetzestext selbst, der am 23.7.2002 im Bundesgesetzblatt Jg. 2002 Teil I, ausgegeben zu Bonn am 26.7.2002, verkündet wurde.
8 Urteil des Bundesgerichtshofs vom 16.11.1995, in: Neue Juristische Wochenschrift (NJW) 1996, S. 857 ff.; vgl. auch die Einschätzung von Otto Gritschneder: Rechtsbeugung. Die späte Beichte des Bundesgerichtshofs, in: Neue Juristische Wochenschrift (NJW) 1966, S. 1239 ff.
9 Zu der heftigen Debatte im Bundestag vgl. Wette, Deserteure der Wehrmacht rehabilitiert (wie Anm. 3).

Wolfram Wette

Unweit dieser Stelle wurden kurz vor Kriegsende
sieben Deserteure aufgrund von Unrechtsurteilen erschossen:

Grenadier Werner Mensch
* 07.10.1926   † 21.01.1945

Grenadier Ernst Rudolf Reinhard Otto
* 24.06.1910 in Magdeburg   † 21.01.1945

Unteroffizier Alfons Gierlinger
* 22.05.1920 in Bayern   † 10.04.1945

Grenadier Johann Heinz
* 18.03.1922 in Oberfranken   † 10.04.1945

Grenadier Max Geisler
* 30.08.1920 in Oberschlesien   † 11.04.1945

Jäger Adolf Grasamer
* 21.02.1911   † 11.04.1945

Pionier Wilhelm Emil Kohl
* 12.02.1906 in Westfalen   † 11.04.1945

Der Deutsche Bundestag hielt 1997 in einer Entschließung fest:
"Der 2. Weltkrieg war ein Angriffs- und Vernichtungskrieg,
ein vom nationalsozialistischen Deutschland verschuldetes Verbrechen."

Mit dem "Gesetz zur Aufhebung nationalsozialistischer Unrechtsurteile"
vom Mai 2002 wurden Deserteure und andere Opfer der NS-Militärjustiz
generell rehabilitiert, alle Urteile des Volksgerichtshofes und der
Wehrmachtsjustiz pauschal aufgehoben.

**Wir gedenken der Menschen, die den Mut hatten,
der Gewaltherrschaft und dem Krieg ihr "Nein" entgegenzusetzen.**

Dieser Text sowie die Idee für das Aufstellen dieser Tafel stammt von der Ideenwerkstatt "Waldkirch in der NS-Zeit".
Diesem Vorschlag stimmte der Waldkircher Gemeinderat in seiner Sitzung vom 22. Januar 2014 zu.

Waldkirch

Mit dieser Tafel erinnert die Gemeinde Waldkirch seit April 2016 an die im Ort erschossenen Wehrmachtsdeserteure.

Waldkircher Gedenkwochen für Deserteure 1995

Im April 1995, ein halbes Jahrhundert nach den Erschießungen, wurden in Waldkirch Gedenkwochen für die Deserteure veranstaltet, die bundesweit Aufmerksamkeit erregten.[10] Auch Ludwig Baumann, der bekannteste deutsche Wehrmachtsdeserteur, der sich seit 1990 als Vorsitzender der Bundesvereinigung „Opfer der NS-Militärjustiz" für die Rehabilitierung dieser Opfergruppe einsetzt, kam nach Waldkirch.

Es gab weitere wichtige Aktivitäten, zuletzt seitens der Ideenwerkstatt „Waldkirch in der NS-Zeit". So wurde in der Region Südbaden ein wichtiger Beitrag zu diesem Meinungswandel „vor Ort" und darüber hinaus in der ganzen Republik geleistet. Auf einer der Tafeln, die heute an die in Waldkirch erschossenen Deserteure erinnern, steht der Satz: „Wir gedenken der Menschen, die den Mut hatten, der Gewaltherrschaft und dem Krieg ihr ‚Nein' entgegenzusetzen."

Literatur

Baumann, Ulrich/Koch, Magnus (Hrsg.): „Was damals Recht war ...". Soldaten und Zivilisten vor Gerichten der Wehrmacht, Berlin 2008.

Müller, Rolf-Dieter/Ueberschär, Gerd R./Wette, Wolfram: Wer zurückweicht wird erschossen! Kriegsalltag und Kriegsende in Südwestdeutschland 1944/45, Freiburg i. Br. 1985.

Wette, Wolfram (Hrsg.): Deserteure der Wehrmacht. Feiglinge – Opfer – Hoffnungsträger? Dokumentation eines Meinungswandels, Essen 1995.

---

10 Dokumentation Deserteurs-Gedenkwochen Waldkirch April 1995 (wie Anm. 3).

Angela Borgstedt

Die „Weiber von Pfullingen" – Frauen verweigern den „Endkampf"

„Am 19. April 1945 war eine wesentliche Erregung innerhalb der Bevölkerung festgestellt", erinnerte sich der Unternehmer Albert Gayler an das Kriegsende in Pfullingen.[1] Die Franzosen hatten soeben Tübingen besetzt und mit Reutlingen die Nachbarschaft der etwa 9000 Einwohner großen Stadt Pfullingen erreicht.[2] Auch die Landeshauptstadt Stuttgart stand vor der Einnahme. Französische Einheiten näherten sich von Norden und Südwesten, standen am 20. April in Leonberg und auf den Fildern. Während sich die württembergische NS-Führung in Richtung Süden absetzte, sollte der Vormarsch der Franzosen am Albaufstieg aufgehalten werden. In Pfullingen waren seit März 1945 entsprechende Vorbereitungen getroffen und beispielsweise Panzersperren errichtet worden. Ein Volkssturmaufgebot sollte sie mit Panzerfäusten und einigen veralteten Gewehren verteidigen. Das sahen viele Pfullinger mit Sorge. Sollten die anrückenden Franzosen tatsächlich auf Gegenwehr stoßen, wäre ihre bislang nahezu unbeschädigte Stadt in größter Gefahr. Dass solche Befürchtungen nicht unbegründet waren, bestätigen nachträglich die Beispiele von Genkingen (Kreis Reutlingen) und Talheim (Kreis Tübingen). Hier führte ein sinnloser Straßen- und Häuserkampf zu Tod und Zerstörung. Den Pfullingern standen freilich die Luftangriffe in ihrer Nachbarschaft vor Augen. „Die Hauptnot", so Pfarrer Johannes Schwarz,

> „kam mit dem letzten Vierteljahr des Krieges, mit dem großen Angriff auf Reutlingen am 15. Januar 1945, nachmittags um 2 Uhr, wo die Sonne vor lauter Rauch und Qualm ihren Schein verlor und Reste verbrannten Papiers in Massen hier niederwirbelten".[3]

---
1 Staatsarchiv Ludwigsburg (StA LB) EL 902/12, Bü 7909: Zeugenvernehmung im Entnazifizierungsverfahren des Kampfkommandanten Julius Kiess durch die Spruchkammer Brackenheim, 11.5.1948.
2 Ulrich Mohl: Die Weiber von Pfullingen, Pfullingen 2001, S. 5.
3 Hauptstaatsarchiv Stuttgart (HStA S) J 170, Bü 66: Pfullinger Bewahrung am 4.3.1945. Miterlebt und dargestellt von Pfarrer Johannes Schwarz, S. 2.

Am 4. März waren bei einem Fliegerangriff Brand- und Sprengbomben auf den Stadtrand von Pfullingen gefallen. Allein die dabei entstandenen häusertiefen Trichter verdeutlichten eindrucksvoll das gegnerische Zerstörungspotenzial. Vielen war klar, dass der nächste Einsatz nicht so glimpflich ausgehen würde. „Die Unsicherheit wuchs, die Arbeit ging zurück, alles packte, vergrub und versteckte Wertsachen und machte sich auf das Letzte bereit", so Pfarrer Schwarz.[4]

Die Zeichen deuten auf Kampf

Die Unruhe an jenem 19. April hatte einen ganz konkreten Anlass. Pfullingen hatte soeben einen neuen Kampfkommandanten erhalten. Dabei hatten die Pfullinger gehofft, es würde für den bisherigen Kommandanten Christian Schurr keinen Nachfolger mehr geben, wo doch die Franzosen quasi schon in Hörweite waren. Schurr, im Zivilberuf Lehrer in Pfullingen, hatte zwar wie angeordnet Panzersperren errichten lassen. Die völlig unzureichende Bewaffnung des örtlichen Volkssturms weckte jedoch Zweifel an der Verteidigungsfähigkeit. Im Zwiespalt zwischen Befehl und Vernunft wählte er die Flucht aus der Verantwortung und meldete sich krank. Viele Pfullinger hofften nun auf eine kampflose Übergabe der Stadt. Doch wie so oft in dieser Zusammenbruchphase genügte die kurzzeitige Anwesenheit von Parteibonzen, SS-Mitgliedern oder führertreuen Wehrmachtsoffizieren, um „die in Auflösung befindliche ‚Volksgemeinschaft' mit Gewalt aufrecht zu erhalten".[5] In Pfullingen war es die Ankunft des neuen Kampfkommandanten, die solche Befürchtungen weckte. Die Menschen kannten ihn nur zu gut und wussten, dass der tags zuvor aus einem Tübinger Lazarett entlassene Julius Kiess seinen Aufstieg zum städtischen Sparkassenleiter seiner Partei- und Führertreue verdankte. Und tatsächlich war bald allenthalben zu hören: „Dr Kiess will verteidige."[6]

„Herr Kies[s] wollte ja die Stadt vorm Feind verteidigen [...]. Unser lobenswerter Herr Bürgermeister Bross wollte das nicht!", beschrieb die Pfullingerin Sofie Schlegel die Konstellation an jenem 19. April.[7] Sie war keineswegs ungewöhnlich. Auch in Stuttgart oder Schwäbisch Hall waren es

---

4 Zitiert nach Hermann Taigel: Pfullingen im „Dritten Reich", Pfullingen 2011, S. 341.
5 Christopher Dowe: Verweigerung des „Endkampfs" in Meßstetten, in: Haus der Geschichte Baden-Württemberg (Hrsg.): Anständig gehandelt. Widerstand und Volksgemeinschaft 1933–1945, Stuttgart 2012, S. 178–180, hier S. 180.
6 Mohl, Die Weiber von Pfullingen (wie Anm. 2), S. 13.
7 Taigel, Pfullingen im „Dritten Reich" (wie Anm. 4), S. 347.

die Oberbürgermeister, die den Erhalt und die kampflose Übergabe der Stadt selbst wollten oder sich – aus welchen Motiven auch immer – dazu überreden ließen. Einen Honoratiorenkreis, der sich vergleichbar der „Rettet-Stuttgart-Bewegung" vermittelnd eingeschaltet hätte, gab es in Pfullingen nicht.[8] Albert Gayler, der am 19. April einige Männer gegen den Kampfkommandanten aufzubieten versuchte, fand keine Unterstützung. Zu hoch erschien den Angesprochenen das Risiko. Auch Bürgermeister Johannes Broß teilte ihre Auffassung. Von Pfullingern gefragt, ob sie nicht die Panzersperren abräumen könnten, entgegnete er, dass Männern dafür die Erschießung drohte. Allenfalls Frauen könnten dies wagen, „da anzunehmen ist, dass diesen nichts passieren sollte".[9] Ob die Pfullingerinnen auf diese Mutmaßung hin oder aus Unzufriedenheit mit der Tatenlosigkeit der Männer aktiv wurden, sei dahingestellt. Sie konnten sich später jedenfalls jede Einmischung mit dem Hinweis verbitten: „Ihr Manne werdet bloß verschosse!"[10]

Frauen entfernen Panzersperren

Am Nachmittag des 20. April machten sich etwa 150 Frauen an die körperlich anstrengende Arbeit, die drei Panzersperren in der Stadt beiseite zu räumen. Das Vorhaben war gefährlich, denn die Panzersperren wurden bewacht und es war keineswegs absehbar, wie die Bewacher reagieren würden. An der Gabelung der Gönninger Straße und der Stuhlsteige waren Randsteine aufgestapelt, im Elisenweg Baumstämme verkeilt. „Als Sperre der Marktstraße [...] stand dagegen ein aufgebockter großer Güterwagen auf dem Anschlussgeleise der Firma Schlayer,"[11] dessen Bremse erst einmal gelöst werden musste. „Am 20. April 1945 half ich bei der Beseitigung der Panzersperren", beschrieb Luise Walker, eine der Pfullinger Protagonistinnen, die Aktion. Kaum hatte Kiess davon erfahren, kam er auf dem Motorrad herangebraust und wollte die Frauen mit Drohungen und Bitten umstimmen. Sie wiederum gaben ihm gehörig Bescheid. „Vorhaltungen, die

---

8 Vgl. Edgar Wolfrum: Widerstand in den letzten Kriegsmonaten, in: Peter Steinbach/Johannes Tuchel (Hrsg.): Widerstand gegen den Nationalsozialismus, Bonn 1994, S. 537–552, hier S. 547.
9 StA LB EL 902/12, Bü 7909: Zeugenvernehmung im Entnazifizierungsverfahren des Kampfkommandanten Julius Kiess durch die Spruchkammer Brackenheim, 11.5.1948.
10 Mohl, Die Weiber von Pfullingen (wie Anm. 2), S. 15.
11 Mohl, Die Weiber von Pfullingen (wie Anm. 2), S. 11.

ich ihm machte, hatten keinen Zweck", so Walker. „Es kam zu heftigen Auseinandersetzungen, die sich später im Rathaus fortsetzten."[12]

Julius Kiess war um schneidiges Auftreten bemüht, den Frauen aber einfach nicht gewachsen. Ins Rathaus zurückgekehrt, bat er seinen Vorgesetzten Oechsle in Reutlingen telefonisch um Unterstützung. Dort stand freilich der Einmarsch der Franzosen unmittelbar bevor, sodass Kiess lediglich ein paar bewaffnete Hitlerjungen unter Führung eines Wehrmachtsoffiziers zu Hilfe kamen. Auch sie konnten gegen die Pfullinger Frauen nicht viel ausrichten. Einer der Hitlerjungen versuchte sich mit Gewalt Respekt zu verschaffen und schlug Luise Walker den Gewehrkolben an den Kopf, sodass sie blutete.[13] Doch damit stachelte er den Widerstandswillen der Frauen nur weiter an.

> „Nachmittags ½ 5 Uhr strömt ein großer Zug von Frauen aller Stände und jeden Alters zum Rathaus, dort fordern sie in größter Entschlossenheit die Öffnung der Panzersperren, damit ein Kampf um Pfullingen, der doch von vornherein aussichtslos war, vermieden würde."[14]

Ähnlich wie 1941 in Geislingen[15] formierte sich vor dem Rathaus eine Protestkundgebung. Immer mehr Frauen strömten hier zusammen. „Kiess, komm raus, wenn de koi Feigling bisch", skandierten sie. Der aber setzte noch immer auf Repression und versuchte, die Demonstrantinnen mithilfe der Feuerwehr auseinanderzutreiben.[16] Eine der Frauen, Helene Nuoffer, verhinderte den „Wasserwerfereinsatz", indem sie kurzerhand ein Schlauchteil abschraubte. Kiess hatte so nur den Zorn der Frauen gesteigert. Er entlud sich am Ortsgruppenleiter Kurz sowie am NSV-Mann[17] Schauwecker, die ein paar Ohrfeigen kassierten. Schließlich stürmte Luise Walker mit ein paar Frauen in die Geschäftsstelle des Rathauses, wo sie den Kampfkommandanten zur Rede stellte.

---

12 StA LB EL 905/4, Bü 562: Spruch des Staatskommissariats für politische Säuberung Land Württemberg-Hohenzollern in Tübingen, 5.10.1949.
13 StA LB EL 902/12, Bü 7909: Zeugenaussage Luise Walker, geb. Schwille, vor der Spruchkammer Brackenheim, 25.6.1948.
14 Bericht Pfarrer Schwarz vom 11.5.1945, zitiert nach Taigel, Pfullingen im „Dritten Reich" (wie Anm. 4), S. 342.
15 Vgl. hierzu den Beitrag von Christopher Dowe in diesem Band.
16 Mohl, Die Weiber von Pfullingen (wie Anm. 2), S. 14 f.
17 Die Nationalsozialistische Volkswohlfahrt (NSV) war die Wohlfahrtsorganisation der NSDAP. Andere Wohlfahrtsorganisationen wie z.B. die Arbeiterwohlfahrt waren verboten oder verdrängt worden.

„[Er] belegte mich mit Schimpfnamen und sagte, er hätte gute Lust mich zu erschießen. Darauf stellte ich mich gegenüber und forderte ihn dazu auf. Der Betroffene zog die Pistole und bedrohte mich mit dieser."[18]

Der Bürgermeister soll dazwischengegangen sein. Ihm gegenüber äußerte Kiess, das werde ein Nachspiel haben. Er werde „in Pfullingen eine Anzahl Exempel statuieren, welche diese Vorkommnisse schwer zu büßen hätten".[19] Das waren markige Worte, denen der Kampfkommandant später auch Taten folgen ließ. Vorerst aber saß er im Rathaus fest. Dass er aus dem Wachlokal der Polizei zu den versammelten Frauen gesprochen habe, bestritt er später ebenso energisch wie seine Flucht durch ein rückwärtiges Fenster des Rathauses.[20]

Am Folgetag, einem Samstag, blieb es ruhig in Pfullingen. Kampfkommandant Julius Kiess wurde nicht gesehen und auch die Franzosen ließen auf sich warten. Und so machten sich viele Frauen erneut an die Beseitigung der Panzersperren. Bis spät in die Nacht waren sie damit beschäftigt, die Ausfallstraßen freizubekommen. Vor allem der querstehende Waggon bereitete ihnen große Mühe. Ihn in Bewegung zu setzen, war die größte Herausforderung. Wiederum war es Helene Nuoffer, der es mit Geschick gelang, die Bremse zu lösen: „Dann aber besorgte das natürliche Gefälle der Marktstraße Richtung Südbahnhof den Rest, ohne ihr weiteres Zutun."[21] Vollständig beseitigt waren die Sperren am Ende nicht, aber sie stellten kein Hindernis mehr dar.

Eine Frau stellt sich Panzern entgegen

Unter den Frauen, die am Vortag vor dem Rathaus demonstriert hatten, war auch Sofie Schlegel, die Inhaberin einer Wäscherei. Die 58-Jährige hatte die Überzeugung gewonnen, selbst zur kampflosen Übergabe der Stadt beizutragen zu müssen. Mit einem in ihrer Reinigung beschäftigten französischen Kriegsgefangenen beratschlagte sie, dass er sich mit zwei weiteren Franzosen in das besetzte Reutlingen begeben und von den Pfullinger Geschehnissen berichten sollte. Vor allem sollten sie der Siegermacht klarmachen, dass

---

18 StA LB EL 902/12, Bü 7909: Zeugenvernehmung im Entnazifizierungsverfahren des Kampfkommandanten Julius Kiess durch die Spruchkammer Brackenheim, 11.5.1948.
19 StA LB EL 905/4, Bü 562, S. 2: Spruch des Staatskommissariats für politische Säuberung Land Württemberg-Hohenzollern in Tübingen, 5.10.1949.
20 StA LB EL 902/12 Bü 7909: Schreiben seines Anwalts Dr. Fritz Lambert an die Spruchkammer Brackenheim, 27.10.1947.
21 Mohl, Die Weiber von Pfullingen (wie Anm. 2), S. 16.

die Einwohner für eine kampflose Übergabe Pfullingens sorgen würden. Schlegel selbst wollte den französischen Panzern in einem weißen Kleid entgegengehen. Tatsächlich zog sie am 21. April ganz in weiß gekleidet vor die Stadt, ohne dass sich etwas tat. Als sich aber am nächsten Tag die Delegation der drei Kriegsgefangenen nach Reutlingen aufmachte, war plötzlich wieder Julius Kiess zur Stelle. Er hatte einige der in Pfullinger Betrieben eingesetzten „Fremdarbeiter" auf den Straßen gesehen und vier von ihnen kurzerhand wegen Spionage festnehmen lassen. Er wollte sie, wie er nach 1945 im Spruchkammerverfahren sogar zugab, nötigenfalls als Geiseln erschießen.[22] Inzwischen war es freilich einsam um den Kampfkommandanten geworden. In der Nacht auf den 22. April hatten Volkssturmmänner die Eisenbahnbrücke bei den Pfullinger Hallen gesprengt und waren danach Richtung Schwäbische Alb abgezogen. Bei Julius Kiess waren nur noch einige wenige Verteidiger geblieben.

Der Tag zog sich dahin. Dann tauchte plötzlich gegen halb fünf am Nachmittag der erste französische Panzer auf der Gönninger Straße auf. Nach mehreren Zeugenaussagen empfingen ihn Julius Kiess und seine verbliebenen Männer mit Panzerfäusten und Gewehren. „Kiess stand am Häuschen der Haltestelle der Pfullinger Straßenbahn", benannte Martha Keppler stellvertretend für alle den Schuldigen vor der Spruchkammer, „und veranlasste, die Panzerfäuste abzuschießen".[23] Die anrückenden Franzosen erwiderten das Feuer und nahmen den Ortseingang unter Panzerbeschuss. Schmiedemeister Ludwig Tröster musste dabei hilflos mit ansehen, wie sein Haus in Flammen aufging.[24] Er war nicht der einzige in der Stadt, der Schaden erlitt, immerhin waren aber keine Menschenleben zu beklagen. Dass die Besetzung letztlich doch glimpflich vonstatten ging, war wohl auch Sofie Schlegel zu verdanken. Sie war den Franzosen abermals im weißen Kleid entgegengezogen, begleitet von einem Kriegsgefangenen, der als Dolmetscher fungierte. Zwei weitere Pfullingerinnen waren ihr mit weißen Fahnen in der Hand gefolgt.

Die Aufarbeitung im Spruchkammerverfahren
Der Beginn der französischen Besatzungsherrschaft verlief nun vergleichsweise unspektakulär. Es gab die üblichen Beschlagnahmen von Radios, Fotoapparaten und Fahrrädern, die Ablieferungspflicht für Waffen und Munition. Ende Mai 1945 kam es im Pfullinger Rathaus zu einer Explosion,

---

22 StA LB EL 902/12, Bü 7909.
23 StA LB EL 902/12, Bü 7909: Eidesstattliche Erklärung vom 8.3.1948.
24 StA LB EL 902/12, Bü 7909: Eidesstattliche Erklärung vom 26.2.1948.

weil Besatzungssoldaten leichtsinnig im dort angelegten Arsenal geraucht hatten. Im Unterschied zu Mössingen oder Freudenstadt gibt es aus Pfullingen auch keine Berichte über Massenvergewaltigungen.[25] Die Zerstörungen beim Einmarsch lastete man ohnehin nicht den Franzosen an. Vielen Pfullingern galt allein Julius Kiess dafür verantwortlich. Kiess, der am 22. April 1945 knapp der Festnahme entkommen war, hielt sich seitdem auf Distanz. Ganz offensichtlich traute er sich nicht mehr nach Pfullingen, wo seine Frau und die jüngsten seiner sechs Kinder noch immer wohnten.[26] Der ehemalige Kampfkommandant, der sich Ende April 1945 auf die Schwäbische Alb durchgeschlagen hatte und schließlich in Kriegsgefangenschaft geraten war, lebte seit seiner Entlassung im August 1945 in Klingenberg bei Heilbronn und verdingte sich als Landarbeiter. Weil er noch immer in Pfullingen gemeldet war, waren 1948 sogar Entnazifizierungsverfahren in zwei Besatzungszonen gegen ihn anhängig.[27] Anders als sonst in politischen Säuberungsprozessen war es weder für die Spruchkammer Reutlingen noch für die in Brackenheim ein Problem, Belastungszeugen aufzubieten. Gegen Kiess sagten Bürgermeister Johannes Broß ebenso bereitwillig aus wie Luise Walker, Sofie Schlegel und andere Pfullinger „Weiber", ferner diejenigen, die Zeugen des Schusswechsels am 22. April geworden waren. Zu einem Zeitpunkt, da die Spruchkammern längst zu „Mitläuferfabriken" (Lutz Niethammer) geworden waren, wurde Kiess wohl auch wegen dieser Zeugenaussagen als „Belasteter" eingestuft. Am Ende gelang ihm im Revisionsverfahren die Herabstufung zum „Minderbelasteten". Die Geschehnisse lagen inzwischen ein paar Jahre zurück. Sie waren kurzzeitig mehr als nur Stadtgespräch gewesen, Radio Luxemburg soll sogar darüber berichtet haben.

Die historische Forschung hat sich der Frage der Widerständigkeit in der Kriegsendphase und der Rolle von Frauen bei der Rettung ihrer Gemeinden erst spät angenommen. Thomas Schnabel hat in einem wegweisenden Aufsatz fünfzig Jahre nach Kriegsende dokumentiert, dass nicht nur in Pfullingen, sondern mancherorts und explizit im Kreis Reutlingen Frauen Panzersperren entfernten und an der kampflosen Übergabe mit-

---

25 Vgl. Miriam Gebhardt: Als die Soldaten kamen. Die Vergewaltigung deutschen Frauen am Ende des Zweiten Weltkriegs, 4. Aufl. München 2015.
26 StA LB EL 902/12, Bü 7909.
27 Neben den im Staatsarchiv Ludwigsburg befindlichen gibt es deshalb auch Entnazifizierungsakten in Sigmaringen: Wü 13 T 2, Nr. 2654/174. Ein Digitalisat des Urteils der Zentralspruchkammer Tübingen ist online verfügbar.

wirkten.[28] Nirgendwo aber gingen sie dabei so unnachgiebig und konsequent vor wie in Pfullingen.

Literatur

Mohl, Ulrich: Die Weiber von Pfullingen. Pfullingen 2001.
Reik, Christoph: Fremdarbeiter und Kriegsgefangene in Pfullingen. Pfullingen 2003.
Schnabel, Thomas: „Die Leute wollten nicht einer verlorenen Sache ihre Heimat opfern", in: Landeszentrale für politische Bildung Baden-Württemberg/Haus der Geschichte (Hrsg.): Formen des Widerstandes im Südwesten 1933–1945. Scheitern und Nachwirken, Ulm 1994, S. 165–179.
Taigel, Hermann: Pfullingen im „Dritten Reich", Pfullingen 2011.

---

28 Thomas Schnabel: „Die Leute wollten nicht einer verlorenen Sache ihre Heimat opfern", in: Landeszentrale für politische Bildung Baden-Württemberg/Haus der Geschichte (Hrsg.): Formen des Widerstandes im Südwesten 1933–1945. Scheitern und Nachwirken, Ulm 1994, S. 165–179, hier S. 175 f.

Bildnachweis

Archiv Aßfalg, Riedlingen 263, 265
Bernhard Stockmeyer, Zwiefalten 373
Bildarchiv Preußischer Kulturbesitz, Berlin 69
Christkönigs-Institut Meitingen 158, 160
Dokumentations- und Kulturzentrum Deutscher Sinti und Roma, Heidelberg 348
Dokumentationszentrum Oberer Kuhberg Ulm (DZOK) 51 (A 181), 54 (A 187)
Dorothee Nestel, Stuttgart 71
Erich-Schairer-Stiftung; Veronika Burger, Stuttgart 394, 396
Erzbischöfliches Archiv Freiburg 167, 170
Familie Kaiser (Vorlage: Hohenloher Freilandmuseum Wackershofen) 490
Gedenkstätte Deutscher Widerstand, Berlin 208, 214
Generallandesarchiv Karlsruhe 270, 271 (276 Nr. 3487), 334 (309 Mannheim Nr. 6311)
Georg Lechleiter, Appenweier 93
Gertrud Eisele, Volkertshausen 244
Gotelinde Umfrid, Bad Liebenzell 179
Hans-Peter Horber und Michael Pusch (Vorlage: KZ-Gedenkstätte Neckarelz) 482
Hessisches Staatsarchiv Marburg 237 (Uni A MR 310, Nr. 6218)
Ilse Herrmann, Berlin 88
Ilse Rosenfelder (Vorlage: Hohenloher Freilandmuseum Wackershofen) 486
Jehovas Zeugen in Deutschland K. d. ö. R. 146
Landesmedienzentrum Baden-Württemberg 101, 458
Michael Seidt, Bruchsal 122
Museum in der Kulturscheune Mössingen 111, 115
Museumsstiftung Post und Telekommunikation, Archiv für Philatelie Bonn (graphische Gestaltung: Gerhard Stauf) 123
picture alliance/dpa 401
privat 43, 125, 199, 204, 252, 257, 295, 298, 413, 502
Richard von Jan, Fürth 152

Robert D. Farber University Archives & Special Collections Department, Brandeis University 323

Schweizer Bundesarchiv 241 (E4264#1985/196#16691*, Az. N11025, Strauss-Kahle, Lotte, 02.08.1913, 1943–1956), 344 (E4264#1985/196#37800, Az. N24287, Reinhardt alias Bühler, Anton, 10.6.1927, 1944)

Stadt Geislingen/Zollernalbkreis 451

Stadt Kehl 498

Stadtarchiv Karlsruhe 74 (8/PBS oIII 1691), 319 (8/BA Schlesiger A37/203/6/34)

Stadtarchiv Stuttgart 439 (FM 64/1), 445 (FM 64/261)

Stadtarchiv Waldkirch 508

Stadtarchiv Weinheim 332 (Rep 3 Nr. 146)

Stefan Appelius, Oldenburg (Vorlage: Archiv der sozialen Demokratie, Bonn) 107

Universitätsarchiv Albert-Ludwigs-Universität Freiburg 433 (B 0001_3737_001)

Winfried Meyer, Berlin 218, 226

Yad Vashem, The Holocaust Martyrs' and Heroes' Remembrance Authority 236 (970_1, Item 4036681), 306 (7646/23), 307 (7646/24)

Xenia Baumann (Vorlage: Haus der Geschichte Baden-Württemberg, Sammlung DLG 1865/03) 459

Die Autorinnen und Autoren

Abmayr, Hermann G., geb. 1955, ist Filmemacher (ARD, SR, SWR, WDR), Journalist und Buchautor in Stuttgart. Im Jahr 2007 erschien sein Film *Wer nicht kämpft, hat schon verloren – Willi Bleicher: Widerstandskämpfer und Arbeiterführer*.

Behr, Monique, geb. 1965, studierte Kunstgeschichte, Geschichte und Philosophie in Karlsruhe, Heidelberg und Paris. Seit 1997 ist sie Referentin für Ausstellungen im Museum für Kommunikation Frankfurt. Seit 2008 lehrt sie an der Johann Wolfgang Goethe Universität Ausstellungskonzeption. Sie kuratiert regelmäßig für das Jüdische Museum in Frankfurt am Main Ausstellungen.

Berner, Hermann, Dr., geb. 1951, ist Soziologe und Kulturwissenschaftler. Bis 2016 war er Museumsleiter in Mössingen. Neben diversen Lehr- und Forschungstätigkeiten hat er zahlreiche Veröffentlichungen zu soziologischen, lokalgeschichtlichen und das Museumswesen betreffenden Themenbereichen vorgelegt.

Borgstedt, Angela, Prof. Dr., geb. 1964, ist Geschäftsführerin der Forschungsstelle Widerstand gegen den Nationalsozialismus im deutschen Südwesten am Historischen Institut der Universität Mannheim. Sie hat zur Regionalgeschichte des Widerstands, zur juristischen Zeitgeschichte und zum Zeitalter der Aufklärung publiziert.

Bosch, Manfred, geb. 1947, lebt als freier Autor in Konstanz. Er ist Verfasser zahlreicher Bücher und Beiträge zu zeit- und literaturgeschichtlichen Themen.

Brändle, Brigitte und *Gerhard*, geb. 1950 bzw. 1948, forschen seit 1980 zu den Themen Widerstand in und aus Baden gegen die NS-Diktatur, zu Lebenswegen von Résistancekämpfern in Baden, zu Spanienfreiwilligen im Kampf gegen Franco ab 1936 und dann in der Résistance sowie zum Abwehrkampf von „deutschen Staatsbürgern jüdischen Glaubens" gegen die Gefahr von rechts.

Braun, Bernd, Dr., geb. 1963, ist stellvertretender Geschäftsführer der Stiftung Reichspräsident-Friedrich-Ebert-Gedenkstätte in Heidelberg und Lehrbeauftragter am Historischen Seminar der Universität Heidelberg.

Dowe, Christopher, Dr., geb. 1973, arbeitet als Historiker im Haus der Geschichte Baden-Württemberg.

Gewert, Sebastian, geb. 1989, ist Betriebswirt und Historiker. Er ist Stipendiat der Studienstiftung des deutschen Volkes und arbeitet im Universitätsarchiv Mannheim.

Haigis, Peter, Privatdozent Pfarrer Dr., geb. 1958, ist Pfarrer der Württembergischen Landeskirche, derzeit in Stetten im Remstal, und Schriftleiter des *Deutschen Pfarrerblatts*. Er ist Lehrbeauftragter an der Universität Heidelberg.

Kosmala, Beate, Dr., geb. 1949, ist Historikerin und Übersetzerin. Sie arbeitet an der Forschungsstelle Widerstandsgeschichte der Gedenkstätte Deutscher Widerstand in Berlin, bis 2014 an der Gedenkstätte Stille Helden. Ihre Forschungsschwerpunkte sind die Rettung von Juden im Zweiten Weltkrieg und die polnisch-jüdische Geschichte.

Kurz, Helmut, Prof., geb. 1938, ist Fachleiter für Katholische Religionslehre am Staatlichen Seminar für Didaktik und Lehrerbildung (Gymnasien) Tübingen i. R.

Lange, Sascha, Dr., geb. 1971, ist freischaffender Historiker und Autor aus Leipzig mit dem Schwerpunkt Jugendkulturen im 20. Jahrhundert. Im Jahr 2015 erschien sein Buch *Meuten, Swings & Edelweißpiraten – Jugendkultur und Opposition im Nationalsozialismus*.

Letsche, Lothar, M.A., geb. 1946, ist als Übersetzer tätig. Ab 1977 war er durch den „Radikalenerlass" am Lehrerberuf gehindert, von 1978 bis 1980 Schulbuchredakteur, von 1981 bis 2011 wissenschaftlicher Angestellter. Er ist geschäftsführendes Vorstandsmitglied der VVN-BdA Baden-Württemberg.

Maier, Joachim, Prof. Dr., geb. 1945, war von 1993 bis 1996 Professor für Religionspädagogik (kath.) an der TU Dresden und danach bis 2009 Professor für Katholische Theologie an der Pädagogischen Hochschule Heidelberg.

Marski, Ulrike, geb. 1955, war selbständige Soziologin, Historikerin und Journalistin mit einem Arbeitsschwerpunkt auf der dörflichen Welt. Mittlerweile ist sie Forschungsreisende durch die gegenwärtige deutsche Theaterlandschaft.

Meurer, Bärbel, Prof. Dr., geb. 1944, ist außerplanmäßige Professorin am Fachbereich Sozialwissenschaften der Universität Osnabrück und lebt in Bielefeld.

Meyer, Winfried, Dr., geb. 1952, ist wissenschaftlicher Mitarbeiter am Zentrum für Antisemitismusforschung der Technischen Universität Berlin. Derzeit ist er Research Fellow am Internationalen Forschungszentrum Kulturwissenschaften in Wien. Er hat zahlreiche Arbeiten zum Widerstand gegen den Nationalsozialismus, zu den NS-Konzentrationslagern und zur Geheimdienstgeschichte des Zweiten Weltkriegs veröffentlicht.

Müller, Roland, Dr., geb. 1955, ist Direktor des Stadtarchivs Stuttgart und Lehrbeauftragter am Historischen Institut der Universität Stuttgart.

Nordblom, Pia, Dr., geb. 1961, ist wissenschaftliche Mitarbeiterin am Historischen Seminar der Johannes Gutenberg-Universität Mainz.

Reuter, Frank, Dr., geb. 1963, ist seit 1993 wissenschaftlicher Mitarbeiter im Dokumentations- und Kulturzentrum Deutscher Sinti und Roma. 2014 erschien im Wallstein Verlag seine Monographie *Der Bann des Fremden. Die fotografische Konstruktion des „Zigeuners"*.

Roos, Dorothee, geb. 1954, ist Historikerin und leitet ehrenamtlich die KZ-Gedenkstätte Neckarelz. Darüber hinaus ist sie Vorsitzende des neu gegründeten „Verbunds der Gedenkstätten im ehemaligen KZ-Komplex Natzweiler". Sie gehört auch dem wissenschaftlichen Beirat des *Centre Européen du Résistant Déporté* am Ort des ehemaligen Konzentrationslagers Natzweiler-Struthof an.

Scherb, Ute, Dr., geb. 1963, ist Historikerin und leitet das Archiv und das Museum der Stadt Kehl.

Schmid, Manfred, Dr., geb. 1953, ist wissenschaftlicher Mitarbeiter beim Planungsstab Stadtmuseum Stuttgart.

Schöllkopf, Wolfgang, Dr., geb. 1958, ist evangelischer Pfarrer und Beauftragter für württembergische Kirchengeschichte der Evangelischen Landeskirche in Württemberg.

Schoppmann, Claudia Dr., geb. 1958, ist Historikerin und wissenschaftliche Mitarbeiterin der Gedenkstätte Deutscher Widerstand/Gedenkstätte Stille Helden in Berlin.

Steinbach, Peter, Prof. Dr., geb. 1948, war bis 2013 Professor für Neuere und neueste Geschichte an der Universität Mannheim. Er ist seit 1983 Wissenschaftlicher Leiter der Gedenkstätte Deutscher Widerstand Berlin und seit 2002 Vorsitzender des Internationalen Beirats der „Topographie des Terrors" in Berlin.

Stöckle, Thomas, geb. 1964, ist Historiker und Leiter der Gedenkstätte Grafeneck – Dokumentationszentrum. Er ist Lehrbeauftragter an der Pädagogischen Hochschule Ludwigsburg. Zahlreiche Veröffentlichungen zur Geschichte der NS-„Euthanasie"-Verbrechen im deutschen Südwesten. Mitglied des Sprecherrats der Landesarbeitsgemeinschaft der baden-württembergischen Gedenkstätten.

Thelen, Sibylle, geb. 1962, leitet bei der Landeszentrale für politische Bildung Baden-Württemberg die Abteilung Demokratisches Engagement und ist Fachreferentin für Gedenkstättenarbeit.

Thierfelder, Jörg, Dr. theol., geb. 1938, war Professor für Evangelische Theologie/Religionspädagogik an der Pädagogischen Hochschule Esslingen, danach bis 2002 an der Pädagogischen Hochschule Heidelberg.

Urban, Susanne, Dr., geb. 1968, ist seit Ende 2015 Geschäftsführerin der SchUM-Städte e.V. Sie hat unter anderem in Yad Vashem gearbeitet und war Leiterin der Forschung und Bildung im *International Tracing Service* in Bad Arolsen. Ihre Forschungsschwerpunkte sind die Rettung jüdischer Kinder, *Displaced Persons* und frühe Zeugnisse über die Shoah.

Volz, Olga, geb. 1988, hat Germanistik und Geschichte an der Universität Mannheim studiert, wo sie seit 2015 am Lehrstuhl für Zeitgeschichte promoviert.

Weber, Reinhold, Prof. Dr., geb. 1969, betreut bei der Landeszentrale für politische Bildung Baden-Württemberg unter anderem die wissenschaftliche Buchreihe *Schriften zur politischen Landeskunde Baden-Württembergs*. Er lehrt am Seminar für Zeitgeschichte der Eberhard Karls Universität Tübingen.

Wenge, Nicola, Dr., geb. 1968, ist Leiterin des Dokumentationszentrums Oberer Kuhberg Ulm e.V., KZ-Gedenkstätte. Publikationen zur Geschichte der Konzentrationslager, jüdischer Geschichte und Antisemitismusforschung, regionaler NS-Geschichte sowie zur Erinnerungskultur nach 1945.

Wette, Wolfram, Prof. i. R., Dr., geb. 1940, ist Historiker, vormals am Militärgeschichtlichen Forschungsamt Freiburg, dann an der Universität Freiburg. Er ist Vorsitzender des Wissenschaftlichen Beirats der „Bundesvereinigung Opfer der NS-Militärjustiz".

Zacher, Eberhard, geb. 1939, ist Reallehrer i. R. und ehrenamtlicher Mitarbeiter im Geschichtsverein Münsingen. Als solcher ist er auch zuständig für Führungen zum Themenbereich „Juden von Buttenhausen".